군주론

시민을 위한 정치를 말하다

일러두기

이 책의 주번역본은 *Machiavelli: The Chief Works and Others*, volume I(Durham and London: Duke University Press, 1989)이다. 보조 번역본으로 W.K. Marriott의 *The Prince*를 참조하였으며, 용어 등은 Niccolo Machiavelli, *Il Principe*, ed., Salvio Marcelo Soares, MetaLibri(2009)를 참조하였다.

군주론
시민을 위한 정치를 말하다

마키아벨리 지음
이남석 번역·주해

평사리

책을 내면서

질문

정치사상사 수업 시간 때이다. 한 학생이 물었다. "마키아벨리가 좋은 법보다 훌륭한 군대가 낫다고 말했는데, 왜 그런 거죠?" 사람에 따라, 답하기 어려운 질문을 받으면 얼굴이 벌게질 수도 있고, 생각도 못했던 질문을 받으면 등에 삐질삐질 식은땀이 나기도 할 것이다. 나는 그 수업 시간 내내 말이 꼬이고 입은 바짝 말랐다. 전철을 타고 집으로 돌아오는 내내 얼굴이 화끈거렸다. '아니 도대체 그런 문장이 있기는 한 거야?' 하는 뒤틀린 심사와 '내가 《군주론》을 제대로 읽기는 한 건가?' 하는 자괴감 섞인 회의로 마음이 산란했다.

공포

집에 와서 억지로 밥을 꾸겨 넣고, 《군주론》을 뒤적였다. 아뿔싸! 그 말이 《군주론》에 푸르딩딩하게 살아있었다. 밥알이 위장에서 곤두서고 위액이 솟구쳐 턱밑으로 스멀스멀 치밀어올랐다. 엎치락뒤치락 잠을 이루지 못했다. 질문을 던진 아이의 얼굴이 더 또렷하게 떠올랐고, 내 입과 손동작을 쳐다보는 아이들의 모습이 떠올랐다. 다음 수업에 갈 걱정 아닌 걱정이 벌써부터 마음속에 짐이 되어 억눌렀다.

아침

《군주론》을 처음부터 다시 읽었다. 아는 건 무엇이고, 모르는 건 무엇인가? 아는 걸 제외하고 모르는 것만 찾았다. 허걱! 아는 것보다 모르는 게 너무 너무 많았다. 수많은 인물과 사건들, 과거와 마키아벨리 당대를 넘나드는 오랜 시간의 공간들, 짧은 문장으로 이뤄진 격언식 문구들과 명제식 정리들, 게다가 명확하게 알지 못하겠지만 말 속에 숨겨진 뜻들. 안다가 아니라 모른다고 전제하고 《군주론》을 읽었을 때, 《군주론》은 밀림 중에서도 사람의 범접을 허용하지 않는 태곳적 원시림이었다.

오기

몇 년 전부터 마키아벨리에 관한 글을 쓰고 싶었다. 하지만 알뛰세르의 천재적인 소논문 〈마키아벨리의 고독〉을 읽고 깨끗이 포기했다. '종이를 낭비하고 지구를 파괴하는 글을 쓰느니 참자, 글을 쓰지 말자.' 그런데 어느날 그 학생의 질문이 나를 일깨웠다. 포기했던 일을 다시 시작해보자는 마음이 들었다. 마음을 비웠다. 까짓것! 한번 해보지 뭐! 잘 쓰기보다 아는 것만큼만 기술해 보자. 이 책은 이렇게 시작되었다.

고통

《군주론》은 무척 짧다. 누구나 우습게 읽기 시작하고, 읽지 않아도 그 정도는 다 안다고 생각한다. 마키아벨리가 주장한 내용을 몰라도 인간은 마키아벨리적으로 살아간다. 하지만 하나하나 따져 읽다보면 너무 어렵고 힘든 게 《군주론》이다. "선하게 살아라"라는 널리 퍼져 있는 일반 상식과 충돌하기 때문이다. 마키아벨리는 말한다. 선한 듯이 보이면 좋고, 종교는 믿는 듯이 보이면 되고, 인색한 게 좋다. 한 마디로 가성비cost performance ratio에 입각해 정치적으로 행동하라. 마키아벨리를 받아들이고 이해하는 건 지극히 고통스러운 작업이었다.

환희

마키아벨리를 받아들이고, 그와 숨을 같이하고 따라 걸었다. 서서히 고통이 사라지고 쾌락과 기쁨이 느껴진다. '시민' 때문이다. 《군주론》에는 모든 위험과 비밀의 문에서 빠져 나올 수 있는 코드가 있다. 그 코드는 '시민'이다. 읽다가 곤란에 부딪힐 때 시민이란 코드를 들고 해석하면 마키아벨리가 '흠흠!' 거리며 답변을 해준다. '훌륭한 군대가 좋은 법보다 왜 나은 줄 아는가? 훌륭한 군대가 없으면 시민을 지켜주는 좋은 법을 갖춘 국가도 사멸하기 때문일세! 착각하지 말게나. 훌륭한 군대로 시민을 억압하라는 게 아닐세. 그런 군주는 시민의 증오를 받아 군주의 자리를 잃는다네. 그건 훌륭한 군대가 아니라네. 참, 좋은 법이 없으면 훌륭한 군대는 만들 수 없다네, 이것도 잊지 말게. 그러니 좋은 법이 먼저일세.' 그는 시민이 아직 출현하지 않았을 때, 시민이 맹아 단계로 막 나타나려 했을 때 프랑스의 루이 12세, 스페인의 페르난도 2세, 스파르타의 나비스를 통해 시민을 위한 정치를 하는 것이 얼마나 중요한지 역설한다.

국가

마키아벨리를 따라 걷고 또 걸었다. 마침내 도착했다. '통치자(군주)는 어떤 역할을 해야 하는가'라는 통치자의 역할론이다. 국가는 부자(기득권층) 시민과 가난한 시민으로 이뤄진다. 군주(통치자)는 부자의 미움을 받아서도 안 되고, 가난한 시민의 증오를 받아서도 안 된다. 부자의 미움을 사면 음모의 희생양이 되고, 가난한 시민의 증오를 사면 혁명의 희생자가 된다. 증오가 미움보다 무섭다. 통치자는 부자의 욕망도 채워줘야 하고, 가난한 다수 시민의 욕망도 충족시켜줘야 한다. 그런 통치자가 진정한 군주 중의 군주이다. 그런 군주는 통일된 나라의 군주가 될 수 있다.

제자리

이제 적어도 정치사상사 수업 시간에 《군주론》에 대한 질문이 나오면 자신에게 답할 수 있다. 등에 땀이 삐질삐질 솟아날 일도 없고, 얼굴이 화끈 거릴 일이 없을 거라 자신한다. 아니다! 여전히 학생들의 질문은 나를 괴롭힌다. 모르는 게 너무 많기 때문이다. 그런데, 모르는 게 너무 좋다. 또다시 새로운 시작을 할 수 있는 힘이 되어 주기 때문이다. 질문 덕분에 마키아벨리 선생님을 만나 행복했고, 또 앞으로도 행복할 것이다. 다른 질문 덕분에 또 다른 선생님을 만나 행복해질 것이다.

들어가는 말

마키아벨리의 《군주론》은 단행본으로 펴내기에는 그리 길지 않지만 읽기에는 녹록치 않은 글입니다. 아주 많은 인물과 사건, 인물과 인물 간의 복잡하고 미묘한 관계, 우리의 관심을 끌지 않을 것 같은 몹시 미세한 이탈리아 전쟁사와 사건들, 마키아벨리가 슬쩍 감춰놓은 자신의 생각, 과감히 생략된 글 등이 곳곳에 지뢰와 부비트랩처럼 숨겨져 있기 때문입니다. 하지만 자기만의 《군주론》을 즐기는 방법을 찾는다면 읽는 묘미를 한층 더 느낄 수 있을 것입니다. 이에 조금이라도 도움이 되고자 다음과 같은 독서방법을 제안합니다.

1. 《군주론》 백배로 즐기기

교향악을 감상하듯이

우리는 《군주론》을 정치학적, 사회과학적 또는 처세적 관점에서 읽곤 합니다. 물론 잘못된 태도는 절대 아닙니다. 하지만 《군주론》은 아주 독특한 구조를 지니고 있습니다. 그 구조를 이해하면 읽는 데에 도움이 됩니다.

먼저 교향곡과 비교하며 《군주론》을 음악적으로 들어보십시오. 《군주론》은 마치 장중한 서곡으로 시작하는 1악장, 가곡 형식으로 완만하고 느리게 진행되는 2악장, 흥겨운 춤을 연상케 하는 스케르초의 3악장, 빠른 소나타로 끝내는 4악장의 순으로 치밀하게 구성된 교향곡 같습니다. 우리가 잘 아는 교향곡 한 곡을 듣듯이 《군주론》을 음악적으로 들어보시길 권합니다. 그러면 아래와 같이 들릴지도 모르겠습니다.

1악장에 해당하는 1부는 겉으로는 군주의 종류를 말하지만 속 내용은 인민입니다. 마치 베토벤의 '운명' 1악장이 '밤밤밤 밤!' 하고 시작하듯이, '정치학의 주제는 인민이야, 인민을 모르면 정치를 모르는 거야!'라고 선언하는 곳이 바로 1부입니다. 아무도 말하지 않은 것을 은밀하면서도 장중하게 선언하는 마키아벨리의 주장은 백미 중의 백미입니다.

정치학에서 인민 또는 시민, 국민, 백성, 대중만큼 장중하고 무거운 주제는 없습니다. 정치는 어떤 형태이든 소수의 지도자와 다수의 인민 또는 시민의 관계로 이루어지고, 정치학은 그 관계를 연구하는 학문입니다. 가장 중요할 수밖에 없는 이 주제를 다루는 것은 아주 어렵고 힘듭니다. 마키아벨리는 1부에서 군주국의 유형에 따라 상이한 군주가 어떻게 인민을 대해야 하는지를 아주 천천히, 그리고 세밀하면서도 정교하게 증명합니다.

2악장에 해당하는 2부는 군주라면 누구나 나 고민하는 좋은 군대에 관한 이야기입니다. 정치에서 '군대'는 대외적으로든 대내적으로든 필수재입니다. 요즘 우리의 상식으로는 자국민으로 구성된 군대가 없는 국가는 상상하기 쉽지 않습니다. 하지만 마키아벨리가 활약하던 당시의 이탈리아는 자국군 대신에 용병이 난무했고 필요하면 원군을 빌려 전쟁을 치루었습니다. 마키아벨리는 우리 시대에는 아주 상식적인 내용이지만 당대의 군주들은 이해하지 못했던 '자국군의 필요성'에 관해 차분히 논증해 갑니다.

3악장에 해당하는 3부는 '인간은 어떻게 살아야 하는가' 하는 생각에 바탕을 두고 군주의 역량을 이야기하는 곳입니다. 예민한 독자는 3부의 글이 1 · 2부와 약간 달라졌음을 느낄 수 있습니다. 1부와 2부가 마치 논문식 글쓰기라고 한다면 3부는 논문의 틀을 비틀어 버립니다. 그리고 화려하게 도약하고 웅비하는 군주는 신민을 어떻게 다루어야 하는가, 군주는 대외 관계를 어떻게 해야 하는가, 군주는 신하를 어떻게 다루어야 하는가를 신나게 연주해 갑니다. 마치 군주 한 사람이 음악에 맞춰 신민, 다른 나라, 신하와 돌아가면서 춤을 추듯이 돌고 있습니다. 보폭도 크고 팔을 휘적거리며 나가듯이, 글의 형식도 자유롭습니다. 굳이 논증해야 할 곳이 있으면 간단명료하게 제시하고 과감하게 생략도 합니다.

4악장에 해당하는 4부는 말 그대로 피날레에 해당합니다. 지금까지 이야기했던 모든 것을 정리하는 동시에 과제를 부여하는 부분입니다. 마키아벨리의 글은 이제 거침이 없어집니다. 3부에 그나마 남아 있던 논증이라는 허울을 완전히 벗어던져 버립니다. 이탈리아의 통일이라는 위대한 역사적 과업 앞에 차가운 이성의 산물인 논증과 논거는 필요 없습니다. 오히려 통일 이탈리아를 향한 뜨거운 열정과 황홀한 감동만이 필요합니다.

마키아벨리는 역량과 운명이라는 두 단어로, 군주가 어떻게 살아야 하는지에 대해 교훈을 던집니다.

어떤 어려운 운명이 닥치더라도 두려워하지 마라!
용기를 내라!
행운의 여신은 용기 있는 청년을 좋아한다.
네가 진정한 군주라면 나가라,
그리고 이탈리아 통일을 위해 매진하라!
그것이 네가 살아야 할 운명이다!

4부에서 마키아벨리의 언어는 거침이 없습니다. 그리고 마지막으로
한 편의 시를 들려줍니다. 마치 교향곡 4악장 마지막이 '짠! 짠! 짠~~!'
하며 끝나듯이 말합니다.

야만적인 공격에 대항하는 용기여
무기를 들라, 전투는 짧을 것이다,
선조의 용맹이
우리 이탈리아인의 심장 속에서 아직 죽지 않았기 때문이다.

《군주론》을 음악적으로 분석한다면 인류 최고의 교향악입니다. 우
리 음악과 연상해서 생각해 보십시오. 1부는 느리고 힘이 있는 진양조
장단, 2부는 느긋하고 편안하게 풀어주는 중모리(중중모리)장단, 3부는
흥겹게 춤추는 자진모리장단, 4부는 급하게 휘몰이가는 휘모리장단을
거쳐 난타로 끝내는 한판 춤입니다.
《군주론》의 구조를 문학적으로 읽어본다면, 기승전결로 치밀하게

구성한 한 편의 서사시 또는 소설을 연상케 할 만큼 훌륭한 구조를 지니고 있다고도 볼 수 있습니다. 이 구조를 아는 것이 마키아벨리《군주론》에 들어가는 지름길이자 나만의《군주론》읽기의 첫걸음입니다.

정글에서 살아남듯이

《군주론》은 책으로 보기에는 무척 짧은 글이어서 누구나 쉽게 접할 수 있습니다. 또한 전달하고자 하는 메시지가 간명해서 쉽게 이해하고 고개를 끄덕거릴 수 있습니다.《군주론》의 주제는 매력적입니다. 그렇기에 누구나 읽어보고 싶어 하지만 사실 이해하기가 쉽지만은 않습니다. 그 이유를 하나씩 찾아보도록 하겠습니다.

우선, 짧은 글 안에 등장하는 인물이 너무 많습니다. 마키아벨리 기준으로 1,500년에서 2,000년 전인 고대 그리스 · 로마 시대의 인물들이 뒷짐을 지고 '어흠 어흠' 하며 불쑥불쑥 등장합니다. 마키아벨리 바로 이전 시대와 당대의 인물들이 손으로 입을 가리고 '흠~ 흠!' 하며 고대 인물들 사이에 비집고 들어옵니다. 마키아벨리는 고대 인물들과 당대 인물들을 자세한 설명 없이 비교해 놓고 있습니다. 독자 처지에서는 이 인물들이 누구인지도 모르는데, 그들을 비교까지 하면서 읽어야 합니다.

마키아벨리는 과거의 사건과 현재 진행형 사건, 그것도 우리로서는 들어본 적도 거의 없거나 아주 작은 사건들을 아무런 설명도 하지 않고 비교합니다. 마치 '이 글을 읽을 정도의 독자라면 이 정도 상식은 당연히 갖추었겠지' 하듯이 말입니다. 마키아벨리는 이런 인물들과 사건들을 바탕으로 명제처럼 정리한 주장을 이해하라고 툭 던집니다. 그런데 문제가 있습니다. 마키아벨리의 주장은 일반적인 상식과 도덕의식에 비춰본다면, 쉽게 받아들일 수 없는 주장입니다.

마키아벨리가 논증하는 방법은 의외로 간단합니다. 일단 하고 싶은 주장을 말하고 나서 과거의 역사적 인물 또는 사건, 당대의 인물과 사건으로 논증을 펼칩니다. 아니면 반대로 역사적 인물 또는 사건을 예시하고 나서 자신의 주장을 말하기도 합니다. 우리를 더 혼동케 하는 것은 마키아벨리의 과감성입니다. 마키아벨리는 하고 싶은 말이 있으면 전후좌우 돌아보지 않고 과감하게 적용해 버리곤 합니다. 물론 마키아벨리는 자신의 주장이 논박당할 게 전혀 없는 진리라는 듯이 단순 명료하게 정리해서 우리한테 던져줍니다. 이쯤 되면 우리 같은 독자는 큰 혼란에 빠집니다. 마키아벨리의 과감한 주장도 선뜻 받아들일 수 없는데, 그 주장을 낯선 과거의 인물과 사건을 통해서 다가가야 합니다.

더 큰 어려움이 우리를 가로막습니다. 마키아벨리의 《군주론》은 장과 절이 무척 짧습니다. 그런데 담고 있는 내용이 지나치게 많고 큽니다. 그는 위대한 역사적 인물을 단 몇 줄로 요약해 버립니다. 당대의 현실 정치인을 한두 단락으로 처리해 버립니다. 그뿐만 아니라 상식에 반하는 짧은 격언식의 주장을 폭탄처럼 툭 던져놓습니다. 잠언식 글쓰기로 유명한 니체가 마키아벨리의 글쓰기를 존경했던 이유를 알 듯합니다.

왜 그랬을까요? 만약 복잡하게, 길게, 장황하게 논증해 가면서 500쪽짜리 책을 써서 군주에게 헌정한다면 어땠을까요? 두말할 필요 없이 군주는 책을 받자마자 집어던졌을 겁니다. 이탈리아처럼 도시국가가 많은 나라의 군주라면, 마키아벨리 당대처럼 복잡하고 전쟁이 많은 시절이라면, 군주는 당연히 이런 책을 읽을 시간이 없기 때문입니다. 또한 책을 많이 읽고 생각하는 군주도 역사상 그리 많지 않았습니다. 따라서 마키아벨리는 가능하면 짧고 간명하게, 명확하게 글을 써야 했습니다.

이런 점을 고려한다면 마키아벨리의 《군주론》은 밀림 중에서도 하늘이 보이지 않을 정도로 울창한 밀림입니다. 이런 밀림 속에선 나무 하나하나는 볼 수 있어도 밀림 전체를 보기는 쉽지 않습니다. 반대로 바깥에서 밀림 전체를 조망하고 있으면 나무 하나하나를 놓치기 십상입니다. 나무 하나하나를 보되 숲 전체를 머릿속에 떠올리는 것, 숲 전체를 조망하되 나무 하나하나를 잊지 않는 것, 이것이 《군주론》이라는 밀림에서 길을 잃지 않는 가장 확실한 방법입니다.

다양한 종류의 글, 파도를 넘어서듯이

마키아벨리의 《군주론》을 파악하기 어렵게 하는 이유가 또 하나 있습니다. 글 구조의 다양성 때문입니다. 마키아벨리는 우리가 이해하기 쉽게 서론·본론·결론으로, 또는 기승전결의 형태로 글을 정리해 놓지 않았습니다. 26장은 네 개의 부로 나눌 수 있고, 각 부의 구조가 서로 다르게 구성되어 있습니다. 그 때문에 글을 읽다가 《군주론》의 바다에 빠져 허우적거리게 됩니다.

그뿐만이 아닙니다. 각 장의 구조 또한 파악하기가 쉽지만은 않습니다. 대부분의 장이 서로 다른 형태의 구조를 지니고 있습니다. 마키아벨리는 필요에 따라 서론·본론·결론의 구조로 표현하기도 하지만, 부분적으로 소결론을 내리기도 합니다. 때에 따라서는 자신만의 독특한 구조로 글을 쓰기도 합니다. 경우에 따라서는 각 절 자체가 독특한 글쓰기 형식에 따라 하나의 논문을 구성할 만큼 깊은 내용과 풍부한 사례가 언급되어 있습니다.

《군주론》을 읽을 때는 반드시 글의 구조가 어떤지 파악하고 접하는 것이 좋습니다. 게다가 마키아벨리의 문장도 염두에 두어야 합니다.

마키아벨리는 르네상스 당대의 최고 문필가답게 《군주론》 1부를 차가운 논문 형식에서 출발하여 마지막 4장을 격정에 찬 최고조의 웅변으로 마무리합니다. 독자는 이 또한 염두에 두어야 합니다.

《군주론》에 사용된 다양한 글 구조와 형태를 파악하는 것, 이것이 《군주론》을 즐기는 좋은 방법입니다.

겉말에 속지 않듯이

우리를 더 곤혹스럽게 하는 것이 있습니다. 마키아벨리가 겉으로 하는 말과 속으로 하는 말입니다. 마키아벨리는 《군주론》을 헌정하여 관직을 얻고 싶어 합니다. 관직을 얻고 싶은 자와 관직을 주는 자의 차이는 하늘과 땅의 차이입니다. 갑과 을의 차이, 그것도 절대 '갑'과 절대 '을'의 차이, 그 차이는 그 무엇으로도 메꿀 수가 없습니다. 관직을 얻고 싶은 자는 하고 싶은 말이 있어도 에둘러 표현할 수밖에 없습니다.

예컨대 마키아벨리가 처음부터 "군주란 인민을 보호해야 한다"라는 말을 했다고 생각해 보십시오. 이 글을 읽는 자가 맘 좋은 군주라면 "미친 놈!" 하고 끝날 것이지만, 그가 전제적인 군주라면 "저놈을 잡아들여 고문해 보아라! 틀림없이 뭔가 나올 것이다!"라고 격분할 수도 있습니다.

마키아벨리는 하고 싶은 말이 있어도 감추고 또 감추고, 돌리고 돌려서 에둘러 말해야 했습니다. 마키아벨리는 은폐·엄폐·차폐식의 글을 쓰지 않는다면 군주가 《군주론》을 절대 읽지 않을 것으로 생각했습니다. 따라서 우리는 《군주론》을 읽을 때 마키아벨리가 진심으로 하고 싶었던 말이 무엇인지를 고민하고 또 고민해야 합니다. 마키아벨리가 겉말 뒤에 감춰둔 속말을 끄집어내고 이해하는 것이 중요합니다.

2. 전문가의 독서를 넘어서기

《군주론》을 주제로 하는 논문은 무척 많습니다.《군주론》이 워낙 선정적인 책일 뿐만 아니라 그 안에 논쟁거리가 많기 때문입니다. 선정적인 이유는 우리가 알고 있는 도덕과 윤리의 기본 가치를 완전히 부정하는 듯이 보이기 때문입니다. 논쟁거리가 많은 이유는 앞에서 밝힌 대로 마키아벨리의 겉말과 속말이 다르기 때문입니다.

　　마키아벨리의《군주론》을 되새김질하여 쓴 책 또한 상당히 많습니다.《군주론》이 워낙 호기심의 대상일 뿐만 아니라 처세에 도움이 되기 때문입니다. 호기심의 대상인 이유는 우리의 상식을 벗어나야 잘먹고 잘살 수 있다고 말하기 때문입니다. 처세에 도움이 되는 이유는 우리가 사는 현실이 정직하게 살면 뒤통수를 얻어맞고 정직하지 않게 살아야 잘살 수 있기 때문입니다.

　　지금까지《군주론》이 어떻게 논의되고 이야기되고 있는지를 간단히 알아보도록 하겠습니다.

　　첫째, 마키아벨리를 공화주의자로 이해하는 것입니다. 이런 유형의 글은 주로 1부에 숨겨진 인민에 관한 마키아벨리의 속말과, 2부와 3부에 나오는 인민에 관한 내용에 주목합니다. 이에 대한 가장 방대한 근거는 마키아벨리의《로마사 논고》입니다.

　　둘째, 마키아벨리를 군주론자로 이해하는 것입니다. 이런 유형의 글은 주로 1부의 겉말로 드러난 군주의 종류에 주목하고, 3부에서 다룬 군주의 역량을 중시합니다. 이의 아류 형태로 군주의 역량을 현실 정치인이나 과거 정치인에게 적용하여 설명하기도 합니다.

　　셋째, 마키아벨리의 이론을 맑스주의적 정치이론으로 해석하는 경우입니다. 이는 주로 그람시와 알튀세르의 이론을 바탕으로 합니다. 1부의 속말인 인민을 중시하고, 2부에서 다룬 군대의 필요성을 역설하고, 3부에서 고찰한 군주를 정당 또는 혁명가로 이해하는 방식입니다. 그러면 우리는 사회주의 또는 공산주의 혁명의 3대 주체를 이해할 수 있게 됩니다. 예컨대 인민 대신에 노동자·농민·군인, 그리고 사회주의 정당이나 레닌 또는 마오쩌뚱 등을 대입하여 보십시오. 그러면 우리는 완성된 사회주의 혁명 국가의 3대 주체를 이해할 수 있습니다.

넷째, 운을 뜻하는 포르투나fortuna와 역량을 뜻하는 비르투virtù로 《군주론》을 분석하는 방식입니다. 주로 1부 6, 7, 8장에 나오는 운과 역량을 바탕으로 3부의 군주 역량을 집중적으로 분석하는 글들입니다. 인간에게 운과 역량 중 어느 것이 중요한가를 이해하고자 하는 시도입니다.

다섯째, 마키아벨리의 《군주론》을 처세에 관한 글로 읽는 방식입니다. 주로 해설서나 응용서의 형태로 출판되는 글입니다. 다양하게 삶을 영위하는 아주 많은 독자가 《군주론》을 처세서로 읽곤 합니다. 주로 《군주론》 전체에 걸쳐 수단과 방법을 가리지 않는 군주상을 뽑아내고, 이를 현실에 맞추어 해석하는 방식입니다. 이는 주로 경영서에서 많이 사용되곤 합니다. 이 밖에도 아주 다양한 견지에서 마키아벨리를 읽거나 연구하는 방법이 있을 수 있습니다.

이 글을 읽는 독자는 이 중에서 어느 방식에 마음이 끌리시나요? 위에 열거한 학문적 글이나 처세 글은 모두 장점도 있고 단점도 있습니다. 장점은 《군주론》을 풍부하게 이해할 수 있도록 해준다는 점이고, 단점은 《군주론》의 한 부분에 집중하여 다른 면을 보지 못하게 한다는 점입니다. 장점은 흡수하되 단점을 극복하는 독서법, 지금 우리에게 필요한 책읽기 방법입니다.

3. 나만의 《군주론》을 위하여

대학에 들어가면 한 번쯤은 마키아벨리의 《군주론》을 접하게 됩니다. 고등학생들도 교양서의 형태로 이 책을 읽기도 하고, 초등학생·중학생도 만화책의 형태로 접하기도 합니다. 또 일상에서 사는 것이 지치고 힘겨울 때, 사는 방법이 잘못되었다고 생각할 때 《군주론》을 보기도 합니다.

이 글에서는 마키아벨리의 《군주론》을 읽는 방식으로 "다면적 심층 독서법multi-facial and deep reading" 또는 "다관계적 심층 독서법multi-relational and deep reading"을 제안합니다.

이 독서법은 우선, 전체 목차를 이해하는 것입니다. 내가 지금 읽고 있는 지점이 《군주론》의 어디쯤인지 확인해 보는 것입니다. 보물지도를 보면서, 인생을 살아가면서 내가 어느 지점에 있는지를 확인한다고 생각하시면 됩니다. 그래야 길을 잃지 않고, 어디로 가고 있는지도 알 수 있고, 닥쳐올 위험과 고난도 피할 수 있으니까요. 이 책의 맨 마지막에 쓰여 있는 "목차에 대하여"를 참조하면 도움이 됩니다.

둘째, 인물과 인물의 활동 내용, 그 인물들 간의 관계, 다양한 사건들의 내용과 상호관계를 놓치지 않는 것입니다. 마키아벨리가 무수히 많은 인물을 아주 간단히 처리한다는 점, 등장시킨 인물에게는 반드시 어떤 역할과 의무를 부여하고 있다는 점, 논증을 하려고 고대 인물과 당대 인물을 비교한다는 점을 고려해야 합니다. 사건도 위와 마찬가지입니다. 마키아벨리가 고대 사건과 당대 사건을 바탕으로 자신의 주장을 논증한다는 것을 놓쳐서는 안 됩니다. 《군주론》을 맥락없는 주장으로 읽을 경우, 독자는 손에 피가 뚝뚝 떨어지는 칼을 잡는 것과 같고, 주장의 뒷받침 없는 사건과 인물에 빠지게 되면, 독자는 《군주론》의 무미건조함에 질려 손에서 책을 놓아버립니다.

마지막으로 마키아벨리의 겉말과 속말을 구분해서 생각해야 합니다. 경구식 글, 짧은 절, 간단한 장으로 이루어진 《군주론》은 비밀로 가득 찬 책입니다. 비록 얇은 책이지만 논문으로 치면 수십 편 이상, 아주 두툼한 책 두세 권의 내용을 품고 있습니다. 간단한 장이지만 살을 붙인다면 우수한 논문 한 편 이상의 의미를 담고 있습니다. 짧은 절이지만 너무도 많은 인물과 사건이 중첩되고 교차되어 있습니다. 몇 마디 경구식의 글이지만 우리의 기존 상식과 다르게 정리된 글입니다.

거듭 강조하지만, 속말을 잘 이해해야 합니다. 마키아벨리가 왜 그 말을 했는지를 그에게 질문해야 합니다. 그가 답해 주지 않으면 거듭 묻고 또 물어야 합니다. 그래도 대답해 주지 않으면, 이 책을 헌정 받는 메디치에게 "지금 이 문장, 단락, 절, 장을 읽는 기분이 어떠냐?" 질문을 하십시오. 이 책 속에 나오는 교황에게 "지금 이 문장을 보면서 어떤 기분이 드냐?" 하고 질문을 던지십시오. 당대의 무장 실력자들인 용병대장과 용병들에게 "이 글을 읽고 어떤 느낌이 드는가?"라고 질문을 던져야 합니다. 그래도 속말이 이해되지 않으면 마지막으로 '내가 이 글을 어떻게 읽어야 하지?' 하는 질문을 던지십시오.

마키아벨리와 눈을 마주치고 대답을 구하십시오. '데빌' 마키아벨리 대신 '엔젤' 마키아벨리가 슬며시 웃으면서 "내 본심은 이거야!"라고 답해 줄 것입니다. 그 대답이 나올 때까지, 마키아벨리의 속말을 들여다보고 또 들여다보아야 합니다. 마키아벨리의 속맘이 들여다보일 것입니다. 그때 우리 입가에는 저절로 미소가 어릴 것입니다.

목차

3부. 군주의 역량

최고의 군주 로렌초 데 메디치에게
니콜로 마키아벨리가 올리는 글[1]

군주의 호의를 얻고 싶은 자들은 소유물 중에서 자신들이 생각하기에 가장 귀한 것이나 자신들이 보기에 군주가 가장 좋아할 것 같은 선물을 가지고 알현합니다. 이것은 관례입니다. 따라서 군주들[2]은 종종 자신들의 위대함에 걸맞게 말, 무기, 훌륭한 옷, 귀한 보석, 이에 못지않은 장식물들을 선물로 받습니다. 저 또한 제가 당신의 충성스러운 신하servitù라는 증거로 몇 가지 선물을 가지고 알현하기를 원했습니다. 하지만 저는 제가 지닌 보물 중에서 위대한 인간들의 행적에 관한 저의 이해만큼 소중하고 고귀한 가치가 있는 것을 발견하지 못했습니다. 물론 이것은 최근의 문제에 대한 저의 오랜 경험과 고대의 문제에 대한 저의 끊임없는 독서로 얻은 것들입니다. 저는 제가 고찰한 것을 폐하[3]에게 바치고자 합니다. 이 보잘것없는 책은 제가 오랜 기간 아주 면밀하게 주의를 기울이며 고찰한 바를 집약한 것입니다.

1 마키아벨리가 《군주론》을 헌정한 로렌초 및 메디치가의 관계에 대해서는 7장 〈체사레 보르자〉에서 자세히 다루도록 한다.

2 첫 문장에서 '군주'는 단수로 되어 있고, 두 번째 문장에서는 복수로 쓰여 있다. 첫 문장에서 단수로 쓴 이유는 여러 신민이 한 명의 군주에게 선물을 들고 찾아간다는 사실을 표현하고자 함이다. 두 번째 문장에서 복수형으로 쓴 것은 군주들이 여러 신민으로부터 갖가지 선물을 받는 일반적인 경향이나 사실을 이야기한 것이다.

3 전하와 폐하는 아주 큰 차이가 있다. 전하는 사전적으로 "제국의 황태자나 황태자비, 황자 등의 황족, 왕국의 왕과 왕비를 높여 이르는 말"이다. 폐하는 사전적으로 "황제나 황후를 공경하는 뜻으로 사용하는 칭호"이다. 따라서 전하는 다수일 수 있지만 폐하는 한 명 또는 두 명뿐이다. 예를 들면 "폐하께서 황태자 전하를 부르십니다"라는 말을 보면 그 차이를 정확하게 알 수 있다. 따라서 전하에게 책을 바치는 것이 아니라 폐하에게 책을 바치는 것이 옳다.

선물에 대하여

이 글에 제목을 붙인다면 '선물에 대하여'이다. 마키아벨리는 선물을 두 가지로 나눈다. 하나는 자신이 생각하기에 가장 귀한 것이고, 다른 하나는 받는 사람이 가장 좋아하는 것이다. 전자는 흔히 자신에게 소중한 것이고, 후자는 대개 물질적인 것이다. 전자는 선물을 제공하는 자에게 가치 있는 것인 반면, 후자는 선물을 받는 자의 입장에서 가치 있는 것이다.

제공자와 받는 자 간에 가치를 두고 판단의 차이가 있기 때문에 선물의 아이러니가 발생한다. 주는 사람 처지에서는 가장 귀한 것을 선물로 주었는데 받는 사람은 아무런 가치가 없다고 여기는 경우도 있고, 반대로 주는 사람 입장에선 별 가치 없는 것인데도 받는 사람이 상당히 좋아할 수도 있다.

　연애하는 남녀를 예로 들어보자. 남성이 자신에게 가장 의미 있는 물건인 '돌아가신 어머니의 손때 묻은 손수건'을 사랑하는 여성에게 선물로 주었다고 가정해 보자. 어쩌면 얼마 지나지 않아 두 남녀는 헤어질지도 모른다. 반대로 남성이 다이아몬드 반지를 여성에게 선물했다고 가정해 보자. 특별한 일이 없다면 연인관계가 지속되어 결혼으로 이어질 가능성도 아주 커질 것이다.

　대다수 군주는 전자와 후자 중 어떤 선물을 좋아할까? 구구절절 좋은 말로 윤리와 도덕을 설명한 책을 좋아할까? 웬만한 군주라면 아마다 싫어할 것이다. 군주는 대개 자신이 '신'이라고 생각하며 윤리와 도덕을 싫어한다. 특별한, 정말 특별한 군주만이 이런 잔소리에 귀 기울이는 시늉을 할 것이다.

　대부분의 군주는 후자, 곧 경제적 가치가 있는 것을 선물로 원한다고 봐야 한다. 강한 권력을 지닌 군주일수록 더 많은 금이나 은, 귀한 옷감 같은 선물을 좋아한다. 대부분의 사람들도 속물적인 면에서 마찬가지일 것이다. 이와 관련해서 마키아벨리를 대신하여 《군주론》을 바쳤던 프란체스코 베토리가 헌정을 마치고 화를 내며 나왔다는 일화가 진힌다.

　동시에 누군가가 사냥개 한 쌍을 바쳤는데, 로렌초는 개를 바친 사람에게

더 고맙다는 얼굴로 친절히 대했고, 이에 분개한 그는 자리를 박차고 나와 버렸다.[*]

마키아벨리 또한 군주들이 경제적 가치가 있는 선물을 좋아한다는 것을 알고 있다. 그러나 문제가 발생한다. 그는 지극히 가난했기에 군주가 받으면 좋아할 만한 선물을 준비할 수 없었던 것이다. 오죽하면 "원래가 빈한하게 태어나서 즐거움보다는 궁핍을 먼저 알게 된 나이니까"라고 썼겠는가![**]

관직을 얻으려면 선물을 주어야 한다. 군주의 마음에 드는 선물을 주지 못하면 군주의 호의, 달리 말하면 마키아벨리가 원하는 관직을 얻을 수 없다. 가난한 마키아벨리는 교묘하게 논법 전환을 한다. 자신에게 가장 소중한 것이기에 군주 당신에게도 가장 좋은 선물이라고 에둘러 말한다. 다소 엉뚱한 논리이다. 내 어머니의 손때 묻은 손수건이 당신에게도 소중할 것이라는 궤변! 그 선물은 군주라면 마땅히 이러해야 한다는 '잔소리로 가득 찬 책'《군주론》이다. 그것도 위대한 군주였던 인물들을 본받으라고 훈계하는 책이다.

군주가 이 선물을 받아들였든 그러지 않았든 그보다 더 중요한 것이 있다. 포장지를 뜯어낸 선물의 내용이다. 마키아벨리가 이 글을 집필할 수 있었던 뒷심이자 선물의 근거이다. 그것은 경험과 독서이다. 그는 실천적 관점의 경험과 이론적 관점의 독서를 통해 얻은 것을 창조적으로 융합한 게 바로《군주론》이라고 강조한다. 그는 더 자세한 말을 하지 않는다. 마키아벨리가 무엇을 말하고 싶어했는지 찾아내는

[*] 로베르토 리돌피 지음, 곽차섭 옮김,《마키아벨리 평전》(아카넷, 2000), 265쪽.
[**] 로베르토 리돌피 지음, 곽차섭 옮김, 같은 책, 226쪽.

것은 우리의 몫이다.

마키아벨리는 이 짧은 구절로 독자에게 모든 것을 다 말한다. 그는 선언한다. 이 책을 읽어라. 그러면 이론적 사변에 빠져들어 경험적 현실을 간과하는 우를 범하지 않을 것이다. 그는 채근한다. 이 책에 적힌 대로 실천하라. 그러면 경험적 현실에 매몰되어 상황 전체를 이론적으로 이해하지 못하는 일은 없을 것이다. 그는 조용히 강권한다. 이 책을 읽고 실천한다면, 행동하면서 되새김질한다면 경험과 이론 양자의 균형을 놓치지 않을 것이다. 그러면 군주로서 성공할 것이다. 네가 누구든 네가 일하는 분야에서 성공할 것이다.

마키아벨리는 "최근의 문제"와 "고대의 문제"란 단 두 마디로 《군주론》을 어떻게 구성했는지 밝힌다. 그는 '최근'과 '고대'의 역사적 사건으로 자신의 주장을 뒷받침하는 논거로 제시한다. 《군주론》의 대부분 장과 절은 '최근'으로 표현된 '현재, 즉 마키아벨리 당대'와 '고대'로 재현된 '과거, 인간이 살아있던 그리스와 로마'의 협화음으로 구성되어 있다. 독자는 마키아벨리가 말한 이 구조를 숙지하고 읽어야 한다. 독자는 각 장과 절을 읽을 때, 우선 마키아벨리의 주장이 무엇인지 확인하고, 둘째 고대 과거의 어떤 사건과 인물로 논증하고, 셋째 현재 어떤 사건과 인물에 적용되는지 알아보고, 마지막으로 그의 주장이 적실한지 파악해야 한다.

마키아벨리는 "오랜 경험"과 "끊임없는 독서"란 단 두 마디로 《군주론》을 어떻게 집필했는지 밝힌다. 그는 '경험할 수 없는 과거는 독서의 대상'이고, '글로 표현되지 않아 읽을 수 없는 현재는 경험의 대상'임을 분명히 한다. 그는 《군주론》을 집필하기 위해 끊임없이 독서했다고 당당하게 밝힌다. 그는 과거의 오랜 역사를 몇 시간, 몇 날 며칠 읽는 것으로 일반화할 수 없다고 말한다. 그는 켜켜이 쌓인 먼지와 같은 오랜 역사에서 일반화 가능한 명제를 도출하기 위해서 '끊임없는', 지치지 않는 글 읽기가 필요하다고 밝힌다. 그는 《군주론》의 집필 토대에는 무수히 많은 사건을 직접 수없이 체험하고, 그 사건의 중심에 있는 인물들과의 만남이 있다고 담담하게 밝힌다. 그는 곳곳에서 폭발적으로 터져 나오는 사건을 한두 번의 경험으로 일반화할 수 없다고 말한다. 그는 목적 없이 길을 잃고 우왕좌왕하는 현재의 사건들을 일반화 가능한 명제로 설명하기 위해서는 '오랜' 체험이 필요하다고 주장한다.

이상을 종합해 보자.

마키아벨리는 《군주론》을 읽는 독자에게 한 가지 지침을 내린다. "최근의 문제에 대한 오랜 경험"과 "고대의 문제에 대한 끊임없는 독서"를 구분하라고 권고한다. 그는 과거와 현재의 구체적 사례들이 무엇을 의미하는지 찾아서 읽기를 바란다. 그는 이 사례들이 살아 있는 생생한 군주, 바로 글을 읽는 당신에게 어떻게 적용될지 생각하기를 바란다. 우리는 이 점을 놓쳐서는 안 된다. 과거와 독서, 그리고 현재와 경험을 비교하며 읽는 것은 가장 기본적인 방법이며 《군주론》 읽는 즐거움이다.

저는 이 저작이 당신에게 그리 큰 가치가 있다고 생각하지 않습니다. 그럼에도 당신이 친절하기 때문에 이 책을 받아주실 것이라고 믿습니다. 저는 오랜 동안 수많은 혼란과 위험을 겪으면서 분명히 인지하고 이해한 것들이 있습니다. 저는 이 모든 것을 아주 짧은 시간 안에 이해하는 수단들을 당신에게 선물하는 일보다 더 좋은 것은 없다고 생각합니다. 저는 이 책을 과장된 구절들, 또는 허황되고 화려한 어휘들, 또는 저속하고 주제를 벗어난 미사여구로 치장하거나 채우지 않았습니다. 저는 대부분의 저자가 이런 것들로 책을 가득 채웠다고 생각합니다. 저는 제 책이 다른 어떤 것으로 아름답게 치장되어 있다고 생각하지 않습니다. 저는 다만 제 책이 특수한 문제와 중요한 주제로 즐거움을 드릴 수 있기를 바랄 뿐입니다.

좋은 문제의식에 대하여

이 절은 '좋은 문제의식에 대하여'이다. 마키아벨리는 군주에게 줄 자신의 선물이 멋진 글이 아니라 좋은 문제의식이라고 말한다. 멋진 문장과 좋은 문제의식, 둘 중 어느 것이 나을까? 가장 바람직한 것은 좋은 문제의식을 멋진 문장으로 채우는 것이다. 하지만 둘 중 하나를 선택해야 한다면 단연코 좋은 문제의식이 중요하다.

문학, 철학, 사회과학 등 어느 분야이건 우리가 아는 고전 중에 문제의식이 동일한 것은 하나도 없다. 서로 다른 문제의식을 지니고 있으며, 동일한 문제의식이라 할지라도 완전히 다른 관점에서 접근하기에, 고전은 고전이 된다. 고전은 오랜 세월이 지나도 문제의식의 현재적 생생함 때문에 읽을 만한 가치가 있다. 동일한 문제의식, 같은 방식으로 접근한다면 그것은 짝퉁이고 표절이다. 이런 책은 출간된 당대에는 참신한 말장난으로 읽힐 수 있다. 하지만 시간이 지나면 사라져버린다.

마키아벨리는 말장난과 화려한 미사여구로 일관한 르네상스 시대의 많은 저자들과는 달리 참신한 문제의식으로 책을 썼다고 호언장담한다. 이 말은 단순한 말잔치가 아니다.

좋은 문제의식이란 무엇인가? 주목朱木이라는 나무에 빗대어 말해 보자. 주목은 '살아 천 년 죽어 천 년'을 간다고 한다. 좋은 문제의식은 살아 있는 문제의식으로서 '천 년'은 사람들 사이에 회자되어야 하고, 문제의식이 소멸된 뒤에도 '천 년'은 탐구 대상이 되어야 한다. 막스 베버는 《직업으로서의 학문》에서 아주 멋진 말을 한다.

> 아울러 나의 학문적 성취는 '네가 태어나기 전에 수천 년이 경과할 수밖에 없었으며, 또 다른 수천 년이 침묵하면서 기다리고 있다'는 정도의 확신이 없는 사람은 학문에 대한 소명이 없는 것이니 다른 일을 하십시오.[*]

중요한 것은 좋은 문제의식이다. 좋은 문제의식은 어떻게 만들어지는가? 보통 용기와 창의적 사고와 감수성, 이 세 가지로 구성된다. 《군주론》에는 이 세 가지가 분출되고 있다.

《군주론》을 집필하면서 마키아벨리에게 가장 필요했던 것은 용기이다. 그 내용은 중세 천 년을 관통하는 기독교 세계관과의 철저한 단절이며, 그 사유는 플라톤 이후 2천여 년에 가까운 철학적 흐름과의 완전한 절연이다. 전자는 마키아벨리에게 죽음을 불사할 용기를 요구했고, 후자는 그에게 모든 지성으로부터 받게 될 손가락질과 모멸과 경멸을 이겨낼 용기를 강요했다.

그는 초인과 같은 용기를 발휘한다. 진정한 용기란 옳은 것을 선택하고 끝까지 밀고 가는 것이다. 그는 중세 천 년의 기독교적 종교관을 벗어나는 선택을 했고, 플라톤 이후 2천여 년의 도덕적·윤리적 세계

---

[*] 막스 베버 지음, 이상률 옮김, 《직업으로서의 학문》(문예출판사, 1994), 19쪽.

관으로부터 탈출하는 새로운 세계관을 밀어붙였다. 그는 자신의 선택을 한 치의 흔들림 없이 밀고 나가며 자신의 글이 불러올 파장을 두려워하지 않았다. 그런 용기가 있었기에 그는《군주론》을 시작할 수 있었으며, 그 용기를 잃지 않았기에《군주론》을 완성했다. 그의 용기 덕분에 우리는 지금《군주론》을 읽을 수 있다.

둘째, 창조적 사고이다. 창조성이란 남과 다르게 보는 것, 새로운 각도로 보는 것이다. 똑같은 사과 하나를 놓고 열 사람이 사진을 찍어도 사람마다 다르게 표현되는 것과 같다. 찍는 순간 각자의 고유한 시각이 들어가기 때문이다.

마키아벨리의 창조성은 당대의 인물과 사건, 과거의 사건과 인물을 교직交織한 데에 있다. 마키아벨리는 당대의 사건과 그 주역들을 자신만의 시각으로 바라보고, 이를 고대의 사건과 인물들의 행적과의 비교를 통해 과거의 어느 누구도 말한 적이 없고 앞으로도 말하는 사람이 나타나지 않을 것 같은 인간관·세계관·가치관을 설파한다. 마키아벨리만큼 독창적이고 과감한 주장을 한 사람은 지금도 찾기 쉽지 않다.

마지막으로, 감수성이다. 중세 천 년은 "착하게 살아라, 그러면 천당에 간다"라는 종교적 세계관이 지배했다. 이는 플라톤 사유의 연장이자 확장이다. 플라톤이《국가》에서 다루고자 했던 것은 한마디로 '올바름이란 무엇인가'였다. 그 이후 누구도 여기에서 벗어나지 못했다. 플라톤 이후 모든 학문은 결국 도덕과 윤리의 강조이다. 오랜 시간이 훌쩍 지난 지금에도 이런 사유에서 벗어나기란 쉽지 않다. 마키아벨리는 천 년의 종교직 세계관과 플라톤 전통에서 아주 쉽게 벗어나버린다. 그는 본능적인 감각으로 인간이 동물과 별반 다르지 않으며 선하지 않다는 사실을 깨달았다. 이에 바탕을 두고 완전히 독자적인 세계관을 구축한다. 그가 만약 플라톤적인 타성과 중세적인 사유에 매몰되어 있었다면, 옛 정치 질서에 대한 향수와 고리타분한 윤리적 사유에 젖어 있었다면, 이는 불가능한 일이다.

감수성이란 무엇인가? 시대와 사건에 대한 남다른 느낌이자 인식이다. 느낌은 겉으로 감지하는 것이고, 인식은 머릿속으로 구조적으로 이해하는 것이다. 느낌만 있는 감수성은 체계화가 부족하고, 인식만 있는 감수성은 현실을 반영하지 못한다. 느낌과 인식이 함께 작용하는 감수성이야말로 진정한 감수성이다.

마키아벨리는 종교적 세계관이 던져주는 숨 막힐 듯한 질서에 감각적으로 저항하고, 플라톤의 사유가 옭매는 생각의 질서를 인식론적으로 파괴한다. 그의 모토를 한마디로 표현한다면 "모든 생물의 근본 원리는 자기 보전이며 생존이다"일 것이다. 인간은 자기 보전을 위해서, 생존을 위해서 어떤 행위도 마다하지 않는다. 이것이 마키아벨리가 본 인간의 본성이다. 이를 벗어난 사람은 아무도 없다. 그는 이 원리를 역사 속의 수많은 영웅에게서 찾아내고, 현재의 인물들에게서 확인한다.

결론적으로 마키아벨리는 모든 전복적 사유가 그렇듯이 생물학과 역사학에 의존한다. 그는 한 발 더 나아가 생물학의 세계를 역사에 적용하고, 인간에 대한 새로운 통찰을 끌어낸다.

마키아벨리의 문제의식이 성공할지의 여부는 시대와의 조응에 달려 있다. 시대와 시대정신을 거역하는 자, 그는 풍운아이다. 그의 앞길은 순탄하지 않다. 딱 반걸음만 앞서가는 자, 그는 참신한 자이다. 보수이건 진보이건 중요하지 않다. 그는 반드시 성공한다. 돈, 권력, 또는 명예를 얻고 싶다면 무엇이든 쟁취할 것이다. 한 걸음 앞서가는 자, 그는 몽상가이거나 혁명가이다. 성공한다면 혁명가이고, 실패한다면 몽상

가이다.

시대와 시대정신을 열 걸음 앞선 자이거나 시대를 초월한 자가 있다면 그는 영원한 연구 대상이다. 바로 마키아벨리는 용기, 창조적 사고, 감수성의 측면에서 열 걸음 앞서간 자이다. 마키아벨리는 이 점에서 인류가 존재하는 한, 영원한 연구 대상이다.

지위도 낮고 비천한 자가 감히 군주들의 행위를 논하고, 방향을 제시하는 게 너무 주제넘다고 생각하지 마시길 바랍니다. 이것은 제 바람입니다. 왜냐하면 나라의 지도를 그리려는 자들이 산맥이나 높은 지역의 자연(또는 본성)을 관찰하려면 평지 위에 서 있어야 하며, 낮은 지역의 자연(또는 본성)[1]을 응시하려면 산꼭대기에 서 있어야 하기 때문입니다. 마찬가지로 인민의 본성을 명백히 파악하려면 관찰자[2]는 군주여야 하며, 반대로 군주들의 본성을 명백히 이해하려면 관찰자는 인민populare 중의 하나여야만 하기 때문입니다.

1 대개 이 부분을 자연 또는 본성을 빼고 '높은 지역을', '낮은 지역을'이라고 번역한다. 읽는 맛은 떨어지지만 자연 또는 본성을 살려주는 것이 좋다. 마키아벨리가 자연을 빗대어 군주의 본성과 인민의 본성을 논의하기 때문이다.
2 '지도를 그리려는 자들'은 복수를 쓰고, '관찰자'는 단수로 쓰여 있다. 마키아벨리는 단수와 복수를 일부러 구분해서 썼다. 마키아벨리는 나라마다 지도를 그리는 자들은 많지만, 군주들의 본성에 대해 쓴 자는 없다는 것을 드러내고자 했다. 결국 마키아벨리는 자신만이 군주의 본성을 파악하고자 한 유일한 사람이라는 것을 드러내고자 한 것이다.

연구 방법에 대하여

이 절을 정의하자면 '연구 방법에 대하여'이다. 앞에서 마키아벨리는 자신이 좋은 문제의식을 지니고 있다고 말했지만 설명하지 않았다. 그는 여기에서 비로소 좋은 문제의식이 무엇인지를 제시한다. 그것은 '군주와 인민', '군주와 인민의 관계'이다.

그는 군주와 인민, 양자 간의 관계를 설명하려면 두 가지 연구 방법이 필요하다고 주장한다. 설계도면에 빗대어 말해보자. 하나는 조감도鳥瞰圖이고 다른 하나는 어안도魚眼圖다. 그는 조감도와 어안도를 이용하여 군주가 어떻게 처신해야 하는가를 설명한 배치도配置圖인《군주론》을 군주에게 선물한다.

마키아벨리는 지도를 그리려는 자와 군주를 연구하려는 자를 비교한다. 낮은 지역을 그리려는 자는 높은 산꼭대기에 올라가서 내려다보아야 한다. 마찬가지로 인민의 본성을 이해하려면 높은 곳에 있는 군주의 눈으로 아래를 바라보아야 한다. 마치 하늘 높이 나는 새가 땅을 쳐다보듯이 말이다. 이것이 조감도이다. 반면에 높은 곳을 그리려는 자는 평지에서 위쪽을 바라보아야 한다. 마찬가지로 높은 곳에 있는 군주의 본성을 이해하려면 인민의 한 사람이 되어야 한다. 마치 물고기가 수면 밑에서 하늘을 쳐다보듯이, 땅을 헤치고 나온 두더지가 하늘을 쳐다보듯이 말이다. 이것이 어안도이다.

조감도와 어안도를 합쳐놓으면 어떤 도면이 나올까? 마키아벨리는 설명하지 않는다. 하지만 그는 군주로 하여금, 독자로 하여금 생각하게 한다. 예민한 독자나 민감한 군주라면 군주와 일상적으로 가장 많이 부대끼며 공생하는 귀족·부자·관료·군인 등이 빠져 있음을 눈치

챘을 것이다. 그렇다! 그는 근대 시민사회가 도래하기 전의 정치에서 중요한 주체였던 귀족과 부자, 관료와 군인을 날카로운 비수로 포를 뜨듯이 과감히 제거해버린다. 그는 '정치의 두 주체는 높은 곳의 군주와 낮은 곳의 인민!'이라는 위대한 선언을 한다.

그는 조감도와 어안도를 합쳐 배치도를 제시한다. 배치도는 사전적으로 "물자物資나 인원人員을 적당히 나누어놓은 자리나 위치를 표시한 그림이나 도표"이자, "공장 따위의 안에 여러 기계를 장치할 위치를 나타낸 도면"이자, "정원 따위의 설계에서 배치할 건물이나 수목 따위의 위치를 표시한" 설계도이다. 국가의 배치도는 계급·계층 간의 권력 배분을 나타내는 도표이자, 국가 안에 필요한 장치를 어디에 나낼 것인지를 표현하는 도면이자, 국가라는 커다란 정원에 중요한 시설을 어떻게 배치할 것인가를 표시하는 설계도이다. 그런데 마키아벨리의 국가 배치도에는 귀족·부자·관료·군인이 있을 곳이 없다. 배치도에 있는 것이라곤 위에서 내려다보는 군주의 시선과 밑에서 바라보는 인민의 관점뿐이다.

그는 에둘러 말하지 않고 단도직입적으로 말한다. 멋진 군주가 되려면 귀족·부자·관료·군인을 염두에 두지 말고 오로지 인민의 본성만 이해하라. 인민에게 돌팔매질을 당하지 않는 군주가 되려면 오로지 인민이 군주를 어떻게 바라보는지만 생각하라. 바로 이것이 《군주론》 연구 방법의 핵심이다. 따라서 《군주론》에는 조감도적인 군주의 시선과 어안도적인 인민의 시선만이 존재한다. 나머지는 다 사족일 뿐이다. 그가 이런 연구 방법론을 자신의 입으로 말한다면 다음과 같이 말했을 것이다.

첫째, 나는 군주와 인민에 대해서만 말하겠다. 국가를 구성하는 두 주체는 이들뿐이다. 다른 계층이나 계급은 모두 다 불필요한 존재이거나 이들 두 주체에 기생하는 자들이다.

둘째, 나는 군주와 인민의 중간에 있는 존재에 대해서는 무시하겠다. 그들은 혈통적 권리로 군주를 압박하고 인민을 억압하는 귀족이거나, 부를 바탕으로 군주를 위협하고 인민을 수탈하는 부자이거나, 지식을 바탕으로 군주의 권력을 위임받아 인민에게 독점적 권력을 행사하는 관리들이거나, 간헐적으로 정치의 전면에 등장하는 군인들이다.

셋째, 나는 군주와 인민의 소통과 교류에 대해서 말하겠다. 군주와 인민이 직접 소통하거나 교류한다면 군주와 인민의 중간에 있는 귀족·부자·관료·군인은 존재할 필요가 없다. 이들은 불필요하거나 언제든지 제거할 수 있는 존재들이다.

마키아벨리는 낮은 곳에서는 낮은 곳을 제대로 볼 수 없고, 높은 곳에서는 높은 곳을 제대로 볼 수 없다고 생각한다. 그는 낮은 곳을 보려면 높은 곳에 서야 하고, 높은 곳을 이해하려면 낮은 곳에서 바라보아야 한다고 말한다. 그는 이것이야말로 바로 군주를 연구하는 자의 기본자세라고 선언한다.

마키아벨리는 독자들에게 《군주론》에 숨겨져 있는 낮은 곳의 인민을 반드시 찾아보라고 조용히 속삭인다. 낮은 곳의 인민은 《군주론》에서 절대로 드러나지 않기 때문이다. 《군주론》의 인민은 군주가 행하는 정책의 대상이지 주체가 아니기 때문이다. 독자는 《군주론》을 읽을 때 돋보기로 확대해 보듯이, 현미경으로 세밀하게 들여다보듯이 숨겨진 인민을 찾아내야 한다. 하지만 마키아벨리는 독자들에게 《군주론》

에서 찬란하게 빛나는 높은 곳의 군주를 찾아보라고 말하지 않는다. 《군주론》은 군주에 관한 책이므로, 군주가 주인공이므로 구태여 찾아보지 않아도 되기 때문이다. 군주는 신과 같은 존재이기 때문이다.

최고의 군주에게 간청합니다. 제가 이 보잘것없는 책을 바치는 마음 그대로 받아주시기 바랍니다. 폐하께서 이 책을 주의 깊게 읽어보시고 깊이 생각하신다면, 이 책 속에서 저의 놀라운 열망을 명확하게 보실 수 있을 것입니다. 폐하께서는 소유하고 있는 모든 역량과 행운 덕분에 당신이 바라는 그러한 위대함에 도달하실 것입니다. 그리고 당신의 그 높은 자리에서 이 낮은 자리로 당신의 눈을 돌려봐주시기 바랍니다. 그러면 제가 얼마나 오랫동안 지속되는 지독한 악운에 시달리고 있는지 알게 되실 겁니다.

구차한 구직 부탁에 대하여

이 절은 '구차한 구직 부탁에 대하여'이다. 그 이유는 "놀라운 열망"에서 잘 드러난다. 마키아벨리가 밝힌 놀라운 열망은 두 가지이다. 첫째, 메디치가 이 글을 읽고 위대함에 도달하는 것이고, 둘째, 메디치가 낮은 자리로 눈을 돌려 자신을 봐주는 것이다. 전자는 메디치가 위대한 군주의 반열에 오르는 것이고, 후자는 마키아벨리의 구직 부탁이다.

마키아벨리는 에처로울 정도로 가련하게 취직을 시켜달라고 부탁한다. 그는 메디치가 이 글을 읽고 "지독한 악운에 시달리고" 있는 자신을 구원해 주기 바란다고 간청한다. 왜 마키아벨리는 이 글을 바치면서 이토록 절실하게 구직을 부탁했을까?

우선, 가난 때문이다. 마키아벨리는 약 14년간 공직에 복무하다 1512년 모반 혐의로 투옥된다. 부자로 태어나지 못한 그는 공직 생활을 통해, 그나마 넉넉하지는 않아도 안락한 삶을 누릴 수 있었다. 그런데 실직을 한 것이다. 실직은 곧 궁핍이고, 시간이 더 흐르면 하데스Hades의 입구에 서 있는 것과 다름없다. 1512년 무렵 그에게는 약 열 살 안팎의 자식 서너 명이 있었다. 변변한 직업이 없었던 그는 경제적 곤궁함과 인생의 고단함을 느끼고 있었다. 그는 편지에 이렇게 썼을 정도이다.

그렁저렁하다가 식사 시간이 되면, 집에 가서 가족과 식탁에 둘러앉아 이 가난한 산장과 보잘것없는 재산이 허용해 주는 식사를 들곤 하지.*

해가 뜨면 일어나 숲으로 가서 벌채 감독을 하던 마키아벨리에게는 곤궁한 생활에서 벗어나기 위해 절대적으로 더 나은 일자리가 필요했다.

또 다른 이유도 있다. 그는 실천하고 활동하는 이론가였다. 그는 공직 생활 전부를 일종의 외교 업무, 아니면 군 관련 업무로 이어왔다. 그가 쓴 글의 절반이 "끊임없는 독서"의 산물이라면, 나머지 절반은 "오랜 경험"의 산물이다. 경험은 공직 생활에서 얻은 것들이다. 공직 생활은 마키아벨리에게 사색의 근거를 제공해 주고 '어떤 책을 어떻게 읽을 것인가'를 가르쳐주는 지침이다. 마키아벨리에게 공직에서 벗어난

* 시오노 나나미 지음, 오정환 옮김,《나의 친구 마키아벨리》(한길사, 2002), 415쪽.

다는 것은 곧 길을 잃는 것과 같다. 그가 길을 잃지 않으려고 부단히 노력했다는 점이 편지에서 고스란히 드러난다.

그런 다음 한길로 돌아서 선술집으로 가네. 거기서는 나그네들과 이야기를 나누지. 그들 나라의 새로운 사건에 관해서 물어보기도 하고, 그들의 입으로 전해지는 정보에 귀를 기울이곤 하면서 말일세. 그러면 사람들 취향의 차이랄지, 생각의 차이 같은 것을 알 수가 있다네.[*]

가난에서 벗어나고 다시 옛날처럼 생각의 자양분을 얻는 것, 이 두 가지가 마키아벨리로 하여금 취직을 간절히 원하게 했던 요소이다. 그래서 그는 《군주론》을 집필하고, 시작 부분에 "최고의 군주 로렌초 데 메디치에게 니콜로 마키아벨리가 올리는 글"이라는 헌정사를 배치했다.

이 글은 일반적인 헌정사와 다르다. '헌정'은 일반적으로 금전적·정신적·학문적인 도움을 받은 보답으로 글이나 음악 등을 바칠 때 쓰는 말이다. 학자나 문학가 또는 음악가들이 그 받은 은혜에 보답하는 형식이 헌정이다. 그러나 마키아벨리는 메디치 가문에 은혜를 입은 적이 없다. 오히려 그는 메디치가에 의해 해직당했을 뿐만 아니라 '평범한 모의 놀이'를 한 탓에 역모죄로 옥살이를 하기도 했다. 이런 점에서 이 글은 우리가 알고 있는 일반적인 헌정과는 성격이 전혀 다르다. 말하자면 메디치에게 이 책을 헌정할 테니 관직을 달라는 식이다. 주객전도! 글을 바치는 마키아벨리가 주체이고, 이 글을 헌정 받는 메디치가 객체인 셈이다. 따라서 이 글은 한마디로 직업을 얻으려는 구직서

---

[*] 시오노 나나미 지음, 오정환 옮김, 같은 책, 414쪽.

인 셈이다. 그는 아마도 마음속으로 이렇게 말했을 것이다.

'내가 바치는 글이 마음에 들면 관직을 달라! 마음에 들지 않는다면 네가 이 글의 가치를 모르는 것이다.'

결과는 어떻게 되었을까? 그는 이 책으로 직업을 얻지 못했다. 그렇다면 인류가 존재하는 한 영원한 울림이 있을 구직서 《군주론》은 실패한 셈이다. 직업을 얻지 못한 이유는 무얼까? 물론, 헌정했는지 안 했는지 불분명하다는 점도 고려해야 한다. 일단 메디치에게 책을 헌정했다 치고 구직 실패의 다른 이유를 헤아려보는 것도 독자 몫의 재미이리라.

서문에 해당하는 헌정사 전체 다시 보기

헌정사를 간략하게 정리해 보자.

'신하된 도리로 군주에게 선물을 드리고 싶다. 금이나 은과 같은 재화를 제공하는 다른 신하들과 달리 내 선물은 좋은 문제의식이다. 문제의식의 핵심은 군주와 인민의 관계이다. 이 선물이 마음에 들면 내게도 선물을, 다시 말해 관직을 주었으면 좋겠다.'

더 줄여보자.

'선물로 《군주론》을 헌정하니, 그 답례로 내게 관직을 달라.'

질문을 던져보자. 역모 혐의까지 받은 마키아벨리가 메디치가에 접근할 수 있는 더 좋은 헌정사는 없었을까? 과자 봉지에 질소를 가득 충전하듯 메디치 가문을 과대 포장했다면 어땠을까? 역모죄에 대해 변명했다면 더 낫지 않았을까? 그러나 그는 '형식상 헌정, 내용상 서론'인 글을 선물로 시작해서 선물로 끝낸다. 마키아벨리는 종교적인 중세 1천 년과의 격렬한 단절, 플라톤적인 사유 2천 년과의 화려한 결별을 왜 '선물'이라는 말로 시작하고 끝맺었을까? 두 가지로 압축해 생각해 보자.

첫째, 의도하지 않았을 수 있다. 그가 이 서문을 쓸 때 아무런 의도가 없었고, 그냥 자신의 연구 방법론을 설명하고 일반적인 취직을 부탁한 경우이다. 그렇다면 답은 간단하다. 독자인 우리도 그의 연구 방법론과 구직을 향한 숨겨진 의도 정도만 파악하면 된다. 그런데 이렇게 읽는 것은 개운치 않다. 아무런 의도 없이 이런 글을 썼다고 봐서는 안 된다. 《군주론》은 기존의 모든 사유 형태를 뒤흔드는 격렬한 파격이다. 시대와 사유를 뒤엎는 전복적 도전은 관직은커녕 또 한번의 옥살이나 생의 마침표, 아니면 조롱과 경멸을 가져온다.

마키아벨리와 헌정 받는 자, 양자의 입장을 고려해서 읽어보면 살얼음판 위를 걷는 마키아벨리가 느껴진다. 《군주론》의 낱말 하나하나, 문장 하나하나는 봄기운에 얼음이 '쩌~엉 쩡' 소리를 내며 갈라지기 일보 직전인 저수지 한복판에 서 있는 것처럼 여겨진다. 각 단락은 녹기 시작하는 빙판의 숨구멍 곁에 서 있는 것과 같아, 한 걸음만 더 나가면 군주에 대한 비난으로 보이기 십상이다. 그는 한마디도 헛되이 쓰지 않는다. 다듬고 또 다듬고, 줄이고 또 줄인 글이 바로 《군주론》이다. 이 점에서 두 번째 단서가 추려진다.

둘째, 치밀한 의도에 따라 서문을 쓴 것일 수 있다. 서문은 종교적인 윤리, 플라톤적인 사고와 담을 쌓고 새로운 정치학의 지평을 여는 기념비적인 글이다. '선물'은 마키아벨리가 고도의 정치적 사유와 집필

의도를 집약한 말로 이해해야 한다. 여기서 두 번째 가능성이 열린다. '선물'은 정치적 상상력과 정치학의 근본문제이기 때문이다.

마키아벨리의 의도를 한마디로 표현하면 '선물의 정치학' 또는 '선물의 인간관계론'이다. 왜 선물인가? 이 답은 "인간은 정치적 동물이다"*라는 아리스토텔레스의 단언에서 찾아야 한다. 인간은 공동체를 구성하고 살아가는 존재이고 국가가 없는 자는 인간 이하라고 아리스토텔레스는 주장한다. 인간이 공동체 속에서 살아가려면 어떻게 행동해야 하는가? 두 가지로 답할 수 있다. 하나는 정신적인 것으로, '올바르게 사는 것'이다. 다른 하나는 물질적인 것으로, 내가 올바르게 산다는 것을 보여주고자 '무엇인가를 제공하는 것'이다.

전자의 대표자는 플라톤이다. 그는 《국가》를 '올바름이란 무엇인가?'라는 질문으로 시작하고, 케팔로스라는 노인을 통해 이 질문에 답한다. 케팔로스는 상속과 사업으로 부자가 된 자이고, 나이가 든 탓에 성적 욕망으로부터 벗어나 있다. 케팔로스는 부자여서 좋은 점을 "남에게 빚지지 않고 신에게 제물을 바칠 수 있는 것"이라고 경건하게 말한다. 케팔로스는 노인이어서 좋은 점을 "성에 집착하지 않고 성적 쾌락에서 벗어나 있는 것"이라고 너스레를 떤다.**

플라톤은 케팔로스를 통해 정치학에서 다루어야 할 가장 중요한 주제가 '재산'과 '성'이라고 도발적으로 말한다. 그는 재산을 좋은 곳에 사용하고 성적 욕망을 무분별하게 분출하지 않는 것이 정치적 올바름이라고 주장한다. 정치적 올바름은 결국 재산 사용의 절제, 성적 욕망의 절제이다. 정치적 동물인 인간이 자신의 처지에 맞게, 즉 통치자는

---

* 아리스토텔레스 지음, 천병희 옮김, 《정치학》(숲, 2011), 1253 a 2~3.
** 플라톤 저, 박종현 역주, 《국가·정체》(서광사, 2005), 329 c~331 b.

통치자답게, 수호자는 수호자답게, 생산자는 생산자답게 재산과 성을 잘 절제하는 것이 올바른 처사라는 것이다. 절제를 통한 욕망의 억제가 곧 올바름이라는 주장은 플라톤의《국가》전체를 가로지르는 핵심 사상이다.

후자의 대표자는 마키아벨리이다. 그는 '올바름이란 무엇인가?'라는 질문을 던지지 않는다. 그 대신에 그는 '올바른 듯이 보이는 것은 무엇인가?'라는 질문을 던진다. 어떻게 사는 것이 올바른지를 마음속으로 아무리 생각해도 겉으로 드러나지 않는다. 드러나지 않으면 상대방은 그가 올바른지 올바르지 않은지 알 수 없다. 올바른 듯이 보이려면 무엇이 필요한가. 선물을 주는 것이다. 선물을 받는 자는 선물을 주는 자가 올바르게 사는지 아닌지는 알 수 없지만 적어도 자신에게 적대적이지는 않다고 느낀다. 주고받는 선물 덕분에 이 두 사람은 공동체에서 더불어 살 수 있는 최소한의 방편이 마련된다.

인간과 인간의 관계 맺음은 '주고받음'의 관계이다. 이 주고받음의 매개가 바로 선물이다. 인간과 인간, 시민과 시민의 상호 대등한 관계도, 군주와 시민의 불평등한 관계도 서로 주고받음의 관계이다. 주고받음은 '선물'이라는 말로 표현될 수도 있고, 군주와 시민 또는 군주와 인민과의 관계에서는 '정책'과 '지지'라는 말로 표현될 수도 있다.

마키아벨리는《군주론》전체에서 인민에게 선물을 주라고 넌지시 군주에게 권고한다. 그가 보기에 올바른 군주가 신민에게 제공하는 좋은 선물이란 별것 아니다. 신민의 재산을 빼앗지 않고, 신민의 부녀자를 겁탈하지 않는 것이다. 이것이 군주가 '올바른 듯이 보이는' 무언가를 보여줄 수 있는 최고의 선물이다. 그렇게 되면 신민은 군주에게 어떤 선물을 줄 것인가? 본래 귀족·부자·관료·군인보다 욕심이 없는 시민이나 인민은 그에게 요새보다 더 튼튼한 방패막이를 제공한다. 그 방패막이는 바로 시민으로 구성된 군대이자 그들의 충성심이다.

선물은 인간이 모여 사는 곳에서 항상, 그리고 가장 중요하다. 오디세우스는 이를 상징적으로 보여준다. 그는 신에 버금갈 정도로 영악한 자로, 선물 덕에 목숨을 구한 자이다. 그는 틈만 나면 신들에게 제물의 형태로 선물을 바쳤다. 그런 그가 포세이돈의 자식을 해코지했다. 포세이돈은 화가 나서 오디세우스가 집에 가지 못하게 가로막는다. 오디세우스에게서 제물을 받은 신들은 회의를 하고, 그를 살려주기로 결정한다. 그들은 포세이돈을 먼 곳으로 불러들여 제물을 받게 한다. 그 사이에 오디세우스는 무사히 섬을 탈출한다. 신과 인간의 관계도 결국 선물의 주고받음이다. 오디세우스가 신들에게 선물을 바치지 않았다면 우리는 호메로스의《오디세이아》를 읽지 못했을 것이다.

선물과 관련된 정반대 이야기도 있다.《일리아스》에 나타난 그리스 연합군 총사령관 아가멤논과 아킬레우스의 이야기이다. 아가멤논은 아킬레우스가 승전 기념 선물로 얻은 브리세이스를 빼앗는다. 선물을 빼앗긴 아킬레우스는 아가멤논에게 분노하고, 그리스 연합군이 트로이의 맹장 헥토르에게 처절하게 패배할 때까지 전투에 나서지 않는다. 패배를 거듭하던 그리스 연합군 총사령관 아가멤논은 아킬레우스에게 선물을 되돌려주고 화해한다. 그 뒤 그리스 연합군은 아킬레우스 덕분에 승리를 거두기 시작한다.

신과 인간의 관계가 선물로 맺어지듯이 인간과 인간의 관계도 선물의 연속이다. 인간과 인간의 관계를 다루는 학문인 정치학은 '선물을 어떻게 이해해야 하는가?'로 집약될 수 있다. 정치의 이면에는 선물의 정치적 표현인 엽관獵官 제도가 등장한다. 엽관제는 항상 비판의 대상이지만, 인간이 공동체를 이루어 살아가고 정치가 존재하는 한 사라질 수 없다.

엽관제는 보스가 어떤 전리품을 획득하면 아랫사람들에게 나눠주는 것을 말한다. 예컨대 어떤 정치 집단의 지도자가 대통령이 되면 충성을 다한 자들에게 공직과 관직 등을 나눠준다. 전쟁에서 승리한 장군이 전리품을 획득하면 목숨을 걸고 싸운 부하들에게 전리품을 나눠준다. 사냥꾼 우두머리는 잡은 동물들을 사냥에 기여한 정도에 따라 부위별로 나눠준다. 많이 기여했다면 맛있는 부위를 많이 주고, 기여하지 못했다 해도 열심히 했다면 죽지 않을 만큼 나눠준다. 기업에도 엽관제는 작동한다. 신제품이 엄청 팔렸다면 기여도에 따라 성과급이 지급되고, 기여도가 가장 높은 자는 승진에서 우선순위가 된다. 엽관제가 작동하지 않는 인간관계는 없다.

선물을 주고받는 행위의 제도화인 엽관제에는 주고받음의 윤리가 작동한다. 10을 주었는데 10을 돌려준다면 염치 있는 자이다. 10을 주었는데 5밖에 안 준다면 짐승만도 못한 자이다. 그런 자에게는 측근이 붙어 있지 않고 모두 떠나버린다. 10을 주었는데 하나도 돌려주지 않는다면 파렴치한 자이다. 그는 언젠가 반드시 복수를 당한다. 10을 주었는데 20을 돌려준다면, 그는 보스 중의 보스이다. 어떤 상황이 발생해도 신민은 그를 버리지 않는다. 그를 지키려고 목숨을 바친다. 이것이 정치의 법칙이다.

마키아벨리는 정신적 올바름을 강조하는 플라톤의 철학과 정면으로 맞서고자, 현실 성치의 핵심을 보여주고자, 인간관계의 본질을 보여주고자 서두에 물질적 선물을 끌어들였다. 선물을 잘 활용하는 것은 정치를 잘하는 것이다. 선물은 정치의 시작이자 끝이다.

1부

군주와 인민의 관계

1장

다양한 유형의 군주국과
그 군주국들의 형성 과정

예나 지금이나 인간에 대한 지배권을 지닌 모든 국가, 모든 지배 체제는 과거나 현재나 여전히 공화국이거나 군주국입니다. 군주국에는 통치자의 가족이 오랜 기간 군주로 지내왔던 세습 군주국 또는 신흥 군주국이 있습니다. 또한 신흥 군주국에는 밀라노의 프란체스코 스포르차[1]의 경우처럼 완전히 새로운 군주국이 있는가 하면, 에스파냐 왕이 나폴리를 점령[2]한 경우처럼 자신을 정복한 세습 군주국에 병합된 군주국도 있습니다. 정복 당한 신흥 군주국은 다시 군주의 지배에 익숙한 군주국이 있는가 하면, 자유롭게 사는 데에 익숙한 군주국도 있습니다. 그리고 그러한 군주국들은 다른 사람들의 군대 또는 자기 자신의 군대로 획득되기도 하고, 행운 또는 역량[3]에 의해서 획득되기도 합니다.

1 프란체스코 스포르차에 대해서는 7장의 〈프란체스코 스포르차〉 편에서 다루도록 한다.

2 이에 대해서는 21장의 〈위대한 일을 착수함으로써 얻은 평판―에스파냐의 페르난도〉 편에서도 다루도록 한다.

3 행운을 뜻하는 fortuna와 역량을 뜻하는 virtù에 대해서는 6장의 〈역량과 행운〉 편에서 다루도록 한다.

1장은 '지도'다. 2장에서 11장까지의 1부 내용 전체를 간략하게 요약한 서론에 해당한다. 칼로 무를 가지런하게 자르듯 2장부터 11장까지를 명쾌하게 나눈다는 점에서 1장은 1부의 안내서 역할을 한다. 1장을 명료하게 이해하고 넘어가면, 다양한 군주정의 숲에 빠져 혼동하는 오류를 피할 수 있다. 이를 표로 그리면 아래 도표와 같다.

1장은 '못 박기' 장이다. 다른 말로 하면 '영역 설정' 장이다. 마키아벨리는 첫 줄에서 정체政體는 공화정과 군주정, 단 두 가지뿐이라고 단호하게 선언한다. 플라톤이나 아리스토텔레스의 정치 이론에 대해 조금이라도 관심을 가진 사람이라면, 정체를 이 두 가지만으로 나누는 것을 의아하게 생각할 것이다. 그들은 철인통치·군주정·참주정·과

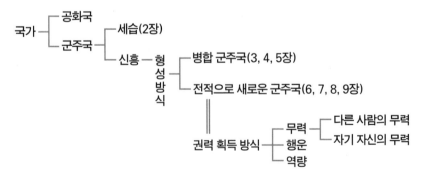

(10장과 11장에 대해서는 전체 구성 중 1부 참조)

두정 · 귀족정 · 민주정 · 폭민정 등 다양한 정체를 언급하기 때문이다. 마키아벨리 당대만 놓고 보더라도 부자들로 구성된 정체나 귀족들로 구성된 정체 등 다양한 형태가 있었기 때문이다.

그런데 왜 마키아벨리는 단 두 유형의 정체만 이야기했을까? 단순하게 생각한다면 마키아벨리가 2장 들머리에서 언급하듯이 《로마사논고》에서는 공화정을 다루고,《군주론》에서는 군주정에 대해 다루기 때문이라고 답할 수 있다. 하지만 이렇게 말하는 것은 석연치 않다. 과연 마키아벨리가 글쓰기의 편의를 위해 정체를 단 두 개로 나누는 자의적인 편법의 칼을 들이댔을까? 르네상스 시대 최고의 문학가라고 할 수 있는 마키아벨리가 과연 철학적 · 역사적 · 현실적 사례가 풍부한 수많은 정체의 격렬한 항의를 무감각하게 무시할 정도로 여러 정체에 연민이 없었을까?

문제의식을 바꾸어보자. 왜 마키아벨리는 두 가지 정체만 존재한다고 단언했을까? 그 이유를 찾는 것은 첫 문장에 대한 해명인 동시에 그가 구축한 정치학 전체의 의도를 찾아내는 열쇠가 된다. 그는 군주와 인민, 또는 군주와 시민으로 구성된 정체 외에는, 예컨대 귀족이나 부자들로 구성된 정체에 대해서는 관심을 두지 않았다. 이것이 정답이다.

마키아벨리는 군주정과 공화정 외의 다른 정체에 관심을 두기는커녕 상당히 경계해야 할 정체로 생각하며 부정한다. 짐승이 배설물과 발톱 자국으로 고유 영역을 표시하듯, 마키아벨리는 천부적으로 타고난 동물적 감각으로 정치학의 영역을 군주정과 공화정 두 개 뿐이라고 분명히 못 박는다. '귀족이나 부자가 개입한 정체는 그 무엇이든 이 문 안으로 들어설 수 없다!'라고 쓴 팻말을 그는 정치학의 정문에 걸어놓는다. 그는 그 이유를 공화정과 군주정 측면에서 설명한다. 《로마사논고》1권 5장과 《군주론》9장의 내용을 바탕으로 정리해 보면 다음과 같다.

첫째, 통치는 어떤 사물이든 그것을 차지하려는 마음이 가장 적은 자에게 맡겨야 한다. 그러나 귀족이나 부자는 차지하려는 마음이 큰 자들이다.

둘째, 귀족이나 부자는 지배하려는 갈망이 있다. 따라서 귀족이나 부자는 동일 계급에 속하는 군주에게 저항하거나, 지배권을 찬탈하려 하거나, 인민이나 시민을 지배하려는 욕망이 강하다.

셋째, 귀족이나 부자는 이미 얻은 것을 잃지 않을까 봐 염려하는 마음이 강하다. 따라서 이들은 가진 것을 잃지 않으려고 수단과 방법을 가리지 않고 악한 행위를 할 가능성이 크다.

넷째, 대부분의 분쟁이나 분란은 가진 자가 일으키고, 그들은 자신이 지닌 힘과 권력을 동원해 분쟁을 격화한다. 상실에 대한 공포를 품고 있는 그들은 가진 것을 조금만 잃어도 다시 찾으려고 모반을 획책한다.

마키아벨리는 귀족이나 부자가 통치하는 국가들, 예컨대 베네치아나 스파르타가 자유를 누린 국가들과 군주가 통치한 나라들보다 훨씬 오랫동안 유지되었다는 것을 모르지는 않았다. 하지만 그는 부자와 귀족으로 구성된 정체는 문제가 있다고 생각한다. 마키아벨리는 '정체는 공화정과 군주정, 단 두 가지뿐'이라고 말하면서, 그런 정체는 결국 다수에 적대적인 정체이거나 군주에 적대적인 정체가 될 수밖에 없다, 따라서 논의 자체가 불필요하다, 더 자극적으로 말하면, 그런 정체는 태어나지도 말아야 하고 존재하지도 말아야 한다는 것을 암시적으로 말한다.

정체에서 귀족과 부자의 삭제! 통쾌하지 않은가! 이것이 마키아벨리의 본심이다. '귀족과 부자가 굳이 정체에 들어오고 싶다면, 곁문으로 들어오시오!' 이것은 막지 않겠다는 것이 마키아벨리의 진심이다. 그는 단숨에 플라톤과 아리스토텔레스의 정체 구분으로부터 벗어나버린다.

2장

세습 군주국

공화국에 대해서는 다른 곳에서 이미 상세하게 다루었으므로[1] 더는 말씀 드리지 않도록 하겠습니다. 저는 군주국에 대해서만 관심을 기울일 것이며, 위에서 언급했던 줄거리들을 엮을 것이며,[2] 마지막으로 이러한 군주국들이 어떻게 통치될 수 있고 보존될 수 있는지[3]에 집중하고자 합니다.

세습 통치자는 분노나 짜증을 불러오는 변화를 피할 수 있다

저는 기존 군주 가문의 통치에 익숙한 세습 국가들은 신흥 군주국들보다 어려움을 훨씬 덜 겪는다고 아뢰고자 합니다.

세습 군주국의 군주는 다만 선조의 관습들을 넘어서지만 않으면 됩니다. 관습들을 넘어서지만 않는다면, 세습 군주국의 군주는 어떤 사건이 발생하는지 처리할 시간이 있기 때문입니다. 따라서 세습 군주가 일상적인 주의만 기울인다면, 그는 언제든 자신의 지위를 유지할 수 있습니다. 단, 흔치 않은 터무니없는 일들 탓에 지위를 빼앗기는 경우는 예외입니다. 하지만 지위를 빼앗긴다 할지라도, 찬탈자가 불운을 겪게 된다면 그 군주는 언제든지 지위를 되찾게 됩니다.[4] 이탈리아의 페라라 공작이 그 예입니다. 페라라 공작은 1484년 베네치아의 공격과 1510년 교황 율리우스의 공격을 물리쳤습니다.[5] 그는 단지 왕국을 오래 통치했다는 이유로 그 공격들을 물리칠 수 있었습니다. 그 밖에 별다른 이유는 없습니다.

출생 덕분에 군주가 된 자는 신흥 통치자보다 악행을 벌일 만한 이유도 적고 악행을 자행할 필요도 없습니다. 따라서 세습 군주는 확실히 신흥 통치자보다 더 사랑받게 될 것입니다. 그리고 기존 군주가 지나친 악덕으로 증오를 사지 않는다면, 신민이 그를 원하는 것은 당연합니다. 그러한 군주국이 개국한 지 아주 오래되었고 상당 기간 지속되어 왔다면, 급진적인 변동들과 그 변동들의 원인마저 망각되기 마련입니다. 왜냐하면 세습 군주가 조금이라도 변화를 준다면, 그 이후 여러 획기적인 변화가 나타나기 때문입니다.

1 《로마사 논고》를 말한다.
2 1장의 내용을 말하는 것으로, 이에 따라 목차를 구성하여 원고를 쓰겠다는 뜻이다.
3 군주가 국가를 어떻게 통치해야 권력을 보존할 수 있는지에 대해서 설명하겠다는 뜻이다.
4 이어서 페라라 공작을 예로 들고 있지만 실제로는 메디치 가문에 대한 지적도 된다. 메디치 가문은 1434년 권력을 장악한 코시모 데 메디치부터 위대한 로렌초 메디치를 거쳐 계속 피렌체를 통치하고 있었고, 대를 이어 세습한다는 점에서 피렌체의 세습 군주라고 할 수 있다. 메디치 가문은 프랑스 샤를 8세의 도움을 받은 성직자 사보나롤라와 그 뒤를 이은 소데리니 정부에

권력을 빼앗기지만, 1512년 피렌체에서 다시 권력을 획득한다. 이 문장은 페라라를 통해 메디치 가문 자체를 되돌아보게 하려는 전략적 글쓰기이다.

5 마키아벨리는 여기서 두 명의 페라라 공작을 하나로 묶어서 설명한다. 첫 번째 페라라 공작은 페라라공 에르콜레 데스테 1세(1431~1505)이다. 그는 1471년 베네치아의 도움으로 공작이 되었으나, 1482년에서 1484년까지 베네치아와 전쟁을 치렀다. 두 번째 페라라 공작은 페라라공 알폰소 데스테 1세(1476~1534)로, 에르콜레 1세의 아들이다. 교황 율리우스 2세가 그를 파문하고 영지를 빼앗자, 그는 베네치아와 교황의 군대와 싸워서 승리했다.

2장은 '기 싸움' 또는 '눈싸움'이다. 목숨 걸고 결투하려는 황야의 두 무법자, 링 위에서 사각 팬티 하나만 걸치고 공이 울리기를 기다리는 두 선수, 바둑판을 앞에 두고 서로 마주앉은 두 기사라 해도 좋다. 그들 간에는 오직 두 사람만이 느낄 수 있는 기 싸움이 있다. 그들은 눈싸움에서 지면 패배한다는 것을 잘 안다. 2장은 책을 헌정하는 자와 헌정 받는 자의 기 싸움이 시작되는 곳이다.

헌정 받는 메디치는 취직을 부탁하는 서문과 이후 11장까지의 내용을 요약한 1장을 별 생각 없이 넘겼을 것이다. 그가 보기에 2장은《군주론》에서 처음 접하는 실질적인 내용이다. 그렇기에 메디치는 2장을 읽으면서 다음과 같이 생각했을 것이다. '그래, 마키아벨리, 네 안목이 얼마나 뛰어난지 어디 좀 보자! 괜찮다면 일자리를 주고, 별로라면……'

헌정하는 마키아벨리 역시 2장을 두고 '말하고 싶은 첫 내용'이라고 생각했을 것이다. 그 역시 구차한 서문과 1장을 메디치가 제대로 읽지 않을 것으로 생각했을지 모른다. 마키아벨리는 1장에서 귀족, 부자, 군인 등을 정치학에서 삭제해 버린 자신의 의도를 메디치가 알아차렸을 것이라고 생각하지 않았을 것이다. 그렇다면 마키아벨리는 2장에 모든 것을 쏟아붓고 원하는 것을 얻어야 한다.

마키아벨리는 2장에서 메디치의 눈길을 사로잡아야 하지만 비위를 상하게 해서도 안 된다. 과시와 겸손은 영원히 평행선을 달리는 철로와 같다. 그는 정확한 사실과 확실한 정보 제공에 바탕을 둔 적확한 주장, 적절한 의견, 올바른 관점을 제시해야 하는 동시에, 함부로 강변해서도 안 되고 메디치가를 위한 낯간지러운 '용비어천가'를 지어야 한다.

헌정하는 자인 마키아벨리는 헌정 받는 자인 메디치보다 약자이다. 그렇기에 그는 한층 더 센 기가 필요하다. 그는 2장에서 '모든 것을 다 말해야 하는 목숨을 건 글쓰기', 하지만 '모든 것을 에둘러 표현하는 글쓰기'를 해야 한다. 군주에게 직접 대놓고 이래라 저래라 명령하는 글을 써서도 안 되며, 군주 가문의 약점을 노골적으로 드러내서도 안 된다. 그렇다고 핵심적인 내용을 빼놓고 발림소리로 가득 찬 글을 써서도 안 된다. 기 싸움에서 지기 때문이다. '그렇고 그런 식상한' 말로 낯 뜨거운 칭찬을 늘어놓는 찬양가로 비치기 때문이다. 그의 이 모든 고뇌를 다 보여주는 글이 바로 2장이다.

마키아벨리는 모든 군주에게는 외적에게서 나라를 지키는 일과 내란이나 분쟁에서 나라를 지키는 일, 이 두 가지 의무(현대 국가의 수반도 이 두 가지만 잘하면 된다)가 있다고 말한다. 이 글을 읽는 메디치는 섬뜩했을 것이다. 메디치 가문이 프랑스의 샤를 8세와 성직자 사보나롤라에게 피렌체의 권력을 빼앗겼다가 되찾은 지 3년도 채 되지 않았기 때문이다. 하지만 마키아벨리는 이것이 《군주론》 전체의 목적이라고 드러내놓고 말하지 않는다. 다만 에둘러 표현할 뿐이다.

마키아벨리는 그러고 나서 곧장 메디치 가문과 같은 세습 군주는 이런 두 가지 의무를 다하기 어렵지 않다고 아부한다. 그는 메디치 가문과 같은 세습 군주는 두 가지만 조심하면 된다고 설명한다. 외적을 막으려면 군주가 "일상적인 주의"를 기울이면 되고, 내란을 막으려면 "지나친 악덕으로 증오를 사지" 않으면 된다고 뭉뚱그려 말한다.

만약 마키아벨리가 17장 〈어떻게 증오를 피할 것인가〉와 19장 〈무엇이 증오를 낳는가〉에서처럼 "신민의 재산을 빼앗지 말라", "신민의 부녀자를 건드리지 말라"라고 2장에서 노골적으로 말했다고 가정해보자. 메디치는 이런 문장을 읽는 순간 얼굴을 붉히고 책을 집어 던질 것이다. 그리고 마키아벨리를 형장의 이슬로 사라지게 했을지도 모른다.

마키아벨리는 '날이 선, 하지만 입에 발린 말'로 '메디치어천가'를 헌정한다. 메디치 가문과 같은 세습 군주는 나라를 잃을 일이 없다는 것이다. 설령 세습 군주가 터무니없는 일로 외부의 적에게 나라를 빼앗긴다 해도 그리 걱정할 게 없다는 것이다. 찬탈자가 조금만 잘못하면 언제든지 세습 군주는 지위를 되찾을 수 있기 때문이다. 그러면서 메디치 가문이 아닌 피렌체 주변의 페라라 공작을 예로 든다.

메디치는 안다. 페라라가 바로 자신의 가문 이야기라는 것을. 일상적인 주의를 기울이지 않아 프랑스에게 나라를 빼앗겼고, 지나친 악덕으로 증오를 사서 성직자 사보나롤라에게 권력을 빼앗겼다는 것을. '날이 선' 마키아벨리의 지적이다. 하지만 마키아벨리는 '입에 발린 말'로 세습 군주는 내란을 걱정할 필요가 없다고 말한다. 역사가 오래되었다면 신민이 정치적 변동을 일으키는 방법을 잊어버리고, 군주가 사소한 개혁만 해도 커다란 효과를 발휘하기 때문이라고 그는 말한다. 실제로 사보나롤라는 망했고, 메디치는 권력을 되찾았다. 메디치 가문은 절대 나라를 잃지 않을 것이라는 아부의 극치!

이 글을 헌정 받는 메디치 가문은 이탈리아 내에서 유서 깊은 군주 가문이고, 메디치는 절대권력을 지닌 슈퍼 갑이다. 마키아벨리가 아무리 오랜 경험과 끊임없는 독서를 자랑해도 그는 한낱 연약한 을일 뿐이다. 하지만 갑의 모든 행적과 행태를 연구한 자칭 최고 이론가 '을'이다. 다시 말해 자신을 고용한다면 갑의 능력을 백배 천배 불려줄 수 있는 을이다.[*]

갑과 을의 기 싸움과 눈싸움에서 갑은 물러서도 잃을 것이 없지만 을은 한 치도 물러서서는 안 된다. 물러서면 일자리를 얻는 건 고사하고 목숨을 잃을 수도 있기 때문이다. 마키아벨리는 당당하게 말하면서도 에둘러 표현하는 글쓰기를 선택한다. 하고 싶은 말을 하면서도 군주의 마음을 상하게 하지 않는 것, 이것이 《군주론》 전체에 숨겨져 있는 글쓰기의 한 방법이다. 살얼음판에서 빠른 속도로 썰매를 타고 있는 마키아벨리, 그의 글은 때론 직설적이고 때론 우회한다.

기 싸움의 연장선에서 재미있는 토론거리가 생긴다. '페라라' 이야기다. 마키아벨리는 페라라를 1484년과 1510년에 전쟁을 치른 한 사람으로 처리한다. 하지만 앞에서 보았듯이 아버지 페라라와 아들 페라라가 서로 다른 전쟁을 치렀다. 그렇다면 마키아벨리는 이를 알면서도 틀리게 쓴 것일까, 아니면 몰라서 틀린 것일까?

---

[*] 이에 대해서 마키아벨리는 22장에서 자세하게 언급한다.

마키아벨리 당시의 이탈리아

사보이 공국

밀라노 공국

만토바

제노바 공화국

모데나 공국

페라라 공국

루카 공화국

피렌체 공화국

시에나
공화국

교황령

제네바령
코르시카

스페인령
사르디니아

베네치아 공화국

오스만 제국

아드리아 해

로마

나폴리 왕국

티레니아 해

지중해

시실리 왕국

몰랐다고 답하면 아주 편하다. 마키아벨리가 그냥 실수한 것이기 때문이다. 하지만 그렇다고 말하기에는 뭔가 의문이 남는다. 그는 1469년에 태어나 1527년까지 살았으므로, 위의 두 사건을 직간접적으로 다 경험했기 때문이다. 또한 그가 자신이 사는 피렌체 바로 옆 국가에서 일어난 일을 잘못 알 리도 없기 때문이다. 더군다나 그는 역사와 현재에 정통한 뛰어난 정치학자가 아닌가! 페라라를 잘못 아는 것은 1980년대 초반에 대학을 다닌 학생이 4·19와 5·18을 혼동하는 것과 같다. 범부라면 틀릴 수도 있겠지만, 시간적으로나 지리적으로나 학문적으로 절대 틀릴 리 없는 연구자 마키아벨리가 아닌가! 그렇다면 마키아벨리는 고의로 이 두 사건을 한 인물이 겪은 것으로 설명한 것이다.

왜? 혹시 이 책을 읽는 메디치로 하여금 '이런 것도 틀려!'라는 실소나 조소를 자아내려는 의도적인 장치는 아니었을까? 마키아벨리가 너무 강한 자신의 주장을 완화하고자 일부러 허허실실 전법을 쓴 건 아닐까? 알 수 없다. 한 번쯤 절대약자 마키아벨리와 절대강자 메디치의 처지에서 생각해 보면 재미있을 것이다. 이런 말초적 탐닉을 주는 독서의 쾌락을 즐기는 것은 《군주론》을 읽는 독자의 몫이다.

3장

병합 군주국

이제부터는 각 장에 속한 소제목에 따라 목차를 분석할 필요가 있다. 3장은 〈신흥 군주국은 어려움에 처한다〉, 〈재정복의 경우〉, 〈정복지 확보하기〉, 〈원래 영토와 다른 국가들을 점령하기〉, 〈식민단들〉, 〈어정쩡한 조치들을 사용하지 마라〉, 〈군 주둔은 해롭고 비용이 많이 든다〉, 〈상대적으로 힘이 약한 자들을 어떻게 다룰 것인가〉, 〈로마의 방식〉, 〈전쟁 연기는 현명한 것인가〉, 〈루이 왕이 이탈리아에서 거둔 초기의 성공〉, 〈루이 왕은 무엇을 했어야 하는가〉, 〈당신 자신의 힘을 넘어서는 것은 어떤 것도 하지 마라〉, 〈루이 왕의 여섯 가지 실수〉, 〈루앙 추기경에 대한 마키아벨리의 답변〉, 〈강력한 조력자는 두려움의 대상이 된다〉의 순으로 이루어져 있다.

마키아벨리는 3장에서 각각의 내용에 따라 소결론을 내리는 형태로 글을 쓰고 있다. 3장을 목차에 맞추어 간단하게 설명하면 다음과 같다.

서론을 먼저 살펴보자. 신흥 군주가 나라를 정복하는 경우 크게 두 가지 어려움이 있다. 첫 번째 어려움은 특정 지역을 처음 정복하는 경우, 해당 지역 인민이 기대했던 만큼의 이익이 없다고 판단했을 때 등을 돌리게 된다는 점이다. 두 번째 어려움은 이런 지역을 재정복할 경우, 어렵지 않게 지배할 수 있으며 그 통치권도 쉽게 잃지 않으나 간혹 상실하는 경우도 있다는 점이다.

이 두 번째 어려움이 본론의 시작이다. 두 번째 어려움은 둘로 나뉜다. 하나는 군주와 동일 언어를 사용하고 사는 곳이 같은 영토일 경우이다. 다른 하나는 군주와 다른 언어를 사용하고 사는 곳이 다른 영토일 경우이다.

전자의 경우, 신흥 군주가 통치권을 상실하는 이유가 있다. 첫째는 예전 군주의 가문을 절멸시키지 않은 경우이고, 둘째는 새로운 조세를 부과하는 경우이다. 따라서 통치권을 유지하고자 한다면 이런 조치를 취해서는 안 된다.

후자의 경우, 신흥 군주에게는 행운과 능력이 동시에 요구된다. 신흥 군주가 이러한 국가를 다스리는 데에는 직접 통치, 식민단 파견, 군주둔의 방법이 있다. 이 중에서 직접 통치는 관리들이 신민을 수탈하지 못하게 하는 장점이 있다. 식민단으로 경영할 경우, 어중간한 조치를 취하면 안 된다. 군이 주둔하는 경우는 비용이 많이 들어 위험하다.

마키아벨리는 이를 바탕으로 다른 언어, 다른 영토를 통치하는 일반적인 방법을 역사적인 사례와 당대의 사례로 나누어 설명한다. 역사적인 사례는 로마가 통치한 방법이다. 이는 완전히 성공한 사례로서 모범이라고 할 만하다. 로마는 필요하다면 절대 전쟁을 미루지 않았다는 점이 중요하다. 당대의 사례로는 루이 왕의 경우이다. 루이 왕은 초기에는 성공했지만, 타인이나 타국의 도움을 받는 결정적인 실수를 범한다. 이를 반면교사로 삼아 절대 따라 해서는 안 된다. 이 점은 마키아벨리가 추기경과 나눈 대화에서 잘 드러난다. 즉, 프랑스인들은 로마인들이 잘 사용했던 국가 통치술을 이해하지 못하고 있다. 국가 통치술의 핵심은 정복하는 데에 도움을 준 자는 반드시 나에게 두려움을 주는 자로 성장한다는 점이다. 따라서 로마인들처럼 국가 통치술을 잘 이해하고 사용해야 한다.

내용에 따라 가제목을 부여하고 목차를 구성하면 아래와 같다.

서론

1. 자연발생적 어려움: 신흥 군주국은 어려움에 처한다
2. 반란 지역 재정복: 재정복의 경우

본론

1. 동일 언어, 동일 영토[*] 정복의 경우: 정복지 확보하기
2. 다른 언어, 다른 영토^{**}의 국가를 지배하는 방법

   1) 지배하는 방법과 종류

      (1) 직접 통치: 원래 영토와 다른 국가들을 점령하기

      (2) 식민단들

      소결론: 어정쩡한 조치들을 사용하지 마라

---

* '동일 언어, 동일 영토'란 같은 언어를 쓰면서 같은 영토 안에 있는 국가를 말한다. 예컨대 이탈리아 안에 있는 마키아벨리 당대의 다양한 도시들은 동일 언어, 동일 국가의 모습을 보인다.

** '다른 언어, 다른 영토'는 언어도 다르고 영토도 다른 경우를 말한다. 프랑스어를 사용하는 프랑스 측에서 본다면 이탈리아는 다른 언어를 사용하면서 다른 영토에 있는 국가이다.

　명조 글씨는 임의로 목차를 잡은 것이다. 고딕 글씨는 《군주론》 각 장의 소제목이다. 3장 이후로도 이와 같은 방식으로 장을 설명한다.

신흥 군주국은 어려움에 처한다

새로운 군주국에서는 여러 어려움이 나타납니다. 첫째, 전적으로 새로운 국가가 아니라 일종의 옛 국가, 다시 말하면 전체 지배권이 뒤섞여 있는 그런 국가에 대해 말씀드리도록 하겠습니다.[1] 그러한 국가에서 변동이 발생한다면, 이는 주로 모든 신생국 내에서 명백하게 나타나는 자연스러운 불만에서 비롯합니다. 다시 말씀드리면, 사람들은 자신의 처지가 조금 더 나아질 것이라고 믿으면 언제든지 기꺼이 자신들의 지배자를 바꾸곤 합니다. 인간은 이런 신념을 품고 있기 때문에 통치자에 대항해 무기를 듭니다.[2]

하지만 인간은 그렇게 하면서 스스로 속습니다. 왜냐하면 시간이 얼마 지나지 않아 인간은 경험을 통해 자기 상황이 더 나빠졌음을 깨닫기 때문입니다. 이처럼 상황이 더 악화되는 것은 지극히 자연스럽고 정상적입니다. 왜냐하면 새 군주는 항상 군대를 통해 새롭게 획득한 신민에게 피해를 줄 수밖에 없으며, 새로운 정복에 필연적으로 수반되는 무수히 다양한 방법을 통해 그들을 억압할 수밖에 없기 때문입니다. 그렇게 하여 당신[3]은 그 군주국을 점령하는 과정에서 해를 끼쳤던 정복당한 자들을 적으로 만들게 됩니다. 왜냐하면 당신은 그들이 바라는 만큼 만족을 줄 수 없기 때문입니다. 또한 당신은 당신을 도와준 자들과도 친구로 지내지 못하게 됩니다. 왜냐하면 당신은 그들에게 빚을 지고 있으므로, 그들에게 강력한 조치를 취할 수 없기 때문입니다.

새로운 군주는 항상 아무리 군대가 강력하다 할지라도 새로운 영토로 들어갈 때는 반드시 주민들의 호의를 얻어야 합니다. 바로 이러한 이유들 때문에 프랑스의 왕 루이 12세는 밀라노를 그렇게 신속하게 점령했으면서도 곧바로 상실했던 것입니다. 영토를 빼앗긴 루도비코는 자신의 군대만으로도 손쉽게 루이 12세로부터 영토를 다시 되찾을 수 있었습니다. 왜냐하면 루이에게 성문을 열었던 인민이 자신들의 판단이 틀렸음과 그들이 바라던 이익을 얻을 수 없음을 깨닫게 되자 새로운 군주의 짜증나는 행동들을 참을 수 없었기 때문입니다.[4]

1 보다시피 여기서 '첫째'는 신흥 군주국 중 병합 군주국을 말한다. 둘째는 '전

적으로 새로운 국가'에 대한 이야기인데, 이는 6장에서 시작한다. 6장의 첫머리는 "완전히 새로운 군주국"으로 시작한다. "완전히 새로운 군주국"이란 1장의 요약에서 보듯이 무력·역량·행운 등으로 군주가 된 군주국을 뜻한다.

2 이는 한 국가 내의 반란, 혁명 등을 뜻하지 않는다. 이는 한 국가의 신민이 다른 국가의 군주나 통치자, 또는 통치 집단과 영합하여 자국의 통치자를 몰아내는 것을 뜻한다. 이런 일이 발생하는 이유는 도시국가의 특수성에서 비롯한다. 소규모 도시국가의 시민이나 신민은 자신들과 뜻만 맞는다면 인접 도시국가의 군주나 다른 국가의 통치자들을 불러들이곤 했다.

3 《군주론》에서 마키아벨리는 '군주'라는 비인칭 명사 대신에 '당신'이라는 이인칭 대명사를 즐겨 사용한다. '당신'은 상대를 낮추어 부르는 것이 아니라 높임말로 이해하면 좋다. 우리말과 글에서도 윗사람을 높여서 가리키는 말로 당신이라는 호칭을 자주 사용한다.

4 루이 12세와 샤를 8세, 그리고 루도비코의 관계에 대한 설명이 필요하다. 샤를 8세(1470~1498)는 1483년 어린 나이에 왕위에 올랐다. 그는 프랑스를 통일하고 나서, 앙주 왕가로부터 물려받았다는 이유를 내세워 이탈리아 가장 남쪽에 있는 나폴리 왕국의 영유권을 주장한다. 이때 밀라노의 공작이 되기를 원했던 루도비코 스포르차는 샤를 8세를 지원한다. 샤를 8세는 알프스 산맥을 넘어 이탈리아를 점령하기 시작한다. 루도비코는 샤를 8세 덕분에 밀라노의 공작이 된다. 그러나 샤를 8세는 체사레의 아버지인 교황 알렉산데르 6세가 중심이 된 신성 동맹에 의해 이탈리아에서 쫓겨난다.(지도 참고)

　그 후 샤를 8세의 사촌인 루이 12세가 밀라노 공작령의 영유권을 주장하며 밀라노를 침략한다. 루도비코의 학정에 염증을 느끼던 밀라노 시민들은 1499년 루이 12세를 받아들이고 루도비코를 쫓아낸다. 밀라노 시민들은 기대를 걸었던 루이 12세에게도 환멸을 느낀다. 기회를 포착한 루도비코는 스

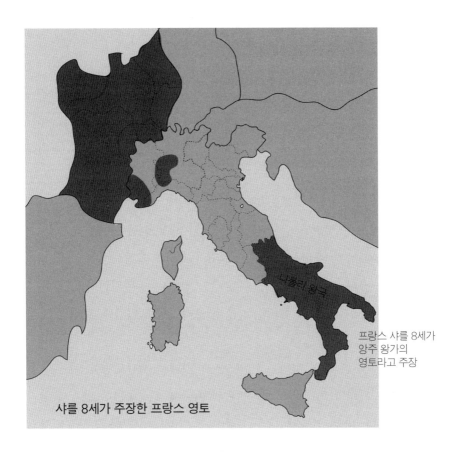

나폴리 왕국

프랑스 샤를 8세가
앙주 왕가의
영토라고 주장

샤를 8세가 주장한 프랑스 영토

위스 용병을 끌고 1500년 2월 밀라노에 다시 입성한다. 하지만 프랑스 왕의
사주를 받은 스위스 용병들이 루도비코를 포로로 사로잡는다.

3장의 곁말은 아주 명쾌하다. 다른 나라를 침략하여 정복한 병합 군주
국의 군주는 어려움에 처할 수밖에 없다. 병합 군주국의 군주는 정복
지에서 당연히 나쁜 짓을 하게 마련이어서 적을 만들게 되고, 도와준
자들에게도 그들이 원한 만큼 이익을 줄 수 없기 때문이다. 온통 적뿐

인 정복지를 쉽게 통치하고자 할 때 병합 군주국 군주에게 가장 중요한 것은 신민의 지지이다.

마키아벨리의 속말은 조금 복잡하다. 메디치에게 말하고 싶은 속내를 유추해서 해석해 보자. 그는 왜 당대의 루도비코를 예로 들었을까? 그 답을 찾으려면 우리는 루도비코가 지배하던 당시의 밀라노를 이해할 필요가 있다.

루도비코는 레오나르도 다빈치를 비롯한 수많은 예술가의 후원자였다. 루도비코는 그 당시 이탈리아에서 가장 화려한 궁전을 지었다. 그는 밀라노 대성당을 건축하고 수도의 거리를 확장했으며, 거대 정원을 만들었다. 여기에 수많은 예술가와 장인이 동원되었다. 그중에는 레오나르도 다빈치와 유명한 건축가 브라만테도 있었다. 또한 루도비코는 대학을 융성케 했다.

루도비코는 또한 밀라노 르네상스의 경제적 지원자였다. 하지만 르네상스 시대의 위대한 예술 작품 뒤에는 감춰진 이면이 반드시 있기 마련이다. 바로 엄청난 세금 수탈이다. 밀라노 시민들은 루도비코의 엄청난 세금 폭탄을 견뎌내지 못하자 크고 작은 반란을 일으켰다. 바로 이 틈을 비집고 프랑스의 루이 12세가 들어와 아무런 저항도 받지 않고 밀라노를 점령한다.

그러나 곧 동일한 역사가 반복된다. 밀라노 인민의 환영을 받고 들어온 루이 12세도 루도비코와 별반 다를 바 없는 군주였다. 정복 군주인 그 역시도 시민들에게 악행을 자행했기 때문에 환영받지 못했다. 밀라노 사람들에게 루이 12세는 루도비코의 또 다른 복제품에 지나지 않았다. 밀라노 인민은 '구관이 명관'이라는 심정으로 루도비코를 다시 군주로 받아들인다.

마키아벨리가 하고 싶은 이야기는 루도비코처럼 새로 공작이 된 자이든, 루이 12세처럼 병합 군주이든 무조건 신민의 호의를 얻는 것이 중요하다는 것이다. 특히 병합 군주국의 군주라면 무조건 정복당한 지역 신민의 호의를 얻는 게 중요하다. 정복 군주에게 침략당한 주민들은 기본적으로 적이기 때문이다.

마키아벨리는 여기서 명제와도 같은 중요한 '인민관'을 던진다.

'인민에게 정해진 지배자는 있는가? 없다! 인민에게 자국 출신 통치자가 중요한가? 아니다! 인민에게는 통치자가 자국 출신이건 정복자이건 중요치 않다. 인민이 항상 절박하게 요구하는 것은 자신들의 처지 개선이다. 인민에게 통치자가 보수인가 진보인가가 중요한가? 인민에게 절박하게 필요한 것은 지금보다 조금 더 나은 삶이다. 인민의 불평을 해소해 줄 통치자가 있다면, 인민은 언제든지 그를 위해 총을 들 수도 있고 나라의 문을 개방할 수도 있다.'

마키아벨리는 밀라노의 과거와 루도비코의 삶을 통해 피렌체의 현재와 메디치의 삶을 간접적으로 암시하면서 자신의 인민관을 슬며시 끼워 넣는다.

이상을 토대로 마키아벨리가 3장 들머리에서 하고 싶은 이야기를 정리하면 다음과 같다.

'밀라노의 과거는 피렌체의 역사다. 루도비코 삶의 궤적은 메디치 당신 집안의 이야기이다. 당신도 프랑스에게, 사보나롤라에게 나라를 빼앗긴 경험이 있지 않은가! 인민의 지지를 받도록 노력하라. 그리하면 다시는 피렌체를 잃지 않을 것이다.'

재정복의 경우

새로운 군주가 자신을 쫓아냈던 지역을 다시 정복하는 경우엔 웬만해선 그 땅을 잃지 않습니다. 이것은 사실입니다. 왜냐하면 새로운 지배자는 축출되었던 경험을 기회로 이용하기 때문입니다. 다시 말하면 그는 모반자를 처벌하고, 의심하는 자들을 정확히 파악하고, 가장 취약한 지역들에 미리 주의를 기울임으로써 자신의 안전을 확보하는 데에 머뭇거리지 않기 때문입니다. 따라서 루도비코 공작은 처음에 영토를 잃었을 때 변경 지역을 교란하는 것만으로도 프랑스 왕을 밀라노에서 쉽게 몰아낼 수 있었습니다. 하지만 두 번째의 경우는 사정이 달랐습니다. 이탈리아 모든 지역이 프랑스 왕에게 저항하고서야[1] 그의 군대를 패퇴시켜 이탈리아 밖으로 몰아낼 수 있었습니다. 이와 같은 사정은 앞에서 언급한 이유들 때문입니다. 그럼에도 연거푸 두 번에 걸쳐 프랑스 왕에게서 밀라노를 탈환했다는 것은 사실입니다.[2]

1 샤를 8세, 그 뒤를 이은 루이 12세에 의해 프랑스는 이탈리아에서 더 강력해졌다. 체사레의 아버지이자 교황인 알렉산데르 6세는 이에 저항하기 위해 이탈리아 내 여러 국가의 힘을 빌려 '신성 동맹'을 결성한 뒤 힘을 합쳐 프랑스를 몰아낸다. 이때 루도비코도 신성 동맹에 가담하여 프랑스를 몰아내는 데에 힘을 보탠다.

2 1499년 루도비코는 프랑스 군대를 피해 달아났다. 다른 국가들은 루도비코가 밀라노 공작이 되고픈 야욕 때문에 프랑스를 이탈리아에 끌어들였다고 생각하고 루도비코를 도와주지 않았다. 루도비코는 1500년 2월, 스위스 용병을 앞세워 밀라노를 탈환했다. 첫 번째 밀라노 탈환이다.

두 달 후 루이 12세는 루도비코의 근거지인 노바라Novara를 포위했다. 그 당시 루도비코와 프랑스는 모두 스위스 용병을 고용하고 있었는데, 양쪽의 스위스 용병들은 서로 싸우기를 원치 않았다. 용병들은 노바라를 떠나기로 결심하고서 루도비코를 사로잡아 프랑스에 넘겼다.

신성 동맹군의 용병으로 참여한 스위스는 1512년 프랑스로부터 다시 밀라노를 탈환했고, 그 후 루도비코의 아들 막시밀리안에게 밀라노를 돌려준다. 두 번째 밀라노 탈환이다.

이 짧은 글에 간단히 '일반적인 식민지 통치 방법'이라고 제목을 붙여 보자. 마키아벨리는 앞에서 인민론을 은근히 깔아놓았다. 이제 그는 한번 정복했다 잃었던 땅을 또다시 정복하는 경우 더는 영토를 잃지 않을 것이라고 말한다. 그 이유는 영토를 상실하지 않으려고 준비를 철저히 하기 때문이다. 그 준비는 '모반자 처벌', '의심 대상자 파악', '취약 지역 주의 기울이기' 등이다.

마키아벨리의 준비를 일반화하면 '군주는 정복한 국가를 어떻게 통치해야 하는가'이다. 즉, '식민지를 확보했을 때 어떻게 통치하면 상실하지 않는가'로 읽을 수 있다. 그의 주장은 식민지를 통치하는 가장 일반적인 방법에 해당한다. 예컨대 식민 모국에 모반을 꾸미는 자는 엄격히 처벌하고, 모반할 의심이 가는 자는 항상 파악해 두어야 하고, 모반을 획책할 만한 지역에는 특별히 주의를 기울이는 것이다.

왜 이렇게 생각하는지, 그 근거를 찾고자 3장의 목차를 다시 살펴보자. 3장의 목차는 동일 언어, 동일 영토를 정복하는 경우와 다른 언어, 다른 영토를 정복하는 경우로 나뉜다. 그리고 후자에는 직접 통치, 식민단 파견, 군 주둔 등의 방법이 있음을 알려준다. 이를 이론적으로 일반화하려고 역사적인 사례와 마키아벨리 당대의 사례를 살핀다.

〈재정복의 경우〉와 위 내용을 합치면 식민지를 통치하는 모든 방법이 설명되었다고 볼 수 있다. 이 점에서 3장은 20세기 이전 제국주의 시대에 자행되었던 식민지 통치의 모든 방법을 망라하고 있다고 이해해도 좋을 만큼 간단명료하게 서술된 곳이다.

목차 그대로 전개되는 마키아벨리의 겉말을 놓쳐서는 안 된다. 마키아벨리는 〈재정복의 경우〉 바로 앞에서 은연중에 속말로 인민의 중요성을 강조함으로써 군주의 심기를 건드렸다. 그는 이제 겉말로 군주를 다독거리고 회유해야 한다. 그 겉말은 다음과 같다.

"메디치 당신은 최고의 군주이다. 따라서 동일 언어를 쓰는 동일 지역, 즉 이탈리아를 정복하여 통일된 나라를 만들어야 한다. '모반자 처벌', '의심 대상자 파악', '취약 지역 주의 기울이기' 방법을 사용하라. 더 나아가 다른 언어를 쓰는 다른 지역, 즉 유럽과 아프리카를 정복하라. 당신은 최고의 군주이므로 이탈리아 통일은 물론이고 과거 로마 제국의 영광도 실현할 수 있는 그런 군주가 될 것이다."

정복지 확보하기

첫 번째 상실의 일반적인 원인들에 대해서는 이미 말씀드렸습니다.[1] 이제 두 번째 상실의 일반적인 원인들에 대해 말씀드리고, 다시 상실하지 않으려면 정복자가 어떤 자원들을 가져야 하는지, 자신의 처지에서 어떤 인적 자원들을 가져야 하는지를 알아보도록 하겠습니다. 이는 프랑스 왕이 점령했을 때보다 영토를 더 잘 유지하기 위해서입니다.

정복지를 획득하고 나서, 군주는 정복한 국가들이 동일 지역, 동일 언어권인지를 살피는 것이 중요합니다. 동일 지역, 동일 언어권이라면, 특히 그 지역들이 자유롭게 사는 데에 익숙하지 않다면, 그 국가들을 유지하는 것은 아주 손쉬운 일입니다. 요컨대 이들 지역을 안전하게 유지하려면 정복자는 그 지역을 지배하던 군주 가문만 제거하면 됩니다. 왜냐하면 다른 것들과 관련하여 옛 조건들이 그대로 유지되고 그들의 관습이 변화하지 않는다면, 사람들은 소요를 일으키지 않고 조용히 살기 때문입니다. 오랜 시간 프랑스 주변에 있었던 부르고뉴·브르타뉴·가스코뉴·노르망디[2] 등이 여기에 해당합니다. 비록 언어적으로 본다면 이들 지역은 프랑스와 약간 다르지만, 그럼에도 그들의 관습은 프랑스와 동일합니다. 따라서 이 지역들은 서로 쉽게 어울려 살아갑니다.

결론을 말씀드립니다. 그러한 지역을 점령한 군주가 그 지역을 유지하고자 한다면 두 가지에 주의를 기울여야 합니다. 첫째, 오랜 역사를 지닌 기존의 군주 가문을 깨끗이 제거해야 합니다. 둘째, 그들 지역의 법이나 조세 제도를 바꾸어서는 안 됩니다. 군주가 이 두 가지를 따른다면, 이들 정복지들은 아주 짧은 시간 안에 하나로 통일될 것입니다.

---

1 첫 번째 상실 원인은 〈신흥 군주국은 어려움에 처한다〉에서 언급한 "자연스러운 불만"에 해당한다. 간략하게 정리하자면, 정복자는 정복을 하면서 악한 짓을 저지를 수밖에 없으므로 정복당한 자들은 작은 이익만 주어진다면 언제든지 기존 통치자를 배신했듯이 정복자도 배신한다는 것이다.

2 부르고뉴는 1477년 프랑스에 병합된다. 브르타뉴는 1488년 프랑스 군대에 패배하고, 1532년 프랑스에 공식적으로 합병된다. 가스코뉴는 영국이 지배했지만 1453년 프랑스에 정복당한다. 노르망디는 1469년 공작령이 소멸되고 프랑스에 흡수된다.

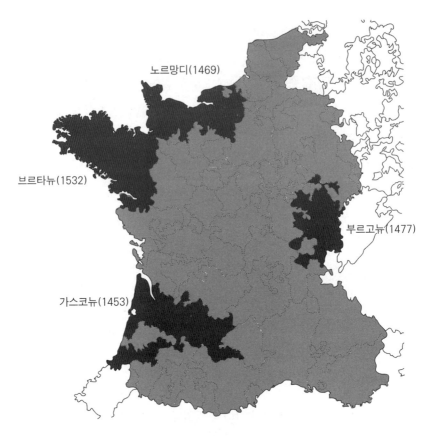

노르망디(1469)

브르타뉴(1532)

부르고뉴(1477)

가스코뉴(1453)

프랑스의 동일 언어와 동일 지역 정복

동일 언어, 동일 지역의 정복 정책을 설명하는 이 절에서 마키아벨리는 프랑스의 부르고뉴·브르타뉴·가스코뉴·노르망디 정복 정책을 논한다. 프랑스는 1450~1490년 무렵에 이들 지역을 정복했다. 그중에서도 브르타뉴는 1532년이 되어서야 공식적으로 프랑스에 합병된다. 당시 마키아벨리와 메디치의 견지에서 보자면 현재진행형인 지역들이다. 왜 마키아벨리는 프랑스의 이런 정복 정책을 언급했을까?

우선 이들 지역은 마키아벨리가 주장한 기존 지배세력의 완전한 절멸을 적나라하게 보여주기 때문이다. 부르고뉴의 마지막 공작인 '용감한 샤를'은 전장에서 죽었다. 브르타뉴의 마지막 공주 안은 루이 12세와 결혼해야 할 의무를 떠안게 되었다. 노르망디에서는 세습의 증표였던 반지가 파괴되었고 그 결과 후손에게 영토를 더 이상 양도할 수 없게 되었다. 가스코뉴는 백년전쟁에 참여한 결과, 완전히 소멸해 버렸다. 진행되는 과정은 다르지만 이 지역의 마지막 군주라고 할 수 있는 자들은 다양한 방법으로 모두 절멸했다.

마키아벨리는 이를 통해 내심으로 다른 이야기를 하고 싶었을 것이다. 그는 이 글을 읽는 메디치가 프랑스와 이들 나라의 지리적 위치, 이탈리아 반도 내에서의 피렌체의 위치를 마음속으로 떠올리기를 바랐을 것이다. 그는 프랑스의 정복 정책을 예로 들어 보여주면서, 프랑스처럼 메디치 가문 역시 이탈리아 내에서 주변의 잡다한 군소 국가를 통일해 주기를 바란다.

마키아벨리는 여기서 동일 언어, 동일 지역의 정복 정책, 즉 이탈리아 통일에 대해 두 가지 주문을 한다. 첫째, 정복한 지역에서 이전 군주의 흔적을 완전히 없애버리라는 것이다. 즉, 기존의 지배가문을 완전히 절멸하라는 섬뜩한 주문을 한다. 그래야만 저항의 구심점이 사라져서 커다란 정변이 발생하지 않는다는 것이다. 마치 프랑스가 오랫동안 함께 동거해 오던 여러 지역을 정복하면서 후계자들을 완전히 제거했던 것처럼 말이다.

둘째, 마키아벨리는 정복한 지역의 법이나 조세를 바꾸면 안 된다고 조심스럽게 말한다. 정복한 지역의 기존 법률 체계를 흔들거나, 새로운 조세 제도를 만들어 신민들에게 과도한 세금을 부과하면 안 된다는 것이다.

첫째와 둘째를 연결해 보자. 정복 군주가 과도한 세금을 부과하고 새로운 법령을 만들어 기존 체계를 흔든다면, 정복당한 신민들은 불편함을 견디지 못할 것이다. 그러면 그들은 언제든지 반란을 일으킬 준비를 한다. 기존 지배가문이 살아 있다면 반란의 구심점이 된다. 필요한 것은 반란의 촉발점이 될 수 있는 사소한 사건뿐이다. 낱낱이 따로 놀던 반란 세력과 구심점이 결합하면, 정복 군주가 정복 지역을 유지한다는 건 사실상 불가능해진다.

마키아벨리는 여기서도 조심스럽게 인민론을 내세운다. 인민은 누가 통치자인지에 대해선 관심이 없다. 인민이 요구하는 것은 최소한 과거의 조건들이 그대로 유지되거나 조금 더 나아지는 것이다. 군주나 통치자가 바뀐다 할지라도 인민은 관심이 없다. 누가 통치자가 되든 자신들에게 불리하도록 변화만 강요하지 않으면 된다. 그 변화에서 가장 중요한 것은 옛 법이 존중되고 세금이 늘지 않는 것이다. 그러면 인민은 통치자가 누가 되든 소요를 일으키지 않는다. 게다가 기존의 군주 가문이라는 구심점까지 없다면 그 지역은 완전 정복 지역으로 바뀌게 된다.

민족과 조국이라는 관념이 지배하는 근대 이후에 살고 있는 우리는 마키아벨리의 이런 인민관이 이해되지 않을 수도 있다. 마키아벨리의 시대에는 이데올로기도, 민족도, 조국도 없었다는 것을 상기해 보자. 오로지 군주나 귀족, 기사만이 존재했을 뿐이고, 전쟁도 그들만의 것이었다. 예컨대 프랑스가 브르타뉴를 점령할 때 동원한 군사는 스위스와 이탈리아의 용병 5,000명 정도였다. 일반 인민은 이런 전쟁과 아무런 관련이 없다. 전쟁의 승자도, 패자도 귀족과 기사, 용병들이었을 뿐이다. 누가 승리자가 되어도 인민은 아무런 관심이 없다. 오로지 자신들을 괴롭히지만 않으면 될 뿐이다. 마키아벨리는 이 지점을 정확하게 지적한다.

마키아벨리의 인민관은 우리 시대에 어떻게 적용될 수 있는가? 이데 올로기도, 조국도, 민족도 있는 오늘 마키아벨리의 인민관을 어떻게 받아들여야 하는가? 생각해볼 주제이다.

원래 영토와 다른 국가들을 점령하기

그러나 언어·관습·제도가 상이한 지역을 정복한다면, 문제들이 발생합니다. 이 경우 군주가 그 지역들을 유지하고자 한다면 반드시 커다란 행운과 상당한 기술이 있어야 합니다.

그러한 국가들의 정복자인 경우 가장 효과적이며 주요한 수단은 이들 지역에 들어가서 사는 것입니다.[1] 이렇게 하면 그의 정복은 더 오래 유지될 뿐만 아니라 훨씬 더 안전해집니다. 그 예는 튀르크가 그리스에서 행했던 것입니다. 튀르크가 그리스를 유지하고자 여러 가지 방법을 사용했던 것은 사실입니다. 하지만 튀르크가 그리스에 직접 정착하지 않았다면 그리스를 유지하는 것은 가능하지 않았습니다.[2]

당신이 정복지에 거주한다면 병폐가 발생하는 것을 직접 보고 신속하게 치료할 수 있습니다. 반대로 당신이 그곳에서 살지 않는다면 그 병폐들이 심각해져서 더는 치료가 불가능할 때에야 비로소 알게 됩니다. 당신이 직접 거주한다면, 당신의 관리 중 어느 누구도 당신이 거주하는 국가를 약탈할 수 없습니다. 당신의 신민은 군주와의 이러한 직접적인 접촉에 만족해할 것입니다. 따라서 신민이 선한 경향이 있다면, 신민은 당신을 사랑하는 더 많은 이유를 가지게 됩니다. 반대로 신민이 악한 경향이 있다면, 신민은 당신을 두려워할 더 많은 이유를 가지게 됩니다. 그러한 국가를 공격하고자 하는 어떤 군주라 할지라도 크게 머뭇거리게 됩니다. 결론을 말씀드립니다. 만약 군주가 정복지를 직접 통치한다면, 군주는 그 국가를 쉽게 잃지 않습니다.

1 군주가 정복한 지역에 가서 직접 통치하는 것을 말한다.
2 오스만 튀르크(현재의 터키)가 제국을 확장하는 과정에서 비잔틴 제국을 멸망시키고 유럽으로 진출하게 된 것을 말한다. 오스만 튀르크의 메흐메트 1세가 1421년 제국을 재통합했고, 그의 아들 무라트 2세가 제국의 성장을 막으려던 기독교 세계의 공격을 물리쳤다. 무라트 2세의 아들 메흐메트 2세는

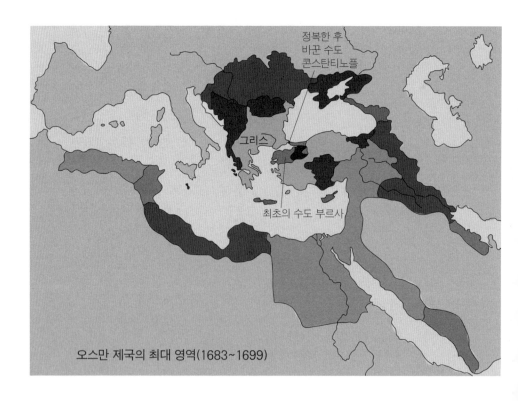

오스만 제국의 최대 영역(1683~1699)

1453년 8만여 명의 군대와 비정규군을 동원하여 동로마 제국의 수도 콘스탄티노플을 점령하고, 원래 수도였던 부르사에서 에디르네를 거쳐 콘스탄티노플로 수도를 옮긴다. 현재의 이스탄불이다. 튀르크의 군주는 수도를 옮김으로써 그리스를 직접 통치하는 방법을 택한 것이다. 오스만 튀르크는 1829년까지 통치하다가 그리스의 독립전쟁을 계기로 현재의 그리스 영토에서 물러난다. 이런 점에서 본다면 직접 통치를 하면 오래 지배할 수 있다는 마키아벨리의 예언은 맞았다.

마키아벨리는 다른 언어를 쓰는 다른 지역을 점령했을 경우 가장 좋은 첫 번째 정책을 말한다. 그 방법은 점령한 군주가 직접 통치하는 것이다. 그 예가 오스만 튀르크의 메흐메트 2세이다. 그는 1450년 무렵 그리스 일대와 터키 일대를 점령한 후, 과거의 수도 부르사를 버리고 정복한 도시 콘스탄티노폴리스로 옮기고 이스탄불로 이름을 바꾼다.

마키아벨리는 여기서 분명하게, 정복지를 직접 통치하면 오래 지배할 수 있다고 말한다. 군주가 들으면 솔깃할 말이다. 그러나 그는 단서를 단다. 직접 통치의 이점은 중간 관리자들이 정복지 인민을 수탈하지 못하게 한다는 점, 즉 군주가 식민지를 직접 관리하기 때문에 중간 관리자가 군주의 눈을 피해 나쁜 짓을 할 수 없는 데서 비롯된다고 말한다.

여기서 두 번째, 세 번째 이점이 계속 나타난다. 두 번째 이점은 군주가 정복지의 신민들과 직접 만날 수 있다는 점이다. 즉, 군주는 신민의 문제를 직접 보고 이해할 수 있으며 신민은 군주에게 자신의 어려움을 직접 호소할 수 있다는 것이다. 그렇게 되면 정복지의 착한 신민들은 정복 군주를 더 사랑하게 된다.

　세 번째 이점은 정복 군주와 정복당한 신민의 연대가 굳건해지면 다른 적들이 이 나라를 침략할 수 없다는 점이다. 왜냐하면 정복 군주와 신민의 관계가 굳건하므로 침략을 해도 목적을 달성할 수 없기 때문이다. 그 이유는 정복당한 신민 중 나쁜 자들, 예컨대 모반과 음모를 꿈꾸는 자들이 다른 정복자들과 내통할 수 없기 때문이다. 정복당한 지역에서 모반할 가능성이 있는 악한 신민들은 나머지 다른 신민들과 밀착하여 관계를 잘 유지하는 정복 군주를 두려워할 수밖에 없다.

　마키아벨리는 직접 통치의 가장 중요한 이점은 바로 인민에 대한 수탈 금지에서 비롯된다며 은밀하게 다시 인민론을 슬며시 집어넣는다.

식민단들

그다음 가장 좋은 방법은 그 국가의 요충지와 같은 한두 지역에 식민단植民團[1]을 파견하는 것입니다. 왜냐하면 군주는 식민단을 파견하거나, 그렇지 않으면 그곳에 다수의 중기병과 보병을 유지해야 하기 때문입니다. 군주는 식민단에 대해 비용을 거의 지출하지 않거나, 식민단 파견과 유지에 비용을 쓴다 해도 아주 조금만 사용할 뿐입니다. 군주는 식민지 개척자들에게 제공하기 위해서 몰수한 농토와 가옥의 소유자에게만(그리고 그들은 그 국가에서 아주 소수에 지나지 않습니다) 피해를 줄 뿐입니다. 더구나 손해를 본 사람들은 흩어질 뿐만 아니라 가난해져서 군주에게 결코 피해를 줄 수 없습니다. 반면에 나머지 다른 원주민들은 한편으로는 손해를 보지 않았기 때문에 조용히 지낼 것이며, 다른 한편으로는 자신들도 혹시 실수를 저질러 재산이 몰수되지 않을까 하고 두려움 속에서 전전긍긍하며 살아갑니다.

결론을 내리도록 하겠습니다. 그러한 식민단은 비용이 덜 들 뿐만 아니라 군 주둔보다 충성심이 높으며 손해를 덜 일으킵니다. 손해를 봐 가난해지고 흩어진 그러한 원주민들은 이미 말씀드렸듯 통치자에게 위해를 가할 수 없습니다.

1 colony는 우리가 흔히 알고 있는 식민지가 아닌 식민단이다. 식민단이란 식민지를 개척하기 위해서 단체로 보내는 주민을 뜻한다. 이렇게 보는 이유는 세 가지이다.

첫째, 식민지는 정복당한 나라 전체를 의미하는 것처럼 보이기 때문이다. 그러나 식민단은 한 국가의 요충지라고 할 수 있는 지역에 대규모 인력을 보내 집단 거주하게 만드는 것이다. 이는 로마가 과거 다른 지역을 점령할 때 사용했던 방법 중의 하나이다. 즉, 점령한 지역의 요충지를 장악해서 그 국가 전체를 지배하는 방법이다. 둘째, 원문에 colonie(colony)를 보낸다고 되어 있기 때문이다. 식민지를 보낸다는 것은 말이 되지 않는다. 따라서 식민지를 경영하기 위해 식민단을 보내는 것이 맞다. 마키아벨리는 정복한 국가 전체 중 한두 지역에 식민단을 보내기 때문에 정복지 전체에 피해를 주지 않고 소수에게만 피해를 주는 장점이 있다고 보았다.

식민단을 뜻하는 colony는 라틴어 colōnia에서 유래한 말이고, colōnia는 '식민지 개척자'와 '농부'를 의미하는 colōnus에서 비롯되었다. 따라서 식민단은 식민지 개척자들이 식민지에 가서 농사를 지으며 정착하는 것을 뜻한다.

로마는 이탈리아 정복과 이탈리아 밖 영토 확장에서도 식민단을 적극적으로 활용했다. 작은 도시에 불과했던 로마가 세계적인 대제국으로 성장할 수 있었던 가장 큰 이유 중의 하나는 식민단과 같은 정책을 사용했기 때문이다. 로마가 식민단을 두었던 곳은 주로 전략적 요충지였다. 로마는 세르비아의 베오그라드와 영국의 요크 지역에도 식민단을 두었다. 로마 거주자들이 직접 가면 '로마 식민단'이라고 부르고, 로마 연합에 속한 사람들이 가게 되면 '라틴 식민단'이라고 불렀다.

마키아벨리는 정복지를 통치할 때, 직접 통치 다음으로 식민단을 파견하는 게 좋다고 언급한다. 그는 군주가 좋아할 만한 겉말을 한다. 로마의 사례를 염두에 두고 식민단을 파견하면 비용이 적게 든다고 주장한다. 식민단은 정복지 내에서 집단 거주를 하며 생계를 유지하기 때문에, 또한 군무에 종사하면서 그 지역을 지키기 때문에 군주는 비용이 전혀 들지 않는다. 식민단은 정복한 지역 내 요충지를 장악하고 있기 때문에, 반란이 일어나도 신속하게 출동해 진압할 수 있으므로 비용이 적게 들 뿐만 아니라 효율적이다. 마지막으로 식민단은 정복지 내에서 원주민들과 더불어 생활하기 때문에, 융합된 하나의 생활 공동체를 만들어 가게 마련이어서 통치 비용이 줄어드는 효과가 있다.

마키아벨리는 정복당한 지역의 피해 최소화 전략을 주장한다. 속말을 검토해 보자. 식민단은 이러한 역할을 충실히 수행한다. 군주는 식민단 거주자들에게 농토와 주거지만 제공하면 된다. 따라서 정복지 내의 농토와 주거지를 아주 조금만 빼앗아도 된다. 즉, 정복지 전체를 100퍼센트라고 했을 때 식민단이 거주할 지역은 1~3퍼센트도 안 된다. 마키아벨리는 피해를 최소화한다는 말은 곧 그만큼 불평불만을 가진 적대자가 줄어든다는 얘기라고 넌지시 말한다.

마키아벨리는 다시 군주에게 식민단은 '공포 전략'으로써 유효하다고 에둘러 말한다. 이를 영화에 비유해 보자. 처음부터 끝까지 전기 톱에 피와 살이 튀고 도끼날에 사지가 잘리고 쇠망치에 사람의 머리가 깨져 죽어가는 공포 영화가 있다고 해보자. 처음에는 공포를 느낄지 모르지만 그 공포는 곧장 식상해진다. 관객들은 영화관을 나오면서 공포보다는 역겨움을 느낄 것이다. 전체적으로 평화로움이 밑바탕에 깔려 있을 때 불현듯 무서운 장면이 나오면 정말 오싹한 공포감을 준다.

마키아벨리는 식민단의 경우도 마찬가지로 생각한다. 식민단은 피해자가 소수라는 점이 장점이다. 아무것도 빼앗기지 않은 다수는 사소한 실수가 모반이나 역모로 비쳐져 토지 등을 박탈당한 소수처럼 모든 것을 빼앗길지 모른다는 공포감을 느끼게 된다. 땅을 빼앗긴 주민 수가 적기 때문에, 박탈당할지도 모른다는 다수의 두려움은 더 큰 공포로 다가온다. 극단적인 공포감이 지배하는 정복지, 이것이 식민단의 저항 예방 효과이다.

하지만 이보다 더 중요한 의미가 있다. 다수에게 주는 공포의 극대화는 피해자의 최소화에 바탕을 둔다. 피해자가 적을수록 지배의 정당성은 더 확보되고 통치 기간도 길어질 뿐만 아니라, 마침내 정복한 국가의 완전한 일부가 될 수 있다. 식민단 파견은 극소수에게만 피해를 준다는 점에서, 다수의 인민에게 피해를 주지 않고 억압하지 않는다는 점에서 또 다른 인민관의 표출이다. 마키아벨리는 이를 17장 〈잔인함과 인자함: 두려움의 대상보다는 사랑의 대상이 되는 것이 나은가, 아니면 그 반대인가?〉에서 이론화하여 설명한다.

어정쩡한 조치들을 사용하지 마라

이러한 맥락에서 우리는 인간들을 관대하게 대하든지, 아니면 파멸시켜 버려야 한다는 점을 말씀드립니다. 왜냐하면 인간들이란 작은 피해에는 복수하지만, 큰 피해에는 복수할 엄두조차 내지 못하기 때문입니다. 따라서 한 인간에게 가해진 피해는 복수를 두려워할 만큼 커야 할 것입니다.

이 절은 직접 통치와 식민단 정책의 소결론에 해당한다. 요지는 아주 간단하다. 신민에게 한없이 관대하게 대하라. 그러나 관대하게 대할 수 없다면, 아예 복수를 생각하지 못할 정도로 철저하게 파괴하라! 이 것이 마키아벨리의 주문이다.

마키아벨리의 인간관은 동물의 본성과 일치한다. 동물은 자기보다 조금 강한 동물에게, 자기가 이길 수도 있을 것 같은 동물에게는 끊임없이 도전한다. 하지만 자기보다 월등히 강한 동물, 상대조차 되지 않을 것 같은 동물에게는 도전할 꿈도 꾸지 않는다. 오히려 보기가 무섭게 달아난다. 그는 이 점에서 인간 역시 동물과 다름없다고 생각한다. 이 주문을 읽고서 '마키아벨리는 무서운 사람이다. 마키아벨리즘을 실천하는 자는 무서운 자이므로 멀리해야 한다'라는 결론을 내릴 수도 있다.

하지만 조금만 더 생각해 보자. 마키아벨리의 이 주문은 무엇을 연상케 하는가? 바로 신神이다. 마키아벨리는 군주란 곧 신과 같은 존재여야 한다고 주장한다. 신과 인간의 관계는 응징 아니면 은혜이다. 신은 인간으로서는 생각할 수 없을 정도까지 인내하지만, 더는 참을 수 없다면 철저하게 응징하는 존재이다. 신은 인간이 생각하기에도 어처구니없을 정도로 치졸한 일로 복수를 하지만, 복수를 할 땐 다시는 도전할 수 없을 정도로 강력하게 응징한다. 예컨대 응징의 신, 제우스를 보라. 한 손에 번개를 들고 자기 맘에 안 드는 신과 인간을 얼마나 철저하게 괴롭히는가! 자기에게 도전할 것 같은 존재가 있다면, 그는 철저하게 제거해버린다.

인간 중의 최고 지위에 있는 군주는 바로 신과 같은 존재여야 한다. 이것이 마키아벨리즘의 핵심이다. 마키아벨리는 《로마사 논고》 2권 23장에서 이런 관점을 국가 간의 관계에도 그대로 적용하여 분석한다. 그 대표적인 나라가 바로 로마이다. 로마는 정복한 국가에 대해 신과 같은 존재로 행동했다. 카르타고를 정복한 로마는 다시 일어서지 못할 정도로 철저하게 응징했다. 수십 년간 풀 한 포기 나지 않도록, 인간이 도저히 살 수 없도록 소금을 뿌려 땅을 불모지로 만들어버렸다.

마키아벨리는 통치란 백성이 군주를 해치지 못하게 하거나, 백성이 해칠 생각을 갖지 못하도록 다루는 것으로 보았다. 전자는 응징이고, 후자는 보은이다. 전자는 다시는 일어서지 못하도록 철저하게 짓밟는 것이고, 후자는 감읍하여 마냥 고마워하게 만드는 것이다. 이것은 정복한 국가와 정복당한 국가 사이에도 그대로 적용된다. 로마의 카밀루스는 '벌 아니면 은혜'라는 단 두 가지 기준으로 정복지를 나누었다. 그리고 그는 벌을 받아야 하는 정복지는 파괴하고 나서 식민단을 파견했고, 은혜를 받아야 하는 지역은 면세나 특권을 인정하고 안정을 보장해 주었다.*

---

* 마키아벨리 지음, 강정인 · 안선재 옮김, 《로마사 논고》 (한길사, 2007), 제2권 제23장 참조.

군 주둔은 해롭고 비용이 많이 든다

새로운 군주가 식민단을 파견하는 대신에 정복한 지역에 군대를 유지한다면, 군주는 아주 많은 비용을 치를 것입니다. 왜냐하면 군주는 정복한 지역에서 나오는 수입을 그 지역을 유지하는 데에 지출해야 하기 때문입니다. 그 결과 군주는 얻은 수입을 다 잃기 마련입니다.

군주는 군대를 유지함으로써 더 큰 손해를 보게 됩니다. 왜냐하면 군대의 주둔지들을 변경함으로써 국가 전체에 피해를 주기 때문입니다. 주민들은 분노하기 시작하고, 그 결과 군주의 적이 됩니다. 마침내 모든 주민이 군주를 해칠 수 있는 적들이 됩니다. 왜냐하면 그들이 비록 국가를 빼앗겼지만 자신들의 고향에 남아 있기 때문입니다.

결론을 말씀드립니다. 모든 면에서 정복지에서 군대를 유지한다는 것은 이롭지 않은 반면, 식민단을 파견하는 것은 상대적으로 이롭습니다.

식민지는 힘으로, 총과 칼로 눌러야 한다! 우리가 생각하는 식민지 통치 정책의 기본이다. 이러한 사고에서 벗어날 수 있는가? 불가능하다. 그런데 왜 마키아벨리는 우리 상식과 전혀 다른 제안을 하는가? 그 답은 대제국을 건설한 로마 공화정 초기의 식민 정책에서 찾을 수 있다.

로마는 아주 작은 도시였지만 엄청난 대제국을 건설했을 뿐만 아니라 가장 오랜 기간 제국을 유지했다. 그 힘은 무엇인가? 마키아벨리는 아주 단순하고 명료한 답을 찾았다.

'로마는 정복하되 지배하지 않는다. 로마는 정복하면 통치한다. 로마는 정복하면 정복지를 융합시킨다. 정복지에 주둔군을 파견하는 것이 아니라 정복지를 로마의 일부로 만든다.'

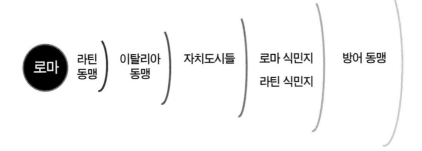

로마　라틴　이탈리아　자치도시들　로마 식민지　방어 동맹
동맹　동맹　　　　　　　라틴 식민지

　로마는 정복지를 조건에 따라 같은 언어를 사용하는 라틴 동맹, 이
탈리아 반도 내에 있는 국가라면 이탈리아 동맹, 로마에서 먼 지역이
라면 로마인을 파견하는 로마 식민지와 라틴인을 파견하는 라틴 식민
지, 그리고 로마에서 가장 먼 전초 지역이라면 방어 동맹을 맺었다.

　라틴 동맹 지역의 시민은 로마인과 형식상 아무런 차이가 없었다.
로마와 라틴 동맹 지역은 영원한 평화를 약속하고, 한 지역이 침략을
당하면 공동으로 전쟁을 수행하며, 전리품은 동일하게 나눈다. 이 권
리를 이탈리아 전역으로 확장하면 이탈리아 동맹이 된다. 자치 도시들
은 '완전한 독립, 완전한 로마 시민'의 중간 위치로, 전쟁이 발발하면
병력이나 지원금을 내놓는다. 식민지는 앞에서 살펴본 대로 식민단이
파견된 곳으로, 전략상의 필요에 따라 소규모 수비대가 파견된 곳이
다. 마지막으로 방어 동맹은 로마의 뜻에 따라 병력을 배치하는 대신
에 세금을 내지 않는 지역이다.*

　공화국 로마는 주변을 정복하고, 이탈리아를 정복하고, 아프리카를
정복하고, 유럽과 아시아를 정복하고, 마침내 지중해 전체를 자신의

---

*　세드릭 A. 요 외 지음, 김덕수 옮김, 《로마사》(현대지성사, 2004), 151~155쪽; 시오노 나나미 지음,
　김석희 옮김, 《로마인 이야기》 1권(한길사, 1995), 225~237쪽.

품안에 안으면서 일관되게 이런 정책을 추구했다. 토인비는 로마의 식민 정책을 "정치 건축의 걸작"*이라고 불렀다.

　마키아벨리는 다른 언어, 다른 지역을 점령하면 바로 이 방법을 따라야 한다고 주장한다. 그는 피렌체의 메디치 가문이 주변을 통일하고 이탈리아를 통일하며 더 나아가 과거 로마와 같은 영화를 누리려면, 로마와 같은 식민 정책을 추구해야 한다고 보았다.

상대적으로 힘이 약한 자들을 어떻게 다룰 것인가

제가 지금까지 말씀드렸던 것처럼, 자신의 원래 영토와 다른 지역에 있는 국가를 정복한 군주가 해야 할 일이 있습니다. 정복한 군주는 인접 지역 내 군소 유력자들의 수장이자 보호자가 되어야 하고, 그 지역 내 강력한 자들을 약화시키기 위해서 노력해야 하며, 자신과 같이 강력한 외국인이 예상치 못한 방법으로 쳐들어오지 못하도록 감시해야 합니다. 야심이 많거나 공포 탓에 불만을 품은 원주민들이 그와 같은 강력한 외국인을 끌어들입니다. 아주 오래전 아이톨리아인들이 그리스에 로마인들을 끌어들였던 것이 그 사례입니다.[1] 로마인들이 정복했던 모든 지역을 생각해 보십시오. 원주민들이 항상 로마인들을 자기 국가 안에 끌어들였습니다.

　강력한 외국인이 한 지역에 침략해 들어가면, 그리 강력하지 않은 원주민들이 그 외국인 주위에 몰려듭니다. 자신보다 강력했던 다른 원주민들을 질투하기 때문입니다. 이것은 인지상정입니다. 따라서 침략자가 이와 같이 힘이 약한 유력자들을 존중한다면, 큰 어려움을 겪지 않고도 그들을

*　시오노 나나미 지음, 김석희 옮김, 앞의 책, 226~227쪽.

쉬이 쥐락펴락할 수 있습니다. 왜냐하면 그들 모두 침략자가 단일 정부를 세우기 위해 정복했던 국가에 기꺼이 통합되기 때문입니다.

침략자는 이제 그들이 너무 강한 무력과 상당히 커다란 영향력을 갖지 못하도록 주의만 기울이면 됩니다. 이렇게만 하면 침략자는 자신의 무력과 그들의 도움을 받아 지역의 힘 있는 세력을 쉽게 억누를 수 있습니다. 그 결과 그는 쉬이 그 지역의 지배자가 됩니다. 이 문제를 제대로 다루지 못한 새로운 통치자는 자신이 정복했던 지역을 곧장 잃을 것이며, 설령

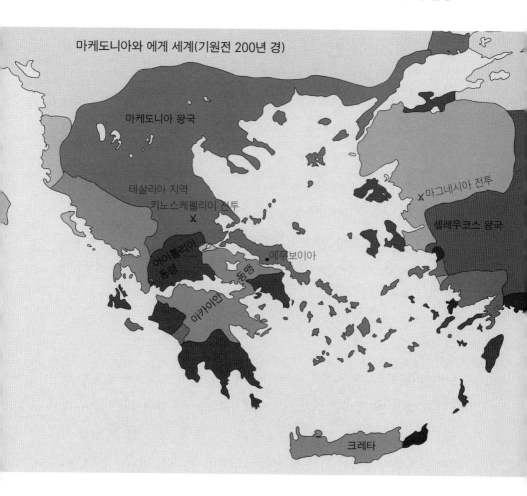

마케도니아와 에게 세계(기원전 200년 경)

마케도니아 왕국

테살리아 지역
키노스케팔라이 전투

✕마그네시아 전투

셀레우코스 왕국

아이톨리아 동맹

에우보이아

동맹

아카이안

크레타

유지한다 할지라도 끊임없는 고통과 낭패를 당할 것입니다.

1 신생 강국 로마와 알렉산드로스의 후계 중 하나인 마케도니아 사이에 고대 문명의 꽃 그리스를 둘러싸고 전쟁이 일어난다. 그리스 중부 이북의 강자였던 아이톨리아 동맹은 고대 그리스 지역 연맹 중의 하나이다. 기원전 220년 무렵, 그리스 북쪽에 있던 마케도니아의 필리포스 5세가 그리스에서 입지를 강화하고 아이톨리아 동맹에게 돌려주겠다고 약속한 영토를 돌려주지 않았다. 이에 분노한 아이톨리아 동맹은 로마에 개입을 요청했다. 기원전 200년에 당시 로마의 집정관이었던 플라미니누스는 '그리스인들의 자유와 자결'을 선동하며 그리스에 개입해 기원전 197년 키노스케펠라이 전투에서 승리를 거두었고, 필리포스 5세는 그리스에서 물러났다. 이후 아이톨리아 동맹은 승리의 몫으로 테살리아 지역 전체를 달라고 로마에 요구했지만, 로마는 테살리아 지역 서쪽만을 허락했다.

이에 격분한 아이톨리아 동맹은 셀로우코스 왕국의 안티오코스 3세에게 도움을 청했고, 안티오코스는 연합군 총사령관으로 선출되었다. 기원전 190년 안티오코스는 마그네시아 전투에서 패배해 셀레우코스 왕국마저 힘을 잃게 되었다. 로마는 아이톨리아 동맹의 원래 영토만을 인정했고, 외교권마저 통제했다.

마키아벨리는 '동일 언어, 동일 영토'에 적용한 개인과 집단의 통치 방법을 '다른 언어, 다른 영토'의 국가에 그대로 적용한다. 다른 언어, 다른 영토를 정복했을 경우 그의 주문은 간단하다. '상대적으로 약한 자는 보호하되 강력한 자는 제거하라.' 그리고 한 가지 더 추가한다. '다

른 외국 침략자가 들어오지 못하도록 감시하라.'

마키아벨리는 설사 정복에 도움이 된 국가들이라 할지라도 강력한 세력으로 키우지 말라고 한다. 그들도 강력한 국가가 되면 '야심'을 품게 마련이고, 그 국가는 반드시 저항하기 때문이다. 강력해진 국가는 구심력을 발휘하여 다수의 약한 국가를 포섭해 저항하기 때문이다. 아니면 자신의 야심과 약한 국가들의 공포심을 이용하여 또 다른 외국 세력을 불러들이기 때문이다.

아이톨리아 동맹이 그 예이다. 아이톨리아는 마케도니아를 상대로 할 때는 로마를 불러들였고, 로마에 불만을 품었을 때는 셀레우코스 왕국의 안티오코스를 끌어들였다. 로마는 언제든지 도전할 가능성이 있는 아이톨리아에게 절대로 큰 힘을 실어주지 않았다. 이 점에서 로마는 극히 현명했고, 그 결과 그리스를 오래 지배할 수 있었다.

마키아벨리는 위와 동일한 내용을 앞에서 이미 말한 바 있다. "소수인 기존 군주 가문을 완전히 절멸하라. 하지만 다수인 신민을 대상으로 법을 바꾸거나 지나친 세금을 부과하지 마라." 어떤 국가를 정복하든 통치에 관한 마키아벨리의 원칙은 간단하다. '정복하면 소수를 적으로 삼되, 다수를 보호하라. 다수를 적으로 만들면 존속할 수 없다.'

이 원칙에 그의 세계관이 드러난다. 국가 간의 관계에 도덕이 작용하는가? 아니다. 먹느냐 먹히느냐 하는 생존의 원칙이 있을 뿐이다. 동일 언어, 동일 영토 안의 세력들 간에 윤리가 작동하는가? 아니다. 지배하느냐 당하느냐만 있을 뿐이다. 국가 간의 관계도, 세력들 간의 관계도 동물의 세계와 다름없다. 강한 자를 제거하고 약한 자를 강한 지로 키우지 말아야 살아남는다는 점에서 인간 세계는 약육강식의 동물 세계와 같다.

하지만 마키아벨리는 동물과 다름없는 인간의 행태를 슬퍼하지 말라고 우리를 다독거린다. 지배를 영속화하기 위해 인간은 다수를 친구로 삼는 지혜, 연대의 지혜를 갖추고 있기 때문이다. 인간이 인간인 이유, 인간이 동물과 다른 이유가 있으니 걱정 말라고 그는 말한다. 그렇다면 인간과 인간 간의 관계에 인륜이 작용하는가? 마키아벨리는 여기서 이 질문을 던지지 않았다. 이 질문은 15장 이후에서 다룬다.

로마의 방식

로마인들은[1] 자신들이 정복했던 지역에서 이러한 문제들에 대해 잘 처신했습니다. 왜냐하면 로마인들은 식민단을 파견했고, 그리 강력하지 않은 자들의 힘을 증대시키지 않으면서도 그들에게 호의를 보여주었고, 강력한 자들을 꺾어버렸으며, 강력한 외국인들이 그 지역을 차지하려고 영향력을 행사하는 것을 허용하지 않았기 때문입니다.

저는 그리스의 사례를 보여주는 것만으로도 충분하다고 생각합니다. 로마인들은 그리스에서 아카이아인들과 아이톨리아인들에게 호의를 보여주었고, 마케도니아 왕국을 꺾어버렸습니다. 하지만 로마인들은 아카이아인들과 아이톨리아인들이 공적을 세웠지만 그들이 하나의 국가를 세우도록 허락하지 않았으며, 필리포스가 설득했음에도 필리포스를 꺾지 않고서는[2] 로마인들의 친구가 되도록 허락하지 않았습니다. 또한 로마인들은 안티오코스가 힘이 있기는 했지만, 그리스 내에서 영토를 유지하는 것도 허락하지 않았습니다.[3]

1 마키아벨리는 로마인들을 군주에 비교하고 있다. 이 로마인들은 공화정 시

104

대의 로마 정치인과 군인을 말한다. 그들은 선출되어 일정한 시기에 절대권력을 행사했으며, 그 권력은 마치 군주와 같았다. 하지만 원로원이나 민회에 의해 견제를 받은 점은 군주와 다르다. 마키아벨리는 그들의 군주적인 역할에만 한하여 분석하고 있다.

2 "필리포스가 설득했음에도 필리포스를 꺾지 않고서는"이라는 대목은 《플루타르크 영웅전》 3권 〈플라미니누스〉 편에 따르면 다음과 같다.

첫 번째 설득이다. 그리스의 남부 아카이안 동맹국들이 마케도니아와의 동맹을 파기한다. 그러자 마케도니아의 필리포스 5세는 로마와 휴전을 갈망한다. 로마의 플라미니누스는 휴전 조건으로 그리스에 자유를 부여할 것과 마케도니아 수비대의 완전한 철수를 요구한다. 필리포스는 이 요구를 받아들이면 그리스에서 주도권을 상실한다고 판단하고 이를 거절한다.

두 번째 설득은 기원전 197년 키노스케펠라이 전투 이전에 마케도니아의 필리포스 5세가 로마로 사절단을 보낸 것을 말한다.

그러나 로마는 키노스케펠라이 전투에서 승리를 거두고 그리스에 대한 지배권을 확보한다. 전쟁에 패배한 필리포스 5세는 마케도니아 왕국과 자신을 로마의 처분에 맡긴다. 그 후 플라미니누스는 필리포스에게 열 척의 배만 허락하고 나머지는 모두 몰수했으며, 그의 아들을 볼모로 데려갔다. 그 결과 필리포스 5세는 로마와 싸워서 정복하겠다는 마지막 희망을 버리게 된다.

3 "안티오코스가 힘이 있다"는 것은 다음을 뜻한다. 마케도니아가 로마에 패배한 후, 그리스의 아이톨리아 동맹은 셀레우코스 왕국의 안티오코스 3세에게 로마와 싸우자고 제안한다. 그 이유는 전승국 로마가 협력자 아이톨리아 동맹에게 테살리아 지역을 넘겨주지 않았기 때문이다. 반면, 현재의 시리아 지역 군주였던 안티오코스는 마케도니아가 패배하자 그리스 지배를 강화하고자 한다. 의기투합한 아이톨리아 동맹과 안티오코스는 로마에 대적할 것을

결정했고, 안티오코스는 연합군의 총사령관으로 임명된다. 당시 안티오코스는 남부 시리아 지역과 파르티아, 박트리아 등의 동방 영토를 소유한 강력한 군주였다. 게다가 안티오코스는 로마를 지속적으로 괴롭혔던 카르타고의 명장 한니발을 고문으로 두고 있었다. 안티오코스는 1만 5,000명의 적은 병력만 거느리고 데메트리아스에 상륙하여 에우보이아를 점령한다.

"그리스 내에서 영토를 유지하는 것을 허락하지 않았다"는 것은 다음을 뜻한다. 이후 로마는 필리포스 5세, 아카이안 동맹과 연합하여 안티오코스-아이톨리아 동맹과 전쟁을 벌인다. 그 결과 안티오코스는 그리스에서 쫓겨나게 되었으며, 로마 동맹의 일부가 된다. 그 후 로마는 시리아의 셀레우코스 왕국이 그리스 내에서 영토를 유지하는 것을 허락하지 않았다.

앞에서 길게 논의했던 것을 로마의 그리스 정복이라는 역사적인 사례로 간략히 정리한 글이다. 로마는 식민단 파견, 상대적 약자의 보호, 정복 지역 내 강자 제거, 다른 강력한 외국인의 침략 저지를 효과적으로 수행했다. 그 내용은 그리스의 아이톨리아 동맹과 필리포스 5세 및 안티오코스와의 관계이다.

이상의 겉말에는 별 내용이 없다. 그러나 아주 중요한 역사적인 이야기가 상징적으로 전한다. 그리스 하늘을 날던 까마귀 떼가 갑자기 죽어서 땅으로 떨어진 것이다. 플루타르크는 사람들의 함성이 무척 우렁차서 까마귀들이 떨어져 죽었다고 전한다. 왜 그리스 시민들은 하늘을 날던 까마귀들이 떨어져 죽을 정도로 그렇게 큰 소리를 질렀을까?

마키아벨리는 그 이유를 직접 말하지 않지만 그리스 역사를 조금이라도 알고 있는 군주라면, 아니, 군주라면 당연히 알 것으로 전제한다.

그 이유는 그리스의 점령군 사령관 플라미니누스가 내린 포고령 때문이었다. 플루타르크의 《영웅전》〈플라미니누스〉 편을 보면, 그는 전령을 통해 포고문을 낭독한다.

> 필리포스 왕과 마케도니아군을 정복한 후에 로마의 원로원과 속주 총독 겸 장군인 티투스 퀸티우스는 코린트 · 로크리스 · 포키스 · 에우보이아 · 아카이아 · 프티아 · 마그네시아 · 테살리아 · 페르하이바이 등의 시민에게 자유를 되찾아주고, 주둔군과 조세를 철폐하고, 종전의 법령의 향유를 허용한다.*

플라미니누스는 로마가 정복한 그리스에 조건 없는 자유를 부여하고, 조세를 철폐하고, 주둔군을 없애버렸다. 이런 조치들은 마키아벨리가 앞에서 누누이 강조한 것이다. 마키아벨리는 여기서 복화술사처럼 자신의 의견을 전달한다. 겉으로는 로마를 예로 들어 정복자인 군주가 어떻게 대외 정책을 펼쳐야 하는가를 분명히 밝힌다. 하지만 속말로는 로마가 그리스를 정복하고 난 다음에 시민들을 어떻게 대했는가를 상기하라고 에둘러 말한다. 시민을 존중하지 않는 정복자는 정복한 나라를 곧 빼앗길 수밖에 없다고 그는 속말로 말한다.

전쟁 연기는 현명한 것인가

이러한 사례들을 검토해 본다면, 로마인들은 모든 현명한 군주들이 행해

---

* Plutarch, *Plutarch's Lives*, tr. by Bernadotte Perrin(Cambridge, MA and London, 1923), p. 351.

야 할 것을 수행했습니다. 로마인들이 행한 조치는 현재의 싸움뿐만이 아니라 미래에 벌어질 싸움까지 염두에 둔 것입니다. 그리고 로마인들은 모든 방법을 다 짜내어 미래의 분란들도 미리 방지했습니다. 왜냐하면 미래의 분란들을 앞서서 예견한다면 그 분란들은 쉬이 치료될 수 있지만, 눈 앞에 닥쳐올 때까지 기다리고 있다면 백약이 무효하기 때문입니다.

이는 소모성 열병[1]과 똑같습니다. 의사들의 말로는, 이 병은 초기에 진단하기는 어려우나 치료하기는 쉬운 반면, 진단하지 못한 채 시간이 흘러 발병기에 치료를 놓쳤다면 진단하기는 쉬워도 치료하기는 어렵습니다. 국가의 이치도 이와 마찬가지입니다. 국가에서 발생한 병폐들을 초기에 알아차린다면(사려 깊은 사람만이 알아차릴 수 있습니다), 이는 매우 신속하게 치료할 수 있습니다. 하지만 만약 인지하지 못해서 모든 사람이 눈치챌 때까지 이 병폐들이 자라난다면, 더는 치료할 수 없습니다.

따라서 로마인들은 자기들에게 닥칠 문제를 예견했고, 그에 대한 대비책을 항상 준비했으며, 전쟁을 피하려고 이 문제들이 지속되는 것을 결코 허용하지 않았습니다. 왜냐하면 로마인들은 그러한 전쟁이 미뤄지는 게 아니라 적에게 유리한 방향으로 지연된다는 것을 알고 있었기 때문입니다. 따라서 로마인들은 이탈리아 내에서 필리포스, 안티오코스와 전쟁하지 않고자 그리스에서 그들과 싸우는 것을 선택했습니다. 물론 그 당시 로마인들은 두 적과 싸우는 것을 피할 수도 있었지만 회피하려는 어떤 행동도 하지 않았습니다.

로마인들은 우리 시대의 현명한 사람들이 입으로 항상 "시간의 도움으로 이익을 취하라"라고 말하는 것을 인정하지 않았습니다. 오히려 로마인들은 자신들의 용기와 신중함에서 이익을 끌어냈습니다. 실제로 시간이란 흘러가면서 사물에게든 인간에게든, 좋은 것과 마찬가지로 나쁜 것도,

거꾸로 나쁜 것과 마찬가지로 좋은 것도 다 가져오기 마련입니다.

1 소모성 열병hectic fever은 결핵에 걸렸을 때 얼굴이 미열로 벌겋게 붉어지는 상태를 말한다. 지금은 결핵을 완치할 수 있지만, 과거에는 아주 심각한 병이어서 걸리면 대개 사망했다.

'인지하면 준비하라!' 아니다. 마키아벨리는 '인지하면 행동하라!'라고 주문한다. '소모성 열병이건 정치적 문제이건 전쟁이건, 인지하면 기다리지 말고 대응하라! 무엇이든 초기에 발견하면 신속하게 해결할 수 있지만, 발병 뒤에 깨닫게 되면 어떤 방법으로도 해결할 수 없다. 전쟁을 해야 할 상황이라면 피하지 말고 즉각 전쟁을 개시하라!'

마키아벨리는 여기서 로마의 전쟁을 다시 언급한다. 그는 이 책에 기술된 로마 시대의 군주라면 어떻게 처신하겠는가 하고 질문을 던진다. 당시 로마로 되돌아가서 생각해 보자.

당시 로마는 3중의 적을 가지고 있었다. 가장 큰 적은 카르타고였다. 카르타고의 명장 한니발은 2차 포에니 전쟁 때 이탈리아로 진격하여 로마를 포위했고, 스키피오가 카르타고를 직접 공격하고 나서야 겨우 숨을 돌릴 수 있었다. 또 다른 적은 알렉산드로스의 후계자들인 마케도니아의 필리포스 5세와 셀레우코스 왕국의 안티오코스이다. 그들은 아이톨리아 동맹의 요청을 받아들여 그리스를 점령하려고 했다. 로마는 심각했다. 아직 카르타고와의 전쟁이 완전히 끝났다고 할 수 없었으며, 로마를 집요하게 괴롭혔던 한니발이 안티오코스의 고문으로 활동하고 있었기 때문이다.

마키아벨리는 군주에게, 이 글을 읽는 독자에게 질문을 던진다. 당신이 그 당시 로마의 군주라면 어떻게 할 것인가? 군인들의 전쟁 피로감, 시민들의 전쟁 염증, 로마나 이탈리아도 아닌 나라 밖 그리스에서 벌어지는 전쟁, 그것도 직접적인 이해관계가 아니라 그리스의 요청에 의한 전쟁 수행……. 이런 상황들을 고려한다면 대부분은 전쟁을 꺼릴 것이다. 그러나 로마는 필리포스와의 전쟁도, 안티오코스와의 전쟁도 마다하지 않는다. 게다가 거의 동시에 두 전쟁을 수행한다. 그 이유는 지도자들의 공명심, 그리스 문화와 문명에 대한 동경, 로마 귀족들의 야심과 군인들의 승리감 고취 등 다양할 수 있다.

마키아벨리는 이런 요인들을 무시하고 자신만의 견해를 제시한다. 한니발에게 당한 것처럼 더는 이탈리아 본토 침략을 허용하지 않기 위해 이탈리아 밖에서 전쟁을 수행하는 것이 옳다. 그리스 주도권을 둘러싸고 아시아와 유럽이 다툰다면, 로마로서는 물러설 수 없는 전쟁이다. 로마가 승리한다면 로마가 그리스는 물론이고 아시아로 나아가는 발판을 마련할 수도 있지만, 아시아 세력이 승리한다면 아시아가 그리스와 유럽으로 진출하는 토대를 구축할 수 있다. 전부 아니면 전무를 다투는 전쟁이라면 미루지 않는 것이 좋다.

마키아벨리는 로마인들이 당면 과제를 시간에 맡기지 않았다고 보았다. 시간은 자신에게 유리할 수도 있지만, 상대방에게 유리할 수도 있다. 시간은 행운도 가져오지만 불운도 가져온다. 시간의 우연에 시민과 나라의 운명을 맡길 것이 아니라 인간과 국가가 운명의 주인이 되어 유리한 방향으로 시간을 통제해야 한다. 그는 현명한 군주라면 로마인들의 이런 시간관을 지녀야 한다고 생각했고, 전쟁을 미루는 것은 현명한 처사가 아니라고 강조한다.

루이 왕이 이탈리아에서 거둔 초기의 성공

그러나 프랑스 왕으로 되돌아가서, 앞에서 언급했던 것 가운데 그가 어떤 것을 행했는지 알아보도록 하겠습니다. 그리고 저는 샤를 왕이 아니라 루이 왕에 대해 말씀드리도록 하겠습니다. 루이 왕이 이탈리아에서 더 오랫동안 통치를 유지했으므로, 그 방식을 더 잘 볼 수 있기 때문입니다. 당신은 그가 본래 영토와 다른 영토에서 새로운 정복지를 유지하려면 반드시 행해야 할 것과 정반대로 행동했음을 관찰하게 될 것입니다.

루이 왕은 롬바르디아의 반을 통치하고자 했던 베네치아인들의 야심 때문에 이탈리아에 들어왔습니다. 저는 루이 왕이 내린 이런 결정을 비난할 의도는 없습니다. 그 이유는 다음과 같습니다. 루이 왕은 이탈리아에 개입하고 싶었지만 이탈리아 내에 아무런 동맹 세력이 없었습니다. 오히려 샤를 왕의 정책 탓에 모든 문호가 루이 왕에게 닫혔다고 보는 편이 옳습니다. 루이 왕은 어떤 동맹이라도 받아들여야 할 처지였기에 잘한 결정이었다고 볼 수 있습니다.[1] 단, 그가 행했던 다른 정책들에서 실수하지 않았다면 말입니다.

프랑스 왕실 처지에서 본다면 루이 왕은 롬바르디아[2]를 차지함으로써 샤를이 상실했던 높은 위신을 되찾은 것입니다. 제노바는 항복했고, 피렌체는 그와 동맹을 맺었습니다. 만토바 후작, 페라라 공작, 벤티볼리오 공작, 푸를리 백작 부인, 파엔차·페사로·리미니·카메리노·피옴비노의 영주들, 마지막으로 루카·피사·시에나의 사람들이 그를 환영했으며 그와 동맹을 맺고자 했습니다.[3] 이렇게 되자 베네치아인들은 성급한 결정을 내렸음을 알게 되었습니다. 왜냐하면 고작 롬바르디아 내 두 도시를 획득하려고 루이 왕으로 하여금 이탈리아의 삼분의 일가량을 지배하게 했기 때문입니다.

1 이 롬바르디아 지역에 밀라노 공국이 있다.

2 샤를 8세는 앙주 왕가의 권리로 나폴리 왕국을 요구하며 이탈리아를 침략했다. 이때 루도비코 스포르차는 샤를 8세에게 도움을 주고 밀라노의 공작이 되었다. 샤를 8세는 1495년에 나폴리의 왕이 되었다. 그러나 교황 알렉산데르 6세가 나서서 반프랑스를 표방하는 신성 동맹을 구축했다. 그 결과 프랑스는 이탈리아의 대부분을 적으로 만들게 되었다. 따라서 샤를 8세의 뒤를 이은 루이 12세는 롬바르디아를 차지하고 싶은 베네치아인들의 동맹 제의를 무조건 받아들일 수밖에 없었다.

3 주요 지명과 인물에 대해서는 지도를 보면서 확인해 보면 된다.

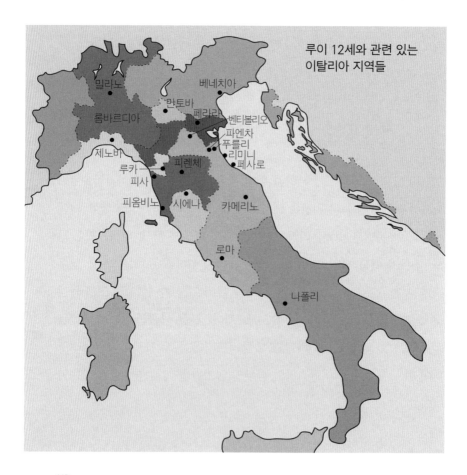

루이 12세와 관련 있는 이탈리아 지역들

샤를도 루이도 모두 이탈리아 중부에 나섰던 프랑스의 군주들이다. 그런데 마키아벨리는 왜 샤를 8세가 아니라 루이 12세를 언급했을까? 복잡한 마키아벨리의 속내를 살펴볼 필요가 있다. 그는 최소한 이탈리아 공공의 적으로서의 루이와 군주의 모범으로서의 루이로, 이중적으로 생각했다.

문화적으로 융성하고 경제적으로 부유한 르네상스 이탈리아. 그러나 마키아벨리는 이탈리아의 그 시대를 비운으로 이해한다. 1494년 프랑스의 샤를 8세는 이탈리아를 침략했다. 이탈리아의 내부 공모자는 밀라노의 루도비코였다. 그는 공작이 되고 싶어서 샤를 8세의 이탈리아 침략에 드는 모든 비용을 댔고, 이탈리아는 비참한 운명에 처한다. 그로부터 5년이 채 지나지 않은 1499년에 루이 12세가 다시 이탈리아를 침략한다. 이번엔 루도비코 개인이 아닌 베네치아가 내부 공모자였다. 베네치아는 롬바르디아의 한 귀퉁이를 얻고 싶어서 루이 12세의 앞잡이 노릇을 한다. 베네치아는 원하는 것을 얻었지만, 프랑스는 나폴리와 밀라노를 비롯한 많은 지역을 손에 넣는다. 불과 5년 사이 두 번이나 프랑스에 침략당하는 굴욕의 역사!

샤를 8세는 1494년 이탈리아를 침략해서 이듬해 5월 나폴리 왕위에 오르지만, 1495년 6월 6일 포르노보 전투에서 패해 2년도 채 안 되어 프랑스로 되돌아간다. 그러나 루이 12세는 1499년 루도비코 스포르차를 축출하고 1513년까지 밀라노를 통치했다.

본받아야 할 군주의 모범으로서 루이 12세를 살펴보자. 이탈리아 통일을 꿈꾸는 마키아벨리는 비운과 비참함으로 아로새겨진 이탈리아의 현실을 루이 12세를 통해 드러내고 싶었다. 왜 루이 12세인가? 루이 12세의 업적을 보고 감화를 받는 이탈리아 내의 군주가 있다면,

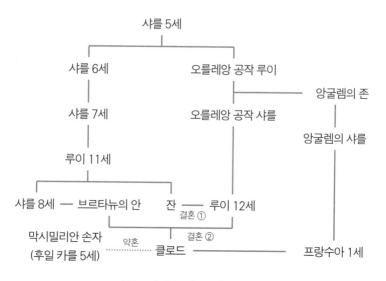

샤를 8세와 루이 12세의 가계도

그 군주가 이탈리아의 통일에 앞장서지 않을까? 그가 《군주론》을 쓴 목적은 바로 이것이었을 것이다. 이런 의도를 더 확연하게 드러내고자 그는 분열된 이탈리아 내부의 협조가 외부의 적을 끌어들인다는 점도 은연중에 암시한다. 마키아벨리는 이탈리아를 샤를 8세보다 더 오래 지배한 루이 12세를 통해 이탈리아 당대의 불운과 그 원인이 이탈리아 내부의 분열과 구성원들의 욕심에 있었음을 말하고 싶었을 것이다. 《군주론》을 읽는 메디치도, 《군주론》을 읽는 당대 사람들도 아마 마키아벨리의 이런 의도를 십분 이해했으리라!

마키아벨리가 루이 12세를 언급한 더 중요한 이유를 찾아보자. 루이 12세에 대한 당대의 평가가 그 실마리이다. 루이 12세는 1506년 열린 삼부회에서 "인민의 아버지"라는 칭호를 받았다. 마키아벨리는 "인민의 아버지"라는 이 칭호를 《군주론》을 읽는 군주가 알아차리기를 원했을 것이다. 루이 12세가 어떻게 "인민의 아버지"라는 칭호를 얻게 되었는지는 그의 혼인 정책과 조세 정책에서 찾을 수 있다. 우선 위의 간략한 가계도를 보면서 그의 혼인 정책부터 살펴보자.

루이 12세의 결혼 목적은 철저하게 프랑스 중심적 영토 소유였다. 첫 번째 결혼 상대는 루이 11세의 딸 잔이다. 그러나 그는 왕이 되고 나서 주저하지 않고 자기보다 여덟 살 어린 조카 샤를 8세의 미망인인 브르타뉴의 안과 두 번째로 결혼했다. 루이는 안보다 열다섯 살이나 연상이었다. 그는 이 결혼을 위해 교황 알렉산데르 6세와 야합한다. 교황에게서 잔과의 이혼을 허락받는 대신, 교황의 아들 체사레 보르자에게 발랑스와 두아즈의 영토를 수여하고 발랑티누아(이탈리아식 표기로 발렌티노) 공작의 작위를 부여한다. 그가 이러한 무리수를 두면서까지 결혼을 강행한 이유는 획득한 지 얼마 되지 않는 브르타뉴 지역을 잃고 싶지 않아서였다.

그런데 결혼을 통해 획득한 영토와 관련해 문제가 발생한다. 루이 12세와 안 사이에는 왕위를 이을 아들이 없었고, 딸 클로드만 있었다. 루이 12세는 합스부르크의 신성 로마 제국 황제 막시밀리안과 야합한다. 막시밀리안이 루이 12세를 밀라노공으로 인정하는 대신에 루이 12세는 막시밀리안의 손자와 딸 클로드의 약혼을 허락한다. 그러나 1506년 삼부회와 프랑스인들은 이러한 결혼이 성사될 경우 안이 소유했던 브르타뉴를 상실할까 봐 우려한다. 그러자 루이 12세는 막시밀리안을 배신하고 클로드를 프랑스 왕족의 한 사람인 앙굴렘의 프랑수아 1세와 결혼시킨다. 루이 12세는 프랑스가 획득한 브르타뉴를 지키라는 삼부회와 프랑스인의 염원을 저버리지 않았다. 1506년 바로 그해에 삼부회는 루이 12세를 "인민의 아버지"라고 부르게 된다.

"인민의 아버지"라는 칭호에는 또 다른 이유도 있었다. 루이 12세는 이탈리아를 차지하고자 지속적인 전쟁을 수행했지만 인민을 전혀 괴롭히지 않았다. 그는 억압받는 최하층 백성을 보호하고자 했고, 오랜 전쟁에도 세금을 올리지 않았다. 인민에 대한 우호적 정책 때문에 프랑스 시민들은 루이 12세를 삼부회가 부여한 형식적 호칭이 아닌 실질적인 '인민의 아버지'로 여겼다.

루이 12세를 언급한 두 가지 이유, 침략자 루이와 멋진 군주로서의 루이! 이탈리아 처지에서 본다면 루이 12세는 이탈리아를 침략해 괴롭히는 외국 군주이다. 하지만 국적을 떠나서 본다면 멋진 군주이다. 그는 영토를 지키기 위해서라면 정략결혼도, 배신도 마다하지 않았으며, 밖으로는 끊임없이 전쟁을 수행하여 영토를 확장했지만 백성은 전혀 수탈하지 않았기 때문이다. 마키아벨리는 《군주론》을 읽는 메디치도 그런 이상적인 군주가 되어주기를 희망했던 게 아닐까?

하지만 마키아벨리는 루이 12세를 직접적으로 칭찬해서는 안 된다. 당시 루이 12세는 이탈리아의 공적이었기 때문이다. 따라서 마키아벨리는 루이 12세가 펼친 이탈리아 침략 정책의 단점을 냉정하게 지적하면서, 우회적으로 메디치에게 "인민의 아버지"로 추앙받는 루이의 행적을 되새김질하라고 권하고 싶었을 것이다.

루이 왕은 무엇을 했어야 하는가

이제 다음과 같은 일은 불을 보듯 빤한 일입니다. 루이 왕이 앞에서 언급했던 규칙들을 준수했다면, 그의 모든 친구를 보호하고 안전을 보장했다면 그는 이탈리아 내에서 획득했던 영토들을 어렵지 않게 보존할 수 있었을 것입니다. 왜냐하면 그들은 숫자가 많기는 했지만 힘이 없었으며, 한편으로는 교회와, 다른 한편으로는 베네치아인들을 두려워했으므로 루이 왕을 지지할 수밖에 없었기 때문입니다. 더 나아가 루이 왕은 이들의 도움으로 이탈리아 내에서 지속적으로 강력해지려는 세력으로부터 자신의 안전을 지킬 수 있었기 때문입니다.

그러나 루이 왕은 밀라노를 차지하자마자 정반대로 행동했습니다. 루이 왕은 교황 알렉산데르 6세를 지원하여 로마냐를 정복할 수 있도록 했습니다. 의도와 무관하게 루이 왕은 자신의 친구들과 자신의 품안에 들어온 자들을 제거했습니다. 결과적으로 루이 왕은 이런 정책에 의해서 자신은 스스로 약해지는 반면, 교회는 강력한 영향력을 제공한 영적 힘에다 세속적 권력까지 추가함으로써 훨씬 더 강력해진다는 것을 이해하지 못했습니다. 그의 실수는 한 번으로 끝난 게 아니었습니다. 루이 왕은 교황 알렉산데르 6세가 투스카니의 통치자가 되는 것을 막고 그의 야심을 저지하고자 이탈리아에 침략하게 될 때까지 거듭 실수를 하게 됩니다.[1]

루이 왕은 교회를 강화하고 자신의 친구를 제거하는 것만으론 충분하지 않았던 모양입니다. 나폴리 왕국을 갈망하던 그는 에스파냐 왕과 나폴리를 나누었습니다. 처음에 루이 왕은 이탈리아의 지배자였지만, 이탈리아 내에 동등한 세력을 스스로 만든 꼴이 되었습니다. 그래서 이탈리아의 야심가들과 루이 왕에게 불만을 품은 자들은 다른 곳을 기웃거리게 되었습니다. 또한 루이 왕은 나폴리 왕국 안에 자신에게 공물을 바치는 왕을 남겨둘 수 있었지만, 나폴리 왕국 안에 자신을 쫓아낼 수 있는 자를 세우려고 공물을 바치는 왕을 쫓아낸 꼴이 되었습니다.[2]

---

1 이는 루이 12세의 정략 이혼과 알렉산데르 6세의 자식 사랑을 말한다. 루이 12세와 알렉산데르 6세가 타협한 결과, 발렌시아의 대주교로서 발렌시아 추

기경으로 불리던 체사레 보르자는 '일 발렌티노'(발랑티누아의 이탈리아식 표기)라 불리운다. 이후 체사레는 루이 12세와 연합해 로마냐 지역을 점령했다. 루이 12세는 교황 알렉산데르 6세가 소유했던 교회의 영적인 힘에 더해 아들 체사레가 군대를 소유하게 함으로써 세속적 힘을 키워주는 결과를 가져왔다. 교황의 세력이 강해지자, 루이 12세의 동맹 세력이나 추종 세력은 체사레와 알렉산데르 6세의 눈치를 보게 되었다.

2 1500년 그라나다 조약과 1504년 리옹 조약을 말한다. 1500년 프랑스의 루이 12세는 에스파냐의 페르난도 2세와 나폴리 왕국을 나누기로 조약을 맺는다. 당시 이탈리아의 북쪽인 밀라노는 프랑스의 통치 대상이었다. 반면, 에스파냐는 이탈리아의 남쪽 섬인 시칠리아와 사르디니아를 통치하고 있었다. 루이 12세의 이탈리아 침략에 대해 에스파냐는 민감하게 반응했다. 프랑스가 이탈리아의 남부인 나폴리를 차지하게 되면, 에스파냐는 시칠리아와 사르디니아를 잃을지도 모른다고 생각했다. 그래서 페르난도 2세는 루이 12세의 이탈리아 침략 정책에 적극적으로 개입했다. 그 결과 프랑스와 에스파냐가 나폴리를 반씩 나누어 갖는 것을 내용으로 하는 그라나다 조약이 맺어진다.

1501년, 프랑스는 북쪽에서, 에스파냐는 남쪽 시칠리아에서 나폴리를 공격하여 점령했다. 그러나 프랑스와 에스파냐는 한 영토에 두 호랑이가 살 수 없듯 나폴리에서 양립할 수 없었다. 1502년 프랑스와 이탈리아는 나폴리 왕국의 소유권을 두고 전쟁에 돌입했고, 1504년에 프랑스가 패배했다. 그 결과 리옹 조약이 맺어졌다.

리옹 조약의 내용은 아주 간단하다. 프랑스는 에스파냐의 나폴리와 시칠리아, 남이탈리아 지배를 인정하는 반면, 에스파냐는 프랑스의 밀라노와 북이탈리아 지배를 인정한다. 결국 나폴리는 이 조약의 결과로 1714년까지 에스파냐에 지배당하는 비운을 겪는다.

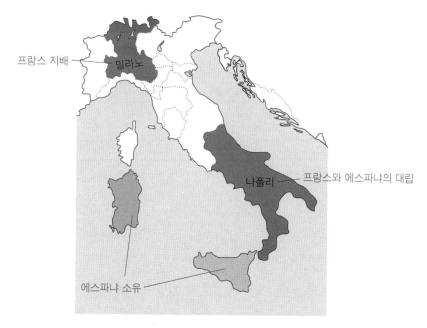

프랑스와 에스파냐의 영토 주장 지역

마키아벨리는 로마의 정복 정책과 달리 루이 12세가 정복한 국가 내에 자신과 대적할 만한 강력한 세력을 키우는 결정적인 실수를 범했다고 지적한다. 우선 이탈리아 내부 세력인 교황 알렉산데르 6세의 힘을 키워주었고, 다른 한편으로 이탈리아 외부 세력인 에스파냐의 힘을 강력하게 키워준 것이다. 루이 왕은 결국 이탈리아 안팎의 세력에 밀려 이탈리아 밖으로 쫓겨난다. 여기까지가 마키아벨리가 하는 겉말이다.

마키아벨리는 이 부분을 쓰면서 어떤 생각을 했을까? 그의 마음속에는 커다란 싸움이 있었을 것이다. 한편으로는 자신의 예상이 들어맞기를 바라는 심정이다. 당연히 학자라면, 아니 관직 한 자리를 차지하고픈 관직 사냥꾼이라면 예상이 들어맞아야 한다. 자신의 진가가 드러나기 때문이다. 마치 점쟁이가 "자네, 내 말 들으면 곧 성공해"라는 말을 했는데, 그 예언이 적중한 경우와 마찬가지다. 다른 한편으로는 자신의 예상이 들어맞지 않기를 바라는 심정이다. 예상이 들어맞는다면 이탈리아의 통일은 점점 더 요원해지기 때문이다. 마치 점쟁이가 "내 말 안 들으면 곧 망해"라고 말했는데, 그 말을 안 따르는 자가 바로 자신의 자식인 경우이다.

마키아벨리는 교황 알렉산데르 6세의 세력 확장을 보고 냉정하게 루이 12세의 잘못을 확신했을 것이다. 그러나 그는 에스파냐의 페르난도 2세와 루이 12세의 나폴리 영토 분할, 그 후 페르난도 2세의 나폴리 독자 지배에 대해선 몸을 부르르 떨었을 것이다. 나폴리의 몰락은 자신의 분석이 맞았다는 것을 보여주지만, 나폴리는 그 후 200년이 훨씬 더 지나서야 에스파냐에서 독립할 수 있었기 때문이다. 자신의 분석이 정확할수록 그는 직업을 얻을 가능성이 커지지만, 그 반대로 이탈리아는 나락으로 떨어진다.

사적 이익과 공적 이익의 기로에 서 있는 마키아벨리는 자신의 분석이 맞기를 바랐을까, 아니면 틀리기를 바랐을까? 루이 12세의 실책을 통해서 예언 아닌 예언을 해야 하는 그의 심정은 자못 비장했으리라. 그러나 주사위는 이미 던져졌고, 이탈리아는 오랜 세월 분열과 혼란에 빠져 유럽의 변방 국가로 전락한다.

당신 자신의 힘을 넘어서는 것은 어떤 것도 하지 마라

정복하고자 하는 것은 아주 자연스럽고 정상적입니다. 그리고 그만한 능력을 갖춘 사람들이 정복한다면 그들은 항상 칭송을 받지, 비난받지는 않습니다. 그러나 그렇게 할 수 없는 자들이 정복한다면 반대 상황이 됩니다. 즉, 그들은 실수하게 되고 비난받게 마련입니다. 프랑스 왕이 자기 자신의 힘만으로 나폴리를 공격할 수 있었다면, 그는 당연히 그렇게 했어야 합니다. 하지만 그가 자신의 힘만으로 공격할 수 없었다면, 그는 왕국을 분할하지 말았어야 합니다. 프랑스 왕이 롬바르디아 왕국을 베네치아인 들과 분할한 것은 용서받을 수 있습니다. 프랑스 왕은 이를 통해 이탈리 아에서 토대를 확보했기 때문입니다. 하지만 나폴리 왕국의 분할은 비난 받아 마땅합니다. 그 분할은 반드시 필요한 것이 아니었으므로 용서받을 수 없기 때문입니다.

마키아벨리는 루이 12세가 왕국 하나를 점령하려고 타국과 연합한 행 위에 대해 이중적인 평가를 내린다. 루이 12세가 롬바르디아 지역의 밀라노를 점령하려고 베네치아와 연합한 것은 어쩔 수 없지만, 나폴리 왕국을 분할한 것은 용서받을 수 없다고 본다. 전자는 이탈리아 내에 서 토대를 확보하려고 필요했고, 후자는 반드시 필요한 게 아니었기 때문이라는 것이다.

마키아벨리의 주장은 간단하다. '힘이 약할 때 도움이 필요하다면 연합하라, 하지만 혼자서 할 수 있는 일을 나누어 하지 마라. 정복도 마찬가지이다. 강력하다면 혼자서 하라, 하지만 힘이 약하다면 정복하 지 않을지언정 연합해서 하지는 마라. 왜냐하면 자신의 능력에서 벗어 난 정복을 하게 되면, 결국 그 일이 화근이 되어 얻은 것마저 빼앗기기 때문이다.'

마키아벨리는 루이 12세를 통해서 앞에서 주장한 로마의 정복 전쟁 을 되돌아 보라고 말한다. 로마는 백점, 루이 12세는 빵점이다. 마키아 벨리가 루이 12세에 대해 이런 혹독한 평가를 내린 데는 이유가 있다.

그는 루이 12세의 나폴리 정복 정책이 어리석었다고 보았기 때문이다. 루이 12세의 나폴리 침략은 선왕 샤를 8세가 나폴리를 침략했을 때와는 완전히 다른 조건이었다. 아니 오히려 이탈리아에서 쫓겨난 샤를 8세의 전철을 밟지 않기 위해 치밀한 준비를 했다.

루이 12세는 샤를 8세와 사뭇 달랐다. 샤를 8세는 교황 알렉산데르 6세가 주도한 신성 동맹에 의해서 쫓겨났지만, 루이 12세는 알렉산데르 6세의 아들 체사레를 미끼로 그를 자기편으로 만들었다. 샤를 8세는 루도비코를 지원한 신성 로마 제국 황제를 적으로 만들었지만, 루이 12세는 나폴리를 침략할 당시 그를 적으로 만들지 않았을 뿐만 아니라 3년 뒤엔 그의 손자와 자기 딸과의 정략결혼을 추진했다. 게다가 샤를 8세는 나폴리를 침략하면서 밀라노 등에서 불안했지만, 루이 12세는 밀라노를 완전히 장악했고 베네치아마저도 자신의 편으로 만들었다.

한 가지 더 추가하여 루이 12세를 살펴보자. 에스파냐는 프랑스가 나폴리를 침략했을 때 도미노 현상을 우려했다. 나폴리를 잃으면 시칠리아를 잃고, 시칠리아를 잃으면 샤르데냐를 잃고, 샤르데냐를 잃으면 결국 지중해 전체를 잃게 된다. 프랑스의 처지에서는 역으로 나폴리를 점령하면 시칠리아를 얻고, 시칠리아를 얻으면 샤르데냐를 점령할 수 있고, 그러고 나면 지중해 전체를 장악할 수 있다. 그런데 루이 12세는 어리석게도 그라나다 조약을 통해 에스파냐와 나폴리를 양분하는 것으로 결정한다. 우여곡절을 겪으며 양국이 나폴리를 점령하고 양분하지만, 자웅을 겨룬 끝에 프랑스는 결국 나폴리에서 쫓겨나 북이탈리아만 겨우 지배하다가 이탈리아에서도 완전히 쫓겨난다.

마키아벨리는 단언한다. 루이 12세는 나폴리를 정복할 수 없는 자임에도 어리석은 결정에 따라 정복을 감행했기에 당연히 실수를 저지를 수밖에 없었다. 바로 그 때문에 그는 비난받아 마땅하다. 로마인들을 보라. 로마인들은 이렇게 하지 않았다.

루이 12세는 당시 군주들에게서 어떤 비난을 받았을까? 아마도 마키아벨리의 비판과 동일했을 것이다. '이탈리아 전체를 지배할 수도 있었지만, 결국 모두 잃었다. 훌륭한 정복왕이 될 수도 있었지만, 결국 프랑스 국내 왕에 머물 수밖에 없었다. 모든 것을 얻을 수 있었지만 아무 것도 얻지 못했다. 종지가 함지박인 척했다.'

루이 왕의 여섯 가지 실수

그렇다면 지금까지 루이 왕은 다섯 가지 실수를 저지른 것입니다. 그는 군소 세력들을 파괴했고, 이미 강력한 자의 힘을 더 키워주었으며, 아주 강력한 힘을 지닌 외국인을 이탈리아에 끌어들였으며, 이탈리아에서 직접 살지 않았으며, 식민단을 파견하지 않았습니다. 이런 다섯 가지 실수들을 했다 할지라도 만약 베네치아인들한테서 영토를 빼앗지만 않았다면 루이 왕은 평생 커다란 해를 입지 않았을 것입니다. 그가 교회를 강력하게 하지 않았더라면, 에스파냐를 이탈리아에 끌어들이지 않았더라면 베네치아를 꺾는 것은 합리적이고 필연적이었습니다. 하지만 앞에서 이 같은 실수를 했다면, 그는 베네치아를 망하게 하는 데에 동의하지 말았어야 합니다.[1]

베네치아가 강력하게 살아 있는 한, 베네치아는 에스파냐와 교회가 롬바르디아에서 획책하는 것을 막을 수 있었습니다. 롬바르디아의 주인이 될 수 없다고 한다면, 베네치아는 에스파냐와 교회의 음모에 동의하지 않을 것이기 때문입니다. 또한 에스파냐와 교황도 베네치아에 넘겨주기 위해 프랑스로부터 롬바르디아를 빼앗으려고 시도하지 않을 것이기 때문입니다. 에스파냐와 교황이 감히 프랑스로부터 롬바르디아를 빼앗지 않는 이유는 베네치아와 프랑스를 공격할 만큼 용기가 없기 때문입니다.

만약 누군가가 루이 왕은 전쟁을 피하고자 로마냐를 알렉산드로스에게, 나폴리 왕국을 에스파냐에 양도했다고 말한다면 저는 앞에서 한 말을 상기하라고 대답하겠습니다. 당신은 전쟁을 피하려고 해악이 지속되는 것을 허락해서는 안 됩니다. 왜냐하면 당신은 전쟁을 피할 수 없으며, 다만 당신에게 불리한 방향으로 진행되도록 전쟁을 연기하는 것에 지나지 않기 때문입니다.

그리고 다른 사람이 루이 왕은 자신의 이혼과 루앙의 일[2]에 대한 답례로 교황과의 약속을 지키려고 위와 같이 행동했다고 말한다면, 저는 뒤에서 군주의 약속에 대해, 그리고 그 약속은 어떻게 해야 되는가를 살펴보라고 대답하겠습니다.[3]

루이 왕은 롬바르디아를 상실했습니다. 이는 영토를 빼앗고 유지하기를 원했던 자들이 지킨 그러한 규칙 중의 일부를 어겼기 때문입니다. 하지만 이는 그리 놀랄 일도 아니고 아주 정상적이며 이치에 어긋나지도 않습니다.

1 역사적으로 본다면 캉브레 동맹과 베네치아 간의 전쟁을 말한다. 캉브레 동맹은 로마냐에 욕심을 내던 교황 율리우스 2세의 주도로 프리올리 지역과 베네토에 관심을 두고 있던 신성 로마 제국, 아풀리아 항구에 관심을 둔 에스파냐, 크레모냐 지역에 관심을 둔 프랑스, 달마티아 지역에 관심을 둔 헝

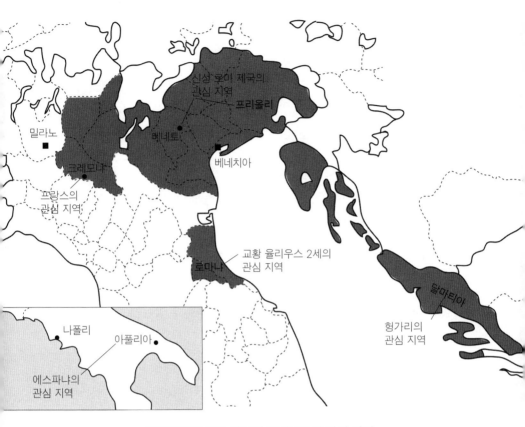

신성 로마 제국의
관심 지역

프리울리

밀라노

베네토

크레모나

베네치아

프랑스의
관심 지역

로마냐

교황 율리우스 2세의
관심 지역

달마티아

헝가리의
관심 지역

나폴리

아풀리아

에스파냐의
관심 지역

베네치아에 대한 캉브레 동맹국들의 관심 지역

가리 등이 베네치아와 싸우고자 체결했다. 캉브레 동맹과 베네치아의 전쟁을 '이탈리아 전쟁'이라고 부른다.

당시 베네치아는 유럽에서 파리 다음으로 크고 가장 부유한 도시였다. 하지만 베네치아는 1509년 5월 14일 아냐델로(마키아벨리는 이 전투를 12장 〈베네치아인들이 용병으로부터 겪은 수난〉에서 비알라 전투라고 말한다) 전투에서 패배했고, 프랑스와 신성 로마 제국은 베네토를 점령했다. 그 결과 베네치아는 이탈리아 내의 거의 모든 영토를 잃는다.

2 루앙은 주교였지만, 알렉산데르 6세에 의해서 추기경이 되었다. 〈루앙 추기경과의 대화〉에서 자세히 다룬다.

3 이는 18장 〈군주들은 어떻게 자신들의 약속을 지켜야 하는가〉에서 다룬다.

마키아벨리의 선견지명과 혜안! 그의 예언을 입증하듯 프랑스가 차지했던 밀라노도 1535년 신성 로마 제국의 황제이자 에스파냐의 국왕인 카를 5세에게 먹혀버린다. 에스파냐는 이탈리아의 남부 나폴리도 먹어치우고 이탈리아 북부까지 차지한다. 아이러니한 것은 카를 5세는 루이 12세가 그의 딸과 결혼시키려 했던 신성 로마 제국 막시밀리안 1세의 손자라는 점이다. 마키아벨리는 이를 세력 균형론에 바탕을 두고 설명한다.

마키아벨리는 로마인들을 예로 들면서 '다른 언어, 다른 영토'를 정복한 경우 자국과 맞먹을 만한 세력을 키우지 말라고 경고한다. 그런데 루이는 교황에게 영적인 힘에 더해 세속적인 힘까지 부여해 줬고, 에스파냐에게는 이탈리아 남부 전체를 안겨주었다. 그 결과는 참담했다. 1525년 루이 12세의 후계자 프랑수아 1세는 파비아 전투에서 패해 에스파냐의 카를 5세에게 포로로 잡히는 신세가 되었고, 결국 프랑스의 이탈리아 전초 기지인 밀라노마저 빼앗겨버린다. 이후 밀라노를 둘러싼 신성 로마 제국과 프랑스의 전쟁은 오랫동안 지속된다.

마키아벨리는 루이 12세의 실수와 그 원인을 정확하게 지적하고 있다. 그는 루이 12세가 베네치아의 힘을 빼앗지 말았어야 했다고 보았다. 그 이유는 베네치아를 통해 에스파냐와 교황을 견제하는 것이 가능했기 때문이다. 그는 세력 균형자로서 베네치아의 역할을 명확하게

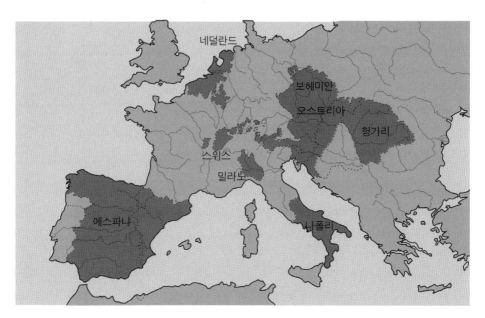

합스부르크가의 관할 영토(나폴리와 밀라노도 포함)

인식한다. 그는 루이 12세가 신성 로마 제국과 합세하여 베네치아를 약화시키지만 않았더라면 밀라노를 상실하지 않았을 것으로 보았다. 베네치아는 워낙 강력한 세력이므로 에스파냐·교황·프랑스를 견제할 수 있었기 때문이다.

신성 로마 제국이 프랑스가 소유한 롬바르디아를 빼앗으려 전쟁을 일으킨다면 베네치아를 상대로 전쟁을 선포하는 것과 다름없다. 베네치아도 롬바르디아에 영토를 가지고 있었기 때문이다. 따라서 에스파냐와 교황이 프랑스로부터 롬바르디아를 빼앗으려면 강력한 두 세력인 프랑스와 베네치아를 상대로 전쟁해야 하는데, 이는 결코 쉬운 일이 아니다. 루이 12세가 베네치아를 약화시키자 프랑스는 곤란한 지경에 처한다. 프랑스는 이탈리아의 전초 기지 롬바르디아마저 잃게 된다.

하지만 루이 12세는 이탈리아 내 세력 균형자인 베네치아의 힘을 상당히 약화시켜버린다. 그러자 프랑스 역시 이탈리아 내 지배권을 상실하고 롬바르디아의 밀라노에서 쫓겨난다. 순망치한! 베네치아라는 입술을 잃어버리자 프랑스는 이가 시린 꼴이 되어버린다. 루이 12세의 결정적 실수! 그 결과로 루이 12세는 유럽 패권 경쟁자의 지위를 상실한다.

루앙 추기경에 대한 마키아벨리의 답변

이 주제에 대해 저는 낭트에서 루앙 추기경[1]과 대화를 나눈 적이 있습니다. 발렌티노[2]가 로마냐를 차지하고 있을 때입니다. 제가 제시했던 이유들에 대해서 루앙 추기경은 저에게 이탈리아인들은 전쟁에 대해 아무것도 모른다고 말했습니다. 저는 프랑스인들은 정치에 대해 아무것도 모른다고 답변했습니다. 왜냐하면 프랑스 사람들이 정치에 대해 조금이라도 알고 있다면, 교회가 그렇게 큰 힘을 갖도록 허락하지 않았을 것이기 때문입니다. 그리고 경험으로 보면, 이탈리아 내에서 교회와 에스파냐의 힘은 프랑스의 루이 왕이 키웠으며, 루이 왕이 몰락한 것은 바로 이들 때문이었습니다.

1 루앙의 대주교로, 조르주 당부아즈(1460~1510)를 가리킨다. 교황 알렉산데르 6세에 의해 추기경에 임명되었다. 루이 12세가 왕위에 오르자 재상이 되었고, 루이 12세의 결혼 정책에 적극적으로 기여했다. 루이 12세가 샤를 8세의 처였던 브르타뉴의 안과 결혼하려고 당시의 부인과 이혼을 추진했을 때, 그는 교황한테서 승인을 얻어냈다. 당부아즈는 루이 12세의 이탈리아 침략 정책을 적극적으로 지지했으며, 1499년 밀라노를 점령할 때 함께 입성했다.

그는 1501년 루이 12세의 나폴리 침략 당시에도 이탈리아에 함께 있었으며, 알렉산데르 6세가 죽고 나서 교황 후보에 오르기도 했다. 마키아벨리는 7장 〈당신이 피해 입힌 자를 신뢰하지 마라. 체사레의 중대한 실수〉 편에서 교황 후보자로서 루앙 추기경에 대해 언급한다. 마키아벨리는 피렌체 공화국의 사절로 피사 문제를 협의하려고 루앙을 몇 차례 만났다.

2 체사레 보르자는 교황 알렉산데르 6세의 아들이다. 흔히 발렌티노 공작으로 알려져 있다. 그의 활약상에 대해 7장에서 자세히 다룬다.

지략가 대 지략가의 논쟁! 전쟁을 잘하는 것이 중요한가, 통치술이 더 중요한가? 프랑스 왕 루이 12세의 참모 당부아즈는 이탈리아 사람들이 전쟁에 대해 잘 모른다고 말한다. 그렇다. 이탈리아 사람들은 전쟁에 대해서 잘 몰랐다. 이탈리아는 프랑스, 에스파냐, 신성 로마 제국 등의 침략 대상이었다. 이탈리아 스스로 외적을 불러들였고, 르네상스의 주도국이자 전성기를 이끌었던 이탈리아는 그 때문에 서서히 망해갔다.

피렌체 군주의 참모 마키아벨리는 프랑스가 아무리 전쟁을 잘한다 해도 정치를 모르면 망할 수밖에 없다고 답한다. 그러면서 이탈리아에는 프랑스와 맞대응할 만한 걸출한 인물이 있다고 은연중에 말한다. 그는 바로 마키아벨리 자신이다. '나는 정치, 통치술을 안다. 프랑스 왕 루이 12세의 운명을 알고 있다. 루이 12세는 곧 몰락할 것이다.'

루이 12세는 마키아벨리가 예언한 길을 그대로 밟았다. 나폴리와 밀라노를 신성 로마 제국과 에스파냐에게 빼앗기기 때문이다 정복을 잘한다 해도 지키지 못한다면, 그것은 곧 정복하지 않은 것과 다름없다. 더구나 전쟁을 치르면서 수많은 재화를 낭비하고 군인들을 죽게 한다면 정복하지 않는 것만 못하다. 정복 전쟁만큼이나 정치가 중요하다. 아니, 전쟁보다 정치가 더 중요하다. 정치를 모르면 정복에 나서지 말아야 한다. 국력을 낭비하기 때문이다. 프랑스가 그런 꼴이다. 정치를 모르는 것은 깜깜한 동굴을 촛불 하나 없이 걷는 것과 같다. 이게 마키아벨리의 생각이다. 이 점에서 이 절은 마키아벨리의 정치적 항변이자 자신감의 표출이다.

'메디치여, 정치를 잘 아는 나를 기용해라. 그러면 프랑스 정도는 이 겨낼 것이다. 그러면 다시는 프랑스에게 나라를 잃는 수난을 겪지 않을 것이다.'

강력한 조력자는 두려움의 대상이 된다

이것으로부터 우리를 절대로 속이지 않는 한 가지 법칙을 얻을 수 있습니다. 다른 사람의 성장을 강력하게 도와준 자는 몰락한다는 것입니다. 왜냐하면 도움을 준 자는 천재성과 힘으로 그러한 권력을 창출하기 마련이고, 도움을 받아 강력하게 성장한 자는 도움을 준 자의 바로 이 두 가지 힘을 두려워하기 때문입니다.

루이 12세가 이탈리아를 정복하는 과정은 기가 막힐 정도로 천재적이었다. 〈당신 자신의 힘을 넘어서는 것은 어떤 것도 하지 마라〉에서 보았듯이, 루이 12세는 샤를 8세의 전철을 밟지 않는 데에 필요한 모든 조치를 다 취했기 때문이다. 또한 루이의 이탈리아 정복은 강력했다. 나폴리를 점령할 때까지 파죽지세로 몰아붙였기 때문이다.

그러나 루이 12세는 이탈리아 내에 교회와 에스파냐의 힘을 키워준다. 마키아벨리의 견지에서 보면 그들은 이탈리아에서 프랑스의 마름이다. 마름은 주인을 늘 두려워한다. 언제 마름의 지위를 빼앗을지 모르기 때문이다. 그러나 마름은 기회만 닿는다면 언제든지 주인의 자리를 꿰차고 싶어 한다. 마키아벨리는 특히 에스파냐 합스부르크 왕가이자 신성 로마 제국 황제가 이런 존재라고 생각했다. 결국 프랑스는 오래지 않아 이탈리아 밖으로 쫓겨난다.

도움 받은 자가 도움 준 자를 몰아내는 것은 아주 흔한 일이다. 토사구팽이 바로 그것이다. 도움 받은 자는 도움 준 자를 항상 두려워한다. 도움 준 자가 너무 뛰어날 뿐만 아니라 자신의 목숨줄을 쥐고 있기 때문이다. 도움 준 자의 천재성과 힘은 질투의 대상이 되고, 도움 준 자에게 잡힌 목숨줄은 공포의 대상이 된다. 그렇기 때문에 사냥꾼은 사냥이 끝나면 사냥개를 잡아먹는다. 루이는 그 반대로 했다. 사냥이 끝났는데, 사냥개를 너무 키워주었다. 결국 루이는 사냥개에 의해 잡아먹히게 된다.

질투는 시기심을 낳고, 공포는 두려움을 낳는다. 능가하고 싶은 시기심과 눈앞에 보이는 두려움이 합쳐지면 그 대상을 제거하고 싶은 음모를 낳게 한다. 마키아벨리는 이 점을 국가 간의 관계로 설명한다. 이는 인간사 일반에도 적용되는 지침이다.

3장 다시 보기

3장은 '승과 패'의 장이다. 2장이 헌정하는 자 마키아벨리와 헌정 받는 자 메디치의 '기 싸움'이라면, 3장은 마키아벨리가 헌정사에서 호언장담한 "오랜 경험"과 "끊임없는 독서"의 능력과 끼를 맘껏 발산하며 승리를 쟁취하려는 곳이다. 그는 승리하고자 다음과 같은 말을 했을지도 모른다.

'나만큼 고대사에 대해 잘 아는 자 있어? 나만큼 현재 벌어지는 일에 대해 잘 아는 자 있으면 말해봐! 나보다 고대사와 현재 벌어지는 사건을 연결해서 잘 이해할 수 있는 사람 있으면 나와봐!'

마키아벨리는 승리를 위해 과거와 현재를 종횡무진 누빈다. 그는 3장에서 해박한 지식을 자랑이나 하듯 고대사를 명쾌하게 정리한다. 그는 현재진행형 사건을 조리 있게 설명할 뿐만 아니라 현재 사건이 미래에 어떤 영향을 미칠 것인지도 정확히 예측한다. 그리고 그는 이탈리아인의 자존심을 한껏 치켜세운다. "프랑스인은 전쟁을 잘하지만 정치를 모른다. 이탈리아인은 비록 전쟁은 못하지만 정치는 잘 안다." 그는 이 한마디로 자신이 정치를 아는 자이고, 통치를 아는 자이며, 국가를 경영하는 데에 도움이 되는 인재라는 것을 은근히 과시한다.

마키아벨리의 식민지 지배 방법론은 명쾌하다. 마키아벨리가 의도했건 하지 않았건 간에, 고대 로마에서 진행되었던 모든 식민지 지배 방법을 간단명료하게 총정리한다. 이는 물론 끊임없는 독서에 바탕을 둔 것이다. 또한 그는 이것을 현재 이탈리아를 무대로 벌어지는 사건을 중심으로 명쾌하게 적용한다. 당연히 오랜 경험에 바탕을 둔 것이다. 그는 이 짧은 글을 통해 당대 이탈리아 쟁탈전에 대해 정확하게 설명할 뿐만 아니라 근현대에 적용할 수 있는 식민지 통치론을 완전히 정리한다.

또한 마키아벨리는 고지에 깃발을 꽂고자 인민론을 슬며시 끼워 넣는다. 주장은 간단하다. 식민지라 할지라도 오래 유지하고 싶다면 인민이나 신민의 절대적 지지를 받아야 한다는 것이다. 그는 2장의 세습 군주국에서 "지나친 악덕으로 증오를 사지 않는" 것을 말했다. 그는 3장의 병합 군주국에서도 정복지의 인민을 괴롭히지 않는 게 중요하다고 언급한다. 그의 인민론은 로마사에 대한 해박한 지식과 당대에 일어난 사건에 대한 주의 깊은 통찰에 바탕을 두었다.

마키아벨리는 군주 메디치를 치켜세우면서도 자신의 인민론을 빠뜨리지 않는다. 또한 그는 취직을 위해 자신이 어떤 능력을 지녔는지를 피력하면서도 군주 메디치의 마음을 상하게 하지 않는다. "이탈리아 사람은 정치를 잘 안다"라는 말! 무척 멋지지 않은가? 아리스토텔레스의 말대로 인간이 정치적 동물이라고 한다면, 정치를 아는 이탈리아 사람이야말로 가장 멋진 민족이고, 이것을 끄집어낼 줄 아는 마키아벨리야말로 가장 유능하고 멋진 인간이지 않은가! 프랑스와 에스파냐에 의해 침략을 당하고 있지만, 그래도 자신만만한 이탈리아인의 민족적 자긍심과 구차하게 구직을 부탁하지만 그래도 당당한 마키아벨리의 개인적 자존심! 3장의 또 다른 볼거리이다.

알렉산드로스가 정복했던 다리우스 왕국은
왜 그가 죽은 후에 그의 계승자들에게
반란을 일으키지 않았는가

이 장은 〈두 가지 유형의 국가〉, 〈튀르크 유형과 프랑스 유형〉, 〈튀르크는 정복하기는 어렵지만 유지하기는 쉽다〉, 〈프랑스는 정복하기는 쉽지만 유지하기는 어렵다〉, 〈로마사에 나타난 유사한 사례〉, 〈서로 다른 나라들, 다른 문제들〉의 소제목 순서로 되어 있다.

4장은 서론, 본론, 결론의 형태로 이루어져 있다. 서론의 문제의식은 간단하다. '알렉산드로스 대왕은 아주 짧은 시간에 세계적인 대제국을 건설했다. 불행하게도 그는 일찍 죽었다. 그렇다면 당연히 정복 지역 내에서 반란이 일어나야 한다. 그러나 일어나지 않았다. 그 이유는 무엇인가?'이다.

본론에서 마키아벨리는 이 문제에 답하고자 현재에 대한 탐구와 과거에 대한 연구를 진행한다. 그는 우선 국가 유형을 전제 군주정과 봉건제형으로 나누고, 전제 군주형 국가는 정복하기는 어려우나 유지하기 쉽고, 봉건제형 국가는 정복하기는 쉬우나 유지하기 어렵다고 설명한다. 이를 다시 현재와 과거의 사례에 적용한다. 그는 먼저 현재의 전제 군주정 형태인 튀르크와 봉건제 형태인 프랑스를 살핀다. 그런 다음 그는 이 구분을 고대사에 적용하여 알렉산드로스에 의한 전제 군주정 형태인 다리우스 정복과 로마인에 의한 봉건제 형태인 유럽 정복을 다룬다.

결론에서 마키아벨리는 최종적으로 서문의 문제의식에 대해 간단하게 답변한다. 알렉산드로스가 정복한 지역은 전제 군주형 국가이며, 그 때문에 알렉산드로스는 일찍 죽었지만 반란이 일어나지 않았다고 결론을 내린다.

이상의 내용을 바탕으로 목차를 재구성하면 아래와 같다.

서론: 두 가지 유형의 국가
　　문제의식
　　전제 군주정과 봉건제형 국가

본론: 두 유형의 적용
　1. 현재 국가에의 적용 사례
　　　튀르크 유형(전제 군주정)과 프랑스 유형(봉건제형)
　　　튀르크는 정복하기는 어렵지만 유지하기는 쉽다
　　　프랑스는 정복하기는 쉽지만 유지하기는 어렵다
　2. 로마사에 나타난 유사한 사례
　　　알렉산드로스의 다리우스 정복(튀르크 유형)
　　　로마의 유럽 정복(프랑스 유형)
　　　피루스 등이 점령한 지역(프랑스 유형)

결론: 서로 다른 나라들, 다른 문제들

두 가지 유형의 국가

새롭게 획득한 국가를 유지하는 데에 따르는 어려운 점들을 고찰하다 보면, 우리는 알렉산드로스 대왕의 제국에 놀라게 됩니다. 알렉산드로스 대왕은 아주 짧은 시간에 아시아의 군주가 되었고, 아시아를 정복하자마자 곧 죽었습니다. 따라서 제국 전체가 반란에 휩싸일 것이라는 점은 너무나 당연한 듯이 보였습니다. 하지만 알렉산드로스의 후계자들이 그 지역을 이어받았음에도 그들은 그 지역을 유지하는 데에 아무런 문제가 없었습니다. 다만 자신들의 야심에 의해 후계자들 스스로 불러온 문제가 있었을 뿐이었습니다.[1]

이것에 대해 설명하고자 합니다. 우리가 가지고 있는 기록으로는, 저는 영토란 두 가지 다른 방식에 의해 통치된다고 말씀드리겠습니다. 우선 첫째 유형은 한 명의 군주와 신하들로 이루어져 있습니다. 신하들은 군주의 호의와 지명에 의해 왕국을 통치하는 대리자로서 보조 역할을 합니다. 둘째 유형은 한 명의 군주와 제후들로 이루어져 있습니다. 제후들은 통치자의 호의에 의해서가 아니라 옛날부터 내려온 혈통에 의해서 지위를 지니고 있습니다. 이와 같은 제후들은 자신들만의 국가와 신하가 있으며, 신하들 또한 제후를 자신들의 군주로 섬기며 당연히 군주에 대해 애정을 품고 있습니다.

한 명의 군주와 그의 신하들에 의해서 통치되는 국가들stati[2]은 자신들의 군주가 아주 강력하다고 생각합니다. 왜냐하면 그러한 국가들은 그들의 전 영토에 걸쳐서 군주 외에는 다른 어떤 우월자도 받아들이지 않기 때문입니다. 또한 그러한 국가들이 다른 어떤 사람에게 복종한다면, 그를 대리자와 관리로 인정할 뿐이며 그에 대해 어떤 개인적인 사랑도 느끼지 않기 때문입니다.

1 알렉산드로스는 얼마나 빠른 시간에 대제국을 세웠을까? 놀라지 말자. 알렉산드로스는 기원전 336년 약 스무 살의 나이에 왕위에 올랐고, 기원전 335년에 정복 전쟁을 시작했으며, 기원전 323년에 모기에 물려 말라리아로 사망했다. 위의 지도에서 보듯이 그 큰 나라를 정복하기까지 13년이 채 걸리지 않았다. 알렉산드로스가 아시아를 정복하는 동안은 물론이고 정복한 후에도, 그리고 죽은 뒤에도 아시아에서는 반란이 일어나지 않았다. 단지 그리스의 스파르타만이 기원전 331년에 알렉산드로스를 상대로 반란을 일으켰을 뿐이다. 알렉산드로스 사후, 그가 정복한 땅은 부하이자 친구들에 의해서 지도처럼 나뉘었다.

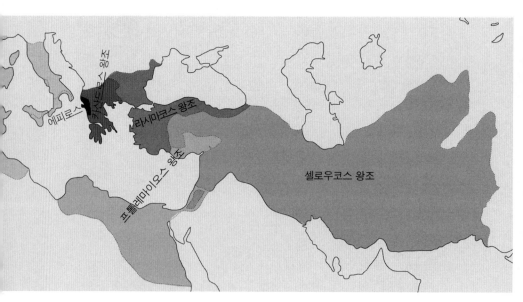

알렉산드로스가 죽은 후, 부하와 친구들에 의해서 나누어진 영토

2 '국가들'은 '신민'으로 이해해도 좋다. 국가들로 번역되기는 하지만 문맥상
　으로 보면 그 국가 안에 사는 신민을 말하기 때문이다.

마키아벨리는 '알렉산드로스가 짧은 시간에 넓은 영토를 정복하고 갑
작스럽게 사망했는데도 정복한 국가 내에서 왜 반란이 나타나지 않았
는가?'라는 질문을 던진다. 정말 궁금하지 않은가? 이 질문을 나눠서
살펴보자.

　우선 짧은 시간과 넓은 영토의 문제부터 시작하자. 알렉산드로스 외
에 칭기즈칸도 정복 전쟁으로 아주 짧은 시간에 세계적인 대제국을 건
설했다. 칭기즈칸이 그 넓은 제국을 건설했던 기간은 1211~1227년 사
이이다. 나폴레옹이 황제가 되고 결정적인 패배를 할 때까지 걸린 기
간도 1796~1812년 사이이다. 키루스가 페르시아 제국을 건설한 기간
도 기원전 554~539년 사이이다. 알렉산드로스 · 칭기즈칸 · 나폴레
옹 · 키루스가 정복을 통해 대제국을 건설한 기간은 20여 년을 채 넘지
않았다.

　왜 반란이 일어나지 않았는가를 살펴보자. 지나치게 빠른 정복은 당
연히 체제 정비를 동반하지 못한다. 주민들의 반발도 심할 뿐만 아니
라 정복지에서 언제든지 반란이 일어날 가능성이 있다. 그러나 알렉산
드로스와 칭기즈칸의 경우 정복 전쟁 중에도, 그리고 그들의 사후에도
그리 큰 반란이 일어나지 않았다. 마키아벨리는 알렉산드로스가 죽고
나서 정복 국가 내에서 반란이 일어나지 않은 이유를 찾고자 한다.

　마키아벨리는 왜 이런 질문을 던졌을까? 서양 고대사와 연관시켜
살펴보면 로마가 오랜 시간에 걸쳐 정복한 서유럽 지역은 잦은 반란에

시달렸기 때문이다. 알렉산드로스의 후계국 중 하나인 에피루스의 왕 피루스가 정복한 유럽 지역 역시 통치하기 쉽지 않았다. 하지만 알렉산드로스가 정복 전쟁을 수행하는 중에 발생한 유일한 반란은 그리스의 스파르타뿐이었다.

마키아벨리는 그 문제에 대한 답을 정치 체제에서 찾고 있다. 그는 4장에서 전제 군주정과 봉건제형을 탐구한 이 문제의식을 5장 자유를 누렸던 국가까지 나아가 설명한다. 5장을 읽을 때 이런 관점을 포함해서 읽으면 좋다.

튀르크 유형과 프랑스 유형

우리 시대에 위와 같은 두 가지 상이한 통치 유형의 예는 튀르크와 프랑스입니다. 튀르크의 전체 영토는 단 한 명의 통치자가 지배합니다. 나머지 다른 사람들은 그의 신하들일 뿐입니다. 단 한 명의 통치자는 자신의 왕국을 여러 개의 산자크[1]로 나누어 그 지역에 행정관들을 파견하고, 생각이 바뀌면 언제든지 행정관들을 교체하고 변화를 주기도 합니다.

그러나 프랑스 왕은 오랜 역사를 지닌 많은 영주 가운데 하나입니다. 이들 영주는 자신의 신민에 의해 군주로 인정받고 있으며, 신민의 사랑을 받습니다. 이들에게는 또한 자신들에게 부여된 고유한 권리가 있습니다. 프랑스 왕이라 할지라도 이러한 권리들을 빼앗을 수 없으며, 빼앗을 경우에는 자신도 위험에 처할 것을 각오해야 합니다.

두 가지 유형의 이러한 국가들을 검토해 보면 다음과 같이 말할 수 있습니다. 당신은 튀르크와 같은 국가를 획득하는 데에는 어려움에 처하지만, 일단 정복하면 유지하기 쉽다는 것을 이해하실 것입니다. 반면에 당신은 몇 가지 점에서 프랑스와 같은 국가는 정복하기는 쉽지만 유지하는 데에는 아주 커다란 어려움에 처한다는 것을 이해하실 것입니다.

1 산자크sanjak는 오스만 튀르크 제국의 행정 단위이다.
2 마키아벨리가 〈두 가지 유형의 국가〉, 〈튀르크 유형과 프랑스 유형〉에서 설명한 전제 군주정과 봉건제형 정체의 차이를 정리하면 다음과 같다.

전제 군주정	봉건제형
군주와 신하는 수직적 관계	군주와 제후는 혈연에 의한 수평적 관계
신하는 군주의 대리자	제후는 자신만의 신하를 소유
군주는 신하를 통한 간접 통치	제후는 고유 신민을 소유하고 직접 통치
언제든지 신하 교체 가능	군주라 할지라도 제후 권리 침해 불가능
신하의 고유 특권 없음	제후는 세습 특권 향유
신민은 군주를 사랑함	신민은 군주가 아닌 자신의 제후를 사랑함
군주는 최고의 통치자이자 가장 강력한 존재	군주와 제후의 우열 비교 불가

다음 페이지의 지도는 프랑스(1400년 무렵)와 오스만 튀르크 제국의 지도이다. 프랑스는 아주 작은 국가들로 나뉘어 있다. 프랑스 전체를 통치하는 왕의 고유 영토가 존재하며, 각 지역을 통치하는 제후들이 따로 있다. 심지어 영국 왕실이 지배한 영토가 있을 정도이다. 오스만 튀르크 제국은 프랑스보다 열 배 이상 큰 국가이지만 전 영토를 단 한 명의 통치자가 통치했다.

큰 나라는 정복하기도 어렵고 유지하기도 쉽지 않을 것 같은 반면에 작은 나라는 정복하기도 쉽고 유지하기도 쉬울 것 같다. 그런데 실제로는 반대이다. 마키아벨리는 '왜 오스만 튀르크는 정복하기 어렵지만 일단 정복하면 유지하기 쉽고, 프랑스는 정복하기는 쉽지만 유지하기는 어려운가?'라는 질문을 던진다. 그의 지론은 상식의 반전이다. 그

왕, 제후들, 영국 왕실로 통치가 쪼개진 프랑스와
한 명의 군주가 통치하는 오스만 튀르크

프랑스

오스만 튀르크

는 전제 군주정과 봉건제형 정체의 차이에서 그 답을 찾는다. 주요한
비교 지점은 군주와 신하의 관계이며, 정리한다면 '신하론 또는 제후
론'이다.

마키아벨리는《군주론》을 쓰면서 중간층이라 할 수 있는 신하·관리·제후들을 집중적으로 다루지는 않는다. 4장, 21장, 22장에서 간략히 다룰 뿐이다. 마키아벨리는 이들에 대해 호의적이지 않다. 이들은 전제 군주정에서는 관리들이고, 봉건제형에서는 제후들이다.

마키아벨리는 군주에게 속말로 이런 말을 전한다. 전제 군주정 국가의 관리들이란 군주만 바라보며 꼬리를 치는 개와 다름없는 반면, 봉건제형 국가의 제후들이란 언제든지 군주가 되고 싶어 하는 탐욕스러운 늑대와 다름없다. 개와 다름없는 관리들은 인민에 대해 아무런 영향력도 행사하지 못하는 무능한 자들이며, 늑대와 다름없는 제후들은 자신만의 신민과 인민에 대해 군주와 동등한 영향력을 행사하는 위험스러운 자들이다.

마키아벨리는 넌지시 정복자가 아닌 통치자의 처지에서 이들을 바라보아야 한다고 말한다. 그는 전제 군주정의 관리들이라면 내치고 인민과 손을 잡아야 하며, 봉건정의 제후들이라면 앞에서 다루었듯이 수단과 방법을 가리지 말고 제거해 버려야 한다고 주장한다. 관리는 언제든지 맘만 먹으면 구할 수 있는 존재이고, 제후들은 언제든지 맘만 먹으면 군주에게 도전하는 존재들이기 때문이다.

이렇게 해석하는 것이 조금 과하다고 생각할지 모른다. 그러나 조금도 과하지 않다. 마키아벨리가 꿈꾸는 이상적인 군주는 귀족이나 관리의 도움을 받는 군주도 아니고 제후들에 의해 견제를 받는 위약한 군주가 아니다. 그 군주는 인민의 지지를 받는 절대적인 군주이다. 이에 대해서는 마키아벨리가 서술할 때마다 더 다루도록 하자.

튀르크는 정복하기는 어렵지만 유지하기는 쉽다

튀르크 왕국을 차지하는 데에 따르는 어려움의 원인이 있습니다. 침략자는 튀르크 왕국 귀족들의 도움을 받을 수 없으며, 튀르크를 둘러싼 반란을 통해서 침략을 용이하게 할 만한 근거를 발견할 수 없다는 점입니다. 이것은 위에서 언급한 다음과 같은 이유에서 비롯합니다. 곧 모든 관리가 군주에게 얽매인 노예와 다름없으므로 매수하기 어렵기 때문입니다. 설사 관리들을 매수하는 데에 성공한다 할지라도, 관리들에게서 얻을 이익이 거의 없습니다. 왜냐하면 관리들은 위에서 언급한 이유 때문에 밑에 있는 인민을 이끌 수 없기 때문입니다. 따라서 튀르크를 침략하고자 하는 자는 통일된 국가를 염두에 두어야 하며, 다른 사람들에 의한 무질서보다는 자신의 무력에 의존해야만 합니다.

그러나 튀르크를 완전히 정복하고 군주가 군대를 재정비할 수 없을 만큼 완전히 패퇴시켰다면, 군주의 가문을 제외하고는 두려워할 것이 아무것도 없습니다. 군주 가문을 제거한다면 정복자가 두려워할 사람은 하나도 남아 있지 않게 됩니다. 다른 어느 누구도 인민에게 영향력을 행사하지 못하기 때문입니다. 다시 말하면 침략자는 승리하기 전에는 그들에게 어떤 것도 기대할 수 없지만, 승리한 후에는 어느 누구도 두려워할 필요가 없습니다.

정복자의 처지에서 이 글을 보면 아주 간단하다. 튀르크와 같은 국가는 정복하기는 어렵지만 정복하기만 하면 유지하기는 어렵지 않다는 것이 주제이다. 정복하기 어려운 이유는, 관리를 매수하는 것이 불가능하고 관리를 매수해도 그 관리가 신민을 이끌 리더십이 부재하기 때문이다. 유지하기 쉬운 이유는, 전제 군주정인 군주 가문만 완전히 절멸시키면 되기 때문이다.

이를 뒤집어 생각해 보자. 튀르크와 같은 국가의 통치자라면 그 군주는 어떻게 해야 하는가? 외세의 침략을 강력하게 저지하려면 어떻게 해야 하는가? 한마디로, 현명한 군주라면 침략자가 자신의 신하를 매수하지 못하도록 해야 한다. 이에 대해서 마키아벨리는 22장에서 길게 논하고 있다. 현명한 군주는 부하들이 더는 명예가 필요하지 않을 때까지 포상해야 하고, 부하들이 더는 재산이 필요하지 않을 만큼 부자로 만들어주어야 한다. 그러면 신하들이 적들과 내통하여 모반하는 일이 없게 된다.

마키아벨리는 이 글을 통해 또 다른 속이야기를 하고 있다. 위의 두 논의를 뒤집어 이야기하면 '관리 또는 신하 무능론'이다. 군주의 처지에서 본다면 관리는 노예 같은 존재이다. 노예 같은 관리는 자신이 독자적으로 생각이나 행동을 하지 않고 군주의 입과 손만 바라보고 살아간다. 관리는 군주 한 사람을 위해 견마지로의 노고를 아끼지 않는 동물과 같다. 군주는 필요하지 않는 관리를 언제든지 자를 수 있는 반면, 필요한 관리를 언제든지 뽑을 수 있다.

인민의 처지에서 본다면 관리는 무의미한 존재이다. 관리는 인민에 대해 아무런 리더십도 발휘하지 못한다. 인민은 관리를 사랑하는 것이 아니라 군주를 사랑하기 때문이다. 그렇기 때문에 매수할 필요조차 없다. 마키아벨리는 이를 프랑스에도 적용하여 설명한다. 프랑스에서는 관리 대신 제후들, 다시 말하면 귀족들이 그 역할을 맡는다.

프랑스는 정복하기는 쉽지만 유지하기는 어렵다

위와 반대되는 결론은 프랑스와 같은 국가처럼 조직된 왕국들에 적용됨니다. 왜냐하면 당신이 그 왕국의 영주들 중 일부만 장악한다면 당신은 쉽게 그 왕국들에 들어갈 수 있기 때문입니다. 또한 당신은 언제든지 불평불만 분자들과 혁명을 꿈꾸는 자들을 찾을 수 있기 때문입니다. 앞에서 열거한 이러한 이유들 때문에 당신은 이런 자들의 도움을 받아서 그 나라에 쉽게 진입할 수 있으며, 쉽게 승리를 거둘 수 있습니다.

당신이 그곳에서 당신 자신을 유지하고자 한다면, 당신은 당신을 도와주었던 지지자들과 당신이 정복했던 자들 때문에 헤아릴 수 없이 줄줄이 이어지는 곤란에 처하게 됩니다. 군주의 가문을 제거하는 것만으로는 충분하지 않습니다. 왜냐하면 새로운 반란의 리더가 되고자 하는 영주들이 여전히 남아 있기 때문입니다. 또한 당신은 그러한 자들을 만족시키지도 못하고 제거하지도 못하기 때문에, 당신은 그들이 기회를 얻자마자 그 나라를 잃게 됩니다.

정복자의 처지에서 이 글을 보면 아주 간단하다. 프랑스와 같은 국가는 정복하기는 쉽지만, 정복하더라도 유지하기는 쉽지 않다는 것이 주제이다.

정복하기 쉬운 이유는 불평불만 분자들과 모반을 꿈꾸는 제후를 매수하기 쉽기 때문이다. 이를 뒤집어 생각해 보자. 프랑스와 같은 국가의 통치자라면, 그 군주는 어떻게 해야 하는가? 제후들이 외국 세력과 손잡지 않도록, 배신하지 않도록 하려면 어떻게 해야 하는가? 모반을 막을 방법이 없다. 그런 영주들은 불평불만 분자들, 언제든지 기회만 생기면 자신이 군주가 되고 싶어 혈안이 된 자들이기 때문이다. 또한 적통 혈손이 사라진다면, 언제든지 방계인 제후들은 자신이 적통이라고 주장하고 나설 것이기 때문이다.

이런 국가를 정복하기는 쉬워도 유지하기 어려운 이유는 군주 가문을 절멸시켜도 군주가 되고 싶은 제후들이 많기 때문이다. 이를 뒤집어 생각해 보자. 프랑스와 같은 국가를 정복한 자라면, 그 군주는 어떻게 해야 하는가? 제후들을 어떻게 해야 완벽하게 제압할 수 있는가? 완벽하게 제압할 방법이 없다. 제후들은 새로운 반란의 리더가 되고자 하기 때문이다. 외국의 힘을 빌려 기존 통치자를 쫓아내면, 이제 외국의 힘을 몰아내고자 반란을 일으키기 때문이다.

마키아벨리가 여기서 어떤 속이야기를 하는지 알아보자. 위의 두 논의를 뒤집어 이야기하면 '영주 또는 귀족 불신론'이다. 군주의 처지에서 본다면 영주는 처음부터 끝까지 경계하지 않으면 안 되는 존재이다. 불평불만으로 가득 찬 귀족은 자신도 기회만 주어지면 군주가 될 수 있다고 생각하는 자들이다. 귀족은 자신이 군주가 되지 못한 이유를 능력 차이가 아니라 혈통 탓이라고 생각한다. 귀족은 기회만 온다면, 아니 기회를 만들어서라도 언제든 군주가 되고 싶어 한다. 기존 군주이든 침략한 군주이든, 군주의 처지에서 본다면 제후는 욕심으로 가득한 존재이다. 따라서 무조건 제거해야 할 대상들이다.

로마사에 나타난 유사한 사례

이제 당신이 다리우스의 정부를 고찰해 보신다면, 튀르크 왕국과 닮았음을 아실 것입니다. 따라서 알렉산드로스가 해야 할 첫 번째 가장 중요한 일은 다리우스 왕을 완전하게 패퇴시키고 그의 전 영토를 빼앗는 일이었습니다. 이와 같이 승리한 이후 다리우스는 죽었으며, 위에서 제시했던 이유로 알렉산드로스는 그 나라를 차지했습니다. 그리고 알렉산드로스의 계승자들이 통일만 되어 있었다면, 그들은 마음껏 권력을 향유할 수 있었을 것입니다. 왜냐하면 그 나라 안에서는 자신들이 일으켰던 것을 제외하면 어떤 반란도 일어나지 않았기 때문입니다.[1]

그러나 프랑스 왕의 국가처럼 조직된 국가들은 그렇게 조용하게 정복될 수 없습니다. 이것은 에스파냐·갈리아·그리스에서 로마인들에게 대항하여 수많은 반란이 일어난 원인입니다. 바로 그 원인은 이들 나라의 땅에 수많은 군주국이 있었다는 사실에서 비롯합니다. 그들 나라에 어떤 전통이 남아 있는 한, 바로 그 때문에 로마인들이 정복한 곳은 항상 불안정했습니다. 그러나 그 전통이 로마 제국의 힘에 의해서 제거되자마자, 로마인들은 그 지역들의 확실한 소유자가 되었습니다. 그리고 그 후 로마인들이 자기들끼리 서로 싸우기 시작했을 때 각 지도자들은 그러한 영토의 일부를 이끌게 되었으며, 권위에 따라 그 지역 안에서 영토를 획득했습니다. 그리고 그 지역들의 과거 군주 가문이 완전히 제거되었기 때문에 그 지역들은 로마인들을 통치자로 받아들였던 것입니다.[2]

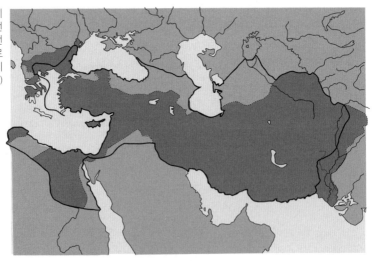

실선은 페르시아 제국(기원전 500) 영토, 점선은 알렉산드로스가 정복한 지역(기원전 323)이다.

1 앞의 지도는 알렉산드로스가 정복한 영토의 대부분이 페르시아 제국의 영토였음을 보여준다. 실선은 기존의 페르시아 제국이며, 점선은 알렉산드로스 제국의 영토이다. 알렉산드로스는 마키아벨리 당대의 튀르크와 정체 면에서 유사한 전제 군주국을 정복했다.

2 로마 확장의 역사는 '정복-반란-진압 후 로마화'라고 정의할 수 있다. 로마가 정복한 대부분의 영토는 알렉산드로스와 달리 유럽이었으며, 유럽의 대부분은 자기들만의 군주국으로 구성되어 있었기 때문이다. 일종의 봉건제형이라고 볼 수 있다. 유럽 지역의 국가들은 로마에 정복되고 나서도 저항 전쟁을 멈추지 않았다. 그리고 그 국가들은 저항 전쟁에서 철저하게 패배한 후에야 로마를 통치자로 받아들이고 저항하지 않았다.

"로마인들이 자기들끼리 서로 싸우기 시작했을 때"는 주로 로마에서 발생한 시민 전쟁을 가리킨다. 그라쿠스 형제의 개혁이 시민 전쟁의 기원이라면, 이어지는 민중의 지지를 등에 업은 마리우스와 이에 적대적인 술라의 대결은 이념 대립의 극단이었다. 그 이후 크라수스·폼페이우스·카이사르 등 각 파벌의 지도자들은 "그러한 영토의 일부를 이끌게" 된다. 그들은 아래 지도

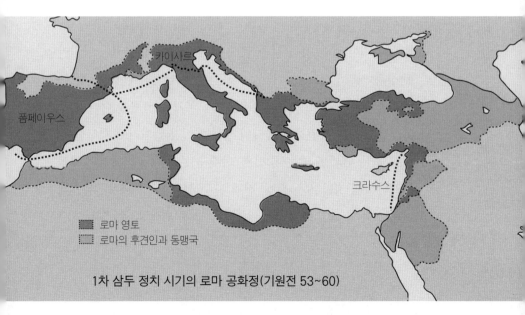

로마 영토
로마의 후견인과 동맹국

1차 삼두 정치 시기의 로마 공화정(기원전 53~60)

에서와 같이 영토를 분할했다. 물론 로마가 정복한 지역 중에는 유럽의 봉건형 국가와 달리, 예외적으로 그리스처럼 시민이 중심이 되는 국가들도 있었다. 이런 정체와 정복의 관계에 대해서는 5장에서 다룬다.

마키아벨리는 지극히 단순하게 일반화하는 전략을 취한다. 그는 알렉산드로스가 점령한 지역을 마키아벨리 당대의 오스만 튀르크와 비교하고, 로마가 점령한 지역을 마키아벨리 당대의 프랑스와 비교한다. 그는 이 단순 비교를 통해 2,000여 년이 넘는 역사를 돌아보며 자신의 주장이 옳았다고 주장한다.

마키아벨리는 자신의 직관을 논증하며 천재적인 정리 능력을 드러낸다. 우리의 상식에 따른다면 빠른 정복, 정복자의 급작스러운 죽음, 그리고 반란이라는 사건의 흐름은 너무 당연한 듯이 보인다. 그는 이런 상식에 맞지 않는 알렉산드로스의 예를 제시하고, 정반대 문제의식을 던진다. 왜 알렉산드로스는 빠른 정복을 하고, 말라리아라는 예기치 않은 병에 걸려 급작스럽게 죽었는데도 정복지에서 반란이 일어나지 않았는가?

이 문제에 대한 답을 찾는 것은 쉽지 않은 문제이다. 그러나 마키아벨리는 '정복 지역의 정체 차이'라는 간단한 해결책을 제시한다. 그는 모든 권력을 한 손에 쥐고 있는 전제군주정 국가와 권력을 다른 제후들과 분점하고 있는 봉건제형 국가의 정체 차이가 답이라고 제시한다.

그는 크게 세 단계를 밟는다. 첫째, 전제 군주정과 봉건제형 정체의 차이를 간단하게 정리한다. 둘째, 전제 군주국의 군주와 신하, 봉건제형 국가의 군주와 제후의 관계를 살핀다. 셋째, 위의 두 기준을 역사 속에서 수없이 다양한 국가와 현재 실재하는 다양한 국가에 확실하게 적용한다.

마키아벨리는 아주 오랜 시간과 수없이 많은 역사적 사실과 다양한 변수 속에서 흔들리지 않는다. 그는 역사를 종횡무진 휘저으면서도 일관된 원칙으로 역사를 탐구한다. 그는 공간적·지리적으로 당대의 튀르크와 프랑스를 비교하고, 시간적·역사적으로 로마의 유럽 정복, 알렉산드로스의 다리우스 정복, 피루스와 로마의 대결을 제시한다. 그리고 그는 이를 하나로 묶는다.

마키아벨리는 2,000여 년이 넘는 역사와 수없이 많은 정치적 사건을 하나의 기준으로 꿰뚫어 전제 군주정 국가와 봉건제형 국가의 정체 차이에 명확하게 적용한다. 그는 결국 군주와 신하, 군주와 제후, 그리고 군주와 신민의 문제가 관건이라고 주장한다. 그는 겉으로 신민의 지도자가 되지 못하는 신하와 신민의 군주인 제후(귀족)는 군주에게 불필요하다고 결론 내린다. 또한 그는 속말로 정복 정책의 핵심은 신하도, 제후도 아닌 신민의 마음을 얻는 것이라고 결론 내린다.

서로 다른 나라들, 다른 문제들

이러한 모든 것을 고려한다면 어느 누구도 다음과 같은 사실에 놀라지 않을 것입니다. 즉, 알렉산드로스는 아시아에서 쉽게 통제할 수 있었지만, 피루스나 그 외의 다른 많은 군주들은 획득했던 영토에서 곤란을 겪었다는 점입니다.[1] 이와 같은 사실은 정복자의 능력 차이가 아니라 정복한 지역의 차이에서 비롯합니다.

1 피루스(기원전 319~272)는 알렉산드로스 사후에 후계를 계승한 국가 가운데 하나인 에피루스의 왕이자 마케도니아의 왕을 가리킨다. 알렉산드로스의 조카이기도 한 그는 로마의 가장 강력한 적수였다.

로마를 지긋지긋하도록 괴롭힌 한니발은 마케도니아의 왕 알렉산드로스를 가장 뛰어난 장군, 에피루스의 피루스를 두 번째 뛰어난 장군, 자신을 세 번째 뛰어난 장군이라고 내세운다. 이 감동적인 대화를 보고 싶으면, 시오노 나나미의 《로마인 이야기》 2권 364~366쪽을 참고하면 된다. 시오노 나나미는 리비우스의 《로마사》에 바탕을 두고 위와 같은 에피소드를 소개한다. 하지만 플루타르크의 말은 시오노 나나미의 이야기와 조금 다르다. 그에 따르면 한니발은 알렉산드로스보다는 피루스를 명장 중의 명장으로 인정했다고 한다. "한니발은 모든 장군 가운데 전술과 능력면에서 제일가는 사람은 피루스요, 다음이 스키피오, 그다음이 자기라고 했다. …… 한마디로 피루스는 항상 지속적으로 이 한 가지 주제만 연구하고 사색했으며……."*

피루스는 로마와의 전투에서 여러 번 승리를 거두었지만, 끝내는 전쟁에서 패배했다. 피루스는 한때 마케도니아를 점령한 적도 있었고, 로마와 타렌툼 간의 전쟁에 개입하여 이탈리아 반도의 일부를 점령하기도 했다. 그런데 이 전쟁 와중에 피루스는 시칠리아 원정을 떠나서 아그리겐툼, 시라쿠사, 레온티니 등을 지배하게 되었다. 그러나 그는 나중에 전제 군주화되었고, 피루스를 시칠리아로 불러들인 사람들마저 그를 의심하게 되었다. 나중에 이 지역들에서 반란이 일어났고, 강력한 저항에 직면했다. 마키아벨리가 "곤란을 겪었다"고 말한 것은 이를 염두에 두고 한 말이다.

피루스가 주로 점령한 지역은 유럽이며, 그 국가들은 마키아벨리식으로

* Plutarch, *Plutarch's Lives*, tr. by Bernadotte Perrin(Cambridge, MA and London, 1923), p. 368.

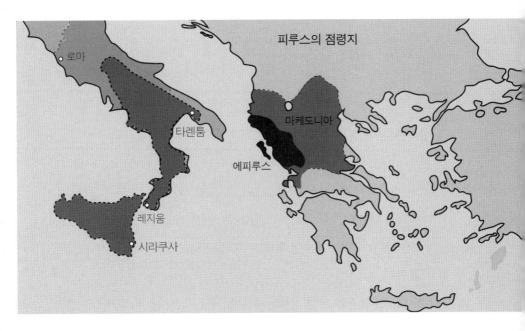

피루스의 점령지

로마

타렌툼

레지움

시라쿠사

마케도니아

에피루스

말하면 제후들이 통치하고 있었다. 따라서 피루스는 로마와 마찬가지의 어려움을 겪었다고 마키아벨리는 이해한다.

마키아벨리는 4장에서 하고 싶은 주장을 단 한 문장으로 말한다. 그는 알렉산드로스 사후에 반란이 일어나지 않은 이유를 군주의 능력 차이가 아니라 점령한 국가의 정체의 차이라고 단언한다.

4장 다시 보기

4장은 군주의 '정복 매뉴얼'이다. 마키아벨리는 4장에서 군주가 어떻게 하면 서로 다른 국가를 쉽게 정복하고 오래 유지할 수 있을 것인가에 대한 방법론을 제공한다. 다시 '헌정'하는 마키아벨리는 헌정 받는 자 메디치가 이 글을 읽으면서 어떤 생각을 하기를 바랐을까?'라는 질문으로 바꾸어보자. 그는 메디치에게 아마도 이런 말을 하고 싶었을 것이다.

알렉산드로스는 아주 운이 좋았던 사람이다. 그 후계자들도 아주 운이 좋았던 군주들이다. 왜냐하면 그들은 반란에 직면하지 않았기 때문이다. 하지만 메디치 당신은 알렉산드로스나 그 후계자와 같은 행운을 누리기를 기대하지 말았으면 좋겠다. 메디치 당신이 사는 이탈리아에는 알렉산드로스가 정복했던 전제 군주정 형태의 국가도 있지만, 봉건제형 국가도 있기 때문이다. 아래의 지도를 보라.

이탈리아 전체가 작은 군주국과 같은 형태로 분할된 나라이므로 신속하게 정복할 수는 없다. 메디치 당신은 알렉산드로스와 같은 행운을 누리기를 기대하지 말고 프랑스와 같은 봉건제형 국가를 정복한다는 마음을

마키아벨리 당대의 유럽과 오스만제국

품어야 한다. 메디치 당신은 과거 로마가 그랬던 것처럼 정복한 뒤 반란이 일어나면 다시 정벌하고, 그리고 그 나라에서 제후들이 완전히 절멸될 때까지 기다리고 또 기다리는 방식을 따라야 한다. 이들 나라는 정복하기는 쉽다. 그러니 재빨리 정복하고, 구심점이 될 수 있는 옛 군주들을 과감하게 제거해 버려라.

그러나 문제는 이것만이 아니다. 이탈리아는 이런 봉건제형 국가이기도 하지만, 자유로 충만한 도시국가들도 구석구석에 요새처럼 존재한다. 그 도시국가를 정복하는 것은 봉건제형 국가를 정복하는 것보다 훨씬 더 어렵고 험난하다. 메디치 당신이 이러한 자유 국가들을 어떻게 처리해야 하는지 궁금하다면 다음 장을 읽어보기 바란다.

자유형 국가마저 정복한다면 당신에게 커다란 서광이 비칠 것이다. 당신은 알렉산드로스처럼 큰 영광을 누릴 것이다. 앞의 지도를 다시 보라. 이탈리아를 통일하고 나면, 오스만 튀르크라는 거대한 나라가 당신의 정복을 기다릴 것이다. 이 나라는 정복하기는 쉽지 않지만, 정복만 한다면 유지하기는 아주 쉽다. 당신은 피렌체를 넘고 이탈리아의 군주를 넘어 세계를 호령하는 알렉산드로스와 같은 황제가 될 것이다.

그 영광을 지속하고 싶다면 신하나 제후가 아닌 신민의 마음을 얻어야 한다. 이것은 정복의 철칙이다.

아마도 마키아벨리는 메디치에게 이런 말을 하고 싶지 않았을까? 이유는 5장의 내용이 자유정신으로 충만한 시민 국가를 다루기 때문이다.

정복되기 전 독자적인 법을 유지하며 살던
국가 또는 군주국은
어떻게 관리되어야 하는가

〈세 가지 방법〉과 〈자유의 정신〉이라는 아주 간략한 두 개의 절을 목차까지 분석하는 게 의미가 없다고 할지도 모르겠다. 짧은 목차이기는 하지만 많은 내용을 포함하고 있으므로 간략한 내용까지 포함해서 목차를 분석하면 글을 읽는 데 도움이 된다. 또한 5장은 구체적인 역사적 사례까지 포함하고 있으며, 훌륭한 한 편의 논문이 될 수 있을 정도로 풍부한 내용을 포함하고 있다. 간단하게 내용을 분석해 보자.

마키아벨리는 자유를 누리던 국가를 정복하는 방법에는 완전히 파멸시키기, 직접 통치, 주민의 자치 인정과 정복자의 뜻을 따르는 과두 정부 수립 등 세 가지가 있다고 보았다. 그는 여기서 주로 세 번째를 다루면서, 결국 이 방법은 실패할 수밖에 없기 때문에 첫 번째 방법인 완전히 파멸시키기가 중요하다고 주장한다.

마키아벨리는 고대 스파르타가 세 번째 방법을 고수하다가 몰락했다는 예를 든다. 반면에 그는 고대 로마도 스파르타처럼 세 번째 방법을 따르다 반란에 직면하였고, 결국 첫 번째 완전히 파멸시키기 방법을 사용한다고 주장한다. 그는 당대의 예로 피사를 들면서, 자유는 시간과 이익으로도 제어할 수 없는 무서운 것이라고 말한다. 그는 그 이유로 자유를 누렸던 공화국의 시민들은 더 많은 생명력, 더 많은 증오심, 더 많은 복수심을 지녔기 때문이라고 말한다. 이상을 바탕으로 5장의 목차와 내용을 아래와 같이 분석할 수 있다.

제목: 자유를 누렸던 국가를 완전히 정복하는 방법
세 가지 방법
  1. 완전히 파멸시키기
  2. 직접 통치
  3. 주민의 자치 인정과 정복자의 뜻에 따른 과두 정부 수립
    1) 역사적인 사례
      (1) 고대
        ① 스파르타 형: 아테네 등에 3의 방법을 고수하다 몰락
        ② 로마형: 아테네 등에 3의 방법을 취하다 1의 방법으로
              전환, 오랜 기간 통치 가능
      (2) 현대: 피사 자유의 정신
    결론: 자유를 구가했던 국가의 완전 절멸

세 가지 방법

앞에서 언급했던 방법으로[1] 정복되었던 국가들이 고유한 법률과 자유를 누리고 사는 데에 익숙하다고 가정해 보십시오. 그러면 당신은 이 나라들

을 세 가지 방법으로 유지할 수 있습니다. 첫째, 그들을 파멸시키는 것입니다. 둘째, 그 나라에서 거주하는 것입니다. 셋째, 자기들의 고유한 법에 따라 살게 하면서 그들한테서 공물을 받고, 당신의 친구인 몇몇 사람이 과두 정부를 수립하게 하는 것입니다. 그러한 정부는 새로운 군주의 우정과 무력이 없다면 유지할 수 없다는 것, 새로운 군주를 지원하려면 전심전력을 다해야 한다는 것을 알고 있습니다. 왜냐하면 그 정부는 새로운 군주에 의해 만들어졌기 때문입니다. 또한 정복자가 자유에 익숙한 도시를 잃지 않으려고 마음먹는다면, 그는 다른 어떤 방법보다도 그 지역 시민들에 의지해 통치하는 것이 쉽다는 것을 알게 될 것입니다.

스파르타인들과 로마인들이 그 예입니다. 스파르타인들은 그리스와 아테네에 과두 정부를 세워서 유지했지만 이들 나라를 잃었습니다.[2] 로마인들은 카푸아·카르타고·누만티아를 유지하려고 그들을 완전히 파괴했고, 그리고 그 나라들을 상실하지 않았습니다.[3] 로마인들은 스파르타와 같은 방식으로 그리스를 유지하려고 했습니다. 그래서 그들은 그리스가 자유를 누리며 고유한 법에 따라 살게 했습니다. 하지만 그들은 성공하지 못했습니다. 따라서 로마인들은 그리스를 유지하려고 어쩔 수 없이 그 지역의 수많은 도시들을 파괴할 수밖에 없었습니다. 왜냐하면 파괴 외에는 그러한 도시를 유지할 수 있는 확실한 방법이 없었기 때문입니다.[4]

1 3장 〈복합 군주국〉에서 정복했던 방법을 말한다.

2 스파르타는 2차 펠로폰네소스 전쟁(기원전 415~404)에서 승리한 덕분에 그리스의 주도권을 장악한다. 스파르타는 점령한 대부분의 국가에 자신들이 지지하는 자들로 과두 정부를 세웠다. 이 무렵 아테네에는 스파르타의 지지를 받은 '30인 참주정'이 세워진다. 그들은 테러를 자행하면서 정치적 적대

자들을 한꺼번에 제거했다. 하지만 스파르타의 지원을 받은 과두정이 오래 지속된 것은 아니었다. 아테네의 경우 30인 참주정은 곧장 막을 내렸고, 곧 민주정이 부활한다. 스파르타의 뜻을 따랐던 대부분의 과두 정부는 아테네의 길을 따랐다. 그 후 스파르타는 테베에게 패배하고 영향력을 상실한다.

3 마키아벨리는 이 부분을 역사적 순서대로 서술하고 있다. 먼저 카푸아이다. 카푸아는 기원전 424년 주변에 있는 삼니움 족에 정복당했다. 백여 년이 지난 후 카푸아는 삼니움 족을 몰아내달라며 로마와 동맹을 맺었다. 로마는 카푸아를 로마 연합으로 받아들인다. 그러나 기원전 327년에 시작된 2차 삼니움 전쟁 과정에서 로마는 삼니움 족의 본거지인 산악 지대를 공략하다 처참한 패배를 당했고(카우디움의 굴욕), 이에 카푸아는 삼니움 족과 손을 잡게 된다. 이후 기원전 311년, 기원전 304년의 두 차례 전투에서 삼니움 족에게 결정적인 승리를 거둔 로마는 카푸아의 모든 유력자를 사형

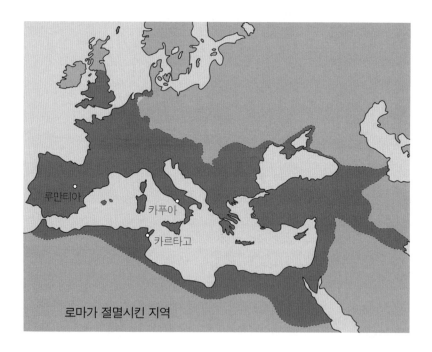

로마가 절멸시킨 지역

에 처해버린다.

카르타고와 로마는 두말할 필요 없이 앙숙 관계이다. 성장하며 팽창하던 로마와 전성기를 구가하던 카르타고가 지중해 지배권을 둘러싸고서 시칠리아 쟁탈전을 벌인 것이 발단이 되었기 때문이다. 기원전 264~241년에 벌어진 1차 포에니 전쟁, 기원전 218~202년에 벌어진 2차 포에니 전쟁에서 모두 로마가 승리했다. 마지막 3차 포에니 전쟁은 스키피오가 카르타고를 직접 점령하는 것으로 끝난다. 3년여에 걸친 처절한 전쟁 끝에 승리한 로마는 카르타고 주민을 완전히 축출하고, 카르타고 시가지를 불태워버렸다. 그것도 부족하다고 생각했던지 로마는 땅에다 소금을 뿌려 완전히 황무지로 만들어버리는 극단적인 절멸 정책을 폈다.

로마는 누만티아에도 극단적인 점령 정책을 취했다. 그 이유는 지금의 스페인 지역에서 반란이 일어나는 것을 막기 위해서였다. 누만티아는 2차 포에니 전쟁 당시 카르타고의 한니발이 에스파냐에서 거병하자 한니발의 편을 든다. 이 전쟁에서 승리한 로마는 누만티아 지역에 성벽이 있는 도시를 건설하지 못하게끔 못 박아둔다. 기원전 153년 누만티아가 이 약속을 어기고 성벽을 건설하자 로마는 전쟁을 개시했고, 20여 년에 걸친 싸움 끝에 누만티아는 식량 고갈과 주변 부족의 로마 지원 때문에 결국 패배한다. 승리를 거둔 로마는 누만티아 지역 사람을 모두 노예로 팔아버리고 마을을 완전히 파괴해버렸다. 그 후 누만티아 족이 중심이었던 켈트 이베리안 종족이 로마에 저항하는 일이 사라졌으며, 로마의 이베리아 반도 정복은 점점 더 확장되어갔다.

로마는 카푸아 같은 배신도, 카르타고처럼 로마를 위협할 것 같은 존재도, 누만티아처럼 반란의 구심점이 되는 국가도 완전히 절멸해버리는 식민 정책을 취했다.

4 로마는 그리스에 열등감이 심했다. 로마는 무력으로 그리스를 정복했지만,

그리스는 문화로 로마를 정복했다는 말이 있을 정도이다. 문화적 열등감 탓인지 로마의 초기 그리스 정복 정책은 관대했다. 로마의 아이밀리우스 파울루스는 기원전 168년 3차 마케도니아 전쟁에서 승리함으로써 그리스를 정복했다. 로마는 마케도니아 왕국을 멸망시키고, 마케도니아에 동조했던 도시를 약탈했다. 하지만 로마는 마케도니아 외의 그리스 도시들에 자치권을 주었고, 정복한 지 석 달이 채 지나지 않아 철수했다.

하지만 마케도니아의 안드리스코스가 자신이 마케도니아 왕조의 후손이라고 주장하며 로마에 전쟁을 선언하자, 기원전 146년 아테네도 로마에 반란을 일으켰다. 로마가 승리를 거두자 루키우스 무미우스는 코린토스를 형태조차 알아볼 수 없을 정도로 파괴해버렸고, 그리스의 전통적 동맹인 아카이아 동맹 등을 해체해버린다. 로마는 그 후 속주인 마케도니아 총독에게 그리스 도시국가들에 대한 내정 간섭권과 치안 유지권을 부여했다. 이로써 그

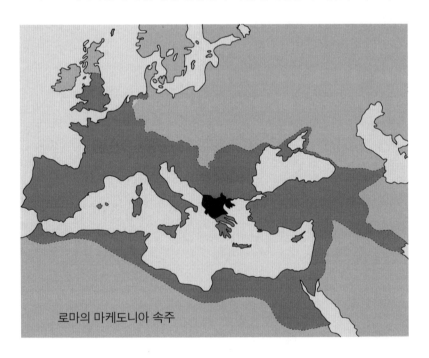

로마의 마케도니아 속주

리스는 자치권을 완전히 상실한다.

기원전 87년, 폰투스의 미트라다테스 6세가 로마를 상대로 군사를 일으켰다. 당시 로마의 정복 정책에 염증을 느낀 아테네와 그리스 도시들이 이에 호응하여 반란을 일으킨다. 당시 이 전쟁의 로마 측 총사령관 술라는 같은 해 그리스 대부분을 장악하고 아테네를 포위하여 공격함으로써 항복시켰다. 기원전 86년 카이로네이아 전투에서 패배한 폰투스는 결국 기원전 85년에 강화를 체결하고 물러났다. 반란을 일으킨 그리스에 대해 술라는 그리스 전토를 완전히 황폐화시켜 버리는 지독한 정책을 구사했다. 플루타르크가 《영웅전》〈술라〉 편에서 "죽은 시민이 너무 많아 헤아릴 수는 없지만, 뒤덮인 넓이로 추측이 갈 뿐이었다"*라고 증언할 정도로 그 피해가 엄청났다.

계산적 이성과 경험적 현실의 대립! 정복한 지역에 괴뢰 정부를 세우는 것이 옳은가, 그른가? 괴뢰 정부를 세우는 것은 정복자에게 이롭다. 정복자는 괴뢰 정부를 세우고 그 정부를 지원하면서 경제적인 이득을 취할 수 있다고 생각하기 때문이다. 이론상으로 보면 그럴 듯한 정책이다. 그러나 현실로 보면 옳지 못한 정책이다. 마키아벨리는 자유를 누리던 지역에는 괴뢰 정부를 세우는 것이 옳지 않다고 말한다. 로마의 경험적 현실이 이를 입증한다.

마키아벨리는 괴뢰 정부 수립에 대한 반론을 역사적 사례에서 찾는다. 대표적인 괴뢰 정부는 스파르타가 아테네에 세웠던 30인 참주정인데, 30인 참주정은 하루아침에 망해버렸다. 로마가 그리스 지역과 누

---

* Plutarch, *Plutarch's Lives*, tr. by Bernadotte Perrin(Cambridge, MA and London, 1923), p. 372.

만티아에서 실시했던 정책도 일종의 괴뢰 정부 정책이다. 로마의 호의에 의해 괴뢰 정부가 세워졌던 이 지역들은 곧 로마에 반기를 들고 독립 전쟁을 벌였다. 로마가 이 지역을 다시 재정복해서 완전히 로마화하려고 얼마나 많은 시간과 경비를 들였으며, 얼마나 많은 로마인이 희생되었는가! 역사는 이것을 고스란히 보여준다.

마키아벨리는 자유를 누리던 국가를 점령했을 때 취할 정책으로 '초토화 작전 또는 완전 섬멸전'을 제시한다. 자유를 누리던 지역의 철저한 파괴 외에는 그 지역을 온전히 장악할 방법이 없기 때문이다. 언제든지 다시 저항하거나 반란을 일으키기 때문이다. 완전 섬멸전의 대표적인 예는 로마가 지긋지긋하도록 싸웠던 카르타고의 정복이다.

로마는 카르타고 주민 가운데 남자는 거의 다 살해하고 여자나 어린아이는 모두 노예로 팔아버렸으며, 땅에는 소금을 뿌려 오랜 시간 동안 풀 한 포기 자라지 못하게 만들었다. 그래야만 다시는 카르타고가 로마에 저항하지 못할 것이라고 생각했다. 그 결과 로마 이전에 지중해의 패권을 장악하고 영화를 누렸던 카르타고는 역사 속으로 사라져버린다. 만약 카르타고를 살려두었다면 로마가 과연 지중해의 패권을 온전히 장악할 수 있었겠는가!

섬멸전의 전제는 자유를 누리는 국가이다. 그런 국가를 완전히 섬멸하는 것이 정복 정책의 최선이라고 말하는 마키아벨리! 섬뜩하다. 하지만 한 번 더 생각해 보면 자유가 얼마나 중요한 것인가를 그는 역설적으로 강조한 것이다. 자유를 누리던 국가는 철저히 짓밟지 않으면 완전히 정복할 수 없기 때문이다. 그만큼 '자유'는 무섭다. 자유를 누리는 인민이나 시민은 절대 자유를 잃고 싶어 하지 않는다. 이에 대해 마키아벨리는 뒤에서 부연하여 설명한다.

자유의 정신

그리고 자유에 익숙한 도시의 지배자가 되었으면서도 도시를 파괴하지 않은 자는 그 도시에 의해 파멸할 운명에 처하게 됩니다. 왜냐하면 그 도시는 항상 자유라는 이름과 옛 관습을 반란의 명분으로 삼기 때문입니다. 이 자유와 옛 관습은 아무리 많은 시간이 흘러도, 아무리 많은 이익을 주어도 망각되지 않기 때문입니다. 그리고 시민들을 해체하고 흩어지게 하지 않는 한, 새로운 통치자가 아무리 예측하고 대책을 세운다고 할지라도 시민들은 그 이름과 그 제도를 잊지 않습니다. 그리고 사태가 유리해지면 그들은 곧장 자유라는 이름과 옛 관습으로 되돌아갑니다. 피사가 그 예입니다. 피사는 100여 년 동안이나 피렌체의 노예 상태였지만 곧장 자유를 되찾았습니다.[1]

그러나 한 군주의 지배하에 사는 데에 익숙했던 도시나 지역에서 그 군주의 가문이 절멸된 경우, 그 도시나 지역은 한편으로는 복종에 익숙하기 때문에 자유로운 시민으로도 살 수 없으며, 다른 한편으로는 옛 군주가 더는 존재하지 않기 때문에 동료 시민 중의 한 사람을 군주로 세우는 것에도 동의하지 않습니다. 따라서 그들은 무기를 드는 데에 머뭇거리는 반면, 군주[2]는 그들의 지지를 아주 쉽게 얻을 수 있으며 확실하게 장악할 수 있게 됩니다.

그러나 공화국에는 더 많은 생명력, 더 많은 증오심, 복수에 대한 더 많은 갈망이 있습니다. 그들은 과거의 자유를 회상하면서 안주하지 않으며, 안주할 수도 없습니다. 따라서 가장 확실한 방법은 그들을 완전히 제거하거나 그들 속에서 사는 것입니다.

---

1 피사는 1399년 밀라노의 비스콘티 가문의 통제에 놓였다가, 1402년 피렌체

피렌체와 피사

에 팔렸다. 피렌체는 피륙과 모직을 수출할 수 있는 항구가 필요했는데, 바다를 끼고 있는 피사가 아주 맘에 들었다. 피렌체는 1406년 피사 항구를 아주 차지해버렸다. 그로부터 약 100여 년이 지난 후, 프랑스의 샤를 8세가 이탈리아에 침략해 오자 피사는 그제야 독립할 기회를 갖게 되었다. 마키아벨리가 여기서 염두에 둔 것은 바로 이 사건이다. 그러나 독립한 지 얼마 지나지 않은 1509년에 피사는 피렌체에 다시 무력으로 점령당한다.

2 여기서의 군주는 기존의 군주가 아니라 외국에서 침략한 새로운 군주를 말한다.

중요한 것은 자유이다. 마키아벨리는 자유가 무엇인지 설명하는 대신, 〈세 가지 방법〉에서 과거의 사례와 당대의 피사 사례를 바탕으로 자유가 왜 무서운지 증명한다. 그는 자유를 저항의 실천적 지침으로 이해한다. 100년 이상 피렌체의 지배를 받은 피사가 기회가 주어지자마자 저항에 나섰기 때문이다. 물론 로마의 지배를 받은 그리스와 유럽도 마찬가지이다.

자유는 어떤 성격이 있기 때문에 그런가? 로크는 《통치론》에서 자유·생명·재산의 권리를 주장했지만, 불철저하게나마 증명한 것은 재산의 권리뿐이었다. 로크는 자유와 생명을 전혀 논증하지 못했다. 존 스튜어트 밀이 《자유론》을 집필했지만, 그는 언론과 사상의 자유를 주장하고 사회의 권위가 개인을 억압하는 데에 한계가 있다고 말했을 뿐이다. 마키아벨리는 단호하게 자유란 초자연적 질서도, 인간의 이기심도 개입할 수 없는 그 어떤 영역이라고 말한다. 이 글에 나타난 마키아벨리의 자유관을 부연하여 정리한다면 다음과 같다.

자유는 망각의 대상이 아니다. 시간은 인간이 전혀 개입할 수 없는 영역이며, 인간은 시간이 흐르면 아무리 큰 고통과 기쁨도 망각하게 마련이다. 그러나 시간이 아무리 흘러도 인간은 자유를 망각하지 않으며, 부지불식간에 빼앗긴 자유를 떠올리고 억압하는 자에게 저항한다.

자유는 매수의 대상도 아니다. 이익은 인간이 무한히 개입하는 영역이며, 인간은 조그만 이익이 주어져도 변심하게 마련이다. 그러나 시민은 많은 돈을 받으면 아주 잠깐 자유를 부정할 수 있을지는 몰라도 이내 곧 거부당하고 있는 자유를 찾아 나선다.

자유는 자연적 흐름도, 인간적 탐욕도 개입하지 못하는 신성성이 있다. 그 신성성을 향유한 국가나 민족을 정복하기란 쉽지 않다. 인간은 자유를 잃으면 곧 자유를 되찾고자 저항에 나선다.

마키아벨리는 아주 짧은 글을 통해 인간에게 자유가 중요함을 역설한다. 마키아벨리야말로 자유를 실천적 관점에서 가장 적극적으로 옹호한 시민정치 이론의 대표적인 선구자이다.

5장 다시 보기

5장을 정의하자면 '마키아벨리 의도 혼동하지 않기'이다. 먼저 생각해야 할 것은 목차이다. 앞에서 밝혔듯이 자유를 누렸던 국가를 완전히 정복하는 방법에는 세 가지가 있다. 첫째, 완전히 파멸시키기. 둘째, 직접 통치하기. 셋째, 주민의 자치 인정과 정복자의 뜻에 따른 과두 정부 수립이다.

3장의 목차와 내용을 살펴보자. 마키아벨리는 3장에서 다른 언어, 다른 지역을 정복하는 방법으로 직접 통치, 식민단 파견, 군 주둔을 들고 있다. 그는 다른 언어, 다른 지역을 정복하는 가장 좋은 방법으로 직접 통치를 든다. 그러나 그는 5장에서 자유를 누렸던 국가를 정복하는 가장 좋은 방법으로 완전히 파멸시키기를 들고 있다. 3장과 5장의 결론이 전혀 다르다는 점을 간과해서는 안 된다.

여기서 마키아벨리적 혼동이라고 할 수 있는 일종의 모순이 발생한다. 예컨대 동일 군주가 다른 언어, 다른 지역을 정복했는데, 그곳이 자유를 누리는 국가였다면 어떻게 하는 것이 올바른가? 3장을 따라 정복 군주가 직접 통치하면서 5장에 따라 완전히 파멸시키면 된다고 답할 수도 있다. 이것은 그리 좋은 답이 아니다. 왜냐하면 5장처럼 완전히 파멸시키면 3장에서 언급한 직접 통치의 대상이 사라져버리는 난

센스가 발생하기 때문이다. 로마가 카르타고를 정복한 경우가 대표적이다. 카르타고는 완전히 파멸되었기 때문에 로마의 직접 통치 대상이 아니게 된다. 반대로 생각해 보자. 로마가 그리스를 정복한 경우를 들 수 있다. 로마는 그리스를 정복한 후 완전히 파멸시키지 않았기 때문에 그리스의 반란에 직면하게 된다.

3장과 5장을 연결하여 읽으면 딜레마에 빠지게 된다. 진퇴양난의 탈출에서 우리가 생각해 볼 만한 두 번째 논의가 나온다. 마키아벨리가 5장을 통해 전달하고자 한 겉말과 속말이다.

우선 겉말이다. 마키아벨리는 5장에서 군주와 독자에게 분명히 이렇게 말한다. 자유를 누리는 국가를 정복하지 마라. 통치 비용이 너무 많이 들기 때문이다. 하지만 정복한다면 저항을 꿈조차 꿀 수 없을 정도로 완전히 파멸시켜버려야 한다. 완전히 파멸시켜도 그리 걱정할 필요가 없다. 왜냐하면 시간은 정복자의 편이기 때문이다. 시간이 지나면 완전히 황폐화된 지역이라 할지라도 풀과 곡물이 자라고, 그 지역에 주민을 보내면 되기 때문이다. 따라서 자유를 누리던 국가는 완전 파멸이 정복 정책의 ABC이다.

이제 속말이다. 자유는 망각의 대상도, 매수의 대상도 아니다. 그렇다면 정복 군주는 어떻게 해야 하는가? 완전 절멸과 초토화! 이 답은 위에서 말한 마키아벨리의 겉말이다. 그렇다면 속말은? 이 문제에 답하려면 위의 질문을 이렇게 바꿔야 한다. 정복 군주가 아니라 자국을 통치하는 군주라면, 인민이나 시민에게 자유를 누리게 하는 것이 좋은가, 나쁜가?

군주에게 가장 중요한 것은 안으로부터의 혁명이나 반란, 그리고 외부의 침략으로부터 권력을 유지하는 것이다. 마키아벨리가 2장 첫들

머리에서 한 주장이다. 그렇다면 외부 세력에 권력을 상실했을 경우 어떻게 해야 하는가? 당연히 되찾아야 한다. 하지만 당시 일반적이었던 것처럼 '혈통'에 의지해 외부 세력에 빼앗긴 권력을 되찾을 수는 없다. 마키아벨리의 주장을 따른다면 외부 세력은 저항의 구심점 역할을 할 수 있는 군주의 혈통을 찾아 완전히 제거하기 때문이다.

남는 건 귀족 또는 제후이다. 그러나 그들은 4장에서 살핀 것처럼 군주를 쫓아내고 군주가 되고 싶어 안달이 난 자들이다. 그들은 권력을 차지할 수 있다면 앞서서 외부 세력을 끌어들인다. 군주가 이들의 도움으로 왕권을 되찾을 수 있을 것이라고 기대할 수는 없다.

그렇다면 마지막 남는 건 바로 인민이나 시민이다. 인민과 시민이 만약 이전 군주의 치하에서 자유를 누리고 살았다고 가정해 보자. 그런데 정복 군주가 끊임없이 억압을 일삼고, 정복지의 신민에게 해를 입힌다고 해보자. 정복당한 지역의 시민은 당연히 정복 군주에게 반란을 일으킬 것이며, 기존 군주 또는 기존 군주 가문을 다시 왕으로 불러들일 것이다. 왜냐하면 그들은 기존 군주 치하에서 자유로운 시민으로 사는 데에 익숙해져 있으므로 빼앗긴 자유를 되찾기 위해 망설이지 않고 무기를 들 것이기 때문이다.

마키아벨리가 하고 싶은 속말은 바로 이것이다. '군주들이여! 언제든지 군주 자리를 찬탈하려고 꿈꾸는 제후나 귀족을 믿지 말고, 인민이나 시민을 당신의 편으로 만드십시오. 그들에게 허용할 수 있는 최대한의 자유를 부여하고, 그들을 괴롭히지 마십시오. 그러면 나라를 잃어도 그들이 반드시 되찾아줄 것입니다.'

자신의 군대와 능력으로 획득한
새로운 군주국들

6장은 〈위대한 인물의 모방〉, 〈역량 대 행운〉, 〈역량의 예들〉, 〈새로운 제도의 도입〉, 〈무장하지 않은 예언자, 사보나롤라〉, 〈역량 있는 사람들의 성공〉, 〈시라쿠사의 히에론〉으로 이루어져 있다.

전적으로 새로운 방법으로 군주가 된 자들에 대한 첫 번째 분석이다. 이 분석은 이후 7, 8, 9장에 연이어 계속된다. 6장은 자신의 군대와 역량으로 군주가 된 자들에 대한 모방론적 분석이다. 이를 요약한다면 다음과 같다.

사려 깊은 군주라면, 아니 능력이 모자란 군주라도 위대한 인물을 모방하는 것이 중요하다. 모방하다 보면, 모방 대상인 위대한 인물에 근접하기 때문이다.

위대한 인물이란 행운을 타고나야 한다. 하지만 위대한 인물에게 궁극적으로 중요한 것은 역량이다. 군주는 타고난 행운을 모방할 수는 없지만,

스스로 개척하는 역량을 모방할 수는 있다. 모방 대상은 모세, 로물루스, 키루스, 테세우스 등이다. 이런 위대한 위인들도 새로운 제도를 도입할 때는 항상 기득권층의 저항에 부딪히게 마련이었다. 그러므로 군주는 기득권층의 저항을 무력화할 수 있는 무력을 갖추는 것이 중요하다. 바로 이 점을 군주는 모방해야 한다. 사보나롤라는 무장하지 않았기 때문에 파멸하고 말았다. 무력이 제일 중요한 역량이고, 이를 반드시 모방해야 한다.

결론적으로 말해보자. 역량 있는 사람은 성공할 수 있다. 적어도 최소한의 운과 역량, 그리고 기득권층을 무력화할 수 있는 무력을 지닌다면 말이다. 그 대표적인 인물이 바로 시라쿠사의 히에론이다. 모세, 로물루스, 키루스, 테세우스 같은 인물들을 모방하기는 벅찰지 몰라도, 히에론 정도라면 누구든지 모방할 수 있다. 이 글을 읽는 군주라면 너무 주눅 들지 말고 열심히 위대한 인물을 모방해 보자.

이상을 바탕으로 6장의 내용을 논문 형태로 요약하면 아래와 같다.

서론: 위대한 인물의 모방
본론:

1. 이론적 측면: 역량 대 행운

2. 고대 사례: 역량의 예들

3. 역량의 한계: 새로운 제도의 도입

4. 당대의 예: 무장하지 않은 예언자, 사보나롤라

결론:

1. 역량 있는 사람들의 성공

2. 누구나 따라할 수 있는 사례: 시라쿠사의 히에론

위대한 인물의 모방

완전히 새로운 군주국, 군주, 그리고 정부에 대해 아래와 같이 논의하도록 하겠습니다.[1] 이 과정에서 제가 가장 숭고한 인물들을 예로 들어도 그리 놀라지 마시기 바랍니다. 사려 깊은 사람이라면 항상 위인이 닦아놓았던 길을 선택할 것이며, 특히 존경할 만한 그러한 사람을 모방할 것입니다. 자신의 능력이 모자란다면, 그에 근접하기 위해서라도 이렇게 할 것입니다. 왜냐하면 인간이란 다른 사람들이 닦아놓은 길을 따르기 마련이며, 모방하면서 자신의 일을 수행하기 때문입니다. 다른 사람의 길을 따를 수가 없고 자신이 모방하고자 하는 그러한 사람의 능력에 미치지 못함에도 그렇게 하곤 합니다.

사려 깊은 사람은 빈틈없는 궁수처럼 행동합니다. 노련한 궁수는 맞히려는 목표물이 멀리 떨어져 있다는 것도, 자기 활의 힘이 어디까지 미치는지도 알고 있습니다. 그는 목표물보다 더 높이 겨냥합니다. 그가 이렇게 하는 이유는 화살을 더 높이 보내기 위함이 아니라 높이 겨냥함으로써 표적에 도달하기 위해서입니다.

---

1 마키아벨리는 한편으로는 메디치를 세습 군주로 이해하기도 하고, 다른 한편으로는 신흥 군주로 가정하고 글을 쓴다. 세습 군주인 이유는 메디치 가문이 피렌체를 지속적으로 통치했기 때문이며, 신흥 군주인 이유는 사보나롤라에게 권력을 빼앗겼다가 되찾았기 때문이다. 따라서 이 내용은 신흥 군주인 메디치가 따라야 할 내용이기도 하다.

마키아벨리는 모방론에 바탕을 두고 '완전하게 새로운 군주국의 군주'

를 언급한다. 그는 모방을 설명하려고 활쏘기의 비유를 들고 있다. 일반적으로 노련한 궁수는 과녁이 가까우면 활을 직선으로 쏘는 반면, 과녁이 멀면 각도를 높여 활을 쏘게 마련이다.

마찬가지로 위대한 포부를 가진 군주는 먼 과녁을 쏘는 궁수처럼 역사상의 위대한 인물을 모방해야 한다. 위대한 포부를 품은 군주는 노련한 궁수에 비유되고, 위대한 인물은 멀리 떨어진 과녁에 해당한다. 다시 말하면 위대한 군주가 되고 싶은 자는 위대한 인물을 모방해야만 그 목적을 달성할 수 있다.

마키아벨리가 언급하는 군주의 행동은 곧 모든 인간이 따라야 할 인간 행동론으로 봐도 무방하다. 왜냐하면 그가 이 절 첫 단락에서는 군주를 대상으로 시작하지만, 뒤에 가서는 인간 일반으로 설명하기 때문이다. 또한 이 책은 군주가 읽는 군주론이기는 하지만, 일반 독자가 읽는 인간론이기도 하기 때문이다.

마키아벨리는 이 글을 쓸 때 아리스토텔레스의《시학》에 나오는 모방론을 읽고 또 읽고, 정리하고 또 정리한 듯하다. 그는 아리스토텔레스의 문학 모방론을 위대한 군주 행위 모방론 또는 인간 모방론 일반으로 바꾸어 설명한다.

아리스토텔레스는《시학》2장과 4장에서 인간의 모방 본성론과 모방 쾌감론을 주장한다. 모방 본성론이란 인간은 태어날 때부터 모방하는 본성이 있으며, 다른 동물보다 잘 모방하고 모방을 통해 지식을 습득한다는 것이다. 모방 쾌감론이란 인간은 모방하면서 쾌감을 느낄 뿐만 아니라 모방된 것을 보고서도 쾌감을 느낀다는 것이다. 인간은 나무를 그대로 따라 그리면서 쾌감을 느낄 뿐만 아니라, 그려진 나무 그림을 보고도 기쁨을 느낀다. 인간은 '행동하는 인간을 모방'하게 마런이므로, 군주도 위대한 군주를 모방해야 한다.

마키아벨리는 아리스토텔레스의 인간 모방론을 군주 행동론으로 바꾸어 설명한다. 그는 인간의 모방 본능론을 "다른 사람들이 닦아놓은 길을 따르기 마련"이라는 군주의 모방 당위론으로 대치하고, 인간의 모방 쾌감론을 "모방하면서 자신의 일을 수행"한다는 군주의 모방 역할론으로 바꾼다. 또한 그는 "다른 사람의 길을 따를 수가 없"는 불가능성과 "모방하고자 하는 그러한 사람의 능력에 미치지 못"하는 무능력에도 아랑곳하지 않고 인간은 모방해야 한다고 강조한다. 그리고 마키아벨리는 아리스토텔레스가 말한 '행동하는 인간'을 가장 숭고한 인물들이라고 생각하는 모세, 로물루스, 키루스, 테세우스 등으로 바꾸어 설명한다.

역량 대 행운

저는 다음과 같이 말씀드리겠습니다. 완전히 새로운 군주국들을 유지하는 데에는 큰 어려움도 있을 수 있고 작은 어려움도 있을 수 있습니다. 이는 군주가 어느 정도의 역량virtù[1]을 가지고 있는가에 달렸습니다. 그리고 사인私人에서 군주로의 변신은 의심할 여지없이 역량 또는 행운[2]이 필요합니다. 이 둘 중 하나를 가지고 있다면 부분적으로 분명히 많은 어려움을 견뎌낼 수 있습니다.

그럼에도 다음과 같은 것을 잊어서는 안 됩니다. 그 군주는 행운에 덜 의지할수록 자신의 지위를 더 오래 유지할 수 있습니다. 다른 국가를 소유하고 있지 않아서 어쩔 수 없이 새로 정복한 국가에서 몸소 거주할 수밖에 없는 군주라면, 역량이 있을 때 훨씬 더 통치하기가 쉽습니다.

1 비르투virtù는 비르투스virtus라는 라틴어와 같은 뜻으로, '남자'를 뜻하는 vir에서 유래했다. 사전적 의미로 '남자다움'이며, 이와 관련하여 용맹·과감성 등을 뜻한다. 비르투스는 로마의 건국 초기부터 영토를 확장해 나가던 당시까지 지배계급의 정신이었다. '호전적'이라는 뜻의 마르켈루스는 다섯 번이나 로마의 집정관에 올랐고, 그는 그 이름에 걸맞게 기원전 222년에 비르투스에게 신전을 봉헌했고 비르투스는 신격화되었다. 주화에서 보듯이 비르투스는 주로 방패와 창을 들고 있는 남성신이다.

후일 이 개념은 그리스어의 훌륭함을 뜻하는 아르테ἀρετή와 결합한다. 플라톤은 아르테를 '시민적 탁월성'으로 설명한다. 키케로는 이 비르투스를 지혜를 갖춘 사람, 수사학에 능통한 사람으로 이해한다. 나아가 그는 《의무론》에서 절제·용기·지혜·정의의 기본적인 비르투스에 덧붙여 정직·관대함·활수滑手함을 추가 덕목으로 제시한다.

로마의 역사에서 비르투스는 초기에는 군사적 의미에서 강력한 자라는 뜻을 지녔으나, 키케로에 이르러서는 상당히 도덕적인 의미로 바뀌었다는 사실에 유의해야 한다.*

* 박영철의 〈마키아벨리 사상에 있어서 'Fortuna' 개념〉, 박상섭의 〈Virtù 개념을 중심으로 본 마키아벨리의 정치사상 연구〉, 김경희의 〈비르투 로마나를 중심으로 본 마키아벨리의 공화주의〉, 〈로마의 위대한 힘 개념을 통해 본 이탈리아 르네상스 초기 인문주의자들의 정치사상: 페트라르카와 살루타티를 중심으로〉 등 참조.

2 포르투나fortuna는 '낳다' 또는 '생기게 하다'라는 뜻을 지닌 ferre와, '운' 또는 '행운'을 뜻하는 명사 fors에서 유래했다. 포르투나는 운명의 여신이며, 행복과 운명을 뜻하는 그리스 신화의 티케Tyche와 같다. 로마 후기에 이르러 변덕, 예측 불가능 등의 의미가 추가되었다.

　행운과 변덕의 상징은 포르투나를 묘사한 그림에 잘 나타나 있다. 포르투

풍요를 상징하는 뿔

운명의 험난함을 보여주는
바다를 상징하는 폰토스 신

배의 키

인간의 길흉화복이
어디로 굴러갈지
모름을 상징하는 공

나 관련 그림에는 주로 풍요를 상징하는 뿔, 인간의 인생 항로를 결정하는 배의 키, 인간의 운명이 어떻게 될지 알 수 없다는 것을 보여주는 공, 인생이 얼마나 험난하고 어려운가를 상징적으로 보여주는 폰토스Pontos 신 등이 그려져 있다.

마키아벨리가 행운과 역량, 양자의 관계를 길게 언급한 글이다. 그는 결론에 해당하는 24장에서 역량을, 25장에서 행운을 중심으로 다시 설명하고 26장에서 행운과 역량 두 관점을 종합하여 메디치 가문을 설명한다. 그의 핵심 주장은 간단하다. '인간의 운명은 행운의 여신에 의해 좌우될 수도 있으나, 어떤 역경에 부딪히더라도 역량이 있으면 극복할 수 있다.'

마키아벨리는 이 글에서 두 가지 반전을 기도하고 있다. 첫째, 인간사에서 행운과 능력 중 어느 것이 더 중요한가 하는 문제이다. 이 질문은 인간이 과거나 현재에도 흔히 가지고 있는 상식에 대한 도전이다. 왜냐하면 대부분은 인간의 흥망에 운이 결정적으로 작용한다고 생각하기 때문이다. 그는 우리의 상식을 바꾸기를 요구한다. 둘째, 어떻게 하면 도덕적인 미덕을 의미하는 역량을 군사적인 미덕을 뜻하는 고전적 역량으로 되돌릴 수 있는가 하는 문제이다. 이는 그 당시까지 유행하던 키케로적인 비르투스의 극복과 연관된다.

첫 번째부터 살펴보자. 행운은 여신이다. 여신은 변덕스럽다. 행운은 마치 둥근 공 위에 서 있는 것과 마찬가지이다. 어디로 굴러갈지, 또 어디로 튈지 모른다. 거센 파도가 치는 바다 위에 떠 있는 부초 같은 인간에게 행운은 한마디로 불확실하다. 행운은 일평생 한 번쯤 만날 수도 있고 그러지 못할 수도 있다. 이것이 로마인들의 사고방식이었다. 반면, 비르투스는 남성신이다. 비르투스는 변덕스럽지 않다. 비르투스는 자신의 능력만큼 일을 이룬다. 자신이 많은 비르투스를 가지고 있다면 크게 성공하고, 많이 가지고 있지 않다면 성공하지 못하거나 망한다.

인생을 살아가는 데에서 행운의 여신이 크게 영향력을 행사하는가, 역량의 신이 영향력을 행사하는가? 대개 인간은 성공하면 자기 덕분이지만 실패하면 행운을 탓한다. 공화정 로마의 붕괴와 로마 제국의 성립, 중세 사회의 성립을 겪으면서 서양인은 개인의 역량보다는 운명의 여신을 더 신뢰하게 된다. 태어날 때부터 신분이 고착된다면, 혈통이 인간의 운명을 결정짓는다면 인간의 역량이 개입할 여지가 거의 없기 때문이었다. 단테, 페트라르카, 복카치오가 보았던 포르투나 역시 인간이 개입할 수 없는 영역이다. 지금도 대부분의 인간은 이렇게 생각하는 경향이 있다. 부유한 부모를 가진 금수저와 가난한 부모를 만난 흙수저는 출생부터 아주 다른 길을 걷게 마련이다.

마키아벨리는 이런 우리의 상식에 도전한다. 그는 운이 7할이고 기는 3할이라는 이른바 '운칠기삼運七技三'을 '기칠운삼技七運三'으로 바꾸어야 한다고 주장한다. 인간에게 중요한 것은 운이 아니라 역량이다. 역량이 있으면 설사 운명의 여신이 장난을 치더라도 견뎌낼 수 있고, 그녀의 눈길과 손길을 끌어당길 수 있다.

마키아벨리가 근대적인 인물인 것도 바로 포르투나에 대한 비르투스의 우위를 주장한 데에서 비롯한다. 그는 포르투나의 전능성과 예측 불가능성을 부정한다. 포르투나가 인간 운명에 개입할 수 있는 가능성은 부분적이며 제한적이라고 본다. 포르투나가 인간의 운명을 어디로 끌고 갈지 알 수 없다는 주장에 대해 반박한다. 반대로 그는 비르투스가 인간 운명 전체를 통제할 수 있는 전능성을 가지고 있다고 주장한다. 그는 인간이 비르투스를 지니고 행동한다면 자신의 운명이 어느 방향으로 나아갈지 예측할 수 있으므로, '과감하게 자신에게 다가오는 운명의 여신을 공략하라!'고 조언한다. 그러면 인간은 자신의 운명을 확실하게 예측할 수 있을 뿐만 아니라 운명의 부침에 대응할 수 있을 것이라고 주장한다.

두 번째를 살펴보자. 마키아벨리는 여기서 키케로를 논적으로 삼고 있다. 키케로는 로마 역사에서 드물게 '노부스 호모novus homo'이다. 우리말로 바꾸면 '신참자' 정도이다. 노부스 호모란 전통 귀족 가문이 아니라 자신의 역량만으로 집정관에 오른 자를 말한다.

로마 원로원에서는 "파트레스, 콘스크리프티"라는 말로 연설을 시작했다. 우리말로 옮기면 "아버지들이여, 신참자들이여"이다. 이처럼 '신참자들'이라는 호칭이 원로원 연설 첫머리에 들어가게 된 계기는 기원전 509년 왕정 붕괴 후, 공화정을 수립하는 데에 앞장선 브루투스가 개혁을 단행하여 신참자들이 원로원에서 자리를 많이 얻었기 때문이다.

그러나 로마 공화정은 안에서부터 썩기 시작했다. 신참자인 노부스 호모가 집정관이 되는 경우가 현저히 줄어들었고, 따라서 신참자가 원로원 의원이 되는 경우도 줄어들었다. 한마디로 로마 공화정이 정체되고 신분이 고착화되기 시작했다. 예컨대 기원전 307~146년 사이 집정관 108명 중 신참자는 8명이었다. 그 후 키케로가 신참자가 된 해인 기원전 63년까지 신참자는 3명에 불과했다. 신참자가 적어진다는 것은 로마 공화정이 동맥경화에 걸렸다는 것, 정치 순환이 잘 이루어지지 않는다는 것을 상징적으로 보여준다.

키케로는 극소수의 노부스 호모 중에서도 아주 특이한 지위에 있었다. 키케로 이전 신참자는 대부분 군사력을 배경으로 노부스 호모에 올랐던 반면, 키케로는 군사적 배경이 하나도 없었다. 그가 신참자에 오를 수 있었던 것은 수사학 덕분이었고, 국부의 칭호를 받았던 것도 웅변술 덕분이었다. 전통적으로 무武를 숭상하던 로마에서 말과 논리를 대표하는 키케로는 로마 정신사의 방향을 결정적으로 바꾸어버린다. 그는 카이사르·폼페이우스·크라수스의 무력에 근거한 군벌들 사이에서 독자적인 지위를 유지한다. 그들이 군사력을 바탕으로 패권 다툼을 벌였다면, 키케로는 수사학과 사상을 바탕으로 로마 공화정 쇠퇴기이자 로마 제국 성립을 둘러싼 혼돈의 정치 일선 한복판에서 활약한다. 카이사르·폼페이우스·크라수스가 비르투스를 군사적인 의

로마 집정관 중 신참자	선출 연도(기원전)
Lucius Volumnius Flamma Violens	307년, 296년
Gaius Duilius	260년
Gaius Fundanius Fundulus	243년
Gaius Lutatius Catulus	241년
Gaius Flaminius Nepos	223년, 217년
Marcus Porcius Cato(the Censor/Elder)	195년
Lucius Licinius Lucullus	151년
Lucius Mummius Achaicus	146년
Gaius Marius	107년, 104년, 86년
Gnaeus Mallius Maximus	105년
Gaius Coelius Caldus	94년
Marcus Tullius Cicero	63년
Marcus Vinicius	19년 지명
Gaius Pomponius Graecinus	서기 16년 지명
Gaius Cornelius Tacitus	서기 97년 지명
Septa Caius Polonius Rolemma	서기 99년 지명

미에서 견지한 로마의 마지막 세대라고 한다면, 키케로는 비르투스를 정신적·도덕적·윤리적인 의미로 바꾼 로마의 첫 주자이다.

카이사르 등이 보여주는 남성신 비르투스는 선견지명·결심·과단성·단호함·과감성·정력 등 다양한 의미이다. 모두 남성다움을 강조하는 로마 공화정 초기의 군사적 덕목들을 강조한 비르투스이다. 반면에 키케로는 절제·용기·지혜·정의의 기본적인 비르투스에 더해 정직·관대함·활수함을 비르투스의 추가 덕목으로 제시한다. 시민이라면 기본적으로 갖추어야 할 기본 덕목을 강조한 비르투스이다. 키케로 이후 비르투스는 군사적인 의미를 벗어나 도덕적인 덕목으로 전환된다. 이러한 비르투스 덕목은 중세를 유지하는 한 힘으로 작용했다.

마키아벨리는 중세를 지배하던 키케로적 비르투스를 키케로 이전의 남성적이며 군사적인 의미로 전환한다. 그는 고대 로마, 공화정 로마의 비르투스를 다시 불러내 이탈리아에 적용하고자 한다. 그는 이 장에서도 무장하지 않은 예언자 사보나롤라가 몰락한 이유를 비르투스의 부재, 즉 군사력의 부재 때문이라고 얘기한다. 반면에 그는 히에론이 성공한 이유를 군사력을 의미하는 비르투스가 있었기 때문으로 본다. 키케로적인 비르투스의 전복! 카이사르적 비르투스의 복원! 이것이 마키아벨리가《군주론》에서 일관되게 적용한 사상이다.

마키아벨리는 확실성을 대표하는 남성신 비르투스를 앞세워 불확실성을 대표하는 여성신 포르투나를 정복하라고 권고한다. 이는 고대 로마의 전투적이고 활달한 남성신의 회복을 의미한다. 신흥 군주라면 포르투나보다는 군사적인 비르투스에 의지할 것, 인간이라면 힘에 바탕한 비르투스를 키울 것, 이것이 마키아벨리가 우리에게 전하는 진정한 역량을 갖추는 지침이다.

역량의 예들

행운이 아니라 자신의 역량에 의해 군주로 변모했던 사람들에 대해 말씀드리기 전에 모세·키루스·로물루스·테세우스 등처럼 가장 존경할 만한 분들에 대해 먼저 말씀드리겠습니다. 그러나 모세에 대해서는 말씀드리지 않겠습니다. 모세는 신이 자신에게 부여한 임무의 실행자에 지나지 않기 때문입니다. 그럼에도 모세는 신과 대화할 자격을 지녔다는 은총만으로도 찬양받을 만합니다.

이제 왕국을 획득했거나 건설했던 키루스와 로물루스, 테세우스에 대해서 살펴보겠습니다. 당신은 그들이 아주 놀랍다는 것을 발견하게 될 것입니다. 그리고 당신이 그들의 행동과 방법들을 고찰한다면, 그들은 위대한 스승을 모셨던 모세의 행동 및 방법과 그리 다르지 않음을 알게 될 것입니다. 그리고 그들의 행동과 삶을 검토해 본다면, 우리는 그들이 기회에 지나지 않는 행운을 지녔다는 것을 알 수 있습니다. 하지만 그들은 그 질료materia를 이용해 자신이 원하는 어떤 형상forma이든지 만들어냈습니다. 정리해서 말씀드리면, 그들이 기회를 얻지 못했다면 그들의 의지력은 소모되었을 것이고, 그들이 그러한 능력을 지니지 못했다면 기회는 쓸모없었을 것입니다.

예를 들어보겠습니다. 모세에게 필요한 것은 이스라엘 백성이 이집트에 살면서 이집트인들에 의해 노예 취급을 당하고 핍박받고 있어야 했으며, 예속 상태에서 탈출하고자 이스라엘 백성이 모세를 따를 마음의 준비를 하는 것이었습니다.[1] 로마의 왕이자 자신의 고향인 로마 시의 건설자인 로물루스에게 중요했던 것은 자신이 알바롱가에 살지 않게 되었다는 것, 태어나자마자 버려지는 것이었습니다.[2] 키루스에게 요구되는 것은 페르시아인들이 메디아의 지배에 넌더리가 났다는 것, 메디아가 오랜 평화로 관대해지고 나약해지는 것이었습니다.[3] 마지막으로 아테네인들이 분열되어 있지 않았다면, 테세우스는 자신의 능력을 보여줄 수 없었을 것입니다.[4]

위에서 언급한 위대한 인물들은 기회를 잡자마자 성공할 수 있었습니다. 왜냐하면 그들은 자신의 출중한 능력 덕분에 기회가 다가왔다는 것을 알 수 있었기 때문입니다. 결론적으로 그들이 세운 국가들은 모두 찬양을 받았으며 아주 번성했습니다. 정확히 위와 같은 인물들처럼 행동하여 군주가 된 분들은 왕국을 얻을 때에는 어려움을 겪었지만 유지하는 데에는 어려움을 겪지 않습니다.

1 모세는 유대인을 독립으로 이끈 지도자이다. 당시 유대인들은 이집트인에 의해 노예와 같은 생활을 하고 있었다. 유대인 인구가 크게 증가하자 이집트의 파라오는 유대의 혈통을 이어받은 남자아이는 모두 살해하라는 명령을 내린다. 이때 모세도 버려졌다. 이후 그는 기원전 1440년 무렵 이집트인들의 지배를 받던 유대인을 이끌고 가나안으로 인도했다. 그가 죽은 후 유대인들은 가나안에 국가를 건설하게 된다. 이 내용은 《성경》 〈출애굽기〉에 기록되어 있다. 마키아벨리는 《군주론》에서 종교적인 이야기는 제외하고, 모세를 정치인으로 묘사하고 있다.

2 로물루스는 로마의 건국자이자 초대 왕이다. 그는 본래 트로이 전쟁의 영웅 아이네이아스의 후손인 알바롱가 왕가의 아들이다. 알바롱가는 로마 남동쪽에 있었다고 전해지는 조그만 도시이다. 그의 어머니는 베스타 여신의 사제였다. 어머니가 로물루스와 레무스 쌍둥이 형제를 낳자, 알바롱가를 통치하던 아물리우스 왕은 아이들을 버리게 한다. 장성한 로물루스는 주민들을 모아 폭동을 일으켜 아물리우스를 죽이고, 왕위를 아물리우스의 형이자 폐

위된 왕이었던 자신의 할아버지에게 되돌려준다. 그 후 로물루스는 알바롱가를 떠나 어렸을 적 늑대가 자신을 키워주었던 로마로 와서 나라를 창건한다. 이 내용은 플루타르크의 《영웅전》 〈로물루스〉 편에 기록되어 있다.

3 키루스(기원전 590/576~530)는 페르시아 제국의 건설자이다. 그의 어머니는 만다네이며, 메디아의 공주이다. 만다네의 아버지 아스튀아게스는 만다네의 아들에게 왕위를 빼앗기는 꿈을 꾸자, 만다네를 페르시아의 캄뷔세스에게 시집보낸다. 만다네가 아들 키루스를 낳자, 왕은 키루스를 갖다버린다. 성장한 키루스는 "나는 분명히 여러분을 자유민으로 만드는 과업을 맡도록 신의 섭리에 의해 태어났소"라며 페르시아인을 규합하여, 메디아 등을 정복하고 페르시아 제국을 건설하는 기초를 닦는다. 페르시아는 키루스 이전에 메디아의 노예국에 지나지 않았으나, 키루스 이후 메디아를 지배하는 국가로 성장한다. 이 내용은 헤로도토스의 《역사》 1권에 기록되어 있다.

키루스의 정복 (괄호 안은 정복한 해)

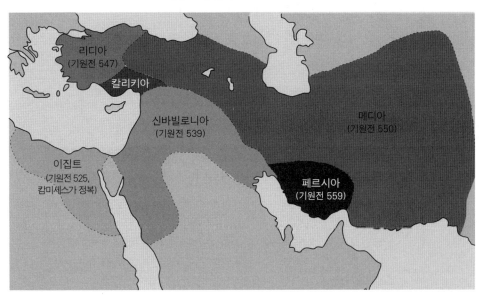

4 테세우스는 아테네를 세운 전설적인 왕이다. 그의 외할아버지 피테우스는 트로이젠이라는 작은 도시의 왕이었다. 아이게우스는 피테우스의 딸과 동침하여 테세우스를 낳고 아테네로 떠나버린다. 테세우스는 성장한 후 아버지를 찾아 아테네로 떠난다. 당시에는 육로가 바닷길보다 험난했다. 육로에는 온갖 못된 괴물들이 살고 있었기 때문이다. 테세우스는 육로로 아테네를 찾아가면서 못된 괴물들을 퇴치한다. '여러 못된 괴물'은 여러 부족이 할거하던 아티카 지역을 상징적으로 의미하고, '퇴치했다'는 것은 이들을 굴복시켜 아테네로의 국가 통합을 이룩했다는 것을 뜻한다. 앞의 지도와 도표를 참조하면 테세우스가 어떤 업적을 남겼는지 알 수 있다. 그런 점에서 테세우스는

테세우스의 이동과 부족 통합 과정

	지역	업적
가	에피다로스	헤파이스토스의 아들로 곤봉으로 여행자들을 죽이는 페리페테스Periphetes 살해
나	코린토스	'소나무를 구부리는 자'라는 시니스Sinis 살해
다	메가라	파이아Phaia라고 불리는 산돼지 살해
라	스케리온의 바위	악명 높은 스키론Skeiron을 바다에 집어 던져 살해
마	엘레시우스	레슬링으로 유명한 케르키온Kerkyon을 씨름을 하여 살해
바	엘레시우스 근방	침대 크기에 맞춰 살인을 일삼는 프로크로테스Prokroustes 살해

아테네를 하나의 국가로 묶어세운 상징적인 인물이 된다. 이 내용은 플루타르크의 《영웅전》 〈테세우스〉 편에 기록되어 있다.

모방의 전범인 모세·로물루스·키루스·테세우스는 공통점이 있다. 첫째, 아버지나 부모에게 버림받는다. 둘째, 인간으로서는 견디기 어려운 역경이 따르지만 이를 딛고 일어선다. 셋째, 기존의 상당히 공고한 정치 질서를 뒤흔들고 새로운 국가를 건설한다.

마키아벨리는 이 네 인물을 질료와 형상으로 설명했다. 그는 네 인물들에게 주어진 역경과 이를 극복할 수 있는 기회를 질료로 보았으며, 이를 극복하고 어떤 업적을 성취한 것을 형상으로 설명했다. 그는 이를 신생 군주가 되려는 자에게 적용한다. 신생 군주가 되려는 자는 모세 등과 마찬가지로 역경에 처하게 마련이고, 이 역경을 극복하여 위의 네 인물과 같은 위대한 군주가 되는 것이 필요하다고 보았다. 이는 인간 일반에게도 적용된다.

우리는 여기서 현상적으로 드러난 용어인 질료와 형상의 관계에 주목해야 한다. 마키아벨리는 《로마사 논고》 1권 17·18·55장, 3권 8장에서도 질료와 형상을 언급한다. 《로마사 논고》에서 언급되는 질료는 시민 또는 대중을 가리키며, 형상은 정부 형태를 뜻한다. 그는 질료, 즉 시민이나 대중이 부패하면 좋은 정부를 수립할 수 없다고 보았다. 질료가 좋지 않으면 형상도 좋은 결과를 가져올 수 없다. 좋지 않은 식재료로 신선하고 맛있는 음식을 만들 수 없듯이 말이다. 좋은 정부를 세우려면 우선 좋은 질료가 선행되어야 하며, 정부를 변혁하려면 질료인 시민을 염두에 두어야 한다고 그는 주장한다.

마키아벨리는 이와 달리 《군주론》에서는 형상과 질료를 한 인간의 역경과 극복, 그리고 성공에 적용한다. 여기서 언급된 질료와 형상의 관계는 《로마사 논고》에서 적용한 질료와 형상의 관계보다 깊이가 있다. 그는 질료와 형상을 역경과 기회, 그리고 성공이라는 단순 적용을 넘어 아리스토텔레스의 4원인을 염두에 두고 설명한다. 아리스토텔레스는 질료인을 '그것은 무엇으로 되어 있는가', 형상인을 '그것은 무엇인가', 작용인을 '그것은 무엇에 의해 만들어지는가', 목적인을 '그것은 어떤 목적을 위해 만들어지는가'로 설명한다. 예를 들어 적용한다면 질료인은 나무, 형상인은 식탁, 작용인은 목수, 목적인은 식사할 때의 편리함이다.

4원인을 마키아벨리가 말하는 신흥 군주에 맞춰 설명해 보자. 질료인은 역경에 처한 자, 형상인은 군주, 작용인은 역량, 목적인은 모세 등과 같은 '위대한' 군주가 된다. 역경에 처한 자는 질료인인 역경을 기회로 바꾸어 형상인으로서 신흥 군주를 꿈꾸며, 이를 실현하고자 역량이라는 작용인을 이용할 줄 알아야 한다. 이를 위해 그는 '위대한' 군주를 항상 목적인으로 삼고 있어야 한다.

부연해서 설명해 보자. 질료인인 역경에 처한 자가 있다. 그가 형상인인 신흥 군주를 꿈꾸지 않는다면, 역경에 허우적대며 그저 그렇게 인생을 끝낼 것이다. 그가 신흥 군주가 되기를 꿈꾸었다 할지라도 역량이라는 작용인을 갖추지 않았다면, 그는 허풍선이로 인생을 끝낼 것이다. 그가 작용인으로서 역량마저 갖추었다면, 신흥 군주가 될 것이다. 그러나 그가 '위대한'이라는 목적인을 염두에 두지 않는다면, 피도 눈물도 없는 권력자로 군림하다 생을 마칠 것이다. 마키아벨리의 주장은 명쾌하다.

'역경에 빠져 있다 할지라도, 꿈을 꿔라. 그 꿈을 이루려면 역량을 갖춰라. 꿈을 실현하면서도 위대한 것이 무엇인지 항상 잊지 마라.'

군주를 꿈꾸는 걸출한 자만이 아니라 평범한 일반인도 이를 염두에 두고 살아야 한다는 것이 마키아벨리의 생각이다.

새로운 제도의 도입

군주가 되었다 할지라도 군주의 권위를 얻기는 쉽지 않습니다. 이런 어려움은 군주들이 자신의 지배와 안정을 확립하고자 도입할 수밖에 없는 새로운 제도들과 관습들에서 비롯합니다. 그들은 새로운 제도를 도입하려는 시도를 계획하는 것도 어려우며, 시도한다 해도 성공하기 쉽지 않을 뿐만 아니라 아주 위험하다는 것을 깨닫게 됩니다. 왜냐하면 새로운 제도 도입자들은 구제도들로부터 이익을 얻던 모든 자를 적으로 삼게 되고, 새로운 제도들로부터 이익을 얻게 될 자들의 미온적인 지지만을 받기 때문입니다.

이러한 미적지근한 지지는 한편으로는 법을 자기편으로 알고 있는 구제도의 수혜자들에 대한 공포에서 비롯되며, 다른 한편으로는 확실한 증거를 보여주지 않는 한 새로운 제도를 믿지 못하는 인간의 불신에서 비롯합니다. 따라서 새로운 제도에 적대적인 자들은 공격할 기회를 얻자마자 파당 정신을 갖고서 공격을 감행합니다. 반면에 나머지 다른 사람들은 온건하게 저항할 뿐입니다. 그 결과 미적지근한 신민들과 혁신적인 군주, 양자가 모두 위험에 처하게 됩니다.

마키아벨리의 《군주론》을 읽는 데에는 많은 어려움이 따른다. 여러 이유가 있지만, 그중의 하나는 과감한 생략이다. 마키아벨리가 과감하게 생략하는 데는 이유가 있다.

첫째 이유는 군주에게 바치는 글이기 때문이다. 너무 두껍고 자질구레한 설명이 많으면 군주가 읽을 엄두조차 내지 않는다. 따라서 가능한 한 간단하게, 축약하고 또 축약해서 핵심만 전달해야 한다. 양이 적어야만 군주가 읽어 볼 마음이라도 가질 것이기 때문이다.

둘째 이유는 마키아벨리 당시 지도자나 지식인 등은 상세하게 설명하지 않더라도 생략된 내용을 알고 있을 것이라는 기대 때문이다. 이것은 우리가 서양 고전을 읽는 데에 따르는 일반적인 어려움이다. 예를 들어 설명해 보자. 그는 앞에서 모세·로물루스·키루스·테세우스 등을 언급했다. 그 당시 이 글을 읽는 독자들은, 아니 요즘 서양의 지식인이나 상식을 갖춘 사람이라면 그들이 어떤 과정을 겪고 성장했으며, 어떻게 성공을 거두고 어떻게 일생을 마쳤는지를 대강 알고 있다. 마치 우리가 사마천의 《사기》를 다 읽지 않았다 할지라도 '관포지교'가 무엇인지 아는 것과 마찬가지이다.

마키아벨리는 〈역량의 예들〉에서 네 명의 모방 대상을 언급한 다음 〈새로운 제도의 도입〉을 쓰고 있다. 마키아벨리는 〈새로운 제도의 도입〉에서 네 명의 모방 대상이 새로운 제도를 도입했을 때 어떤 어려움을 겪었는지에 대해 한마디도 설명하지 않는다. 과감하게 다 생략해 버린 것이다. 그는 새로운 제도를 도입했을 때 생기는 어려움을 일반론으로 정리하여 '옛 기득권층의 강력한 저항론'과 '옛 피지배층의 미적지근 지지론'을 전달할 뿐이다.

따라서 이 글을 읽는 독자는 네 명의 모방 대상이 새로운 제도를 도입했을 때 어떤 어려움을 겪었는지를 찾아봐야 할 뿐만 아니라, 이들이 일반론으로 적용될 수 있는지 추론해 봐야 한다. 이런 탐구 과정과 추론 과정을 거친 뒤에야 그가 말하는 내용의 핵심에 도달할 수 있다. 이를 네 명의 모방 대상을 통해 살펴보도록 하자.

우선 모세의 경우이다. 마키아벨리는 성직자도, 종교인도 아니다. 그는 정치학자이고, 그렇기 때문에 모세를 성공한 정치인으로 생각한다. 모세는 당시 유대인의 최고 지도자이고 그의 형 아론은 대제사장이다. 모세가 정치의 최고 수장이라면, 아론은 종교의 최고 지도자였다. 모세는 눌변이라 신이 형 아론을 통해 예언을 전달하지만, 아론은 모세에게 철저하게 복종한다. 모세는 신탁을 받아 십계명을 유대인에게 전한다. 마키아벨리가 보기에 십계명은 새로운 제도이자 관습이다.

모세는 다시 신탁을 받으려고 40일 동안 외부와의 접촉을 끊고 금식에 들어간다. 새로운 제도와 관습을 받아들이지 못한 유대인들은 아론에게 자신들이 믿고 따를 수 있는 신을 요구한다. 대제사장인 아론은 어쩔 수 없어서 유대인들한테서 금을 모아 수송아지 형상을 만들었고, 유대인들은 번제燔祭를 지내고 먹고 마시며 뛰논다. 다시 말하면, 모세가 신이 전해준 새로운 제도와 관습인 십계명을 '고집이 센' 유대인들에게 전달했지만 '옛 기득권층'은 모세가 40일 동안 보이지 않자 황금으로 수송아지를 만들고 과거로 돌아가려고 '강력한 저항'을 한다. 다수의 '옛 피지배층'은 새로운 제도이자 관습인 '십계명'이 주는 효과가 당장 눈에 보이지 않기에 모세를 '미적지근 지지'할 뿐이다. 그래서 모세는 "이스라엘의 하나님 여호와께서 이렇게 말씀하시기를, 너희는 각각 허리에 칼을 차고 진陳 이 문에서 저 문까지 왕래하며 각 사람이 그 형제를, 각 사람이 자기 친구를, 각 사람이 자기 이웃을 죽이라 하셨느니라"라며 십계명을 받아들이지 않은 유대인 3,000여 명을 본보기로 살해한다.

로마의 창건자 로물루스와 페르시아 제국의 창건자 키루스는 공통의 어려움을 겪는다. 그 이유는 둘 다 정복을 통해 나라를 세운 사람이기 때문이다. 로물루스와 키루스는 주변 종족이나 나라를 정복하자 반란에 직면한다. 정복자는 반드시 새로운 제도와 관습을 피정복지에 이식하기 마련이다. 새로운 제도와 관습에 적응하지 못한 정복지의 옛 기득권층이 새로운 지배자인 로물루스와 키루스에게 반기를 드는 건 당연하다. 로물루스는 사비니의 여인들을 납치한 후 사비니와 동맹을 맺었다. 하지만 사비니 케니넨시아 족의 왕 아크론은 로물루스를 상대로 전쟁을 일으켰다.* 키루스는 리디아를 정복하고 리디아의 왕 크로이소스를 핵심 참모로 삼았다. 그러나 리디아가 키루스의 정복 정책에 반기를 들고 반란을 일으켰다.**

로물루스와 키루스는 이들 지역을 초토화하기보다는 동화하는 방법을 택한다. 로물루스는 이들에게 로마 시민의 권리를 주어 로마화를 꾀했다. 키루스는 리디아가 망하는 것을 안타까워한 크로이소스의 제안을 받아들여 리디아 남성의 여성화 정책을 취한다. 키루스는 리디아 남성의 무기 소지 금지, 남성에게 속옷 입히고 장화 신기기, 남성에게 키타라와 하프 연주를 배우게 하기, 자식들을 소매상인으로 만들기와 같은 정책을 취한다. 즉 남성이 전사로 살기보다는 유약하게 살게 하는 정책을 취함으로써 리디아가 영원히 반란을 일으키지 못하게 만들어버린다.

* Plutarch, "Romulus", *Plutarch's Lives*, tr. by Bernadotte Perrin(Cambridge, MA and London, 1923)
** 헤로도토스 저, 천병희 역, 《역사》(숲, 2012) 1권, 155쪽.

끝으로 테세우스의 예이다. 그는 아테네 전역을 돌면서 여섯 괴물을 해치웠다. 그는 아버지 아이게우스가 죽자 아티카 주민을 한곳에 모이게 해 하나의 시민으로 만들고 왕이 없는 민주주의 국가, 민중에 의해 통치되는 국가를 약속했다. 그 후 그는 사방에 흩어져 있던 청사·의사당·법원 등을 없애고 아테네인 모두를 위해 이런 기구를 건설했다. 그는 귀족에게는 명예를, 평민에게는 이익을, 직공에게는 수적 우위를 부여해 국가를 평화롭게 했다.

이것들은 분명히 새로운 정책이고, 이 정책을 관철하는 데에는 옛 기득권층의 반발이 따르기 마련이다. 그 당시 어머니와 남매인 메네테우스라는 사람이 있었다. 그는 테세우스가 나라를 비운 사이 아테네 귀족들에게 "테세우스가 왕국과 주권을 빼앗고 그의 부하로 만들었다"고 선동하고, 평민들에게 "자유를 얻는 대신 고향과 종교를 빼앗겼다"고 부추겼다. 그는 뒤로 스파르타의 군대를 끌어들인다. 메네테우스는 결국 왕위에 오르는 데 성공한다. 테세우스는 되돌아와서 다시 공화 정치를 시도했지만 반대파에 가로막혀 실패하게 된다. 마키아벨리가 보기에는, 테세우스는 옛 기득권층의 강력한 저항과 옛 피지배층의 새로운 제도에 대한 미적지근한 지지 때문에 실패한 정치 지도자이다.

마키아벨리의 글에는 이상과 같은 내용이 생략되어 있다. 따라서 이를 바탕으로 위의 글을 추론하며 읽는 것이 좋다. 두 번째 다시 보기를 시도하자. 마키아벨리가 일반론으로 언급한 '옛 기득권층의 강력한 저항론'과 '옛 피지배층의 미적지근 지지론'이다. 새로운 군주에 의한 새로운 제도와 관습은 계획도, 시행도, 성공도 쉽지 않다. 옛 기득권층이 새로운 제도와 관습에 강력하게 저항하는 반면, 옛 피지배층은 새로운 제도와 관습을 불안하게 쳐다볼 뿐이기 때문이다.

옛 기득권층에게 새로운 제도와 관습은 기존에 누리던 이익을 침해하는 제도와 관습에 지나지 않는다. 따라서 새로운 군주가 자신의 이익을 침해한다고 생각하면, 옛 기득권층은 자신들이 누리던 이익을 잃지 않으려고 목숨을 걸고 싸운다. 그래서 예로부터 백색 테러가 적색 테러보다 훨씬 더 체계적일 뿐만 아니라 잔인하다.

옛 피지배층은 새로운 제도와 관습으로 당장 이익을 얻기가 쉽지 않다. 새로운 제도와 관습이 낯설고 불편할 뿐이다. 더구나 새로운 제도와 관습이 정착할 것이라는 확신도 하지 못한다. 옛 피지배층은 새로운 제도와 관습이 법을 자기편으로 삼고 있는 옛 지배층의 공격을 받아 무너지는 것을 숱하게 경험했다. 옛 피지배층은 새로운 제도와 관습이 자신들에게 이익을 가져다준다 할지라도 그 결과가 구체적으로 눈에 보일 때까지 지지를 미룬다. 이는 인간이 지닌 일반적인 보수적 성향의 한 단면이다.

마키아벨리는 '옛 기득권층의 강력한 저항론'과 '옛 피지배층의 미적지근 지지론'의 이면에 다른 것을 주문한다. 옛 기득권층이 새로운 제도와 관습에 저항한다는 것은 몹시 당연한 일이다. 옛 기득권층이 저항한다면 다시는 꿈도 꾸지 못할 정도로 철저하고 확실하게 짓밟아주라고 그는 권고한다. 모세도 수송아지를 만든 유대인 다수를 학살했으며, 로물루스도 자신의 지배에 저항하는 아크론 왕의 종족이 다시는 저항하지 못하도록 확실하게 정복했으며, 키루스도 반란을 일으킨 리디아의 남성을 여성화해버렸다. 이렇게 짓밟지 않으면 신생 군주로서 성공하기 쉽지 않다. 보라, 테세우스를! 그가 외지로 떠난 동안 메네테우스는 아테네의 왕이 되지 않았는가!

옛 기득권층의 저항을 확실하게, 공격적으로, 다시는 준동하지 못하게 짓밟는 것은 상당히 중요하다. 옛 피지배층을 자기편으로 삼을 수 있기 때문이다. 그 이유는 다음과 같다. 첫째, 옛 피지배층이 새로운 제도와 관습을 지지하게 하는 역설적인 효과를 거둘 수 있다. 둘째, 새로운 통치자는 옛 기득권층의 절멸을 통해 새로운 제도와 관습을 끝까지 실천할 것이라는 확신을 옛 피지배층에게 제공할 수 있다. 셋째, 옛 기득권층의 완전한 제거는 피지배층에게 과거 기득권층이 안겨준 가공할 만한 공포와 두려움을 제거하는 효과를 낼 수 있다.

피지배층은 즉흥적이다. 직접적인 효과가 눈에 보이면 따르지만, 말로만 개혁하는 것은 믿지 않는다. 피지배계층은 과거의 기득권층이 처참하게 유린당할 때까지 새로운 군주의 지배를 인정하지 않는다. 옛 기득권층이 완전하고 확실하게 제거되었다고 생각할 때 피지배층은 새로운 군주에게 지지를 표명한다. 따라서 군주는 새로운 제도와 관습을 실행할 경우, 우선적으로 옛 기득권층을 압살하는 화려한 쇼를 연출하여 믿지 않는 피지배계층에게 보여주어야 한다. 이것이 추론을 통해 이해해야만 하는 생략된 마키아벨리의 생각이다.

여기서 한 가지 의문이 든다. 마키아벨리는 왜 모세, 키루스, 로물루스, 테세우스 순서로 언급하는가? 시간의 흐름으로 본다면 실존 인물인 키루스가 가장 마지막에 거론되어야 하며, 테세우스는 반신반인이고 그리스 존중이라는 측면에서 로물루스보다 앞에 거론되어야 한다. 아마도 마키아벨리는 업적의 성과에 따라 순서를 정한 듯하다. 모세, 키루스, 로물루스의 순서로 엄정치적으로 성공한 예이고 테세우스는 결과적으로 성공하지 못한 정치인으로 마키아벨리는 본 듯하다. 테세우스는 말년에 권력을 빼앗겼기 때문이다.

무장하지 않은 예언자, 사보나롤라

그다음, 이 문제를 정확하게 설명하고자 이러한 혁신자들이 자신의 무력을 준비하고 있었는지를, 그리고 다른 사람의 무력에 의존했는지를 탐구해볼 필요가 있습니다. 즉, 그들이 자신의 임무를 수행하면서 타인에게 간청했는지, 아니면 타인을 강제할 만큼 강력했는지를 검토해야만 합니다. 그들은 처음에는 고된 시련을 겪었고 아무것도 이루지 못했습니다. 하지만 그들은 자신의 무력에 의존하고 타인을 강제할 만큼 강력해지자 결코 위험에 빠지지 않았습니다. 이것을 본다면, 무장한 예언자들은 승리하는 반면에 무장하지 않은 예언자는 실패한다는 것을 알 수 있습니다.

앞에서 언급한 이유와는 또 다른 이유가 있습니다. 인민은 본성상 변화무쌍하기 때문입니다. 요컨대 한 가지 사실에 대해 인민을 설득하기는 쉽지만, 그 설득을 유지하기는 쉽지 않습니다. 따라서 예언자는 인민을 더는 믿을 수가 없을 때 인민을 힘으로라도 믿도록 만들 준비가 되어 있어야 합니다. 모세·키루스·테세우스·로물루스가 무장하지 않았다면, 그들은 자신들이 만든 정체를 장기간 유지하지 못했을 것입니다.

우리 시대의 사보나롤라는 무장하지 않았습니다. 사보나롤라는 새로운 제도들을 만들었지만 정착되기도 전에 다수가 그를 믿지 않았습니다. 그러자 그는 곧 파멸하고 말았습니다. 왜냐하면 그는 자신이 만든 제도의 지지자들을 확고하게 붙들어둘 방법도, 신뢰하지 않는 자들을 믿도록 만들 수단도 없었기 때문입니다.[1]

---

1 지롤라모 사보나롤라(1452~1498)는 한때 피렌체를 신정으로 통치했던 종교인이다. 그는 프랑스의 샤를 8세가 이탈리아를 침입했을 때 협상을 통해 피렌체가 약탈당하지 않게 했다. 그 덕분에 피렌체 시민의 지지를 받았다.

1494년 피렌체를 지배하던 로렌초 메디치가 죽자, 그는 귀족 정치를 배격하고 신정 체제를 수립했다. 사보나롤라가 도입한 새로운 정치 체제는 그 당시 이탈리아 정치 질서의 측면에서도, 피렌체의 이전 경험으로 봐서도 획기적인 시도였다.

그는 어린이 선전단을 이용하여 "악으로 이끄는 모든 것을 고발"했고 사육제 기간 동안 개인 장신구, 음란한 그림, 카드, 도박용 탁자 등 "헛된 것들"을 불태웠으며, 흰 옷과 붉은 십자가를 든 선전단이 거리를 다니며 나팔을 불고 합창하게 했으며, 피렌체 거리를 교회의 종소리로 가득 차게 했다. 그 당시 피렌체는 사치와 오락, 호색과 남색 등이 만연했던 때*였으므로, 종교적이고 경건한 사보나롤라의 정치 행동은 피렌체 시민에게 많은 감명을 주었다.

사보나롤라는 교황 알렉산데르 6세와 교황청에 대해 비판적 태도를 취하며 피렌체 시민의 인기를 끌었다. 교황 알렉산데르 6세와 밀라노 공국 등은 사보나롤라가 지배하던 피렌체를 신성 동맹에 끌어들이려 했다. 샤를 8세와 우호적 관계에 있었던 사보나롤라는 이 동맹에 가입하지 않았다. 반교황적인 설교와 종교에 바탕을 둔 사보나롤라의 지배는 그리 오래 가지 않았다. 교황과 교황청이 '파문' 등과 같은 제재 조치를 이용하여 그를 집요하게 괴롭혔다. '신의 계시를 받았다'는 그의 설교 또한 얼마 지나지 않아 효력을 상실하기 시작했다. 게다가 흉년이 지속되었고 역병이 돌고 전쟁이 지속되자, 그를 지지하던 시민들이 등을 돌리기 시작했다. 결국 사보나롤라는 반대파가 일으킨 폭동에 의해 화형당하게 된다.

마키아벨리가 정치 무대에 등장하게 된 때는 사보나롤라 화형 직후, 사보

---

* 로베르토 리돌피 지음, 곽차섭 옮김, 《마키아벨리 평전》(아카넷, 2000), 28쪽.

〈시뇨리아 광장에서의 화형〉(Il Rogo in Piazza della Signoria, 16세기 초), 피렌체 산마코 박물관 소장, 작가 미상. 흔히 〈사보나롤라의 처형〉(L'esecuzione di Savonarola)으로 알려져 있다.

나롤라를 지지하던 읍도파가 피렌체의 모든 관직에서 쫓겨나고 사보나롤라를 반대하던 격노파*가 지배하던 무렵이다.

마키아벨리는 군주의 성공 조건으로 무장이 필요하다고 강조한다. 그 이유는 옛 기득권층의 저항과 피지배층의 변덕 때문이다. 여기서 마키아벨리의 인민에 대한 속내는 상당히 복잡하다. 마키아벨리는 인민이

* 읍도파泣禱派, i Piagnoni는 사보나롤라 반대파들이 사보나롤라를 비하하고자 부르던 명칭이다. 아마도 사보나롤라 지지 세력이 울면서 기도를 해서 붙여졌던 별칭인 듯하다. 격노파激怒派, gli Arrabbiati는 성난 사람들이라는 뜻이며, 사보나롤라의 개혁에 반대했던 세력을 가리킨다.

변덕스럽다고 생각한다. 왜냐하면 설득하기 쉽기 때문이다. 이는 새로운 통치자가 인민을 현혹하여 이전 통치자에게 보내던 지지를 언제든지 빼앗아올 수 있음을 뜻한다. 성직자 사보나롤라가 피렌체를 통치할 수 있었던 것도 바로 인민의 변덕 때문이었다. 즉, 그는 이전 메디치 가문에 대한 혐오를 종교적으로 설득하고, 민주주의와 종교인의 청렴으로 피렌체 인민을 사로잡았다.

그러나 신흥 군주가 인민의 지지를 유지하기는 쉽지 않다. 이 역시 인민의 변덕 때문이다. 왜냐하면 인민은 헌신짝 버리듯 이전 통치자를 폐기했던 것처럼 새로운 통치자 또한 그렇게 버릴 수 있기 때문이다. 성직자 사보나롤라가 쫓겨난 이유도 바로 인민의 변덕 때문이었다.

사보나롤라가 쫓겨난 이유를 정리해 보자. 첫째, 옛 기득권 세력인 반대파들이 중심이 되어 사보나롤라 체제에 조직적으로 반발했다. 피렌체의 실질적 통치자였던 메디치 가문의 영향력이 여전히 건재했던 것도 주요 요인이다. 둘째, 이탈리아 도시국가들의 기득권 세력은 당시로서는 새로운 정치 실험인 민주주의를 두려워했다. 그 대표적인 도시국가는 밀라노 공국이었다. 셋째, 종교적 통치에 인민이 예전처럼 환호성을 지르며 열광하지 않았다. 오히려 인민은 '헛된 것'들을 불태우는 화형식을 겪으며 이탈리아 문화와 르네상스 문화의 중심지라는 자존심에 손상을 입었다. 마지막으로 흉년과 역병 같은 자연재해가 사보나롤라의 정치 체제에 조종을 울린다. 그리고 그는 자신의 설교가 신에 의한 것임을 입증하지 못하고 화형대 위에서 불에 타 죽는다.

마키아벨리는 사보나롤라가 모세처럼 무장하고 있었다면 상황이 달라졌을 것으로 가정한다. 모세가 우상을 숭배하는 다수의 유대인을 학살할 수 있는 무력을 갖추었던 것처럼, 사보나롤라가 무장하고 있었다면 피렌체의 권력을 빼앗기지 않았을 것이라고 가정한다. 즉, 아무리 옛 기득권층이 사보나롤라를 시기하고 다른 도시국가들이 그가 고안한 정치 체제를 두려워해도, 자연이 그의 운명을 시험한다 해도, 인민의 절대적인 지지를 받았다면 그는 권력을 잃지 않았을 것이다. 그래서 마키아벨리는《로마사 논고》3권 30장에서 다음과 같이 말한다.

총명하게 성경을 읽은 자는 모세가 그의 율법과 규칙의 효력을 발생시키려고 오로지 시기심에 의해 그의 계획을 반대했던 수많은 사람을 죽일 수밖에 없었다는 점을 깨닫게 된다. (……) 사보나롤라는 충분한 권력을 소유하지 못했기 때문에, 권력을 가지고 있던 추종자들 또한 그를 이해하지 못했기 때문에 시기심을 극복할 수 없었다.*

사보나롤라는 실패할 수밖에 없었다. 그는 신의 계시를 받았을지언정 모세처럼 신의 계시를 실현할 수 있는 무장을 하지 않았기 때문이다.
"나는 분명히 여러분을 자유민으로 만드는 과업을 맡도록 신의 섭리에 의해 태어났소"라고 페르시아인들에게 외쳤던 키루스도 무장하지 않았다면 거대한 페르시아 제국의 기초를 다지지 못했을 것이다. "나의 아버지께서 많은 나라의 운명과 앞날을 그대의 도시에 맡기셨도다"**라는 신탁을 들었던 테세우스도 무장하지 않았다면 흩어져 있던 아테네를 통일하지 못했을 것이다. "내가 인간으로 태어나 짧게 살고 지상 위에 한 도시를 세운 후 가장 위대한 제국과 영광을 누리고,

* Machiavelli, *The Chief Works and Others*, volume I(Durham and London: Duke University Press, 1989), pp. 496~497.
** Plutarch, op cit., pp. 79~80.

다시 되돌아감은 신의 뜻이오"*라고 외쳤던 로물루스도 무장하지 않았다면 무한대로 성장하는 로마 공화국의 초석이 되지 못했을 것이다. 모방 대상인 위의 군주 네 명처럼 신흥 군주는 무장해야 한다.

이는 헌정 받는 메디치에게 주는 지침과 같다. 신흥 군주의 무장은 옛 기득권층과 옛 피지배층 양자에게 사용될 수 있다. 옛 기득권층에 대해 신흥 군주는 한 번 벌을 줌으로써 옛 기득권층 구성원 전체에 효력을 미치는 일벌백계 전략을 사용해야 한다. 옛 기득권층의 징벌은 화려한 쇼이다. 새로운 제도와 관습이 확실한 효과를 낼 수 있다는 것을 다수 인민에게 직접 보여줘 불신을 깨뜨리고, 다수를 새로운 제도와 관습의 적극적인 가담자로 만들어야 한다.

또한 옛 피지배층에게도 무장은 효과적이다. 옛 피지배층 일부가 변덕을 부려 새로운 제도와 관습의 방해자나 훼방꾼이 된다면, 나머지 다수 인민을 붙잡고자 적극적으로 무력을 행사해야 한다. 적절한 무력행사는 떨어져 나가는 인민의 지지를 붙잡을 수 있다. 꼭 필요한 때 적절한 무력행사는 이상적인 창업 군주의 조건이다. 모세 등을 보라! 사보나놀라를 보라! 반면에 무장하지 않았던 예언자는 꼭 필요한 때에 적절한 무력을 행사할 수 없어서 몰락한다.

역량 있는 사람들의 성공

따라서 제가 언급했던 그러한 역량이 있는 사람들은 앞으로 나아가면서 커다란 어려움을 겪고, 온갖 위험에도 아랑곳하지 않고 정도를 걸으며 자

---

* Plutarch, ibid., pp. 79~80.

신의 힘으로 그런 난관을 극복하게 마련입니다. 그리고 그들이 갖가지 위험을 극복한 후에 지위가 높다고 시기하는 자들을 완전히 제거한다면, 그들은 강력하고 확고하며, 존경받으면서 번영하게 됩니다.

시라쿠사의 히에론

위와 같이 숭고한 사람들의 예에 작은 예를 하나 덧붙이고자 합니다. 그 군주는 위에서 언급한 숭고한 분들과 조금 연관이 있습니다. 그래서 저는 그가 위에서 열거한 이유를 다 충족한다고 생각합니다. 그 사람은 바로 시라쿠사의 히에론[1]입니다.

이 사람은 시민이었음에도 시라쿠사의 군주가 되었습니다. 그는 기회를 제외한 어떤 행운도 가지지 못했습니다. 고통을 겪고 있던 시라쿠사인들은 그를 장군으로 선출했습니다. 장군직을 차지한 그는 시라쿠사인들의 왕이 될 수 있는 자질을 보여주었습니다. 실제로 그는 시민일 때에도 커다란 능력을 보였습니다. 그래서 그에 관해 글을 쓴 어떤 사람은 "그는 왕국을 제외하고는 왕이 되는 데에 필요한 그 무엇도 부족한 것이 없다"라고 말할 정도였습니다.

그는 옛 군대를 해체하고 새로운 군대를 조직했습니다.[2] 오랜 동맹들을 폐기하고 새로운 동맹을 맺었습니다. 그리고 그는 자신만의 동맹과 군대를 갖게 되자 이를 발판으로 원하는 것과 필요한 것을 모두 건설했습니다. 따라서 그는 얻는 데는 커다란 고생을 했지만, 유지하는 데에는 아무런 고생도 하지 않았습니다.

1 히에론(기원전 308~215)은 시라쿠사 귀족의 사생아로, 기원전 270~215년 사이 시라쿠사를 통치한 왕이다. 아가토클레스가 통치하던 시라쿠사 제국

은 에피루스(지금의 이피로스)의
피루스에 의해 멸망한다. 히에론
은 피루스 휘하의 장군으로서 카
르타고인들을 물리치고 왕으로
선출되었다. 그는 왕으로 선출되
고 나서, 포에니 전쟁에서 처음에
는 카르타고와 동맹을 맺고 로마
와 싸웠다. 이때 그는 아르키메데
스를 고용하여 로마군을 철저하
게 괴롭혔으나 결국 로마에 패했
다. 그 후 그는 로마와 동맹을 맺
어 시라쿠사 국가를 유지했다.

시라쿠사의 위치

시라쿠사

2 마키아벨리는 이에 대해 13장 〈시라쿠사의 히에론도 용병을 거부했다〉에서
자세히 설명한다.

시라쿠사의 히에론을 읽을 때 주의해야 할 것이 있다. 마키아벨리는
《군주론》을 쓰면서 헌정 받는 군주 또는 독자, 지금 이 글을 읽는 독자
에게 용기를 북돋우려고 애쓴다. 이런 글쓰기에 굳이 이름을 붙인다면
'물 타는 글쓰기'라고 명명해도 좋을 듯하다. '물 타는 글쓰기'란 자신
의 강력한 주장을 조금 완화해서 상대가 이해하고 받아들이기 쉽게
쓴 글이라는 뜻이다.

마키아벨리는 6장 맨 앞에서 위대한 인물인 모세·로물루스·키루
스·테세우스 등을 모방하는 게 중요하다고 언급한다. 그는 위대한 군

주들의 '기회'로서의 포르투나와 '무력'으로서의 비르투나를 강조한다. 위대하고 이상적인 네 명의 군주를 모방하면 신생 군주는 모두 성공할 수 있으며, 메디치 역시 마키아벨리가 쓴 글대로 행동한다면 이상적인 군주가 될 수 있다고 말한다.

그러나 이것은 이상론일 뿐이다. 신흥 군주가 로물루스처럼 위대한 군주가 될 확률은 신흥 군주 천 명 가운데 하나 정도일 것이다. 모세 등은 누구나 다 따라야 할 이데아로서의 이상일 뿐이다. 키루스도 현실에서 실현할 수 없는 이상적인 모범일 뿐이다. 그렇다면 마키아벨리가 말한 모방론이란 현실에서는 실현할 수 없는 공허한 외침에 지나지 않는다.

마키아벨리는 자신의 이론이 하늘의 뜬구름을 잡는 플라톤식의 이상론으로 끝나지 않기를 원한다. 그래서 그는 이 글을 헌정 받는 메디치나 또 다른 신흥 군주, 이 글을 읽는 일반 독자 누구나 다 모방할 수 있을 것 같은 생각이 들 만한 '그저 그렇고 그런' 군주를 슬쩍 끌어들인다. 그가 바로 시라쿠사의 히에론이다. 마키아벨리는 〈시라쿠사의 히에론〉을 6장 맨 마지막 절에 넣음으로써 단박에 자신의 모방론을 이상론이 아니라 실현할 수 있는 현실론으로 전환시킨다. 그는 로물루스와 테세우스 같은 반신적인 인물 대신에 시라쿠사의 히에론이라는 현실적인 인물을 등장시킴으로써 막판 뒤집기와 되치기의 명수가 된다.

그러나 히에론은 신흥 군주나 일반 독자가 무작정 따라 하기에는 만만찮은 인물이다. 그는 사생아로 태어나 무명의 시민에서 장군이 되고, 유력자 집안의 딸과 결혼해 입지를 다진 뒤 시민들의 지지로 왕위에 오른 군주이다. 그가 행운의 여신에게 얻은 것이라곤 기회뿐이고, 나머지는 모두 자신의 역량에 의해 획득한 것들이다. 그는 마키아벨리가 강력하게 주장한 신흥 군주가 행해야 할 모든 역량을 구비한 인물이다.

히에론은 군주라면, 아니 인간이라면 누구나 바랐음직한 명성을 획득한 인물이다. 그는 필요하다면 카르타고와 동맹을 맺었고, 또 시라쿠사의 보전을 위해 카르타고를 등지고 로마에 충성을 다하는 변신의 귀재이기도 했다. 두 강대국 카르타고와 로마 간의 포에니 전쟁에 휩쓸리는 와중에도 무려 55년이나 시라쿠사를 통치했으며, 로마가 시라쿠사를 침략했을 때 아르키메데스가 고안한 투석기·기중기·거울무기로 로마의 진땀을 빼게 했던 인물이다. 히에론이 얼마나 위대한 인물인지는 그가 죽은 지 4년 만에 시라쿠사가 로마에 멸망했다는 점에서 추론할 수 있다.

하지만 히에론은 모세와 같은 신탁을 부여받은 인물도 테세우스와 같은 반신 영웅도 아니며, 로물루스 같은 초인도 아니다. 히에론은 누구라도 마음만 먹으면 따라 할 수 있는 평범한 인간이다. 마키아벨리는 말한다.

'누구나 기회가 오면 놓치지 말고 붙잡아라. 그리고 역량을 발휘하여 획득한 권력을 오래 누려라.'

6장 다시 보기

6장은 군주 성공학 개론과 인민 속성론의 관점에서 읽을 수 있고, 양자를 결합하여 해석해야 한다.

우선 6장은 '군주 성공학 개론'의 관점에서 볼 수 있다. 6장은 1장을

소 목차	구분	'론'에 따른 분류
위대한 인물의 모방		모방론
역량 대 행운		역량과 행운론
역량의 예들	이상론	질료와 형상론 역량론
새로운 제도의 도입		기득권층의 백색테러론 새로운 제도에 대한 인민 불신론
무장하지 않은 예언자		인민 변덕론
역량 있는 사람들의 성공 시라쿠사의 히에론	현실론	현실에서의 성공론

제외한 앞의 네 개 장과는 다른 점이 있다. 앞의 네 개 장이 주로 역사적인 사실을 바탕으로 한다면, 6장은 성공의 조건을 이론적으로 검토하는 장이다. 제목을 붙인다면 '신흥 군주 성공의 이론적 검토'가 될 수 있겠다. 그 부분은 이상적인 관점에서의 성공 조건과 현실적인 관점에서의 성공 조건으로 나뉜다. 정리하면 위쪽의 표와 같다.

둘째, 6장은 '인민 속성론'의 관점에서도 분석해야 한다. 6장은 조심스럽게 검토해야 한다. 앞의 네 개(2, 3, 4, 5) 장은 군주가 인민을 어떻게 대하면 좋은가, 군주가 어떻게 하면 인민에게 사랑을 받을 수 있는가를 중심으로 다룬다. 반면에 6장은 인민은 일반적으로 어떤 존재인가, 일반적으로 어떤 속성을 지니고 있는가를 다룬다. 이 점에서 6장은 겉으로는 '군주 역량론'이지만, 속으로는 '인민 속성론'이다.

마키아벨리가 바라보는 인민의 속성은 아주 간단하다. 인민은 구체적인 성과가 눈에 보일 때까지는 불신으로 가득 찬 존재이며, 군주에 대한 지지가 죽 끓듯 하는 변덕스러운 존재이다. 마키아벨리에게 중요한 것은 인민이 불신과 변덕으로 가득 차 있다는 사실이 아니다. 왜냐하면 인민은 통치의 대상이고, 통치는 결국 군주가 행하는 것이기 때문이다. 즉, 군주가 통치의 주체이고 인민은 객체이기 때문이다. 군주는 불신과 변덕스러운 존재로서의 인민을 통치하는 것이지, 그 어떤 이유나 대가도 없이 충성을 바치는 인민을 통치하는 것이 아니기 때문이다.

셋째, 양자의 결합이다. 신흥 군주의 성공론과 인민 속성론은 동전의 양면이다. 신흥 군주는 불신과 변덕으로 가득 찬 인민한테서 지지를 끌어내고 유지하는 것이 중요하다. 무장 역량은 신흥 군주에게 성공의 최소 조건이다. 그 역량은 변덕스러운 인민의 지지를 유지하는 데에 필수 조건이다. 신흥 군주가 인민의 불신을 무마하려면 옛 기득권층에 대해 무력을 행사할 수 있게 무장해야 한다. 또한 인민이 변덕을 부려 지지를 철회하면 상황을 반전시킬 수 있는 무력을 행사할 수 있어야 한다. 하지만 마키아벨리가 인민에게 직접 무력을 행사하라는 말을 하지 않았음에 유의해야 한다. 그는 단지 사보나롤라가 무장하지 않아서 몰락했다는 사실, 자신을 지지하던 자들의 이탈을 강제할 수단이 없었다는 사실만을 말할 뿐이다.

이런 이유 때문에 6장을 '인민에 대한 직접적인 무력행사는 당연하다'라고 해석하는 것은 결국 현실 정치가의 궤변일 뿐이다. 악명을 떨쳤던 정치인, 쿠데타 등으로 인민을 학살했던 정치인은 아마도 6장을 그렇게 해석했으리라. 그러나 우리가 잊어서는 안 되는 것이 있다. 마키아벨리가 3장의 〈신흥 군주국은 어려움에 처한다〉에서 '인민은 자신의 처지를 개선할 것을 요구하고, 인민의 진정한 주인은 생존 욕구'라고 인민의 또 다른 속성에 대해 강하게 주장한 점이다.

악명을 떨친 정치인이 인민에게 힘을 행사하여 임시변통으로 지지를 끌어낼 수는 있지만, 처지 개선과 생존 욕구를 가진 인민은 그런 군주 밑에서 살기를 원하지 않는다. 인민은 자기에게 유리한 정치를 해줄 군주가 있다면, 누구라도 받아들이고 누구라도 쫓아낸다. 사보나롤라는 무장하는 것이 중요했던 게 아니라 먼저 인민의 지지를 잃지 않으려고 올바른 통치를 지속하는 것이 먼저였다.

무력과 무장은 정말 불가피한 필요라는 점, 이 점을 마키아벨리는 강조하고 싶었다. 그가 누구나 모방할 수 있을 것처럼 보이는 히에론이 국가를 위해 어떤 일을 했는가를 마지막 결론에 언급했다는 점을 잊으면 안 된다.

마지막으로 마키아벨리는 한편으로 메디치를 세습 군주로 이해하기도 하고, 다른 한편으로 신흥 군주로 가정하고 글을 쓴다는 점이다. 세습 군주인 이유는 메디치 가문이 피렌체를 지속적으로 통치하고 있기 때문이다. 다른 한편으로 사보나롤라에게 권력을 빼앗겼다가 다시 되찾았으므로 명목상으로는 신흥 군주이기 때문이다. 사보나롤라의 예는 메디치로 하여금 자신이 세습 군주이기는 하지만 신흥 군주라는 것을 상기시킨다. 즉 메디치 가문은 세습 군주이기는 하지만 신흥 군주와 다름없으므로 무장을 꼭 해야한다는 것을 마키아벨리는 강조한다.

다른 사람의 무력에 의지해,
그리고 행운을 통해 획득된 신흥 군주국들

7장은 〈경험 없는 통치자가 겪는 어려움〉, 〈프란체스코 스포르차〉, 〈체사레 보르자〉, 〈알렉산데르 6세는 체사레를 군주로 만들려고 시도한다〉, 〈체사레는 자신에게 의지할 것을 결정한다〉, 〈공작은 불충한 장군을 제거한다〉, 〈로마냐의 평화, 레미로 데 오르코〉, 〈체사레 보르자와 프랑스의 왕〉, 〈공작은 앞을 바라본다〉, 〈공작은 많은 것을 예견했지만 모든 것을 예견하지는 못했다〉, 〈신흥 군주를 위한 모델로서의 공작〉, 〈당신이 피해 입힌 자를 신뢰하지 마라―체사레의 중대한 실수〉로 이루어져 있다.

전적으로 새로운 방법으로 군주가 된 자들에 대한 두 번째 분석이다. 6장이 자신의 군대와 역량으로 군주가 된 자들에 대한 이론적 분석이라고 한다면, 7장은 다른 사람의 도움과 행운을 통해 군주가 된 체사레 보르자의 연대기에 따른 전기적 분석이다. 7장에 등장하는 체사레는 6장에 나온 모세·키루스·로물루스·테세우스 같은 영웅이 아니다. 따라서 영웅적인 이야기도 서사도 없다. 다만 아버지의 도움과 행운이 따랐던 체사레가 자신의 삶을 어떻게 개척해 나가는지에 대한 담담한 설명이 있을 뿐이다. 이를 다음과 같은 순서로 설명한다.

마키아벨리는 서론에서 일반적으로 행운에 의해 사적 개인에서 지배자가 된 자는 국가를 유지하는 방법도 모르고 유지할 능력도 없기에 통치하기 쉽지 않다고 설명한다. 또한 오로지 자신의 능력으로 군주가 된 프란체스코 스포르차와 아버지의 도움에 힘입어 군주가 된 체사레를 간략하게 비교한다.

마키아벨리는 7장의 제목 '다른 사람의 무력의 도움으로, 그리고 행운을 통해서 획득된 신흥 군주국들'에 걸맞은 인물로 체사레를 든다. 그는 체사레의 삶을 과거, 현재, 미래로 나누어 설명한다. 그가 무엇을 기준으로 과거, 현재, 미래를 나누었는지에 대한 설명은 본문에서 한다.

마키아벨리는 정치인으로서 체사레가 왕위에 오르기 위해 과거에 어떤 행보를 했는지 아버지의 도움과 체사레 자신의 과단성 있는 행동을 중심으로 설명한다. 또한 체사레가 루이 12세의 군사적 지원이 없는 상황에서 당면한 과제를 해결하기 위해 동맹국을 바꾸는 과감한 모험을 했다고 설명한다. 마지막으로 그는 체사레가 미래를 위해 착실한 준비를 했지만 아버지의 죽음과 자신의 지병이라는 운명을 벗어나지는 못했다고 말한다. 그리고 결론에서 체사레가 신흥 군주를 위한 모델로서 적합하기는 하지만 그도 중대한 실수를 범했다고 평한다. 이상을 바탕으로 목차를 재정리하면 아래와 같다.

서론

1. 이론적 측면: 경험 없는 통치자가 겪는 어려움

2. 인물 사례

　　1) 자신의 역량: 프란체스코 스포르차

　　2) 타인의 역량과 행운: 체사레 보르자

본론

1. 과거

　　1) 아버지의 도움: 알렉산데르 6세는 체사레를

　　　　　　　　　　군주로 만들려고 시도한다

　　2) 자신의 역량:

　　　　(1) 비르투나 1― 군사력: 체사레는 자신에게 의지할 것을 결정한다

　　　　(2) 비르투나 2― 수단 · 방법 가리지 않기: 공작은 불충한 장군을

　　　　　　　　제거한다

　　　　(3) 비르투나 3― 잔인한 방법: 로마냐의 평화, 레미로 데 오르코

2. 현재: 체사레 보르자와 프랑스의 왕

3. 미래: 거스를 수 없는 운명으로서의 죽음

　　1) 착실한 준비: 공작은 앞을 바라본다

　　2) 운명의 일격: 공작은 많은 것을 예견했지만 모든 것을

　　　　　　　　예견하지는 못했다

결론

1. 신흥 군주의 모델: 신흥 군주를 위한 모델로서의 공작

2. 체사레 보르자의 한계: 당신이 피해 입힌 자를 신뢰하지 마라

　　　　　　― 체사레의 중대한 실수

경험 없는 통치자가 겪는 어려움

시민임에도 단지 행운에 의해서 군주가 된 자들은 별다른 노력 없이 그 지위에 오릅니다. 하지만 그들은 그 지위를 유지하기 위해 아주 많은 노력을 기울여야 합니다. 왜냐하면 그들은 그 지위에 날아오르듯이 올랐으므로 군주로 나아가는 길에서는 난관에 부딪히지 않았기 때문입니다. 하지만 모든 고난은 그들이 정착했을 때 발생합니다.

군주들이 돈으로 국가를 사거나, 제공해 준 사람의 은혜grazia에 의해서 국가를 얻었을 때 이런 문제들이 발생합니다. 이와 같은 일은 그리스 내의 이오니아와 헬레스폰토스의 도시국가에서 자주 발생했습니다. 그 도시의 군주들은 다리우스에 의해 왕으로 임명되었으므로, 다리우스의 안전과 은혜에 보답하고자 그 도시들을 유지했습니다.[1] 또한 일개 시민임에도 군인들에게 뇌물을 줌으로써 황제의 자리를 얻은 경우도 있습니다.[2]

그러한 통치자들은 왕으로 세워준 자의 의지와 행운에 전적으로 의존합니다. 그런데 이 두 가지는 가장 불확실할 뿐만 아니라 가장 불안정합니다. 그러한 통치자들은 자신들에게 주어진 지위를 유지하는 방법도 모르며, 유지할 능력도 없습니다. 우선 유지하는 방법을 모르는 이유입니다. 한 인간이 엄청난 지능과 활동력을 가지고 있지 않다고 가정해 보십시오. 그가 항상 관직을 맡지 않은 사적인 지위로 살고 있었다고 한다면, 그가 명령하는 방법을 안다는 것은 이치에 맞지 않기 때문입니다. 이번에는 유지할 능력이 없는 이유입니다. 그러한 군주들은 절친한 동지도, 충성스러운 신하로 구성된 세력도 가지고 있지 않기 때문입니다.

게다가 봄에 톡 튀어나와 급속도로 자라난 모든 자연물처럼 급하게 성장한 이런 국가들은 미처 뿌리도 내리지 못했고 다른 줄기들도 성장하지 못했습니다. 따라서 이러한 국가들은 첫 번째 악천후가 다가오자마자 죽어버리게 됩니다.

제가 말씀드렸던 그러한 자들은 눈 깜짝할 새에 군주가 된 자들입니다. 그러한 군주들이 살아남을 수 있는 방법이 있습니다. 바로 그들이 자신의 품안에 들어온 행운을 유지하고자 즉각적인 조치를 취하는 그런 역량이 있고, 자신의 무력과 능력으로 군주가 된 자들이 군주의 지위를 차지하기 전에 쌓았던 토대들을 군주가 된 후에라도 쌓을 능력이 있는 경우입니다.

언급했던 이와 같은 두 가지 방법에 대해서 최근의 두 사례를 제시하고자 합니다. 바로 프란체스코 스포르차와 체사레 보르자입니다.

1 페르시아 제국의 왕인 다리우스는 정복한 곳에 왕을 임명할 때 제멋대로 했다. 그는 페르시아의 창건자인 키루스의 아들 캄뷔세스의 보잘것없는 친위대원이었다. 캄뷔세스가 아이큅톱스 원정을 갔을 때 그는 장터에 나갔다가 사모스에서 추방된 쉴로손이라는 사람을 만난다. 당시 쉴로손은 붉은 외투를 가지고 있었는데, 그 외투를 탐낸 다리우스가 자기에게 팔라고 했다. 쉴로손은 "아무리 큰 돈을 주어도 나는 이 외투를 팔지 않을 것이오. 하지만 그대가 이 외투를 꼭 가져야겠다면, 내가 그대에게 거저 주겠소이다"라고 말하며 외투를 주었다.

그 후 다리우스는 페르시아의 왕이 되었고, 사모스를 정복하려고 했다. 그때 쉴로손이 나타나서 사모스를 정복하면, "그곳 주민들을 죽이거나 노예로 삼지 말아 주소서"라고 말하며 자신을 왕으로 삼아달라고 했다. 그는 사모스를 정복하고 나서 붉은 외투를 준 대가로 사모스를 쉴로손에게 넘겨준다.*

또 하나의 유명한 일화가 있다. 다리우스 왕이 바빌론을 정복할 때다. 그

* 헤로도토스 지음, 천병희 옮김, 《역사》(숲, 2012) 3권, 139~149쪽.

는 바빌론의 저항이 무척 심하여 고전하고 있었는데, 바빌론 사람들은 "노새가 새끼를 낳으면 바빌론을 정복할 수 있다"라며 다리우스를 조롱했다. 그때 마침 다리우스의 부하 중 한 명인 조퓌로스라는 사람의 노새가 새끼를 낳았다. 조퓌로스는 바빌론에 거짓 항복을 하고 바빌론의 성문을 연다. 그 덕분에 다리우스는 바빌론을 정복했다. 그는 이에 대한 보답으로 조퓌로스를 바빌론의 총독으로 임명했다.*

다리우스 왕은 대체로 정복을 하면 맘 내키는 대로 책임자를 임명하고, 그를 통치의 조력자로 만드는 정책을 취했다. 그 결과는 다리우스 왕이 스키타이를 정복할 때 나타났다. 그가 멋대로 임명한 이오니아와 헬라스 지역의 참주들이 그의 편을 들었다. 그 주동자는 밀레토스 출신의 히스티아이오스였다. 그는 다리우스에 의해 참주가 된 자들은 다리우스의 권력이 붕괴되면 더불어 몰락할 것이라고 주장했다. 이에 겁먹은 대부분의 참주들은 다리우스 왕을 지지했고, 다리우스 왕은 이들의 도움으로 스키타이를 정복하게 된다. 스키타이 족은 이오니아인들의 이런 행태를 보고 "이오니아인들은 자유민으로서는 세상에서 가장 비열하고 비겁한 인간들이지만 노예로서는 어떤 경우에도 도망치지 않는, 주인에게 가장 충직한 하인들"이라고 평했다.** 마키아벨리는 이를 염두에 두고 이 말을 썼다.

2 마키아벨리는 19장 〈로마 제국의 황제들은 군인의 호의를 얻도록 강요당했다〉에서 이에 대한 내용을 설명한다. 이 부분을 다룰 때 자세히 살펴보자.

이 글은 7장 전체의 서문으로, 두 가지를 다시 보기 해야 한다. 하나는

* 헤로도토스 지음, 천병희 옮김, 같은 책, 150~160쪽.
** 헤로도토스 지음, 천병희 옮김, 《역사》(숲, 2012) 4권, 137~142쪽.

포르투나와 비르투나에 대한 논쟁이고, 다른 하나는 군주가 갖춰야 할 비르투나의 종류에 대한 것이다. 7장 전체는 체사레를 통해 이 두 가지를 고찰하는 것이라 봐도 무방하다.

여기서 포르투나와 비르투나 관련 논쟁을 먼저 짚어보자. 이번 장의 제목은 '다른 사람의 무력의 도움으로, 그리고 행운을 통해 획득된 신흥 군주국들'이다. 7장에서 다루는 신흥 군주국의 군주는 다른 사람으로부터 무력의 도움을 받기는 하지만 행운도 따르고 있음에 유의해야 한다. 다른 사람에게서 무력을 도움받을 수는 있지만 행운까지 도움받을 수는 없다. 행운은 오로지 인간 개개인에게 주어지는 것이기 때문이다. 그렇기 때문에 7장은 타인의 도움과 자신의 행운이라는 교집합으로 군주가 된 자들에 관한 내용이다.

다른 사람에게서 무력을 도움받는 이가 있다면, 그는 행운의 여신에게 선택받은 자이다. 다시 말해 비르투나를 지닌 타인의 도움으로 군주가 되었다면 그는 포르투나를 타고난 것이다. 엄청난 역량을 갖춘 다리우스 왕이 이오니아와 헬라스를 정복한 뒤 군주로 세웠던 참주들을 연상하면 된다.

여기서 문제가 발생한다. 역량을 갖춘 타인이 지지와 지원을 회수하는 경우이다. 즉, 다른 참주를 임명하는 것이다. 그렇게 되면 행운을 받은 자는 자신의 행운이 소멸하거나 옮겨가는 것을 경험하게 된다. 자신의 손안에 들어왔던 행운이 연기처럼 사라지는 것이다. 행운을 가진 자가 그 행운을 계속 유지하려면 자신에게 다가온 위기를 스스로 극복하는 역량을 갖추어야 한다. 즉, 스스로 역량을 갖추고 굴러든 행운을 유지하는 것이다. 포르투나는 언제 어디로 굴러갈지 모르기 때문에, 강력한 비르투나로 포르투나를 묶어두어야 한다.

예를 들어 부자 부모를 만난 자식이 있다고 해보자. 그는 부모가 죽으면서 물려주는 큰 재산을 유산으로 상속받을 수 있다. 이것은 행운이다. 그러나 그가 부를 유지할 수 있는 최소한의 역량을 갖추지 않았다고 해보자. 예컨대 도박과 마약, 섹스에 빠져 흥청망청한다고 해보자. 그가 물려받은 재산은 손 안의 물처럼 빠져나가 버려, 얼마 지나지 않아 가난한 비렁뱅이가 될지도 모른다.

아버지의 도움으로 일개 시민에서 군주가 된 자를 살펴보도록 하자. 그는 행운을 얻은 자이다. 하지만 강력한 무력으로 뒷받침해준 아버지가 갑자기 죽는다고 해보자. 그가 무력을 가지고 국가를 유지할 방법을 모색해 놓지 않는다면, 그는 권력을 노리는 다른 자들의 먹잇감이 될 수 있다. 곧 권력을 상실하고 죽음을 당할지도 모른다.

포르투나가 우선적이냐, 비르투나가 우선적이냐 하는 논쟁을 종결 짓도록 하자. 마키아벨리는 6장에서 스스로의 역량으로 군주가 된 자는 군주의 자리를 유지하고 지키려면 역량 중에서도 가장 중요한 무력과 무장이 필요하다고 역설했다. 그는 7장에서 타인의 역량으로 군주가 된 자, 다시 말하면 행운을 얻어 군주가 된 자도 군주의 지위를 지키려면 무력과 무장이 필요하다고 역설한다. 우연히 행운을 얻어 군주가 되었다 할지라도 타인이 그 행운을 회수한다면 군주의 지위를 유지할 수 없기 때문이다.

마키아벨리의 포르투나와 비르투나에 대한 태도는 명쾌하다. 스스로의 비르투나에 의해 군주가 된 자이건, 타인의 도움과 자신의 포르투나에 의해 군주가 된 자이건 관계없다. 군주라면, 인간이라면 자신을 지키는 비르투나를 갖춰야 한다. 변덕이 없고 일관된 남성신 비르투나가 죽 끓듯 변덕이 심한 포르투나를 압도해야 한다. 이것이 운명의 부침에 좌우되지 않은 인간이 가져야 하는 미덕이다. 그러나 그 비르투나도 아무런 힘을 못 쓰는 경우가 딱 한 가지 있다. 어느 인간도 예측할 수 없고 막을 수 없는 죽음이 바로 그것이다. 그 죽음이라는 운명이 닥쳐왔을 때는 아무리 강력한 비르투나도 소용없다.

7장은 체사레의 인생을 그린 드라마이다. 그는 아버지의 역량에 힘입어 군주가 된 행운아이지만, 그 지위를 유지하고 확장하려고 엄청난 비르투나를 발휘한 영웅적 인물이기도 하다. 그러나 그도 죽음 앞에서는 평범한 인간이었다.

두 번째 다시 보기는 '정치를 하는 데에서 무엇이 필요한가?'이다. 마키아벨리는 권력을 획득하고 유지할 줄 아는 것이 중요하다고 보았다. 군주에 국한하지 않고 정치인 일반에 적용해 보자. 그의 주장에 따르면 권력을 획득만 할 줄 아는 정치인이나 군주는 아마추어이고, 권력을 획득하고 나서 그것을 유지할 줄 아는 자가 진정한 프로이다. 권력 유지 방법으로 표현된 정치인의 자격 조건은 정치인 일반에게 적용될 수 있는 아주 중요한 자질이다.

권력을 유지하려면 관료에게 명령을 내려야 하고, 그러려면 관료가 맡은 전문 행정 영역에 관한 지식이 필요하다. 이는 행정권에 대한 장악 능력을 의미하는 것으로서, 행정부를 장악하지 못한 정치인은 몰락하기 마련이다. 실무에 어두워 전문 관료들에게 휘둘리다 보면 결국 행정 조직을 장악할 수 없기 때문이다. 따라서 군주든 직업 정치인이든 간에 실무 지식을 갖추는 것이 중요하다. 그러나 정치인이 실무 지식을 갖춘다는 것은 현실적으로 불가능하다. 그렇기 때문에 정치인은 실무 지식을 갖춘 자를 기용하고, 그들을 장악할 수 있어야 한다.

권력을 유지하기 위해서 정치인에게는 어떤 능력이 필요한가? 마키아벨리는 두 가지를 들고 있다. 하나는 '절친한 동지'이고, 다른 하나는 '충성스러운 신하'이다. '절친한 동지'는 뜻을 같이하는 자들로서, 현대식으로 말하면 이념과 지향을 공유하는 정당의 당원들이다. 뜻을 같이하는 동지들이 없다면 아무리 유능한 정치인도 다른 세력 앞에 무력할 수밖에 없다. 다른 정치 세력으로부터 권력을 지킬 수 없기 때문이다. '충성스러운 신하'는 한마디로 심복들이다. 심복은 보스가 죽으라고 명령하면 죽는 시늉을 하는 자이고, 보스를 위해 목숨마저 바칠 수 있는 자를 말한다. 심복이 없는 정치인은 결정적 위기의 순간을 극복해 낼 수 없다.

정치를 전혀 경험하지 않은 40대 남자가 갑자기 대통령이나 왕위에 오른 경우를 생각해 보자. 그는 공직 생활의 경험 부족 때문에 관료들을 통제할 수 없게 마련이고, 얼마 지나지 않아 스트레스로 죽게 될지도 모른다. 아니면 곧 암살을 당할 수도 있다. 정치를 해본 적이 없기 때문에 그와 뜻을 함께할 동지도 없고, 정치적 위기에서 그를 지켜줄 심복도 없다. 그가 선택할 수 있는 최선은 스스로 물러나는 것이다. 그래야만 생명을 보존할 수 있다.

마키아벨리의 논지를 간단하게 정리해 보자. '권력을 획득할 뿐만 아니라 유지할 수 있는 정치인이 되려면 관료를 장악하는 능력과 뜻을 같이하는 동지, 그리고 믿고 따르는 심복이 있어야 한다.'

프란체스코 스포르차

프란체스코[1]는 일개 개인으로 태어났지만 필요한 방법과 자신의 대단한 능력에 의해서 밀라노의 공작이 되었습니다. 그리고 수많은 노력을 통해 획득한 지위를 별 어려움 없이 유지했습니다.

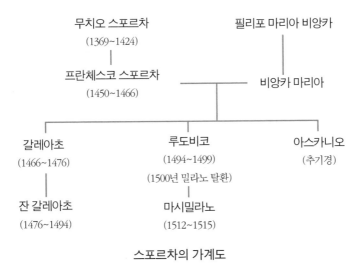

무치오 스포르차
(1369~1424)

필리포 마리아 비앙카

프란체스코 스포르차
(1450~1466)

비앙카 마리아

갈레아초
(1466~1476)

루도비코
(1494~1499)
(1500년 밀라노 탈환)

아스카니오
(추기경)

잔 갈레아초
(1476~1494)

마시밀라노
(1512~1515)

스포르차의 가계도

1 마키아벨리는 "최근의 문제에 대한 저의 오랜 경험"을 보여주는 당대를 연구
할 때 스포르차 가문의 인물들을 자주 등장시킨다. 스포르차 가문의 인물들
이 어떤 역할을 했는지 '가계도'로 간단히 정리하면 위와 같다.

  루도비코는 밀라노 공작이 되고 싶어서 프랑스의 샤를 8세를 이탈리아에
끌어들인 장본인이다. 3장 〈신흥 군주국은 어려움에 처한다〉에서 언급되었
다. 아스카니오는 가톨릭 주교이며, 7장 〈당신이 피해 입힌 자를 신뢰하지
마라—체사레의 중대한 실수〉에서 언급된다. 무치오 아텐돌로는 '강력한'이
라는 뜻의 스포르차로 불리며 스포르차 가문을 일군 사람이다. 마키아벨리
는 12장 〈용병이 배반한 역사적 사례들〉에서 무치오를 다룬다.

  프란체스코는 무치오 스포르차의 사생아이며, 아버지와 마찬가지로 용병
대장이 되어 숱한 무공을 세웠다. 그는 밀라노공公 비스콘티의 딸과 결혼하
여 밀라노 공작이 되었으며, 16년이나 밀라노를 통치했다.

체사레 보르자

반면에 인민이 발렌티노 공작이라고 부르는 체사레[1]는 아버지의 행운에 의해 그 지위를 얻었고, 다시 그 행운의 여신에 의해 지위를 상실했습니다. 물론 발렌티노가 다른 사람의 군대와 행운에 의해 얻었던 국가에 뿌리를 내리고자, 신중하면서도 활동적인 사람이 할 수 있는 모든 수단을 다 사용하고 모든 행동을 다 했음에도 그 지위를 상실했다는 것을 잊어서는 안 됩니다.

앞에서 말씀드린 것처럼 발렌티노는 군주가 되기 전에 자신의 토대를 쌓지 않았습니다. 그러나 군주가 되고 나서 발렌티노는 탁월한 지혜와 엄청난 에너지로 그 토대를 구축할 수 있었습니다. 물론 그는 토대를 설계할 때에도 엄청나게 곤란을 겪었으며 그 토대를 구축할 때에도 커다란 위험에 직면했음을 잊어서는 안 됩니다. 공작이 착수했던 이런 조치들을 검토해 보면, 우리는 그가 미래의 권력을 위해 강력한 토대를 구축했다는 것을 알 수 있습니다.

이런 조치들을 논의하는 것은 피상적이지 않습니다. 실제로 제 견지에서 본다면 발렌티노 공작만큼 신흥 군주에게 제공할 수 있는 더 나은 교훈을 제공할 만한 군주는 없기 때문입니다. 그 업적을 세웠음에도 그가 성공한 군주가 되지 못했다면, 그 실패는 그 자신 때문이 아닙니다. 왜냐하면 그의 실패는 전적으로 악의적인 특별한 운명의 일격에 의한 것이기 때문입니다.

1 '체사레'는 이탈리아어로 Cesare, 라틴어로는 Caesar, 즉 황제란 뜻이다. '보르자'는 보르자 가문 출신임을 나타낸다. '발렌티노Valentino'는 루이 12세에게서 프랑스의 영주로서 발랑티누아 공작의 작위를 수여받고 나서 불린

별칭이다. 체사레는 군기에 "aut Caesar, aut nihil(황제냐, 무無냐)"이라는 글귀를 새기고 다녔다.

가장 먼저 봐야 할 것이 있다. '마키아벨리가 《군주론》을 누구에게 헌정했는가'이다. 이 문제는 상당히 중요하다. 그가 이상적으로 생각하는 군주, 명목상의 군주, 책을 헌정하는 군주가 다르기 때문이다. 《군주론》에는 현실에 존재하는 군주의 삼각관계가 있다.

첫 번째 군주는 체사레이다. 마키아벨리는 체사레를 현실에서 실제로 만난 군주 가운데 가장 이상적인 군주로 본다. 그는 발렌티노 공작 체사레를 강력한 국가를 이룩할 수 있는 이상이자 상징으로 보았다. 그는 체사레가 전쟁과 외교적인 측면에서 보여준 활동에 찬사를 보낸다. 체사레는 마키아벨리가 현실에서 만난 정치학 선생님이라고 할 수 있으며, 그의 행적 하나하나를 《군주론》에서 이론으로 승화시켰다고 봐도 좋다.

두 번째 군주는 마키아벨리가 살고 있는 피렌체의 명목상 군주인 줄리아노 메디치이다. 마키아벨리는 《군주론》을 집필하면서 처음엔 줄리아노에게 책을 헌정하고자 했다. 그는 당시 너무나 궁핍한 상황에 처해 있었기 때문에 줄리아노에게 책을 헌정하여 경제적 어려움을 타개하고자 했다. 이는 1513년 12월 10일자 편지에서 드러난다.

"《군주론》은 군주, 특히 신흥 군주들이 환영할 것입니다. 그래서 저는 이 책을 줄리아노 데 메디치 폐하께 바치려고 합니다."

마키아벨리가 '신흥 군주'라는 말을 강조했던 것은 줄리아노가 1513년에 피렌체의 군주가 되었기 때문이다. 그러나 그는 결국 줄리아노에게 책을 헌정하지 않았다. 줄리아노가 《군주론》을 '조금도 읽지 않을 것'이라고 생각했기 때문이다.

왜 마키아벨리는 줄리아노가 《군주론》을 조금도 읽지 않을 것이라고 생각했을까? 줄리아노는 그가 생각하는 이상적인 군주, 즉 운명의 부침을 이겨낼 수 있고 이탈리아의 통일을 바라보며 움직일 수 있는 공격적인 군주가 아니었기 때문이다. 줄리아노는 병약하고 야심이 없을 뿐만 아니라 전쟁을 좋아하지도 않는, 피렌체의 명목상 군주였을 뿐이다. 그래서 그는 저승사자보다 무서운 빈곤의 명령도 뿌리치고 스스로 헌정을 거부한다.

마키아벨리가 줄리아노에게 헌정하지 못했던 이유와 동일한 이유로 로렌초 역시 《군주론》을 읽기는커녕 받자마자 서가 속에 집어 던져 버렸을지도 모른다. 그의 책을 헌정하던 때 어떤 일이 있었는지를 보여주는 일화가 있다.

> 동시에 누군가가 사냥개 한 쌍을 바쳤는데, 로렌초는 마키아벨리보다 개를 바치는 사람에게 더 고맙다는 얼굴로 친절히 대했고, 이에 분개한 그는 자리를 박차고 나와 버렸다.*

마키아벨리는 자신의 책을 십분 활용할 수 있는 그런 군주를 찾았다. 이런 인물을 눈앞에서 찾아냈다. 그가 바로 세 번째 군주, 로렌초 데 메디치 2세이다. 로렌초는 줄리아노가 명목상 군주로 있던 피렌체의 실질적 군주였다. 로렌초가 1515년 3월 피렌체의 총사령관이 됨으

---

* 로베르토 리돌피 지음, 곽차섭 옮김, 《마키아벨리 평전》(아카넷, 2000), 265쪽.

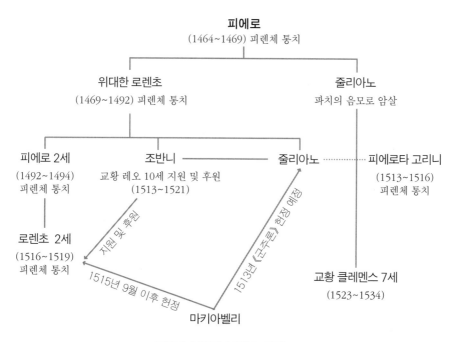

피에로
(1464~1469) 피렌체 통치

위대한 로렌초
(1469~1492) 피렌체 통치

줄리아노
파치의 음모로 암살

피에로 2세
(1492~1494)
피렌체 통치

조반니
교황 레오 10세 지원 및 후원
(1513~1521)

줄리아노

피에로타 고리니
(1513~1516)
피렌체 통치

로렌초 2세
(1516~1519)
피렌체 통치

1513년《군주론》헌정 예정

지원 맞후원

1515년 9월 이후 헌정

마키아벨리

교황 클레멘스 7세
(1523~1534)

군주론 헌정과 로렌초 가계도

로써 실질적으로 권력을 장악했기 때문이다. 그 때문에 당시 피렌체는 명목상의 군주인 줄리아노와 실질적인 군주인 로렌초가 이중 권력을 구성한다.

로렌초는 야심만만할 뿐만 아니라 호전적이고 도전적이었다. 교황 레오 10세의 지원을 받은 로렌초는 격렬한 전투를 치러 우르비노를 점령하고 우르비노 공작과 페사로 군주가 되었다. 마키아벨리는 1515년 9월에《군주론》을 로렌초에게 헌정한다. 그 후 로렌초는 1516년 3월에 줄리아노가 사망하자 피렌체의 실질적인 군주가 되었다.

마키아벨리는 왜 로렌초에게《군주론》을 헌정했을까? 그는 로렌초가 최소한 특정 부분이라도 읽을 것으로 생각했기 때문이다. 그 부분은 바로 7장의 체사레 편이다. 체사레는 로렌초와 성격이나 행위 면에서 많이 닮았다. 로렌초는 마키아벨리의 《군주론》을 통해 다음과 같은 것을 확인하고 싶었을 것이다. 첫째, 로렌초는 체사레가 자신과 동시대의 인물이므로 무척 궁금했을 것이다. 둘째, 체사레와 자신이 어떻게 비교되는지도 궁금했을 것이다. 셋째, 자신에 대한 마키아벨리의 평가가 궁금했을 것이다.

마키아벨리는 로렌초의 마음을 상하게 하지 않으면서 체사레를 이상적인 군주의 전형으로 설명해야 한다. 로렌초의 분노를 사지 않으면서 체사레를 왜 따라야 하는지 설명해야 하는 것이다. 더 나아가 그 글을 읽는 로렌초 역시 체사레와 다르지 않다는 것, 다시 말하면 신흥 군주로서 성공할 가능성이 크다는 것을 이해시켜야 한다. 따라서 7장은 마키아벨리에게 가장 중요한 장이라고 할 수 있다.

마키아벨리는 이런 의도를 관철시키는 데에 성공했을까, 성공하지 못했을까? 결론적으로 말하면 절반의 성공, 절반의 실패이다. 실패인 이유는 그가 원하는 직업을 얻지 못했기 때문이고, 성공인 이유는 그 대신에 피렌체사를 쓰는 일거리를 얻었기 때문이다. '절반의 실패, 절반의 성공'인 이유는 무엇일까? 마키아벨리가 체사레 보르자를 이상적인 군주의 예로 든 것이 설득력이 없었는지, 아니면 로렌초가 체사레 부분을 읽으면서 공감하지 못했기 때문인지는 알 수 없다.

우리는 7장을 읽을 때, 마키아벨리가 세 명의 현실 군주 사이에서 어떤 고뇌를 하고 있었는가에 주의를 기울여야 한다. 그가 《군주론》을 누구에게 헌정했는가는 곧 마키아벨리가 이상적으로 바라보았던 군주와 현실의 군주를 일치시킬 수 있기 때문이다. 나아가 그의 사상을 현실에 근거해서 사유할 수 있는 더 좋은 방편도 제시하기 때문이다.

알렉산데르 6세는 체사레를 군주로 만들려고 시도한다

알렉산데르 6세는 체사레에게 공작이라는 높은 지위를 부여하려고 시도하면서 그 당시는 물론이고 이후에도 커다란 난관에 부딪힙니다. 우선 알렉산데르 6세는 체사레를 교황령의 국가가 아닌 다른 어떤 국가의 군주로 만들 방법이 없었습니다. 그럼에도 알렉산데르 6세가 교황령에서 한 국가를 차지하려고 시도한다면 밀라노의 공작과 베네치아인들이 이를 허락하지 않으리란 것을 알고 있었습니다. 왜냐하면 파엔차와 리미니는 이미 베네치아의 보호령이었기 때문입니다.[1] 게다가 알렉산데르 6세는 자신이 사용할 수 있는 이탈리아의 군사력이 걸출한 교황을 두려워하는 그러한 자들의 수중에 있다는 것도 알았습니다. 왜냐하면 군사력은 오르시니 파, 콜론나 파, 그리고 그들의 동맹 세력들이 장악하고 있었기 때문에 알렉산데르 6세는 이들의 군사력에 의존할 수 없었습니다.[2]

알렉산데르 6세는 그들 지역의 일부를 차지하고자, 기존의 판을 흔들고 이탈리아의 국가들을 소용돌이 상태로 몰아가지 않을 수 없었습니다. 그는 이것이 아주 쉽다고 생각했습니다. 다행스럽게도 베네치아인들이 다른 이유로 프랑스를 이탈리아 안으로 끌어들였기 때문입니다. 알렉산데르 6세는 프랑스가 들어오는 것을 반대하지 않았습니다. 오히려 알렉산데르 6세는 루이 왕의 이혼을 허락함으로써 프랑스가 이탈리아에 들어오는 것을 더 쉽게 해주었습니다. 그 후 프랑스 왕은 베네치아인들의 도움과 알렉산데르 6세의 동의로 이탈리아 안으로 당당하게 들어왔습니다. 그리고 프랑스 왕이 밀라노에 입성하자마자, 로마냐를 공략하기 위해 교황은 프랑스 왕으로부터 군대를 얻었습니다. 프랑스 왕은 자신의 명성을 위해 이를 허락합니다.

베니스

파엔자

피렌체

리미니

교황령

시에나
공국

로마

교황령과 알렉산데르
6세의 관심 지역

1 알렉산데르 6세는 교황령 국가가 아닌 곳에서 새로운 국가를 차지할 수 없었다. 다른 군주들이 이미 국가를 차지하고 있었기 때문이다. 알렉산데르 6세가 국가를 차지하려면 당연히 교황령 국가에서 찾을 수밖에 없다. 여기에서도 문제가 생긴다. 교황령 국가의 수장은 교황인데, 그 안에서 국가를 차지할 수 없다는 것은 난센스처럼 들리기 때문이다.

이 부분을 이해하려면 교황령 국가, 당시 교황령의 상태에 대해서 알아야 한다. 교황령 국가의 발생은 751년으로 거슬러 올라간다. 당시 랑고바르드 족이 로마를 침략하자 교황 스테파노 2세는 프랑크 왕국의 피핀에게 도움을 청한다. 피핀은 랑고바르드 족을 몰아낸 후, 754년 무렵 지도에서 보는 것과 같은 교황령 국가를 교황에게 기증한다.

하지만 문제가 발생한다. 교황과 황제, 교황령과 제국 사이의 관계가 불분명한 것이다. 즉, 교황이 교황령의 실질적인 직접 통치자인지, 아니면 프랑크 왕국이 교황령의 직접 통치자이고 교황은 행정 감독관에 지나지 않는지가 구분되지 않았다. 오랜 시간이 흐르고 나서도 교황령 국가는 명목상으로 존재하기는 했지만, 지역에 따라 실제 지배자는 따로 있었다. 각 지역의 실제 지배자는 교황의 대리 자격으로 도시를 지배하는 대신에 교황에게 매년 세금을 납부했다. 그중에서도 파엔차와 리미니는 베네치아가 실질적인 지배자였고, 그 보호령 아래 있었다.

결론적으로 말하면 알렉산데르 6세는 교황령 국가의 명목상 지배자이기는 했지만 실제적인 지배자가 아니었다. 따라서 알렉산데르 6세는 교황령 국가 내에서 세속적인 영토를 획득하고자 직접 전쟁을 치러야만 했다.

2 오르시니 파와 콜론나 파에 대해서는 〈공작은 불충한 장군을 제거한다〉에서 살펴보기로 한다. 여기에서는 보르자 가문의 가계도를 중심으로 오르시니 파, 콜론나 파, 그리고 다른 주변 세력의 관계를 살펴보도록 한다.

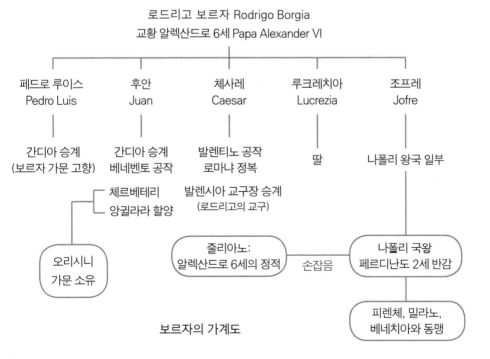

보르자의 가계도

교황 알렉산데르 6세의 가계도를 간략하게 그린 것이다. 로드리고는 교황이 되자 체르베테리와 앙귈라라를 후안에게 준다. 이 땅은 오르시니 가문의 소유였다. 현상적으로 드러나는 오르시니 가문과 보르자 가문의 갈등 지점이다. 이 밖에도 알렉산데르 6세는 막내에게 나폴리 왕국의 일부를 나누어 줌으로써 나폴리 왕국의 페르디난도 2세와 적대적인 관계에 들어선다. 페르디난도 2세는 이후 피렌체, 밀라노, 베네치아와 동맹을 맺고 알렉산데르 6세의 정책에 반대한다. 그 결과 알렉산데르 6세는 교황령 안에서 국가를 얻는 정책을 추진하면서 이들 나라의 견제를 받게 된다.

마키아벨리는 체사레를 이상적인 군주로 생각한다. 7장은 주로 그 내용을 다룬 장이다. 그런데도 마키아벨리는 체사레의 군사적 활동에 대해서는 거의 다루지 않았다. 오히려 음모와 협잡의 대가로 다룰 뿐이다.

그렇다면 왜 마키아벨리는 자신이 그토록 중시하던 군사 활동에 대해서 다루지 않았을까? 이것은 〈알렉산데르 6세는 체사레를 군주로 만들려고 시도한다〉와 〈보르자는 자신에게 의지할 것을 결정한다〉의 비어 있는 부분에 해당한다. 마키아벨리는 전자에서 '로마냐를 공략하기 위해', 후자에서 '로마냐를 차지하고 난 다음'을 논의한다.

그는 이 양자의 중간, 즉 체사레가 로마냐를 어떻게 공략했는지를 언급하지 않았다. 그 이유는 다음과 같이 추론할 수 있다. 첫째, 아마도 당대인들이라면 누구나 알 사건이어서 굳이 기술하지 않았을 것이다. 둘째, 메디치 가문도 이 사건에 대해서는 잘 알았을 것이다. 메디치 가문이 주로 통치하던 피렌체 역시 체사레가 로마냐 지역을 정복하는 것을 원치 않았다. 이탈리아 중부에 강력한 국가가 등장하면 피렌체에게 부담이 되기 때문이다. 첫째와 둘째를 합쳐 생각해 본다면 체사레의 군사적 활동은 그 당시 군주들에게는 상식으로 통하고 있었다고 봐야 한다. 셋째, 어쩌면 체사레와 비교당하는 것에 분노할지도 모를 메디치를 의식해 마키아벨리가 미리 뺏을지도 모른다.

이유가 무엇이었건 체사레의 군사적 역량이 드러나지 않으므로, 우리는《군주론》을 읽으면서 비어 있는 부분인 체사레의 군사 활동 측면을 고려해서 읽어야 한다. 마키아벨리가 군주의 가장 중요한 미덕으로 생각하고 있는 것은 비르투나, 즉 군사적인 역량이기 때문이다.

체사레의 군사 역량이 잘 드러나는 업적은 로마냐 지역을 정복할 때이다. 만약 체사레가 로마냐 지역을 정복하지 못했다면 〈알렉산데르 6세는 체사레를 군주로 만들려고 시도한다〉의 뒷부분에 나오는 체사레의 활동은 존재하지 않는다. 로마냐를 점령했기에 체사레는 마키아벨리에게 군주의 이상으로 등장한다.

체사레는 로마냐를 점령하여 자신의 영토로 삼으려면 삼중의 방어막을 풀어야 했다. 그 어려움은 다음과 같다.

첫째, 로마냐는 명목상으로는 교황령 국가였지만 각 지역을 실질적으로 통치하는 영주들이 존재하고 있었다. 볼로냐는 벤티볼리오 가문, 파엔차는 만프레디 가문, 리미니는 판돌포 말라테스타 등이 지배하고 있었다. 게다가 경제는 피렌체와 베네치아가 통제했다. 또한 유명한 용병대장들도 로마냐 출신이었을 뿐만 아니라, 용병대장들이 새로운 병사를 이곳에서 뽑았을 정도로 호전적인 지역이기도 했다.

둘째, 체사레는 실질적으로 장악한 군사력이 거의 없었다. 그나마 그가 보유한 군사력이라고 해봐야 상대적으로 아주 미약했으며, 교황령 국가의 강력한 군사력은 주로 오르시니 파와 콜론나 파가 장악하

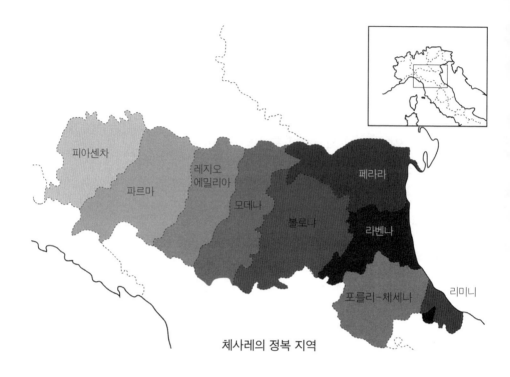

피아첸차

파르마

레지오
에밀리아

모데나

페라라

볼로냐

라벤나

포를리-체세나

리미니

체사레의 정복 지역

고 있었다. 체사레는 이들을 믿지 않았다. 이들은 강력한 힘을 지니고 있었으므로 언제든지 보르자 가문을 해치고 주도권을 빼앗아갈 수 있었기 때문이다.

셋째, 체사레는 주변국의 반대도 고려해야 했다. 베네치아, 피렌체, 밀라노, 나폴리 왕국 등 교황령의 주변 국가들은 보르자 일가가 강력한 국가를 세우는 것을 원치 않았다. 알렉산데르 6세가 교황이 되어 주변국의 영토를 자식들에게 나누어 주자, 나폴리 국왕 페르디난도 2세와 알렉산데르 6세의 정적인 줄리아노 추기경(속명은 줄리아노 델라 로베레)이 손을 잡을 정도였다. 그리고 주변 국가들이 로마냐 지역 대부분의 영주들을 실질적으로 보호하고 있었다.

체사레는 삼중의 어려움을 비르투나로 넘어선다. 그는 1498년 추기경직을 사임하고, 1499년 9월 원정에 착수한다. 체사레는 군대를 얻고 이탈리아 내부의 적인 피렌체와 베네치아를 제어하고자 프랑스에 의존한다. 그리고 그는 내부의 적들을 전쟁으로 무력화한다. 그는 아버지의 원조를 바탕으로 세금을 내지 않은 지역의 영주를 파문에 처하고 군사력을 앞세워 공격을 감행한다. 그는 로마냐 지역에 두 번 원정을 감행하는데, 먹고 마시지도 않은 채 행군하는 것과 같은 믿기 어려운 속도로 로마냐 지역을 휘젓는다. 체사레의 군사적 업적을 여기에 다 기록할 수는 없다. 다만 체사레가 군사적인 면에서 얼마나 위엄이 있었는지는 마키아벨리의 편지에 잘 나타나 있다.

이 군주의 용병술은 매우 놀랍고 위엄이 있습니다. 그는 전투에서 매우 용맹하기 때문에 그의 업적에 비하면 다른 모든 것이 오히려 사소하게 보일 정도입니다. 그는 영광과 권력을 얻기 위해 피로도 위험도 마다하지 않습니다. 그는 그가 머물던 곳을 떠났다는 말을 사람들이 듣기도 전에 이미 다른 곳에 가 있곤 합니다. 그는 병사들의 마음을 얻고 있으며, 그래서 그의 병사들은 이탈리아에서도 최정예입니다. 바로 이러한 점들 덕분에 그는 상승의 위업을 이루고 있으며, 변함없는 행운도 손에 쥘 수가 있는 것입니다.*

체사레는 1499년에 로마냐 정복 전쟁을 시작하여 그해에 이몰라와 포를리를, 1500년에는 리미니 · 페사로 · 파엔차를, 1502년에는 우르비노 · 카메리노 · 세니갈리아를 전광석화처럼 차지했다.

* 같은 책, 90쪽.

체사레는 자신에게 의지할 것을 결정한다

공작은 로마냐를 차지하고 콜론나 파를 제압한 뒤, 그 영토를 유지하는 동시에 영토를 더 차지하려고 시도합니다. 그러나 공작은 두 가지 장벽에 부딪칩니다. 첫째는 충성스럽지 못하다고 생각했던 자신의 군대이고, 둘째는 프랑스 왕의 의도입니다. 공작은 예전부터 사용했던 오르시니 파의 군대가 그를 가로막을지 모르며, 앞으로 영토를 더 차지하는 것을 막을 뿐만 아니라 이전에 획득했던 것조차 빼앗을까 봐 두려웠습니다. 공작은 프랑스 왕도 마찬가지로 자신을 괴롭힐지 모른다는 두려움이 일었습니다.

공작이 오르시니 파의 군대를 의심한 것은 파엔차 점령 후 볼로냐를 공격할 때의 경험 때문입니다. 공작은 오르시니 파의 군대가 볼로냐 공격에 소극적으로 임하는 것을 보았던 것입니다.[1] 공작이 프랑스 왕의 의도에 대해 의심을 한 것은 우르비노 공격을 감행한 이후 토스카나를 침략했을 때의 깨달음 때문입니다. 프랑스 왕이 체사레에게 원정을 포기하라고 말했기 때문입니다.[2]

결론적으로 공작은 다른 사람의 군대와 행운에 더는 의존해서는 안 된다고 결정했습니다.

1 당시 체사레는 줄리오 오르시니, 파올로 오르시니, 베텔로초 비텔리를 용병으로 데리고 있었다. 볼로냐는 조반니 벤티볼리오가 지배하고 있었고, 볼로냐 시민들은 체사레의 침략에 저항하기로 결심한다. 그러나 조반니는 자신의 지위를 유지하고자 체사레에게 항복한다. 체사레는 자신의 용병 파올로에게 벤티볼리오와 협약을 맺게 한다.

   이 협약에는 특별 조항이 하나 있었는데, 체사레가 다시 볼로냐를 침략하지 않을 것을 용병대장들이 보장한다는 내용이었다. 이는 체사레의 군사 행동을 제한하는 효과를 가져올 수 있다. 협약 당사자인 오르시니 가문과 벤티볼리오는 일종의 혼인 동맹을 맺는다. 줄리오 오르시니의 딸과 벤티볼리오의 아들이 결혼한 것이다. 마키아벨리는 이를 염두에 두고, 오르시니 파가 볼로냐 공격에 소극적이었다고 표현한다.*

2 볼로냐를 점령한 체사레는 피렌체, 즉 토스카나 지역을 점령하려고 한다. 그러나 루이 12세는 샤를 8세가 1494년 피렌체와 맺은 협약에 따라 피렌체를 보호하기로 결정한다. 그는 파르마의 도비니에게 군사를 주며 토스카나 지역에서 체사레를 몰아내라고 명령한다. 또한 루이 12세는 체사레에게 토스카나 지역에서 철수하라고 직접 편지를 보낸다.**

자신의 군대가 미약한 체사레, 그러나 이탈리아 중부의 절대강자가 되고 싶은 체사레. 명목상으로 통치하고 있는 교황령 국가를 실질적으로 통치할 수만 있다면 이탈리아의 절대강자로 떠오를 절호의 기회를 포착한 체사레. 그는 내부적으로 로마 내에서 경쟁 관계에 있는 가문들의 용병과 군대를 받아들이고, 외부적으로는 프랑스의 힘을 빌린다. 그는 적대적 관계에 있는 세력의 힘을 빌려서라도 자신만의 나라를 만드는 것이 중요하다고 보았다. 실제로 오르시니 파는 로마 내에서 보르자 가문과 적대적 관계였으며, 프랑스와 체사레의 아버지 알렉산데르 6세는 불편한 관계였다. 교황 선거에서 알렉산데르 6세에게 패배한 술리아노가 프랑스 편을 들고 있었기 때문이다.

* 세러 브래드퍼드 지음, 김한영 옮김, 《체사레 보르자》(사이, 2008), 352~354쪽.
** 같은 책, 362~363쪽.

마키아벨리는 체사레가 피렌체를 위협하던 당시, 피렌체의 외교관으로서 체사레를 만났다. 그리고 체사레의 수많은 행적을 추적했다. 체사레는 '동에 번쩍, 서에 번쩍' 할 정도로 과감하게 전투를 시작했고, 매듭을 지었다. 얼마나 빠르게 전쟁을 수행했는지는 다음 문장이 잘 보여준다.

스물다섯 살의 젊은 체사레는 8개월 만에 페사로에서 조반니 스포르차를, 미니에서 판돌포 말라테스타를, 파엔차에서 아스토레 만프레디를, 파옴비노에서 야코포아피아노를 내쫓았고, 대도시인 볼로냐와 피렌체를 울러서 굴복시켰으며, 베네치아에 모욕을 안겼고, 프랑스 왕의 인내심을 시험했다.*

마키아벨리는 이 와중에 오르시니 가문의 파행적 협약과 프랑스 왕의 영토 확장 저지에 직면해 체사레의 심경이 변화했을 것으로 추론한다. 자신만의 군대가 없는 체사레가 난관에 봉착했기 때문이다. 체사레는 빌려온 군대들을 믿지 않았다. 체사레는 전투를 치를수록, 전투에서 승리를 거둘수록 빌려온 군대를 불신했다.

내부적으로 살펴보자. 의심하게 한 것은 오르시니 가문의 행태이다. 그들은 체사레의 자유를 제한할 수도 있는 이면 협약을 맺었다. 이 의심은 용병에 대한 체사레의 불신에서 비롯한다. 로마 내에서 경쟁 관계에 있는 가문들의 용병이 승리를 거둔다고 가정해 보자. 이는 로마 내 체사레의 경쟁자에게 힘을 실어주는 것과 같다. 그들이 승리를 거

* 같은 책, 354~365쪽.

둘수록 로마 내에서 그들의 지위는 강력해지는 반면에 체사레의 입지는 약해진다. 그렇기 때문에 체사레는 전쟁에서 승승장구하더라도 로마 내 경쟁자들을 믿을 수 없었다.

외부적으로 살펴보자. 불신하게 한 것은 루이 12세의 행적이다. 루이 12세는 체사레가 피렌체를 침략할 때, 정복하지 못하도록 강력하게 견제한다. 이 의심은 프랑스에 대한 체사레의 걱정에서 비롯한다. 프랑스 군대가 승리할수록 그들의 요구 사항이 커진다. 더구나 체사레가 중부 이탈리아의 절대강자가 되면, 프랑스의 이탈리아 침략 정책을 강력하게 견제할 세력으로 성장하는 것이다. 그 때문에 프랑스는 체사레와 알렉산데르 6세를 프랑스 침략의 도구로만 사용하려고 할 뿐이다. 체사레가 루이 12세의 이런 의도를 모를 리 없다. 체사레는 신성 동맹을 결성하여 프랑스의 전 국왕 샤를 8세를 몰아냈던 알렉산데르 6세의 피를 이어받은 자이다.

체사레는 내·외부 세력들에 의해 진퇴양난에 처한다. 로마 내 경쟁 관계에 있는 용병들은 충성심을 확인하기 어렵다. 언제든지 배신의 칼과 총을 들고 배후를 위협할지 모른다. 배신당하면 로마 내에서 보르자 가문의 생존 자체가 불가능하다. 반면, 프랑스의 군대와 무력은 유용하기는 하지만 너무나 강력한 세력인 동시에 의중을 파악할 수 없다. 지원하던 무력을 언제 거두어들일지 모른다. 지원 축소나 회수는 체사레가 더 커 나가지 못하도록 발목을 잡는다.

내부의 배신이든 외부의 지원 회수든 어느 하나라도 현실화되면 체사레의 군사력은 없는 것이나 마찬가지가 된다. 자기만의 군사력이 없는 체사레는 이탈리아 중부에 명목상의 교황령 국가를 실질적인 국가로 만들 수 없다. 체사레는 결심한다. 아무도 믿지 말자. 나만의 힘, 나만의 군대를 갖자. 내 명령에 따라 죽음을 불사할 수 있는 군대를 만들자. 그래야만 나만의 국가를 세울 수 있다. 이것이 체사레의 결심이다.

공작은 불충한 장군을 제거한다

위의 목적을 달성하고자 공작은 첫 번째 행동을 취합니다. 그는 로마 내의 오르시니 파와 콜론나 파[1]를 약화시킵니다. 공작은 귀족들로 구성된 그 두 파당의 지지자를 흡수해 자신에게 복종하는 귀족들로 만들어버리고, 그들에게 상당한 보조금을 제공했습니다. 그리고 그는 그들에게 군사 관련 직책과 행정 관직의 영예를 부여했습니다. 몇 달 지나지 않아 그들은 두 파당에 대한 애정을 모두 버리게 되었고, 공작은 그 애정을 고스란히 차지하게 되었습니다.

그 후 공작은 콜로냐 조직의 구성원들을 해체했으며 오르시니 파 지도자들을 제거할 기회만을 노렸습니다. 그러한 기회가 다가오자, 그는 이 기회를 십분 활용했습니다. 뒤늦게 오르시니 파의 지도자들은 공작과 교회 세력 때문에 자신들이 파멸할 것을 눈치 채고 페루자 지역의 마조네에서 회합을 가졌습니다. 그들은 우르비노의 반란, 로마냐의 모반 등 헤아릴 수 없이 많은 위험 사태를 획책하여 공작을 괴롭혔습니다. 이런 모든 위험에도 공작은 프랑스 왕의 도움을 받아 이를 극복했습니다.

공작은 자신의 위신을 되찾았습니다. 하지만 그는 프랑스 왕이나 다른 어떤 외부 세력도 믿지 않았습니다. 그는 외부 세력들이 자신을 지원하는지 아닌지 알아보는 일을 되풀이하지 않으려고 속임수를 썼습니다. 공작은 자신의 목적을 교묘히 숨기고서, 파올로 군주의 도움을 받아 오르시니 파와 화해하는 척했습니다. 공작은 파올로 군주에게 자신을 믿을 수 있도록 여러 우호적인 행동을 취했으며, 돈과 옷감과 말 등을 선물로 제공했습니다. 공작은 파올로 군주를 믿고 시니갈리아에 온 어리석은 오르시니 파 지도자들을 완벽하게 사로잡았습니다.[2]

공작은 오르시니 파의 지도자들을 완전히 제거했고, 그들 파당을 자신의 우호 세력으로 만들었습니다. 공작은 자신의 권력을 위한 확고한 토대들을 구축했으며, 우르비노 공국은 물론 로마냐 전 지역을 차지했다고 생각했습니다. 왜냐하면 공작은 로마냐를 자신의 친구로 만들었으며, 그 지역 인민이 행복해지자 모든 인민의 지지를 획득했다고 믿었기 때문입니다.

1 오르시니 가문과 콜론나 가문은 이탈리아의 전통적인 명문이다. 오르시니 가문은 로마 내에서 교황파(구 겔프)를 대표하고, 콜론나 가문은 신성 로마 황제를 옹호하는 황제파(기벨린)를 대표한다. 이들은 로마에서 강력한 세력을 갖추고 교황을 항상 위협했다. 오르시니 가문에는 비르지니오 오르시니와 바르톨로메오 달비아노, 콜론나 가문에는 파브리초와 프로스페로 같은 훌륭하고 용맹한 용병대장이 있었다. 이들 용병대장이 얼마나 훌륭했는지는 마키아벨리가 프로스페로를 《전술론》의 주인공으로 삼은 데서도 알 수 있다.

오르시니 가문과 보르자 가문의 대결은 알렉산데르 6세가 자식 후안에게 오르시니 가문 소유의 봉토를 나누어 주었을 때 싹튼다. 양 가문의 갈등이 정점에 달한 것은 샤를 8세가 로마를 침략했을 때이다. 그 당시 알렉산데르 6세는 샤를 8세의 침략으로 심각한 위험에 직면하자, 십자군 전쟁의 적대 세력이었던 이슬람의 술탄에게까지 도움을 청할 정도였다. 그러나 오르시니 가문은 샤를 8세의 군대에 성들을 제공하고 프랑스 군대가 로마에 입성하는 데에 도움을 주었다. 알렉산데르는 이런 오르시니 가문에 적대감을 품었다.

콜론나 가문과 보르자 가문의 대결은 프랑스 샤를 8세의 군대가 로마에 입성했을 때이다. 당시 콜론나 가문의 프로스페로는 교황 선거 과정에서 알렉산데르 6세와 정적 관계였던 줄리아노 편을 든다. 교황 선거에서 패배한 줄리아노는 알렉산데르 6세를 피해 프랑스로 가서 1494년 샤를 8세가 로마를 침략하는 데에 결정적인 공헌을 한다. 또한 콜론나 가문은 1495년 나폴리 왕이 프랑스 왕을 쫓아낼 때 나폴리 왕국 편을 든다. 그런데 그 당시 알렉산데르 6세는 오르시니 가문과 손을 잡는 동시에 프랑스에 협력하며 나폴리 침략을 돕고 있었다. 알렉산데르 6세는 콜론나 파 유력 인사들에 대한 종교적 파문과 정치적 투옥 같은 방법으로 콜론나 가문을 압박했다.

2 교황파의 일원인 오르시니 가문은 알렉산데르 6세와 체사레가 교회의 이름으로 영주권을 박탈한다고 하자 불안에 떨었다. 그러자 그들 가문 중 바티스타와 함께, 그라비나의 공작인 프란체스코, 팔롬바의 파울로가 중심이 되어 체사레에게 적대적인 볼로냐의 조반니 벤티볼리오 등과 마조네에서 회합을 갖는다. 그 뒤 체사레는 로마냐에서 벤티볼리오의 공격을 받았고, 우르비노에서는 반란에 직면했다. 이때 체사레는 냉정을 잃지 않았고, 이 모반 사건을 계기로 적과 우군을 분명히 구분해 적으로 드러난 자를 일망타진할 계획이라며 마키아벨리에게 다음과 같이 말한다.

"이번 일은 나에게 득이 될 것이오. 그들은 나를 공격하는 순간 정체를 드러낼 것이고, 나는 내 국가들을 강화하는 데에 이보다 더 유익한 어떤 일을 바랄 수가 없소. 왜냐하면 이번 일을 통해 나는 누구로부터 나 자신을 보호해야 하는지 알게 될 것이고, 내 친구들이 누구인지를 알아보게 될 것이오."

실제로 오르시니 일족의 계획은 성공하는 듯했고, 우르비노의 반란도 성공을 거두는 듯했다. 그러나 체사레는 오르시니 가문 중 약한 고리로 보이는 파울로를 회유하여 적대자들과 협약을 맺으며 그들을 안심시켰다. 체사레는 그들에게 영구적인 동맹자라는 지위를 부여하고, 교황과 프랑스에 적대적이지 않는 한 그들을 보호할 것을 약속했다. 체사레의 연기에 속은 그들은 우르비노를 체사레에게 돌려주기까지 했다.

적들을 안심시킨 체사레는 이후의 전투를 논의하자며 오르시니 가문 등 적대자들을 시니갈리아로 초대했다. 그리고 그는 부하들에게 명령을 내려 이들을 붙잡아 감옥에 가두고 살해했다. 그때 파올로, 프란체스코, 로베르토 등 오르시니 가문을 대표하는 인물들이 제거되었다.*

밖으로 드러나는 적이 아니라 보이지 않는 적을 어떻게 처리해야 하는가? 내부의 적대자나 배신자를 어떻게 다루어야 하는가? 마키아벨리는 여기에서 체사레가 권력을 잡으려고 수단과 방법을 가리지 않았다고 말한다. 그는 체사레에게서 내부 음모자 또는 적대자 처리의 전형을 보았다.

체사레는 적대자를 크게 두 부류로 나누어 다루었다. 우선 적대 세력의 지지자들이다. 적대 세력의 상층이 아니라 추종자들이다. 이들은 체사레에게 반대하는 확실한 신념이나 목숨과 바꿀 만한 자기 확신이 없다. 이들은 바람이 부는 방향으로 휩쓸려 다니는 자들이다. 그렇기 때문에 체사레는 돈이 필요한 자에게는 재물을, 명예를 요구하는 자에게는 군사와 행정 직책을 줌으로써 자기편으로 만들었다.

다음은 적대 세력의 지도자들이다. 이들은 재물과 명예가 풍족하다. 따라서 돈과 명예로는 이들을 자기편으로 만들 수 없다. 이들의 요구

* 같은 책, 458~488쪽.

는 단 하나다. '체사레가 모든 것을 가질 것인가, 아니면 자신들이 모든 것을 가질 것인가!' 그렇기 때문에 체사레는 이들을 섬멸하고자 다음과 같은 계획을 세운다.

첫째, 약한 고리론이다. 체사레는 약한 고리를 이용한 이간책을 사용한다. 체사레는 적대자 모두를 강력한 고리들로 연결된 동질 동량의 하나로 생각하지 않는다. 음모에 가담한 자 중에는 약한 자가 있기 마련이다. 체사레는 그 고리를 정확하게 찍어내고, 가장 강고한 적대 세력으로부터 분리시켜 자기 말을 듣게 만든다.

둘째, 인내론이다. 체사레는 구체적인 증거가 드러날 때까지 기다린다. 체사레는 불안과 초조 속에서도 음모자들이 반란과 저항을 할 때까지 기다린다. 아군은 누구이고 적군은 누구인지 구체적으로 확인될 때까지 신중하게 인내하고 또 인내한다. 그는 적대자들의 반란이나 행동에 쉽사리 분노하거나 싸우지 않는다.

셋째, 회유론이다. 체사레는 적대자들과 타협하며 그들이 요구하는 것을 들어주는 척한다. 이른바 강력한 힘을 바탕으로 한 회유책이자 적대감 무너뜨리기이다. 체사레는 반란자들이 반란 중에도 성공 여부에 대해 불안해하고 있다는 것을 꿰뚫고 있었다. 체사레의 적대자들은 안전을 요구했고 체사레는 그들에게 안전을 보장해 준다. 그리고 아무런 일도 없다는 듯이 그들을 다시 용병으로 이용한다.

마지막으로, 섬멸론이다. 다시 충성을 확보한 체사레는 전투를 위한 회의 명목으로 안심한 용병 대장들을 한곳에 모은다. 체사레는 부하들에게 손짓 한 번 하는 것으로 적대자 모두를 죽음의 길로 인도한다. 강력한 자는 절멸하라는 마키아벨리의 지침은 여기서도 유효하다.

마키아벨리는 체사레의 곁에서 이런 행동을 유심히 관찰했다. 체사레의 병사보다 적대자들의 병사가 압도적으로 더 많았다. 그러나 체사레는 흔들리지 않고 자기가 해야 할 일을 한 치의 오차도 없이 수행한다. 그는 이런 체사레에게서 군주의 비르투나 중 또 다른 미덕을 보았다.

우리가 여기서 놓쳐서는 안 되는 것이 있다. 앞의 〈보르자는 자신에게 의지할 것을 결정한다〉는 비르투나 중 무력, 즉 군사력에 해당하는 부분이다. 〈공작은 불충한 장군을 제거한다〉는 비르투나 중 수단과 방법을 가리지 않는 능력을 말한다. 마키아벨리는 우리에게 다시 묻는다. 자신의 무력을 바탕으로, 그리고 수단과 방법을 가리지 않고 군주가 되었다면 무엇을 해야 하는가?

마키아벨리의 결론은 항상 일관된다. 그것은 바로 인민의 사랑을 받는 것, 인민의 사랑을 받으려면 무엇을 해야 하는가이다. 그렇기 때문에 그는 이 절의 마지막 문장에 "그 지역 인민이 행복해지자 모든 인민의 지지를 획득했다고 믿었"다는 말을 잊지 않는다. 그는 앞에서 계속 군주란 인민을 행복하게 해야 한다고 역설한다. 어떻게 하면 인민이 행복해지는가? 간단하다. 학정을 없애고, 세금을 낮추고, 인민이 요구하는 것을 들어주는 것이다. 마키아벨리는 다음 절에서 실제로 체사레가 아주 잔인한 방법을 사용하여 로마냐 지역의 인민을 편안하게 해주었다는 것을 보여준다.

로마냐의 평화, 레미로 데 오르코

아래와 같은 행적은 기록할 만한 가치가 있고 다른 사람들이 모방할 만하므로 삭제하지 않고 말씀드리겠습니다.

공작은 로마냐 지역을 차지하고 나서, 그 지역 군주들이 무능함을 알았습니다. 그 군주들은 신민을 통치하는 게 아니라 약탈했으며, 신민을 통합하기보다는 해체시키는 이유를 제공했습니다. 그래서 로마냐 전체는 도둑질, 말다툼, 온갖 난폭한 행위로 가득 찼습니다.[1] 공작은 로마냐를 평화롭게 유지하고 통치자의 품 안에 복종시키려면 로마냐에 훌륭한 정부를 세워야 한다고 판단했습니다. 그래서 그는 잔인하지만 준비가 잘 된 자인 레미로 데 오르코에게 전권을 주어 로마냐로 파견했습니다. 레미로는 아주 짧은 기간에 그 지역을 평화롭게 하고 통합했으며, 그 결과 엄청난 명성을 얻었습니다.

그리고 나서 공작은 로마냐에 그런 무제한적인 권력을 지닌 자가 더는 필요 없다고 결정했습니다. 왜냐하면 공작은 무제한적인 권력이 증오의 원인이 되는 것을 두려워했기 때문입니다. 그래서 공작은 로마냐 한복판에 뛰어난 판사로 구성된 시민 법정을 세우고, 로마냐의 모든 도시가 자신들의 대변인을 파견하도록 했습니다.[2]

공작은 과거 레미로의 잔혹한 행위 때문에 몇몇 사람이 자신을 증오한다는 것을 알고 있었습니다. 그는 그러한 사람들의 마음을 위로하고, 그들을 자기편으로 만들려고 했습니다. 그래서 공작은 로마냐에서 과거에 행해졌던 잔악한 행위들이 자신이 아니라 대리자에 의해 행해졌음을 보여주려고 했습니다.

공작은 적절한 시기를 잡았습니다. 공작은 어느 날 아침 체세나 광장에 레미로를 두 토막으로 잘라 전시했습니다. 그의 시신 곁에는 나무 조각과 피 묻은 칼도 나뒹굴었습니다. 이처럼 잔인함으로 가득 찬 놀라운 광경을 본 인민은 통쾌하기도 한 동시에 공포의 일격을 당했습니다.[1]

---

1 영역판 《군주론》에는 다음의 주석이 달려 있다. "레미로는 마키아벨리가 시

민 법정의 피렌체 대변인으로 참여했을 때 처형되었다. 마키아벨리는 고국의 정부에 보내는 보고서에서 레미로의 투옥과 그에 대한 인민의 분노를 처음(Legation 11. 81, Letter of 23 Dec. 1502) 알렸으며, 그다음에는(11. 82, Letter of 16 Dec. 1502) 그의 처형을 보고했다. 마키아벨리는 분명히 그의 처형이 부적절하다고 생각했다.”

우선 현상적으로 드러난 점부터 먼저 살펴보자. 마키아벨리는 무릇 군주는 잔인한 방법도 사용할 줄 알아야 한다고 말한다. 그는 체사레의 행동을 예로 든다. 체사레는 로마냐 지역을 정복하고 나서 로마냐 지역 인민의 마음을 얻고 싶어 한다. 당시 로마냐는 강도질, 도둑질, 약탈, 말다툼 등이 끊이지 않았고 군주의 명령도 먹히지 않았다. 민심은 흉흉했고 언제 폭발할지 몰랐다. 체사레는 그가 어릴 적부터 충실한 심복이었던 레미로를 로마냐의 책임자로 임명한다.

레미로는 유능했지만 잔인했다. 그는 단박에 로마냐 지역의 부정부패를 일소하고 질서를 회복했다. 순풍이다. 하지만 레미로의 잔인함이 민심을 돌려놓아 그를 파견한 체사레에게 불리하게 다가올지도 모르는 상황이 도래했다. 역풍이다. 체사레는 아무런 일도 없다는 듯 레미로를 화려하게 처형한다. 그는 '법 집행과 곡물 수송 관리에서의 심각한 부정부패, 강탈, 약탈'을 그 이유로 들었다. 다시 순풍이다.

마키아벨리는 체사레의 행동을 통해, 군주는 자기에게 이익만 된다면 오랜 심복이라 할지라노 언세든지 버릴 수 있어야 한다고 말한다. 흔히 말하는 토사구팽이다. 군주는 필요할 때는 누구든지 이용하지만, 도움이 되지 않는다면 언제든지 헌신짝 버리듯 버려야 한다.

이제 현상에 숨겨져 있는 마키아벨리의 속말을 검토하자. 체사레에 의한 레미로의 처형이 중요한 것이 아니다. 그보다 더 중요한 것은 왜 체사레는 레미로를 파견할 수밖에 없었는가, 나아가 왜 로마냐의 신민이 법을 위반하고 서로 악다구니를 쓰며 다투게 되었는가 하는 점이다. 마키아벨리는 이 질문에 대해 "그들은 신민들을 (……) 약탈했으며 (……) 해체시키는 이유를 제공했다"라고 기술한다.

이 말을 곱씹어보자. 신민의 부패와 타락을 근본적으로 책임져야 할 사람은 군주이다. 군주가 통치자로서 책임을 다하면 신민은 순한 양이 된다. 군주가 올바로 통치한다면 신민은 순한 염소가 된다. 반대로 군주가 부패하면 신민은 사나운 늑대가 되고, 군주가 책임을 다하지 않으면 신민은 눈치를 보며 먹이를 훔치는 하이에나가 된다. 마키아벨리의 이 같은 말은 지금도 유의미하다.

마키아벨리는 로마냐 지역의 예를 그대로 사용하여, 군주가 신민의 타락에 얼마나 큰 책임이 있는가를 준엄하게 책망한다. 조금 길지만 중요하므로 그 글을 그대로 옮겨보자.

군주들은 자신이 통치하는 인민이 어떤 죄를 짓는다 할지라도 결코 불평해서는 안 될 것이다. 필요에서 비롯된 그러한 죄악들은 군주의 태만이나 결점에서 태어나기 때문이다. 요즘 증가하고 있는 강도질이나 기타 등등의 죄악을 저지르는 인민을 검토해 본 사람이라면, 그러한 죄악들이 전적으로 (……) 그들을 통치하는 자에게서 비롯된다는 것을 알게 된다.

교황 알렉산데르 6세가 로마냐 지역을 지배했던 군주들을 파괴하기 전, 그 지역은 가장 사악한 생활 방식을 보여주었다. 왜냐하면 가장 심각하게 생각되는 학살과 약탈이 아주 사소한 이유에서 비롯되었기 때문이다. 이것은 통치자가 흔히들 말하듯 신민의 사악한 본성에서 비롯된 것이 아니라 통치하는 군주들의 사악함에서 출발했다. 군주들은 가난했지만 부유하게 살고 싶었기 때문에, 엄청난 수탈에 의존하고 다양한 방법으로 수탈을 자행할 수밖에 없었다. (……)

　이것으로부터 수많은 해악이 생겨났다. 무엇보다도 인민은 빈곤해졌으며 말을 듣지 않게 되었다. 그리고 빈곤해진 사람들은 자신들보다 약한 사람들을 희생시키고서라도 부자가 되려고 했다. 이것으로부터 위에서 말했던 모든 죄악들이 나타났다. 그 원인은 군주 탓이다.*

　체사레가 레미로를 파견한 것은 사악한 군주들이 신민에게 강제한 해악을 제거하려는 필요 때문이다. 레미로는 체사레가 부여한 임무, 즉 인민 사이에 만연했던 해악을 잔인한 방법으로 아주 짧은 시간에 깔끔하게 제거한다. 인민은 레미로 덕분에 악의 구렁텅이에서 해방된 기쁨을 만끽한다. 그러나 인민은 레미로의 잔인함을 두려워한다. 체사레의 견지에서 레미로는 인민에게 '필요악'이다.

　마키아벨리가 하고 싶었던 이야기는 바로 이것이다. 체사레는 레미로가 '필요악'이라는 것을 인식했다는 점이다. 군주는 인민의 행복을 위해서, 인민 사이의 해악을 제거하기 위해서 필요한 것은 무엇이든 무조건 해야 한다. 레미로는 이를 행하는 '천사'이다. 반대로 군주는 신민의 행복을 위해 필요한 인물이 인민에게 공포를 준다면 마땅히 그를 제거해야 한다. 그런 점에서 레미로는 '악마'이다. 체사레는 냉정하게 레미로를 희생양으로 선택한다. 체사레는 희생양의 피를 흩뿌리고 태

* 마키아벨리 지음, 강정인 · 안선재 옮김, 《로마사 논고》(한길사, 2007) 3권, 29쪽, 493~494쪽.

우는 번제를 지냄으로써 로마냐 인민에게 공포가 없는 평안함을 선물한다. 실제로 레미로가 처형되고 나서는 부패나 강탈 때문에 고통을 당한다고 호소하는 로마냐 시민들이 없었다고 한다.

한 발 더 나아가 억측 아닌 억측을 해보자. 레미로는 체사레가 어렸을 적부터 충심으로 섬겼다고 한다. 더 나아가 레미로가 체사레와 뜻이 같은 동지였다고 생각해 보자. 그렇다면, 레미로는 체사레의 안녕과 번영을 위해 죽는 것이 행복했을지도 모른다. 체사레가 꿈꾸는 나라가 곧 레미로 자신이 꿈꾸는 나라라면 말이다. 체사레가 인민이 서로 다투고 싸우는 그런 나라가 아닌 인민이 행복한 나라의 군주가 된다면 말이다. 이는 역사적 상상에 지나지 않는다. 그러나 그렇게 유추해 볼 만도 하다.

체사레 보르자와 프랑스의 왕

그러나 우리에게 남겨진 문제로 되돌아가야 합니다. 공작은 아주 강력해졌으며, 부분적으로 현재 당면한 위기들을 방어할 정도는 되었습니다. 왜냐하면 공작은 자신이 원했던 만큼 무장을 했으며,[1] 주변 세력들 중에서 자신을 위협할 만한 대부분의 세력을 파괴했기 때문입니다. 그러나 공작은 자신이 원하는 길을 지속적으로 가려고 한다면, 그에게는 아직 프랑스 왕이라는 문제가 남아 있었습니다. 왜냐하면 공작은 뒤늦게나마 자신의 실수를 깨달았던 프랑스 왕이 더는 정복을 허용하지 않으리라는 점을 알았기 때문입니다.[2]

이러한 이유 때문에 공작은 새로운 동맹들을 찾았으며, 프랑스가 나폴리 왕국으로 진격하다 가에타를 포위하고 있는 에스파냐에 저지당했을 때 프랑스를 어떻게 대할지 머뭇거렸습니다.[3] 그의 의도는 프랑스로부터 자신을 안전하게 지키는 것이었습니다. 만약 알렉산데르 6세가 살아 있었다면,[4] 공작은 이 문제를 더 빨리 해결했을 것입니다. 이와 같은 것들이 당면한 문제에 대해 그가 처신했던 방식입니다.

1 체사레는 아버지 교황 알렉산데르 6세가 제공하는 재원과 정복지에서 걷은 돈에 힘입어 이탈리아인, 외국인을 가리지 않고 최고의 병사를 모집했다. 그는 병사들을 엄격하게 선발했을 뿐만 아니라 급료도 다른 군대의 두 배를 주었다. 또한 병사들에게 충분한 자유를 주고 관대하게 대했다. 그런 덕분에 그는 병사들의 높은 충성심을 유지하며 강력한 전투력을 발휘할 수 있었다. 체사레는 카이사르라는 이름에 걸맞게 "돈이 부족하면 병사를 구할 수 없지만, 병사를 구하지 못하면 돈이 들어오지 않는다"라는 경구를 따랐다. *

2 1503년 초, 당시 프랑스는 이탈리아에서 지는 해였던 반면에 에스파냐는 뜨는 해였다. 루이 12세는 알렉산데르 6세와 체사레가 에스파냐 편을 들지 않을까 봐 우려했다. 그래서 루이 12세는 볼로냐의 벤티볼리오, 피렌체 공화국, 루카, 시에나 등을 움직여 교황과 체사레에 반대하는 동맹을 구상하고 있었다. 또한 그는 시에나에서 축출된 페트루치 가문을 복귀시키기도 했다.**

3 1503년 말, 이탈리아 지배를 둘러싼 프랑스와 에스파냐 간의 전쟁이 종결된다. 그 최종 결말은 가에타에서 이뤄진다. 전쟁의 결과는 일반적인 예상과는 반대였다. 여러 면에서 우세하다고 판단되었던 프랑스는 가릴리아노 전투에서 패배했고, 가에타로 퇴각한다. 프랑스와 에스파냐는 1504년 1월 말 리

* 세러 브래드퍼드 지음, 김한영 옮김, 앞의 책, 429~431쪽.
** 로베르토 리돌피 지음, 곽차섭 옮김, 앞의 책, 114쪽.

로마

가릴리아노

가에타

프랑스의 패배

옹 조약을 맺었고, 에스파냐는 나폴리 왕국·시칠리아·남이탈리아를 지배하고, 프랑스는 밀라노와 북이탈리아를 지배한다고 상호 인정했다. 그 결과 프랑스의 샤를 8세가 시작하여 루이 12세까지 지속된 프랑스의 나폴리 왕국 점령 전쟁은 일단락된다. 이후 나폴리는 200년 동안 에스파냐의 지배를 받게 된다. 체사레는 그 당시 에스파냐와 협상하고 있었다.

4 알렉산데르 6세는 1503년 8월 18일에 사망한다.

마키아벨리는 '체사레가 현재 당면한 위기'라는 말을 쓰고 있다. 이는 7장 전체를 구성하는 중요 단서이기도 하다. 그가 무엇으로 과거·현재·미래를 나누었고, 왜 위기라는 말을 사용했는가에 대해 추론해 보아야 한다.

먼저 고려해야 할 것은 나폴리를 둘러싸고 프랑스와 에스파냐 간에 벌어진 전쟁의 종결이다. 그 전쟁은 리옹 조약으로 종결되었다. 리옹 조약에 따르면 형식상으로 프랑스와 에스파냐는 이긴 것도, 진 것도 아니다. 왜냐하면 프랑스는 북이탈리아를, 에스파냐는 남이탈리아를 지배하기로 합의했기 때문이다. 그러나 실질적으로 본다면 에스파냐의 승리이다. 왜냐하면 루이 12세는 혈통을 바탕으로 나폴리 정복 전쟁을 시작했지만, 나폴리를 에스파냐에게 빼앗겼기 때문이다. 더구나 북이탈리아는 프랑스와 지리적으로 가깝고 여러 면에서 이미 프랑스의 영향권에 있었으므로 실질적으로 지배하는 곳이나 다름없었기 때문이다.

이 사건을 체사레 처지에서 살펴보자. 프랑스는 체사레에게 우군이었다. 프랑스는 군사적 측면에서 체사레에게 군대와 무력 등을 지속적으로 제공해 주었으며, 외교적 측면에서 교황령 주변 영주와 국가들에게 압력을 행사했다. 그런 프랑스가 에스파냐에게 패배했다. 이는 교황령 바로 남쪽에 강력한 에스파냐가 등장했음을 뜻하고, 중부 이탈리아의 체사레에게 절대적인 압박감으로 작동함을 뜻한다. 따라서 남부 이탈리아에 에스파냐가 절대강자로 등장한 것 자체가 체사레에게는 '현재 당면한 위기'가 된다.

두 번째로 고려해야 할 점은 프랑스의 루이 12세는 보르자 가문을 지원하는 것에 대해 어느 정도 회의적인 생각을 품고 있었다는 점이다. 프랑스는 보르자 가문이 중부 이탈리아에 강력한 국가를 세우는 것이 못마땅했다. 더구나 루이 12세는 알렉산데르 6세가 주축이 된 신성 동맹에 의해 샤를 8세가 이탈리아에서 쫓겨났던 역사적 경험도 익히 알고 있다. 루이 12세의 회의감은 체사레에게는 위기이다. 즉, 강력한 후원자이자 조력자의 소멸이다.

셋째, 체사레에게는 더 큰 위기가 다가온다. 물적 · 정신적 측면에서 절대적인 지원자였던 아버지 알렉산데르 6세가 1503년 8월 18일에 사망한 것이다. 체사레와 알렉산데르 6세는 보르자 가문의 국가 건설을 끌고 가는 일종의 야누스였다.

노인과 청년의 야누스

아버지 알렉산데르 6세는 나이든 노인이면서 교황의 권위와 힘으로, 지혜와 정략으로 보르자 가문 국가의 건설을 맡은 마부이다. 반면에 아들 체사레는 젊은 청년이면서 군사력을 바탕으로 한 힘과 용기, 교활함과 기지로 보르자 가문의 국가를 추진해 가는 말이다. 알렉산데르 6세가 판을 뒤집으면, 체사레는 그 뒤집힌 판을 정리하여 새로운 질서를 건설하는 자이다. 알렉산데르 6세가 미래에 대한 청사진을 펼쳐놓으면, 체사레는 그 설계도에 따라 건축물을 만드는 자이다. 알렉산데르 6세가 강력한 주변 세력의 역학 관계를 교묘하게 파고드는 두더지라면, 체사레는 보르자 가문에 유리한 방향으로 강력한 세력을 끌고 가는 멧돼지이다.

이전까지 체사레의 업적은 곧 알렉산데르 6세의 업적이기도 하고, 알렉산데르 6세의 업적은 곧 체사레가 걸어온 길이기도 했다. 부자간의 관계가 얼마나 밀접했는지는 체사레와 알렉산데르 6세의 전기를 쓰는 사람조차도 둘을 엄밀하게 구분하지 않는 데에서 드러난다. 체사레에게 그런 아버지 알렉산데르 6세가 죽는다는 것은 두 얼굴의 야누스가 위기에 처한다는 것을 뜻한다. 즉, 체사레는 모든 것을 혼자서 새롭게 계획하고 독자적으로 추진하고 행동하지 않으면 안 된다는 것을 의미한다.

이상을 바탕으로 마키아벨리가 무엇을 기준으로 과거·현재·미래를 나누고 위기를 설명했을지 정리해 보자. 체사레에게 '현재'란 국제적인 역학 관계가 변화하는 와중에 아버지 알렉산데르 6세가 사망한 지점이다. 체사레에게 '위기'란 새로운 세력의 등장과 알렉산데르 6세의 죽음에 따른 보르자 가문 국가 건설의 불안정성이다. '현재'와 '위기'는 체사레에게 동전의 앞뒷면이다. 따라서 알렉산데르 6세의 사망 이전은 보르자 가문이 승승장구한 과거의 시기라고 할 수 있으며, 사망 이후는 체사레의 불행이 시작되는 미래의 시기로 볼 수 있다.

공작은 앞을 바라본다

그뿐만 아니라 미래 문제에 대해서 다루어야 합니다. 공작은 교회를 통제하는 후임 교황이 자신에게 우호적인 것은 고사하고 아버지 알렉산데르 6세가 획득했던 것마저 빼앗을까 봐 두려웠습니다. 이 문제에 대해 그는 네 가지 방법으로 자신을 보호하려는 계획을 세웠습니다.

첫째, 교황에게 그 기회를 주지 않으려고 자신이 점령했던 군주들의 가문을 완전히 절멸시키는 것입니다. 둘째, 앞에서 언급했던 로마의 귀족들이 교황을 견제하도록 그들 모두를 자신의 편으로 만드는 것입니다. 셋째, 추기경단Collegio을 최대한 자신의 편으로 만드는 것입니다.[1] 넷째, 교황이 죽기 전에 스스로의 힘으로 침략에 대비할 수 있을 만큼 커다란 왕국을 정복하는 것입니다.

공작은 이 네 가지 중에서 세 가지를 부친인 교황이 죽기 전에 완수했습니다. 네 번째는 완수했다고 해도 좋을 만했습니다. 우선 공작은 권력을 빼앗긴 통치자들을 힘이 미치는 한 모두 살해했습니다. 둘째, 공작은 로마 귀족들을 자기편으로 만들었습니다. 셋째, 공작은 추기경단에서 다수파의 지지를 받았습니다. 그리고 마지막으로 공작은 더 많은 영토를 정복하기 위해서 투스카니의 지배자가 되려는 계획을 세웠으며, 이미 페루지아와 피옴비노를 차지했으며, 피사를 보호령으로 만들었습니다. 그리고 공작은 프랑스 왕을 존중할 필요가 없게 되자(그는 프랑스 왕을 더는 존중할 필요가 없었습니다. 왜냐하면 프랑스 왕은 이미 스페인 사람들에게 나폴리 왕국을 빼앗겼기 때문입니다. 이렇게 되자 스페인 사람들과 프랑스 왕은 서로 공작의 호의를 얻기에 바빴습니다[2]), 그는 곧장 피사로 뛰어들려고 했습니다. 이후 루카와 시에나가 부분적으로 피렌체 사람들의 질투, 그리고 부분적으로 공포에 의해서 항복하려고 했습니다. 루카와 시에나가 이렇게 항복해도 피렌체는 달리 방법이 없었습니다.

그가 만약 이런 계획들을 완수했다고 가정해 보십시오(사실 그는 부친 알렉산데르 6세가 사망한 바로 그해에 이런 일들을 완수할 수도 있었습니다). 그러면 공작은 그러한 군사력과 그 자신의 힘으로 완수했다는 그러한 평판을 얻었을 것입니다. 또한 공작은 더는 다른 사람의 행운과 무력에 의지하지 않고 자신만의 역량에 의존하게 되었을 것입니다.

1 알렉산데르 6세 사후 차기 교황으로 선출된 피우스 3세와 관련된 일이다. 이는 〈당신이 피해 입힌 자를 신뢰하지 마라─체사레의 중대한 실수〉에 나오는 교황 율리우스 2세의 선출과는 관련이 없다.

1503년 5월 31일, 교황청은 9명의 새로운 추기경을 임명한다. 그중 5명은 에스파냐(교황 알렉산데르 6세는 에스파냐 출신이다), 3명은 이탈리아(알렉산데르 6세는 이탈리아를 지극히 사랑한다), 1명은 독일 출신이다. 프랑스(알렉산데르는 샤를 8세와 적대적이다) 출신은 한 명도 없었다. 이들 9명 중 6명은 체사레의 적극적 지지자들이었다. 체사레는 아버지 알렉산데르 6세의 죽음이 머지않았음을 직감하고 다음 교황 선출 회의 때 안정적인 우군을 확보하려고 미리 이런 조치를 취했다.

1503년 8월 18일, 알렉산데르 6세가 선종하자 그해 9월 16일에 교황 선출을 위한 콘클라베가 열렸다. 그 당시 가장 앞서 나간 추기경은 보르자 가문의 정적인 줄리아노였다. 체사레 파의 추기경들은 그를 막으려고 다른 파들과 연합했고, 그 결과 체사레의 아버지 알렉산데르 6세의 친구이자 후원자였던 피콜로미니가 교황으로 선출되었다. 그가 바로 교황 피우스 3세이다. 그러나 피우스 3세는 10월 1일 교황에 취임하자마자 곧 죽는다. 교황 선출을 위한 콘클라베가 1503년 10월 29일에 다시 열렸고, 체사레에게 적대적인 줄리아노가 교황으로 선출되었다.

2 대략 1503년 가을, 교황 알렉산데르 6세의 죽음 이후를 말한다. 1503년 4월 프랑스는 세미나라 전투에서 패배한 후 칼라브리아 지역을 에스파냐에게 빼앗긴다. 그 후 체리뇰라 전투에서 에스파냐에게 기습을 당한 뒤에 프랑스는 나폴리에서 거의 축출될 지경이었다. 이 당시 체사레는 에스파냐와 프랑스를 저울질하고 있었다. 체사레는 콜론나 일가가 지휘하는 에스파냐 군대가 로마 근처에 있었기 때문에 에스파냐의 눈치를 볼 수밖에 없었다. 마침 프랑스는 나폴리를 거의 빼앗길 지경이 되자 체사레에게 비밀 협약을 제안한다. 루이 12세는 체사레와 그의 가족, 토지를 비롯한 전 재산과 영지를 보호해 줄 뿐만 아니라 체사레가 지배하고 있던 국가 또한 보호해 주겠다고 약속했다. *

---

* 세러 브래드퍼드 지음, 김한영 옮김, 앞의 책, 550~551쪽.

마키아벨리가 〈공작은 앞을 바라본다〉라고 말한 시기가 언제쯤인지 알아보도록 하자. 체사레가 살아온 여정을 규명하는 데에 중요하기 때문이다. 그는 체사레가 미래를 착실히 준비했다고 평가한다. 체사레는 앞날을 위해 정복지의 기존 통치 가문의 혈통 단절, 로마 귀족의 포섭, 추기경단의 호의 유도, 교황이 죽기 전 권력 안정화를 꾀했다. 마치 체사레가 교황 알렉산데르 6세의 죽음을 대비해 위에서 언급한 네 가지를 준비한 듯이 보인다. 그러나 이는 그렇게 읽어서는 안 된다. 마키아벨리가 체사레의 과거 업적을 알렉산데르 6세 사후에 결과론적 시각에서 평가한 것이기 때문이다.

이에 대해서는 약간의 설명이 필요하다. 체사레는 아버지의 죽음을 대비할 만큼 시간이 충분하지 않았다. 아니, 거의 시간이 없었다. 알렉산데르 6세는 1503년 8월 11일 갑자기 열병에 걸렸고, 교황 주치의들이 노력했지만 일주일 만에 죽었다. 그 기간에 체사레도 아버지와 똑같은 병을 앓았으며, 바티칸에서 아버지와 같이 병석에 누워 있었다. 따라서 체사레는 아버지 사후를 대비해서 위와 같은 준비를 할 수가 없었다.

그러므로 위에서 열거한 내용은 마키아벨리가 체사레의 과거 행적을 알렉산데르 6세 사후 대비에 도움이 되는 방향으로 바꾸어 설명한 것이다. 글의 시점은 미래를 향하고 있지만, 네 가지 업적은 과거의 일들이다.

그러면 여기서 이런 의문이 든다. 왜 마키아벨리는 체사레가 과거에 행한 일을 마치 미래를 위한 준비처럼 설명한 것일까? 그는 왜 독자의 혼동을 무릅쓰고서 이런 무리수를 두었을까? 그 이유는 비르투나에 대한 강조 때문이다. 포르투나보다는 비르투나가 군주에게 더 중요하다는 것을 보여주기 위해서이다.

인간이 어떤 경우에도 알 수 없는 미래는 철저하게 포르투나의 영역이다. 인간이 어떤 경우에도 개입할 수 없는 앞날은 포르투나만의 공고한 성이다. 인간이 아무리 많은 지식과 지혜, 세상을 다 살 수 있는 부를 갖추고, 아무리 많은 능력을 겸비했어도 미래를 알 수 없다. 인간은 미래를 청사진으로 그려낼 수는 있지만, 미래는 암흑으로 가득 차있다. 미래는 불안으로 가득 차 있기 때문에 행운의 여신의 마음에 따라 얼마든지 달라질 수 있다.

마키아벨리는 개입 불가, 암흑, 불안으로 정의되는 미래의 포르투나세계를 현재의 비르투나로 대처할 수 있다고 생각한다.

'미래를 아무도 알 수 없다. 그러나 군주라면, 인간이라면 미래를 위해 준비해야 한다. 그 준비의 능력 정도가 바로 군주가, 인간이 가진비르투나의 수준이다. 미래에 대비해 많이, 철저하게 준비한 자일수록비르투나가 출중한 자이고, 전혀 준비하지 않거나 적게 준비한 자는비르투나가 없는 자이다. 비르투나가 없는 자는 포르투나의 변심에언제든지 쓰러질 수밖에 없다.'

마키아벨리는 체사레가 미래를 위해 네 가지 중 세 가지는 확실하게준비했으며, 나머지 한 가지는 반 정도 준비했다고 판단한다. 체사레는 포르투나 여신의 변심에 의지하는 것이 아니라 자신만의 비르투나에 의지해서 군주로서 살아갈 수 있다고 보았다. 마키아벨리는 체사레가 강력한 남성신 비르투나로 포르투나 여신을 사로잡았다고 말하고싶었다.

마키아벨리는 곁에서 직접 체사레의 행동을 유심히 관찰했고, 그의말을 곰곰이 생각했다. 그는 체사레의 행운이 아니라 역량을 눈여겨보았다. 그리고 체사레를 운명의 여신이 아무리 강력한 해일을 일으킨다 할지라도 그에 맞서 방파제를 준비할 자로 판단한다. 그는 체사레가 아버지의 역량이 만들어준 행운을 자신의 역량으로 지킬 수 있는 그런 군주라고 판단한다.

이런 점을 고려하면, 시간의 혼동을 자아내는 마키아벨리의 의도를 파악해 낼 수 있다. 그는 인간사에 강력한 영향력을 행사하는 포르투나의 전능성을 전복한다. 그 대신에 그는 운명을 스스로 뚜벅뚜벅 개척해 가는 비르투나의 역동성을 강조한다. 그 군주는 바로 우리 인간의 모습이기도 하다.

공작은 많은 것을 예견했지만 모든 것을 예견하지는 못했다

그러나 공작이 스스로 칼을 빼든 지 5년 후 교황 알렉산데르 6세가 승하하셨습니다. 교황 알렉산데르 6세는 아들 체사레에게 로마냐 지역만을 안전하게 넘겨주었고,[1] 나머지 다른 모든 지역들을 아주 강력한 두 적대적인 군대 사이에 남겨 놓았습니다.[2] 설상가상으로 공작은 당시 죽음 직전에 이를 정도로 아팠습니다. 그럼에도 공작은 엄청난 불굴의 용기와 출중한 역량을 지니고 있었고, 사람들을 어떻게 하면 얻고 잃는지 아주 잘 알고 있었습니다. 공작이 무척 짧은 시간에 스스로 건설했던 토대들도 강력했습니다. 따라서 체사레가 그렇게 강력한 적대적인 두 군대를 대면하지 않았거나 건강이 그렇게 심각하지 않았다면, 그는 아버지가 돌아가셨을지라도 모든 어려움을 잘 극복할 수 있었을 것입니다.

그리고 그의 토대가 확고했다는 것은 다음과 같은 사실에서 알 수 있습니다. 로마냐는 한 달 이상 그를 계속 기다렸습니다.[3] 로마에서는 그가 빈사 상태였는데도 안전했습니다. 게다가 발리오니 파, 비텔리 파, 오르시니 파가 로마에 입성했음에도, 그들은 공작에 대해 더는 적대 행위를 하지 못했습니다.[4] 그는 자신이 원했던 인물을 교황으로 세울 수는 없었지만, 최소한 그는 자신이 원하지 않는 인물이 교황이 되는 건 확실히 막을 수 있었습니다.[5] 알렉산데르 6세가 승하하셨을 때 그가 건강하기만 했다면, 그는 모든 일을 더 쉽게 풀어나갔을 것입니다.

그리고 공작은 율리우스 2세가 교황으로 선출되던 날 저에게 이렇게 말했습니다. "나는 아버지가 돌아가셨을 때 발생할 수 있는 모든 것을 생각해 두었고, 그에 대한 대비책도 마련했다. 하지만 나는 아버지가 돌아가시는 그 순간 나 자신도 죽음에 임박하리라는 것을 결코 생각하지 못했다."[6]

1 알렉산데르 6세가 1503년 8월 18일 세상을 떠났으므로, 공작이 스스로 정치활동을 시작한 것은 1497년 무렵으로 추정할 수 있다. 알렉산데르 6세가 죽고 체사레 역시 크게 아프자, 보르자 가문과 적대적인 세력들은 사태가 어떻게 돌아갈지 지켜보고 있었다. 보르자 가문에 피해를 받았던 오르시니 파, 콜론나 파, 베네치아, 구이도발도, 발리오니 가문 등은 잃어버린 영토를 되찾으려고 했다. 이들이 영토를 되찾으려고 움직임에 따라 체사레가 점령했던 로마냐 지역마저도 안전하지 않았다.

2 주로 에스파냐와 프랑스 군대를 의미한다. 에스파냐 군대는 나폴리 점령의 기세를 몰아 위쪽으로 전진하고 있었으며, 로마의 콜론나 가문과 연합하고 있었다. 프랑스 군대는 주로 이탈리아 북부의 도시국가들에 강력한 영향력을 행사하고 있었고, 나폴리를 빼앗기지 않으려고 노력하고 있었다.

3 알렉산데르 6세가 죽고 나서, 로마냐 지역을 빼앗긴 주변 국가들과 영주들

은 곧장 이 지역을 탈환하고자 했다. 베네치아는 1503년 9월 1일 체세나티고 항구를 점령했고, 9월 3일 조반니 스포르차를 페사로로 귀환시켰으며, 9월 6일 판돌포 말라테스타를 리미니로 보냈다. 또한 그들은 우르비노와 연합하여 체세나를 기습했지만 체사레 세력에 의해 쫓겨났다. 또한 조반니 벤티볼리오와 피렌체는 연합하여 카테리나의 아들 도타비아노 리아리고를 이몰라로, 프란체스코 만프레디를 파엔차로 복귀시키려 했으나 실패했다. 체사레는 이때 로마냐를 유지하고자 프랑스와 협약을 맺었고, 프랑스의 강력한 힘은 주변국들에게 압력으로 작용했다. 그러자 베네치아는 공격을 멈췄고, 피렌체 역시 체사레를 돕기로 한다. 더 나아가 주변 영주들도 체사레 돕기에 나선다.*

4 로마냐 방어에 성공한 체사레는 적들로 가득 찬 로마로 들어간다. 그는 자신이 교황군의 총사령관이라는 것을 신임 교황 피우스 3세로부터 인정받고 주변 세력들에게 과시하고자 했다. 체사레가 교황군 총사령관 직위를 잃는다는 것은 곧 자신의 정치적 기반을 잃는 것을 뜻하기 때문이다. 그는 로마에서 큰 행운을 만난다. 새로 선출된 교황 피우스 3세가 26일 만에 죽은 것이다. 다시 로마는 교황 선거 열기에 빠져들었다. 이때 체사레는 자신의 부하들을 로마로 불러들였고, 위험에서 벗어났다.

5 피우스 3세가 죽고 나서 열린 콘클라베에서 체사레 집안과 철천지원수 사이인 줄리아노가 교황에 당선되었다. 체사레는 자기를 따르던 추기경들에게 줄리아노에게 표를 던지라고 했다.** 그 결과 줄리아노는 추기경들의 압도적인 지지로 교황에 선출되었고, 율리우스 2세로 불리게 된다.

6 원문은 삼인칭으로 되어 있지만, 여기서는 전달을 명확히 하고자 일인칭으

---

* 세러 브래드퍼드 지음, 김한영 옮김, 앞의 책, 554~555쪽.
** 세러 브래드퍼드 지음, 김한영 옮김, 앞의 책, 577쪽.

로 바꾸어 번역했다. 마키아벨리가《군주론》에서 이렇게 기술한 것은 여기가 유일하다.

한편 체사레는 1497년 스물두 살의 나이에 매독에 걸린 것으로 기록되어 있다. 그리고 1503년 8월 11일 아버지 알렉산데르 6세와 똑같이 말라리아에 걸렸다. 율리우스 2세는 1503년 10월 31일 교황에 오른다. 체사레가 마키아벨리에게 밝힌 것처럼, 그는 자신이 치명적인 병에 걸린 것을 알고 있었다. 치명적인 병은 말라리아가 아니라 스물두 살에 걸린 매독이다.

비르투나만 갖춘다면 어떤 역경도 극복할 수 있는가? 마키아벨리는 '그렇다'라고 답한다. 그렇다면 비르투나는 전능한가? 그는 '아니다'라고 답한다. 아무리 많은 비르투나를 갖춰도, 그 비르투나가 극복하지 못하는 것이 있다. 그것은 필멸의 존재인 인간에게 언젠가는 다가오는 '죽음'이다. 포르투나의 온갖 장난을 막아낼 수 있는 비르투나도 인간을 죽음의 사신으로부터는 벗어나게 할 수 없다.

적대 세력의 틈바구니에서 하루도 맘 놓을 수 없는 군주는 많은 것을 예측할 수 있어야 한다. 그 많은 것을 예측하고 준비하는 것은 비르투나이다. 비르투나를 많이 갖춘 자일수록 더 많은 것을 예측하고 준비할 수 있다. 그러나 군주는 아무리 많은 것을 예측한다 할지라도 모든 것에 대비할 수는 없다. 모든 것을 대비했다 하더라도 '모든'에서 빠진 단 하나, '죽음'만은 막을 수 없다. 그것이 바로 반드시 죽게 마련인 인간의 숙명이다. 체사레 또한 예외일 수 없다.

신흥 군주를 위한 모델로서의 공작

공작의 모든 행동을 고찰했던 저의 견지에서 본다면, 저는 그를 비판하지 않겠습니다. 오히려 제 생각은 그 반대입니다. 저는 다른 사람의 무력과 행운에 의해 통치자의 지위에 오른 모든 자가 모방할 만한 가치가 있는 자로 공작을 제시하고자 합니다. 그는 상당히 용기 있었으며 고상한 목적을 세우고 있었기 때문에 그에 걸맞게 행동할 수 있었습니다. 그리고 다만 그의 아버지 알렉산데르 6세의 단명과 그 자신의 병만이 그의 계획들을 막았을 뿐입니다.

따라서 최근 사례인 공작의 행동을 검토해 보면, 새롭게 획득한 신흥 군주국의 군주라면 다음과 같은 행동이 필요하다는 것을 보여줍니다. 자신의 적들로부터 자신을 안전하게 보호해야 한다. 친구들을 얻어야 한다. 힘이나 속임수로 정복해야 한다. 인민이 자신을 사랑하는 동시에 두려워하게 해야 한다. 군인들의 복종을 받는 동시에 존경을 받아야 한다. 당신에게 해를 가할지 모르는 자들은 제거해야 한다. 옛 관습들을 새 관습들로 바꾸어야 한다. 엄격한 동시에 상냥해야 하고, 관대한 동시에 공평해야 한다. 불충한 군대는 제거하고 새로운 군대를 만들어야 한다. 왕이나 군주들이 당신에게 선의로 지원하도록, 또는 당신에게 해를 끼치는 데에 주저하도록 그들과 친교를 유지해야 한다.

'고상한'은 영어 high, 이탈리아어 alta를 번역한 것이다. 체사레는 아주 강한 권력지향적 성향을 띠고 있고, 목적을 달성하고자 어떤 잔인한 행동도 마다하지 않는다. 그런데도 마키아벨리는 체사레에게 '고상한 목적'이라는 칭호를 붙여준다. 그는 체사레에게 왜 이런 칭호를 붙였을까? 결론에 해당하는 4부와 밀접한 연관이 있으므로 그 이유를 알아보도록 하자.

우선 체사레는 자신만의 국가를 건설하고자 했기 때문이다. '교황'이라는 지위는 세습적으로 물려받을 수 있는 것은 아니다. 하지만 군주가 되면 왕국을 자손대대로 물려줄 수 있다. 알렉산데르 6세와 체사레가 욕심낸 것은 명목상의 교황령 국가를 실질적인 보르자 가문의 국가로 바꾸는 것이었다. 체사레는 그 목적을 이루고자 행동대장 역할을 한다.

둘째, 인민의 지지를 받으려고 노력하는 군주였기 때문이다. 체사레는 로마냐 지역을 점령했다. 겉으로 보면 명목상의 교황령 국가를 실질적인 교회령 국가로 바꾸는 것이다. 그러나 속을 들여다보자. 체사레의 점령 정책은 로마냐 인민의 저항을 받지 않았다. 그 이유는 당시 로마냐 지역의 인민이 지나치리만치 수탈당하고 있었기 때문이다. 체사레는 이러한 수탈과 학정을 없애고자 측근인 레미로를 파견해 목적을 달성한다. 그리고 그는 곧장 그 측근마저도 인민을 괴롭혔다는 이유로 제거해버린다. 로마냐 인민은 침략자 체사레를 환영했고, 이후에도 체사레에게 저항하지 않았다. 마키아벨리는 이 점을 높이 샀다.

셋째, 수단과 방법을 가리지 않고 권력을 쟁취하고자 했지만 그 목적은 이탈리아의 보전과 통일이었기 때문이다. 알렉산데르 6세와 체사레는 이탈리아 중부 교황령을 중심으로 새로운 국가를 건설함으로써 에스파냐와 프랑스의 영향력을 차단하려고 했으며, 더 나아가 그들은 이탈리아 중부에 강력한 통일국가를 건설함으로써 이탈리아 전체를 통일하려는 야심을 품었다. 마키아벨리는 이를 26장 〈누가 지도자가 될 것인가〉에서 다음과 같이 우회적으로 언급한다.

오늘날에 이르기까지 희미하고 약한 불빛이 몇몇 이탈리아인에게 나타났습니다. 우리는 이 사람들이 이탈리아를 구원하는 운명을 타고난 사람이라고 판단하기도 했습니다. 그럼에도 시간이 흐르자 우리는 그들이 가장 절정에 이른 시기의 행동 과정을 지켜보면서 그들이 행운의 여신에게 인정받지 못했음을 알게 되었습니다.

'몇몇'을 '한 명'으로 바꾸어 읽어야 한다. 마키아벨리는《군주론》에서 몇몇에 대해 구체적으로 언급하지 않았다. 그렇다면 누구인가? '절정에 이른 시기'를 지나 '행운의 여신'에게 일격을 당한 자가 누구인가? 바로 체사레이다. 그는 이탈리아 통일 운동의 선구자이다.

19세기 이탈리아 통일 운동을 주도한 사람들은 체사레를 통일 이탈리아의 상징으로 받아들였다. 마키아벨리는 '자신만의 왕국 건설, 인민 지지 확보, 이탈리아 통일 달성'이라는 거대한 청사진을 체사레에게서 보았다. 그는 르네상스기 이탈리아의 분열 상황에서 체사레가 이루고자 했던 목적을 긍정적으로 파악한다. 그는 서른 초반의 나이에 파란만장한 생을 마감한 체사레에게 '고상한 목적'이라는 훈장을 부여한다. 마키아벨리는 '고상한'에 '영광'을 부상으로 부여한다. 체사레는 이탈리아 통일을 위한 선구자라는 영광을 얻는다.

당신이 피해 입힌 자를 신뢰하지 마라―체사레의 중대한 실수

우리가 그를 비난할 수 있는 유일한 사실은 율리우스 2세를 교황으로 선출한 것입니다. 이때 그는 잘못된 선택을 했습니다. 왜냐하면 앞에서 제가 말씀드린 대로, 그는 자신에게 적합한 교황을 옹립할 수는 없었지만

그가 바라지 않았던 인물이 교황이 되지 못하게 막을 수는 있었기 때문입니다.[1]

공작은 자신이 과거에 해를 끼쳤거나 교황이 되면 자신을 두려워하게 될 어떤 추기경이 교황이 되는 것을 반드시 막아야 했습니다. 왜냐하면 사람이란 두려움이나 증오 탓에 해를 끼치기 때문입니다. 체사레가 해를 끼쳤던 자들은 추기경 중에서도 산 피에로 아드 빈쿨라, 콜론나, 산 조르조, 아스카니오였습니다.[2] 루앙 추기경과 에스파냐 출신 추기경들을 제외하면 교황이 되려는 자들은 모두 공작을 두려워했을 것입니다. 에스파냐 출신의 추기경들은 공작과 동맹을 맺고 있으며 공작에게 신세를 졌으므로 안심해도 되었습니다. 루앙 추기경[3]은 프랑스 왕국과 밀접한 연관을 맺고 있어서 스스로의 힘을 믿고 있기 때문에 안심해도 되었습니다.

따라서 공작은 모든 수단과 방법을 동원해서 에스파냐 추기경을 교황으로 선택했어야 합니다. 그리고 이렇게 할 수 없었다고 한다면, 그는 산 피에로 아드 빈쿨라가 아니라 루앙을 선택했어야 할 것입니다. 새로운 이익이 주어지면 높은 신분의 사람들이 옛 원한을 망각할 것으로 믿는 것은 자신을 기만하는 것입니다. 공작은 이런 선택을 함으로써 치명적인 실수를 범했고, 이로 말미암아 마침내 파멸하게 됩니다.[4]

---

1 교황 율리우스 2세를 가리킨다. 1503년 10월 29일 교황 선출을 위한 콘클라베에서 보르자 가문에 적대적인 줄리아노가 교황 율리우스 2세로 선출된다. 보르자 가문과 율리우스 2세는 오래전부터 앙숙이었다. 1492년 당시 교황 인노켄티우스 8세가 죽자 콘클라베가 열렸고, 체사레의 아버지 로드리고 보르자가 교황 알렉산데르 6세로 선출되었다. 당시 교황 선거에 같이 출마했던 줄리아노는 알렉산데르 6세가 거액의 뇌물을 써서 교황으로 선출되었

다며 고발했다. 알렉산데르 6세가 교황에 취임하고 나서, 줄리아노는 프랑스로 가서 샤를 8세를 부추겨 나폴리 왕국을 침략하도록 유도한다. 이때 함께 로마에 입성한 줄리아노는 알렉산데르 6세 폐위 운동을 전개한다.

2 산 피에로 아드 빈쿨라, 조반니 콜론나, 산 조르조, 아스카니오 스포르차는 프랑스의 샤를 8세가 이탈리아를 침략할 때 앞장섰던 이탈리아 추기경들이다.

산 피에로 아드 빈쿨라는 성당 이름이며, 교황 식스투스 4세가 교황에 오르자마자 조카 율리우스 2세를 추기경에 서임하면서 하사한 곳이다. 그래서 교황 율리우스 2세는 흔히 빈쿨라로 불린다. 그가 보르자 가문에 아주 적대적이었다는 점은 앞에서도 밝혔다.

산 조르조는 빈쿨라와 마찬가지로 교황 식스투스 4세의 조카이며, 본명은 라파엘레 산소니 갈레오티 리아리오였다. 교황 율리우스 2세의 친척이기는 하지만 항상 정치적 견해가 같았던 것은 아니었다. 알렉산데르 6세가 교황에 선출될 때, 알렉산데르 6세에게 투표했다. 하지만 그는 줄리아노(율리우스 2세)가 샤를 8세를 이탈리아에 끌어들였을 때는 그의 편을 들어 보르자 가문과 적이 되었다.

아스카니오는 알렉산데르 6세와 아주 친해서 자신의 조카와 알렉산데르 6세의 딸 루크레치아를 결혼시키려고 했을 정도이다. 하지만 샤를 8세의 침략 때는 줄리아노의 편에 섰으며, 알렉산데르 6세 폐위 운동에 앞장섰다.

콜론나는 마키아벨리가 《전술론》에서 다룬 프로스페로 콜론나의 조카이다. 교황 식스투스 4세에 의해 추기경보다 낮은 부제 추기경에 임명되었다. 그는 식스투스 4세의 조카인 율리우스 2세와 친했으며, 샤를 8세의 침략 당시 율리우스 2세와 함께 이탈리아로 들어왔다. 그도 대표적인 친프랑스 추기경으로 간주되었다.

알렉산데르 6세가 주축이 된 신성 동맹이 샤를 8세를 프랑스로 몰아내는 데에 성공하자, 빈쿨라 등은 영향력을 상실하기 시작했다. 알렉산데르 6세가 자신을 따르는 사람들로 추기경단을 재편했기 때문이다.

3 3장의 〈루이 왕의 여섯 가지 실수〉, 〈루앙 추기경에 대한 마키아벨리의 답변〉을 참조하라.

4 알렉산데르 6세 사후, 율리우스 2세는 교황이 되고자 체사레에게 자금을 제공하겠다고 약속했다. 아울러 교황이 되면 체사레에게 교회군 기수이자 총사령관에 임명할 것이며, 체사레가 소유했던 국가를 계속 보유하게 해주겠다고 약속했다. 그 대가로 체사레는 자신을 따르는 추기경들에게 율리우스 2세를 지지하게 한다. 율리우스 2세는 콘클라베에서 압도적 지지로 교황에 당선되었다. 하지만 율리우스 2세는 체사레와의 약속을 지키지 않았다. 오히려 교황령을 자신의 소유로 만들려고 체사레에게 전면전을 선언하고 로마냐를 넘기라고 한다. 체사레가 말을 듣지 않자, 그는 체사레를 구금한다. 체사레는 에스파냐로 추방당했으며, 이후 전투에서 죽음을 맞게 된다.

마키아벨리의 인간관이 드러난 곳이다. 그 내용은 두 가지로 나누어진다.

우선 해악론이다. 인간은 과거에 자신에게 해를 끼친 자에게 은혜를 베풀면 안 된다. 과거에 해를 입은 자는 미워하는 마음을 품고서 해를 끼친 자를 증오하며, 마침내 나중에 복수하기 때문이다.

둘째, 공포론이다. 인간은 자신을 두려워하는 자에게 은혜를 베풀어서도 안 된다. 두려워하는 것은 미래에 일어날 일 또는 앞으로 닥칠 일을 마음속으로 헤아리는 것이다. 두려움을 품은 자는 막연한 공포를 떨치려고 먼저 공격하기 마련이다.

전자가 과거에 대한 수동적인 복수라면, 후자는 미래의 안전을 위한 능동적 방어이다. 해악에 대한 복수심과 두려움에서 비롯된 선제 조치는 모든 정치적 보복의 기본 원리이다.

율리우스 2세와 체사레의 관계가 바로 여기에 그대로 적용된다. 체사레는 아버지의 힘을 바탕으로 과거 율리우스 2세에게 해를 끼쳤다. 반면에 율리우스 2세는 체사레의 강력한 비르투나에 바탕을 둔 정복 정책을 두려워했다. 율리우스 2세는 자신에게 해를 끼친 보르자 가문에 대한 증오심과 더불어 체사레에 대한 막연한 공포심을 품고 있었다. 그는 교황이 되자마자 체사레에게 아주 강력한 정치적 보복을 가했고, 결국 그를 죽음으로 몰아갔다.

그러나 우리는 이것이 마키아벨리가 말하고자 하는 일반적인 인간관이라고 속단해서는 안 된다. 그가 말하는 냉소적인 인간관의 뒷면을 보자. 그 안에는 '강자의 약자로의 전환'과 '약자의 강자로의 전환'이 숨겨져 있다. 체사레가 과거의 강자였다고 한다면 이제는 약자가 된 반면, 율리우스 2세는 과거 약자였지만 이제는 강자가 되었다.

이러한 인간사의 전환을 고려하여 다시 정리해 보자. 강력한 비르투나를 갖춘 자가 과거에 약자에게 해를 끼쳤다. 체사레가 율리우스 2세에게 그랬던 것처럼 말이다. 그런데 이제는 반대로, 약자가 된 자가 강력해진 자에게 은혜를 베푼다고 해보자. 체사레가 교황 선거 때 율리우스 2세를 지원했던 것처럼 말이다.

그렇다면 율리우스 2세는 체사레가 베푼 은혜에 대해 어떻게 생각할까? 고마워할까? 그렇지 않다. 절대강자가 된 율리우스 2세는 과거 자신이 받은 해악에 대해 어떻게 복수할까 하고 고민한다. 또한 율리우스 2세는 강력한 비르투나를 가진 체사레가 다시 힘을 갖게 된다면 자신을 위해할지도 모른다고 두려워하게 된다. 실제로 율리우스 2세는 체사레가 에스파냐를 탈출하자 엄청난 두려움을 느낀다.

(……) 교황을 엄청난 전율에 빠뜨렸다. 공작은 존재만으로 이탈리아 전체에 새로운 문제를 일으키기에 충분하기 때문이다. 그리고 공작은 군인들뿐만 아니라 토스카나와 교황령의 많은 백성에게 큰 사랑을 받고 있다.*

10년간 망명 생활을 한 율리우스 2세는 과거의 해악에 대한 증오와 미래에 닥칠지 모르는 두려움 때문에 체사레에게 철저하게 복수한다.

일반적인 냉소적 인간관을 벗어나 마키아벨리의 속내를 정리해 보자. 강자에서 약자로 바뀐 자는 약자에서 강자로 바뀐 자에게 은혜를 베풀지 마라. 은혜를 베푼다 할지라도, 그는 절대 은혜를 갚지 않는다. 이것이 정치의 세계이고, 인간이 살아가는 세계이다. 특히 신분이 높은 사람일수록 약자에게서 받은 은혜에 둔감하다. 강자가 되고 나면 은혜라고 생각지 않고, 당연히 받아야 할 권리라고 생각한다.

마키아벨리는 아버지가 죽고 나서 고립무원의 처지에 빠진 체사레에게 어떤 말을 하고 싶었을까? 3장 〈강력한 조력자는 두려움의 대상이 된다〉를 상기해 보라. 아마도 이 말이 하고 싶었을 것이다.

'타협하지 마라. 끝까지 교황 선거의 캐스팅보트를 쥐고 싸워야 한다. 율리우스가 압도적으로 교황이 되게 하지 마라. 교황이 된 율리우

* 세러 브래드퍼드 지음, 김한영 옮김, 앞의 책, 653쪽.

스를 저 밑바닥에서 흔들 수 있는 체사레가 있다는 것을 신민에게, 추기경들에게 알려라. 그래야만 당신은 로마냐 반환을 요구하며 당신을 압박하는 율리우스에게 굴복하지 않을 수 있다.'

마키아벨리의 말을 확장해 보자. 그는 약자인 우리에게 말한다. 돈, 권력, 명예를 많이 가진 자에게 은혜를 베풀지 마라. 그들은 은혜라고 생각하지 않는다. 버러지 같은 것들은 당연히 그래야 한다고 생각한다. 오히려 독기를 품고 노려보라. 언제든지 싸울 자세가 되어 있다는 것을 보여라. 그래야 최소한 너의 생존을 보전할 수 있을 것이다.

7장 다시 보기

7장은 '목숨을 건 글쓰기'이다. 마키아벨리가 《군주론》을 쓰면서 가장 고심한 부분이 어디일까? 그가 가장 많이 고친 부분, 뺄까 말까 고민한 장이 어디일까? 물론 우리는 알 수 없다. 하지만 정황으로 미루어 짐작하고 추론한다면, 7장이다. 왜 그럴까? 마키아벨리는 책을 헌정하는 군주 메디치에게 다른 군주, 그것도 피렌체를 강력하게 위협했던 체사레라는 군주를 대놓고 칭찬하기 때문이다. 이는 위험할 뿐만 아니라 목숨을 거는 일이다. 그가 역모죄에 연루된 적도 있음을 고려하면 더더욱 위험하다.

마키아벨리는 7장을 어떻게 써야 할지 정말 많이 고민했을 것이다. 체사레를 지나치게 칭찬하면, 그에게 직장은 물 건너간 일이 된다. 그러나 당대의 사례인 체사레를 제시하지 않으면 용을 그리고 눈동자를 그려 넣지 않은 것과 마찬가지이다.

마키아벨리는 6장에서 모방해야 할 이상적인 군주로 모세, 키루스, 로물루스, 테세우스를 들었고, 실제로 모방할 만한 군주로 먼 고대의 히에론을 들었다. 이들은 "고대의 문제에 대한 저의 끊임없는 독서"에 해당한다. 이제 마키아벨리는 모방할 만한 현재의 인물을 제시해야 한다. 그래야 설득력이 있기 때문이다. 그는 체사레를 주인공으로 선택한다. 체사레는 마키아벨리가 공언했던 "최근의 문제에 대한 저의 오랜 경험"에 해당한다. 6장의 주인공들과 7장의 주인공이 조화를 이루어야 '고대'와 '최근', '끊임없는'과 '오랜', 그리고 '독서'와 '경험'으로 구색이 맞춰진다.

마키아벨리는 구색을 맞추되 아주 조심한다. 그는 7장을 집필할 때 살얼음판을 걷는다. 7장은 일종의 체사레 전기문이다. 그는 감정의 기복 없이 아주 담담하게 체사레의 일생을 정리한다. 〈체사레 보르자〉는 그런 글쓰기의 시작이다. 체사레의 성공은 그저 아버지의 운에 편승한 것만이 아니라 자신의 역량도 한몫했다고 서술한 도입부는 담담하다 못해 평이할 정도이다. 그러고 나서 그는 〈신흥 군주를 위한 모델로서의 공작〉을 꼭 분석해 봐야만 한다고 강변하며 체사레를 영웅으로 등장시킨다. 하지만 마지막에 가서는 논조를 확 틀어 체사레가 어처구니없는 실수를 범했다고 평가하며 7장을 마무리한다.

이 마지막 부분을 읽다 보면 맥 빠지는 느낌과 함께 허무하다는 탄식이 절로 나온다. 신흥 군주가 본받아야 할 영웅 체사레. 그렇다면 당연히 결론에서 이탈리아 통일을 꿈꾼 체사레로 평가되어야 한다. 하지만 마키아벨리는 체사레를 깎아내리고 비난하기에 급급하다.

마키아벨리는 앞에서 서술한 대로 체사레가 줄리아노의 교황 취임을 막을 수 있다고 생각했을까? "최근의 문제에 대한 오랜 경험"을 가진 그가 교황 선거 판세를 잘못 읽었을까? 그렇지 않다. 왜냐하면 줄리아노가 교황으로 선출될 때 체사레를 따르는 추기경은 1/3도 안 되는 11명이었다. 그것도 죽은 아버지 알렉산데르 6세의 영향력이 아직 남아 있었기 때문에 그 정도나마 유지했을 것이다. 방패막이가 되어주었던 아버지 알렉산데르 6세가 죽자 추기경단에 대한 체사레의 영향력은 급격히 줄어들기 시작했고, 체사레는 현상 유지에 급급했을 것이다. 왜냐하면 체사레를 위협하는 아주 강력한 적대자들이 로마를 장악했고, 로마냐 지역에 등장했기 때문이다.

체사레는 마키아벨리가 말하듯 자신이 원하는 추기경을 교황으로 만들지도 못하고, 가문의 원수인 줄리아노가 교황에 당선되는 것도 막을 수 없었다. 체사레는 어쩔 수 없이 줄리아노와 타협할 수밖에 없었다.* 그 조건은 체사레가 줄리아노를 미는 대신에 로마냐 등에 대한 지배를 유지하는 대가를 얻는 것이다.

너무나 명확하게 체사레가 불리한 상황임에도 마키아벨리는 체사레가 큰 실수를 저질렀다고 호들갑을 떤다. 체사레와 메디치 간의 긴장 때문이다. 극찬과 분노의 진퇴양난 때문이다. 마키아벨리는 위기 탈출의 책략을 발휘한다. 마지막 부분에서 체사레를 사정없이 깎아내리는 것이다. 끝이 안 좋으면 시작과 과정, 결과 전체가 안 좋은 것처럼 비치도록 교묘한 술수를 부린다.

7장 전체 구성을 다시 요약해 보자. 마키아벨리는 처음부터 체사레를 칭찬하지 않는다. 체사레는 스포르차에 비하면 실패 사례이다. 체사레가 출세하기 시작한 것도 아버지 덕일 뿐이다. 그럼에도 체사레는

* 세러 브래드퍼드 지음, 김한영 옮김, 앞의 책, 577~579쪽.

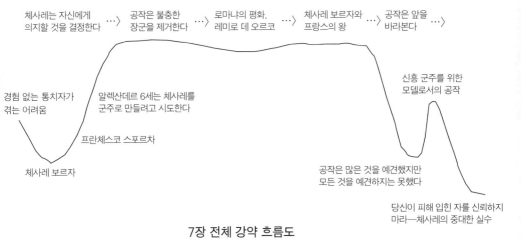

체사레는 자신에게 ···⟩ 공작은 불충한 ···⟩ 로마냐의 평화, ···⟩ 체사레 보르자와 ···⟩ 공작은 앞을 ···⟩
의지할 것을 결정한다   장군을 제거한다   레미로 데 오르코   프랑스의 왕   바라본다

신흥 군주를 위한
모델로서의 공작

경험 없는 통치자가
겪는 어려움   알렉산데르 6세는 체사레를
군주로 만들려고 시도한다

프란체스코 스포르차

체사레 보르자   공작은 많은 것을 예견했지만
모든 것을 예견하지는 못했다

당신이 피해 입힌 자를 신뢰하지
마라—체사레의 중대한 실수

7장 전체 강약 흐름도

불세출의 영웅이며 신흥 군주들의 모범이 될 만하다. 하지만 그는 돌이킬 수 없는 큰 실수를 저질렀고, 결국 목숨을 잃었다.

글 전체를 칭찬의 강도로 설명해 보자. 그러면 중 → 약 → 중 → 강 → 강 → 강 → 강 → 약 → 중 → 최악의 순으로 전개된다. 이를 그림으로 나타내면 그림과 같다.

마키아벨리는 7장을 이런 순서로 전개하면서 할 말을 다하지만 헌정 받는 군주의 마음을 상하게 하지 않는다. 그는 '목숨을 건 글쓰기'를 하면서도 우회하며 군주를 회유한다. 직업을 간구한다. 이 글을 읽는 군주가 미소 짓기를 바라면서 말이다.

8장

사악한 행위들로 군주국을 획득한 자들

이 장은 〈한낱 보잘것없는 신분에서 상승하는 두 가지 방법〉, 〈아가토 클레스의 성공〉, 〈사악함은 진정한 영광을 가져오지 않는다〉, 〈페르모 에서 있었던 올리베로토의 배신〉, 〈올리베로토의 성공〉, 〈신중하게 사용된 잔인함〉, 〈잔인한 행위들은 단숨에, 시혜 행위들은 점진적으로 하나씩〉, 〈평온한 시절에는 역경에 대비하라〉로 이루어져 있다.

8장은 보잘것없는 신분에서 군주가 되고자 수단과 방법을 가리지 않은 군주들을 분석한다. 이를 위해 마키아벨리는 고대의 사례로 아가 토클레스를 들고 진정한 비르투나가 무엇인지를 밝힌다. 또한 당대의 사례로는 올리베로토를 들고, 권력을 장악하려면 잔인함을 어떻게 사용해야 하는지를 밝힌다. 그 방법이란 첫째, 잔인함은 될 수 있으면 사용하지 않되 사용할 경우는 신중해야 한다는 것이다. 둘째, 잔인한 행위는 단숨에 해치우되 시혜 행위는 하나씩 베풀어야 한다는 것이다.

마지막으로 결론이다. 결론은 역경을 대비하여 항상 준비하라는 것이다. 대비의 핵심은 신민과 더불어 사는 것이다. 결론 부분은 9장 〈"시민형 군주국"〉의 〈현명한 군주는 역경의 시기에 충성을 확보한다〉와 대비하여 읽으면 좋다. 이를 바탕으로 목차를 구성하면 아래와 같다.

서론: 한낱 보잘것없는 신분에서 상승하는 두 가지 방법

본론:

  1. 고대 사례

    1) 인물: 아가토클레스의 성공

    2) 소결론: 사악함은 진정한 영광을 가져오지 않는다

  2. 현대 사례: 페르모에서 있었던 올리베로토의 배신

            올리베로토의 성공

    1) 소결론 1: 신중하게 사용된 잔인함

    2) 소결론 2: 잔인한 행위들은 단숨에,

            시혜 행위들은 점진적으로 하나씩

결론: 평온한 시절에는 역경에 대비하라

한낱 보잘것없는 신분에서 상승하는 두 가지 방법

그러나 한낱 보잘것없는 신분으로 태어난 사람이 전적으로 행운이나 역량의 덕분[1]이 아닌 또 다른 두 가지 방법으로 군주가 될 수 있기 때문에, 저는 공화국들을 다룬 곳에서 두 가지 중 한 가지를 길게 논의했음에도[2] 불구하고 이 방법들을 생략하고 싶지 않습니다.

이 두 가지는 다음과 같습니다. 한 인간이 아주 사악하고 혐오스러운 방법으로 군주의 지위에 오르거나,[3] 한낱 보잘것없는 시민이 동료 시민들

의 도움을 받아 자신이 태어난 도시의 군주가 되는 것[4]입니다. 첫 번째 방법에 대해 먼 옛날의 일과 최근의 사례를 들어 설명하겠습니다. 하지만 이 방법의 장점을 달리 설명 드리지는 않겠습니다. 왜냐하면 저는 이 방법을 모방하여 강압적으로 사용하려는 자에 대해 이 두 가지 사례만으로도 충분하다고 판단하기 때문입니다.

1 6장에 나오는 '자신의 군대와 역량으로 획득한 새로운 군주국'들과 7장에 나오는 '타인의 무력과 운으로 획득한 새로운 군주국'들을 말한다.

2 설명하기 조금 애매한 곳이다. 우선 두 가지 중 한 가지가 무엇인지 애매하다. 뒤에서 말하듯이 사악하고 혐오스러운 방법으로 군주가 된 자인지, 아니면 시민형 군주국인지 알 수 없다. 둘째, 공화국을 다룬《로마사 논고》에 전자나 후자와 정확하게 맞아 떨어지는 곳이 없다. 이런 점에서 마키아벨리 연구자들은 그가 이에 대한 연구서를 집필했는데 사라졌다거나 계획만 했다고 유추하기도 한다.

3 이에 대해서는 바로 여기 8장에서 다룬다.

4 이에 대해서는 9장에서 다룬다.

6장은 자신의 군대와 역량에 의해 군주가 된 자들을, 7장은 타인의 무력과 운으로 군주가 된 자들을 다뤘다. 8장은 역량도 행운도 아닌 다른 방법, 즉 수단과 방법을 가리지 않고 군주가 된 자들을 다룬다. 흔히 우리가 마키아벨리즘이라고 오해하는 부분이라 해도 좋을 듯하다.

마키아벨리는 이런 방법의 장점에 대해 달리 설명하지 않겠다고 말함으로써 중립적인 태도를 보인다. 오히려 8장의 뒷부분에서는 잔인한 방법을 사용하는 것에 대해 비판적인 태도를 취하고 있음에 유의해야 한다.

아가토클레스의 성공

한낱 보잘것없을 뿐만 아니라 신분도 낮고 비참한 운명이었던 시칠리아의 아가토클레스는 시라쿠사의 왕이 되었습니다. 옹기장이의 아들이었던 그의 경력을 모두 훑어보면, 그는 아주 사악한 삶을 살았습니다.[1] 그는 사악하게 행동하기는 했지만, 군대에 들어가서 계급이 차츰 뛰어올라 시라쿠사의 사령관pretore이 될 만큼 정신과 육체의 활력을 보여주었습니다.

사령관에 머물러 있던 그는 무력을 동원해 왕이 되고 그 자리를 유지하려고 결심했습니다. 그는 동의에 의해서 왕위를 부여해줄 수 있는 자들에게 빚지는 대신, 시칠리아에서 자신의 군대와 함께 전투를 벌이던 카르타고인 하밀카르와 음모를 실행하기로 마음먹었습니다.[2] 어느 날 그는 국가와 관련된 일을 토의하려는 듯이 인민과 시라쿠사의 원로원 의원들을 모이게 했습니다. 그는 군인들에게 신호를 내려 모든 의원들과 인민 중에서 가장 부유한 자들을 죽이도록 명령했습니다. 이렇게 사람들을 학살한 후, 그는 시민들로부터 어떤 저항도 받지 않고 그 도시의 지배권을 장악하고 유지했습니다.[3]

그리고 그는 카르타고인들에게 두 번이나 패하고 마침내 포위를 당합니다. 그럼에도 그는 도시를 방어했을 뿐만 아니라 일부 병력으로 포위에 대항하는 동시에 나머지 병력으로 아프리카 본토를 공격했습니다. 그 결과 아주 짧은 시간 안에 시라쿠사를 포위로부터 벗어나게 했으며, 카르타고인들을 극단적인 궁핍으로 몰고 갔습니다. 카르타고인들은 결국 아프리카에 있는 본토만을 소유하며 시칠리아는 아가토클레스에게 넘겨준다는 조건으로 그와 화해할 수밖에 없었습니다.[4]

1 아가토클레스는 기원전 361년에 태어났다. 그는 기원전 343년에 시칠리아의 시라쿠사로 갔으며, 아버지의 사업을 배우다 기원전 343년 군대에 입문했다. 그 당시 시라쿠사는 600명으로 구성된 과두정 정부였다. 아가토클레스는 시라쿠사에서 유명한 부호이자 당시 군 사령관이었던 다마스Damas를 만나 그의 하급 장교가 되었고, 다마스는 그의 후견인이 된다. 그 후 다마스가 죽자 아가토클레스는 다마스의 처와 결혼해 시칠리아에서 부유하며 영향력 있는 사람이 되었다.

그는 당시 시라쿠사를 지배하던 600명의 과두정 구성원들을 상대로 두 번이나 모반을 일으켰고, 그 때문에 쫓겨났다. 마키아벨리가 사악한 삶을 살았다고 말한 것은 이 두 가지 사건을 가리키는 듯하다.

2 이 부분은 당시의 복잡한 정세를 배경으로 한다. 시칠리아는 기원전 343년 이전에는 카르타고 출신 티몰레온이 수립한 민주정이 지배하고 있었다. 시칠리아가 정치적인 문제와 스파르타의 위협에 대한 대안으로 카르타고에 도움을 청하자, 카르타고에서 파견된 티몰레온은 시칠리아에 들어와서 독재자를 몰아내고 민주정 헌법에 근거한 정부를 수립했다. 그 후 귀족들이 티몰레온의 민주정 헌법을 전복시키고, 600인으로 구성된 과두정 정부를 수립했다.

아가토클레스는 기원전 317~316년 시칠리아에서 쫓겨난 민주정 지지자들과 용병들을 토대로 600인 과두정 정부를 몰아내고자 반란을 일으켰지만 실패해서 쫓겨난다. 이후에도 그는 다시 과두정 정부와 싸움을 벌였다. 과두정 정부가 위협을 느끼고 카르타고에 지원을 요청하자 카르타고는 하밀카르를 보낸다.

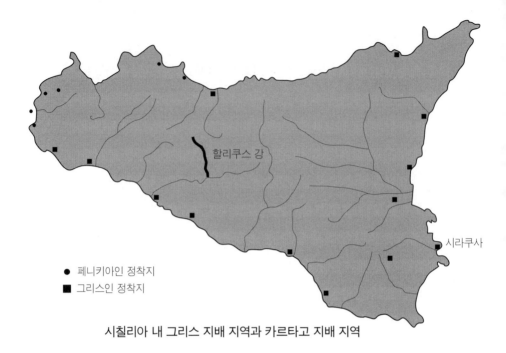

할리쿠스 강

● 페니키아인 정착지
■ 그리스인 정착지

시라쿠사

시칠리아 내 그리스 지배 지역과 카르타고 지배 지역

아가토클레스는 왕위에 오르려고 하밀카르에게 과두정 정부와의 화해를 주선해 달라고 요청한다. 하밀카르는 이 요청을 받아들여 그와 과두정 정부를 화해시켰다. 하밀카르가 왜 아가토클레스의 요구를 받아들였는지는 역사적으로 큰 의문이라고 한다. 과두정 정부는 카르타고의 도움이 없으면 정권을 유지할 수 없었기 때문에 하밀카르의 조언에 따라 아가토클레스와 화해한다. 하밀카르는 아가토클레스에게 병사 5,000여 명을 남겨주고 도시 밖으로 떠났으며, 이후 아가토클레스는 시라쿠사의 참주(기원전 317~304)가 된다.

3 아가토클레스는 40명의 원로원 의원과 4,000여 명의 시민을 살해했으며, 약 6,000여 명을 쫓아냈다. 피의 살육과 약탈로 정권을 장악한 그는 민주정 지지자들의 요구를 반영하여 부채 탕감과 토지 분배 등을 약속했다.

4 이런 획기적인 성동격서 전략이 가능했던 것은 다음과 같은 사실을 배경으로 한다. 우선 시칠리아 내 영토와 관련된 것이다. 지도에서 볼 수 있듯 카르타고는 시칠리아의 서쪽을 주로 지배했고, 그리스인들은 주로 동쪽에서 살

카르타고와 시칠리아의 거리

앴다. 이렇게 영토가 나뉜 것은 카르타고에서 파견된 티몰레온과 카르타고 사이의 전쟁에서 비롯한다. 티몰레온은 앞에서 보았듯이 시라쿠사 내에 민주정 정부를 확립했다. 그러나 쫓겨난 왕정 독재자들은 티몰레온을 몰아내 줄 것을 카르타고에 요청했다. 카르타고는 영토를 확장할 야심으로 자신들이 파견한 티몰레온과 전쟁을 개시한다. 카르타고가 보기에 시칠리아는 그리스 영토를 공략할 수 있는 전초 기지일 뿐만 아니라 성장 중인 로마를 견제할 수 있는 기지였기 때문이다. 그러나 이 전쟁에서 카르타고는 패배했고, 티몰레온과 조약을 맺었다. 조약의 결과 카르타고는 할리쿠스 강 서쪽을 주로 지배하게 되었다.

둘째, 지리적으로 카르타고와 시칠리아는 무척 가깝다는 사실이다. 양 지역의 거리는 약 1,281킬로미터이다. 날씨만 좋다면 배로, 언제든지 시칠리아에서 카르타고까지 갈 수 있다. 고대 전함들이 시속 13~17킬로미터의 속도였으므로, 바람의 도움만 받는다면 사나흘 만에 닿을 수 있는 거리이다. 따라서 시칠리아가 포위되었을 때, 아가토클레스는 적의 본토를 급습하는 이런 전략을 수립할 수 있었다.

셋째, 뛰어난 전략이다. 아가토클레스는 기원전 311년 시라쿠사가 포위당하자, 아프리카 본토를 공략하는 전략을 세웠다. 기원전 310년 직접 군대를 이끌고 바다를 건너간 아가토클레스에 의해 본토를 급습당한 카르타고 군대는 결국 아프리카로 되돌아간다. 후일 로마의 스키피오가 로마에 상주하고 있는 한니발의 공격을 물리치려고 사용한 전략도 이 방법이었다. 아가토클레스는 기원전 306년 카르타고와 조약을 맺었다. 그 후 아가토클레스는 할리쿠스 강 동쪽 시칠리아 내의 그리스 영토와 전쟁을 계속해서 이 지역을 지배하는 참주가 된다.

아가토클레스에 대한 단순한 역사적 사실의 나열이다. 다시 보기는 뒤에서 한꺼번에 한다.

사악함은 진정한 영광을 가져오지 않는다

아가토클레스의 행적과 삶을 검토해 보면, 그가 행운에 전혀 의존하지 않았거나 아주 조금 의존했음을 알 수 있습니다. 그가 군주의 지위에 올랐던 것은 누군가의 도움이 아니라 수없이 많은 시련과 위험을 겪으며 획득한 군대 내에서의 승진 덕분이기 때문입니다. 또한 그가 권력을 유지했던 것은 다수의 용감하고 위험천만한 행동들 덕분이기 때문입니다.

하지만 자신의 동료 시민을 살해하고, 친구를 배신하고, 신의도 없으며, 자비심과 종교심도 없는 것을 역량이라고 부를 수는 없습니다.[1] 이러한 것들은 한 사람이 왕국을 얻는 데는 도움이 되지만 영광gloria을 얻는 데는 도움이 되지 않기 때문입니다.

위험에 뛰어들어 이를 극복하는 아가토클레스의 역량과, 역경을 견디고 이겨내는 아가토클레스의 정신적 위대함을 고려해 보십시오.[2] 그러면 우리는 왜 그를 가장 우수한 어떤 장군들보다 수준이 낮다고 판단해서는 안 되는지 그 이유를 알게 됩니다. 그렇지만 헤아릴 수 없이 많은 그의 사악한 행동에 새겨져 있는 난폭한 잔인성과 비인간성을 검토해 보십시오. 우리는 아가토클레스에게 가장 훌륭한noblest 인간의 반열에 오르는 명예를 허락해서는 안 되는 이유를 알게 됩니다. 그렇다면 우리는 아가토클레스가 행운이나 역량 없이 이루었던 것을 행운이나 역량 덕분으로 돌릴 수 없습니다.

1 앞에서 살펴본 것처럼 마키아벨리가 말하는 비르투나는 선견지명, 결심, 과단성, 단호함, 과감성, 정력 등으로 군사적 성격을 띠고 있다. 이것은 비르투나의 필요조건이다. 필요조건으로서의 비르투나를 갖추지 못한 자는 권력을 획득할 수 없다. 비르투나를 "동료 시민을 살해하고, 친구를 배신하"는 데에 사용한다면, "신의도 없으며, 자비심과 종교심도 없는" 행동을 하는 것이다. 진정한 비르투나는 반드시 신의, 자비심, 종교심을 갖추어야 한다. 신의, 자비심, 종교심 등은 비르투나의 충분조건이라고 할 수 있다. 충분조건으로서의 비르투나를 행사하지 않으면 군주는 권력을 획득한다 해도 영광을 얻을 수 없다. 마키아벨리는 수단과 방법을 가리지 않는 것이 아니라 최소한의 도덕성, 최악의 최소화를 실천하는 비르투나를 역설한다.

2 마키아벨리는 위험과 역경을 구분한다. 위험이 물리적인 힘과 관련이 있다면, 역경은 정신적인 힘과 연관된다. '위험'이란 안전상의 문제가 되는 경우

로, 생명의 위협 등을 포함한다. 안전상의 문제란 개인적으로는 죽거나 다치는 것을, 군주의 측면에서는 권력을 얻지 못하거나 상실하는 것을 말한다. 그는 이런 위험을 비르투나로 극복해야 한다고 말한다. 비르투나는 개인에게는 위험을 극복할 정도의 신체적인 강건함을 뜻하고, 군주에게는 위험을 극복할 정도의 군사적 능력을 갖추는 것을 말한다.

'역경'이란 어떤 일을 진행하기 불리한 조건을 말한다. 역경은 위험을 불러오지는 않는다. 역경은 개인적으로 말하면 극복하기 어려운 곤란한 일에 부딪히는 것을 말하고, 군주의 측면에서 말하면 불리한 조건을 말한다. 마키아벨리는 역경을 위대한 정신으로 이겨내야 한다고 말한다. 위대한 정신은 개인에게는 역경을 이겨낸 목표를 뜻하고, 군주에게는 역경을 극복할 정도의 창조적이고 강인한 정신을 말한다.

아가토클레스는 권력을 얻으려고 두 번이나 쫓겨나는 등 상당한 '위험'을 겪었지만 군사적 역량으로 이를 극복했다. 또한 그는 카르타고에 의해 시라쿠사가 포위되는 '역경'에 처하지만 아프리카 본토 공격이라는 누구도 생각해 내지 못할 창조적인 정신력을 발휘하여 극복해 냈다. 이처럼 군주는 위험을 극복할 수 있는 비르투나와 역경을 극복할 수 있는 정신적 능력을 갖추는 것이 중요하다.

마키아벨리는 아가토클레스가 권력을 획득했지만 영광을 얻지는 못했다고 평가한다. 되짚어 생각하면 모세, 로물루스, 히에론, 체사레 등은 권력과 영광을 모두 획득했다고 말하는 것이나 다름없다. 두 사례에서 다음과 같은 의문이 생긴다. 영광이란 무엇인가? 권력을 획득하면 반드시 영광을 얻는 것은 아닌가? 권력을 획득하고서 영광을 얻지 못한다면 무엇 때문인가? 비르투나를 갖추면 누구나 다 영광을 얻을 수 있는가? 비르투나를 갖추고도 영광을 얻지 못한다면, 비르투나와 영광은 어떤 관계인가?

마키아벨리는 '영광'이라는 말을 명성, 명예, 칭찬, 존경, 평판 등으로 사용한다.* 영광을 얻는 데에 반드시 필요한 것은 비르투나이다. 모세와 로물루스도, 히에론과 체사레도 모두 비르투나를 갖추었기에 권력을 얻을 수 있었고, 그 결과 영광도 얻을 수 있었다. 비르투나가 없다면 궁극적으로 영광을 얻을 수 없다.

그렇다면 아가토클레스의 업적은 영광을 얻지 못할 만큼 미약한 것인가? 절대 그렇지 않다. 오히려 그의 업적은 모세 등과 비교할 수는 없지만 앞서 언급했던 히에론이나 체사레를 훨씬 능가했다고 평가해야 한다. 이를 당시 국제 역학 관계에서 찾아볼 수 있다.

아가토클레스가 주로 활동한 시대를 보자. 그 당시 카르타고는 해상 세력을 바탕으로 한창 힘을 떨치기 시작했고, 로마는 이탈리아 반도를 중심으로 급속도로 성장하고 있었다. 해상 세력과 육지 세력은 일촉즉발의 상황이었고, 곧이어 무려 100년간이나 지속되는 포에니 전쟁이 발발한다. 반면에 도시국가로 이루어진 그리스는 마케도니아의 필리포스 2세(알렉산드로스의 아버지)에게 지배당하고 지중해에서 주도권을 상실하고 있었다.

이 틈바구니에서 아가토클레스는 해상 세력 카르타고와 전쟁을 치러 그리스 중심의 도시국가를 건설한다. 그는 국가를 수호했을 뿐만 아니라 과두정을 몰아내고 민주정을 옹호했으며, 과감한 군사 전략으

---

* 박영철, 〈마키아벨리 사상에 있어서 'Gloria'의 의미〉, 《동국사학 24》(동국대학교사학회, 1990), 132쪽.

로 카르타고의 뒤통수를 치기도 했다. 그는 시라쿠사 참주를 넘어 시칠리아 왕이 되기도 하고, 시칠리아를 넘어 영토를 확장하기도 했다. 이 점에서 본다면 그리스 도시국가 수호에 중요한 역할을 했다고 평가할 수 있다.

히에론 및 체사레와 아가토클레스를 비교해 보자. 아가토클레스는 그들만큼 충분한 비르투나를 갖추었고, 만족스러울 정도의 업적을 남겼다. 게다가 마키아벨리가 그토록 찬양하는 국가 수호와 인민 중시 행동도 보여주었다. 그럼에도 아가토클레스의 행동 가운데 어떤 점에 문제가 있기에 마키아벨리는 이토록 그를 낮게 평가하는가? 다시 말하면 아가토클레스는 왜 영광을 얻지 못했는가? 이는 상당히 중요한 문제이다. 우리가 흔히 알고 있는 '수단과 방법을 가리지 않는 마키아벨리즘'을 다르게 판단할 수 있는 논거를 제시할 뿐만 아니라 비르투나의 본성에 대한 문제도 제기하기 때문이다. 마키아벨리가 왜 이런 평가를 했는지 살펴보도록 하자.

마키아벨리는 아가토클레스가 행한 잔인한 행위의 규모를 문제 삼았다. 아가토클레스는 시라쿠사를 차지할 때 40명의 원로원 의원과 4,000여 명의 시민들을 살해하고, 6,000여 명을 나라 밖으로 쫓아냈다. 무려 1만여 명에 이른다.

이 숫자가 상대적으로 얼마나 큰지 생각해볼 필요가 있다. 아가토클레스가 등장하기 바로 전, 600명의 과두정은 자신들의 반대파 약 1,000명을 쫓아냈다. 아가토클레스의 1/10이다. 아가토클레스는 과두정보다 무려 10배나 더 많은 사람을 핍박했다.

이 숫자가 절대적으로 얼마나 큰지 도시국가 규모에서 생각해 보자. 플라톤 당시 아테네 전체 인구는 약 21만 7,000명 정도였다. 그중 시민이 11만 6,000여 명이었으며, 거류민 2만 1,000명, 노예가 약 8만 명이었다고 한다. 그보다 한 세대 전이라고 할 수 있는 페리클레스 시대, 즉 아테네가 페르시아 전쟁에서 승리를 거두고 최전성기를 구가할 때도 이보다 10만 명가량 더 많았다고 한다. 아가토클레스가 살았던 시대의 시라쿠사 인구는 얼마나 되었을까? 우리가 짐작할 수 있는 것은 플라톤 당시 아테네와 비교하는 것이다. 그렇다면 아가토클레스가 제거한 1만 명, 그것도 시민들만으로 1만 명이라는 숫자는 절대적으로 엄청난 규모이다.

이 숫자를 영광을 얻은 모세와 비교해 보자. 모세는 계율을 어긴 종족 구성원 3,000명을 학살했다고 한다. 이를 많은 숫자라고 오해하지 말자. 왜냐하면 출애굽 당시 유대인은 장정 60만에 식솔을 합쳐 최대 200만 명(600만 명으로 보는 설도 있다)이기 때문이다. 아가토클레스의 만행과는 비교가 안 되게 낮은 비율이다. 더구나 테세우스나 로물루스, 키루스의 영웅적인 업적에는 자종족이나 자민족, 자국민에 대한 집단 학살이 거의 없었다.

자국 인구 규모에 비해 너무 많은 희생자를 만들어낸 아가토클레스는 마키아벨리의 이상적인 군주상에 부적합했다. 그는 권력을 획득하는 필요조건으로서의 비르투나를 갖췄는지는 모르지만, 충분조건으로서의 비르투나는 소유하지 못했다. 그는 "동료 시민을 살해"한 것이다. 이런 점에서 그는 마키아벨리가 추구하는 이상적인 군주, 최소한의 도덕성을 지닌 군주의 반열에 오르는 영광을 얻지 못한다.

이를 수단과 목적, 그리고 영광의 관점에서 살펴보자. 수단으로서의 비르투나를 갖추지 못한 자는 군주가 될 수 없다. 하지만 수단의 목적 압도! 지나치게 과도한 수단 사용은 '위대한' 목적의 의미 상실을 불러온다. 규모의 적정성을 넘어서는 잔인한 행위는 군주에게서 영광을 박탈한다.

모든 사람은 영광을 추구한다. 인간은 필멸하는 존재이므로 영원한 삶을 추구하며, 영원한 삶은 죽은 뒤에 영광스러운 이름으로 남아 지속된다. 그러나 영광은 스스로 만들어내는 것이 아니라 타인으로부터 받는 것이다. 영광은 누가 부여하는가에 따라 다양하게 나타난다. 시민이나 인민으로부터 나온다면 명성이 되고, 귀족들로부터 나오면 명예가 되고, 서열이 비슷하거나 높은 군주들에게서 나오면 칭찬이 되고, 서열이 낮은 제후나 부하에게서 나오면 존경이 되고, 학자나 지식인이나 종교인 사이에서 나오면 훌륭한 평판이 된다.

아가토클레스는 거대한 영웅적 업적을 남겼다. 그러나 그는 다수의 분노와 비판을 자아냈다. 그는 최소한의 도덕성을 겸비하지 못한 채 비르투나를 행사했다. 그는 시민으로부터도, 귀족과 군주와 제후들은 물론이고 학자들로부터도 영광을 부여받지 못한다.

마키아벨리는 말한다. 군주가 되려면 비르투나를 갖춰야 한다. 하지만 최소한의 도덕성이 없는 비르투나의 행사는 사소한 목적은 이룰지 모르지만 위대한 영광을 얻을 수는 없다. 특히 자국민이나 자민족에게 비르투나를 행사할 경우 가능한 한 최소화하고 또 최소화해야 한다. 최소한의 도덕성이 없는 비르투나는 잔인함이자 잔혹한 행위와 다름 없다.

페르모에서 있었던 올리베로토의 배신

이제 교황 알렉산데르 6세가 통치하던 우리 시대의 인물에 대해 말씀드리겠습니다. 페르모[1]의 올리베로토는 어렸을 적에 아버지가 돌아가시자 외삼촌 조반니 폴리아니가 그를 양육했습니다. 올리베로토는 청년 시절 파울로 비텔리 휘하에서 군인으로 복무했습니다. 그는 군 업무에 정통하여, 군대 내에서 높은 지위에 오르고 싶었습니다. 후일 파울로가 죽자[2] 그는 파울로의 동생 비텔리초 밑에서 복무했습니다.

올리베로토는 두뇌가 아주 명민하고 몸이 상당히 강건한 자였으므로, 짧은 시간 안에 군대에서 가장 높은 지위에 올랐습니다. 하지만 남의 밑에 있는 것이 노예와 같다고 생각한 그는 페르모를 차지하려고 마음먹었습니다. 그는 자신들이 태어난 도시의 자유보다 노예로 살기를 선택했던 페르모 출신 몇몇 시민들의 지원과 비텔리초의 도움을 받기로 했습니다.

그래서 그는 외삼촌 조반니 폴리아니에게 고향에서 오랫동안 멀리 떨어져 살다 보니 이제 외삼촌과 자신이 태어난 도시를 방문하고 싶고, 자신의 유산도 살펴보고 싶다는 내용을 편지로 알렸습니다. 또한 편지에다 그는 명예를 얻는 것 외에는 다른 어떤 일도 하지 않았다는 점, 아무런 결과 없이 시간을 낭비하지 않았다는 점을 동료 시민들에게 보여주고 싶다고 말했습니다. 그는 이를 보여주려고 자신의 친구들과 부하들 중에서 선발한 기병 100여 명의 호위를 받으며 명예롭게 도시에 들어가고 싶다는 말도 전했습니다. 마지막으로 그는 페르모의 인민이 모여서 자신을 명예롭게 환영하는 친절함을 보여달라고 외삼촌에게 간청했습니다. 그리고 이렇게 해주시면 어렸을 적 키워주신 외삼촌뿐만이 아니라 자신에게도 명예로운 일이 될 것이라는 말도 잊지 않았습니다.

외삼촌 조반니는 조카 올리베로토를 맞이하는 데에 결코 부족함이 없었습니다. 또한 그는 페르모의 인민에게 자신의 조카를 명예롭게 맞이하라는 명령을 내렸습니다.

그 후 올리베로토는 외삼촌 조반니의 저택에서 머물렀습니다. 그는 그곳에서 시간을 보내면서 앞으로의 사악한 행동을 위해 필요한 비밀스러운 준비를 착착 진행했습니다. 그는 화려한 연회를 주최하여 외삼촌 조반니 폴리아니와 페르모의 유력 인사들을 초대했습니다. 식사가 끝나고 연회에서 진행되는 다른 모든 여흥도 관례에 따라 다 진행되었습니다. 올리베로토는 준비했던 계획에 따라 교황 알렉산데르 6세와 그의 아들 체사레에 관해, 그리고 그들의 계획 등을 말하면서 자못 심각한 토론을 시작했습니다. 외삼촌 조반니와 다른 유력 인사들이 의견을 말하기 시작하자, 올리베로토는 곧장 일어나면서 이런 이야기들은 더 비밀스러운 장소에서 해야 한다고 말했습니다. 그리고 올리베로토는 조반니와 다른 유력 인사들을 개인 집무실로 이끌었습니다. 그들이 좌석에 앉기가 무섭게 병사들이 비밀 장소에서 몰려나와 조반니와 다른 유력 인사들을 모두 살해했습니다.

이러한 참살 후, 올리베로토는 말에 올라타고서 도시를 내달려 궁궐 내 관리들을 포위했습니다. 그러자 관리들은 두려움 때문에 어쩔 수 없이 올리베로토에게 복종했고, 올리베로토가 스스로 군주에 오른 정부를 승인했습니다.

1 페르모의 위치는 다음 페이지의 지도에서 볼 수 있다.

2 1494년 샤를 8세가 이탈리아를 침략하자, 피사는 1409년부터 자신들을 지배해 온 피렌체로부터 독립했다. 1499년 피렌체는 카스텔로의 영주 파올로를 용병대장으로 임명하고 피사 재점령 전쟁을 벌인다. 파올로는 피사를 곧 점령할 정도로 강력한 공격을 퍼부었으나, 시가전에서 병사들이 많이 죽는다는 이유로 갑자기 군대를 철수했다. 피렌체는 피사를 점령할 수 없게 되자

파올로를 체포했고, 반역죄와 전선 이탈 등의 책임을 물어 사형 선고를 내리고 그의 목을 도끼로 잘랐다.

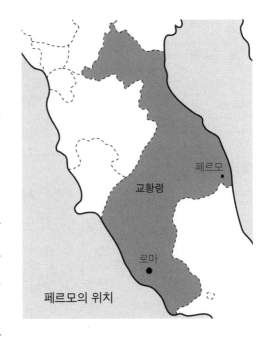

페르모

교황령

로마

페르모의 위치

앞에서 말한 '영광'의 관점을 중심으로 올리베로토의 행적을 살펴보자. 올리베로토는 페르모의 유력자들을 모두 죽였다는 점에서 "동료 시민을 살해"했다. 또한 어렸을 적 고아가 된 자신을 키워준 삼촌 조반니를 죽였다는 점에서 친구를 '배신'했다. 그는 또한 페르모에 들어오도록 삼촌이 호의를 베풀게 한 것도 음모였다는 점에서 '신의'도 없다. 마지막으로 그는 자신의 말을 듣기 위해 모인 유력자들을 모두 살해했다는 점에서 '자비심'도 없다.

마키아벨리는 아가토클레스에 대해 악평하지는 않는다. 다만 아가토클레스는 비르투나를 갖추었지만 영광을 얻지 못했을 뿐이라고 평가한다. 그가 수많은 악행을 저질렀음에도, 대내적으로는 인민을 보살피고 대외적으로는 나라를 지켰기 때문이다.

마키아벨리는 올리베로토에 대해선 극단적인 악평을 퍼붓는다. 그 역시 비르투나를 갖췄지만 대내외적으로 아무런 업적도 남기지 못했기 때문이다. 이런 이유로 마키아벨리는 올리베로토를 악인 가운데 최고의 악인으로 꼽았다. 오직 권력만을 갈구했을 뿐이고 마키아벨리가 체사레에게 부여한 '고상한' 정신이라고는 찾아볼 수 없는 속물 중의 속물이라고 평가한다.

올리베로토의 성공

올리베로토는 불만을 품고서 자신에게 해를 가할지도 모르는 모든 사람을 다 살해했습니다.[1] 그는 민간 부문과 군사 부문을 새롭게 정비함으로써 자신의 힘을 강화했습니다. 그는 군주가 된 지 1년 만에 페르모에서 아무런 위협을 받지 않게 되었으며, 주변 국가들에 두려움의 대상이 되었습니다. 만약에 앞서 말씀드렸듯이 공작이 오르시니와 비텔리를 사로잡았을 때 시니갈리아에서 그를 사로잡지 않았더라면, 그를 전복하는 일은 아가토클레스만큼이나 쉽지 않았을 것입니다. 올리베로토는 외삼촌 조반니를 살해한 지 1년 후 사로잡혔으며, 그에게 선과 악을 가르쳐준 교사였던 비텔로초와 함께 교살당했습니다.

---

1 비텔로초 비텔리는 알렉산데르 6세에 대항해 오르시니 가문과 주로 연대했고, 1501년 파올로 비텔리가 죽자 피렌체에 적개심을 품었다. 피렌체가 동생 파올로를 역모죄로 처형했기 때문이다. 비텔로초는 체사레가 피렌체와 협상하는 동안 피렌체의 아렌초를 차지했으나 체사레가 압박을 가하자 곧 포기했다. 이에 대한 분노로 그는 오르시니 가문이 주도한 마조네 회합에 참여하여 체사레에 대한 음모를 꾸민다. 그는 체사레가 점령했던 세니갈리아를 차지했고, 이에 분노한 체사레는 비텔로초, 올리베르토 등을 한꺼번에 사로잡아 목을 졸라 죽인다.

8장은 모반론 또는 쿠데타론이라고 해도 좋다. 마키아벨리는 고대의 아가토클레스와 당대의 올리베로토의 모반을 짧지만 깊이 있게, 간단하지만 풍부하게 분석한다. 그는 모반의 주체적인 조건과 상류층 포섭, 그리고 외적 조건으로서의 기존 지배층의 무능을 모반론에 맞춰 풍부하게 설명한다. 이 분석은 현대 국가에서 발생하는 쿠데타에도 적용될 수 있다.

우선 마키아벨리는 두 인물을 통해서 모반의 주체적인 조건, 즉 모반자가 어떤 능력을 갖춰야 하는지에 대해 설명한다. 모반자의 능력을 갖추지 못한 자는 모반할 수 없을 뿐만 아니라 모반해서도 안 된다. 이런 조건을 갖추지 못한 자는 반드시 실패한다. 마키아벨리가 설명한 조건은 아래와 같다.

① 강인한 정신: 모반자는 아무리 힘든 시련도, 군사적 위기도 견뎌내야 할 정도로 강한 정신력을 갖춰야 한다. 역경에 처할수록 점점 더 강해져야 한다.

② 강건한 육체: 모반자는 군대 내에서 승진을 거듭할 수 있을 정도로 활력이 있으며 활발해야 한다. 군대 내에서 적정한 지위까지 승진하지 못한다면, 모반을 할 수 있는 최소한의 조건을 충족하지 못한다. 모반자는 어떤 위기도 극복할 수 있는 강인한 체력을 지니고 있어야 한다.

③ 충만한 의지: 모반자는 절대 남에게 굴복하며 살기 싫을 뿐만 아니라 도움받는 것도 혐오하는 마음이 있어야 한다. 신민이나 귀족의 도움을 받아 군주가 되느니 군주가 안 되는 것이 낫다고 생각해야 한다.

④ 철저하고 교활한 음모: 올리베로토처럼 모반자는 자신을 키워준 부모나 친척이라 할지라도 음모를 전혀 눈치 채지 못하도록 자연스럽게 일

을 꾸며야 한다. 또한 아가토클레스처럼 모반자는 하밀카르와 같은 적도 자신이 모반의 한 축으로 이용되고 있음을 모를 정도로 교묘하게 일을 추진해야 한다.

⑤ 과감·신속·잔인한 행동: 모반자는 적이라고 생각되는 자나 앞길을 막는다고 생각되는 상류층 모두를 죽일 정도로 과감해야 한다. 또한 모반자는 신속하게 적을 처단해야 한다. 모반자가 잔정에 이끌려 잠시라도 지체하면, 기존 지배층의 역습으로 형장의 이슬로 사라진다. 또한 모반자는 시민이나 인민이 저항할 것 같으면 그 수가 얼마가 되든지 모조리 죽일 자세가 되어 있을 만큼 잔인해야 한다.

둘째, 마키아벨리는 모반이 성공하기 위한 조건으로 상류층 포섭이 중요하다고 강조한다. 이는 모반이 성공하기 위한 보조 조건이다. 이 조건을 충분히 준비하지 못하면 모반자는 동조자를 얻지 못하게 되고, 모반을 시도해도 성공하기 쉽지 않다.

① 군대 지휘자의 적절한 이용: 군대의 장군들은 모반에 뜻을 같이할 뿐만 아니라 성공에 따른 이익도 같이 나누는 일종의 동지이다. 모반자는 반드시 군대 내 상층의 도움을 끌어들여야 한다. 필요하다면 아가토클레스처럼 적의 군대와 장군을, 올리베로토처럼 자신의 상관도 이용할 수 있어야 한다.

② 상류층의 포섭 전략: 상류층은 모반자의 추종 세력에 해당한다. 상류층은 자기들에게 이익이 된다면 국가의 이익도 배신한다는 것을 모반자는 알고 있어야 한다. 모반자는 바로 그들이 원하는 이익을 제공하는 대신에 정치적인 지지를 얻어내야 한다. 모반자는 상류층 포섭 전략을 끊임없이

진행해야 한다.

셋째, 마키아벨리는 기존 지배층의 어리석음과 두려움이 모반 발생의 외적 조건이라고 말한다. 기존 지배층은 모반자에겐 청산 대상이자 적대자들이다. 이들의 어리석음과 두려움은 모반의 발생 조건이다. 이 조건이 무르익지 않으면, 모반자가 주체적 조건을 갖추었다 할지라도 성공할 수 없다.

　① 기존 지배층의 어리석음: 기존 지배층은 모반이 이루어지고 있음에도 순진하게 모반이라고 생각하지 않는 어리석음을 보인다. 기존 지배층이 모반을 모반으로 생각하지 못할 정도로 정치적 감각이 떨어지는 경우 모반은 성공하게 된다.
　② 기존 지배층의 두려움: 기존 지배층은 모반이 현재 실제로 진행되고 있음에도 이를 응징하지 못할 정도로 심약해진다. 그들은 모반자에 대한 공포로 모반에 어떤 반대도 하지 못하는 위약함을 보인다. 올리베르토가 관리들을 위협했을 때 그들이 무기력하게 올리베로토를 군주로 받아들이는 것과 같은 경우이다.

기존 지배층이 이런 정도의 어리석음과 두려움을 보인다는 건 국가의 지도층이 국가를 유지·보전할 만큼의 능력이 없는 상황이 발생한 것을 보여준다. 이런 상황이 되면 상류층의 모반 또는 밑으로부터의 정치 변화가 일어난다. 대개 밑으로부터의 정치적 변화를 막으려고 상류층의 모반 또는 쿠데타가 먼저 발생한다.

마키아벨리의 아가토클레스와 올리베르토에 관한 위의 글은 어떻게 읽느냐에 따라 다르게 활용될 수 있다. 우선 모반자가 활용하면 모반의 정치학 교과서가 된다. 모반자는 이런 조건을 충족시키면 모반에 성공할 수 있음에 주의를 기울이면 된다. 개인적으로 모반을 일으킬 정도의 능력을 갖춘 모반자라면 기존 지배층의 무능력을 바탕으로 상류층을 포섭한다면 모반에 성공할 가능성이 커진다. 반면에 기존 지배층이 읽는다면, 모반을 막을 수 있는 모반 방지 교과서가 된다. 기존 지배층이 강력하다면, 어리석게 속지도 않을 것이며 모반이 일어났을 때 이를 응징하는 방법을 배울 수 있다. 또한 상류층은 기회주의적 선택의 교과서로도 읽을 수 있다. 즉, 모반 성공 여부를 가늠하여 성공할 가능성이 있다면 모반자를 지지할 것이고, 기존 지배층이 강력하다면 모반자 응징에 나설 것이다.

신중하게 사용된 잔인함

사람들은 아가토클레스와 그를 닮은 사람들을 보며 헤아릴 수 없이 많은 불충과 잔인한 짓을 저지른 자들이 어떻게 자신들이 태어난 지역에서 안전하게 살아가는지, 외국의 적들에게서 자신들을 지키는지, 시민들이 그들에 대해 왜 음모를 꾸미지 않는지 의문을 품곤 합니다. 왜냐하면 많은 다른 군주는 평화 시에는 물론이고 불확실한 전쟁 시에도 잔인한 짓을 저지르면 정부를 유지할 수 없었기 때문입니다.

  이는 잔인한 행위들이 잘 사용되었는가 아니면 잘못 사용되었는가 하는 데서 비롯한다고 저는 생각합니다. 잘 사용되었다는 것(악한 것에 대해 우리가 '잘'이란 말을 사용할 수 있다면)은 찬탈자가 자신을 보호할 필요가 있을 때 단 한 번만 잔인하게 행동하고, 그다음에는 지속적으로 잔인한 짓을 하는 게 아니라 신민에게 가능한 한 최대 이익을 제공하는 방향으로 바꾼 경우입니다. 잘못 사용되었다는 것은 처음에는 잔인함을 적게 사용하다가 시간이 흐를수록 줄이기는커녕 오히려 점점 더 많이 사용하는 것을 말합니다.

전자의 방법을 사용한 군주들은 아가토클레스의 경우처럼 신과 인간 앞에서 자신들의 지위를 어느 정도 개선할 수 있지만, 후자의 방법을 따른 군주들은 자신을 유지할 가능성이 전혀 없습니다.

마키아벨리는 통치자의 잔인한 행위를 옳지 않다고 생각한다. 평시나 전시나 잔인한 행위를 사용한 자는 정부를 유지할 수 없기 때문이다. 하지만 모반의 경우에는 달라진다. 모반에는 잔인한 행위가 반드시 따르기 마련이라면, 잔인한 행위를 어떻게 평가해야 할 것인가? 기존의 지배층이 권력을 순순히 내놓을 리 없지 않은가? 그렇기 때문에 그는 아가토클레스를 통해 잔인한 행위가 인정될 수 있는 몇 가지 조건을 밝히고 있다.

첫째, 목적이다. 잔인한 행위의 목적이 자신을 보호하기 위한 경우에는 인정된다. 모든 인간은 위험에 부닥치면 그 위험을 피하고자 한다. 이 경우 자신을 보호하기 위한 잔인한 행위는 허용된다. 특히 모반에 수반되는 위급 상황이나 절체절명의 상황에서 잔인한 행위는 불가피한 선택이다.

둘째, 횟수이다. 잔인한 행위는 어떤 경우에도 ㄱ 횟수가 적을수록 좋다. 어리석은 모반자는 시간이 지날수록 잔인한 짓을 점점 더 많이 저지른다. 이러한 모반자는 반드시 저항에 부딪히기 마련이고 권력을 상실하기 십상이다.

셋째, 보상이다. 모반자는 잔인한 행위를 한 뒤에는 반드시 신민에게 최대의 이익을 주는 방향으로 행동해야 한다. 신민을 위한 선량한 행위는 이전에 자신이 저지른 잔인한 행위가 어쩔 수 없는 상황에서의 불가피한 선택이었다는 점, 거대 악을 제거하기 위한 필요악이라는 점을 도드라져 보이게 한다. 이익을 얻게 된 신민은 모반자가 저지른 이전의 잔인한 행위를 심정적으로는 인정하지 않지만 이성적으로는 수용하게 된다.

예컨대 아가토클레스는 부채 탕감과 농지 개혁 등으로 시민들의 마음을 사로잡았을 뿐만 아니라 카르타고로부터 국가를 지키고 영토를 확장함으로써 시민들의 지지를 끌어냈다. 이 세 조건에 바탕을 두고 마키아벨리는 아가토클레스에 대해 다소 우호적인 평가를 내린다. 마키아벨리의 잔인함과 관련된 이 논의는 현대의 쿠데타에도 그대로 적용된다.

잔인한 행위들은 단숨에, 시혜 행위들은 점진적으로 하나씩

우리는 이러한 사실로부터 다음과 같은 결론을 얻을 수 있습니다. 국가를 차지하려는 신중한[1] 자는 필요한 모든 해악 행위 목록을 작성하고 이를 단숨에 자행해야 합니다. 그렇게 함으로써 그는 해로운 행위들을 일상적으로 반복하지 않을 수 있습니다. 왜냐하면 해로운 행위들을 반복하지 않아야 그는 시민들이 안전하다고 느끼게 해줄 수 있고, 결과적으로 시민들의 지지를 받을 수 있기 때문입니다.

소심함과 잘못된 조언에 의해서 이와 반대로 행동한 자는 항상 손에 칼을 들고 있을 수밖에 없습니다. 그렇게 하면 그는 결코 자신의 신민에게 의지할 수 없으며, 매일매일 가해지는 새로운 잔인한 행위들 때문에 신민은 불안을 느끼게 됩니다. 잔인한 행위들은 한꺼번에 행해져야 하며, 그렇게 하면 잔인한 행위들의 맛이 덜 느껴지게 되어 신민은 덜 분노하게 됩니다. 반면 시혜 행위들은 조금씩 제공되어야 하며, 그렇게 하면 신민은 더 많이 시혜 행위의 맛을 느끼게 됩니다.

1 영역판 주를 참조해서 읽어야 한다. '신중한'이라는 뜻을 가진 영어 prudent 와 다음 절의 첫 구절에 있는 '현명한'이란 뜻을 가진 wise에 상응하는 이탈리아어는 마키아벨리가 쓴 《군주론》에는 나오지 않는다. 마키아벨리는 이 단어 대신 debbe란 동사를 사용했다. 이 단어는 영어로 ought 또는 must 에 해당한다. 그렇다면 이 의미는 '그가 정복자 또는 군주로 성공하기를 희망하는 자라면'이란 뜻이 된다. 이 점에서 이탈리아어 dovere(debbe)는 논리적-필연성의 의미로 사용되었다고 볼 수 있다. 완전하게 이해한다면, 군주는 현명해야 한다는 뜻이다. 따라서 현명한 군주는 마키아벨리가 말한 대로 행동해야만 한다는 뜻이 된다. 마키아벨리는 dovere뿐만이 아니라 '현명한'이라는 형용사를 이런 의미로 6번 사용한다(3, 9, 17, 18, 20, 23장). 또한 마키아벨리는 군주를 dovere라는 뜻 없이 '현명한' 또는 '신중한'이라는 자로 다섯 번 사용한다(3장, 10장에서 두 번, 13장, 19장). 이것은 다른 구절들이 어떻게 이해되어야 하는가를 지시해 준다. 따라서 여기에 삽입된 '신중한'과 '현명한'으로 사용된 형용사는 정확한 표현으로 볼 수 있다. 더구나 마키아벨리가 현명한 군주란 무엇인가를 보여주고 있기 때문에, 이 형용사의 사용은 작품의 정신과 조화를 이룬 것이라고 판단할 수 있다.

마키아벨리는 모반을 일으킨 자가 '소심함'을 지니고 있다는 뜻밖의 주장을 한다. 이 주장은 모반을 기도하고 성공한 자가 대부분 '대범한' 자라고 생각하는 우리 상식과 맞지 않는다. 그는 왜 이런 말을 했을 까? 그가 말하는 모반자의 소심함은 성공한 자의 특성을 고려한 것이 다. 마키아벨리는 모반자가 모반을 시도할 때는 대범하지만, 성공한 후에는 소심해진다고 본 것이다. 왜 그런지 살펴보도록 하자.

모반을 행한 자는 대부분 대범한 자이다. 이 가정은 거의 틀리지 않 는다. 소심한 자는 모반을 꿈꾸지 않을 뿐만 아니라 시도할 리가 없다. 모반을 시도해도 우유부단함 때문에 대부분 실패한다. 모반자들은 앞 에서 살펴본 대로 강인한 정신, 건강한 육체, 충만한 의지, 철저하고 교 활한 음모, 신속·과감한 행동을 하는 자이다. 모반에 성공하기 전, 즉 모반을 하는 과정에서 그는 '전능'한 자이다. 이런 능력을 바탕으로 그 는 상류층도, 기존 지배층도 자기편으로 만들거나 제거하고 군주가 된 자이다.

그러나 군주가 된 후 사정은 달라진다. 그는 한 줌도 안 되는 모반 자 무리의 우두머리에 지나지 않는다. 그를 적대시하는 상류층이나 기 존 지배층이 여전히 다수로 남아 있다. 절대다수의 시민은 아직 그의 정통성을 믿지 않으며, 모반자의 정책 결과가 확연하게 드러나지 않는 한 모반자를 신뢰하지 않는다. 시민들은 강력한 힘을 가진 잔인한 모 반자를 다만 두려워할 뿐이다. 이런 진퇴양난에 처하게 되면 모반자는 곧 다수의 적이 언제 달려들지 모르는 공포감, 시민들 대부분을 상대 로 아무것도 할 수 없다는 무력감을 느끼게 된다. 그는 군주가 되기 전 전능했지만 군주가 되고 나서는 아무것도 할 수 없는 무능한 존재라 는 생각에서 비롯된 극도의 자기 비하에 빠진다. 군주가 되기 전 대범한 자였던 그는 이제 무기력한 소심함을 드러낸다.

모반의 정당성이 부족할수록, 모반 과정에서 잔인함을 많이 사용했을수록 그 소심함은 더 커진다. 소심한 군주일수록 권력에 집착한다. 권력을 유지해야만 죽음에 이르지 않기 때문이다. 소심한 군주일수록 자신보다 정당성이 있는 자나 강력한 자를 질투한다. 그런 소심한 군주는 '새로운 잔인한 행위'를 지속하게 된다. 군주가 되고 나서도 모반 당시의 전능함을 계속 꿈꾸기 때문이다.

그러나 모반자는 전능함을 실현하지 못한다. 사정이 달라지기 때문이다. 군주가 되기 전에는 모든 것을 속전속결로 해치울 수 있는 전능함이 필요했지만 군주가 된 후에는 모든 적한테서 자신을 방어할 수 있는 전능함이 필요해진다. 또한 그는 일반 시민의 정서를 확인하고 그들을 자기편으로 만드는 전능함을 희구한다. 그에게는 이 두 가지 목적을 달성하고자 국가 내에서 벌어지는 모든 일을 아는 '전지全知'가 필요하다. 그는 이를 위해 각종 정보 부서를 만들어낸다. 시간이 흐르면 이 정보 부서의 부하들이 그에게 잘못된 조언을 한다. 그들은 자기 지위를 유지하기 위해 적이 없으면 적을 만들어낸다. 그들은 자신의 생존을 위해 군주로 하여금 일반 시민에게 등을 돌리게 한다.

또한 일반 신하들 중에서도 새로운 군주에게 잘 보이고 싶은 공명심, 새로운 군주에게서 관직과 재물을 얻고 싶은 이기심, 새로운 군주 치하에서 출세하는 다른 신하들에 대한 질투심 때문에 잘못된 조언을 하는 경우가 많아진다. 잘못된 조언의 특징은 '과장된 위기 조성'이다. 군주에 대한 암살, 모반, 쿠데타, 혁명과 같은 위기 조성은 모반자를 점점 더 소심하게 만든다. 모반자는 기존 상류층, 기존 지배층, 대부분의 시민을 점점 더 두려워하게 된다. 소심하고 두려워질수록 그는 이를 감추고자 항상 손에 칼을 들고서 피를 묻히는 잔인함을 행사한다.

군주가 된 후 행사하는 잔인함은 군주가 되기 전의 잔인함과는 성격이 전혀 다르다. 자신을 보호하려는, 생존을 위한 피 뿌리기가 일상화된다. 권력을 차지하기 위해 불가피한 잔인함은 현실 정치에서 다반사이지만 소심함에서 비롯된 잔인함은 물리적인 과시 행위이자 화려한 쇼이다. 화려한 쇼인 이유는 그 목적 때문이다.

첫째, 그 목적은 명시적인 적을 잔인하게 제거함으로써 잠재적인 적에게 위협을 가하는 것이다. 소심한 군주는 적을 잔인하고 화려하게 제거함으로써 상류층과 지식인 등 잠재적인 적이 그에게 도전하지 못하게 한다.

둘째, 그 목적은 국가에 도전하는 명시적인 적이 존재한다는 것을 일반 시민에게 보여줌으로써 위기감을 고조하는 것이다. 화려한 쇼를 통해 자신만이 위기를 타개할 수 있는 인물이라는 점을 강조함으로써 일반 시민을 결속시키는 것이다.

셋째, 그 목적은 부하들이 잔인한 행위를 하게 함으로써 내부 결속을 다지는 것이다. 소심한 군주는 부하들과 함께 용서받을 수 없는 잔인한 짓을 저지름으로써 그들을 공범자로 만들고, 이를 통해 내부 결속을 강화한다.

소심한 군주는 자신을 지키려고 잔인한 살인을 일삼고, 점점 더 화려하게 잔인한 짓을 저지른다. 잔인한 짓을 한층 더 화려하게 할수록 구경꾼은 많아지고, 구경꾼이 많아질수록 위에서 말한 정치적 목적을 달성하기 쉬워진다. 하지만 소심함에서 비롯된 잔인함은 현실 정치에서 불필요할 뿐만 아니라 정치적인 적과 일반 시민들에게서 비난받게 된다. 모반과 쿠데타에서 샴쌍둥이처럼 나타나는 소심함과 잔인함, 마키아벨리는 이를 정확하게 끄집어내어 비판한다. 마키아벨리는 단언한다. '잔인함은 피할 수 있다면 무조건 피하는 것이 옳다. 잔인함을 피할 수 있는 모반자가 진정으로 대범한 자이다.'

평온한 시절에는 역경에 대비하라

그리고 무엇보다도 현명한 군주는 좋든 싫든 예기치 않은 사건이 자신을 변화시키지 못하도록 신민과 더불어 살아야 합니다. 왜냐하면 역경의 시기에 위급 상황이 발생하게 되면, 당신이 가혹한 조치를 취하기에는 너무 늦기 때문입니다. 또한 당신이 선량하게 행동한다 해도 당신에게 도움이 되지 않습니다. 왜냐하면 신민은 그런 선량한 행동을 위급 상황 때문에 어쩔 수 없이 한 것으로 받아들이기 때문입니다. 그리고 당신은 그런 선량한 행동을 했어도 아무런 보상을 받지 못하게 됩니다.

이 장에서 말하는 '현명한 군주' 앞에는 '모반으로 군주가 되었다 할지라도'라는 말을 붙여야 한다. 따라서 '모반으로 군주가 되었다 할지라도 현명한 군주는 역경에 대비해 무엇을 준비해야 하는가'로 읽어야 한다.

마키아벨리는 〈사악함은 진정한 영광을 가져오지 않는다〉에서 위험과 역경을 구분했다. 그가 위험이 아니라 역경이라고 말한 것, 군주가 되기 전이 아니라 군주가 되고 난 후의 역경에 대해 논한 것에 주의해야 한다. 따라서 역경은 개인을 넘어선 문제, 군주가 된 후에는 국가적인 위기이다. 아가토클레스가 군주가 된 후에 처한 역경은 카르타고와의 전쟁이었다. 모반으로 군주가 된 후 역경에 처하게 되면 잔인한 행동도, 선량한 행동도 할 수 없는 딜레마에 빠지게 된다. 전자는 시기 때문이고, 후자는 진실성 때문이다.

전자의 경우이다. 적에게 침략을 당해 국가적인 위급 상황에 처한 경우를 가정해 보자. 모반으로 성공한 군주는 적과 전쟁을 치르려고 시민을 동원해야 한다. 하지만 시민들이 동원에 응하지 않아서 군주가 잔인한 행동을 한다고 해보자. 그러면 시민들은 적들과 내통하며 군주에게 저항할 것이고 그는 결국 안팎의 적을 맞아 국가를 상실할 뿐만 아니라 권력도 잃게 된다.

후자의 경우이다. 전쟁이 발발하고 나서 군주가 시민에게 선량한 행동, 즉 아첨을 했다고 가정해 보자. 예컨대 토지 개혁과 부채 탕감 등을 약속하며 시민의 참전을 호소했다고 하자. 시민들은 그 군주가 진심으로 선량한 행위를 한 것으로 믿지 않을 테고, 그렇게 되면 군주는 역시 권력을 잃기 십상이다.

여기서 마키아벨리는 자신만의 인민관을 다음과 같이 슬며시 집어넣는다. '모반으로 군주가 된 자라 할지라도 현명한 군주는 역경에 처했을 때 신민의 지지를 받을 수 있도록 신민과 더불어 사는 것이 중요하다.'

한 가지 더 다시 봐야 할 것이 있다. 이 부분은 9장 〈현명한 군주는 역경의 시기를 대비해 충성을 확보해야 한다〉와 비교하여 읽어야 한다. 8장의 이 부분이 모반을 일으켜 군주가 된 자와 신민 또는 시민의 관계라고 한다면, 9장은 시민의 지지를 받아 군주가 된 자와 신하, 그 중에서도 일반 시민 출신의 전문성을 지닌 관료들과의 관계이다. 마키아벨리는 8장에서 정통성이 약한 군주일수록 신민과 더불어 살아야

312

한다는 것을 강조하고, 9장에서 정통성이 강한 군주일지라도 신하의 충성을 확보해야 한다고 강조한다. 이에 대해서는 9장에서 더 살펴보자.

8장 다시 보기

8장은 '모반의 정치학' 입문서이자 '쿠데타의 정치학' 교과서이다. 마키아벨리가 집필한 내용을 쿠데타를 중심으로 재배치하면 아래와 같은 목차가 구성된다.

서론: 쿠데타 감행자의 출신 성분 분석―한낱 보잘것없는 신분
본론: 아가토클레스와 올리베르토 사례 분석
1. 쿠데타를 통한 권력 획득
   1) 주체적 조건
      (1) 강인한 정신
      (2) 건강한 육체
      (3) 충만한 의지
      (4) 철저하고 교활한 음모
      (5) 신속 과감한 행동
   2) 상류층 포섭
      (1) 수족처럼 부릴 수 있는 장수 획득
      (2) 상류층의 지지 획득
   3) 외적 조건―기존 기득권 세력의 무능

(1) 기존 지배층의 어리석음

　　(2) 기존 지배층의 두려움

2. 쿠데타 시 유의 사항

　1) 권력을 획득해도 영광을 획득하지 못하는 이유

　2) 최소한의 영광을 얻는 방법

　　(1) 신중하게 잔인함을 사용하라

　　(2) 잔인한 행위는 단숨에

　　(3) 시혜 행위는 점진적으로 하나씩

결론: 쿠데타 성공 후 권력 유지 방법─신민의 마음을 사라

　8장은 아주 짧다. 마키아벨리는 보잘것없는 신분에서 군주가 된 자들을 분석함으로써 현대 국가에서 벌어질 수 있는 쿠데타의 전형을 제시했다. 물론 그의 글에는 쿠데타가 발생할 수 있는 사회경제적 배경이나 지배층으로부터 시민이 이반하는 것과 같은 동적 요소는 없다. 하지만 그는 쿠데타를 분석하는 데에 유용한 골격을 제시하고 있다. 현대 정치사에서 일어나는 다양한 형태의 쿠데타를 분석해 보면, 대개 이 틀에서 벗어나지 않는다.

　8장은 또한 '쿠데타 성공 유지론'이라고 할 수 있다. 마키아벨리는 특히 권력 획득의 방법뿐만이 아니라 권력을 장기간 유지하는 방법에 대해 서술하고 있다. 이런 점에서 8장은 아리스토텔레스《정치학》5권 10장 〈독재정치의 기원과 전복〉, 11장 〈독재 정체, 특히 참주 정체의 보존 방법〉의 환생이다. 그는 아리스토텔레스의 정치학 내용을 1,800여 년 만에 자신만의 간단명료한 방법으로 재구성한 것이다. 더 나아가 그는 쿠데타에 성공한 자가 권력을 지키려면 어떻게 행동해야 하는

지 설명한다.

그러나 마키아벨리는 이런 참주나 독재자들이 어떻게 권력을 유지할 수 있는가에 대해서는 "평온한 시절에는 역경에 대비해야 한다"라는 말로 아주 간단하게 처리해버린다. 그 구체적인 방법은 아리스토텔레스의 정치학에서 찾아야 한다. 아리스토텔레스는 불법적인 방법으로 권력을 장악한 참주나 독재자가 권력을 유지하는 두 가지 방법이 있다고 보았다.

첫째, 강압적인 방법이다. 걸출한 자를 제거하고, 시민들이 기를 펴지 못하게 하고, 피통치자들이 무슨 말을 하는지 항상 감시하고, 피통치자들이 음모를 꾸밀 시간도 없게 가난하게 만들고, 부인과 노예가 시민을 고발하게 하는 것이다. 한마디로 피통치자를 강압적으로 누르고 그들 간의 상호 불신을 조장하는 것이다.

둘째, 위와 정반대 방법으로 피통치자의 이익을 강화하는 방법이다. 공금을 낭비하지 않고, 피통치자가 경외하게 만들고, 피통치자에게 훌륭한 군인이라는 인상을 심어주고, 절제하고, 신들을 공경하고, 어떤 일이 있어도 폭력을 삼가는 것이다. 한마디로 피통치자에게 선량한 행동, 즉 아첨을 하며 피통치자의 존경을 얻는 것이다.

마키아벨리는 이 두 번째 방법을 원용하여 쿠데타에 성공한 자들의 권력 유지 방법을 설명한다. 그는 한낱 보잘것없는 자들이 전자의 방법으로 군주가 되었다면, 후자의 방법을 써서 권력을 유지하라고 권고한다. 그는 이런 주장을 통해 1부의 핵심 주제인 '인민'을 슬며시 끼워 넣는다. 그의 주장은 아주 간단하다. 모반을 해서 군주가 되었든 쿠데타를 일으켜 최고권력자가 되었든, 자신의 권력을 유지하고 싶다면 무조건 신민과 더불어 살아야 한다는 것이다. 이 말을 따르는 자는 권력을 순탄하게 유지하고 끝도 좋다. 그는 영광을 얻지는 못해도 신과 인간 앞에서 자신을 변명할 기회를 갖는다.

그러나 모반이나 쿠데타로 권력을 획득한 자들 대부분은 소심함 때문에 권력의 끝이 순탄하지 못했다. 그들은 신민과 더불어 살지 않고 대부분 신민에게 잔인한 쇼를 화려하게 연출하며 스스로 무덤을 판다. 그들은 대부분 영광은커녕 죽어서까지 신민이 무덤에 침을 뱉는 치욕을 당한다.

9장

"시민형 군주국"

이번 장은 〈시민형 군주의 출현〉, 〈인민이나 부자가 군주를 만든다〉, 〈부자들의 도움으로 군주가 된 자는 부자들을 어떻게 대해야 하는가〉, 〈모든 군주는 인민의 지지를 받을 필요가 있다〉, 〈스파르타의 나비스〉, 〈강력하고 현명한 군주는 인민에게 의존할 수 있다〉, 〈현명한 군주는 역경의 시기를 대비해 충성을 확보한다〉로 되어 있다.

9장은 시민형 군주국에 대한 분석이다. '시민형 군주국'이라는 말에 고개를 끄덕거리고 무심코 넘어가기 쉽다. 그러나 마키아벨리가 구체적으로 어떤 역사적 사례와 정치 이론에 바탕을 두고 있는지를 찾아내기는 쉽지 않다. 역사적 사례가 많지 않을 뿐만 아니라, 플라톤이나 아리스토텔레스의 고전적인 정치 이론과도 거의 관계가 없기 때문이다. 또한 '시민'과 '군수'는 일치하지 않는다. 자유를 누리는 시민이 존재한다는 것은 공화정을 전제하는 것이고, 군주가 존재한다는 것은 군주정을 뜻하기 때문이다. 마키아벨리는 이 모순적인 존재를 이론적인 측면과 역사적인 측면에서 살펴본다. 이 점에서 9장은 전적으로 그의 고유 이론이라고 봐도 좋을 뿐만 아니라 그의 고유한 인민관이 가장 잘 드러난 곳이기도 하다.

마키아벨리는 시민의 지지로 군주가 된 자를 비르투나의 덕을 본 자라고 단언한다. 그는 서문에서 시민형 군주국을 인민이 세운 시민형 군주국과 부자가 지원한 시민형 군주국, 이렇게 둘로 나눈다.

마키아벨리는 본문에서도 둘로 나눠 살핀다. 우선 그는 부자의 지지를 받아 군주가 된 자가 부자들을 어떻게 대해야 하는가를 집중적으로 조명한다. 그는 부자의 지지를 받아 군주가 된 자는 자신에게 충성하는 부자와 충성하지 않는 부자로 나눠 각기 다르게 대해야 한다고 말한다. 그러나 구체적 사례를 언급하지는 않는다. 둘째, 그는 모든 군주가 왜 인민의 지지를 받아야 하는지에 대해 집중적으로 조명한다. 특히 그는 인민의 지지로 군주가 된 자는 무조건 인민의 지지를 유지하는 게 중요하다고 강조하면서 이에 대한 구체적 사례로 고대 스파르타의 나비스를 든다. 그는 나비스 사례를 바탕으로 현명한 군주란 인민에게 의존해야 한다고 말한다. 그는 고대의 그라쿠스 형제와 당대의 조르조 스칼리를 인민의 진정한 지지를 받지 못하고 실패한 사례로 제시한다.

마키아벨리는 결론에서 시민형 군주국에서는 역경의 시기를 대비해 관료들의 충성을 확보해야 한다고 강조한다. 이 부분은 8장의 결론에서 모반에 의해 군주가 된 자라 할지라도 인민의 지지를 받는 것이 중요하다고 강조했던 것과 비교해 살펴보아야 한다. 시민형 군주국에는 귀족이나 다른 형태의 특권 계급 출신이 아니라 관료들이 중간 통치자로 있다는 점을 고려해야 한다. 그렇기에 그는 시민형 군주국에서 현명한 군주라면 반드시 관료 등의 충성을 확보해 놓아야 역경에 대비할 수 있다고 결론 내린다.

이를 바탕으로 목차를 구성하면 다음과 같다.

서론
    1. 시민형 군주의 개념: 시민형 군주의 출현
    2. 시민형 군주의 유형: 인민이나 부자가 군주를 만든다
본론
    1. 부자의 지지로 군주가 된 자: 부자들의 도움으로 군주가 된 자는
                              부자들을 어떻게 대해야 하는가
    2. 인민의 지지를 받아야 하는 이유
        1) 이론: 모든 군주는 인민의 지지를 받을 필요가 있다
        2) 고대의 사례: 스파르타의 나비스
        3) 소결론: 강력하고 현명한 군주는 인민에게 의존할 수 있다
        ① 고대의 사례: 그라쿠스 형제
        ② 당대의 사례: 조르조 스칼리
결론: 현명한 군주는 역경의 시기를 대비해 충성을 확보한다

시민형 군주의 출현
그러나 이제부터는 두 번째의 경우를 검토하도록 하겠습니다. 한낱 평범한 시민이 범죄나 또는 다른 부당한 힘이 아니라 동료 시민들의 지원에 의해서 자신이 태어난 도시의 군주가 된 경우입니다. 저는 이를 시민형 군주국이라 부르겠습니다.

시민형 군주에 오르려면 전적으로 역량이나 행운이 필요한 것이 아니라 행운을 잡는 영리함이 필요합니다. 그러한 군주의 지위에 오르려면 인민 또는 부자의 도움을 받아야 합니다. 왜냐하면 모든 도시에는 이와 같이 대립된 두 당파가 존재하기 때문입니다. 따라서 시민형 군주의 지위는 다음과 같은 데에 기원을 두고 있습니다. 인민은 부자에 의해서 지배되고 억압당하기를 원하지 않습니다. 반면에 부자는 인민을 지배하고 억압하기를 원합니다. 이와 같이 대립된 두 가지 욕구appetiti의 결과로서 군주정principato 또는 공화정libertà 또는 지나친 자유licenzia의 세 가지[1] 중 하나가 나타납니다.

1 흔히 이 부분을 군주정, 공화정, 무정부 상태로 번역하곤 한다. 여기서 문제가 생긴다. 마키아벨리가 무엇을 근거로 이렇게 나누었는지, libertà와 licenzia로 정확하게 어떤 정체를 지칭했는지, 마지막으로 우리말로 무엇으로 바꾸어야 하는지가 명확하지 않다. 이 글에서는 군주정을 포함하여 libertà와 licenzia를 부자와 빈자 두 계급에 맞추어 이해해야 한다고 제안한다.

   principato는 우리말로 상당히 명확하고 정확하게 '군주정'으로 번역할 수 있다. 그러나 그다음 두 어휘는 불명확하다. 공화정을 의미하는 영어는 republic이고 이탈리아어로는 repubblica이다. 무정부 상태를 의미하는 영어는 anarchy이고 이탈리아어는 anarchia이다. 여기서 '마키아벨리는 왜 정체의 형식과 내용을 정확하게 보여줄 수 있는 이런 용어를 피하고 libertà와 licenzia와 같은 어휘들을 사용했을까?' 하는 의문이 발생한다. 우리가 일상적으로 번역한 이 용어에 어떤 잘못이 있는지, 아니면 그가 이 용어로 설명하고자 한 다른 뜻이 있는지 살펴볼 필요가 있다.

우선 libertà이다. 이는 공화정으로 번역해도 좋다. 마키아벨리는 이 글을 쓰면서 '도시국가'를 전제로 했고, 도시국가는 부자들에 의해 지배받고 억압당하는 것을 원치 않는 '인민'과 인민을 지배하고 억압하기를 원하는 '부자'로 구성되어 있다고 말한다. 그는 이런 동일한 내용을 《로마사 논고》 1권 4장과 5장에서도 다루고 있다. 그는 인민과 부자의 갈등을 정치적으로 중재하는 정체를 '공화정'으로 보고, 자유를 부자 또는 귀족의 손에 맡긴 역사적 사례로 스파르타와 베네치아를, 자유를 인민이나 평민에게 맡긴 역사적 사례로 로마를 든다.

부자가 자유를 통제하건 인민이 자유를 통제하건 공화정이라는 사실은 달라지지 않는다. 즉, 마키아벨리가 여기에서 언급한 '공화정'은 부자나 인민이 '자유'를 통제하는 것에 방점을 찍은 유형의 국가이다. 그러나 공화정은 앞에서 살핀 대로 스파르타나 베네치아처럼 부자가 주도권을 잡는 공화정이 있을 수 있고, 로마처럼 인민이 주도권을 잡는 공화정이 있을 수 있다. 그렇기 때문에 그는 공화정이라는 말 대신에 libertà란 말을 써서, 공화정에는 부자와 인민 중 어느 계급이 주도권을 장악하느냐에 따라 다른 내용을 갖는 공화정이 존재한다는 것을 말하고 싶었을 것이다.

이번에는 licenzia이다. 이 말은 주체에 따라 다르게 번역되어야 한다. 영어판에서 이 말은 license나 anarchy로도 번역된다. 이 단어 역시 부자와 인민 중 누가 권력의 주도권을 잡느냐에 따라 용어가 엇갈릴 수 있다. 인민이 권력을 잡는다면 무정부 상태anarchy일 수도 있고, 다소 강하게 해석한다면 폭민정ochlocracy, mobcracy이 될 수도 있다. 그러나 부자가 권력을 잡는다면 license가 지닌 '특허권'이라는 뜻을 살려서 부자가 마치 특허권을 지닌 듯이 무한 권력을 누리는 상태가 될 수도 있다. 즉, 명예 정체가 극단적으로 타락한 과두정이나 금권정이 될 수 있다. 중요한 것은 인민이나 부자가

licenzia를 극단적으로 사용한 경우 선출형 군주정, 즉 시민형 군주정으로 나아간다는 점이다. 플라톤 식으로 말하면 시민들이 참주를 옹립한 참주정이 될 수 있다. 인민에 의해 무정부 상태가 되었건 부자에 의해서 과두정이 되었건 인민과 부자가 자신이 세운 체제에서 도에 넘치는 '지나친 자유'를 누린다는 점에서는 공통적이다. 이에 대해서는 '다시 보기'에서 다룬다.

　이 두 용어는 굳이 이렇게 이중적으로 이해하는 게 옳다. 왜냐하면 마키아벨리가《로마사 논고》에서 공화정을 빈부의 관점에서 분석했듯이,《군주론》에서도 부자와 빈자의 상반된 두 가지 욕구의 결과물이 바로 군주정이라고 보고 있기 때문이다. 아울러 군주정에는 부자의 지지를 받는 군주정과 인민의 지지를 받는 군주정이 있다고 말하기 때문이다.

혈통에 따른 세습형 군주국에 익숙한 우리 상식에 비추어 '시민형 군주국'은 다소 낯선 개념이다. 이 개념을 이해하려면 아리스토텔레스의 군주국 분류법과 도시국가 내 계급 구조를 참조해야 한다. 아리스토텔레스는《정치학》5권 14장에서 왕정basileia을 자발적 복종에 바탕을 둔 종신 장군직, 아시아의 전제 정체형, 헬라스의 아이쉼네테스 aesynmete라는 선출된 참주형 군주정, 스파르타의 세습형 종신 장군직, 가부장적 가사 관리형, 이렇게 다섯 가지로 분류한다.

　마키아벨리가 염두에 둔 것은 세 번째 유형의 선출형 군주정이다. 아리스토텔레스는 아이쉼네테스가 선출된다는 점에서 세습 군주정과 다르다고 보았다. 아이쉼네테스는 때로는 종신직이기도 하지만 일정 기간 또는 특정 임무 기간만 왕의 지위를 갖는다는 특징이 있다. 이와 유사한 형태는 특정 시기 동안 특정 임무만 맡아 처리하고 사임하는 로마의 독재관을 들 수 있다. 로마의 독재관들은 이민족의 침입 등 국가가 비상 상황에 처하면, 비상 대권을 갖는 동시에 누구의 제한도 받지 않았다. 이들은 이 점에서 왕과 다름없는 권위를 누렸으므로 내용상으로는 군주로도 이해할 수 있다.

선출형 군주는 우리가 흔히 생각하는 세습형 군주와 다르다. 선출형 군주는 말 그대로 선출되므로 인민과 부자가 자신의 이익에 따라 군주 선출에 직접 개입할 수 있다는 특징이 있다. 이는 아주 오래된 역사를 지니고 있다. 아리스토텔레스는 《정치학》 4권 11장에서 도시국가 안에는 매우 부유한 자들, 매우 가난한 자들, 중간 계급이 있다고 말한다. 매우 부유한 자들은 복종할 줄 모르고 지배할 줄만 알며, 매우 가난한 자들은 지배할 줄 모르고 노예처럼 지배받을 줄만 안다. 전자는 무뢰한이나 큰 범죄자가 되고, 후자는 불량배나 생계형 범죄자가 된다. 또한 전자는 교만한 반면, 후자는 나쁜 짓을 서슴지 않고 행한다. 아리스토텔레스는 이 두 계급 중 어느 한쪽이 극단으로 흐르면 참주 정체가 발생한다고 말한다.

아리스토텔레스는 《정치학》 4권 4장에서 민주정에서도 가장 타락한 형태로 참주 정체가 나타나며, 4권 6장에서 과두정에서도 인간이 최고권력을 갖는 참주 정체가 나타난다고 말한다. 즉, 참주 정체는 민주 정체에 기원을 둔 것과 과두 정체에 기원을 둔 두 가지 종류가 있다는 것이다(플라톤은 참주정의 기원을 시민이 자유를 누리는 민주정이라고 보고, 《국가》에서 민주정이 타락하면 참주정이 발생한다고 주장한다). 마키아벨리가 부자와 인민이라는 두 계급에 기원을 둔 선출형 군주제를 언급한 것은 이에 바탕을 둔 것으로 볼 수 있다.

인민이나 부자가 군주를 만든다

인민populo이나 부자들grandi[1] 중의 어느 한 파가 군주의 지배를 원할 때, 군주의 지배는 인민에 의해 옹립되거나 부자들에 의해 세워집니다. 부자들은 인민을 더는 저지할 수 없을 때 부자 중 한 사람을 지원하여 그를 군주로 세웁니다. 그렇게 함으로써 그들은 그의 보호 아래서 자신들의 욕구를 채웁니다. 반대로 인민은 부자들을 더는 저지할 수 없다고 생각할 때 한 사람을 지원하여 그를 군주로 옹립합니다. 그래서 이렇게 옹립된 군주는 자신의 권위autorità를 이용하여 인민을 보호합니다.

부자들의 도움으로 군주의 지위에 오른 자는 인민의 도움을 받아 군주의 지위에 오른 자보다 자신의 지위를 유지하는 것이 훨씬 어렵습니다. 왜냐하면 군주와 동등한 지위에 있다고 생각하는 다수의 부자들에게 포위되어 있으며, 이로 말미암아 부자들에게 명령을 내릴 수도 없고 부자들을 마음대로 다루지도 못하기 때문입니다. 반면에 인민의 호의에 의해 군주에 오른 자는 자신을 포위한 사람이 거의 없거나 명령에 복종하지 않을 자가 거의 없으므로, 독자적으로 군주의 지위를 유지할 수 있습니다.[2]

이 밖에도 부자들의 도움으로 군주의 지위에 오른 자는 다른 사람을 해치지 않고는 부자들을 만족시킬 수 없는 반면, 인민의 지지를 받아 군주에 오른 자는 인민을 확실하게 만족시킬 수 있습니다. 왜냐하면 부자들은 억압하기를 원하지만 인민은 억압받지 않기를 원할 뿐이므로, 인민의 목적은 부자들의 목적보다 믿을 만하기 때문입니다.

게다가 부자들의 지지를 받아 군주에 오른 자는 적대적인 인민에게서 자신을 안전하게 보호할 수 없습니다. 왜냐하면 인민은 다수이기 때문입니다. 반면에 인민의 지지를 받아 군주에 오른 자는 부자들에게서 자신을 안전하게 보호할 수 있습니다. 왜냐하면 부자들은 그 수가 적기 때문입니다.

이번에는 최악의 경우입니다. 부자들의 지지를 받아 군주에 오른 자가 적대적인 인민을 대상으로 예상할 수 있는 최악의 사태는 적대적인 대중이 군주를 버리는 것입니다. 반면에 인민의 지지를 받아 군주에 오른 자가 적대적인 부자들을 대상으로 예상할 수 있는 최악의 사태는 부자들이 그를 포기할 뿐만 아니라 그에게 모반을 하는 것입니다. 부자들은 인민보다 인지력과 기민함을 갖추고 있고, 항상 자신들을 보호하는 데에 필요한 시간을 가지고 있게 마련이며, 자신들이 생각하기에 군주에 오를 것이라고 판단되는 사람을 지지하기 때문입니다.

인민의 지지를 받아 군주에 오른 자는 항상 자신을 군주의 지위에 오르게 한 바로 그 인민과 더불어 살아가는 것이 필요합니다. 그러나 부자의 지지를 받아 군주에 오른 자는 자신을 군주에 오르게 한 바로 그 부유한 자들 없이도 살아갈 수 있습니다. 왜냐하면 그 군주는 부자들을 매일 만들어낼 수도 있고 제거할 수도 있으며, 자신이 원한다면 그들을 좋게 평가할 수도 있고 나쁘게 평가할 수도 있기 때문입니다.

1 이탈리아어 grandi를 영어판에서는 noble이나 the rich로 번역했다. 한국어 판본은 주로 귀족으로 번역해 놓았다. 이탈리아어로 귀족에 해당하는 단어는 nobilità, aristocrazia가 있고, 부자에 해당하는 단어는 ricci가 있다. 마키아벨리가 쓴 grandi를 우리말로 번역한다면 유지有志 또는 유력자가 맞을 듯하다. 이 글에서는 grandi를 귀족보다는 부자로 새기도록 한다. 그 이유는 다음과 같다.

첫째, 9장의 제목이 '시민형 군주국'이기 때문이다. 귀족의 지지를 받아 군주가 된 자는 이미 혈통에 의해 군주가 된 자로 볼 수 있다. 따라서 이런 군주는 굳이 군주가 되고자 시민의 지지를 받을 필요가 없다. 도시국가 내에서 시민은 크게 두 계급, 즉 돈이 많은 부자와 가난한 자로 나뉜다. 아리스토텔레스는 여기에다 중간 계급도 넣어 정치사상을 정리하고 있다. 도시국가 내의 빈부 대립은 아주 고전적인 문제이며, 플라톤도 《국가》에서 이 문제를 집중적으로 고민했다.

둘째, 마키아벨리가 grandi로 다루는 내용 때문이다. 귀족은 혈통의 순위에 따라 자신에게도 기회가 주어지면 군주가 될 수 있는 자이다. 반면에 부자는 혈통과 무관하며, 돈을 통해 자신의 정치적 영향력을 행사하려 한다. 그렇기 때문에 부자가 스스로 권좌에 오르는 경우는 거의 없다. 시민형 군주국은 앞에서도 밝혔듯이 주로 선출형 참주정이다. 아리스토텔레스가 밝혔듯이 참주정은 부자들의 정체가 극단화되거나 인민의 정체가 극단화되면 만들어진다. 그렇기 때문에 grandi는 부자로 번역하는 것이 옳다.

셋째, 부자의 속성 때문이다. 귀족은 명예를 위해 정치에 종사하지만 부자는 경제적 이익을 키우려고 정치에 관여한다. 귀족은 신중함과 용맹함을 갖춰야 한다. 반면에 마키아벨리가 언급했듯 부자는 끊임없이 손익을 따질 줄 아는 인지력과 돈을 벌고자 신속하게 움직이는 기민함을 갖추고 있으며, 경제적 여유를 바탕으로 시간도 풍부하여 자신에게 이익이 되는 정치인을 선택할 수 있는 여유도 있다.

2 이 문장은 상당히 많이 압축되어 있다. 다음과 같이 없는 말을 넣어 읽으면 이해하기 쉽다. "인민의 지지로 군주가 된 자는 부자들의 도움으로 군주가 된 자보다 자신의 지위를 유지하기가 훨씬 쉽습니다. 왜냐하면 인민의 지지에 의해 군주가 된 자는 자신을 포위한 사람이 거의 없거나 명령에 복종하지 않을 자가 거의 없으므로 독자적으로 군주의 지위를 유지할 수 있기 때문입니다."

군주나 정치인이라면 부자의 지지를 받는 것이 좋을까, 인민의 지지를 받는 것이 좋을까? 상식적인 답도 역사의 답도 부자이다. 인류 역사를 보자. 군주 또는 정치인이 인민의 지지를 좋아한 적은 없다. 인민은 권력을 차지하는데 필요한 도구일 뿐이다. 냉소적으로 말한다면, 정치는 인민을 위하기보다는 부자를 어떻게 보호할 것인가가 목적이다. 인민이 자신의 정치적 권리와 경제적 권리를 끊임없이 확장하려고 싸우고 있는 것, 그 자체가 반증이다. '확장'할 게 있다는 것은 평등하지 않음을 뜻한다. 불평등에서 비롯된 편중된 부는 모두 부자가 소유하고 있다. 이는 인류 역사 이래 절대 바뀌지 않는 근본 문제이다. 플라톤의 정치학의 출발점도 아테네의 부의 불평등에 있다. 반면에 인민을 좋아하는 사람들이 있다. 바로 혁명가이다. 그들은 어떤 경우이든 부자를 제외한 인민의 지지를 받아야만 혁명에 성공할 수 있다(쿠데타는 형식적으로는 인민의 지지를 끌어내려고 노력하지만 내용상으로는 부자의 권리를 보호하려는 권력 상층부의 급격한 변동이다).

마키아벨리는 이 글에서 단언한다. 혁명가만이 아니라 군주 또한 인민의 지지를 얻어 권좌에 오르는 것이 좋다! 그러나 마키아벨리는 이 부분을 집필하면서 적절한 예를 찾지 못한다. 고작 예로 든 것이 우리가 이름조차 들어본 적이 거의 없는 스파르타의 나비스이다. 마키아벨리가 그토록 자랑하던 "최근의 문제에 대한 오랜 경험"도 무색해진다. 고작 예로 든 인물은 당대의 조르조 스칼리뿐이다. 그가 그토록 열변을 토힌 "고대의 문제에 대한 저의 끊임없는 독서"도 여기서는 별 볼일 없다. 고작 든 예가 실패한 사례인 고대 로마의 그라쿠스 형제일 뿐이다. 게다가 스칼리도 그라쿠스도 별로 설명하지 않고 슬쩍 넘어갈 뿐이다. 마키아벨리는 왜 그랬을까? 정답은 인민의 지지를 받아 군주에 오른 경우가 거의 없기 때문이다.

군주나 정치인은 부자의 지지를 원한다. 거꾸로 부자는 정치인이나 군주를 지원하여 자신의 정치적·경제적 이익을 챙기거나 지킨다. 정치인과 부자는 정치가 발생한 이후 지금까지 서로 상부상조하며 공생한다. 정치는 잉여 생산물을 어떻게 하면 지킬 것인가에서 출발했다. 정치는 잉여 생산물을 전유한 기득권자를 보호하려는 것이지 가난한 자를 위한 것이 아니다.

마키아벨리는 이러한 정치의 기본 구조를 단 한 마디로 부정해버린다. 군주는 부자의 지지를 받아 권좌에 오르는 것보다 인민의 지지를 받는 것이 좋다! 이는 인류 역사상 가장 혁명적인 정치 선언이다. 마르크스는 "만국의 노동자여, 단결하라!"라는 말을 했다. 이는 경제적인 선언이었지 인민을 정치의 주체로 세우는 선언은 아니었다. 이 점에서 마키아벨리는 진정한 의미에서 인민이 중심이 되는 정치를 기획하고 선언했다고 말할 수 있다.

군주와 정치인이 인민의 지지를 받는 것이 왜 중요한지 마키아벨리는 이 글에서 그 이유를 밝힌다.

첫째, 수의 전복이다. 아리스토텔레스는 《정치학》 4권 12장에서 모든 국가는 질과 양으로 구성된다고 말한다. 질이란 부·교육·좋은 혈통을 말하고, 양이란 인민 또는 대중이다. 전자는 소수이고, 후자는 다수이다. 하지만 마키아벨리는 이를 군주의 견지에서 보면 부자가 인민보다 수적으로 우세하다고 말한다. 부자는 군주와 동등하다고 생각하는 자가 많은 반면, 인민은 군주보다 우세하다고 생각하는 자가 거의 없기 때문이다. 따라서 군주의 견지에서 본다면 부자는 다수인 반면에 인민은 소수이다. 마키아벨리는 다수의 적대자를 가진 군주가 권좌를 지키기는 쉽지 않다고 역설한다.

둘째, 폭력의 역설이다. 부자와 인민 중 누가 더 폭력적일까? 우리는 부유하고 교육을 많이 받고 좋은 혈통을 지닌 부자들이 폭력적이라고 생각하지 않는다. 반면에 가난하고 배우지 못하고 집안이 좋지 않은 인민이 훨씬 더 폭력적이라고 생각한다. 그러나 마키아벨리는 부자가 인민보다 훨씬 더 폭력적이라고 말한다. 부자의 목적은 탐욕이며, 부자의 삶은 탐닉이다. 부자는 탐욕과 탐닉을 충족하려고 다른 사람을 억압하며, 그 과정에서 반드시 폭력을 동원한다. 그러나 인민의 목적은 억압을 받지 않는 것일 뿐이며, 인민의 삶은 현상 유지이거나 지금보다 조금 나은 삶이다. 그렇기에 인민은 폭력을 행사하지 않는다. 마키아벨리는 폭력적이지 않은 인민의 지지를 받는 군주가 권력을 유지하기 쉽다고 말한다.

셋째, 양적인 것의 우위이다. 인민은 다수이고, 부자는 소수이다. 인민이 분노해서 저항하면 그 누구도 권력을 유지할 수 없다. 마키아벨리는 인민이 다수라는 것을 통해 정치에서 질적인 것을 완전히 배제해 버린다. 부·교육·혈통 등과 같은 질적인 것의 완전한 배제! 이런 것들이 정치에서 사라진다면 결국 수에 의한 지배가 된다. 이는 순수한 형태의 직접 민주주의가 된다.

넷째, 질적인 것의 음모이다. 부자들은 자신들의 이익과 대립한다면 그 어떤 통치자도 갈아치우려는 음모를 꾸민다. 그들은 이해관계에 밝고 그에 따라 신속하게 움직이며, 자기 대신 일할 사람을 살 수 있고, 마지막으로 시간을 마음대로 활용할 수 있다는 상점이 있다. 부자는 자신의 이익을 위해서라면 어제의 적을 오늘의 동지로, 어제의 동지를 오늘의 적으로 만든다. 아리스토텔레스는 부자의 이런 점을 유심히 관

찰하고서 "부자의 탐욕은 인민의 탐욕보다 정체에 더 파괴적"이라고
말한다. 쿠데타는 가난한 자의 전유물이 아니라 상류층의 전유물이다.
이 점에서 본다면 부자는 통치자에게 아주 위협적인 존재이다. 마키아
벨리는 그 때문에 부자보다는 인민의 지지를 받는 것이 좋다고 말한다.

　고대 시대 아리스토텔레스는 양이 중심이 되면 민주 정체가 되고,
질이 중심이 되면 과두 정체가 형성된다고 말했다. 르네상스 시대의
마키아벨리는 앞으로 다가올 시대의 정치에서는 양과 질이 싸운다고
예측했다. 그는 군주 또는 정치인에게 질과 양 중 어느 것을 택할 것이
냐는 질문을 던진다. 그는 분명 '양'의 지지가 '질'의 지지보다 훨씬 유
리한다고 선언한다. 그러나 현실은 그렇지 않다. 정치 원리로서의 민
주주의가 보편화되었는데도 여전히 질이 양을 압도하는 시대가 현대
이다. 현대 정치의 비극은 여기에서 비롯한다.

부자들의 도움으로 군주가 된 자는 부자들을 어떻게 대해야 하는가

이 경우를 더 자세히 설명하고자 저는 부자들이 다음과 같은 두 가지 관
점에서 고찰되어야 한다고 말씀드리겠습니다. 즉, 부자들은 당신의 행운
에 자신들의 운명을 전적으로 맡기거나 그 반대로 행동합니다.

　당신은 당신의 행운에 자신의 운명을 전적으로 맡긴 탐욕스럽지 않은
부자들을 존중하고 사랑해야 합니다. 반면에 당신의 행운에 자신의 운명
을 맡기지 않는 부자들은 아래와 같은 두 종류 중의 하나입니다. 우선 그
들이 소심하고 용기가 부족한 것처럼 행동하는 경우입니다. 그렇다면 당
신은 좋은 충고를 제공할 수 있는 사람으로 그들을 대해야 합니다. 왜냐
하면 번성의 시기라면 당신은 그들로부터 존경을 얻을 수 있는 반면, 역

경의 시기라면 그들을 두려워할 필요가 없기 때문입니다.

그러나 그들이 음모와 야심 때문에 당신의 행운에 자신의 운명을 맡기지 않는다면, 이는 그들이 당신보다는 자기 자신들을 더 생각하고 있다는 징후입니다. 군주는 이런 자들로부터 자신을 보호해야 하며, 눈앞에 드러난 적처럼 그들을 경계해야 합니다. 왜냐하면 역경의 시기가 되면 그들은 항상 군주를 해치려 들기 때문입니다.

마키아벨리는 여기서도 수의 역설을 이야기한다. 마키아벨리는 부자가 소수가 아니라 다수라고 주장한다. 부자가 하나의 집단이라면, 그들은 새로운 통치자에 대해 단일한 의견을 갖고 통일성 있게 행동한다. 그러나 그들은 그렇게 행동하지 않는다. 이와 반대로 부자는 새로운 통치자에 대해 서로 다른 의견을 갖고서 서로 다르게 행동한다. 이런 이유 때문에 부자는 소수가 아니라 다수이다.

마키아벨리가 부자를 다수 집단으로 분석하는 이유가 있다. 이익을 얻을 수 있는 방법이 부자마다 다르기 때문이다. 그의 말대로라면 '억압하기를 원하는' 대상이 부자들에 따라 다르다. 예컨대 바다에서 이익을 얻는 부자는 어부들을, 육지에서 이익을 얻는 부자는 농부들을, 공업에서 이익을 얻는 부자는 장인과 직인들을, 유통에서 이익을 얻는 부자는 상인들을 억압하여 부를 축적하기 때문이다.

다수 집단으로 나뉜 부자들은 새로운 통치자가 자신에게 이익이 된다면 그를 따른다. 하지만 자신에게 이익이 되지 않는다면 자신의 이익을 보장해 줄 새로운 통치자를 세우고자 음모를 꾸민다. 예컨대 바다를 부의 원천으로 삼고 있는 부자들은 육지에서 이익을 얻는 부자들을 지원하는 새로운 통치권자를 따를 리 없다. 반대의 경우도 마찬가지이다. 마키아벨리는 새로운 군주를 따르는 자를 '군주의 행운에 동참하는 자'로 불렀다. 이들은 새로운 군주에게서 이익을 얻을 수 있는 자들이다. 반면에 그는 새로운 군주를 따르지 않는 자를 '군주의 행운에 동참하지 않는 자'로 지칭했다. 이들은 새로운 군주에게서 이익을 얻을 수 없거나 기존의 이익을 빼앗기는 자들이다.

　마키아벨리는 새로운 군주를 옹립한 부자들을 서로 상이한 집단으로 나누고, 군주가 이들을 각각 다르게 다루어야 한다고 말한다. 이를 간단하게 나타내면 다음과 같다.

모든 군주는 인민의 지지를 받을 필요가 있다

따라서 인민의 도움으로 군주가 되려는 신중한 사람이라면 인민과 우정을 유지해야 합니다. 이는 아주 쉬운 일입니다. 왜냐하면 인민은 억압받지 않기만을 바라기 때문입니다.

　그러나 인민과 대척점에 서 있는 자가 부자의 도움을 받아 군주가 된다면, 그도 또한 다른 모든 것보다도 먼저 인민의 지지를 얻으려고 애써야 합니다. 이것은 그가 인민을 보호하기만 한다면 어렵지 않은 일입니다. 그리고 사람들이란 해를 끼칠 것이라고 예상한 곳에서 도움을 얻는다면 그 은혜를 제공한 자에게 훨씬 더 신속하게 자신의 운명을 맡기곤 합니다. 그런 이유로 인민은 자신들의 도움으로 군주가 된 자보다는, 부자의 도움을 받았지만 인민을 보호하는 군주에게 훨씬 빨리 우호적으로 변합니다.

현명한 군주가 인민의 호의를 얻는 방법은 다양합니다. 그 방법은 작동되는 문제에 따라 아주 다양하므로 어떤 확실한 규칙이 있는 것은 아닙니다. 저는 이 방법들에 대해서는 말씀드리지 않겠습니다. 저는 결론 대신에 인민의 우정은 군주에게 아주 중요하다고 말씀드리겠습니다. 인민의 우정이 없다고 한다면, 군주는 역경에 처했을 때 별다른 방법이 없습니다.

마키아벨리는 여기서도 인민이 다수이지만 소수라고 수의 역설을 이야기한다. 인민은 억압받지 않기만을 바란다는 점에서 뜻과 행동을 같이하는 하나의 집단이기 때문이다. 군주는 다수이지만 하나의 집단인 인민의 지지를 받는 것이 중요하다고 그는 말한다. 그는 시민의 지지를 받는 방법을 인민의 지지를 받아 군주가 된 자와 부자의 지지를 받아 군주가 된 자로 나누어 설명한다. 이 설명의 밑바닥에는 군주, 부자, 인민의 투쟁이 놓여 있다.

인민의 지지로 군주가 된 자는 인민의 지지를 받고자 인민과 '우정'을 지속하면 된다. 그는 군주가 되는 과정에서 인민과 힘을 합쳐 이미 부자들을 정치에서 제거했다. 이 나라 안에는 군주와 인민이 서로 협력하여 싸워야 할 적은 없다. 남은 것은 군주와 인민이 씨 우지 않는 것이다. 즉, 군주는 인민의 미움을 받지 않아야 하고, 인민은 군주를 믿고 따라야 한다. 가장 좋은 방법은 군주가 인민과 친구처럼 우정을 유지하며 서로 돕는 것이다. 이런 군주는 인민으로부터 절대로 버림받지 않는다.

부자의 지지로 군주가 된 자는 인민의 지지를 받기 위해 인민을 '보호'하기만 하면 된다. 지지자를 등지고 적대자를 보호하라! 역설이다. 부자의 지지로 군주가 된 자가 권력을 오래 유지하고 싶다면, 부자로부터 인민을 보호해야 한다는 파격적 주장을 마키아벨리는 감행한다. 다시 말해보자. 무엇으로부터? 바로 부자의 탐욕으로부터! 왜? 부자는 군주를 자신들의 힘으로 세웠기 때문에 인민을 억압해 더 많은 부를 축적할 권리를 군주에게 요구하기 때문이다.

마키아벨리가 지지자인 부자를 등지고 적대자인 인민을 우대하라고 말한 이유를 찾아보자. 우선 현상적인 이유이다. 인민은 원래 천성이 착하므로 적이라고 생각했던 자(군주)에게서 도움을 받으면 훨씬 더 고마워한다. 그가 앞에서 밝힌 또 다른 본질적인 이유가 있다. 군주는 인민과 연합하여 부자를 견제해야 하기 때문이다. 부자의 지지로 군주가 된 자가 부자를 견제하는 것에 성공하지 못하면, 군주와 '행운을 같이하지 않는' 부자들이 획책하는 음모의 희생양이 된다.

마키아벨리가 내린 결론은 명확하다.

'인민의 지지로 군주가 된 자든 부자의 지지로 군주가 된 자든 무조건 인민을 보호해야 한다. 그래야만 권력을 유지할 수 있다.'

스파르타의 나비스

스파르타의 군주 나비스는 모든 그리스 국가와 승리감으로 쇄도하던 로마 군대의 포위를 견디고, 그들로부터 자신의 도시와 자신의 지위를 방어했습니다. 그런 위험이 그에게 닥쳤을 때, 그는 몇몇 충성스럽지 못한 시민들한테서 자신을 보호하는 행동만 하면 되었습니다. 만약 그의 인민이 그에게 적대적이었다면, 그렇게 하는 것만으로는 어림도 없었을 것입니다.

마키아벨리 당대의 지식인, 군주, 종교인, 귀족과 관료 등이 《군주론》을 읽고 가장 섬뜩한 전율을 느꼈을 곳이 어디일까? 독자마다 다르겠지만, 아마도 여기 〈스파르타의 나비스〉 부분일 것이다. 왜냐하면 플루타르크, 폴리비우스 등은 나비스(기원전 207~192년에 스파르타를 통치한 참주)를 인간 이하로 평가하는 데에 반해, 마키아벨리는 마치 이런 평가를 전혀 접해보지 않았다는 듯이 최고의 평가를 내리기 때문이다. 나비스에 대한 마키아벨리의 이런 상반된 평가는 당대 상류층에 대한 극단적인 모욕이자 중대한 도전이다. 상류층이 나비스를 어떻게 받아들였는지 검토하면서 그 이유를 알아보도록 하자.

우선 비겁자설이다. 플루타르크는 《영웅전》 〈필로포이멘〉 편에서 나비스를 비겁자로 묘사한다. 아카이아 연맹의 필로포이멘이 나비스가 점령한 메세나에 다다르자 나비스는 지레 겁을 먹고 정신없이 도주했으며 생명을 건진 것만도 다행으로 여겼다고 플루타르크는 전한다. 용기를 최고 덕목으로 생각하는 자들에게 나비스는 겁쟁이 중의 겁쟁이일 뿐이다.

둘째, 폭군설이다. 플루타르크는 〈플라미니누스〉 편에서 나비스를 스파르타에서 가장 안하무인이며 무법한 폭군으로 묘사한다. 그가 얼마나 폭군이었는지 플루타르크는 그의 행적을 통해 보여준다. 나비스는 참주가 되자 스파르타에 남아 있던 왕족 모두를 살해해버린다. 또한 그는 스파르타의 가장 부유한 시민들도 모두 추방하고 재산을 몰수했을 뿐만 아니라, 그들의 부인과 딸을 자신의 지지자들과 강제로 결혼시킨다. 그런데 그 지지자들이라는 자들은 사회의 최하층에 속하는 살인자, 강도, 도둑 등이었다. 나비스는 아르고스를 점령했을 때도 똑같이 행동했다.

아마도 마키아벨리 당대의 상류층은 나비스의 이런 행적을 자신의 삶과 겹쳐 보고서 나비스야말로 악당 중의 악당이라고 생각했을 것이다.

셋째, 잔인설이다. 나비스는 고문의 역사에 나올 만큼 잔인했다. 그 중에서도 부유층을 극악하게 다루었다. 나비스는 부유층이 자신의 뜻에 따라 재산을 헌납하지 않으면 이런 말을 했다고 한다. "나는 그대를 설득할 만한 재능은 없지만 나의 아페가라면 그대를 설득시킬 것이다." 아페가는 나비스의 부인이다. 나비스는 그림처럼 자기 부인의 모습을 닮은 형틀을 만들었고, 자신의 뜻을 거역하는 부자들을 안에 넣고 고문했다고 한다.

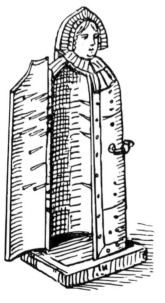

나비스가 고안한 고문 도구

승자의 기록을 공유하는 마키아벨리 당대의 상류층 대부분은 이런 나비스를 어떤 경우에도 용서받지 못할 참주라고 생각했을 것이다. 그러나 마키아벨리는 위의 글에서 보듯 나비스를 긍정적으로 평가한다. 1부의 감춰진 핵심 주제가 '인민'이고, 1부 중에서도 9장이 그 핵심 사상을 가장 잘 보여주는 백미라고 한다면, 여기에 묘사된 나비스는 마키아벨리의 전형적인 인민 지지형 군주상이 된다. 나비스는《군주론》에서 영웅으로 등장한다.

왜 마키아벨리는 나비스를 그렇게 높게 평가했을까? 이를 나비스 당대의 국제 역학 관계와 스파르타의 당시 사정, 나비스를 추종하던 자들의 행적을 통해 살펴보도록 하자.

국제 역학 관계에서 시작해 보자. 당시 로마는 카르타고를 함락하고 지중해 서쪽 패권을 장악했다.(기원전 201년) 또한 로마는 아카이아 동맹과 아이톨리아 동맹을 끌어들여 마케도니아를 그리스 밖으로 몰아낸다.(기원전 200년)로마의 집정관 플라미니누스는 그리스에게 자유를 되돌려주자고 연설한다. 이 선언이 얼마나 놀라웠던지, 하늘을 날던 새떼가 시민들의 함성에 놀라 떨어져 죽었다고 한다. 그러나 그리스는 자유를 얻은 것이 아니라 마케도니아라는 옛 지배자를 몰아내고 로마라는 새 지배자를 얻은 것이나 다름없었다. 한편 그리스의 한 국가인 스파르타는 기원전 222~207년 사이에 많은 영토를 잃고 라코니아 지역의 소국으로 전락한다.

기원전 207년에 스파르타의 참주가 된 나비스는 개혁을 단행한다. 앞에서 밝힌 대로 스파르타 왕족 모두를 살해하고 부유층들을 모두 쫓아내고 나서 노예들을 해방해 그들을 군대에 편입시킨다. 그는 부자들에게서 빼앗은 돈으로 스파르타 내에 중산층을 양산하는 정책을 실시하고 무장할 수 있는 시민의 수를 최대한 늘리려고 노력한다. 중산층에 바탕을 둔 군대 양성은 스파르타의 발전과 영광의 핵심 토대이다.

과거 스파르타의 영광을 되찾고자 아라고스를 침략한 나비스는 아라고스에서도 저항하는 자를 고문으로 처벌하고 부유층의 재산을 몰수한다. 그리고 다시 스파르타의 중산층과 군대를 강화하는 정책을 취한다. 그는 초강대국 로마와 아카이아 동맹, 아이톨리아 동맹의 미움을 사 침략을 받기도 한다. 그는 결국 아이톨리아 동맹 사람에게 암

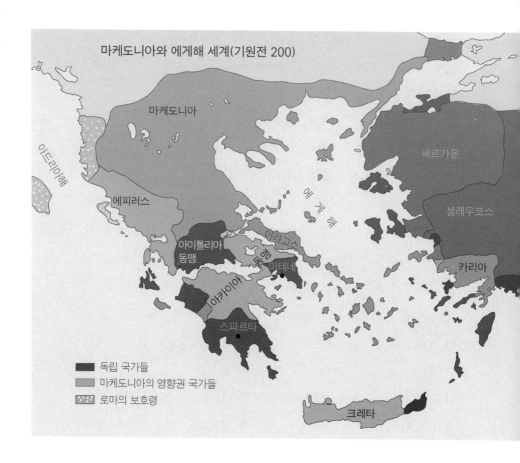

마케도니아와 에게해 세계(기원전 200)

마케도니아

아드리아해

페르가몬

에피러스

에게해

셀레우코스

아이톨리아
동맹

아르고스

카리아

동맹

아테네

아카이아

스파르타

■ 독립 국가들
■ 마케도니아의 영향권 국가들
▨ 로마의 보호령

크레타

살당한다.

나비스 사후에 놀라운 일이 벌어진다. 스파르타 시민들이 나비스 암살 음모에 가담한 아이톨리아인들을 모두 색출해서 살해해버린다. 나비스가 죽고 나서 스파르타를 점령한 필로포이멘은 나비스에 의해 노예에서 시민이 된 자들에게 스파르타를 떠나 자유민으로 살라고 명령한다. 그러나 그들은 스파르타를 떠나지 않았다. 그들은 노예로 살기를 선택했다.

스파르타에서 노예로 살지언정 그곳을 떠나지 않는다는 것은 후일을 도모하겠다는 뜻이다. 언제든지 나비스와 같은 인민 지지형 군주가 나타나면 그를 따라 '나비스'의 스파르타, 과거 영광을 누린 스파르타, 로마와 마케도니아에 버금가는 스파르타를 재건하겠다는 의지의 표현이다. 곧 언젠가는 점령군과 함께 다시 스파르타로 되돌아온 부자들의 재산을 빼앗고 그들을 스파르타 밖으로 몰아내겠다는 것이다.

부자들과 점령군에게는 이런 시민의식을 가진 노예들이 얼마나 두려운 존재였겠는가! 나비스는 부자에게는 무시무시한 귀신이었고, 가난한 인민에게는 평생 잊지 못할 귀인이다. 마키아벨리가 나비스는 소수의 부유층으로부터 자신을 방어하기만 하면 되고 다수의 시민은 걱정할 필요가 없었다고 한 것은 이를 염두에 두고 한 말이다.

마키아벨리 이전과 당대의 상류층 대부분과 식자층은 나비스를 섬뜩하고 무시무시한 괴물로 생각했을 것이다. 그러나 마키아벨리는 나비스에 대한 이런 평가를 단번에 전복해버린다. 그는 나비스를 인민의 지지를 받은 최고의 군주이자, 스파르타의 영광을 재현하고자 한 시민형 군주로 등극시킨다. 마키아벨리에게 나비스는 시민형 군주의 전형이다. 왜냐하면 마키아벨리가 뒤에서 서술한 그라쿠스 형제나 스칼리는 시민들의 지지를 받았지만 군주의 자리에 오르지 못하고 몰락했기 때문이다.

나비스에 대한 마키아벨리의 이런 평가는 당대 상류층과 지식인을 공포로 몰아갔을 것이다. 나비스에 대한 이런 평가에 동의할 것인가, 부정할 것인가? 독자의 몫이다. 독자의 세계관이 결정할 문제이다.

강력하고 현명한 군주는 인민에게 의존할 수 있다

"인민 위에 서 있는 자는 진흙 위에 서 있는 것과 같다"[1]라는 아주 진부한 속담을 들먹이며 어느 누구도 저의 신념에 반대하지 말아주시기 바랍니다. 물론 이 속담이 들어맞는 경우도 있습니다. 예컨대 권력의 토대를 인민에게 두고 한낱 보잘것없는 자에서 군주의 자리에 오른 자가 적들과 관료들에 의해 포위당했을 때 인민이 자신을 도와주러 올 것으로 가정하는 경우입니다. 이 경우 그는 종종 자신이 인민에게 속았다는 것을 알게 됩니다. 예컨대 로마에서는 그라쿠스 형제, 피렌체에서는 조르조 스칼리[2]가 그랬습니다.

그러나 인민에 바탕을 두고 있는 그가 명령할 수 있는 군주라고 한다면, 역경의 시기에도 흔들리지 않는 강인한 정신을 가지고 있다면, 다른 준비를 착실히 하고 있었다면, 용기와 통치로 대중의 정신을 견인하고 있다면, 그는 인민에게 배신당하지 않습니다. 오히려 그는 자신의 토대들을 강력하게 만들었다고 확신할 수 있게 됩니다.

1 그라쿠스 형제는 시민의 지지를 바탕으로 로마를 개혁하고자 했다. 형 티베리우스 그라쿠스는 기존 법을 어기고 토지를 획득한 자는 그 땅을 내놓아야 한다는 법률을 제정하고자 했다. 그는 이 법을 통해 부자들의 경제적 토대를 허물고, 과거에 그랬듯 시민들이 중심이 되는 건전한 로마 공화정을 다시 재건하려고 했다. 후에 그는 전쟁 복무연한을 줄이는 법률, 재판관의 판결에 불만이 있으면 민회에서 심사하는 법률, 원로원 의원들로만 조직된 법관 자리에 원로원과 동수의 기사 계급(아퀘테스)이 참여하는 법률 등을 발의했다. 이런 모든 법률은 부를 바탕으로 한 로마 원로원의 권위에 도전하고 그 권위를 제한하는 것이었다.

이 법률을 제정하는 날이 다가오자 부자들은 티베리우스를 암살하기로 모의하고, 노예와 부하들을 무장시켰다. 그들은 법안 투표장에 난입해 티베리우스와 지지자 300여 명을 살해하고 나서 장례도 치르지 못하게 하고 티베리우스와 지지자들의 시체를 강에 내다버렸으며, 그 후 티베리우스와 뜻을 같이하던 자들을 모두 국외로 추방했다.

시민을 위한 정치를 하고자 했던 티베리우스가 죽었지만, 로마 시민들은 정작 티베리우스의 죽음에 항거하지 않았다. 시민들은 고작 티베리우스의 정적이었던 나시카를 재판에 회부하려고 했을 뿐이다. 원로원은 시민들의 저항이 염려되자 나시카를 아시아로 파견함으로써 사태를 무마했다. 마키아벨리는 티베리우스의 죽음 이후 아무런 저항도 일어나지 않은 사실을 염두에 두고 이런 말을 한 것이다.

가이우스 그라쿠스는 티베리우스 그라쿠스의 동생이다. 형의 개혁이 실패하자 동생 가이우스가 다시 로마 개혁에 나선다. 그는 형의 정책을 계승하여 가난한 시민에게 공유지 분배, 병사들에게 군복 제공, 이탈리아 사람 모두에게 시민권 부여, 빈민에게 싼값으로 곡식 판매, 원로원 권리 축소, 재판 업무에 기사 계급 참여 등을 제안했다.

그러나 그의 개혁도 성공하지 못했다. 원로원은 무장을 하고서 가이우스를 공격했고, 몸을 피한 가이우스를 뒤쫓아가서 살해했다. 오피마우스는 가이우스의 머리를 자르고 골수를 빼내고 나서 그 안에 납을 가득 채웠다. 원로원은 가이우스를 비롯하여 3,000여 명을 살해했으며, 그들의 재산을 모두 몰수하고 그 부인들이 상복을 입는 것마저 금지했다.

가이우스가 죽고 나서도 로마 시민들은 저항에 나서지 않았다. 가이우스와 티베리우스가 제안한 개혁은 로마에서 제대로 시행되지 않았고, 그 후 로마에서는 부유한 자들의 파당과 시민을 중심으로 한 파당 간의 내전이 계속

장 밥티스트 토피노-레브룬, 〈가이우스 그라쿠스의 죽음〉, 1792.

발생한다. 마리우스와 술라의 대립, 카이사르·폼페이우스·크라수스의 삼
두정치도 이 연장선상에 있다.

　마키아벨리는 그라쿠스 형제가 시민을 위한 정책을 펼쳤지만 시민의 절대
적 동의를 받지 못했을 뿐만 아니라, 시민 속에 확고한 뿌리를 둔 조직을 가
지고 있지 못했다고 판단한다.

2　조르조 스칼리는 1378년 이탈리아 피렌체에서 일어난 '촘피의 반란' 지도자
　가운데 한 명이다. 모직물 산업에 종사하는 세척 노동자를 뜻하는 촘피들은
　경제적으로 아주 열악한 계급이었다. 촘피들은 6명의 대규모 길드 대표와 2
　명의 중규모 길드 대표, 그리고 행정부의 대표격인 곤팔로니에레로 구성된
　피렌체 원로원이 기득권을 대변하는 것에 반발했다. 당시 피렌체에는 모두
　21개의 길드가 있었는데, 이 가운데 7개가 큰 것이고 14개는 작은 것이었다.
　이에 따라 큰 길드를 대표하는 6명, 작은 길드를 대표하는 2명, 행정부의 대

표격인 곤팔로니에레 1명으로 구성한 시뇨리아Signoria(정부회의 또는 원로원)는 철저히 기득권을 대변하고 있었으며, 길드에 가입할 수 없는 촘피들의 불만이 누적된 상황이었다.

촘피들은 아무런 법적 권리도 누리지 못하고 예고 없이 해고되기 일쑤였고, 그나마 받는 임금은 생활을 유지할 수 없을 정도로 낮은 수준이었다. 1378년 그들은 길드에 준하는 처우로 개선할 것을 요구하며 무장 폭동을 일으켜 미켈레 디 란도를 새 곤팔로니에레로 선출했으며, 피렌체 청사를 무력으로 접수했다. 이후 스칼리는 피렌체를 지배하던 살베스트로 데 메디치 등과 더불어 피렌체를 지배하게 된다.

그러나 그는 상당히 거만하게 굴었으며, 촘피들로 구성된 길드를 폐지해 버린다. 후일 가장 부유한 시민 가운데 하나였던 베네데토가 중심이 되어 스칼리에 대한 공격을 감행했다. 스칼리는 결국 군인들에게 체포되어 머리가 잘려 죽었다.

"인민 위에 서 있는 자는 진흙 위에 서 있는 것과 같다"라는 문장은 이 절 전체의 주제를 함축하고 있다. 이 문장의 이면에는 바위가 숨겨져 있고, 바위는 부자를 의미한다. 마키아벨리는 바위에 기반을 두고 있는 자는 안정적이고, 진흙 위에 서 있는 자는 불안정하다는 속담을 해명하고자 한다.

흔히들 부자에 기반을 둔 군주는 안정적인 반면, 인민에 기반을 둔 군주는 불안정하다고 생각한다. 마키아벨리는 이 말이 틀리지 않다고 말한다. 고대의 사례인 그라쿠스 형제도, 당대의 사례인 스칼리도 인민에 기반을 두었다. 그들은 기득권 세력인 부자들에게 저항해 결정적인 내전 상태에 이르렀으며, 부자들과 전투를 벌이면 시민들이 호응하여 부자들을 둘러싸고 공격할 줄 알았다. 마치 바리케이트 안에서 정부군과 싸우면서 시민의 호응을 기다리는 혁명군처럼. 그러나 그들은 인민이라는 진흙 구덩이에 빠져 헤어나지 못하고 부자들의 손에 처참하게 목숨을 잃었을 뿐이다.

그들은 인민의 지지를 얻는 데에 실패했다. 마키아벨리는 '그들은 왜 실패했는가?'라는 질문을 던진다. 그리고 그들은 인민의 진심 어린 지지를 얻지 못했기 때문에 실패했다며 스파르타의 나비스 사례와 이들을 비교해 보라고 넌지시 말한다. 그는 군주가 인민의 진정한 지지를 얻는다면, 인민이 바위보다 더 튼튼한 반석이 될 수 있다고 강조한다.

현명한 군주는 역경의 시기를 대비해 충성을 확보해야 한다

일반적으로 이와 같은 시민형 군주국은 시민형civile에서 권위형assoluto으로 변하는 과정에서 위험에 처하게 됩니다.[1] 왜냐하면 시민형 군주들은 직접 명령을 내리거나 공공 관리들을 통해서 명령을 내리기 때문입니다. 후자의 경우 군주의 지위는 훨씬 더 취약하고 위험합니다. 왜냐하면 그들은 공직을 차지하고 있는 그러한 시민들에게 전적으로 의지하기 때문입니다. 특히 불리한 시기가 되면 이러한 자들은 군주를 모반하거나 군주에게 불복종함으로써 군주의 지위를 박탈할 수 있습니다. 위험한 시기가 되면 군주는 절대적인 권위를 지키기에는 이미 늦어버리게 됩니다. 왜냐하면 시민cittadini과 신민sudditi은 공공 관리들에게 명령을 받는 데에 아주 익숙해져 있기 때문에 이러한 위급 상황에서 그의 명령에 복종하지 않기 때문입니다.

그리고 극히 위험한 날씨가 닥치면 군주는 자신이 신뢰할 수 있는 사람이 거의 없게 됩니다. 그러한 군주는 평온한 날씨, 즉 시민들에게 정부가 필요할 때 보았던 것에 의존할 수 없게 됩니다. 왜냐하면 평온한 날씨에는 모든 사람이 달려들고, 모든 사람이 약속을 하며, 그리고 각각의 사람은 군주를 위해 죽을 것을 각오합니다. 왜냐하면 죽음이 멀리 떨어져 있기 때문입니다. 그러나 기후가 바뀌면, 정부에 시민이 필요해지면 정작 그 지지자들은 확 줄어들고 맙니다. 그리고 군주에게 이러한 경험은 오직 한 번만 허용되기에 극히 위험한 일입니다.

따라서 현명한 군주는 어떤 기후가 닥치든지, 정부와 자신을 보호하고 시민을 강제하며 시민들로 하여금 충성을 다하게 할 방법을 항상 신중하게 고안해야 합니다.

1 시민들의 도움을 받아 군주가 되었지만, 이제 시민의 도움이라는 탯줄을 끊어버리고 자립적이고 독립적인 군주가 되는 것을 말한다. 이것의 가장 극단적인 정체는 참주정이다.

마키아벨리는 시민의 지지를 받아 군주가 된 자가 절대적인 권력을 가지려고 할 경우 생기는 문제점에 대해 말한다. 그 위험의 근본 원인은 군주가 인민을 직접 통치하는 것이 아니라 중간에 관료들을 통해 통치하는 것이다. 그는 선출직 또는 임명직 관료가 군주에게 충성을 다한다고 생각하지 않았다. 관료는 명예를 생명으로 여기는 귀족들과 달리 자신의 안전과 자신들만의 집단 이익을 중시하기 때문이다.

관료는 이 두 가지 목적을 충족시켜 주는 군주가 있다면 언제든지 그를 섬길 자세가 되어 있다. 관료는 평온할 때는 군주에게 충성을 약속하지만, 위기 시에는 배신을 일삼는다. 현대 정치에서 최고 집권자가 수시로 바뀌어도 관료들은 항상 누구에게나 충성하는 것을 염두에 두면 된다. 무정견과 무소신, 그리고 무헌신과 배신은 관료들의 특징이다.

마키아벨리는 이런 점 때문에 관료들을 믿고 정치를 해서는 안 된다고 말한다. 그는 시민형 군주국에서 군주의 자리를 지속적으로 유지하고 싶다면, 관료들의 충성을 확보하는 것이 중요하다고 말한다. 하지만 관료의 속성상 이는 절대로 불가능하다. 그렇기에 그는 어떤 경우에서든지 시민들의 충성을 확보하는 방법을 항상 염두에 두어야 한다고 말한다.

9장 다시 보기

9장의 특징은 '일반화'이다. 마키아벨리는 9장에서 겉말로 거침없이 드러내놓고 자신의 인민관과 군주관을 일반화하여 정리한다. 그는 '시민형 군주'라는 말 대신에 '모든 군주'라는 말을 집어넣음으로써 모든 군주가 9장에서 제시한 대로 행해야 한다고 명령한다. 그는 부자의 지지보다는 인민의 지지로 군주에 오르는 것이 좋다고 말한다. 그의 겉말이다.

이 겉말 속에 마키아벨리는 군주가 어떻게 하면 인민과 사이좋게 지낼 수 있는지에 대한 속말을 감춰둔다. 마키아벨리가 설명한 내용을 표로 정리하면 다음과 같다.

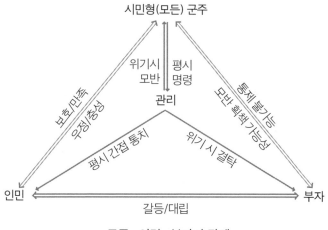

시민형(모든) 군주

위기시 모반 ／ 평시 명령

관리

보호/만족 우정충성

통제 불가능 모반 획책 가능성

평시 간접 통치

위기 시 결탁

인민 ←———— 갈등/대립 ————→ 부자

군주 · 인민 · 부자의 관계

이를 정리해 보자. 부자와 인민은 기본적으로 갈등한다. 모든 군주
는 부자보다는 인민의 지지를 받는 것이 좋다. 부자는 통제할 수 없고
모반을 획책할 가능성이 큰 반면, 인민은 부자한테서 보호만 해주면
좋아한다. 관리들은 평시에 명령을 받아 임무를 수행하지만, 위기가
닥치면 부자와 결탁하여 군주에게 모반을 획책하기도 한다.

그렇다면 군주는 인민 · 부자 · 관리와의 관계에서 어떤 태도를 취하
는 것이 좋은가? 군주는 부자로부터 인민을 보호해야 한다. 이는 군주
가 인민에게 져야 하는 의무이자 인민에게 주는 선물이다. 인민이 원
하건 원하지 않건 군주는 어떤 경우에도 인민을 보호해야 한다. 그러
면 군주는 무엇을 얻는가? 군주는 인민으로부터 '우정'을 선물로 얻을
수 있다.

군주와 인민의 우정은 상호관계의 문제이다. 즉, 군주가 부자로부터
인민을 보호하고 각종 정책을 통해 인민을 만족시켜 준다면, 인민은
그 군주에게 보답한다. 그 보답은 바로 군주와의 우정이다. 우정은 힘

들고 어려울 때에도 더불어 같이 살고 같이 죽는 것이다. 군주가 위기 상황을 맞게 되면, 부자와 관리가 한통속이 되어 군주를 위협한다. 그러면 인민은 군주를 지켜주는 백기사로 등장한다. 군주가 인민에게 '보호와 만족'을 선물로 주면, 인민은 군주에게 '우정과 충성'을 선물한다. 서문에서 말한 '선물의 정치학'이다. 시민형 군주는 앞으로 도래하게 될 절대군주의 위대한 서막을 알리는 자이다. 부자 대신에 귀족을 대치하고, 인민 대신에 시민을 넣으면 근대 여명기의 '절대군주'의 공식은 완성된다.

마키아벨리는 시민과 군주의 결합이라는 위대한 탄생을 이미 프랑스의 루이 12세와 에스파냐의 페르난도 2세를 통해 제시했다. 그들은 혈통에 의해 군주의 자리에 올랐지만 '군주의 인민 보호와 인민의 절대적 지지'라는, 그 당시로는 전적으로 새로운 군주의 전형을 제시한 자들이다. 루이 12세와 페르난도 2세는 당대 시민형 군주의 직접적인 예시이다. 따라서 군주라면 누구라도 이들을 따라야 한다. 이 점에서 9장은 1부에서 마키아벨리가 하고 싶었던 속말이 적나라하게 드러난 결론적인 장이다.

군주국 종류에 관계없이
군사력은 어떻게 측정되어야 하는가

이 장은 〈스스로 방어할 수 있는 군주〉, 〈독일의 자유 도시들〉, 〈현명한 군주는 포위 공격을 어떻게 이겨내는가〉로 이루어져 있다.

10장은 9장까지 다루었던 여러 유형의 군주들이 지닌 군사력을 평가하는 기준을 제시하는 장이자 1부의 전체 결론이라고 할 수 있다. 마키아벨리는 군사력을 평가하는 가장 중요한 기준을 공격이 아니라 방어에 두었다. 이것이 서문의 문제의식이다.

이와 같은 분석을 위해 마키아벨리는 본론을 두 부분으로 나누어서 다룬다. 첫 번째 부분에서 그는 군사력을 잘 갖춘 실제 사례로서 독일의 도시국가들을 다루고 있으며, 두 번째 부분에서는 군사력의 조건을 이론적으로 다루면서 도시 안 시민과 도시 밖 시민 등을 나누어 살피고 있다.

마지막으로 결론에서 현명한 군주는 항상 충분한 식량과 방어 수단을 갖추는 것이 중요하다고 강조한다. 군주가 공격이 아닌 방어, 어떤 조건에서도 살아남을 수 있는 국가를 유지하는 것은 10장의 결론이자 1부 전체의 결론이다. 이를 목차로 구성하면 아래와 같다.

스스로 방어할 수 있는 군주

위와 같이 다양한 유형의 군주국이 보이는 특질들에 대해 검토했으므로, 이제 다른 주제를 다루도록 하겠습니다. 즉, 군주는 필요하다면 자신의 힘만으로 공격을 물리칠 수 있는 그러한 군사력을 가지고 있는가, 아니면 항상 다른 군주들의 도움이 필요한가입니다.[1]

저는 이 문제를 한결 명쾌하게 설명하고자 다음과 같이 말씀드리고 싶습니다. 저는 누가 자신을 공격하든지 간에 군주가 엄청난 인적 자원과 재산을 가지고 있어서 전투를 치를 만큼 충분한 군대를 모을 수만 있다면, 그는 자신의 힘만으로 공격을 막아낼 수 있다고 판단합니다. 그리고 저는 동일한 군주가 전투에서 적 앞에 자신을 드러내지 못하고 벽 뒤에 숨어서 적들을 방어할 수밖에 없다면, 그는 다른 군주에게 도움을 받을

354

수밖에 없다고 판단합니다.

첫 번째 유형에 대해서는 이미 말씀을 드렸으므로,[2] 앞으로 또 생각나는 것이 있으면 더 말씀드리도록 하겠습니다.[3] 두 번째 유형처럼 허약한 군주는 자신의 도시를 요새화하고 식량을 비축하며, 도시 밖의 영토는 괘념치 말라는 것 외에는 드릴 말씀이 없습니다. 자신의 도시를 상당한 정도로 요새화[4]하고 신민과 좋은 관계를 유지하는 군주를 공격하려는 자는 사뭇 주저하기 마련입니다. 왜냐하면 사람들은 항상 공략하기 어려워 보이는 적들이 있기 마련이며, 자신의 도시를 강력하게 요새화하고 인민의 증오를 받지 않는 군주를 공격하기 쉽지 않다는 것을 깨닫기 때문입니다.

1 우리 상식으로는 이해하기 어려운 내용이다. 왜냐하면 요즘 국가는 어떤 경우든 타국의 침입으로부터 자국을 방어하는 것은 당연한 일이기 때문이다. 그러나 마키아벨리 당대의 도시국가들은 이런 상식과는 조금 다른 상태였다. 자국을 스스로 방어한다는 것은 생각하기 어려운 일이었다. 자국을 충분히 지킬 만큼 군사력을 보유한 국가가 그리 많지 않았기 때문에 자국을 지키려면 용병이 필요했다. 8장 〈페르모에서 올리베로토의 배신〉에 나오는 파올로 비텔로초가 피렌체에 용병대장으로 고용된 것도 그 사례이다. 마찬가지로 타국을 침략할 때에도 자국의 군대만으로는 불충분하여 용병을 고용해 전쟁을 치르는 경우가 많았다. 7장의 주인공 체사레가 침략 전쟁을 위해서 여러 용병대장을 고용한 것이 그 사례이다.

2 다른 나라나 도시를 공격하기보다는 도시나 국가를 수성한 사례를 말한다. 마키아벨리는 《군주론》에서 이런 사례로 두 명을 들었다. 한 명은 8장 〈사악한 행위들로 군주국을 획득한 자들〉 중에 나오는 아가토클레스이다. 또 다른 한 명은 9장 〈"시민형 군주국"〉에 나오는 스파르타의 나비스이다. 이들은

자국을 성공적으로 방어한 자들이다.

3 구체적으로 무엇을 말하는지 불분명하다. 다만 추론한다면 13장의 〈어떤 군주도 자신의 군대가 없으면 안전하지 못하다〉, 14장의 〈군사력이 없는 군주는 경멸당한다〉와 〈사냥은 전쟁을 위한 훈련이다〉를 말한 듯하다. 여기에서 주로 군주의 방어력에 대해 다루고 있다.

4 '요새화'와 '요새'는 다르다. 마키아벨리는 20장에서 〈요새는 상황에 따라 유용하기도 하고 유용하지 않기도 하다〉라고 말하고 나서 곧이어 〈군주에게 최상의 요새는 그의 신민이 그를 미워하지 않는 것이다〉라고 말한다. 이때 말하는 '요새'는 실체로서의 요새, 즉 전술적으로 유용한 성채의 일부라고 할 수 있다. 여기서 말하는 '요새화'는 이런 전술적 실체로서의 요새가 아니라 전략적 관점에서 도시나 국가를 잘 방어할 수 있도록 구조화하는 것이다. 이 점에서 요새화는 도시나 국가 방어에서 군주에게 주어지는 실질적인 임무라고 볼 수 있다. 이 부분을 요새로 번역하기도 하지만, 이는 20장의 내용과 모순되므로 옳지 않다.

마키아벨리는 10장에서 군주국 종류에 관계없이 군사력은 어떻게 측정되어야 하는가를 다룬다. 여기서 우리는 혼란에 빠진다. 우리는 흔히 군사력을 평가할 때 공격력을 기준으로 삼기 때문이다. 또한 마키아벨리는 앞에서 여러 다양한 유형의 군주들이 갖추고 있는 역량을 다루면서 대개는 공격을 중심으로 살폈기 때문이다. 그런데 그는 이에 대한 아무런 설명이나 변명 없이 군사력의 평가 기준을 방어하는 처지, 즉 수성을 중심으로 다룬다.

마키아벨리는 왜 군사력과 방어력을 연결시키는 것일까? 이는 군주의 역량 과 운에 연관하여 설명해야 한다. 그가 앞에서 계속 설명한 대로 군주가 되는 방법은 여러 가지이다. 하지만 그 다양한 방법도 정리하면 결국 포르투나와 비르투나로 귀결된다. 예컨대 아가토클레스나 올리베로토처럼 사악한 방법을 사용하여 군주의 지위에 오르는 것도 비록 왜곡된 형태이긴 하지만 비르투나의 일종이고, 나비스처럼 시민형으로 군주의 지위에 오른 것도 결국 따지고 보면 비르투나 덕분이기 때문이다.

그렇다면 군주의 군사력은 포르투나와 비르투나 가운데 어디에 해당하는가? 포르투나가 아니라 철저하게 비르투나이다. 즉, 군주의 역량이다. 군주의 군사력은 어디에서 잘 드러나는가? 흔히 다른 나라를 침략하고 공격하는 데에서 드러난다고 생각한다. 그러나 군사력으로 다른 국가를 정복하는 데에는 군주의 역량도 필요하지만 아주 많은 부분에서 행운이 필요하다. 즉, 주변국 침략을 위한 군주의 역량이 필요조건이라고 한다면, 침략 성공을 위한 주변국의 내외적 곤란은 충분조건이라고 할 수 있다. 침략하는 군주가 아무리 많은 역량을 갖추었다 할지라도 행운이 따라 주지 않으면 정복하기가 결코 쉽지 않다. 예컨대 주변국의 각종 근심거리, 식량 부족, 내란, 천재지변, 군주의 무능 등과 같은 행운이 따르지 않는다면 침략해도 실패하기 마련이다. 즉, 행운이 따르지 않는 정복 전쟁은 성공할 수 없다.

그러나 방어하는 처지가 되어보자. 방어는 무조건 군주의 역량만을 필요로 한다. 운명의 여신이 장난치는 것을 막을 유일한 방법은 군주가 방어를 위해 최선을 다해 노력하는 것이다. 그 준비 사례를 보어주는 것은 다음 절에서 다루는 독일의 도시국가들이다. 독일의 도시국가처럼 준비하는 것은 포르투나가 아닌 진정한 비르투나이자 군사력의 핵심 척도가 된다. 즉, 적의 침략을 막아내는 도시나 나라의 방어력은 군사력을 측정하는 핵심 기준이 된다.

결론적으로 말해보자. 군주의 비르투나를 가늠하는 진정한 기준은 무엇인가? 행운을 내포할 수밖에 없는 공격과 침략의 힘이 아니라 역량만으로도 가능한 방어력이다. 마키아벨리가 내린 답변은 바로 이것이다.

독일의 자유 도시들

독일의 도시들은 전적으로 자유롭고 농지를 거의 가지고 있지 않으며, 복종하는 것이 좋다고 느낄 때에만 신성 로마 제국 황제에게 복종합니다. 독일의 도시들은 신성 로마 제국 황제도, 주변에 있는 다른 어떤 군주도 두려워하지 않습니다. 왜냐하면 독일의 도시들은 상당히 잘 요새화되어 있어서, 누구나 그 도시들을 함락시키기에는 너무 시간이 많이 걸리고 어렵다고 생각하기 때문입니다.

독일의 도시들은 방어에 필요한 해자垓字와 성벽들을 잘 갖추고 있으며 상당한 수준의 대포도 준비하고 있습니다. 또한 독일의 도시들은 1년 동안 먹고 마시고 뗄 수 있을 만큼의 충분한 재원을 공공 창고에 보유하고 있습니다. 그 외에도 독일의 도시들은 인민이 공공 재원을 사용하지 않고서도 지낼 수 있도록 준비하고 있습니다. 바로 도시의 생명이자 힘이며, 인민이 먹거리를 벌어들이는 산업의 생명이자 힘인 그러한 직업들이 1년 동안 작업하는 데에 필요한 모든 것을 상점에 쌓아놓고 있습니다. 또한 독일의 자유 도시들은 엄청나게 높은 수준의 군사 훈련을 하고 있으며, 더구나 그 훈련을 유지하는 데에 필요한 많은 규칙도 두고 있습니다.

1 아래의 지도는 1500년 무렵의 신성 로마 제국이다. 아주 복잡하게 나뉘어 있음을 볼 수 있다. 신성 로마 제국은 그 당시 약 300여 개의 국가로 이루어져 있었다. 그중에서 프랑크푸르트와 뉘른베르크 같은 제국 도시국가, 슈트라스부르·슈파이어·보름스·쾰른 등과 같은 주교 도시국가, 그리고 일반 도시국가가 있었다. 이들 도시국가는 다른 제후국과 마찬가지로 신성 로마 제국 황제에게 간섭받지 않는 독자적인 재판권, 화폐 주조권, 관세 징수권 등을 가지고 있었다. 또한 자신들의 권리를 지키고자 라인 동맹, 한자 동맹 등을 구성했다.

1500년 경의 신성 로마 제국

- 부르고뉴의 합스부르크
- 쾰른
- 프랑크푸르트
- 보름스
- 슈파이어
- 뉘른베르크
- 슈트라스부르
- 스위스 연방
- 오스트리아의 합스부르크

성의 구조와 전쟁 대비 역량

마키아벨리는 한 도시의 군주가 지닌 군사력을 평가할 때 다음의 세 가지를 살펴야 한다고 제안한다. 도시의 외부 방비, 인민의 생활 유지, 방어를 위한 훈련과 적절한 군대 유지를 위해 필요한 훈련과 관련 법규가 그것이다. 첫째는 외부자의 시선으로 명확하게 확인할 수 있는 시설물들이며, 둘째는 성안에 살면서 두루 살펴봐야 알 수 있는 것들이며, 셋째는 즉각 눈에 보이지 않는 것이므로 면밀하게 관찰해야 할 사항들이다. 이것들은 군주가 평상시에 준비할 수 있는 비르투나이다.

이 세 가지를 통해 마키아벨리가 이상적으로 생각하는 군주국의 군사력을 명확하게 파악할 수 있다. 우선 해자와 튼튼한 성벽과 충분한 대포로 무장해야 하며, 넉넉한 식량과 식수는 물론이고 국가의 지원 없이도 일 년 동안의 생존과 생업에 필요한 원자재를 확보하는 것이다. 그리고 군대의 훈련과 이를 유지할 규칙을 갖추는 것이다.

독일의 도시국가들은 이 점에서 아주 군사력이 강한 국가들이다. 마키아벨리는 이를 서술하고자 마치 도시 밖에서 안으로 이동하며 카메라로 촬영하듯이 보여준다. 이를 위의 그림과 비교하여 살펴보도록 하자.

마키아벨리는 군사력을 방어 시설, 군대와 무기만으로 평가하지 않는다. 그는 전시에도 인민의 삶을 충분히 유지하는 것이 중요하다고 말한다. 그 이유는 전시라는 비상 상황이 발생하면 국가는 모든 역량을 총동원해야 하기 때문이다. 즉, 아무리 전시라 하더라도 인민의 생활에 문제가 생긴다면 인민은 자신의 삶을 유지하고자 군주에게 등을 돌릴 수밖에 없게 된다. 이런 국가는 내부에서부터 무너지거나, 인민이 적과 내통하여 적을 성안으로 끌어들이곤 한다. 그렇기에 그는 인민의 일상생활이 유지되도록 우선 조치를 취하고 나서 군사 훈련을 하는 게 중요하다고 말한다.

군주가 전쟁 중에도 인민의 생활을 유지할 수 있을 정도의 준비를 갖추는 것은 적과의 내통을 막는 전쟁 역량, 즉 전쟁의 비르투나가 된다. 이런 비르투나를 갖춘 국가는 절대로 망하지 않으며, 또한 그 군주는 진정한 비르투나를 갖춘 군주 중의 군주라고 할 수 있다.

현명한 군주는 포위 공격을 어떻게 이겨내는가

강력한 도시를 소유하고 있으며 인민의 증오를 받지 않는 군주는 공격을 당하지 않습니다. 그를 공격할 만큼 어리석은 적은 반드시 불명예스럽게 후퇴합니다. 전쟁 세계에서 벌어지는 일들은 아주 빨리 변화하므로, 침략자는 그러한 군주를 포위한 채 자신의 군대를 1년 내내[1] 게으르게 유지하는 것이 어렵다는 것을 깨닫게 됩니다.

누군가 저에게 이렇게 답변한다고 가정해 보십시오. '인민이 도시 밖에 재산을 가지고 있는데, 이 재산이 불타는 것을 보았다면 그들은 인내심을 잃게 마련이며, 오랜 포위와 자기애 때문에 군주를 망각하게 된다.' 저는 이렇게 답할 것입니다. '강력하고 활기찬 군주는 때로는 신민에게 악은 오래 지속되지 못할 것이라는 희망을 불어넣어 주고, 때로는 신민에게 적의 잔인성에 대한 공포를 심어주고, 또 어떤 때에는 지나친 자신감을 내세우는 자들로부터 영악하게 자신을 안전하게 지킴으로써 항상 그러한 모든 난관을 극복한다.'

이 외에도 도시 주변 지역 시민들이 방어하고자 결정하고 아직 정신적 열기가 뜨거울 때 도착한 적군은 대개 이 지역을 불태우고 유린하기 마련입니다. 이런 문제에 대해서도 군주는 그다지 좌고우면할 필요가 없습니다. 왜냐하면 며칠이 지나 도시 주변 지역 시민들이 정신적 열기가 식어서 냉정해지면, 피해는 이미 발생했고 자신들은 고통당하고 있으며, 그 고통은 더는 치료될 수 없다는 것을 깨닫기 때문입니다. 그렇게 되면 도시 주변 지역 시민들은 자신들의 군주와 힘을 합치려고 나서기 마련입니다. 왜냐하면 군주가 자신들에게 빚을 지고 있다고 생각하기 때문입니다. 그 이유는 자신들의 집이 불타고 재산이 파괴되었던 것은 군주가 도시 밖이 아닌 도시 내부를 방어하는 데에서 비롯되었기 때문입니다. 인간이란 자신들이 받은 이익만큼이나 자신들이 제공한 이익에 의해서도 의무가 있다고 느끼게 마련입니다.

이러한 모든 점을 고려하여 다음과 같은 결론을 내릴 수 있습니다. 신중한 군주가 식량과 방어 수단을 충분히 가지고 있다면 포위 공격을 당하는 내내, 포위 공격 이전이나 이후에도 시민들의 정신을 어렵지 않게 유지할 수 있습니다.

1 마키아벨리는 국가나 도시를 공략하는 데에 1년을 기준으로 잡고 있다. 그

는 〈독일의 자유 도시들〉에서도 "독일의 도시들은 1년 동안 먹고 마시고 땔수 있을 만큼 충분한 양을"이라는 표현을 쓰면서 1년이라는 기간을 말하고 있다.

'1년'이라는 기준은 우리가 현재 경험하거나 언론 등을 통해 접하고 있는 전쟁과 다르다. 근대 이후로 1년 이상의 장기전이 가능한 이유는 상당한 수준의 과학 발전에 힘입은 바가 크다. 달리 말하면 과학이 발달하기 이전에는 1년 이상 전쟁을 치르기가 쉽지 않았다. 가장 곤란한 이유는 추위이다. 추위는 동상을 선물로 주기 때문이다. 그 때문에 오랜 기간 끊임없이 정복 전쟁을 벌였던 로마도 특별한 경우가 아니면 겨울에는 전쟁을 치르지 않았다. 전쟁을 하다가도 겨울이 되면 휴전에 들어가곤 했다. 다른 나라의 경우도 여기에서 크게 벗어나지 않았다. 따라서 전쟁을 할 때 대개 1년을 넘기지 않고 끝내야 했다. 거꾸로 이야기하면, 1년만 견디면 아무리 막강한 포위전이라도 견딜 수 있다는 논리가 성립한다.

마키아벨리는 여기서 주로 시민을 어떻게 대해야 할 것인가를 둘로 나누어 설명한다. 하나는 도시 밖에 재산을 가지고 있는 도시 안 시민들이고, 다른 하나는 도시 밖 거주 시민들이다. 두 부류의 시민을 대하는 데에서의 공통점은 미움을 피하는 것이다. 시민의 미움을 피하는 것은 마키아벨리의 기본 사상이다. 전시에, 시민의 증오를 피하려면 어떻게 해야 하는지를 그는 다음과 같이 주장한다.

첫 번째 부류의 시민, 성 안의 시민에 대해 군주는 주로 선전전을 해야 한다. 핵심은 머지않아 전쟁이 끝날 것이라는 '희망'과 적에 대한 '공포'를 주입하는 것이다. 군주는 선전전을 통해 도시민의 분노를 적에게 돌리고 자신에게로 향하는 미움을 사전에 방지해야 한다.

두 번째 부류의 시민, 성 밖의 시민에 대해 군주는 별로 걱정할 필요가 없다. 왜냐하면 적에게 유린당한 성 밖 시민들은 군주를 비난하는 것이 아니라 오히려 지원하기 때문이다. 일반적으로 군주가 무능하여 다른 나라의 군주에게 재산을 약탈당하면 자국 군주에게 분노한다고 생각하지만, 마키아벨리는 이와 반대로 재산을 약탈당하거나 유린당한 성 밖 시민들은 자국 군주가 자신에게 빚을 졌으므로 더 지지한다고 말한다.

이는 마키아벨리의 독특한 인간관으로, 다소 역설적으로 느껴질 것이다. 그러나 절대 역설적이지 않다. 인간 심성의 또 다른 면이기 때문이다. 성 밖 시민들은 전쟁에서 피해를 입음으로써 군주에게 은혜를 제공한 자가 된다. 인간은 은혜를 베풀수록 더 관심을 보이고 더 지키려고 하는 속성이 있다. 예컨대, 부도가 난 회사를 직원들이 십시일반 돈을 모아 살리는 경우이다. 이들 직원들은 회사를 망하게 한 사장에게 분노하는 대신에 최대한 노력해서 회사를 살리려고 한다. 사장으로 하여금 직원들에게 부채감을 느끼게 하는 것이다. 회사가 살아나게 되면 사장은 직원들에게 고마움을 느끼고 더 잘 대우할 수밖에 없다. 자원봉사를 하는 사람은 많이 할수록 의무감에 휩싸인다.

또 다른 예는 신하에게 끊임없이 돈을 빌리는 왕의 경우이다. 돈이 그리 부족하지 않은데도 이 왕은 신하들에게 계속 돈을 빌린다. 왕과 신하들은 채무자와 채권자의 관계를 지속한다. 만약에 왕이 역모 등에 의해 축출당할 지경이 되면 채권자인 신하들은 이 왕이 쫓겨나는 것을 허용하지 않는다. 그렇게 되면 빌려준 돈을 되돌려받을 수 없기 때문이다. 이는 왕이 신하의 이기적 이타심을 이용하여 권력을 유지하는 경우라고 할 수 있다.

카이사르는 은혜를 제공한 자의 심리를 적극적으로 이용한 대표적인 정치인 가운데 한 사람이다. 카이사르는 자신을 3인칭으로 서술한 《내전기》에서 다음과 같이 이를 명확히 밝힌다. "카이사르는 즉시 군관들과 백인대장들에게 돈을 빌려 병사들에게 나눠주었다. 이는 백인대장들의 충성과 병사들의 사기를 한꺼번에 확보하는 일석이조의 방책이었다." 즉, 돈을 빌려준 군관과 백인대장들은 돈을 돌려받으려고 열심히 싸울 수밖에 없는 반면, 돈을 받은 일반 병사들은 그 은혜에 보답하고자 온 힘을 다해 싸우기 때문이다.*

마키아벨리의 이러한 인간관은 고대 로마의 후견인과 피후견인 관계에서 찾아볼 수 있다. 플루타르크는 로마가 강대한 국가가 될 수 있었던 이유를 후견인과 피후견인의 관계로 설명한다. 이는 로물루스가 로마를 건설하면서 취한 조치이다.

후견인을 뜻하는 파트라키안은 약자와 도움이 필요한 자를 보호하고 보살펴준다. 그는 부유한 자이고 세력이 있는 자이다. 그는 아버지와 같은 사랑과 관심으로 아랫사람을 돌본다. 그는 피후견인에게 은혜를 베풀수록, 마치 아버지처럼 자식을 사랑할수록 피후견인에 대해 더 많은 의무를 지게 된다. 반면에 피후견인을 뜻하는 크리엔테는 가난한 자이고 힘이 약한 자이다. 그는 파트라키안을 마치 아버지처럼 따르고 존경하며 파트라키안이 어려움에 처할 때 적극적으로 도움을 주어야 한다. 크리엔테는 파트라키안이 전쟁이나 다른 가문과의 갈등을 겪게 되면 그를 도와주어야 한다. 크리엔테 역시 파르라키안을 도와줄수록 그에게 더 많은 애정을 느끼게 된다. 마치 자식이 나이든 아

---

* 가이우스 율리우스 카이사르 지음, 김한영 옮김, 《카이사르의 내전기》(사이, 2005), 81쪽.

버지에게 연민을 느끼듯이 말이다. 후견인과 피후견인은 이 점에서 서로에게 봉사할수록 의무감이 커지는 관계이다.

이와 같은 인간관은 또한 고대 그리스의 동성애에서도 나타난다. 플라톤은 《향연》에서 동성애로 이뤄진 군대가 천하무적*이 될 것이라고 말한다. "국가나 군대가 사랑하는 자들과 소년 애인들로 이루어지게 될 어떤 방도가 생기게 된다면 (……) 이런 사람들이 서로와 더불어 전투를 수행하게 되면 아무리 적은 수라 할지라도 모든 사람을 이길 수 있다 할 것이네." 플라톤은 그 이유를 사랑하는 자 앞에서 도망가거나 무기를 버리는 추태를 보이고 싶지 않아서라고 말한다.**

그러나 사랑하는 자 앞에서 명예를 지키고 싶다는 것만으로는 충분한 설명이 되지 않는다. 고대 동성애는 역시 후견인과 피후견인의 관계이며, 그 관계의 이면에는 전우애가 자리 잡고 있다. 사랑을 베푸는 자는 나이든 남성이며, 사랑받는 자는 어린 소년이다. 나이든 자는 나이가 어린 자가 성장할 때까지만 사랑해야 하는 것이 그리스 동성애의 불문율이었다. 수염이 난 뒤에도 사랑받는 자로 살아가는 것은 그리스인으로서는 큰 수치였다. 다시 말하면 사랑받는 자가 성인이 되면, 그는 자기보다 어린 자를 후견하여 사회적으로 키워주는 것이 일종의 의무가 된다. 이 점에서 그리스 동성애는 일종의 후견과 피후견의 관계라고 할 수 있다.

이들은 서로 사랑하는 자를 위해, 은혜를 베풀어준 자를 위해 죽음

---

* 역사적으로 보면 남성 커플 150여 쌍으로 이뤄진 테베의 신성 부대를 말한다. 이 부대는 고르기다스가 기원전 370년에 구성했고, 스파르타와 싸워서 이긴 레욱트라 전투에서 크게 힘을 발휘했다. 이 전쟁의 결과 테베는 스파르타로부터 독립한다.

** 플라톤 지음, 강철웅 옮김, 《향연》(이제이북스, 2014), 68~69쪽.

조제프 브누아
쉬베, 〈파트로클
레스 발밑에 헥
토르의 시신을
내려놓는 아킬
레우스〉.

을 불사한다. 사랑하는 자가 죽는 것을 본 자는 자신의 죽음마저도 불사하고 전투에 용감하게 참여한다. 아킬레우스가 파트로클로스*를 위해 죽을 수 있었던 것은 바로 사랑하는 자, 다시 말해 은혜를 베풀어 준 자의 죽음을 복수하려는 것이었다.

마키아벨리는 이런 점에서 사람은 은혜를 입는 것만이 아니라 은혜를 베푸는 것에서도 더 많은 의무를 느낄 수 있다고 말한다.

* 아킬레우스와 파트로클로스 중 누가 나이가 더 많았는지는 논쟁거리이다. 고대 그리스에서 나이가 많은 자는 에라스테스라 부르고 사랑하는 자를 뜻하며, 나이가 적은 자는 파이디카라고 부르고 사랑받는 자를 뜻한다. 아이스퀼로스는 아킬레우스가 더 나이가 많다고 보는 데에 반해, 소크라테스는 아킬레우스가 수염도 안 났기 때문에 파트로클로스가 나이가 더 많았다고 본다. 실제로 이 사건을 화폭에 옮기는 화가들의 태도도 둘로 갈린다. 파트로클로스가 나이가 많다고 보는 화가는 그의 얼굴에 수염을 그려 넣고 아킬레우스에게는 수염을 그려 넣지 않는 반면, 아킬레우스가 나이가 많다고 생각하는 화가는 두 명 모두의 턱에 수염을 그려 넣지 않는다. 소크라테스는 일정한 나이가 되어 사랑하는 자가 되어야 함에도 사랑받는 자의 역할에 머무르는 자에 대해 혹평을 가한다.

10장 다시 보기

10장은 '1부 결론'에 해당한다. 마키아벨리는 방어력을 기준으로 자신의 인민관을 나타낸다. 일반적으로 군주나 장군이 자국을 잘 방어했다는 것은 칭찬거리가 못 된다. 방어는 잘해봐야 본전이다. 군주가 자국을 방어하는 것은 당연히 해야 할 일이기 때문이다. 반면, 공격은 설령 성공하지 못해도 본전이다. 공격하는 것 자체가 군사력의 우위를 점하고 있다는 것을 반증하기 때문이다. 이 때문에 군주나 장군은 조건만 된다면 침략하기 위한 준비를 하고, 호시탐탐 주변국을 노리곤 한다.

군주가 다른 나라를 침략하는 근본 이유는 무엇인가? 대부분의 전쟁은 시민이나 인민을 위한 삶의 질 향상이 아니라 군주 자신의 위신과 명성, 이전의 일에 대한 복수, 그리고 자신의 부를 증대하기 위해서이다. 전쟁의 목적이 군주의 위신이나 명성을 얻기 위함이라면, 그 전쟁은 군주의 유희이자 놀이이다. 전쟁의 목적이 복수라면, 그 전쟁은 군주의 사적인 한풀이다. 전쟁의 목적이 군주의 부를 증대하는 것이라면, 그 전쟁은 군주의 축재 수단일 뿐이다.

전쟁의 목적이 무엇이든, 전쟁을 벌이려면 식량과 전쟁 물자를 마련하는 데에 엄청난 자금이 필요하다. 그 전쟁에 시민이나 인민이 직접 참여하든 기사나 용병이 참여하든 전쟁 자금은 대부분 시민이나 인민이 충당할 수밖에 없다. 따라서 전쟁을 자주 일으키는 군주는 어떤 형태로든 시민이나 인민을 수탈 대상으로 생각하는 자이다.

마키아벨리는 이런 침략 전쟁에 동원되는 군사력의 평가에 일침을 가한다. 공격이 아닌 방어 능력, 그중에서도 시민의 동요하지 않는 일상적 삶이 군사력의 평가 기준이다. 완벽한 외부 방어 시설, 전쟁 중에도 원활하게 돌아가는 경제, 어떤 경우에도 나라를 지키겠다는 충성심이 강한 시민, 그리고 그러한 시민들로 구성된 강력한 규율을 갖춘 군대. 이런 국가는 환상적인 군사력 그 자체이다. 어떤 무기로도 이런 국가를 해체할 수 없고, 어떤 외부 정복자도 이 국가의 시민을 완전히 굴복시킬 수 없다.

제대로 작동하지 않는 무기, 어디에 구멍이 나 있는지도 모르는 방어 체계, 평시에는 무기와 정보 뒷거래로 돈벌이를 하는 군 지도자, 전쟁이 발발하기 전에 달아나고 전쟁이 난 후에는 사적 이익 추구에 혈안이 된 지도층, 작은 소란에도 사재기를 해대는 시민, 부패한 군 지도부와 규율을 왜 따라야 하는지 모를 뿐만 아니라 충성심조차 없는 병사들. 이런 국가는 생각하기조차 끔찍한 국가이며, 위협과 협박만으로도 내부에서부터 무너질 뿐만 아니라 작은 힘을 갖춘 침략자라도 원하는 목적을 달성할 수 있다.

마키아벨리가 말한 군사력을 갖춘 군주가 있다면, 그 군주는 가장 강력하다. 그는 인민이나 시민의 고혈을 짜내 다른 국가를 침략하지 않아도 된다. 어떤 경우에도 무너지지 않는 강력한 국가야말로 군주의 바람이기 때문이다. 마키아벨리는 전쟁을 일으켜 인민을 괴롭히는 군주가 아니라 전쟁 중에도 인민이 생업에 종사하면서 먹고살 수 있게 하는 군주야말로 진정한 군사력을 지닌 군주라고 평가한다. 이 점에서 10장은 1부의 속말이 의도한 '군주의 인민 존중'이라는 목적을 확실하게 피력하고 있다.

교회형 군주국

이 장은 〈성직자형 군주와 안전〉, 〈세속권의 성장〉, 〈교황 알렉산데르 6세 통치 이전 교회의 허약성〉, 〈교황 알렉산데르 6세의 세속적 권력〉, 〈율리우스 2세는 교회를 강화한다〉, 〈교황 레오 10세에 대한 숭고한 바람〉으로 이루어져 있다.

마키아벨리는 다양한 유형의 군주국을 논의하고, 10장에서 군주국의 유형에 관계없이 군사력을 어떻게 평가할 것인가로 1부의 결론을 내렸다. 이 점에서 군주국의 유형에 관한 논의는 10장으로 사실상 끝났다고 할 수 있다. 그럼에도 마키아벨리는 11장에서 교회형 군주국이라는 새로운 유형의 군주국을 논한다.

여기서 우리는 마키아벨리가 왜 그렇게 했는가 하는 의문을 던져야 한다. 이유는 간단하다. 교회형 군주국은 군사력으로 평가할 수 있는 세속 군주국과는 다르기 때문이다. 세속형 군주국은 군사력이 반드시 필요하지만, 교회형 군주국은 군사력을 지니지 않을 뿐만 아니라 종교적 힘에 의해 유지되는 국가이기 때문이다. 그러나 마키아벨리는 여기서 난관에 빠진다. 앞에서 보았던 것처럼 알렉산데르 6세와 그의 아들 체사레에 의해 건설된 교회형 군주국, 그리고 뒤를 이은 율리우스 2세의 교회형 군주국은 세속적인 힘과 막강한 군사력을 지녔을 뿐만 아니라 중부 유럽의 절대강자가 되어 이탈리아 전체와 프랑스, 에스파냐에 막강한 영향력을 행사했기 때문이다. 이 점에서 교회형 군주국은 세속형 군주국과 크게 다를 바 없는 보통 국가가 되어버린다.

마키아벨리는 종교적 측면에서 바라보는 순수한 교회형 군주국과 현실적 측면에서 바라보는 세속화된 교회형 군주국 사이에서 갈등한다. 원래 교회형 군주국은 세속의 군주국과 다르기 때문에 논할 필요가 없지만, 교회형 군주국이 현실적으로 세속적 힘과 군사력을 지닌 국가로 등장했기 때문에 논해야 한다고 생각한 것이다. 그는 교회형 군주국을 다루면서 자신의 의도를 분명히 드러낸다. 그 의도는 1부를 다 끝내고 나서 보론의 형태로 교회형 군주국을 배치한 데에서 드러난다. 즉, 교회형 군주국은 본래의 목적에 충실해야지 세속적인 군주국을 넘보아서는 안 된다는 것이다. 그는 교회형 군주국의 국력은 군사력으로 평가되어서는 안 되고, 교회형 군주국의 능력은 정신적 또는 영적 영역에서만 발휘되어야 한다고 주장한 것이다. 마키아벨리는 근대 이후 정치의 핵심 특징인 '정교분리' 원칙을 제시한다.

마키아벨리는 이런 생각을 바탕으로 11장 서문에 해당하는 〈성직자형 군주와 안전〉과 〈세속권의 성장〉을 대비시켜 고찰한다. 그는 교회형 군주국이 성직자형이어서 안전을 누리고 있다면 다룰 필요가 없다고 생각하지만, 현실에서 교회형 군주국이 세속권을 크게 증대시켰기 때문에 논할 필요가 있음을 드러낸다.

마키아벨리는 본문에서 과거와 현재를 기준으로 세속권 성장의 역사를 다룬다. 그 기준은 알렉산데르 6세이다. 알렉산데르 6세 이전은 세속권을 확장하려고 부단히 노력했지만 세속 권력을 확장하지 못한, 즉 성직자형 군주의 시대이다. 반면에 알렉산데르 6세와 율리우스 2세는 교회형 군주국의 세속권을 강력하게 키운 교황들이다.

마키아벨리는 결론에서 자신이 하고 싶은 말을 다시 한다. 그 주인공은 그가 《군주론》을 헌정할 무렵의 교황 레오 10세이다. 그는 교황에게 교회형 군주국이 세속 권력을 넘보지 말고 종교 본연의 역할에만 치중하기를 바란다는 속내를 은연중에 내비친다. 이를 목차로 구성하면 아래와 같다.

서론
    성직자형 군주와 안전
    세속권의 성장
본론
    교황 알렉산데르 6세 통치 이전 교회의 허약성
    교황 알렉산데르 6세의 세속적 권력
    율리우스 2세는 교회를 강화한다
결론
    교황 레오 10세에 대한 숭고한 바람

성직자형 군주와 안전
이제 토론거리로 남은 것은 교회형 군주국뿐입니다. 이런 군주국의 경우

처하게 되는 어려움은 모두 획득하기 이전에 발생합니다. 교회형 군주국을 획득하려면 역량이나 행운이 필요하지만, 이를 유지하려면 행운도 역량도 필요하지 않습니다. 왜냐하면 교회형 군주국은 교회 역사 속에서 오래전부터 성장했던 관습들이 뒷받침해주기 때문입니다. 이런 관습들은 아주 강력해서 군주가 어떻게 행동하고 살아가든지 간에 그 지위를 유지시켜줄 만큼 힘이 있습니다.

교황은 홀로 국가를 소유하고, 그들 신민을 지켜주지 않으며, 신민을 질서로 얽매지도 않습니다. 방어를 하지 않아도 누구도 교황의 국가에 달려들지 않습니다. 신민을 질서 있게 다스리지 않아도 신민은 어떤 관심도 기울이지 않습니다. 그뿐만 아니라 신민은 군주를 배제하려고 생각하지 않으며, 군주가 신민으로부터 배제될 수도 없습니다. 그렇다면 이러한 군주들이야말로 안전할 뿐만 아니라 번성합니다.

그러나 이러한 군주들은 인간 정신이 도달하지 못하는 초월적인 원인들에 의해 보호받기 때문에 이들에 대해 말씀드리는 것을 생략하려고 합니다. 왜냐하면 이러한 군주들은 저 높은 곳에 앉아 있으며 신에 의해 유지되고 있으므로, 이런 군주들에 대해 토론하는 것은 주제넘을 뿐만 아니라 경솔한 짓이 될 것이기 때문입니다.

마키아벨리는 성직자형 군주에 대해 논하지 않을 것이라고 분명히 선언한다. 그는 그 이유를 성직자형 군주국의 정치 질서와 종교적 특성에서 찾고 있다.

우선 성직자형 군주국 정치 질서의 특징은 세속 군주들이 항상 직면하는 위험과 연관된다. 마키아벨리는 우선 현실적인 이유에서 왜 성직자형 군주국을 다루지 않는지를 말한다.

첫째, 무방비성. 성직자형 군주국은 외부로부터의 침략을 고민하지 않아도 된다.

둘째, 무통치성. 성직자형 군주국은 신민을 다스리려고 하지 않아도 된다.

셋째, 무저항성. 성직자형 군주국은 신민이 어떤 경우에도 저항하지 않는다.

무방비성·무통치성·무저항성이라는 세 가지 특성을 가진 성직자형 군주는 외국의 침략을 끊임없이 방어해야 하고, 인민을 직접 통치해야 하고, 잘못 통치할 경우 인민의 저항을 염려해야 하는 일반 군주들과는 다르다. 마키아벨리는 이 점에서 성직자형 군주를 논할 필요가 없다고 말한다.

마키아벨리는 그다음으로 성직자형 군주국의 종교적 특성 때문에 언급할 필요가 없다고 주장한다.

첫째, 영성. 성직자형 군주는 "저 높은 곳에 앉아" 있는 존재이자 "신에 의해 유지되는" 존재이다. 성직자형 군주는 땅에 발을 딛고 있지 않으며 인민의 물질적인 삶에 개입하지 않는다는 점에서 비세속적인 영성을 특징으로 한다.

둘째, 비세속성. 성직자형 군주는 자신의 뜻과 힘에 의해 권력을 지키는 존재가 아니라 오로지 신에 의해 권력을 인정받는 존재이다. 그렇기 때문에 성직자형 군주는 신을 만족시키고 신의 가르침을 실천하는 존재이다. 성직자형 군주는 이러한 점에서 세속과 무관한 초월성을 특징으로 한다.

영성과 초월성을 가진 교회형 군주는 인민의 물질적 삶을 만족시켜야 하고 자신의 힘으로 권력을 유지해야 하는 일반 군주국과는 다르다. 마키아벨리는 이 점에서 성직자형 군주를 논의할 필요가 없다고 말한다.

세속권의 성장

그럼에도 현재 교회가 세속적인 일에 왜 그렇게 큰 힘을 가지게 되었는지 저에게 질문을 던질 것입니다. 왜냐하면 알렉산데르 6세 이전에 이탈리아 권력자들은(강력한 세력으로 알려진 자들뿐만이 아니라 모든 영주와 남작, 그리고 아주 약한 자들마저도) 세속적인 문제에서 교황을 거의 존중하지 않았지만, 지금은 프랑스 왕마저 알렉산데르 6세 앞에서 벌벌 떨기 때문입니다. 또한 교황은 프랑스를 이탈리아 밖으로 몰아냈을 뿐만 아니라 베네치아 공화국마저 몰락시켰기 때문입니다. 이러한 상황이 아주 잘 알려져 있음에도 이 상황을 다소 세세하게 환기시킨다고 해서, 제가 쓸데없는 일을 한다고 생각하지 말아주시기 바랍니다.

마키아벨리는 앞에서 성직자형 군주국이 세속적인 힘을 가지지 않았기 때문에 논할 필요가 없다고 말했다. 그러나 여기서는 성직자형 군주를 논해야 한다고 강변한다. 그 이유는 성직자형 군주인 알렉산데르 6세가 프랑스를 이탈리아 밖으로 쫓아내고 베네치아를 몰락시킬 정도로 세속적인 힘을 지녔기 때문이다.

성직자형 군주가 세속적인 힘을 지녔다는 것은 앞에서 말한 성직자형 군주의 특권을 포기해야 함을 뜻한다. 마키아벨리는 정치 질서에서의 무방비성, 무통치성, 무저항성의 이점과 종교적 특성에서 비롯하는 영성과 초월성을 스스로 포기한 성직자형 군주는 더는 신성한 성직자형 군주가 아니라고 선언한다. 그는 신성의 세계를 떠나 세속의 영역으로 들어온 성직자형 군주는 마땅히 세속의 잣대에 따라 평가되어야 한다고 말한다. 이는 신적인 일을 포기하고 속물적인 욕심을 품은 성직자형 군주에 대한 일종의 준엄한 심판이자 당대의 영적 권력에 대한 도전이다.

교황 알렉산데르 6세 통치 이전 교회의 허약성

프랑스의 샤를 왕이 우리 이탈리아를 침략하기 전에는 교황과 베네치아인들, 나폴리 왕국, 밀라노 공국, 그리고 피렌체인들이 이 나라를 지배했습니다. 이러한 세력들은 외국 군대가 이탈리아를 침략하는 것과 이탈리아 세력 중 하나가 더 많은 영토를 차지하는 것만 경계할 필요가 있었습니다.

이러한 세력들이 가장 감시할 필요가 있던 자들은 교황과 베네치아인들이었습니다. 다른 모든 세력은 베네치아인들을 억누르고자 페라라를 방어할 때처럼 동맹을 맺을 필요가 있었습니다. 또한 이들 세력은 교황을 억제하려고 로마의 귀족들을 이용했습니다. 왜냐하면 오르시니 파와 콜론나 파로 갈라져 있던 로마의 귀족들은 항상 다투었기 때문입니다. 하지만 교황 앞에서도 손에 무기를 들고 있었던 로마의 귀족들은 교황을 약화시키고 평화주의적으로 만들었습니다.[1] 그리고 때때로 식스투스 4세 같은 용감한 교황이 통치하고 있을 때조차도, 그들은 행운을 만나지 못하거나 신중하지 못해서 이런 불쾌한 상황에서 벗어나지 못했습니다.[2] 교황 1인의 통치가 짧았던 것은 바로 이런 연유에서 비롯합니다. 교황 1인은 평균 10년 남짓 통치했는데,[3] 그 기간에 어느 한 파벌도 제거하는 것이 쉽지 않았기 때문입니다. 예를 들면, 어떤 교황은 콜론나 파를 거의 제거하는 듯했습니다. 그런데 오르시니 파에 적대적인 다른 자가 교황이 되자, 그는 콜론나 파를 다시 강력하게 성장시켰습니다. 하지만 그 교황 역시 오르시니 파를 제거할 충분한 시간을 가지지는 못했습니다.

결과적으로 이탈리아 내에서 교황의 세속적 권력을 존중하는 사람은 거의 없게 되었습니다.[4]

1 마키아벨리가 이 글에서 언급하고 있는 시기의 이탈리아 지도이다. 나폴리 왕국, 밀라노 공국, 피렌체 공화국은 그 당시 이탈리아의 가장 커다란 국가로 봐도 된다. 그는 당시 이들 국가의 주요 고민이 외국의 이탈리아 침략과 이탈리아 내부 국가 간의 분쟁이라고 보았다. 그는 이러한 이탈리아 내부의

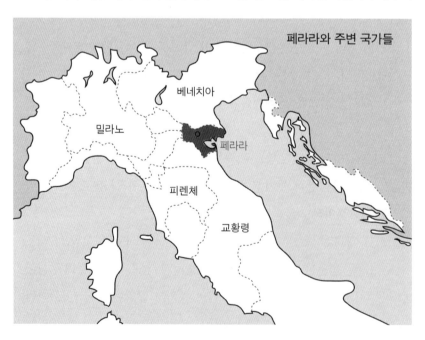

페라라와 주변 국가들

베네치아

밀라노

페라라

피렌체

교황령

고민을 일으킨 주범으로 베네치아와 교황을 들고 있으며, 그 구체적 사건을 1482년 교황 식스투스 4세와 베네치아가 연합하여 페라라를 점령하려고 시도했을 때라고 지칭하고 있다.

지도에서 보이듯이 페라라는 교황령과 베네치아 공화국의 중간에 있으며, 지정학적으로 양국에게 상호 이익이 되었다. 그 당시 페라라, 피렌체, 밀라노는 동맹을 결성하여 교황과 베네치아의 침략을 막아냈다. 1484년 베네치아와 교황 연합군은 캄포로르트 전투에서 패배했고, 교황 식스투스 4세는 페라라 편을 들었다.

또한 나폴리 왕국, 밀라노 공국, 피렌체 공화국 등 교황령 주변 국가들은 교황을 견제하고자 로마의 전통 귀족 가문인 오르시니 파와 콜론나 파를 이용했다. 유명한 용병대장과 군대를 거느리기도 한 이들 가문은 돈만 준다면 언제든지 무력을 동원해 교황을 견제하곤 했다. 이에 대한 자세한 내용은 7장에서 다루었다. 마키아벨리는 이 부분에서 교황령 외의 국가들이 이들 귀족 가문을 이용하여 교황을 견제했다고 말하고 있다.

2 식스투스 4세는 델라 로베레 가문의 일원이다. 그는 교황이 되자마자 자신의 조카들을 추기경에 임명한다. 이에 대해서는 7장 〈당신이 피해를 입힌 자를 신뢰하지 마라―체사레의 중대한 실수〉에서 다루었다. 그 조카 중의 한 명이 교황 율리우스 2세이다.

식스투스 4세는 교황 재임 기간에 많은 전쟁을 벌였다. 그는 대외적으로는 이슬람 원정군을 소집하여 전쟁을 일으켰으며, 대내적으로는 페라라와

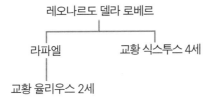

전쟁을 벌였을 뿐만 아니라 피렌체·베네치아와도 전쟁을 벌였다. 그는 이 전쟁들에서 커다란 업적을 남기지 못했으며 경제적 손실과 피해를 입었을 뿐이다.

3 마키아벨리가 《군주론》에서 다루는 교황들의 평균 재임 기간은 10년 남짓 이었다. 바오로 2세(1464~1471), 식스투스 4세(1471~1484), 인노켄티우스 8세 (1484~1492), 알렉산데르 6세(1492~1503), 피우스 3세(1503~1503), 레오 10 세(1513~1521) 등은 모두 재임 기간이 길지 않았다.

4 이는 고작 10여 년 동안 로마를 통치하는 교황이 오랜 역사를 지닌 오르시니 가문과 콜론나 가문의 힘과 무력을 제거할 수 없었다는 것을 표현한다. 구체 적으로 교황과 로마 귀족 파벌 간의 친소 관계를 확정지어 말할 수는 없다. 그들 간의 관계는 세세한 사건과 인물에 따라 끊임없이 변했기 때문이다.

마키아벨리는 교황의 세속권이 증대해 온 역사를 알렉산데르 6세 이 전과 이후로 나누고 있다. 그 기준은 교황이 현실적으로 세속적인 권 력을 획득했는지 여부이다. 알렉산데르 6세 이전의 교황 식스투스 4세 와 인노켄티우스 8세 역시 세속 정치에 무척 관심이 많았다. 그들은 이 탈리아 내부에서 갖은 분쟁을 일으켰고, 외세와도 합종연횡을 했다. 하지만 마키아벨리는 그들이 적극적으로 시도했음에도 세속적인 권 력을 획득하지 못한 반면, 알렉산데르 6세는 세속 권력을 확실하게 성 취했다고 판단한다.

교황 알렉산데르 6세의 세속적 권력

지금까지 통치했던 모든 교황을 능가하는 알렉산데르 6세가 교황에 올랐습니다. 그 후 그는 교황이 금전과 무력에서 얼마나 강력할 수 있는가를 보여주었습니다. 알렉산데르 6세는 발렌티노 공작을 도구로 활용하고 프랑스의 침입을 기회로 이용했습니다. 그는 제가 이미 공작의 행적에서 말씀드렸던 모든 일을 해냈습니다. 그리고 알렉산데르 6세의 목적은 교회가 아니라 공작을 강화하는 것이었지만, 그가 행했던 것들은 결과적으로 교회의 힘을 강화했습니다. 왜냐하면 알렉산데르 6세가 승하하고 공작이 무너지자 교회가 알렉산데르 6세의 유업 계승자가 되었기 때문입니다.[1]

1 이에 대한 자세한 내용은 7장에서 다루었다. 교회가 유업 계승자가 되었다는 것은 율리우스 2세가 알렉산데르 6세의 뜻을 이어 세속적인 권력을 확장했음을 뜻한다.

실질적인 목적과 명목상의 결과가 다를 경우 어떤 평가를 내려야 하는가? 알렉산데르 6세에게는 아들 체사레를 군주로 만들려는 실질적인 목적이 있었다. 그러나 목적과 달리 알렉산데르 6세는 결과적으로 교회를 강화시켰다. 애초의 목적은 불순했지만 결과는 좋았다. 이 경우 알렉산데르 6세는 잘한 것인가, 잘못한 것인가?

목적과 결과의 다름을 예를 들어 설명해 보자. 욕심이 많은 군인이 군주가 되고 싶어서 쿠데타를 일으켜 성부의 수장이 되었다. 자신을 반대하는 자와 욕하는 자를 다 죽이고 나서 신민의 불만을 무마하려고 경제를 발전시켰다. 그리고 부하에 의해 죽임을 당했다. 그의 목적은 오로지 자신의 정치적 야심을 실현하는 것이었지만, 결과는 경제 발전을 이루었다. 이런 경우를 단지 행운이라고 설명할 수는 없다.

마키아벨리는 세속 권력 확장에 분투한 알렉산데르 6세에게 면죄부를 부여한다. 결과적으로 교회의 힘을 강화했기 때문이다. 이런 식이라면 쿠데타로 권력을 획득한 자 또한 올바른 자이다. 결과가 좋았기 때문이다. 이런 점 때문에 많은 사람이 마키아벨리에 대해 수단과 방법을 가리지 않는 냉혈한 정치 철학을 만들었다고 평가할 수 있다. 그러나 달리 생각해야 한다. 올리베르트와 아가토클레스도 결과는 좋았지만 목적이 잘못되었기 때문에 마키아벨리의 혹평을 피해가지 못했다.

그런데 '좋은 목적, 좋은 결과'를 가져온 군주를 이상적인 영웅으로 생각한 마키아벨리가 왜 알렉산데르 6세에게만은 우호적인 평가를 내린 것일까? 그가 체사레를 이상적인 군주로 생각했기 때문이라고는 말할 수 없다. 마키아벨리는 단지 교회의 세속 권력 확장이라는 점에서 알렉산데르 6세가 기여했다는 점을 말할 뿐이다. 특히 그가 11장에서 세속 군주국의 영역에 침범하여 종교적 성격을 잃은 교회형 군주국을 우회적으로 비판하고 있다는 점을 고려해야 한다. 즉, 그는 알렉산데르 6세를 통해 교회형 군주국의 일탈을 말하고 있다. 그러나 상대가 교황이기 때문에 에둘러 말하고 있을 뿐이다. 따라서 이 글을 '결과만 좋으면 다 좋다', '마키아벨리는 수단과 방법을 가리지 않고 권력을 추구하는 것을 옳다고 생각했다'라는 식의 확대 해석은 옳지 않다.

율리우스 2세는 교회를 강화한다

그 후 교황 율리우스 2세가 들어섰습니다. 그는 교회가 강력하다는 것을 알아차렸습니다. 왜냐하면 교회가 로마냐 지역 전체를 장악했고, 로마 귀족들은 전멸했으며, 귀족들 간의 갈등마저도 알렉산데르 6세의 일격을 받고서 소멸되었기 때문입니다. 또한 그는 알렉산데르 6세 시대까지 절대로 사용되지 않았던 방식으로 금전을 모으는 방법을 찾아냈습니다.[1] 율리우스 2세는 이런 정책을 실행했을 뿐만 아니라 확장했습니다. 왜냐하면 그는 볼로냐를 점령하고 베네치아인들을 황폐하게 만들었으며, 프랑스를 이탈리아 밖으로 몰아냈기 때문입니다.[2] 이러한 모든 기획은 잘 완수되었고, 그 덕분에 그는 큰 신뢰를 얻게 되었습니다. 왜냐하면 그는 이런 모든 기획을 개인이 아니라 교회를 위해서 행했기 때문입니다.

또한 그는 오르시니 파와 콜론나 파를 알렉산데르 6세로부터 물려받은 그대로 무기력한 상태로 유지하게 했습니다. 그리고 이들 두 파는 반란을 일으킬 몇몇 조짐을 보이기는 했지만, 그들은 두 가지 사실 때문에 준동하지 못했습니다. 하나는 교회의 힘이 그들에게 공포를 주었다는 점입니다. 다른 하나는 그들 사이 분쟁의 원인이었던 그들만의 추기경을 갖지 못했다는 점입니다.[3] 이러한 파당들은 자신들을 지지하는 추기경을 가졌을 때면 언제든지 소란을 일으켰습니다. 로마 안팎에서 추기경들이 파당들을 키워내면, 거기에 속한 귀족들은 추기경을 보호하지 않을 수 없기 때문입니다. 귀족들 간의 분쟁과 분란이 고위 성직자들의 야심에서 비롯되었다는 것은 주지의 사실입니다.

1 일반적으로 교황이 돈을 모으는 방법에는 면죄부 판매와 성직 매매가 있었다. 면죄부 판매는 800년 무렵 교황 레오 3세로부터 시작되었기 때문에 마키아벨리가 여기서 말한 새로운 방법이라고 할 수는 없다. 또한 율리우스 2세는 교황이 된 후 성직 매매를 금지했으므로 성직 매매로 돈을 모을 수도

없었다. 따라서 마키아벨리가 여기서 정확하게 무엇을 두고 말한 것인지는 알 수 없다.

다만 추정할 수 있는 것은 율리우스 2세의 로베레 가문과 메디치 가문의 극한 대립이다. 로베레 가문은 메디치 가문의 줄리아노를 암살했다. 율리우스 2세 이후 다시 메디치에게 책을 헌정하는 마키아벨리는 로베레 가문을 의도적으로 폄훼하고, 자신이 얼마나 메디치 가문을 존경하는가를 보여주고자 이런 표현을 사용했을지도 모른다.

2 교황 율리우스 2세의 별명은 '전사 교황' 또는 '무서운 교황'이다. 그만큼 전쟁도 많이 했고, 업적도 많이 남겼다. 율리우스 2세는 알렉산데르 6세 사후 교황령이 많이 축소되자 이를 회복하고자 많은 노력을 기울였고, 베네치아에 빼앗겼던 파엔차와 리미니 등을 탈환했다.

"베네치아인들을 황폐하게" 했다는 것은 캉브레 동맹과 베네치아 간 전쟁 (일반적으로 이탈리아 전쟁으로 부른다)의 결과 베네치아가 패배하여 이탈리아 내에서 모든 영향력을 상실한 것을 말한다. 이에 대해서는 3장의 〈루이 왕의 여섯 가지 실수〉에서 자세히 다루었다.

"프랑스를 이탈리아 밖으로 몰아냈"다는 것은 신성 동맹과 관련이 있다. 캉브레 동맹이 베네치아와의 전쟁에서 승리하자, 율리우스 2세는 캉브레 동맹의 한 축인 프랑스가 이탈리아에 큰 영향력을 행사할 것을 두려워한다. 율리우스 2세는 과거의 적이었던 베네치아 공화국, 에스파냐, 신성 로마 제국 등을 끌어들여 신성 동맹(알렉산데르 6세가 결성한 동맹과는 다른 동맹)을 결성하고, 1512년에 프랑스를 알프스 산맥 너머로 완전히 몰아낸다.

3 1503년 두 차례의 교황 선거가 있었다. 9월 선거에서 피우스 3세가 알렉산데르 6세의 후임자가 되었다. 그 당시 선거에 참여한 추기경은 이탈리아 21명, 에스파냐 11명, 프랑스 7명으로 총 39명이었다. 이들 중 한 명인 피콜로

미니가 교황으로 선출되었고 그가 피우스 3세이다. 그러나 선출된 지 한 달도 채 지나지 않아 교황 피우스 3세가 죽자, 10월에 다시 교황 선거가 열렸다. 이때에는 피콜리미니를 뺀 38명의 추기경이 교황 선거에 참여했는데, 20명의 이탈리아 추기경 중 오리시니 가문과 콜론나 가문 출신은 조반니 콜론나 한 사람뿐이었다. 그는 율리우스 2세의 친척인 교황 식스투스 4세에 의해 추기경에 임명되었기 때문에 율리우스 2세 가문과 친밀했을 것으로 판단된다. 이 점에서 마키아벨리는 로마 내에 정쟁을 불러일으킬 만한 추기경이 두 가문에는 없다고 말하는 것 같다.

3장에 언급된 루이 12세 관련 부분이 외세 프랑스의 시각에서 집필된 글이라고 한다면, 11장의 율리우스 2세에 대한 언급은 이탈리아 내부의 시각에서 집필된 부분이다. 전자가 침략자의 시선에서 이탈리아를 바라본다면, 후자는 이탈리아의 시선에서 이탈리아를 바라본다. 거칠 것 없이 이탈리아를 파죽지세로 유린하는 루이 12세와, 이탈리아 땅은 한 치도 양보할 수 없다며 고진감래의 추격전을 벌이는 율리우스 2세!

마키아벨리는 프랑스의 루이 12세와 에스파냐의 페르난도 2세를 아주 높이 평가한다. 외적에 대한 지나친 과대평가는 의기소침과 좌절을 불러온다. 마키아벨리는 이탈리아의 통일을 희망하고, 이탈리아 반도를 넘어 강대국으로 일어서는 이탈리아를 꿈꾼다. 의기소침과 좌절, 그리고 지나친 희망과 들뜬 꿈은 냉정한 이성적 판단을 흐리기 쉽다. 하지만 그는 체사레와 율리우스 2세 등을 통해 이탈리아 내에서 싹트고 있는 통일의 맹아를 놓치지 않는다. 루이 12세와 율리우스 2세에 대한 재해석을 통해 객관적이고 냉철하게 형세를 판단한다.

'동일 시대, 동일 사건'에 대한 '다른 각도, 다른 시선'에서의 검토는 마키아벨리 글쓰기의 특징 가운데 하나다. 양 시각의 교차와 중첩은 한 시대와 사건을 입체적으로 조망하는 동시에 객관적으로 이해하게 한다.

교황 레오 10세에 대한 숭고한 바람

그 후 교황 레오 10세[1] 성하가 교황이 되셨습니다. 그는 교황직이 아주 강력하다는 것을 알았습니다. 그리고 알렉산데르 6세와 율리우스 2세가 무력으로 교황직을 강력하게 만들었다면, 교황 레오 10세 성하가 친절함과 헤아릴 수 없이 많은 또 다른 미덕으로 교황직을 아주 위대하고 존경받도록 만들기를 우리는 기대합니다.

1 교황 레오 10세는 메디치 가문 출신으로, 줄리아니 메디치와 로렌초 메디치를 적극 후원했다. 이에 대한 내용은 7장의 〈체사레 보르자〉 편을 참조하면 된다.

마키아벨리는 《군주론》에서 여러 교황을 다룬다. 그러나 어디에서도 '성하'라는 존칭을 쓴 적이 없다. 오로지 11장에서만 교황 레오 10세에게 '성하'라는 존칭을 붙이며 교황의 신성성을 강조한다. 마키아벨리는 왜 교황 레오 10세에게만 '성하'라는 존칭을 붙였을까?

우선 떠오르는 표면적인 이유는 교황 레오 10세가 《군주론》을 헌정받는 메디치 가문의 일원이며, 줄리아노와 로렌초의 정신적 지주이자 실질적 후원자라는 점이다. 그러나 이것만이 전부는 아니다. 그가 '성하'라는 표현을 쓴 속뜻을 찾아야 한다. 마키아벨리는 여기서 레오 10세에게 '성하'라는 존칭을 부여하는 대신에 교황은 '성스러운 일에만 종사하라'는 상당히 급진적인 말을 우회적으로 하고 있다. 교황 레오 10세에게 "친절함과 헤아릴 수 없이 많은 또 다른 미덕"을 발휘하라고 요구하고, 그 대가로 "위대하고 존경받는" 교황이 되라고 말한다. 한마디로 그는 '교황에 대한 막말에 가까운 비판'을 '성하'라는 존칭으로 뭉치고 넘어가려는 것이다.

여기서 '교황이라면 당연히 마키아벨리가 말하는 대로 행동해야 하는 것 아닌가?' 하는 의문이 생긴다. 그러나 이는 마키아벨리 당대에는 맞지 않는 질문이다. 그의 생존 당시 교황을 주로 배출한 막강한 가문은 세 가문이다. 그중에서 첫째는 교황 식스투스 4세와 율리우스 2세를 배출하고 인노켄티우스 8세를 내세워 맘대로 주무른 델라 로베레 가문이다. 둘째는 알렉산데르 6세를 낳은 보르자 가문이다. 마지막으로 교황 레오 10세와 교황 클레멘스 7세를 배출한 메디치 가문이다.

델라 로베레 가문은 교황 클레멘스 7세의 아버지이자 로렌초 이전 피렌체를 잠시 통치했던 줄리아노를 암살했다. 보르자 가문은 무력으로 피렌체를 끊임없이 괴롭혔다. 메디치 가문은 로베레 가문의 암살과 보르자 가문과의 전쟁 참화를 딛고 영적 권력을 지닌 교황 자리에 레오 10세를 올렸다.

마키아벨리는 델라 로베레 가문과 보르자 가문의 세속권 확대를 우회적으로 차분하게 비판하면서 교황의 세속권 확대가 잘못되었다고 말한다. 그는 두 가문을 준엄하게 꾸짖고 난 후, 메디치 가문의 교황 레오 10세에게 로베로 가문이 보르자 가문에게, 보르자 가문이 메디치 가문에게 자행한 악행을 잊으라고 말한다. 그리고 그는 교황이면 교황답게 왼뺨을 맞고 오른뺨을 내밀듯 복수하지 말 것이며, 그들 가문처럼 세속 권력을 넘보지 말고 영적 권력에만 신경 쓰라고 일갈한다.

이제 우리는 왜 마키아벨리가 유독 레오 10세에게만 '성하'라는 존칭을 붙이면서 남다르게 예우했는지에 대한 답을 찾을 수 있다. 마키아벨리는 최고의 영적 권력을 지닌 메디치 가문, 자신의 생사여탈권을 쥐고 있는 메디치 가문, 자신의 생존권을 쥐고 있는 메디치 가문 앞에서 한 치의 흐트러짐도 없다. 그는 "카이사르의 것은 카이사르에게 돌리고 하느님의 것은 하느님께 돌려라"라고 준엄하게 말한다. 그 대신에 웃는 낯으로 어느 가문의 교황에게도 쓴 적이 없는 '성하'라는 표현을 바친다. 웃는 얼굴에는 침을 뱉을 수 없기 때문이다.

11장 다시 보기

11장은 '생명을 건 글쓰기'이다. 마키아벨리가 교회형 군주에 대해 언급한 것은 생명을 거는 것과 같은 일이다.

교황은 영적 권력을 지니고 있었고, 그 권력의 실현 방법으로 파문권을 가졌다. 실제로 교황들은 마음에 들지 않으면 한 개인뿐 아니라 도시국가에도 파문령을 내렸다. 아무리 강력한 권력을 지닌 왕이라 하더라도 종교가 지배하는 시대에는 교황의 파문이 두려울 수밖에 없다. 또한 당시 교황은 명문가 출신으로 세속적 권력과 밀접한 연관을 갖고 있었다. 따라서 교황을 비판한다는 것은 정신적으로는 파문을 각오해야 하고, 육체적으로는 세속 권력에 목숨을 맡기는 것과 마찬가지

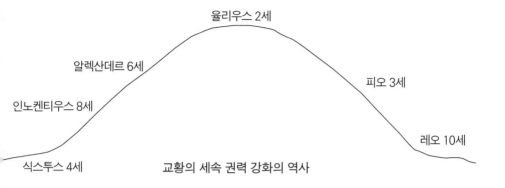

율리우스 2세

알렉산데르 6세

피오 3세

인노켄티우스 8세

레오 10세

식스투스 4세　　　　　교황의 세속 권력 강화의 역사

다. 더구나 델라 로베로 가문, 보르자 가문, 메디치 가문이 어떤 가문인가! 당대 이탈리아의 최고권력과 부와 명예를 거머쥔 집단이다. 이들에게 직언한다는 것은 자포자기한 자이거나 극도로 무모한 자만이 할 수 있는 일이다.

마키아벨리는 자포자기한 자도 무모한 자도 아니다. 11장을 읽어보면 교황의 권력을 비판한다는 생각이 들지 않는다. 오히려 15세기 말에서 16세기 초에 이르는 교황권의 역사를 세속 권력 확장의 관점에서 평이하게 서술하고 있는 것처럼 보인다.

마키아벨리 당대에 교황의 세속 권력 확대는 일상적인 일이었다. 오히려 세속 권력을 확장하지 않는 교황은 교황이 아닌 것처럼 보였다. 그러나 그는 교황의 세속 권력 확대는 성스러움으로부터의 일탈이라고 선언한다. 그는 교황 레오 10세에게 성스러움으로 복귀하라고 겉말로 부드럽게 조언하지만, 속말로 종교가 종교를 넘어 정치의 세계를 넘보는 것은 본령에 어긋나는 것이라고 뒤통수를 친다.

마키아벨리는 자신의 말을 듣지 않을 경우 그 대가가 혹독하리라는 것을 예고한다. 교황 레오 10세와 메디치 가문은 마키아벨리의 조언을 무시했고, 그의 예언은 현실화된다. 루터가 종교 개혁을 통해 가톨릭의 정치화와 부패를 정면으로 비판하고 나선 것이다. 마키아벨리의 글이 천년의 울림을 지닌 까닭이 바로 여기에 있다. 그가 말한 것처럼 레오 10세가 세속 권력엔 거리를 두고 종교의 본령에만 충실했다면 역사는 어떻게 되었을까? 물론 가정해서 사유할 수 없는 것이 역사이지만 새삼 그의 혜안이 놀라울 뿐이다. 정교 분리! 정치에 기식하는 종교와 종교를 이용하는 정치가 횡행하는 현대에도 울림이 있는 지침이다.

우리는 여기서 마키아벨리의 연구 방법론에 대해 한 가지 더 생각해 보아야 한다. 그는 무엇을 연구 대상으로 삼아야 하는가에 대해 답을 던진다. 그는 '의미'있는 주제를 연구대상으로 삼아야 한다고 말한다. 의미 앞에는 '정치적' '사회적' '윤리적' '과학적', …… 등의 형용어가 붙을 수 있다. 다른 말로 하면, 그는 의미 없는 주제를 연구대상으로 삼지 말라고 한다. 단순한 개인적 관심사를 충족하기 위한 태도를 버리라고 한다. 이것은 성직자형 군주에 대한 그의 분석에서 드러난다. 그는 보론의 형태로 성직자형 군주를 연구대상으로 삼는다. 그가 글을 정리한 이유는 연구해야 할 만한 의미가 있기 때문이다. 성직자형 군주가 세속적인 일에 관심을 가지지 않고 신적인 일에만 헌신했다면, 그는 이런 유형의 군주를 연구하지 않았을 것이다.

앞에서 본 것처럼 성직자형 군주들은 현실에 개입하여 영향력을 행사할 뿐만 아니라 현실 정치지형을 근본적으로 변형시켰다. 또한 앞으로도 영향을 미칠 가능성이 농후하다. 따라서 성직자형 군주국은 이미 세속적인 군주국과 다름없다. 세속 군주국과 다름없다는 사실, 그 의미 때문에 마키아벨리는 성직자형 군주국을 세속 군주국의 변방의 한 형태로서 연구 대상으로 삼는다.

마키아벨리는 이 연구를 하면서 당대 교황의 권위에 도전하고, 세속 정치에서 강력한 힘을 가지고 있는 가문에 도전한다. 이것이 목숨을 거는 일인 이유를 앞에서 살펴보았다. 그럼에도 그는 어떤 것이 연구대상으로 포착된다면 당연히 연구해야 한다는 것을 몸소 실천한다. 이는 학문 연구자로서의 모범을 보여주는 것이다. 성직자형 군주국이 성직자형 군주국으로 머물러 있었다면, 그는 연구하지 않았을 것이다. 이는 성직자형 군주를 연구대상으로 삼는 종교 연구가에게 적합한 연구대상이지 정치학의 대상이 아니기 때문이다.

2부

군주와 군대

다양한 유형의 군대: 용병들

12장은 〈좋은 법과 훌륭한 군대〉, 〈도움이 되지 않는 용병들〉, 〈군주는 당연히 스스로 장군이 돼야 하고, 공화국은 시민 출신 장군을 가져야 한다〉, 〈용병이 모반한 역사적 사례들〉, 〈피렌체의 경험〉, 〈베네치아인들이 용병들로 걱정을 하다〉, 〈이탈리아 용병의 역사〉, 〈손쉬운 사업으로서의 전쟁〉으로 이루어져 있다.

마키아벨리는 서론에서 군주국의 종류에 관계없이 좋은 법보다는 훌륭한 군대를 갖는 것이 중요하다고 말한다.

본론은 크게 세 부분으로 나뉜다. 우선 이론적 측면에서 용병의 폐해를 지적하고, 군주라면 스스로 장군이 되어야 하며 공화국은 시민 출신 장군을 가져야 한다고 말한다. 둘째, 사례 편이다. 마키아벨리는 역사적 사례와 더불어 당대의 피렌체와 베네치아를 고찰하며 용병의 폐해를 다룬다. 마지막으로 왜 이탈리아가 용병에 의지하게 되었는지, 용병이 왜 문제인지를 근본적인 측면에서 다룬다. 마키아벨리는 용병이 전쟁을 사업으로 생각하기 때문이라고 그 이유를 지적한다. 전체적으로 보면 12장 전체를 통해 총괄 결론을 내리지 않고 용병이 왜 그렇게 전쟁을 하는가 하는 원인을 제시하고 있다. 이를 목차로 구성하면 아래와 같다.

서론: 좋은 법과 훌륭한 군대
본론
  1. 이론
    1) 용병의 문제
        도움이 되지 않는 용병들
    2) 용병대장의 문제와 대안
        (1) 용병대장의 문제
        (2) 대안
            ① 군주는 당연히 스스로 장군이 돼야 하고,
            ② 공화국은 시민 출신 장군을 가져야 한다
  2. 사례
    1) 역사를 통해 본 용병의 유능한 사례:
        용병이 모반한 역사적 사례들
    2) 국가를 통해서 본 용병의 무능한 사례:
        (1) 피렌체의 경험
        (2) 베네치아인들이 용병들로 걱정을 하다
    3) 이탈리아는 왜 용병에게 의지하게 되었나?:
        이탈리아 용병의 역사
결론과 문제 제기: (용병으로 생겨난 폐해의 원인) 손쉬운 사업으로서의 전쟁

좋은 법과 훌륭한 군대

저는 처음에 토론하고자 했던 그러한 군주국들의 특질들을 상세하게 다루었고, 다양한 각도에서 그 국가들의 번성과 쇠락의 원인들을 고찰했으며, 마지막으로 수많은 자가 그런 군주국들을 획득하고 유지했던 방법들을 보여 드렸습니다. 이제 제가 말씀드릴 것 가운데 남아 있는 것은 이러한 각각의 군주국들의 공격과 방어의 종류들을 일반적으로 논의하는 것입니다. 우리는 앞에서 군주가 훌륭한 토대를 가지고 있어야 하며, 그렇지 않으면 반드시 몰락한다고 논의했습니다.

신흥 군주국이든 세습 군주국이든 아니면 복합 군주국이든 모든 국가의 주요 토대는 좋은 법과 훌륭한 군대입니다. 그리고 저는 법률에 대해서는 말씀드리지 않고 군대에 대해서만 말씀드리도록 하겠습니다. 훌륭한 군대가 없는 곳에서는 좋은 법률이 있을 수 없는 반면에 훌륭한 군대가 존재하면 당연히 좋은 법률이 존재하기 때문입니다.

마키아벨리는 좋은 법과 훌륭한 군대 가운데 어느 것이 중요한가 하는 질문을 던지고, 좋은 법보다 훌륭한 군대가 중요하다고 결론을 내린다. 이 말에 대해 우리는 상당히 당혹감을 느낀다. 민주적 법치주의에 익숙한 우리 상식에 반하는 그의 주장을 여러 관점에서 생각할 필요가 있다.

첫째, 마키아벨리가 이 말을 한 이유를 1장의 내용을 바탕으로 정리해 보자.

그는 앞에서 신흥 군주국, 세습 군주국, 병합 군주국에 대해 논했다. 우리는 이 세 종류의 국가에서 나타나는 군대와 법의 관계를 고려해

봐야 한다.

신흥 군주국을 세우려는 자의 목적은 자기만의 영토를 갖는 것이다. 그에게는 좋은 법보다 먼저 훌륭한 군대가 필요하다. 아무리 좋은 법을 구상하고 있더라도 자기만의 군대가 없으면 국가를 세울 수 없기 때문이다. 따라서 신흥 군주의 입장에서는 좋은 법보다 훌륭한 군대가 우선이다.

세습 군주국 군주의 관심사는 우선 외부의 적으로부터 국가를 방어하고, 내부의 적을 통제해 국가를 유지하는 것이다. 외부의 적으로부터 국가를 방어하려면 좋은 법보다 먼저 훌륭한 군대가 필요하다. 또한 내부의 적을 통제하는 데에도 역시 훌륭한 군대가 우선 필요하다. 세습 군주국의 군주는 신민을 좋은 법으로 다스려야 하지만 정적들을 누르려면 군대가 먼저 필요하다.

마지막으로 병합 군주국이다. 병합 군주국 군주의 목표는 다른 국가를 정복하고 유지하는 것이다. 정복을 위해 가장 먼저 필요한 것은 군대이며, 정복한 국가를 주변 국가로부터 지켜내는 데에 가장 중요한 것 역시 훌륭한 군대라고 할 수 있다.

이 점에서 마키아벨리는 신흥 군주국, 세습 군주국, 병합 군주국의 군주에게 좋은 법보다는 훌륭한 군대가 필요하다고 결론 내린다.

둘째, 마키아벨리의 획기적인 사상과 관련하여 살펴보자.

좋은 법과 훌륭한 군대, 어느 것이 중요한가? 최고의 학문으로서 정치학을 도덕적 관점에서 논한 플라톤도, 정치학으로부터 윤리학을 독립시키고 정치학을 체계적으로 분류하고 정리한 아리스토텔레스도 이런 질문을 던지지 않았다. 플라톤이 《국가》에서 이상적인 철인통치를 논했을 때에도, 《법률》에서 이상적인 통치자에 대한 보완으로서 법의 필요성을 말했을 때에도 이런 문제를 제기하기 않았다. 아리스토텔레스가 《정치학》에서 플라톤의 《국가》와 《법률》을 비판했을 때도 이런 문제를 제기하지 않았다.

이들에게 국가란 자연적 확장이다. 가족이 확장되면 대가족이 되고 대가족이 여럿 모이면 씨족이 되고 여러 씨족이 모이면 국가가 된다. 그렇기에 그들에게 국가란 타고나면서부터 무척이나 자연스러운 것이다. 그들에게 국가는 자연스럽게 생성되었다가 내부 원인에 의해 다른 정체로 변형된다. 왕정 → 과두정 → 민주정 → 참주정……. 그 변형의 고리는 끝없이 순환된다. 그들은 다른 국가와의 현실적인 관계 속에서 생성하고 소멸하는 국가를 고민하지 않았다.

마키아벨리에게 국가란 소유권이다. 한낱 비루한 출신도 획득할 수 있고 부모 덕분에 큰 국가를 물려받을 수도 있지만 상실할 수도 있는 것이 국가이다. 그에게 국가란 유기체이다. 국가란 다른 국가들과의 관계 속에서 생성과 소멸을 거듭하는 하나의 생명체와 다름없다. 국가도 다른 유기체와 마찬가지로 살아남지 못하면 사라지고 살아남으면 더 성장하려고 한다. 어느 한 국가가 강력하게 성장하면 그 주변의 국가는 위축되거나 사라질 운명에 처한다.

국가를 생성하는 데에 외부적으로 먼저 필요한 것은 좋은 군대이고, 살아남고 생존하는 데에 내부적으로 필요한 것은 좋은 법률이다. 좋은 군대 없이는 국가가 생성될 수 없다는 것은 기정사실이다. 국가의 창건자에게는 항상 좋은 군대가 필요하다. 그렇기에 좋은 군대가 먼저이다.

마지막으로 마키아벨리의 강점인 역사의 관점에서 살펴보도록 하자.

역사는 기록에 의한 사실이다. 해석의 차이가 있을 수는 있지만, 역사는 거짓말을 하지 않는다. 마키아벨리는 6장 〈위대한 인물의 모방〉에서 모세, 로물루스, 키루스, 테세우스 등을 언급했다. 이들은 군주들이 모방해야 할 위대한 인물들이다. 이들이 법을 먼저 제정했는지 군대를 먼저 가졌는지 생각해 보라. 당연히 군대를 가지고 나라를 세웠고, 나라를 세우고 나서 법을 제정했다. 모세마저도 유대인을 먼저 탈출시키고 나중에 율법을 받아들이지 않는가!

이 세 가지 점에서 좋은 군대가 좋은 법보다 먼저라는 혁명적인 논리를 마키아벨리는 전개한다.

이제 좋은 군대와 좋은 법을 상호 유기적 연관 관계의 관점에서 1부의 정리와 연관하여 살펴보자. 마키아벨리는 1부 전체에서 겉으로는 군주국의 종류를 논의하는 동시에 속으로는 군주가 인민에게 미움을 사지 않는 법을 주장한다. 좋은 군대와 좋은 법률은 이런 주장의 실현 도구라고 할 수 있다.

좋은 군대와 좋은 법을 가능성과 당위성의 측면에서 살펴보자. 우선 가능성에서 찾아보자. '훌륭한 군대가 없는 곳에서 좋은 법률이 있을 수 없다'를 바꾸어 말하면 '훌륭한 군대가 있는 곳에서 좋은 법률이 있을 수 있다'이다. 이는 1부 내용 가운데 겉말을 정리한 내용이라고 할 수 있다. 세습 군주, 신흥 군주, 복합 군주는 훌륭한 군대를 가져야만 나라를 건설할 수 있고, 나라를 건설해야만 좋은 법률을 만들 기회를 얻는다.

양자를 당위성의 측면에서 살펴보자. '훌륭한 군대가 존재하면 당연히 좋은 법률이 존재한다'를 바꾸어 말하면 '좋은 법률이 존재하면 당연히 훌륭한 군대가 존재한다'이다. 마키아벨리가 속말로 주장해 왔듯이 군주가 인민에게 미움을 받지 않으려 할 때 가장 중요한 것은 좋은 법률로 통치하는 것이다. 좋은 법률로 통치하면, 인민 또는 시민이 부유해지고, 타국의 침략으로부터 자국을 지키고 군주를 보호하려고 몸과 마음을 바친다. 그 충성심을 국가의 무력으로 모으면 시민군이 된다. 마키아벨리가 말하는 훌륭한 군대는 뒤에 나오듯이 자국민으로 이루어진 시민군이다. 이런 훌륭한 시민군의 전제 조건은 당연히 좋은 법률이다. 당위성의 관점에서 보면, 마키아벨리는 훌륭한 군대를 가지려면 좋은 법을 만들라고 강조한 것이다.

가능성과 당위성을 연결하여 검토하자. 좋은 군대로 국가를 건설한다고 해도 좋은 법률이 없으면 국가를 유지하지 못한다. 이것이 바로 수없이 만들어진 국가들이 단명한 이유이다. 국가를 건설할 수 있지만 국가를 유지하는 것은 쉽지 않다. 국가 유지에 제일 중요한 것은 좋은 법이다. 시민을 만족시킬 만한 좋은 법이 없으면 훌륭한 군대, 즉 시민군을 만들지도 유지하지도 못한다. 따라서 좋은 법률과 훌륭한 군대는 상호 유기적 관계를 맺고 있다.

도움이 되지 않는 용병들

군주가 자신의 국가를 방어하고자 이용하는 군대는 우선 자국군인 경우가 있으며, 다른 경우는 용병 또는 원군이나 연합군이 있다고 저는 말씀드리겠습니다.

용병과 원군은 쓸모없으며 위험합니다. 군주가 지속적으로 자신의 정부를 용병에 맡기고 있다면, 그는 결코 안정적이지도 안전하지도 않을 것입니다. 용병은 통일적이지 못하며, 야심으로 가득 차 있으며, 규율도 없고, 불충disloyal합니다. 용병은 친구들 사이에서는 용감하지만 적군과 마주치면 겁쟁이가 되어버립니다. 게다가 용병은 신을 두려워하지 않을 뿐만 아니라 군주에 대한 충성심loyalty도 없습니다.[1] 용병이 당신을 공격하지 않은 시간만큼 당신의 파멸이 지연될 뿐입니다. 그러므로 당신은 평화시에는 용병에 의해 약탈당하며, 전쟁 시에는 당신의 적들에 의해 침탈당합니다.

용병들이 이러는 이유는 무엇일까요? 우선 용병은 당신을 사랑하지 않기 때문입니다. 또한 용병은 전쟁터에서 당신을 위해 죽음을 불사할 만큼 충분치 못한 하찮은 보수 외에 자신의 목숨을 걸 만한 이유가 없기 때문입니다.[2] 실제로 용병은 당신이 전쟁을 수행하지 않는 기간에는 당신의 군인이 되기를 희망하지만, 막상 전쟁이 닥치면 도망가거나 떠날 기회를 엿봅니다.

이를 입증하기는 어렵지 않습니다. 왜냐하면 현재 이탈리아가 쇠락한 것은 오랫동안 용병에 의존한 것 말고는 또 다른 이유가 없기 때문입니다. 일부 군주들 처지에서 이들 용병들은 실질적인 장점이 있기도 했으며, 용병들끼리 서로 적으로 싸울 때는 용감한 듯이 보입니다. 그러나 외국 군대가 쳐들어오자 용병들은 위에서 열거한 모습 그대로를 보여주었습니다. 그래서 프랑스의 샤를 왕은 이탈리아를 분필로 차지했다고 합니다.

그리고 그 원인을 우리의 죄악들 때문이라고 말했던 사보나롤라는 진실을 말한 셈이었습니다. 그러나 이러한 죄악들은 사보나롤라가 말한 그러한 것들이 아니라 제가 위에서 언급했던 것들입니다. 그리고 이러한 죄악들은 군주의 죄이기 때문에, 군주는 그 대가로 처벌의 고통을 당했던 것입니다.

1 마키아벨리는 용병의 단점을 용병의 속성, 덕목, 관계의 관점에서 말하고 있다. 우선 그는 용병의 속성을 군인으로서의 태도와 관련하여 전혀 도움이 되지 않는다고 비판한다.

① 비통일성. 최고 지도자 아래 국적·가문 등을 달리하는 다양한 용병이 부관과 병사로 있을 수 있다. 예컨대 체사레는 여러 가문의 용병을 고용했으며, 다른 국가의 용병도 수용했다. 용병은 서로의 상이한 공명심 때문에 통일감이 부족하며, 그 때문에 전투에서 승리하기가 쉽지 않다.

② 야심. 통일감이 없다는 것은 용병대장이나 그를 따르는 용병들이 공명심과 자기 이익을 채우려고 독자적으로 전쟁을 수행할 수 있음을 뜻한다. 실제로 용병들은 전쟁의 승리보다는 전리품에 관심을 두고 있는 경우가 흔했다. 따라서 용병들은 필요 이상으로 수탈과 약탈을 자행하곤 했다.

③ 무규율. 용병은 주로 기병으로 이루어진다. 보병은 주로 많은 훈련을 바탕으로 규율에 따라 전투를 치른다. 반면, 기병은 말을 타고 달리면서 각 기병의 용맹을 바탕으로 전투를 치른다. 보병에게 규율은 전투의 승리를 보장한다면, 기병에게 규율은 개별의 용맹을 가로막는 요인이 된다.

④ 불성실. 용병은 주로 훈련에 의해 군인의 덕목을 기른 것이 아니라 타고난 능력을 바탕으로 한다. 그들은 절제를 요구하는 규율과 성실한 훈련을 견뎌내지 못한다.

둘째, 마키아벨리는 용병의 덕목과 관련하여 군인에게 가장 중요한 용기가 없다고 비판한다. '친구들 사이에서 용감하다'는 것은 주로 적이 아닌 관계, 즉 자신을 고용한 군주나 그 군주의 신하들과 인민에게 용감하다는 것을 뜻한다. '적군과 마주치면 겁쟁이가 되어버린다'는 것은 외국군이나 전투를 치러야 할 다른 군대와 싸울 때, 정말 용감해야 할 때 용감하지 못함을 말한다.

셋째, 마키아벨리는 용병이 군주나 신과의 관계에서 충성심이 없다고 비판한다.

① 독신. 용병은 필요 이상으로 인민이나 시민에게 잔인했다. 이는 신이 존재하는 것을 부정하는 것이나 다름없는 행위이다.

② 불충. 용병은 자신을 고용한 자를 위해 싸우는 것이 아니라 고용주를 공격하고 모반한다.

마키아벨리의 비판을 정리해 보자. 용병은 속성상 군인으로서 절제하기보다는 탐욕스럽고, 용감하기보다는 비겁하며, 충성스럽기보다는 불충하다. 용병에 대한 이와 같은 신랄한 비판은 플라톤이 국가에서 말한 전사가 갖춰야 할 기본 덕목과 완전히 대립된다. 플라톤은 이상국가에서 수호 계급인 전사는 절제해야 하고 용감해야 하며 충성스러워야 한다고 말한다.

플라톤은 이를 '혈통이 좋은 개'에 비유한다. 수호자와 같은 개는 아무리 배가 고파도 자기가 보호해야 할 양이나 염소를 잡아먹지 않는다. 이 점에서 혈통 좋은 개는 탐욕 대신에 절제할 줄 알며, 이를 더 키우려고 강도 높은 훈련을 힘들어하지 않는다. 또한 혈통 좋은 개는 자기가 돌보는 염소나 양을 무섭게 대하지 않는 반면, 염소나 양을 잡아먹으러 오는 늑대를 사납게 대한다. 이 점에서 혈통 좋은 개는 친구에게는 온화한 반면에 적에게는 용감하다. 마지막으로 혈통 좋은 개는 양이나 염소를 몰고 다니는 목자에게 절대적인 충성을 바친다. 목자가 죽으라고 하면 죽는 시늉까지 할 정도로 재롱을 피지만, 목자가 위협을 당하면 목숨을 바쳐서까지 충성을 다한다.

"혈통 좋은 개들의 (……) 기질은 천성으로 낯익은 사람들이나 아는 사람에 대해서 최대한 온순하지만 모르는 사람들에 대해서는 정반대 (……) 개는 모르는 사람을 보면 그 사람한테 이전에 자기가 아무런 해코지도 당하지 않았는데도, 사납게 군다. (……) 반면에 아는 사람을 보면 비록 그 사람한테 아무런 좋은 일도 겪어 본 적이 없을지라도 반긴다네."(《국가》 2권, 375e~376b)

"양치기들에게 (……) 제일 무섭고 창피스러운 것은 양떼를 위한 보조자들인 (……) 이 개들이 무절제나 굶주림 또는 기타 나쁜 버릇으로 말미암아 양들을 해치려 들어, 개는커녕 이리를 닮게 되는 것"(《국가》 3권, 476a).

마키아벨리는 플라톤이 말하는 전사와 용병은 완전히 대립된다는 점을 강조하며 이 점에서 그는 용병이 무익하다고 거듭 주장한다.

2 용병의 정의에 대해 말하고 있다. 용병이란 돈을 받고 전쟁터에서 목숨 걸고 싸우는 자이다.

국가가 쇠락하는 원인은 무엇인가? 피치자는 통치자의 탐욕·부패·타락을 원인으로 손꼽는 반면, 통치자와 통치자를 편드는 종교인(학자 포함) 등은 시민의 도덕성과 덕목의 추락을 탓한다. 통치자와 피치자가 서로 손가락질하지만, 결국 도덕적 타락이 국가 쇠락의 근본 원인이다. 다양한 원인이 제시되지만, 결국 이 두 원인의 변형된 형태에 지나지 않는다.

마키아벨리는 피렌체가 샤를 8세에 의해 힘 한 번 못 쓰고 몰락하는 것을 목도했다. 샤를 8세는 피렌체를 침략했을 때 군대를 움직일 필요도 없이 분필 하나로 정복했다고 한다.

필립 드 코민에 따르면(Memories, bk. 7, chap. 14), 프랑스인들은 침입했던 도시들의 집마다 대문에 사령부를 표시하려고 병참 장교가 손에 나뭇가지와 분필을 가지고 들어왔을 뿐, 그 외의 어떤 무기도 필요하지 않았다고 알렉산데르 6세는 말했다.*

피렌체는 왜 분필 하나로 몰락했는가? 마키아벨리는 위의 두 원인과는 또 다른 이유를 든다. 이탈리아의 국가들은 자국 군대가 없었기 때문에 몰락했다고 마키아벨리는 자신 있게 진단한다. 사보나롤라는 이탈리아가 몰락한 원인을 "우리의 죄악" 때문이라고 말했다. 즉 도덕적 타락을 원인으로 들었다. 마키아벨리는 이 말에 동의한다. 하지만 사보나롤라가 '간음, 고리대금업, 잔인성'을 "우리의 죄악"이라고 본 것에는 반대한다. 마키아벨리는 이탈리아가 몰락한 것은 용병에 의존했기 때문이고, 그것이 바로 "우리의 죄악"이라고 답한다.

사보나롤라는 실제 정치에 관심을 두고 정부에 대해 집필했다. 그는 샤를 8세가 피렌체를 침략했을 때 다음과 같이 말하며 이탈리아에 만연한 "우리의 죄악"을 제거해 줄 해방군으로 맞아들인다.

왕이시여! 당신은 하느님의 종으로 이탈리아에 오신 것입니다. 당신의 도래를 우리는 기뻐하고 있습니다. 왕이시여! 하느님의 뜻을 잘 받드시기 바랍니다! 승리가 당신과 함께하시기를 기도합니다! 그리고 지금부터 제 말을 경청하십시오. 왜냐하면 저는 지금 하느님의 말씀을 대언代言하고 있기 때문입니다. 비록 피렌체는 죄인의 소굴이지만 아직 하느님의 종들이 많이 남아 있는 곳이므로 '선한 자'들을 보호하셔야 합니다. 당신이 하느

* 영역판 주 참조.

님의 종으로 왔다는 사실을 모르는 피렌체의 '선한 자'들을 보호하셔야 한다는 것입니다.*

'죄악의 응징과 선한 자의 보호'라는 단순한 이분 도식에 바탕을 둔 연설 덕분에 사보나롤라는 샤를의 환심을 샀고, 피렌체를 통치했다. 그러나 그는 정작 자기 군대가 없었기에 몰락했고 화형대로 끌려갔다. 마키아벨리는 6장에서 그를 "무장하지 않은 예언자"라고 비꼬아 말했다. 그는 군주가 무장하지 않으면 몰락하듯, 국가도 스스로 무장하지 않으면 몰락한다고 주장한다.

마키아벨리는 국가가 자국군으로 무장하면 몰락하지 않는다고 강조한다. 자국군은 통치자와 피치자 모두 서로에게 높은 수준의 도덕성을 요구한다. 앞에서 언급한 국가 몰락 원인의 양면성을 다시 살펴보자. 통치자가 부패하고 타락했다면 시민들이 기꺼이 군에 지원할 리도 만무하며, 징병에 의해 강제로 군인이 되었다고 해도 용감하게 싸울 리 없다. 반대로 피치자가 부도덕하고 시민으로서의 덕목을 갖추지 못했다면, 자국군을 유지하는 데에 필요한 엄청난 비용의 근간이 되는 세금을 납부할 리 없다. 통치자는 청렴하고 공명해야 하며 피치자는 자국을 지키려는 덕성을 지녀야, 자국군이 만들어지고 유지된다. 마키아벨리는 통치자와 피치자 간에 상당한 수준의 도덕적 덕성을 상호 전제하는 이런 자국군을 가진 국가는 망하지 않는다고 결론 내린다.

* http://m.dongabiz.com/Business/HR/content.php?atno=1306029401&chap_no=1

군주는 당연히 스스로 장군이 돼야 하고 공화국은 시민 출신 장군을 가져야 한다

이제 그러한 군대의 비참함을 좀 더 자세히 설명하도록 하겠습니다. 용병대장들은 전쟁에 아주 숙련되어 있기도 하고 그렇지 않기도 합니다.

용병대장들이 숙련되어 있다면, 당신은 그들을 신뢰할 수 없습니다. 왜냐하면 그들은 자신의 지배자인 당신을 괴롭히거나 당신의 의도와는 반대로 다른 사람을 공격함으로써 항상 스스로 권력을 잡으려 하기 때문입니다. 그러나 만약 용병대장들이 무능하다면, 당신은 당연히 몰락할 것입니다.

만약 누군가 군대를 마음대로 통제할 수 있는 자가 용병이든 누구든지 간에 위에서 말한 것처럼 행동할 것이라고 반론을 제기한다면, 군대는 군주 또는 공화국에 의해서 당연히 관리되어야 한다고 저는 대답할 것입니다. 현명한 군주는 스스로 장군의 역할을 수행해야 합니다. 안정적인 공화국은 시민 가운데 장군직을 위임합니다. 안정적인 공화국이 능력 있는 장군으로 입증되지 않은 자를 파견했다면, 곧 그를 교체해야 합니다. 반대로 그가 능력이 있다면, 공화국은 그를 법률로 통제하고, 그래서 그가 권한을 넘어서지 않게 해야 합니다.[1]

경험에 비추어 본다면, 몸소 장군으로 행동하는 군주들과 무장한 공화국들은 크게 번성했던 반면에 용병 군대는 어떤 것도 이루지 못하고 해만 끼쳤다는 것을 알 수 있습니다. 자기가 태어난 국가가 외국의 무기들로 무장하고 있는 공화국이기보다는 자신들의 병기로 무장한 공화국이라면, 시민은 자신이 태어난 국가를 전복하기 훨씬 어렵다는 것을 알게 됩니다.

1 이는 로마가 제국이 되기 전에 공화국으로 존재할 때 일반적인 장군 임명과 해임의 방법이었다. 로마 공화정 당시 적국과 싸우는 최고 지휘관은 집정관

이 담당했다. 집정관에 선출되면 군사와 행정의 수반이 되며, 그 기간은 단 1년이다. 원로원과 민회는 집정관의 권한을 법률로 제한할 수 있었다.

마키아벨리의 의도는 용병대장을 멀리하고, 군주가 장군이 되거나 시민이 장군을 선출해야 한다는 것이다. 그는 용병대장과 시민 선출형 장군을 대비시켜 설명한다.

마키아벨리는 용병대장이 유능하면 군주에게 모반을 행하고, 무능하면 적의 공격을 막지 못해 간접적으로 군주를 몰락시키는 결과를 불러온다고 비판한다. 그는 묻는다. "이런데도 용병대장을 고용하겠는가?"

반면에 마키아벨리는 시민이 선출한 장군에 대해선 우호적이다. 시민이 직접 선출한 장군이 유능하면 그의 월권을 법으로 규제할 수 있으며, 무능하면 시민이 다시 교체하면 되기 때문이다. 로마가 거대한 공화국이 된 것을 보라. 그는 묻는다. "이런데도 시민 선출형 장군을 바라지 않는가?"

마키아벨리는 군주를 은근히 협박한다. 당신이 군주라면 용병대장과 시민 선출형 장군 가운데 누구를 선택할 것인가? 그는 자국군이 왜 중요한지 힌트를 하나 더 던진다. 자국군을 갖춘 공화국은 시민들이 모반과 쿠데타를 일으킬 수 없다는 것이다.

용병이 모반한 역사적 사례들

로마와 스파르타는 수세기 동안 스스로 무력을 갖추었고 자유를 유지했습니다. 스위스는 훌륭한 무장을 갖추고 완전히 자유롭습니다. 이에 반해

카르타고인들은 고대의 용병 세력과 관련된 예를 제시합니다. 카르타고인들은 로마인과의 첫 번째 전쟁 말엽에 자신들의 시민을 장군으로 삼았지만 용병 군대에 의해 거의 몰락할 뻔했습니다.[1]

　마케도니아의 필리포스는 에파미논다스가 죽고 나서 테베인들에 의해 테베 군대의 명령권을 소유하게 되었습니다. 필리포스는 전쟁에서 승리하자 곧 테베인들에게서 자유를 빼앗아버렸습니다.[2]

　필리포 공작이 죽은 후, 밀라노인들은 베네치아인들과 싸우려고 프란체스코 스포르차를 고용했습니다. 프란체스코 스포르차는 카라바조에서 베네치아인들을 격파하고 나서, 자신을 고용한 밀라노인들을 괴멸시키고자 베네치아인들과 힘을 합쳤습니다.[3]

　스포르차의 부친은 나폴리의 여왕 조반나에 의해 장군으로 고용되었습니다. 그러나 그는 갑자기 조반나 여왕에게서 무력을 빼앗았습니다. 그러자 조반나 여왕은 왕국을 잃지 않으려고 아라곤 왕의 무력에 기탁하지 않을 수 없게 되었습니다.[4]

---

[1] 마키아벨리가 말한 사건은 카르타고가 1차 포에니 전쟁에서 패배하고, 자국 내에서 발생한 용병들의 반란이다. 지도에서 보는 것처럼 이 당시 카르타고를 최고로 높이 떠오른 해라고 한다면, 로마는 막 뜨는 해였다. 카르타고는 해상 세력으로 지중해를 장악하고 있던 반면, 로마는 육상에서 해상으로 막 진출하려던 때였다.

　카르타고는 1차 포에니 전쟁 말엽인 기원전 241년, 바다에서 로마에 패했다. 당시 카르타고의 장군은 한니발의 아버지 하밀카르였지만 병사는 주로 용병에 의지했다. 카르타고는 1차 포에니 전쟁 말기에 약 10만여 명의 용병을 모집했다.

로마와 카르타고의 경쟁

로마

샤르데니아

카르타고

시라쿠사

- 카르타고 제국
- 로마 공화정과 동맹국
- 시라쿠사

로마와의 전쟁에서 패하고 카르타고로 돌아온 용병 가운데 2만 명이 비용 지급을 요구하며 반란을 일으켰다. 얼마 지나지 않아 반란에 참여한 용병은 5만여 명으로 늘었다. 설상가상으로 카르타고의 지배를 받던 리비아도 반란에 가담했지만, 카르타고군은 사령관 하밀카르의 지휘로 용병의 반란을 진압했다. 이러한 기회를 틈타 샤르데니아가 반란을 일으키자 로마는 지원을 명목으로 샤르데니아를 차지했다.

2 알렉산드로스 대왕의 아버지 필리포스(기원전 382~336)가 기원전 338년 카이로네아 전투에서 승리하여 테베에 친마케도니아 정권을 세운 것을 말한다. 필리포스와 테베의 관계는 상당히 재미있는 역사적 사건이다. 테베의 에파미논다스(기원전 410~362)는 당시 그리스의 절대강자인 스파르타를 무찔렀다. 그 결과 테베는 아테네와 스파르타의 뒤를 이어 그리스의 절대강국으로 등장한다. 당시 약소국이었던 마케도니아는 테베에 필리포스를 인질

로 보냈다. 필리포스는 기원전 370~360년 동안 자유를 빼앗겼다. 그때 그는 테베의 명장이자 그리스 최고의 장군인 에파미논다스한테서 막강한 전투 능력을 습득했다.

그 후 필리포스는 마케도니아로 돌아가 왕이 되었다. 3차 신성 전쟁(기원전 356~346)이 벌어지자, 전쟁 말기인 기원전 346년에 테베인들과 테살리아인들은 당시 강력한 세력으로 성장한 필리포스에게 동맹국을 지휘해 달라고 요청한다. 필리포스는 기원전 338년에 벌어진 카이로네아 전투에서 승리를 거두고, 테베와 아테나의 지배권을 확립한 뒤 테베에 친마케도니아 정부를 수립한다.

마키아벨리는 이 역사적 사례에서 자신의 의도를 감춰두고 독자가 깨닫기를 바란다. 즉, 자국 출신의 장군이 있을 때와 용병대장을 가지고 있을 때 어떤 결과가 나오는지를 보라는 것이다. 테베는 자국 출신 에파미논다스를

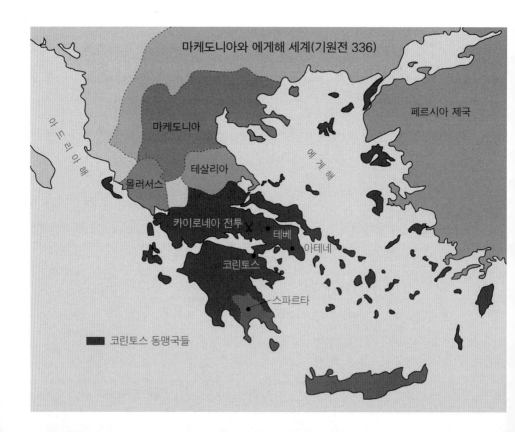

마케도니아와 에게해 세계(기원전 336)

장군으로 세웠을 때 스파르타를 물리치고 그리스의 절대강국이 되었지만, 일종의 용병대장이라 할 수 있는 마케도니아의 필리포스를 지휘자로 삼자 결국 나라까지 빼앗기는 수모를 당하게 되었다고 그는 말한다.

3 마키아벨리가 말한 이 내용은 암브로시아 공화국의 흥망과 관련되어 있다. 이 예는 다소 복잡한 역사를 배경으로 한다. 밀라노의 필리포 마리아 비스콘티 공작은 1447년 남성 후계자가 없이 죽었다. 시민 대부분은 1431년 필리포의 딸과 약혼한 스포르차나 필리포의 조카인 아라곤의 알폰소를 지지했다. 반면에 상인들을 중심으로 한 기득권층 시민들은 구공화국이 회복되기를 기원하며 베네치아처럼 상업에 바탕을 둔 국가를 만들고 싶었다. 이들은 밀라노의 수호성인인 성 암브로시아의 이름을 따서 암브로시아 공화국을 건설했다. 밀라노의 시민들은 그 당시 가장 걸출한 용병대장 스포르차에게 암브로시아 공화국의 정복을 맡겼다.

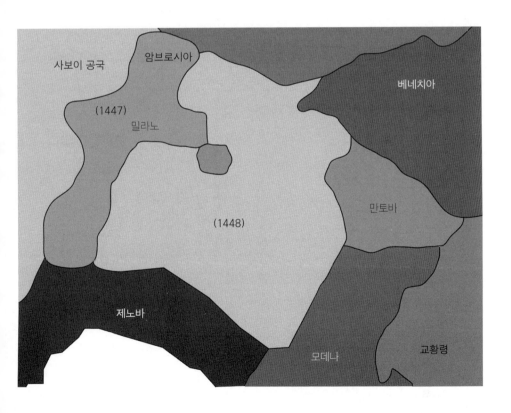

스포르차가 혁혁한 전공을 세우자, 밀라노 시민 가운데 일부는 스포르차를 두려워하기 시작했다. 특히 스포르차가 카라바조를 정복하자 점점 더 스포르차에 대한 두려움이 커져갔다. 그들은 공공연하게 스포르차의 용병들에게 비용을 치르지 않을 것이라는 소문을 퍼뜨렸다. 이런 소문을 접한 스포르차는 이미 밀라노와 전쟁을 하고 있었던 베네치아의 편을 들어 밀라노에 맞서게 된다. 나중에 스포르차는 밀라노의 공작이 된다.

이 글의 주인공은 7장의 프란체스코 스포르차와 동일 인물이다. 마키아벨리는 7장에서 그가 어떤 방법을 사용하고 어떤 능력을 발휘하여 군주가 되었는지를 말하지 않았다. 앞에서는 설명하지 않은 것을 마키아벨리는 여기서 말하고 있다고 볼 수 있다.

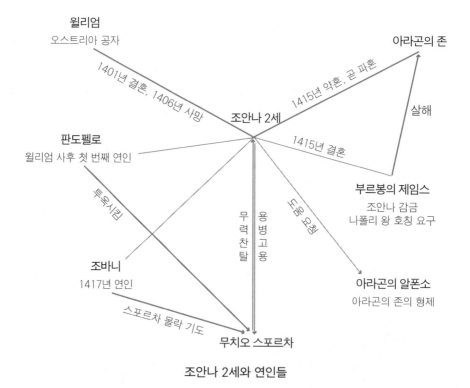

조안나 2세와 연인들

4 마키아벨리가 말한 무치오 스포르차에 관한 이 내용은 나폴리의 여왕 조안나 2세의 남성 편력과 연관이 있다. 조안나 2세의 남성 편력은 앞의 도표를 보면 된다.

조안나 2세는 남성 편력이 대단했다. 조안나 2세의 연인 가운데 판도펠로와 조반니는 질투심 때문에 무치오를 투옥하기도 했고, 그의 몰락을 기도하기도 했다. 조안나 2세는 1415년에 아라곤의 존과 약혼했으나 파혼하고, 같은 해에 부르봉의 제임스와 결혼했다.

제임스는 아라곤의 존을 살해했을 뿐만 아니라 조안나 2세를 감금하고 자신을 나폴리 왕으로 부를 것을 요구했다. 나폴리의 귀족들과 시민들은 이런 제임스를 좋아하지 않았으며, 마침내 폭동을 일으켜 제임스를 프랑스로 쫓아냈다. 그 후 얼마 지나지 않은 1420년에 앙주의 루이 3세가 나폴리를 침략했다.

조안나 2세는 이 무렵 자신의 연인 판도펠로와 조반니에 의해 감옥에 갇혔던 무치오를 용병으로 고용했다. 마키아벨리가 말했듯이 무치오는 조안나 2세의 군대를 자기 휘하에 넣었다. 두려움을 느낀 조안나 2세는 자기와 약혼했던 존의 형제이자 강력한 군주였던 아라곤의 알폰소에게 도움을 청했다. 조안나 2세는 도움의 대가로 그에게 나폴리를 양도할 것을 약속했다. 알폰소는 루이 3세의 군대를 물리쳤고, 후일 나폴리의 작위를 이어받았다.

용병의 배반 사례를 고대와 마키아벨리 바로 이전 시대의 인물 두 명씩을 예로 들어 설명했다. 그런데 여기서 한 가지 의문이 생긴다. 왜 마키아벨리는 시간의 흐름에 따라 인물과 사건을 다루지 않고 뒤죽박죽 섞어서 설명했을까? 그가 제시한 사례들은 기원전 241년 카르타고 용병들의 반란, 기원전 338년 필로포스의 모반, 1448년 프란체스코 스포르차의 모반, 1420년 무치오 스포르차의 반란 순으로 정리할 수 있다. 역사에 문외한이라 해도, 아버지와 아들을 뒤바꾸어 설명하는 방식에는 고개를 갸웃할 수밖에 없을 것이다. 그가 역사와 시간을 뒤죽박죽 뒤흔들어 글을 정리했다면, 그 이면에는 반드시 내용의 일관성을 추구하고 있다고 전제하자. 그가 무엇을 생각하고 글을 정리했는지 살펴보도록 하자.

우선 현상적인 정리이다. 마키아벨리가 언급한 말과 위에서 정리한 내용을 모반 주체와 이유를 바탕으로 간단하게 정리해 보자. 하밀카르의 예는 용병들의 모반을 기록한 것이다. 필리포스의 예는 용병대장의 모반을 기록한 것이다. 프란체스코 스포르차의 예는 용병들의 불만을 이용한 용병대장의 모반을 기록한 것이다. 마지막으로 무치오 스포르차의 예는 용병 모반의 결론으로서, 용병 모반의 이유를 설명한 글이다. 그는 위의 순서처럼 용병들의 모반, 용병대장의 모반, 용병들의 불만을 이용한 용병대장의 모반, 결론으로 용병의 모반 이유를 설명하고 싶었다.

마키아벨리는 결론에서 용병의 모반 이유가 극히 사소하고 개인적이라는 것을 강조하고 싶었을 것이다. 그는 무치오의 모반 이유를 《전술론》에서 다음과 같이 밝히고 있다.

프란체스코의 아버지 스포르차가 여왕을 갑자기 배신하자 여왕은 아무런 무장도 하지 못한 채 적들 한가운데 놓이게 됩니다. 스포르차의 배신에 직면한 여왕은 어쩔 수 없이 아라곤의 왕에게 의지하게 됩니다. 스포르차가 이렇게 한 이유는 단지 자신의 야망을 충족하기 위해서였거나, 또는 여왕으로부터 돈을 뜯어내거나 여왕의 왕국을 차지하기 위해서였습니다.*

둘째, 모반 이유를 정당성과 관련해 더 세부적으로 정리해 보자. 마키아벨리가 설명하지 않았지만, 위에서 살핀 내용을 살펴보자. 하밀카르의 예는 용병들이 밀린 체불 임금을 요구한다는 점에서 상당히 정당성이 있는 편이다. 필리포스의 예는 개인적 복수와 마케도니아의 확장이라는 정당성이 있다. 프란체스코의 예는 마키아벨리가 《전술론》에서 밝혔듯 개인적으로 '평화 시에 사치스럽게'** 살기 위해서이다. 그나마 개인적인 정당성이 약간 있다고 말해도 좋다. 마지막으로 무치오의 예는 앞에서 살펴보았듯 특별한 이유가 없다. 추정한다면 조안나 여왕과 그 애인들한테서 받은 수모에 대한 치졸한 보복이 모반의 동기인지 모른다.

이상을 바탕으로 정리해 보자. 용병이 모반을 일으키는 이유는 극히 공적인 것에서 사적인 것까지, 다시 말하면 모든 것이 모반의 동기가 될 수 있다. 따라서 용병은 극히 무의미한 존재이거나 해로운 존재라는 결론이 나온다.

한 가지 더 질문을 던져보자. 마키아벨리는 용병의 모반과 관련된 수많은 사례 가운데 왜 이 사람들을 선택했을까? 부자 관계에서 답을 찾아보자. 하밀카르는 로마를 벌벌 떨게 한 한니발의 아버지이다. 필리포스는 대제국을 건설한 알렉산드로스의 아버지이다. 무치오는 이탈리아 최고의 용병대장 프란체스코의 아버지이다. 프란체스코를 제

---

* Machiavelli, *The Chief Works and Others*, volume Ⅱ(Durham and London: Duke University Press, 1989), pp. 574~575.
** *Ibid.*, p. 574.

외하면 모두 걸출한 무장을 키워낸 아버지들이다.

마키아벨리는 무엇을 이야기하고 싶었을까? 왜 그는 이런 사례를 들었을까? 답은 없다. 하지만 그가 《전술론》 끝부분에서 필리포스를 통해 우회적으로 언급한 내용을 통해 대략의 답을 추정할 수 있다. 그는 뛰어난 용병대장들이 국가를 건설하고, 그 국가의 시민들로 이루어진 군대를 만들고 훈련한다면, 그리고 그 자식들이 뛰어난 무장이 된다면 그 국가는 최고의 국가가 된다고 생각했다.

> 대부분의 그리스 국가가 무기력하거나 연극을 하느라 바쁜 동안, 필리포스는 이러한 조직과 위와 같은 군사 훈련에 의해 아주 강력해졌다. 그래서 필리포스는 몇 년 지나지 않아 그리스 전체를 정복할 수 있었고, 아들에게 전 세계의 지배자가 될 수 있는 토대를 남겨줄 수 있었다.*

필리포스를 통한 우회적 답변. 그는 위대한 이탈리아를 건설하는 조건으로 뛰어난 장군, 그리고 잘 훈련받았을 뿐만 아니라 꿈을 이어갈 그의 자식, 대를 이어 꿈을 실현할 가문을 찾았던 듯하다. 위대한 국가는 하루아침에 이뤄질 수 없기 때문에!

피렌체의 경험

과거 베네치아인들과 피렌체인들은 이러한 용병에 의해 왕국을 확장해왔습니다. 그럼에도 이러한 용병대장은 베네치아인들과 피렌체인들의 군

---

* *Ibid.*, p. 725.

주가 되지 않고, 그 군주들을 보호해주었습니다.[1]

저는 이 문제에 대해 피렌체인들이 운이 좋았다고 말씀드리고 싶습니다. 왜냐하면 위험인물이 되었을지도 모르는 능력 있는 장군들 중 어떤 자들은 승리하지 못했고, 어떤 자들은 견제를 받았으며, 또 어떤 자들은 자신의 야심을 다른 곳에서 입증했기 때문입니다.

정복하지 못한 장군은 존 호크우드입니다. 그는 승리를 거두지 못했기 때문에 그의 충성심을 확인할 수 없습니다. 그러나 그가 만약 전쟁에서 승리를 거두었다면, 피렌체인들을 자신의 수중에 넣었을 것이라는 점은 불을 보듯 너무나 뻔합니다.[2]

스포르차는 항상 자신을 견제하는 브라체시가 곁에 있었으며, 그래서 그들은 서로 감시했습니다. 프란체스코는 롬바르디아에 대한 자신의 야심을 드러냈으며, 브라치오는 교회와 나폴리 왕국에 적대적이었습니다.[3]

그러나 최근에 발생했던 사건으로 돌아가고자 합니다. 그 후 피렌체인들은 파올로 비텔리를 장군으로 삼았습니다. 그는 아주 신중했으며, 한낱 보잘것없는 신분 출신이었지만, 아주 커다란 명성을 얻었습니다. 그가 피사를 차지했더라면, 피렌체인들은 그의 종복이 되었을 것이라는 점은 불을 보듯 뻔했습니다. 왜냐하면 피렌체인의 적들이 파올로 비텔리를 장군으로 고용했다면, 피렌체인들은 아무런 방비책도 없었을 것입니다. 반대로 피렌체인들이 비텔리를 계속 고용했다면, 그를 복종시키지 못했을 것이기 때문입니다.[4]

---

1 위의 문장 다음에 아래와 같은 말을 넣어 이해하면 좋다. '그렇기 때문에 위에서 말한 제 의견은 잘못되었다고 논박하는 사람이 있을지도 모릅니다.'

2 존 호크우드(1320~1394)는 영국 출신 용병대장으로, 주로 이탈리아에서 활

동했다. 마키아벨리가 말한 사건은 1390년 밀라노가 영토를 확장하고자 피렌체를 침략한 것을 지칭한다. 피렌체는 밀라노의 침략에 맞서 용병대장으로 아주 나이가 많은 존 호크우드를 고용했다. 그는 밀라노 침략에 맞서 밀라노를 치고 들어가기도 했으나 곧 퇴각했다.

3 마키아벨리가 말한 이 구절은 아버지 무치오 스포르차와 브라치오, 아들 프란체스코 스포르차와 브라치오의 적대적 관계를 말한다. 따라서 두 개로 나누어 설명할 필요가 있다.

먼저, 무치오와 브라치오는 친구인 동시에 적이었다. 무치오는 1369년에 태어나 1424년에 죽었으며, 브라치오는 1368년에 태어나 1424년에 죽었다. 두 사람은 한 해 차이로 태어나 같은 해에 죽었다. 게다가 두 사람은 동시대에 서로 명성을 다투는 용병대장들이었다. 그들은 마키아벨리가 이탈리아 최초의 용병대장이라고 일컫은 알베리고 다 코니오(또는 알베리고 다 발비노, 〈이탈리아 용병의 역사〉 참조)가 이끄는 '성 조지' 군대에서 함께 용병대장을 시작했다.

독립한 그들은 서로 다른 길을 갔으며, 고용 군주들을 위해 사사건건 대립했다. 1414년, 로마냐의 지원을 받은 브리치오와 나폴리의 지원을 받은 무치오는 서로 전투를 벌였다. 1417년, 무치오는 교황을 도우려는 조안나 2세에 의해 파견되어 나폴리의 후원을 받은 브라치오와 싸웠다. 1419년, 브라치오는 중부 이탈리아에 자신의 국가를 세우고 싶었으나 교황과 나폴리는 이를 반대했다. 그래서 교황과 나폴리는 무치오를 고용했고, 무치오는 브라치오와 전투를 벌여 크게 패했다. 둘 사이에 더 극적인 전투가 발생한다. 1421년, 무치오가 조안나 2세에 모반을 일으키자 아라곤의 알폰소가 조안나 2세를 도울 때, 조안나 2세는 브라치오를 불러들여 무치오와 싸우게 한다.

당대 최고의 용병대장이었던 둘의 관계는 서로 대립에 대립을 거듭하는 관계였다. 그 이유는 간단하다. 전쟁을 치르는 한쪽이 최고의 용병대장을 고용하면, 다른 쪽 역시 또 다른 최고의 용병대장을 고용할 수밖에 없었기 때문이다.

한편, 프란체스코와 브라치오의 적대 관계는 무치오의 아들 프란체스코가 전투에 참가한 이후 발생한 일을 말한다. 프란체스코는 아버지를 따라다니며 전투를 배웠다. 그는 주로 나폴리, 교황, 밀라노를 위해 전투했다. 그러자 둘 사이에 갈등이 생긴다. 앞에서 설명한 것처럼 브라치오는 중부 이탈리아, 즉 교황령 인근에 자신만의 국가를 세우길 원했으며, 따라서 교황과 대립할 수밖에 없었다. 만약 그의 계획이 성공을 거두어 중부 이탈리아에 강력한 국가가 생기면 그 아래쪽에 있는 나폴리와 북부에 있는 밀라노는 위협에 처할 수밖에 없다. 이 점에서 브라치오는 밀라노, 나폴리, 교황을 위해 싸우는 프란체스코와 대립할 수밖에 없었다.

4 마키아벨리는 7장의 〈보르자는 자신에게 의지할 것을 결정한다〉와 8장의 〈페르모에서 올리베르토의 배신〉, 〈올리베르토의 성공〉에서 이미 이에 대해 설명했다. 그가 앞에서 설명한 것처럼 보르자는 파올로 비텔리를 역모 혐의로 처단했다.

마키아벨리는 용병의 폐해를 피렌체와 베네치아 두 국가에 걸쳐 살펴본다. 그는 피렌체가 용병을 고용했음에도 살아남은 이유를 운이 좋았기 때문이라고 말한다. 반대로 그는 베네치아가 용병을 고용했기에 국가가 멸망할 지경에 이르렀다고 진단한다.

마키아벨리는 피렌체와 용병의 관계를 언급할 때 주로 긍정적으로

서술한다. 그 이유는 다음과 같다. 첫째, 용병대장이 존 호크우드처럼 무능력했기 때문이다. 둘째, 용병대장들이 무치오와 브라치오처럼 서로 견제했기 때문이다. 셋째, 용병대장이 피렌체 외의 다른 국가에서 역모를 꾀하다 발각되었기 때문이다.

조금만 생각해보면, 마키아벨리가 취직을 위해 얼마나 고뇌했는지를 느낄 수 있다. 용병대장에게는 조국도, 국가도, 인민도 없다. 그들은 돈을 주는 군주가 있다면, 조금만 더 보수가 좋다면 아무한테나 달려간다. 존 호크우드·무치오·브라치오·파올로 비텔리 등은 피렌체의 용병대장일 수 있지만, 나폴리·밀라노·파엔차·교황의 용병대장일 수도 있다.

마키아벨리는 이들을 피렌체와 연결해 설명할 수도 있고 그렇게 하지 않을 수도 있다. 하지만 그는 용병대장들을 피렌체와 연결해 이들의 실패가 피렌체에 도움이 되었다고 설명한다. 이는 다른 한편으로 자신이 사는 피렌체가 행운의 여신에 의해 보호받는 국가임을 뜻한다.

마키아벨리는 이 점에서 두 마리 토끼를 동시에 쫓고 있다. 한편으로는 용병의 폐해를 지적하면서도, 다른 한편으로는 피렌체가 행운이 깃든 국가임을 강조한다. 그는 전자를 통해 용병의 무용성이라는《군주론》의 목적을 달성하는 동시에, 행운의 여신이 돌보는 피렌체를 통치하는 메디치가 얼마나 행운인지를 은연중에 칭찬한다. 그 목적은 취직에 대한 간절한 희망이다.

베네치아인들이 용병들로 걱정을 하다

베네치아인들을 검토하도록 하겠습니다. 베네치아인들의 발전사를 검토해본다면, 우리는 그들이 이탈리아에서 전쟁을 치르기 전에는 스스로 전쟁을 수행했으며, 그 전쟁 동안 안전하면서도 영광스럽게 행동했음을 알게 될 것입니다. 왜냐하면 베네치아는 명문가 사람들과 무장한 인민이 함께 가장 용기 있게 행동했기 때문입니다. 그러나 베네치아인들이 이탈리아 안에서 전쟁을 하기 시작했을 때, 그들은 이와 같은 용기를 내던져버렸고, 이탈리아식 전쟁의 관습들을 쫓았습니다.

그리고 영토 확장 초창기에, 베네치아인들은 영토가 그리 많지 않았을 뿐만 아니라 명성이 아주 높았기 때문에 용병대장들을 두려워할 필요가 없었습니다. 그러나 베네치아인들이 카르마뇰라의 지휘를 받으며 영토를 확장했을 때, 실수했음을 깨달았습니다. 그들은 카르마뇰라가 아주 유능하다는 것을 알았습니다. 왜냐하면 그의 지휘를 받으면서 밀라노 공작을 패퇴시켰기 때문입니다. 하지만 다른 측면에서 그들은 그가 전쟁에 시들해졌음을 알게 되었습니다. 그러자 베네치아인들은 그의 도움을 받아 영토를 점령하는 것은 더 는 불가능해졌다고 판단했습니다. 왜냐하면 카르마뇰라가 정복하는 것을 더는 원하지 않았기 때문입니다. 그럼에도 베네치아인들은 그를 해임할 수는 없었습니다. 왜냐하면 그들은 이전에 획득했던 영토를 다시 잃을까 봐 두려웠기 때문입니다. 따라서 베네치아인들은 카르마뇰라한테서 자신을 지키고자 어쩔 수 없이 그를 살해할 수밖에 없었습니다.[1]

그 후 베네치아인들은 바르톨로메오 다 베르가모, 로베르토 다 산 세베리노, 피티글리아노 백작 등을 용병대장으로 임명했습니다. 하지만 베네치아인들은 이들 장군의 도움을 받아 영토를 확장하는 게 아니라 이 장군들의 무능 때문에 영토를 상실하지 않을까 하고 두려워해야만 했습니다. 이는 바일라 전투에서 명백해졌습니다. 베네치아인들은 이 단 한 번의 전

투에서 800여 년 동안 그렇게 애써서 획득했던 것을 다 잃어버렸습니다.[2]

결론적으로 말하면, 용병에 의한 영토 획득은 천천히, 뒤늦게, 그리고 조금씩 이뤄지지만 용병에 의한 영토 상실은 화들짝 놀라게 할 정도로 불시에 이뤄집니다.

1 마키아벨리가 말한 내용은 밀라노와 베네치아 간에 4차에 걸쳐 벌어진 롬바르디아 전쟁(1423~1454)을 배경으로 한다. 카르마뇰라가 유능하다는 설명은 롬바르디아 전쟁 중 2차 전쟁과 관련이 있고, 그를 살해했다는 것은 3차 전쟁과 연관된다.

2차 전쟁 중 카르마뇰라는 원래 밀라노의 용병이었다. 그는 말크로디오 전투에서 말을 갈아타고 베네치아의 용병대장이 되었다. 그 이유는 밀라노의 필리포 마리아가 카르마뇰라의 무력을 약화시키려 했기 때문이다. 둘 사이의 불화를 눈치 챈 베네치아의 총독 프란체스코 포스카는 카르마뇰라를 회유해 용병대장으로 삼았다.

그 후 카르마뇰라는 전투를 통해 아주 빠른 속도로 베네치아를 차지했다.

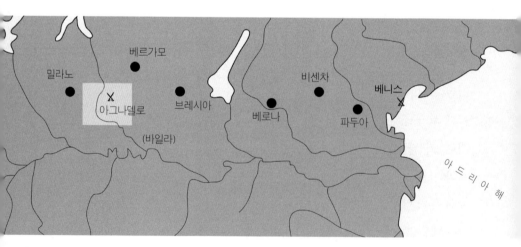

베네치아가 결정적으로 몰락한 전투 지역

그러나 그다음부터 천천히 전쟁을 수행하면서 베네치아에 상당한 액수의 용병료 지급을 요구했다. 그는 베네치아를 위해 결정적인 승리를 거두었지만, 8,000여 명에 달하는 포로를 석방했을 뿐만 아니라 베네치아의 요구와는 정반대로 군대를 퇴각시켰다.

3차 전쟁 중이던 1431년, 베네치아는 해상에서 결정적인 승리를 거두었다. 하지만 육상에서 카르마뇰라는 전투를 차일피일 미루었다. 베네치아인들은 밀라노의 필리포 마리아에게 카르마뇰라가 매수되었을 것으로 의심했다. 카르마뇰라가 이전에 밀라노의 용병이었다는 점을 생각한다면, 어느 정도 타당성 있는 의심이었다. 베네치아인들은 1432년 카르마뇰라를 모반죄로 체포해 목을 잘라 살해했다.

2 3장의 〈루이 왕의 여섯 가지 실수〉 편에 이에 대한 이야기가 나온다. 1508년에서 1510년 사이에 베네치아와 캉브레 동맹(교황령, 프랑스, 신성 로마 제국, 에스파냐, 페라라)이 전쟁을 한다. 1509년 베네치아는 마키아벨리가 언급한 자들을 용병으로 삼고 전쟁을 치렀다. 베네치아는 바일라(또는 아그나델로) 전투에서 패배했다. 그 이유는 프랑스 군대에 의해 위험에 처한 바르톨로메오가 피티글리아노에게 도움을 청했으나, 피티글리아노는 돕지 않고 제 갈 길을 가버렸기 때문이다. 그 결과 베네치아는 캉브레 동맹이 요구하는 조건들을 수용하고 많은 영토를 잃게 된다.

마키아벨리는 용병의 폐해를 용병대장의 포르투나와 비르투나, 그리고 국가의 포르투나와 비르투나에 연결한다. 그는 두 사례를 통해 용병이 왜 위험하고 자국군이 왜 필요한지를 논리적으로 도출할 것을 요구한다. 이를 피렌체와 베네치아의 용병대장들을 통해 정리해 보도록 하자.

	용병대장	능력	그들의 결과	국가의 운	용병대장 결론
피렌체	존 호크우드	유능	정복 못함	포르투나가 피렌체를 도와줌	• 용병은 위험 • 능력이 있는 용병대장은 탐욕이나 야심 때문에 군주를 위협 • 무능력한 용병대장은 영토를 상실
	스포르차		견제세력 브라치오 존재		
	파올로		체사레에게 살해		
베네치아	카르마뇰라	유능	정복 후 탐욕/교살	포르투나가 베네치아에 등을 돌림	
	바르톨로메오 로베르토 피티글리아노	무능	영토 상실		

마키아벨리는 피렌체가 유능한 용병대장을 고용했음에도 운이 좋았던 반면, 베네치아는 용병대장이 유능하면 탐욕을 드러내거나 무능해서 영토를 상실했으므로 운이 나빴다고 평가한다. 운 좋은 피렌체와 운 나쁜 베네치아! 단순한 이 대립은 마키아벨리가 의도적으로 배치한 고도의 논리적 술수이다.

첫째, 마키아벨리는 이 대립을 통해 용병이 군주에게 아무런 도움이 되지 않는 존재임을 드러낸다. 그는 이런 의도를 속으로 전개한다. '용병의 유무가 국가의 흥망성쇠와 아무런 관련이 없다면, 다시 말해 국가의 흥망성쇠가 전적으로 운에 달려 있다면 용병은 있으나 마나 한 존재이다.'

둘째, 마키아벨리는 베네치아의 용병대장들을 유능한 자와 무능한 자로 다시 나눠 분석한다. 그가 전달하고자 하는 뜻은 간단하다. '용병대장이 유능하면, 그의 탐욕 때문에 나라가 망할 수 있다. 용병대장이 무능하면, 그 무능 때문에 영토를 상실할 수 있다. 결론적으로 용병대장이 유능하건 무능하건 국가나 군주에게는 도움이 되지 않는다. 그런데도 용병대장을 고용하고 싶은가? 망하고 싶다면 용병대장을 고용하라. 피렌체처럼 운이 좋지 않다면, 베네치아와 같은 꼴이 될 것이다.'

마지막으로 마키아벨리는 베네치아의 예를 통해 자국군이 중요하다는 것을 교묘히 역설한다. '용병을 고용한 베네치아를 보라. 르네상스 최고의 국가였던 베네치아는 용병을 잘못 고용함으로써, 유럽뿐만이 아니라 이탈리아 내에서 그 주도권을 완전히 상실한다. 용병을 고용하기 전의 베네치아를 보라. 베네치아는 명문가 사람들이 군 지도자가 되고 인민이 병사가 되는 모범적인 군대가 있었다. 베네치아는 그 군대 덕분에 유럽에서 가장 강력한 국가 가운데 하나가 될 수 있었다. 운에 의지하지 않고 자신의 비르투나에 의해 사는 국가야말로 진정으로 강한 국가이다. 이를 잊어서는 안 된다.'

이탈리아 용병의 역사

이제 저는 용병대장들의 기원과 역사를 검토하면 그들을 더 잘 통제할 수 있다고 생각하므로, 이들 용병대장들을 재검토하고자 합니다. 이렇게 재검토해도 되는 이유는 오랜 세월 용병대장들에 의해 지배당했던 이탈리아에 대해서 위의 사례들로 살펴보았기 때문입니다.

그렇다면 당신은 다음과 같은 배경을 반드시 이해해야만 합니다. 최근에 이르러 황제 통치가 이탈리아 밖으로 쫓겨나고, 교황이 이탈리아에서 세속 문제에 대해 더 많은 권력을 갖자마자, 이탈리아는 수많은 나라로 분열되었습니다. 왜냐하면 수많은 대도시가 황제의 지원을 받아 도시들을 억누르던 귀족들nobili[1]을 상대로 무기를 들었기 때문입니다. 반대로 교회는 세속 문제에 영향력을 끼치려고 나른 자들을 지원했기 때문입니다. 그 결과 많은 도시의 군주가 시민들로 채워지게 되었습니다. 그 결과 이탈리아는 전적으로 교회와 다양한 공화국의 손아귀에 들어갔습니다.[2]

성직자들과 시민들은 무기를 드는 습관에 익숙하지 않았으므로 외국인들을 고용하기 시작했습니다. 이와 같은 용병으로 처음 명성을 얻었던 자는 로마냐의 알베리코 디 코니오입니다. 이자의 문하생 가운데 최근까지 이탈리아의 지배자였던 브라치오와 스포르차와 같은 자들도 출현했습니다. 이들 이후 우리 시대에 이르기까지 이러한 용병군대에 명령을 내렸던 다른 용병대장들이 나타났습니다.[3]

그들이 얼마나 유능했는지는 이탈리아가 샤를 8세에 의해서 황폐화되었다는 것, 루이 12세에 의해 약탈당했다는 것, 페르난도 2세에 의해 모독당했다는 것, 스위스에 의해 공격받았다는 것에서 드러납니다.[4]

1 마키아벨리는 '귀족'을 정확하게 황제의 지원이나 도움을 받아 권력이나 경제력을 유지하는 자라고 규정한다. 따라서 9장 "시민형 군주국"에서 나온 'grandi'를 귀족으로 번역해서는 안 된다.

2 1347년 신성 로마 제국의 황제 샤를 4세(또는 카를 4세)와 교황 클레멘스 6세와의 타협을 말한다. 1346년에 샤를 4세의 아버지 얀과 교황 클레멘스 6세는 동맹을 맺고서, 당시 신성 로마 제국 황제였던 루트비히 4세에 대항해 샤를 4세를 신성 로마 제국의 또 다른 황제로 선출한다. 그전에 1324년 교황 요한 22세는 루트비히 4세를 파문한 바 있다.

   1347년 샤를 4세는 1346년의 도움에 대한 보답으로 교황 클레멘스 6세에게 크게 양보한다. 샤를 4세는 이전에 영토권을 가지고 있었던 이탈리아 문제에 개입하지 않을 것을 교황 클레멘스 6세에게 약속하고, 교황이 광범한 영토를 소유하는 것을 인정한다. 그리고 1356년 샤를 4세가 공포한 '금인칙서'를 교황 인노켄티우스 6세가 용인함으로써 교황은 신성 로마 제국 황제 선출에 개입하지 않는다는 방침을 확립하기에 이른다.

신성 로마 제국 황제가 이탈리아 불개입을 선언했다고 해서 실질적인 영향력이 갑자기 사라지는 것은 아니다. 왜냐하면 기존에 이탈리아 도시의 부유 시민층은 신성 로마 제국 황제를 지지하는 기벨린 파가 맹위를 떨쳤다. 반면, 교황을 지지하는 신흥 시민 등의 겔프 파도 여전히 힘을 발휘하고 있었다. 때로는 이 두 파가 한 도시 내에서 서로 대립하기도 했다. 황제 파와 교황 파는 서로 적대파를 제거하고 권력을 장악하려고 참주를 세웠고, 이탈리아 각지에 소규모 전제군주들이 나타났다. 그 후 이탈리아는 우리가 아는 바와 같이 사분오열된다.

3 앞에서 나온 인명을 바탕으로 이탈리아 용병의 간단한 계보를 정리하면 다음과 같다. 영국 출신의 존 호크우드, 그의 부하 알베리코 디 코니오, 알베리코의 부하였던 브라치오와 무치오, 그리고 무치오의 아들 프란체스코 등으로 이어진다.

4 3장의 복합 군주국에서 주로 다루었다.

샤를 4세와 클레멘스 6세의 역사적인 대타협은 부정적인 것만은 아니다. 이 덕분에 독일과 이탈리아는 고유한 정체성을 형성하기 때문이다. 다시 말하면 근대적인 독일과 이탈리아의 맹아가 싹트기 시작한다. 마키아벨리는 이를 이탈리아의 처지에서 살펴보고, 용병의 문제와 연관해 해석하고 있다. 그는 신성 로마 제국 황제가 지배한 독일의 경우는 올바른 길로 가고 있다고 평가하지만, 교황이 세속 정치에 개입한 이탈리아는 잘못된 길을 걷고 있다고 비판한다.

우선 독일을 보자. 10장 〈독일의 자유 도시들〉에서 언급한 것처럼 독일의 자유 도시들은 황제에게 필요할 때만 복종할 뿐이다. 또한 이

도시들은 스스로 무장을 잘하고 있으며, 자립적인 생계유지를 할 수 있을 뿐만 아니라 군사 훈련도 열심히 한다. 이 점에서 독일의 자유 도시들은 아무런 문제가 없다.

하지만 이탈리아의 사정은 다르다. 황제의 지원을 받는 황제 파와 교황의 지지를 받는 교황 파가 스스로 참주정의 형태를 취한다. 그뿐만 아니라 독일과 달리 스스로 무장하는 게 아니라 용병을 고용해 전쟁을 하고 있다. 그 결과 이탈리아의 도시국가들은 프랑스의 샤를 8세와 루이 12세, 에스파냐의 페르난도 2세 등에 의해 공격당하고 약탈당하고 황폐화되고 모독당했다. 이것이 이탈리아 용병의 시작이자 역사이자 결과이다.

마키아벨리는 '용병대장들의 기원과 역사를 검토하면 그들을 더 잘 통제할 수 있다'고 주장한다. 그 기원은 교황 파와 황제 파의 대립이고, 그 역사는 양파 대결의 연속이다. 용병은 "손쉬운 사업으로서의 전쟁"을 할 뿐이다. 그 대안은 무엇인가? 그는 직접 말하지 않는다. 그러나 이미 답변했다. 10장에서 말한 독일의 자유 도시들이 그 답이다.

손쉬운 사업으로서의 전쟁

아래와 같은 것이 용병대장들이 사용했던 방법입니다.

우선 그들은 자신들의 무력을 높게 평가받으려고 보병의 평판에 흠집을 내버립니다. 그들이 이렇게 하는 이유가 있습니다. 영토가 없으므로 고용주에게 의존할 수밖에 없는 용병대장들은 딜레마에 빠지기 때문입니다. 즉, 그들은 수가 적은 보병으로는 명성을 얻을 수 없으며, 그렇다고 해서 거대한 숫자로 보병을 유지하기에는 임금을 지급할 능력이 없기 때문입니다. 따라서 용병대장들은 기병대에 의존했습니다. 그들은 관리하기 편할 숫자만큼 기병대를 유지하면서 이들을 통해 수입과 명예를 얻었습니다. 그래서 용병을 도입한 국가는 2만여 명의 군인 가운데 보병은 2,000명에 못 미치는 상태에 처하게 되었습니다.[1]

이것 외에 또 다른 방법이 있습니다. 용병대장들은 모든 노력을 다해 자신과 병사들에게 고통과 두려움을 주지 않으려고 했습니다. 그들은 전투 중에 서로 살상하는 것이 아니라 포로로 사로잡기에 급급했으며, 어처구니없게 몸값도 요구하지 않았습니다. 공격하는 용병대장들은 한밤중에 도시를 공격하지도 않았으며, 반대로 공격받는 도시의 용병대장들도 야영지 숙소를 공격하지 않았습니다. 그들은 야영지에 방책도 참호도 건설하지 않았습니다. 게다가 그들은 겨울에는 전투도 하지 않았습니다. 그들이 만들었던 이러한 모든 군사 관습들은 고통과 위험을 피하려고 고안된 것들입니다. 그 결과 용병대장들은 이탈리아를 노예로 이끌었고 이탈리아에 불명예를 안겼습니다.

1 기병과 보병의 비율을 어떻게 정하는 게 좋은가? 정답은 없다. 전투 상황에 따라 다르다. 하지만 일반적으로 고대의 경우에는 보병 수가 기병 수를 압도했다. 예컨대 한니발과 스키피오가 싸웠던 자마회전에서 한니발의 병사 5만 명 가운데 보병 4만 6,000명, 기병 4,000명에 코끼리 80마리였고, 스키피오가 지휘하는 4만 명 가운데 보병 3만 4,000명, 기병 6,000명이었다. 이를 보병과 기병의 비율로 따지면 한니발의 군대는 약 11:1인 반면, 로마군은 6:1 성도였다. 한니발이 에스파냐로부터 알프스를 넘어 로마로 쳐들어갔을 때에도 군사는 보병 5만 명, 기병 9,000명, 코끼리 37마리였다. 보병 수와 기병 수의 비율은 크게 변하지 않는 것을 알 수 있다.

훈련과 규율을 바탕으로 하는 보병의 숫자가 많을수록 군을 유지하는 일상 경비, 식량, 전투 장비 등의 비용은 기하급수적으로 늘어난다. 용병대장은 이런 천문학적인 비용이 드는 보병을 유지할 수 없다. 그래서 용병대장은 숫자는 적어도 전투력이 강한 기병을 중시한다.

현직 군주를 비판하는 것은 목숨을 거는 것과 마찬가지이다. 그가 생사여탈권을 쥐고 있기 때문이다. 교황을 비판하는 것 또한 목숨을 거는 행위이다. 그가 영적 사망 선고라고 할 수 있는 파문권을 쥐고 있기 때문이다. 용병대장들을 비판하는 것도 목숨을 거는 행위이다. 그들은 맘에 들지 않는 자를 언제든지 제거할 무력을 가지고 있기 때문이다. 마키아벨리 당시가 용병의 최고 전성시대였으므로, 용병을 비판하는 것은 아무나 할 수 있는 일이 아니었다. 그러나 마키아벨리는 군주도, 교황도, 용병대장도 때로는 과감하게 때로는 에둘러 비판한다. 그는 "용병대장들은 이탈리아를 노예로 이끌었고 이탈리아에 불명예를 안겼습니다"라며 용병제도에 대해 펜을 들고 정면 공격한다.

마키아벨리가 용병을 비판하는 이유는 간단하다. 용병은 전쟁을 사업으로 생각하기 때문이다. 마키아벨리가 이를 어떻게 생각했는지 살펴보도록 하자.

첫째, 이윤과 용감함의 관계이다. 사업은 이윤을 남기는 것이 목적이다. 하지만 아무리 이윤이 많아도 생명과 맞바꿀 만큼 귀중하지는 않다. 살아 있으면 언제든지 전투에 참가해 더 많은 이윤을 남길 수 있지만, 생명을 잃으면 더 이상의 이윤은 남길 수 없기 때문이다.

용병은 예나 지금이나 개인적 이익을 위해 전쟁에 참가하는 사업가이다. 용병이 돈을 버는 가장 기본적인 방법은 고용주, 즉 군주나 교황 등과의 계약에 의해서이다. 이 돈이 전쟁의 다반사인 죽음을 보상할 만큼 클 수는 없다. 따라서 용병은 자신이 죽지 않을 만큼만 전투에 참여할 뿐이다. 그렇기 때문에 용병은 용감하게 싸우기보다는 용감하게 싸우는 듯이 보여주기만 할 뿐이다. 용병은 진정한 용기가 아니라 용기가 있는 척, 센 척할 뿐이다.

둘째, 기간과 유능성의 관계이다. 전쟁이 사업이라면, 너무 빨리 끝내도 문제가 된다. 용병은 통상 6개월 단위로 계약한다. 너무 용맹하게 전쟁을 해 계약 기간 안에 전쟁을 끝내버리면, 계약한 만큼의 돈을 받지 못하는 경우가 생긴다. 용병은 전쟁을 차일피일 미루며 전투 기간을 연장하는 것이 좋다. 기간이 길수록 일거리가 많다는 것을 뜻하며, 일거리가 많을수록 용병은 받는 돈이 많아진다. 따라서 고용주의 요구에 따라 전쟁을 일찍 끝내는 용병대장은 유능한 게 아니라 무능한 것이다. 반면, 전쟁을 질질 끌며 자신이 고용한 용병들에게 오랜 기간 급료를 주고, 그다음에도 다시 그 전투를 수행하는 용병대장이야말로 진정으로 유능한 자이다.

셋째, 포로의 몸값과 다른 용병대장과의 관계이다. 전쟁이 사업이라면, 무리한 공격으로 살상하기보다는 포로를 잡는 것이 유용하다. 포로는 몸값을 받을 수 있어 이윤이 늘어나기 때문이다. 하지만 무치오와 브라치오처럼 친한 사이라면 포로를 잡았다 할지라도 서로 풀어주는 것이 좋다. 왜냐하면 나중에 다른 전투에서 마주칠 수 있으며, 자신이 고용한 용병들도 포로가 될 수 있기 때문이다. 그들은 서로 전투를 한다는 점에서는 적이지만, 같은 일을 한다는 점에서 동업자이다. 그들은 동업자로서 서로 지켜야 할 최소한의 예절, 아무런 조건 없는 포로 석방을 서로 단행한다.

　이런 전투 습관이 있는 용병들은 이탈리아 내 도시국가들끼리 전쟁을 할 때는 문제가 안 된다. 하지만 그 적이 이탈리아 밖 국가라면, 프랑스나 에스파냐라면 문제가 달라진다. 그것은 이탈리아라는 국가의 흥망성쇠를 좌우하기 때문이다. 이런 점에서 마키아벨리는 용병제도를 신랄하게 비판한다.

12장 다시 보기

12장은 '사업가로서의 용병대장'이다. 마키아벨리는 용병과 용병대장들의 한계를 '모반'의 관점에서 살피고, 용병이 무능한 이유를 '사업'의 관점에서 고려한다. 사업과 모반은 서로 연관된다.

　사업은 '최소 투자, 최대 이익'을 목적으로 한다. 적은 돈을 투자해 가장 많은 이익을 남긴 자가 가장 뛰어난 사업가이다. 용병대장 역시 뛰어난 사업가라면, 최소 투자로 최대 이익을 남겨야 한다.

　용병대장의 관점에서 전쟁이 사업이라면, 전쟁에서 많은 이익을 남기는 것이 좋다. 하지만 이익을 남길 수 없다면 차일피일 전쟁을 미루면서 용병군대를 유지하는 게 좋다. 자신들을 고용해 줄 군주를 찾아 이러저리 떠도는 '유랑형' 용병대장으로라도 생존하는 것이 중요하다. 생존하다 보면 다시 이윤을 남길 기회가 생기기 때문이다.

　하지만 뛰어난 사업가라면 어떻게 생각할까? 다른 군주 밑에서 전투를 하고 이익을 남기기보다는 직접 군주가 되려는 생각을 하지 않을까? 전쟁이 사업이라면, 이익을 최대로 많이 남기는 방향으로 나아가는 것이 당연하기 때문이다. 밀라노에 욕심을 가졌던 무치오 스포르차와 그의 아들 프란체스코, 그리고 이탈리아 중부에 국가를 건설하고 싶었던 브라치오를 보라. 그들은 용병대장이지만 군주가 되고 싶었던 자이거나, 실제로 군주가 된 자들이다.

용병대장은 사업가이다. '모반'이 이익을 많이 남긴다면 그들은 언제든지 모반을 한다. 이른바 '정주형' 용병대장들이다. 그 당시 상당수 용병대장들이 자신만의 국가를 갖고 있었고, 용병 요청이 오면 계약을 맺고 전쟁에 참여했다. 그들은 전투가 이익이 된다면 참여한다. 하지만 모반이 더 큰 이익이라면 계약자와의 관계를 언제든지 원점으로 되돌릴 뿐만 아니라 뒤엎는다. 최소 투자로 최대 이익을 남기는 '사업'이기 때문이다. 전투가 최소 투자로 푼돈을 버는 잡화점과 같다면, 모반은 항구적인 이익을 내는 공장과 다름없기 때문이다. 모반은 상당한 이익이 지속적으로 보장되는 황금알을 낳는 사업이기 때문이다.

군대와 전쟁은 사업인가 아닌가? 사업은 최소 투자 최대 이익을 생명으로 한다. 그러나 군대는 '충성'을 근간으로 한다. 충성은 이익이 되건 안 되건 목숨을 바쳐 싸우는 것을 말한다. 사업의 연장으로서 전쟁과 모반, 이는 용병대장이 살아남는 수단들이다. 마키아벨리는 이탈리아 당대와 100여 년 전의 역사를 통해 이를 절감하고 이를 혹독히 비판한다. 그는 피렌체가 행운을 얻었다고 말한다. 그 이유는 정주형 용병대장이 될 수 있는 자들이 여러 가지 이유로 사업에서 실패했기 때문이다. 그들이 사업에 성공했다면, 그들이 피렌체를 소유했다면, 메디치 가문의 피렌체는 이탈리아 지도에서 사라졌을 것이다.

마키아벨리가 용병의 폐해를 적나라하게 노골적으로 비판한 것은 용기이다. 그가 기병 중심의 용병을 벗어나 보병 중심의 또 다른 군사적 대안을 모색한 것은 지혜이다. 지혜 없는 용기는 만용이고, 용기 없는 지혜는 사변 놀음이다. 대안 없는 비판은 필부들이 하는 일이고, 비판 없는 대안은 책상머리 행정가의 펜 놀림이다. 진정한 용기와 지혜를 갖춘 마키아벨리는 〈베네치아인들이 용병들로 걱정을 하다〉에서 가장 이상적인 군대상을 제시한다. 명망 있는 자가 군대를 지휘하고, 일반 시민이나 신민이 군사가 되는 것이다. 그는 보병 중심의 군대를 제시한다. 이에 대한 더 자세한 설명은 24장의 〈새롭고도 우수한 전술〉에서 설명한다. 그는 피렌체가 이런 준비를 하다면, 포르투나의 보살핌은 더 필요 없지 않겠는가 하고 강변한다!

12장은 '근대적 군사관'이다. '사업가로서의 용병대장'보다 더 중요한 내용이다. 마키아벨리는 진정한 근대적 군사관을 가진 자이자 실천가이다. 이 점은 그가 용병 대신에 또 다른 군사적 대안, 보병을 중요하다고 생각하는 데에서 드러난다. 그는 보병이 왜 중요한지를 직접 말하는 것이 아니라 다만 용병대장들이 기병을 선호한다고 지적할 뿐이다. 거꾸로 말하면 군주는 용병대장이 총애하는 기병이 아니라 보병을 선호해야 한다고 말한 것과 다름없다. 그가 보병을 중시한 이유는 용병대장들이 선호하는 기병과는 전혀 다른 원리 때문이다.

첫째, 보병은 시민이나 신민으로 구성된다. 둘째, 보병은 훈련과 규율을 바탕으로 군사 작전을 수행한다. 셋째, 보병은 국가와 군주를 지키려고 충성을 다한다. 넷째, 막대한 예산이 드는 보병을 유지하려면 지도자는 실질적으로 세금을 내는 시민이나 신민의 지지를 받아야 한다. 근대적 상비군, 현대 국민군이 이런 원리로 유지된다는 것은 두말할 필요가 없다.

보병의 이런 장점을 본다면, 마키아벨리는 르네상스의 뒤를 이은 절대주의 왕정 시대, 그리고 근대적 군대인 상비군을 예견했다. 실제로 그는 이런 민병대를 모으려고 '피렌체 군령 및 민병대 관제위원회'를 구상하고 추진하기도 했다.*

그는 이 점에서 진정한 근대적 군대관을 지녔다고 할 수 있다. 그는 이런 보병을 갖춘 국가나 군주만이 훌륭한 군주로 자리매김할 수 있다고 본다. 그는《전술론》에서 이런 지도자들의 예로 에파미논다스, 필리포스, 키루스, 티베리우스 그라쿠스 등을 들고 있다.** 하지만 마키아벨리가 말한 보병들로 구성된 민병대가 10만, 20만, 60만으로 이루어진 대규모 군대라고 생각해서는 안 된다. 그가 예상했던 보병식 민병대는《전술론》마지막에서 언급하고 있듯 고작 1만 5,000~2만여 명이다.***

그 이유는 이탈리아 도시국가의 민병대이기 때문이다. 그 당시 영국의 인구가 약 300여 만 명, 베네치아가 약 200여 만 명이었던 반면, 이탈리아 다른 도시국가들의 인구는 이보다 훨씬 적었다. 그렇기 때문에 2만 명 정도가 적정한 민병대 수라고 그는 생각했다.

그러나 이 수가 적다고 말하지 말자. 이 숫자는 작은 도시국가에서 20~40세 사이의 건장한 성인 남성 1/10에 해당하기 때문이다. 현대 군대에 대입해봐도 아주 적정한 숫자라는 결론이 나온다. 이 점에서 마키아벨리는 근대적 군대의 전형을 르네상스 이탈리아 도시국가에 맞게 창조적으로 사고한 것으로 볼 수 있다.

* 로베르토 리돌피 지음, 곽차섭 옮김,《마키아벨리 평전》(아카넷, 2000), 160~163쪽.
** Machiavelli, op cit., p. 722.
*** Ibid., p. 722.

원군, 연합군, 그리고 자국군

이 장은 〈원군에서 비롯된 최근의 위험 사례들〉, 〈원군들로는 어떤 진정한 승리도 쟁취하지 못한다〉, 〈체사레 보르자는 용병과 원군을 어떻게 다루었나〉, 〈시라쿠사의 히에론도 용병을 거부했다〉, 〈다윗 왕〉, 〈프랑스가 원군을 사용한 어리석은 짓〉, 〈예견되는 용병의 위험〉, 〈어떤 군주도 자신의 군대가 없다면 안전하지 못하다〉로 이루어졌다.

13장은 행운과 역량의 관점에서 목차를 분석할 수 있다. 그 이유는 군주에게 군대는 역량의 기본요소이지만, 군대 없이 행운에 의지하는 군주도 있기 때문이다.

우선 군주가 전적으로 행운에 의존하는 경우이다. 마키아벨리는 〈원군에서 비롯된 최근의 위험 사례들〉에서 군주가 원군에 의존하게 되면 행운에 의지할 수밖에 없다고 말한다. 그 대표적인 예가 율리우스 2세이다. 〈원군들로는 어떤 진정한 승리도 하지 못한다〉에서 마키아벨리는 원군의 역량이 클수록 원군을 청한 군주는 행운에 의존해야 한다고 말한다. 그는 군주의 역량이 클수록 원군이라는 행운에 의지하지 않는 반면, 군주의 역량이 미약할수록 원군이라는 행운에 자신의 운명을 맡기게 된다고 말한다.

다음은 군주가 역량을 제대로 사용한 경우이다. 〈체사레 보르자는 용병과 원군을 어떻게 다루었나〉, 〈시라쿠사의 히에론도 용병을 거부했다〉, 〈다윗 왕〉에 나오는 주인공들은 전적으로 자기 역량에 의존하고 행운에 전혀 의존하지 않는 경우이다.

그다음은 군주가 자신의 역량을 버리고 행운에 의지하게 된 경우이다. 〈프랑스가 원군을 사용한 어리석은 짓〉에서 프랑스는 샤를 7세의 군제 개혁을 통해서 스스로 역량을 키웠음에도, 샤를 11세에 의해 행운에 의지하게 된 경우이다. 〈예견되는 용병의 위험〉은 로마가 스스로 갖추고 있던 역량을 버리고 완전히 행운의 여신에 의지해 몰락한 경우이다.

마지막이다. 마키아벨리는 여기서 군주는 스스로 역량을 갖추어 절대로 행운의 여신에 의지하지 말라고 조언한다. 다시 말하면 행운의 여신을 군주의 운명에서 완전히 쫓아내 버리고 자신의 역량만으로 국가를 유지해야 한다는 것이다. 이를 목차로 정리하면 아래와 같다.

1. 군주가 행운에 의지하는 경우
   1) 전적으로 행운에 의지한 군주: 원군에서 비롯된
                              최근의 위험 사례들
   2) 원군의 역량과 군주의 행운의 반비례: 원군들로는 어떤 진정한
                              승리도 쟁취하지 못한다
2. 군주가 전적으로 역량에 의지한 경우

1) 체사레 보르자는 용병과 원군을 어떻게 다루었나

2) 시라쿠사의 히에론도 용병을 거부했다

3) 다윗 왕

3. 역량을 버리고 행운에 의지한 경우

1) 프랑스가 원군을 사용한 어리석은 짓

2) 예견되는 용병의 위험

4. 결론: 역량을 갖춘 군주 되기

어떤 군주도 자신의 군대가 없다면 안전하지 못하다

원군에서 비롯된 최근의 위험 사례들

당신이 강력한 자에게 당신을 도와주고 방어할 수 있도록 요청했을 때 오는 군대가 원군입니다. 이 같은 원군은 또 다른 쓸모없는 군대입니다. 최근 교황 율리우스 2세는 페라라를 원정하면서 용병들이 시원찮은 성과를 보이자 원군에 의존했으며, 에스파냐의 왕 페르난도 2세와 협약을 맺었습니다. 그 결과 페르난도 2세는 율리우스 2세에게 군사력을 지원했습니다.[1]

그러한 원군은 그 자체로 유용하고 훌륭할 수 있지만, 원군을 요청한 자의 견지에서 본다면 거의 항상 유해합니다. 원군이 패배하면 당신도 패배하고, 원군이 승리하면 당신은 원군의 포로가 됩니다. 고대사에는 이러한 예가 너무 많습니다. 그럼에도 저는 최근 교황 율리우스 2세가 보여준 생생한 사례를 예로 들겠습니다. 페라라를 얻으려고 자신을 외국 군대의 수중에 맡기려는 율리우스 2세가 그 위험을 모를 까닭이 없었습니다.

그러나 아래와 같은 사건이 벌어져서 그는 행운을 얻었으며, 그래서 그는 자신이 잘못 선택한 결과의 책임을 지지 않게 되었습니다. 왜냐하면 그의 원군들이 라벤나에서 패배했을 때, 스위스 용병대가 전장에 뛰어들어 자신이나 다른 사람들의 예상과 달리 승자들을 쫓아냈고, 적들이 달아났기 때문에 적들의 죄수가 되지 않았습니다. 반대로 그는 원군이 아닌 다른 군대의 병력으로 정복했기 때문에 원군의 포로도 되지 않았습니다.[2]

전혀 무장하지 않았던 피렌체인들은 피사를 점령하고자 1만여 명의 프랑스 병력을 피사로 끌어들였습니다. 이런 계획과 달리 피렌체인들은 그 전쟁을 치르는 다른 어떤 시기보다 훨씬 더 많은 위험에 처했습니다.[3]

콘스탄티노플의 황제는 가까운 사람들과 싸우려고 1만여 명의 투르크 병사를 그리스로 끌어들였습니다. 그런데 전쟁이 끝났는데도 투르크 병사들은 떠나지 않았습니다. 이 때문에 그리스는 이교도의 지배를 받으며 노예와 같은 처지로 전락했습니다.[4]

1 1510년 7월에 있었던 프랑스와 페라라 공국 대 교황 율리우스 2세와 베네치아 간의 미란돌라 공방전을 두고 벌어진 사건을 말한다. 율리우스 2세는 이탈리아의 절대강자 베네치아를 여러 전쟁으로 많이 약화시켰다. 그 후 율리우스 2세는 이탈리아 안에서 영향력을 행사하는 프랑스를 몰아내고자 한다. 율리우스 2세가 베네치아와 동맹을 맺고 프랑스를 적으로 삼자, 프랑스는 율리우스 2세에 위협을 느끼고 있던 페라라와 동맹을 맺는다. 율리우스 2세는 스위스 용병을 고용해 교회군을 강화했으며, 페라라의 요새 미란돌라를 함락하려고 공을 들인다. 하지만 성공하지 못했다.

프랑스의 루이 12세는 페라라의 공작 알폰소 데스테와 힘을 합치고, 율리우스 2세에 의해 정복된 볼로냐 시민들을 선동해 반란을 일으킨다. 그리고 1511년 7월, 피사 공의회를 개최해 율리우스 2세가 교회의 일보다는 전쟁에 몰두한다고 비판하면서 교황권을 박탈하려는 계획을 세운다.

율리우스 2세는 루이 12세의 이런 전략에 대항해 에스파냐의 페르난도 2세를 끌어들이고, 베네치아·영국 등과 신성 동맹을 결성한다. 율리우스 2세는 에스파냐의 원군을 받아들이는 대신에 나폴리 왕국에 대한 에스파냐의 영향력을 인정하는 우를 범한다. 즉, 늑대를 쫓아내려고 호랑이를 이탈리아에 불러들인 꼴이 된다. 그 후 에스파냐는 이탈리아 내에서 막강한 영향력을 행사한다.

2 1512년 4월에 발생한 프랑스의 루이 12세와 페라라 대 에스파냐와 율리우스 2세 간에 벌어진 라벤나 전투와 그 여파를 말한다. 미란돌라 공방전에서 스위스 용병의 효과를 보지 못한 율리우스 2세는 에스파냐 원군을 받아들인다.

'그의 원군들이 라벤나에서 패배했을 때'는 에스파냐 원군이 프랑스 군대에 패배한 것을 말한다. 당시 프랑스군 사령관은 가스통 드 푸아였으며, 에스파냐 사령관은 라몬 카르도나였다. 이 전투에서 프랑스 군은 대포를 이용해 에스파냐 군을 철저히 무력화하고 전투에서 승리한다.

'스위스 용병대가 전장에 뛰어든 것'은 전투가 끝난 5월 이후의 여파를 말한다. 율리우스 2세는 에스파냐 원군이 힘을 못 쓰자 라벤나 전투에서 패배했다. 하지만 그 당시 프랑스 최고 사령관이었던 가스통이 에스파냐 보병의 창에 찔려 죽었다. 가스통의 죽음은 프랑스 군대 전체의 기세를 약화시키는 결과를 가져왔다. 설상가상으로 스위스 군대가 교황을 지원하고자 파병되었다.

'자신이나 다른 사람들의 예상과 달리 승자들을 쫓아낸 사건'은 율리우스 2세가 전투에서는 패배했지만 전쟁에서는 승리하는 결과를 가져온 것을 말한다. 프랑스는 스위스 군대가 이탈리아로 파병된 데에 덧붙여 설상가상으로 또 다른 위기를 맞는다. 프랑스가 지배하던 이탈리아 북부에서 반란이 발생한 것이다. 그 결과 프랑스는 이탈리아에서 군대를 철수하고, 영향력을 잃게 된다.

3 '전혀 무장을 하지 않았던'이란 뜻은 1494년에서 1498년 동안 피렌체를 지배했던 사보나롤라의 죽음과 연관이 있다. 사보나롤라는 마키아벨리가 밝힌 대로 무장하지 않은 예언자이다.

'피사를 점령하고자'는 1499년 루이 12세가 밀라노를 점령하자 피사가 독립을 하려고 움직였을 때를 뜻한다. 피렌체는 이때 피사를 점령하고자 프랑스의 원군을 받아들인다. 프랑스는 드 보몽을 장군으로 삼고, 스위스 용병을 고용해 피사 탈환 전쟁을 벌인다. 결과는 원군형 용병의 한계를 그대로 드러내었다. 우선 이 원군들은 식량을 낭비했고 난동을 부리곤 했다. 또한 프랑스 군대는 피사를 점령할 좋은 기회가 왔는데도 점령하지 못했으며, 심지어 반란을 일으키기도 했다. 게다가 프랑스는 약속한 비용 외에 추가 대금 지급을 요구했다. 피렌체는 자국 군대를 갖고 있지 못했으므로 국가적 위기를 맞게 된다.

4 마키아벨리는 거대한 비잔틴 제국의 멸망을 원군 때문이라고 단 몇 줄로 요약해 설명한다. 그 안에 얼마나 많은 사건과 애환, 그리고 비탄이 깃들어 있겠는가? 더 나아가 얼마나 복잡한 역사적 사건이 숨겨져 있겠는가? 그는 이 모든 것을 과감하게 생략해버리고, 거대한 제국 몰락의 원인을 직시하라고 강변한다.

비잔틴 제국의 말기 내전은 다음과 같은 세 가지 힘이 대결하고 있다. 첫째, 외척과 신하의 대결이다. 둘째, 가문과 가문의 대결이다. 셋째 비잔틴 제국을 둘러싼 유럽 세력 베네치아와 동양 세력 오스만 튀르크의 대립이다. 그 발단은 1341년 비잔틴 제국의 안드로니쿠스 3세가 죽으면서 열 살의 어린

아들 요한네스 5세를 왕으로 지명하면서부터이다.

우선 외척과 가신의 대결이 발생한다. 어린 요한네스 5세가 왕위를 이어 받자, 안드로니쿠스 3세의 신하였던 칸타쿠제누스가 섭정을 선언한다. 그러자 요한네스 5세의 어머니인 사보이의 안나 역시 섭정에 끼어든다. 1341년부터 1347년까지 칸타쿠제누스와 안나 사이에 치열한 내전이 발생한다. 칸타쿠제누스는 이때 자신의 딸을 오스만 튀르크의 술탄 오르한과 결혼시키면서 동양 세력인 오스만 튀르크에서 군대를 빌려 온다. 내전에서 승리한 그는 1347년 요한네스 6세가 되어 왕위에 오른다. 칸타쿠제누스는 자신의 딸 헬레나를 요한네스 5세와 결혼시킴으로써 왕위의 안정을 도모하고, 10년만 통치하고 요한네스 5세에게 왕위를 돌려주겠다고 약속한다. 그러나 그는 1354년 집권을 연장할 목적으로 자신의 아들 마타이우스를 공동 왕에 임명한다.

이렇게 칸타쿠제누스가 자신의 약속을 지키지 않으려 하자, 1354년 이미 20대 초반의 청년이 된 요한네스 5세는 유럽 세력인 베네치아의 동맹을 맺

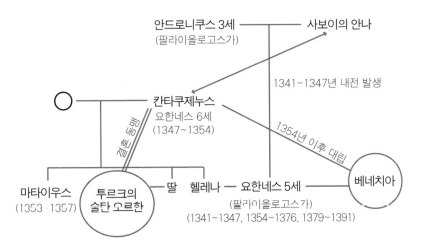

비잔틴 제국 멸망기의 가계도 (괄호 안은 통치기간)

고 반反칸타쿠제누스 동맹을 결성한다. 위협을 느낀 칸타쿠제누스는 다시 오스만 튀르크에서 용병을 빌린다. 동양 세력을 대표하는 오스만 튀르크에서 군대를 빌린 칸타쿠제누스와 서양 세력을 대표하는 베네치아와 동맹을 맺은 요한네스 5세의 내전은 한편으로는 동양 대 서양의 대결이며, 다른 한편으로는 신흥 군주 가문 대 구군주 가문의 대결이 된다. 이를 가계도를 중심으로 살펴보면 앞과 같다.

마키아벨리는 삼중 갈등을 넘어 비잔틴 제국의 멸망 원인을 원군형 용병에서 찾는다. 내전의 필요 때문에 칸타쿠제누스가 비잔틴 제국에 끌어들인 오스만 튀르크의 용병은 갈리폴리를 장악하고, 이를 요새화했다. 오스만 튀르크는 이 지역을 군사 작전의 영구 기지로 만든다. 1370년 무렵이 되었을 때, 비잔틴 제국 대부분의 영토는 오스만 튀르크 소유가 되었다. 비잔틴 제국은 오스만 튀르크 제국의 노예와 같은 생활을 하다 결국 1453년 역사에서 사라지는 운명을 맞는다.

마키아벨리는 비잔틴 제국 멸망 100년 전으로 거슬러 올라가 원군형 용병을 쓰면 결국 나라가 망한다고 단정한다. 비잔틴 제국의 몰락과 오스만 튀르크 제국의 성장을 아래 지도를 보고 비교하면, 원군을 사용하는 것이 얼마나 위험한지 알 수 있다.

원군과 용병의 차이는 무엇인가? 용병이 돈을 매개로 한 것이라면, 원군은 관계를 매개로 한 것이다. 용병은 돈에 살고 돈에 죽는 군대이다. 원군은 도움을 청할 정도로 사이가 좋거나, 도움을 청해서 서로 관계를 개선하고자 할 때 도움을 주는 군대이다.

분명한 개념상의 차이가 있지만 마키아벨리의 글에서는 원군과 용병의 차이가 명확하게 구분되지 않는다. 앞에서 든 사례에서도 용병과 원군이 혼재되어 있기 때문이다. 따라서 12장과 13장의 내용을 미루어 짐작해, 마키아벨리가 어떻게 이 용어를 구분하고 사용했는지 알아보도록 하자.

12장에서 나오는 용병은 말 그대로 돈을 매개로 움직이는 국가 내부형이다. 즉, 한 국가 내에서 다투는 도시들끼리 서로 필요에 의해 국가를 벗어나지 않는 한도 내에서 움직이는 것이 용병이다. 반면, 원군

1389년의 튀르크

1261 · 1326년의 튀르크

아래쪽 지도에서 보듯이 1261년에 튀르크는 비잔틴 제국 아래 조그만 제국이었다. 1389년에는 위쪽 지도에서 보듯이 이미 튀르크가 비잔틴 제국을 거의 먹어 치우고 강력한 국가를 건설하였다.

은 국가와 국가 간의 필요에 의해 도움을 주고받는 군대이다. 여기에 대가 지급 여부는 부차적인 문제가 된다. 즉 돈을 주고받았다 할지라도 국가 간의 군대 파견이라면 원군이 된다. 굳이 이름을 붙인다면 원군형 용병 또는 용병형 원군이라고 할 수 있다. 13장에서 마키아벨리는 용병과 원군이 뒤섞인 개념을 사용한다. 예컨대 율리우스 2세가 프랑스로부터 빌린 원군은 원군인 동시에 용병이며, 굳이 이름을 붙인다면 원군형 용병이다.

두 번째 다시 봐야 할 것은 마키아벨리가 최근 사례라는 이름으로 원군의 한계를 지적하고 있다는 점이다. 그 지적 방법은 점층법이다.

먼저, 율리우스 2세 사례는 원군을 이용하기는 했지만 다행히 피해를 보지 않은 경우이다. 즉, 행운이 따른 사례이다.

다음, 피렌체의 경우는 원군을 이용함으로써 국가의 존망이 흔들릴 뻔한 사례이다. 원군 역할을 한 프랑스가 비용을 더 요구하고, 전쟁을 보이콧한 경우이다. 피렌체는 이때 프랑스가 맘만 먹으면 국가를 잃을 지경에 처하게 된다. 그 이유는 국가를 방어할 만한 충분한 군대가 없었기 때문이다.

마지막으로, 비잔틴 제국은 원군을 사용함으로써 거대한 제국이 몰락한 경우이다. 마키아벨리는 원군이 어떤 경우에도 도움이 되지 않는다는 것을 논증한다. 칸타쿠제누스는 권력을 차지하려고 내전을 벌이면서 오스만 튀르크의 원군을 콘스탄티노플에 불러들였다. 경우의 수는 두 가지이다. 우선 패배한 경우이다. 만약 오스만 튀르크의 원군이 내전에서 패배하면, 칸타쿠제누스 역시 패배하게 되고 끝내 역모죄로 죽었을 것이다. 이는 역사적으로는 발생하지 않은 사건이다. 반면 승리한 경우는 비잔틴 제국의 실제 역사이다. 이 내전에서 승리한 칸타쿠제누스는 권력을 쥐게 되었지만, 결국 장기적으로 볼 때 비잔틴 제국을 오스만 튀르크에게 빼앗기는 결과를 불러온다.

이 점에서 마키아벨리는 예언과 같은 말, "원군이 패배하면 당신도 패하고, 원군이 승리하면 당신은 원군의 포로가 됩니다"는 진리가 된다. 따라서 원군은 어떤 경우에도 도움이 되지 않는 최악의 군대, 즉 용병보다 못한 군대가 된다.

원군들로는 어떤 진정한 승리도 쟁취하지 못한다

그렇다면 정복할 계획이 없는 군주는 이러한 원군을 고용해도 됩니다. 그러나 원군은 용병들보다 훨씬 더 위험합니다. 원군을 들여오면 반드시 파멸을 불러옵니다. 왜냐하면 원군은 모두 통일되어 있으며, 다른 나라 지배자의 명령에 복종하기 때문입니다.

그러나 용병이 정복하고 나서 당신에게 해를 끼치려고 한다면, 원군보다 더 많은 시간과 기회가 필요합니다. 왜냐하면 용병은 통일되어 있지 않으며, 당신에 의해 고용되고 보수를 받기 때문입니다. 당신에 의해 용병의 사령관으로 임명된 제3자가 당신에게 해를 끼치기에 충분한 권력을 곧장 얻을 수는 없기 때문입니다. 요컨대 용병은 나태함ignavia 때문에 훨씬 더 위험하고, 원군은 역량virtù 때문에 훨씬 더 위험합니다.

따라서 현명한 군주는 용병과 원군을 부정해야 하며, 자신의 군대에 의존해야 합니다. 현명한 군주는 자기 자신 외의 군대로 승리하기보다는 자기 자신의 군대로 패배하는 것을 선택합니다. 왜냐하면 현명한 군주는 외국 군대의 도움으로 승리한 것이 진정한 승리가 아니라고 판단하기 때문입니다.

마키아벨리는 12장에서 나타난 용병의 문제점과 비교해 원군의 문제점을 한꺼번에 고찰하고 있다. 이를 간단히 표로 작성하면 아래와 같다.

	원군	용병
구성원	단결력	일체감 부족
지도자	복종에 익숙	복종에 미숙
전투 능력	전투에 능숙	전투 기피
행동	용기	비겁
속성	역량	나태함
최종 결론	도움 청한 국가 전복	전투 패배

원군은 도움을 청한 국가를 멸망에 이르게 하고, 용병은 전투에서 패배함으로써 고용한 자의 망신을 불러온다. 군주의 처지에서 원군은 용병보다 훨씬 못한 존재이다. 전쟁에서 패배할지언정 어떤 경우에도 원군을 이용해서는 안 된다. 원군에 대해 마키아벨리가 내린 결론이다.

체사레 보르자는 용병과 원군을 어떻게 다루었나

저는 이제 주저하지 않고 체사레 보르자와 그의 행동을 예로 들도록 하겠습니다. 공작은 프랑스 원군만을 이끌고 가서 로마냐 지방을 침략했고, 원군과 함께 이몰라와 푸를리를 차지했습니다. 그러나 그 후 체사레는 원군들을 믿지 않았으므로, 용병들에게 의존했습니다. 용병들이 덜 위험할 것으로 판단했기 때문입니다. 그리고 그다음 체사레는 오르시니 파와 비텔리를 고용했습니다. 체사레는 그들을 고용하면서 그들이 불확실하고 불충스러우며 위험하다는 것을 알아차렸습니다. 그래서 그는 그들을 분쇄해버리고 자신의 군대에 의지했습니다.

공작이 프랑스 원군만을 가졌을 때와, 나중에 오르시니 파와 비텔리를 고용했을 때, 공작의 명성을 고려해 보십시오. 그리고 그다음 마침내 그가 자신의 군대로 우뚝 섰을 때 어떤 차이가 있는지 고찰해 보십시오. 그러면 용병과 원군, 그리고 자국군의 차이를 쉽게 이해할 수 있습니다. 우리는 그의 명성이 점점 커져왔음을 알 수 있습니다. 하지만 그가 자신의 군대의 유일한 지배자가 되었을 때, 그는 진정 가장 높은 평판을 얻게 되었습니다.

1 이에 대한 자세한 내용은 7장에 나와 있다.

마키아벨리는 여러 군대 유형의 장단점을 분류하고 나서, 군주가 어떤 군대를 가져야 하는지 설명하고 있다. 또한 〈프랑스가 원군을 사용한 어리석은 짓〉의 내용까지 포함해 최악에서 최선의 군대까지 나열하면 그 순서는 다음과 같다.

원군은 최악의 군대이다. 그다음이 용병, 연합군, 자국군, 그리고 군주 자신이 군대의 유일한 지도자가 되는 것이다. 거꾸로 말하면, 군주가 자신의 군대를 가지고 그 군대의 유일한 지도자가 되는 것이 최상의 형태가 된다.

시라쿠사의 히에론도 용병을 거부했다

저는 이탈리아의 생생한 사례를 벗어날 의도는 없습니다. 하지만 저는 위에서 언급했던 이름 가운데 한 명인 시라쿠사의 히에론을 생략하고 싶지 않습니다.

제가 말씀드렸던 것처럼 시라쿠사인들은 히에론을 자기들 군대의 대장으로 삼았습니다. 장군이 되자마자 히에론은 시라쿠사인들의 용병 세력이 오늘날 이탈리아의 용병들과 마찬가지로 고용되어 있었으므로 쓸모없다는 점을 알아차렸습니다. 그래서 그는 그 용병들을 유지할 수도, 해고할 수도 없다는 결론에 도달하자 그들을 완전히 분열시켜버렸습니다. 그런 다음 그는 외국 군인이 아닌 자신만의 군대를 이끌고 전쟁에 나갔습니다.

1 6장에 나오는 〈시라쿠사의 히에론〉에서 이어진 내용이다. 이 내용은 폴리비우스의 《역사》에 따르면 다음과 같다. 폴리비우스에 따르면 히에론은 시라쿠사의 명망가였던 레프티네스의 딸과 결혼했을 뿐만 아니라 공화국 의회의 강력한 지지를 받았다. 그는 변덕스럽고 모반을 일삼는 용병에 의존할 수 없다고 생각했다.

히에론은 용병을 제거하려고 시라쿠사인들을 공격했던 마메르티네스를 이용한다. 마메르티네스는 에피루스의 피루스가 시라쿠사의 왕이 되기 전 아가토클레스에 의해 고용된 용병대장이다. 또한 마메르티네스는 시라쿠사를 통치하던 피루스가 떠나자 시라쿠사를 공격하며 괴롭혔던 자이다. 히에론이 마메르티네스와 전쟁을 일으키자, 마메르티네스는 용병을 고용하게 되었다. 즉, 시라쿠사에 있던 용병들이 마메르티네스에게 몰려간 것이다. 그 결과 히에론이 지배하던 시라쿠사의 용병이 해체되는 결과를 가져온다.

히에론은 이런 방식으로 용병을 해체하고 나서, 곧장 시라쿠사에서 군인을 징병했고 마메르티네스를 응징하는 전쟁을 개시했다. 히에론은 이 전쟁에서 승리하고 기원전 270년에 동료 시민들에 의해 왕의 칭호를 받는다.

마키아벨리는 어떤 경우에도 원군형 용병을 사용해서는 안 되고, 자국 군으로 구성된 군대를 만들어야 한다고 주장한다. 그 예가 히에론이다.

히에론은 시라쿠사 출신이기는 하지만, 에피루스의 피루스 밑에서 장군으로 활약했다. 피루스는 에피루스 출신이므로 시라쿠사가 보기에는 원군이다. 마키아벨리의 견지에서 본다면, 피루스는 시라쿠사의 요청에 의해 시라쿠사에 들어오기는 했지만 결국 시라쿠사의 통치자가 된 사람이다. 시라쿠사는 원군형 용병에 의해 나라를 빼앗긴 것이다.

히에론은 원군형 용병대장이자 도움을 청한 국가의 군주가 된 피루스 휘하에서 성장한 자이다. 또한 그는 원군형 용병들의 지원을 받아 시라쿠사의 요직에 오른 자이다. 그는 이런 경험을 통해 원군형 용병이 모반과 반역에 능하다는 것을 누구보다 뼈저리게 느꼈다. 그는 자신을 지원하는 용병이 언제 적으로 돌변할지 모른다고 생각했다.

마키아벨리는 히에론의 예를 통해, 군주라면 자신의 군대를 만들고 그 군대의 유일한 지배자가 되어야 한다고 말하고 있다. 히에론이 그 전형적인 예이다. 히에론은 원군형 용병의 폐단을 제거하고 자신의 군대를 만든 자의 전형이다. 또한 히에론은 그 군대를 이끌고 시라쿠사를 괴롭히던 마메르티네스를 몰아냈고, 그 덕분에 시민의 지지를 받아 기원전 270년에 왕위에 오를 수 있었다.

마키아벨리가 히에론을 얼마나 위대한 군주로 생각했는지는 6장의 〈시라쿠사의 히에론〉에 잘 드러난다. 그는 6장에서 히에론을 현실적으로 모방할 수 있는 군주의 전형으로 칭찬했으며, 13장에서 다시 고대의 히에론에게 영웅적인 성격을 부여한다 그는 또 다른 한 명의 영웅을 등장시킨다. 바로 당대의 체사레 보르자이다. 6장에서 언급한 모세, 키루스, 테세우스, 로물루스 등은 일반적인 군주들이 범접할 수 있

는 영웅이 아니라 신화 속 인물이다. 그들은 동경의 대상이 될 수 있지
만 실제로 따라할 수 있는 인물들이 아니다. 그러나 고대의 히에론과
당대의 체사레 보르자는 일반적인 군주들이 따라할 수 있거나 손에
잡을 수 있을 정도로 지근거리에 있는 군주들이다.

이 둘은 공통점이 있다. 용병 또는 원군의 제거와 자국군 구성, 그리
고 그 군대의 최고 지휘자라는 점이다. 마키아벨리는 군주라면 히에론
과 체사레처럼 위의 세 가지를 달성해야 한다는 것이다.

다윗 왕

저는 이 주제를 잘 보여주는 구약의 한 인물을 당신에게 상기시켜 드리고
자 합니다. 다윗은 사울 왕에게 팔레스타인의 용사 골리앗과 싸우겠다고
말씀드렸습니다. 그러자 사울 왕은 다윗에게 용기를 불어넣어 주고자 자
기 자신의 갑옷을 주어 무장하게 했습니다. 그러자 다윗은 그 갑옷을 입
어보고 나서, 그 갑옷을 입으면 힘을 마음대로 사용하지 못한다고 아뢰며
그 갑옷을 벗었습니다. 따라서 그는 평소 쓰던 물매와 칼을 들고 골리앗
을 상대했습니다. 요컨대 다른 사람의 갑옷은 당신의 등에 맞지 않거나,
당신에게 버겁거나, 당신을 불편하게 합니다.

물매

1 《사무엘서 상》 17장에 나오는 내용이다. 사울 왕은 다윗에게 군복을 입히고, 놋 투구를 씌운 뒤 다시 갑옷을 입힌다. 다윗은 군복 위에 칼을 찼지만 익숙하지 않아 불편해 한다. 그리고 그는 이를 다 벗어버리고 원래 쓰던 막대기와 돌 다섯 개, 물매를 가지고 골리앗과 싸우러 간다. 마키아벨리는 다윗이 막대기 대신에 칼을 들고 갔다고 말한다. 하지만 성경에는 칼을 버리고 막대기를 들고 갔다고 나온다.

마키아벨리는 다윗의 예를 통해 원군형 용병이 얼마나 불편한지를 설명하고 있다. 양치기가 자신에게 맞지 않는 군복, 놋 투구, 갑옷을 입고 싸우는 것은 군주가 원군형 용병을 데리고 싸우는 것과 마찬가지이다. 생전 처음 걸친 군복과 갑옷이 양치기에게 불편한 것과 마찬가지로, 군주 역시 생전 처음 보는 원군을 데리고 전투를 벌이는 것은 불편하다. 다윗이 사울 왕이 하사한 군복, 놋 투구, 갑옷을 입고 골리앗과 싸웠다면 무조건 필패이다. 군주가 원군을 데리고 전투를 한다면 이 또한 반드시 필패이다. 따라서 군주는 불편한 원군 대신에 자신의 군대를 통솔하고 전투를 해야 한다고 마키아벨리는 결론을 내린다.

프랑스가 원군을 사용한 어리석은 짓

루이 11세의 부친인 샤를 7세는 자신의 행운과 역량으로 프랑스를 영국으로부터 해방했습니다. 그 후 샤를 7세는 자신의 무기로 스스로 무장한 군대가 필요하다는 것을 인정했고, 프랑스 안에 중기병과 보병에 관한 법령을 공포했습니다. 그 후 그의 아들 루이는 보병대를 폐지했고, 스위스

용병을 고용했습니다.[1]

이제 실제 역사적 경험을 고려해 본다면, 다른 실수들에 연이은 이 실책은 프랑스 왕국 위기의 한 원인이었습니다. 루이는 스위스 용병에게 힘을 부여함으로써 자신의 군대들을 믿지 않게 되었습니다. 왜냐하면 그는 보병대를 완전히 폐지해버렸으며, 중기병을 다른 나라의 군대에 의존하게끔 했기 때문입니다. 스위스 용병과 힘을 합쳐 싸우는 데에 익숙해진 프랑스 기병대는 스위스 용병이 없으면 전투를 할 수 없게 되어버린 것입니다. 결론적으로 말하면 프랑스 군대는 스위스 용병의 뜻에 반하는 전투를 치르기에는 충분하지 않았으며, 스위스 용병이 없으면 다른 나라들과 독자적으로 전쟁을 하지 못하게 되었습니다.[2] 따라서 프랑스 군대는 일부는 용병으로, 일부는 자신의 군대로 뒤섞이게 되었습니다.

전체적으로 본다면 연합군은 순수한 원군이나 순수한 용병보다는 훨씬 낫지만, 완전히 자국민으로만 구성된 군대보다는 상당히 열등합니다. 위에서 제시한 예만으로도 이것을 입증하기에 충분합니다. 왜냐하면 샤를 7세의 방식이 발전되었거나 유지되었다면 프랑스 왕국은 억제할 수 없었을 것이기 때문입니다.

---

1 샤를 7세는 1439년에 군제 개혁을 단행한다. 이때 그는 국왕의 허락 없이 군대를 모집하거나 유지하는 것을 금지하는 칙령을 내린다. 또한 그는 1445년에 기병대를 창설하고, 1448년에는 보병대를 창설한다. 하지만 그의 아들 루이 11세는 기병대는 유지하되 보병대는 해산하는 정책으로 변경하는 한편, 1474년 스위스와 용병 계약을 체결한다. 이는 스위스가 보병대를 중심으로 용병을 운용했기 때문이다.

2 1474년 프랑스와 스위스는 정식으로 용병 계약을 체결했다. 브르고뉴를 둘

러싼 전쟁이 일어나자 루이 11세는 스위스 용병을 이용해 브르고뉴를 획득했다. 1499년 루이 12세는 스위스와 동맹을 통해 10년간 용병 계약을 체결한다.

루이 12세는 샤를 8세에 이어 이탈리아 밀라노를 공략하기 시작한다. 루이 12세는 스위스 용병을 이용해 밀라노 공략에 성공한다. 하지만 루이 12세도 샤를 8세와 마찬가지로 교황과 에스파냐의 페르난도 2세에 의해 이탈리아 밖으로 밀려나는 수모를 당한다. 마키아벨리는 그 원인을 샤를 7세가 만든 보병대가 아닌 스위스 용병을 사용했기 때문이라고 결론을 내린다. 이에 대한 자세한 내용은 3장에 서술되어 있다.

마키아벨리는 겉말로 프랑스가 보병 중심의 스위스 용병을 사용하는 어리석을 짓을 저질렀으며, 그 결과 프랑스는 엄청난 대국으로 발전할 기회를 놓쳤다고 말한다.

이 말의 이면을 살펴보자. 마키아벨리는 앞에서 체사레 보르자와 히에론을 통해 속말로 자국군을 건설하라고 말했다. 마찬가지로 그는 루이 11세를 통해서도 이와 동일한 말을 하고 있다. 즉, 루이 11세가 아버지가 창설한 자국군 보병대를 유지했다면, 프랑스는 당시 유력한 세력으로 떠오른 에스파냐를 막을 수 있었다는 것이다.

이 생각을 뒷받침하는 증거를 찾아보도록 하자. 1439년 샤를 7세의 군제 개혁은 왕의 명령을 받지 않고 군대를 모집하고 유지하면서 이익을 취했던 용병대장들의 분노를 샀다. 또한 용병대장과 용병을 고용해 왕과 권력 투쟁이나 영토 분쟁을 일삼던 귀족들도 이 개혁안에 분노했을 것이다. 샤를 7세의 정책을 따른다면 용병대장들은 먹고 살 방법이 없어지고, 무장하지 않은 귀족들은 아무런 저항도 못하고 왕에게 복종해야 했기 때문이다.

용병대장의 분노와 이에 대한 귀족의 협력으로 벌어진 사건이 바로 1440년 프라그리 반란이다. 이 반란의 주역 가운데 한 사람이 바로 샤를 7세의 아들이자 후에 왕위에 오르는 루이 11세이다.

마키아벨리는 보병대를 창설하고 유지하는 것이 용병과 귀족 세력을 약화시키는 방법이라고 생각한다. 용병과 귀족 세력의 약화는 당연히 군주와 국가 자체의 권력 강화로 연결되고, 그 핵심은 자국군의 창설로 이어진다. 그리고 상비군을 유지하려면 당연히 시민들에게서 직접 세금을 걷는 것이 필요하다. 실제로 샤를 7세는 이런 목적을 위해 직접세에 해당하는 콰이유세를 걷고 각종 거래에 소비세를 부과하는 법령을 만든다. 마키아벨리의 견해로는, 샤를 7세는 히에론의 모범적인 학생이고, 후일 체사레 보르자의 모범적인 스승이다.

하지만 샤를 7세의 아들인 루이 11세는 아버지의 모범적인 군제 개혁인 보병대를 해체해버리고 기병대만 유지한다. 그 결과 프랑스는 이후 전쟁에서 보병대를 이용하고자 스위스와 용병 계약을 맺는다. 일종의 원군형 용병 계약인 것이다. 그 뒤부터 프랑스는 스위스 용병 없이는 전쟁을 치를 수 없게 된다. 보병이 없는 기병만으로 전투를 치를 수는 없기 때문이다. 결과적으로 프랑스는 이탈리아 내 주도권을 에스파냐에게 넘겨준다.

루이 11세가 만약 아버지 샤를 7세가 만든 보병대를 유지했다면, 샤를 8세와 루이 12세가 이를 이어받아 프랑스인으로 구성된 보병대를 유지했다면 이탈리아의 판도는 어떻게 달라졌을까? 역사는 가정할 수 없다. 그러나 마키아벨리는 가정한다. 만약 보병대를 유지했다면 '프랑스 왕국을 억제할 수 없었을' 것이다. 즉 프랑스는 무한히 발전했을 것이다. 에스파냐에게 나폴리를 빼앗기지도 않았을 것이고, 이탈리아에서 쫓겨나지도 않았을 것이다.

예견되는 용병의 위험

그러나 무분별한 인간은 종종 어떤 정책들을 즉흥적으로 착상하곤 합니다. 그들은 그 정책의 이면에 어떤 독성이 있는지 예상조차 하지 않고, 자기 편한대로 생각해내곤 합니다. 제가 앞에서 소모성 열병에 관해 말씀드린 것을 상기하시기 바랍니다. 따라서 국가 안의 병폐들이 우후죽순으로 나타날 때조차 그 병폐들을 인지하지 못한 군주라면, 그는 진정 현명한 군주가 아닙니다.[1] 하지만 이런 인지 능력은 아주 극소수에게만 주어집니다.

　로마 제국 멸망의 주요 원인에 대해 숙고해 보시기 바랍니다. 로마가 멸망한 유일한 이유는 고트 족 용병을 고용한 것입니다. 고트 족 용병을 들여오면서부터 로마 제국의 힘이 지속적으로 줄어들었습니다. 왜냐하면 로마 제국은 제국의 역량을 고트 족에게 주려고 제국의 역량을 소모했기 때문입니다.[1]

1 3장의 〈전쟁 연기는 현명한가〉에도 이런 내용이 나온다.

로마 제국은 왜 멸망했는가? 이 질문은 〈원군에서 비롯된 최근의 위험 사례들〉에 나오는 콘스탄티노플, 즉 비잔틴 제국은 왜 멸망했는가와 똑같은 질문이다. 후자는 로마가 고트 족 용병을 고용했기 때문이고, 전자는 비잔틴이 오스만 튀르크 원군을 고용했기 때문이다. 마키아벨리는 결국 서로마 제국도, 동로마 제국도 용병 때문에 망했다고 결론 내린다.

마키아벨리는 로마 제국의 멸망 원인을 소모성 열병과 고트 족 용병의 관계를 통해 설명하고 있다. 소모성 열병은 인지하고 나서 빨리 고치면 쉽게 고칠 수 있는 반면, 오랜 시간이 걸리면 죽음에 이르는 무서운 병인 결핵을 말한다. 소모성 열병은 바로 충성심이 사라지는 로마군, 다른 말로 용병으로 채워져가는 로마군을 말한다.

소모성 열병으로 비유되는 로마 군대의 쇠락사는 연원이 길다. 마키아벨리는 국가가 존재하려면 법보다 군대가 중요하며, 군대는 충성심으로 유지되는 것이지 돈(용병)이나 도움(원군)으로 유지되는 것이 아니라고 보았다. 로마 공화정이 성장할 수 있었던 것은 충성심으로 유지되는 강력한 군대가 있었기 때문이다.

로마 군대의 절대 근간인 충성심이 사라지는 계기의 출발점은 마리우스이다. 마리우스는 기원전 107년 누미디아의 유구르타와 대적하느라 더 많은 병사가 필요해지자 군제 개혁을 단행한다. 그는 자력으로 무장할 수 있는 시민을 징병하는 제도가 아닌, 경제력이 없는 프롤레타리아도 지원할 수 있는 지원병 제도로 바꾼다.

그 결과 병역은 로마 시민의 의무가 아니라 직업이 되었고, 병사들은 로마 공화정에 충성하는 것이 아니라 자신의 생계를 책임져 주는 사령관에게 충성하게 된다. 로마의 군대는 국가의 군대가 아니라 지휘자 개인에게 복종하는 사병 집단이 되어버린다.

소모성 열병에 비유한다면, 로마는 이제 막 기침을 하고 가래가 나오는 초기 단계에 해당한다. 열병인지 다른 병인지 아직 모르는 단계이다. 로마 정치인 가운데 누구도 그 병에 대해서 알지 못했다.

그 후 결정적으로 로마 군대의 정체성이 흔들리는 계기는 카라칼라 황제가 서기 212년에 공포한 안토니우스 칙령이다. 그는 이 칙령에서 로마 제국의 모든 자유민에게 시민권을 부여한다. 시민권 부여는 필연적으로 군제 개혁을 불러왔다. 이 칙령 이전의 로마 군대는 로마 시민이 주축이 되는 군단병과 속주민이 역할을 맡는 보조병으로 이루어졌다. 속주민은 보조병으로 복무하고 나서 로마 시민권을 부여받았다.

시민권을 개혁한 결과, 예기치 않은 일이 벌어졌다. 로마 시민과 속주민의 차이가 사라지자, 로마는 고트 족을 비롯한 주변 종족들에게서 많은 용병을 고용하기 시작했다. 왜냐하면 기존 로마 시민은 군단병으로 근무하면서 얻는 로마 시민으로서의 자부심을 잃었고, 속주민은 보조병으로 복무하고서 로마 시민이 되려는 동기 부여를 상실했기 때문이다. 기존 로마 시민도, 속주민도, 어느 누구도 로마 군인이 되려고 하지 않았기 때문이다.

소모성 열병에 비유하면, 가슴이 아프고 호흡 곤란과 발열이 심해지는 경우이다. 환자가 비로소 혹시 결핵이 아닐까 하고 증상을 인지하는 단계이다. 로마의 정치인들은 문제가 심각해졌다고 생각했지만, 이것이 로마 멸망의 원인이 될 줄 몰랐다.

이 때문에 로마 제국은 군대의 주도권을 서서히 상실하게 된다. 디오클레티아누스 황제는 로마를 네 개로 쪼개고 두 명의 황제와 두 명의 부황제가 통치하는 분할 통치를 단행한다. 이런 정책을 실시하려면 엄청나게 많은 수의 군인이 필요했다. 그는 국방을 지키고자, 수도에는 중무장을 한 기동부대를 두었고 국경에는 변경 주둔군을 설치한다.

변경 주둔군은 현지인을 중심으로 고용했으며, 병역 의무를 지는 자가 줄어들자 이를 세습화했고 충성심이 사라지기 시작했다. 디오클레티아누스는 변경에서 문제가 발생하면 중앙의 중무장 기동부대를 파견했다. 이 기동부대는 출신과 관계없이 능력 있는 자를 우선적으로 고용했는데, 주력이 고트 족 출신의 용병들이었다. 디오클레티아누스의 개혁은 결과적으로 국가의 영혼을 지키는 군대가 자국 출신이 아닌 용병으로 채워지는 결과를 낳는다.

소모성 열병에 비유한다면, 의식 혼란·경련·혼수상태 등에 이르는 경우이다. 이 정도의 증상은 약을 써도 소용없는 지경에 도달한 때이다. 로마 정치인들은 증상을 정확히 알았지만, 이미 때를 놓쳤다.

결국 로마가 망하는 순간이 닥친다. 치료 시기를 놓친 소모성 열병의 끝은 곧 죽음이다. 로마에 죽음의 종지부를 찍은 자는 고트 족 용병 대장인 오도아케르이다. 그는 서기 476년 서로마 제국의 마지막 황제 로물루스 아우구스투스를 쫓아내고 서로마를 멸망시킨다.

로마 제국이 왜 멸망했는가? 학자마다 아주 다양한 이유를 제시한다. 마키아벨리는 그 이유를 용병 때문이라고 단언한다. 그는 로마가 마리우스 군제 개혁 때 군대 내에서 충성심이 사라진다는 것을 알았다면, 그때 치유했어야 한다고 생각한다. 설사 그때를 놓쳤다 할지라도 아직 늦지 않았다. 그는 카라칼라의 개혁 때, 로마 시민이 자부심을 되찾고 속주민이 로마 시민이 되는 것을 영광으로 받아들이는 방법을 찾았어야 한다고 생각한다. 디오클레티아누스 황제 때에는 이미 때를 놓쳤다. 로마는 이제 어떤 치료 방법으로도 회생할 수 없다. 이미 소모성 열병이 로마 전체를 휩싸고 있었기 때문이다.

마키아벨리는 로마를 통해 충성을 먹고 사는 군대가 국가에 대한 충성심을 잃는다면 그 나라는 망한다고 결론 내린다. 용병은 돈에 충성을 바치고, 원군은 파견한 국가에 충성을 바치고, 자국군은 조국에 충성한다고 그는 돌려 말한다. 당신이 군주라면, 어떤 군대를 유지할 것인가? 마키아벨리는 이 글을 읽는 군주에게, 독자에게 질문을 던진다.

어떤 군주도 자신의 군대가 없다면 안전하지 못하다

이제 다음과 같은 결론을 내리겠습니다. 자신의 군대를 갖지 못한 어떤 군주국도 안전하지 못하며, 그런 군주국은 역경에 처하면 자국을 충성스럽게 방어할 군대를 갖지 못했으므로 오직 행운에 의존해야 합니다.

현명한 군주는 항상 "자신의 군대에 의존하지 않은 권력의 명성만큼 허약하고 불안전한 것은 없다"라고 말하며 이를 믿습니다. 당신 자신의 군대는 당신 국가의 신민이나 시민들로 구성된 군대입니다. 이 외의 다른 모든 것은 용병이거나 원군입니다. 당신 자신의 군대를 조직하는 방법은 그리 어렵지 않습니다. 당신이 제가 앞에서 거명했던 네 분의 방법을 숙지하시고,[1] 알렉산드로스 대왕의 아버지 필리포스, 또 다른 많은 군주, 여러 공화국이 자신들의 군대를 어떻게 조직했는지 고찰하시면 됩니다. 저는 그들이 사용한 그러한 방법을 전적으로 믿습니다.

1 마키아벨리는 누구인지 구체적으로 말하지 않았다. 두 가지 해석이 가능하다. 하나는 13장에서 언급한 체사레 보르자, 히에론, 샤를 7세, 다윗이다. 다른 하나는 6장에서 모방의 대상들로 제시한 모세, 로물루스, 테세우스, 키루스이다. 여기서는 후자가 아닐까 하고 생각한다. '또 다른 많은 군주'가 13장에서 언급한 체사레 보르자, 히에론 등을 말한다고 생각하기 때문이다. 이렇

게 읽는 것이 타당한 이유는 마키아벨리가 '네 분의 방법', '필리포스', '또 다른 군주'를 역사 순으로 설명했다고 생각하기 때문이다.

마키아벨리가 말한 나쁜 군대 순을 정리하면 '원군 — 용병 — 연합군 — 자국군 — 자신이 군대의 유일한 지도자'이다. 그는 자신의 군대를 스스로 조직하고 그 군대의 최고 지휘자를 맡은 군주를 가장 이상적인 군주로 생각한다. 이를 군주의 행운과 역량으로 알아보자.

　마키아벨리는 13장에서 '군주라면 행운에 의존할 것인가, 역량에 의존할 것인가' 하고 날카로운 비수를 들이대며 묻는다. 13장 첫 절 〈원군에서 비롯된 최근의 위험 사례들〉에서 나오는 군주와 마지막 절 〈어떤 군주도 자신의 군대가 없다면 안전하지 못하다〉에서 나오는 군주는 정반대이다. 전자는 국가의 흥망을 전적으로 행운의 여신에 의존하는 군주인 반면, 후자는 국가의 흥망을 전적으로 자신의 역량에 의존하는 군주이다. 군주는 역량이 크면 클수록 행운에 기대지 않는 반면, 역량이 작으면 작을수록 행운에 의지하게 된다.

　12장과 13장에서 다룬 다양한 군대 운용 속에 드러나는 군주의 역량과 행운을 간단한 수치로 설명해 보도록 하자. 이 수치는 이해를 돕기 위해 임의로 정한 것이다.

군주의 종류	역량	행운
원군에 의지하는 군주	0	1
원군형 용병에 의지하는 군주	1/4	3/4
연합군에 의지하는 군주	1/2	1/2
자국군에 의지하는 군주	3/4	1/4
자국군의 최고 지도자인 군주	1	0

군주라면 행운에 의지하는 것을 줄이고 역량을 늘리는 것이 중요하다. 그 역량은 바로 자국 군대이다. 자국 군대가 군주의 기본적인 역량이다. 마키아벨리는 군주가 능력이 없으면 전적으로 운에 의지하게 된다고 말하고, 행운에 의존해서는 안 된다고 말한다. 예컨대 노동해서 돈 벌 생각은 하지 않고 도박으로 일확천금을 거머쥘 생각만 하는 사람이 있다고 치자. 그는 자기 운명을 전적으로 행운의 여신에게 맡기는 자이다. 마키아벨리는 이런 자를 비판하고, 전적으로 자기 능력으로 자기 삶을 개척해야 한다고 주장한다.

명성을 떨치는 군주라고 하더라도 자기 군대를 가지고 있지 않고, 또한 자기 군대를 가지고 있더라도 자신이 그 군대의 최고 지휘자가 아니라면 그는 역량이나 능력을 갖추지 못한 자이다. 그의 운명 역시 행운에 달렸다. 자신이 고용한 용병이 반란을 일으킨다면, 도움을 주러 온 원군이 승리한다면, 그의 목숨은 그들에게 달렸다. 따라서 그는 운명에 개입하지 못하고 운명의 여신에게 잡혀 살게 된다.

마키아벨리는 행운의 여신에게 자신을 맡길 것인지, 자신의 역량으로 일어설 것인지 선택하라고 말한다. 그리고 14장에서 자국 군대를 갖춘 군주, 역량 있는 군주가 어떻게 행동해야 하는지를 다룬다.

13장 다시 보기

13상을 시작하면서 정리했딘 목차 분석을 완전히 부정하고, 다른 관점으로 목차를 정리해 보자. 그렇게 하는 이유는 12장에서 용병을 언급하고 논의를 끝낸 것처럼 보이는데, 13장에서 다시 용병을 논의하기 때문이다. 이 때문에 13장의 목차를 일목요연하게 분석하기 쉽지 않다. 마키아벨리가 2부에서 다양한 군대를 다루고 있으므로, 13장을 용병 · 원군 · 혼합군 · 자국군 등을 중심으로 다시 목차 분석을 해보자.

첫째, 원군의 문제점을 다룬다. 마키아벨리는 〈원군에서 비롯된 최근의 위험한 사례들〉에서 원군에 대해 간단히 정의하는 동시에 당대의 원군 사례를 다룬다. 그 후 그는 곧장 결론으로 〈원군들로는 어떤 진정한 승리도 하지 못한다〉라고 말한다.

둘째, 용병과 원군의 총괄 결론을 내린다. 〈체사레 보르자는 용병과 원군을 어떻게 다루었나〉는 가장 당황스러운 부분이다. 마키아벨리는 앞에서 원군의 사례와 문제점을 결론적으로 언급하고 나서, 이 절을 갑자기 글 중간에 집어넣었기 때문이다. 그리고 다시 뒤에서 용병에 대해 집중적으로 다룬다.

앞뒤 맥락을 아무리 따져봐도 이 절을 왜 넣었는지 이해하기 쉽지 않다. 그러나 이를 12장 전체와 13장의 '원군'을 연계해서 읽으면 의문이 해소된다. 마키아벨리는 12장 마지막 절 〈손쉬운 사업으로서의 전쟁〉에서 용병이 왜 나쁜지 이유를 제시한다. 하지만 그는 이 글에서 용병을 어떻게 처리해야 하는가에 대한 답을 제시하지 않는다. 마찬가지로 13장에서 〈원군들로는 어떤 진정한 승리도 쟁취하지 못한다〉에서 원군을 어떻게 처리해야 할 것인가를 답하지 않는다. 마키아벨리는 〈체사레 보르자는 용병과 원군을 어떻게 다루었나〉에서 군주라면 체사레처럼 용병과 원군을 다루어야 한다고 최종 답변을 하고 있다. 마찬가지로 고대의 히에론과 다윗도 용병이나 원군을 사용하지 않고 자국군을 건설했거나 옛 무장을 했다는 점을 놓쳐서는 안 된다.

셋째, 외국 수입 용병의 문제점이다. 〈프랑스가 원군을 사용한 어리석은 짓)과 〈예견되는 용병의 위험〉이 주요 내용이다. 마키아벨리가 12장에서 용병에 대해 서술하고 13장에서도 다시 거론하는 데는 이유가 있다. 12장과 13장에서 논하는 용병의 성격이 다르기 때문이다.

12장은 주로 이탈리아 출신 용병대장들의 문제점, 이들 용병과 이탈리아의 역사를 다룬 장이다. 예외가 있다면 이탈리아 용병사의 출발점이라고 할 수 있는 호크우드이다. 그러나 호크우드도 비록 영국 출신이기는 하지만 주 활동무대가 이탈리아였으며, 피렌체 귀족의 딸과 결혼하고 피렌체에서 죽었다. 그는 호크우드라는 영국 이름을 갖고 있지만 그 영혼은 조반니 아쿠토라는 이탈리아 이름이 더 어울리는 용병대장이다.

13장에서는 이탈리아 출신의 용병이 아닌 외국 출신의 용병을 다룬다. 시라쿠사의 히에론, 프랑스의 스위스 용병 채용, 마지막으로 로마의 이민족 용병 고용을 받아들인 것이 이에 해당한다. 따라서 이들은 돈을 주고 고용하는 용병이기는 하지만 이민족이라는 점에서 원군이라고도 할 수 있다. 이러한 차이 때문에 마키아벨리는 13장에서 용병이라는 이름으로 국외 원군형 용병을 다루었다고 볼 수 있다.

마지막은 12장과 13장 전체의 결론에 해당한다. 한마디로 군주라면 원군이나 용병을 사용하지 말고 '자국군'을 가져야 한다고 강조한다. 이러한 관점에서 13장 전체를 목차로 재구성하면 아래와 같다.

글 1: 원군과 용병의 문제점
  1. 사례: 원군에서 비롯된 최근의 위험 사례들
  2. 결론: 원군들로는 어떤 진정한 승리도 쟁취하지 못한다

글 2: 12장 용병 전체와 13장 원군의 총괄 결론

    사례 1: 체사레 보르자는 용병과 원군을 어떻게 다루었나

    사례 2: 시라쿠사의 히에론도 용병을 거부했다

    사례 3: 다윗 왕

글 3: 해외 수입 용병의 문제점

    현재 사례: 프랑스가 원군을 사용한 어리석은 짓

    과거 사례: 예견되는 용병의 위험(로마의 멸망 원인)

글 4: 다양한 종류의 군대에 대한 전체 결론

    어떤 군주도 자신의 군대가 없다면 안전하지 못하다

군사 업무에 관한 군주의 의무

이 장은 〈전쟁은 군주의 직업이다〉, 〈군사력이 없는 군주는 경멸당한다〉, 〈사냥은 전쟁을 위한 훈련이다〉, 〈전쟁을 위한 필로포이멘의 지속적인 훈련〉, 〈과거의 위대한 인물에 대한 모방〉, 〈근면함은 운명의 여신도 물리칠 수 있다〉로 이루어져 있다.

14장은 전체적으로 2부의 결론에 해당한다. 마키아벨리는 이 장에서 군주가 갖춰야 할 역량의 조건과 역량의 충족을 군사적 관점에서 기술한다. 내용은 비교적 간단하다. 군주는 군사적 측면에서 역량을 갖춰야 하고, 그 역량을 충족하고자 훈련해야 한다고 말한다.

우선 서론이다. 마키아벨리는 〈전쟁은 군주의 직업이다〉에서 군주의 직업은 전쟁이라고 말하면서, 이를 수행하는 데에 역량이 필요하다고 말한다. 그는 군주적 역량을 갖춘 자는 한낱 시민에 지나지 않더라도 군주가 될 수 있으며, 이를 가지지 못한 자는 비록 군주라 할지라도 자리를 잃는다고 강조한다.

본론은 크게 두 부분으로 나뉜다. 하나는 군주의 역량을 갖추기 위한 무장, 다른 하나는 역량을 충족하려는 훈련과 연구이다. 마키아벨리는 〈군사력이 없는 군주는 경멸당한다〉에서 군주가 무장을 갖추려 하지 않을 경우 경멸당한다고 비판한다. 또한 그는 〈사냥은 전쟁을 위한 훈련이다〉에서 전쟁 대비를 위한 끊임없는 육체적인 훈련과 정신적인 연구를 말하고 육체적인 훈련의 중요성에 대해 설명한다. 그는 〈전쟁을 위한 필로포이멘의 지속적인 훈련〉에서 육체적인 훈련을 가장 잘한 자로 필로포이멘을 예로 든다. 또한 그는 〈과거의 위대한 인물에 대한 모방〉에서 정신의 강화를 위해서 알렉산데르 등과 같은 군주를 모방해야 한다고 말한다.

결론이다. 그는 〈근면함은 운명의 여신도 물리칠 수 있다〉에서 군주가 무장하기와 훈련을 잘했다고 한다면, 운명의 여신도 그를 어찌할 수 없다고 결론을 내린다. 이를 목차로 구성하면 아래와 같다.

서론: 군주에게 역량이 필요한 이유: 전쟁은 군주의 직업이다
본론
1. 무장하기: 군사력이 없는 군주는 경멸당한다
2. 훈련과 연구의 중요성: 사냥은 전쟁을 위한 훈련이다
 1) 육체와 두뇌 훈련을 잘한 군주의 사례:
    전쟁을 위한 필로포이멘의 지속적인 훈련
 2) 정신을 위한 연구를 잘하는 방법: 과거의 위대한 인물에 대한 모방
결론: 역량의 중요성
    근면함은 운명의 여신도 물리칠 수 있다

전쟁은 군주의 직업이다

현명한 군주라면 전쟁, 전쟁의 법칙, 훈련 외의 다른 어떤 목적도 생각해서는 안 되며, 다른 어떤 관심도 두어서는 안 되며, 이런 것들을 직업으로 삼아야 합니다. 이것은 명령을 내리는 자에게 유일한 기술arte[1]이기 때문입니다. 이것은 군주로 태어난 자의 지위를 유지케 하며, 한낱 시민으로 태어난 자를 군주의 지위로 수없이 등극시켰던 역량과 연관됩니다.

반대로 군주들이 무기보다는 사치품에 더 많이 관심을 보인다면, 군주의 지위를 상실합니다. 당신이 당신의 군주국을 상실하는 가장 주요한 이유는 이러한 기술을 무시하기 때문이며, 당신이 자신의 군주국을 얻는 가장 주요한 이유 역시 이러한 기술에 전문성이 있기 때문입니다. 한낱 시민에 지나지 않았던 프란체스코 스포르차는 군사에 몰두함으로써 밀라노의 공작이 되었습니다. 반면에 그의 아들은 공작으로 태어났음에도, 군사 업무에 만족하지 않고 피했기 때문에 별 볼 일 없는 시민으로 전락했습니다.[2]

1 Arte는 겉으로만 보면 '−술'을 의미하는 것으로 볼 수 있다. 예컨대 전쟁 기술, 전투 기술, 변증술, 학술, 기술 등이 이에 해당한다. 하지만 '−술'만으로 마키아벨리의 주장을 다 포함할 수는 없다. 뒤에서 보듯이 군주는 전쟁과 전투 기술만 뛰어나야 하는 것이 아니기 때문이다. 군주는 오랜 전쟁과 전투에서 오는 피곤함과 피로를 이겨낼 수 있는 강한 신체적 능력도 필요할 뿐만 아니라, 전투를 수행할 수 있는 지식, 그중에서도 지형학을 습득해야 한다. 더 나아가 군주는 이런 육체와 두뇌의 능력을 넘어서는 영혼을 훈련시켜야 한다. 이점에서 본다면 마키아벨리는 Arte란 단어를 쓰고 있지만, '훌륭한 군주'의 특성으로서 Arte 즉 올바른 군주로서의 자질, 상태와 속성을 지칭하기 위해서 이 단어를 쓴 듯하다.

2 프란체스코 스포르차와 그의 아들 루도비코 스포르차를 말한다. 프란체스코에 대해서는 7장의 〈프란체스코 스포르차〉에서 다루었고, 루도비코에 대해서는 3장의 〈신흥 군주국은 어려움에 처한다〉에서 설명했다.

겉으로만 읽으면, 군주의 흥망성쇠를 간단명료하게 서술한다. 군주가 망하는 이유는 간단하다. 첫째, 군주가 전쟁, 전쟁의 법칙, 훈련 외의 목적에 관심을 두는 경우이다. 둘째, 무기 대신에 사치품을 좋아하는 경우이다. 셋째, 군주가 자신이 제공한 선물, 다시 말하면 앞에서 말한 두 가지를 상세히 서술한 《군주론》에 무관심하거나 《군주론》에 나온 대로 실천하지 않을 경우이다. 이 선물을 받고 활용할 줄 모르는 군주라면 반드시 망한다고 마키아벨리는 겁박한다.

정반대로 생각하면 군주가 흥하는 방법도 간단명료하다. 첫째, 군주가 전쟁과 관련된 업무를 좋아하는 것이다. 둘째, 사치품 대신에 무기를 좋아하는 것이다. 셋째, 《군주론》을 읽고 그 내용대로 실천하는 것이다. 그중에서도 군사 부분과 관련된 충고는 무조건 따라야 한다. 이렇게 하는 군주는 국가를 잃지 않으며, 시민이라도 군주가 될 수 있다.

이렇게 읽는 것만으로는 단조롭고 지루하다. 오히려 이 글을 마키아벨리의 《군주론》 헌정사 첫 번째 단락의 데자뷰로 읽는 것이 좋다. 《군주론》을 헌정하는 마키아벨리의 의도가 다시 은근히 드러나고 있기 때문이다.

마키아벨리는 헌정사에서 "훌륭한 옷, 귀한 보석, 이에 못지않은 장식물들을 선물"로 받는 군주를 언급한다. 이런 군주는 14장에서 누구인가? 바로 프란체스코 스포르차의 아들 루도비코이다. 그는 국가를 쇠망으로 이끈다. 반면에 그는 헌정사에서 자신의 책이 "귀하고 고귀한 가치가 있는 것"이라고 말한다. 이런 책을 선물로 받는 군주는 14장에서 누구인가? 말하지 않는다. 하지만 메디치라는 것은 다 알고 있다. 따라서 메디치는 국가를 흥성으로 이끌 것이다.

군사력이 없는 군주는 경멸당한다

당신이 무력을 갖추지 않으면 겪게 되는 첫 번째 고통은 당신이 경멸받는 것입니다. 경멸받는 것은 현명한 군주라면 반드시 피해야 하는 오점 중의 하나입니다. 이에 대해서는 나중에 다시 설명하겠습니다.[1]

무력을 갖춘 자와 무력을 갖추지 않은 자 사이에 상호 의존은 있을 수 없습니다. 그리고 무력을 갖춘 자가 무력을 갖추지 않은 자에게 기꺼이 복종한다는 것은 이치에 맞지 않습니다. 무력을 갖추지 않은 군주는 무장한 노예들 사이에서 항상 두려움과 함께 지내야 합니다. 왜냐하면 노예가 경멸을 느끼는 반면에 주인이 불신을 느낀다면, 그 둘 사이에 어떤 협력도 있을 수 없기 때문입니다. 따라서 이미 언급했던 고약한 효과 외에도 전쟁에 숙달되지 않은 군주는 자신의 병사들에게서 존중받거나 그들에게 의존할 수도 없습니다.

1 19장에서 주로 다룬다.

마키아벨리는 여기서 무력을 갖춘 군주와 갖추지 못한 군주, 그리고 이들과 무력을 갖춘 부하의 관계를 다룬다. 그는 주인과 노예, 경멸과 경쟁, 두려움과 불신의 비유로 이들 관계를 설명한다. 주인과 노예의 관계는 우리가 잘 알고 있는 아리스토텔레스의 《정치학》에 나오며 경멸과 경쟁, 두려움과 불신 역시 아리스토텔레스의 《수사학》에 나오는 내용에 바탕을 둔다. 이를 중심으로 위의 내용을 설명해 보도록 하자.

군주는 주인이고, 노예는 신하나 병사들 또는 용병들이다. 아리스토텔레스에 따르면 주인은 날 때부터 지배하고, 노예는 날 때부터 지배받도록 되어 있다. 따라서 군주는 당연히 지배해야 하고, 신하나 병사는 마땅히 지배받아야 한다. 주인이 당연히 지배를 하는 이유는 탁월함을 갖췄기 때문이다. 군주에 비유한다면, 군주는 무력을 갖췄기 때문이고 전쟁과 관련된 지식을 갖고 있기 때문이다. 반면에 신하나 병사는 그렇지 못하기에 지배받는 것이다. 군주와 신하 및 병사의 관계는 기본적으로 지배와 피지배의 관계이다.

그러나 문제가 발생한다. 군주가 무력을 갖추지 못했을 뿐 아니라 전쟁에 관한 지식을 갖추지 못한 반면, 신하나 병사(용병)가 무력을 갖추고 전쟁에 관한 지식을 갖췄을 경우이다. 즉 주인이 능력이 없고 노예가 능력을 갖춘 경우이다. 이런 전도 현상이 발생하면 무슨 일이 생기는가? 마키아벨리는 무력을 갖춘 자와 갖추지 못한 자 사이에 상호 의존은 있을 수 없다고 대답한다. 그는 그 이유를 아리스토텔레스의 《수사학》에 의지한다. 아리스토텔레스는 경멸과 경쟁을 한 쌍으로 놓고 두려움과 불신을 또 다른 한 쌍으로 놓는다.

누가 누구를 경멸하는가? 아리스토텔레스에 따르면, 경멸은 경쟁과 연관된다. 경쟁하는 두 사람이 있다고 가정해 보자. 경쟁을 한다는 것은 서로 대등한 조건임을 전제로 한다. 그런데 어느 한쪽이 경쟁할 정도의 실력이 없거나 무장을 갖추지 못했다면 애초부터 경쟁이 성립할 수 없다. 이때 경멸이 발생한다. 군주와 신하 또는 용병에 대입하면 경쟁력을 갖춘 자, 즉 무장한 신하나 용병이 무력을 갖추지 못한 군주를 경멸하는 상황이 발생한다. 무력을 갖추지 못한 자가 군주라면 그는 운이 좋아 군주가 되었을 뿐, 왕위를 지킬 능력이 없다. 무력을 갖춘 신하나 용병은 마음속으로 항상 그런 군주를 경멸하며 기회를 노리고 왕위를 차지하려고 한다.

누가 누구를 불신하는가? 아리스토텔레스에 따르면, 불신은 두려움과 연관되어 있다. 두려움은 실제 벌어지는 상황에서 비롯되는 게 아니라 파괴나 고통을 일으킬 수 있는 상황이 곧 닥쳐온다고 머릿속으로 상상할 때 발생한다. 불신의 반대말은 신뢰이며, 아리스토텔레스에 따르면 신뢰는 두려움과 대립된다. 신뢰는 닥쳐올 두려움이 멀리 있거나 두려워하지 않아도 될 상황이 되었을 때 느끼는 안도감이다. 즉, 경쟁 상대가 자신을 해치지 않을 정도의 인물이거나 절대 해치지 못한다고 믿을 경우 신뢰가 발생한다. 그러나 무력을 갖추지 못한 군주는 무력을 갖춘 용병이나 신하를 두려워하고 불신하게 마련이다. 그들이 언제, 어떤 방법으로 자신을 해할지 모르기 때문이다.

무력을 갖춘 군주와 무력을 갖추지 못한 신하, 다시 말하면 탁월한 군주와 타고난 노예 사이에는 경쟁도 없고 두려움도 없다. 그러나 무력을 갖추지 못한 군주와 무력을 갖춘 신하나 용병, 다시 말하면 행운에 힘입어 군주가 된 자와 역량을 갖춘 신하나 노예 사이에는 경멸과 불신만 존재할 뿐이다.

군주와 신하 또는 용병이 상호 의존하려면 어떻게 해야 하는가? 마키아벨리의 답변은 간단하다. 군주라면 당연히 무력을 갖춰야 하고 전쟁과 관련된 기술을 습득해야 한다. 군주가 이와 같이 한다면, 무력을 갖추지 못한 신하는 당연히 명령을 받는 노예로서의 역할, 즉 충실한 군인으로서의 역할을 수행할 것이다.

이 점을 달리 해석하면, 마키아벨리의 요구는 아주 간단하다. 군주는 행운의 여신 포르투나가 아닌 역량의 신 비르투나에 의지해야 한다. 군주가 믿을 것은 오직 역량이고, 역량을 갖추었을 때 신하나 용병들을 두려워하지 않고 신뢰할 수 있다. 그러면 신하나 장수는 군주에게 경멸 대신에 존경을 보인다.

사냥은 전쟁을 위한 훈련이다

그렇다면 현명한 군주는 전쟁을 위한 훈련에 한 발도 물러서면 안 됩니다. 현명한 군주는 전쟁 시기보다 평화 시기에 전쟁을 위한 훈련에 매진해야 합니다. 그는 이 훈련을 두 가지 방법으로 해야 합니다. 하나는 행위 opere이고 다른 하나는 정신mente입니다.

우선 행위입니다. 군주는 우선 자신의 신민들을 잘 조직하고 훈련시키는 것 외에도 자신의 육체가 고통에 익숙해지도록 지속적으로 사냥을 가야 합니다. 사냥의 또 다른 목적은 군사 요충지의 특질을 습득하고, 산맥들이 어떻게 뻗어가는지 관찰하고, 계곡들이 어떻게 깊어지는지, 평야가 어떻게 펼쳐지는지, 강과 늪지의 성질이 어떤지 아는 것입니다. 군주는 이런 것들에 대해 반드시 주의를 기울여야 합니다.

이러한 정보는 두 가지 면에서 유용합니다. 첫째, 현명한 군주는 자신의 영토를 철저하게 파악해 어떻게 방어할 수 있는지 잘 이해할 수 있습니다. 둘째, 현명한 군주는 그러한 군사 지역들을 잘 알고 미리 경험함으로써 처음 맞닥뜨리면서 검토할 필요가 있는 또 다른 지역의 특질들을 파악할 수 있습니다. 예를 들면 토스카나의 언덕, 계곡, 평야, 강들은 다른 지역과 유사성이 있습니다.[1] 따라서 한 지역의 지형을 잘 이해한다면, 현명한 군주는 다른 지역의 지형도 쉽게 이해할 수 있습니다.

지형학에 전문성이 없는 군주는 장군이 꼭 갖추어야 할 첫 번째 자질이 없는 것과 마찬가지입니다. 왜냐하면 지형학은 적을 어떻게 발견할 것인가, 숙영지를 어디에 설치할 것인가, 군대를 어디로 이끌 것인가, 전투 계획을 어떻게 짤 것인가, 유리한 고지에 있는 도시를 어떻게 포위할 것인가를 가르쳐주기 때문입니다.[2]

1 토스카나는 메디치 가문이 군주로 있고 마키아벨리가 살고 있는 피렌체를 포함하는 곳이다. 이는 메디치 가문의 군주가 토스카나에서 열심히 훈련해 지형에 익숙해진다면 다른 지역의 지형에도 쉽게 익숙해질 수 있음을 뜻한다. 이는 곧 침략을 전제로 훈련을 열심히 하라는 뜻이다.

2 이와 유사한 내용이 《로마사 논고》 3권 39장 〈장군은 지형을 이해해야 한다〉에 나온다. 여기에는 주로 전쟁을 지휘하는 장군에게 지형을 이해하는 것이 얼마나 중요한 일인지, 장군이 지형을 이해하려 할 때 사냥이 얼마나 도움이 되는지에 대해 언급되어 있다.

이 부분은 읽을 때 조심해야 한다. 두뇌와 정신을 혼동해 독해하는 실수를 자주 범하기 때문이다. 마키아벨리는 전쟁을 준비하는 군주의 훈련 종류를 두 가지 든다. 하나는 행위와 관련되어 있고 다른 하나는 정신과 관련되어 있다. 그는 행위와 관련된 부분을 〈사냥은 전쟁을 위한 훈련이다〉에서 설명하고, 정신과 관련된 부분을 〈과거의 위대한 인물

에 대한 모방〉에서 설명하고 있다. 이를 도식적으로 살펴보면 다음과
같다.

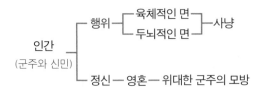

마키아벨리는 〈사냥은 전쟁을 위한 훈련이다〉에서 사냥 행위의 장
점을 다시 육체와 두뇌로 나누어 설명한다. 그가 행위에서 육체 훈련
과 두뇌 훈련을 끄집어낸 것은 철학적으로 아주 탁월한 분석이다. 두
뇌가 마치 정신이라고 생각하고 두뇌 훈련을 하면 정신적으로 강건해
질 수 있다고 착각하는 것은 크게 잘못된 것이기 때문이다.

"사냥을 나가는 것은 (……) 전쟁과 흡사하다"(《로마사 논고》 3권 39장)
고 주장한 마키아벨리에 따르면, 사냥 행위는 신민과 군주 모두의 육
체 훈련과 두뇌 훈련에 도움이 된다. 신민은 사냥을 통해 육체를 단련
할 뿐만 아니라 규율에 따라 전투하는 능력을 기르게 된다. 반면, 군주
또한 사냥을 통해 전쟁에 항상 뒤따르는 육체적 고통에 익숙해질 뿐
만 아니라 전투에 꼭 필요한 지형학을 습득하게 된다. 이를 표로 그리
면 아래와 같다.

마키아벨리는 이들 중에서도 군주의 두뇌 훈련인 사냥을 통한 지형

사냥 행위와 전투의 관계

	육체	두뇌
신민	단결력	조직화
군주	고통에 익숙	지형학

학 습득에 많은 관심을 기울인다. 그는 전쟁이 직업인 군주에게 가장 필요한 것을 지형학으로 이해하기 때문이다. 그는 책에서 아무리 많은 전투 사례를 보고 분석했다 할지라도, 변화무쌍하게 급변하는 전투에서 책에 쓰여 있는 이론 지식은 별 도움이 안 된다고 본다. 지휘관은 바로 전투가 벌어지는 그 장소에서 필요한 실천적 지식을 언제든지 끄집어내고 전투에 적용할 줄 알아야 하기 때문이다. 마키아벨리는 사냥이 이런 지형학 실무 지식을 전달해 주는 훌륭한 수단이라고 평가한다.

마키아벨리는 필로포이멘의 사례로 이를 입증한다. 플루타르크에 따르면 필로포이멘은 책 중에서도 에반겔루스의 《작전술》에 관심을 가장 많이 두었다. 플루타르크는 필로포이멘이 《작전술》을 읽을 때는 밖으로 나갔으며, 지면의 기복이나 하천의 방향 등 지형을 낱낱이 살피면서 실전에 대비했다고 평가한다. 필로포이멘은 책에서 이론은 참조하되, 전투를 위한 실제 지식은 사냥을 통해 습득했던 것이다. 필로포이멘은 현학 또는 고담준론을 논의하려는 학자적 지형학이 아닌 실전적인 군사적 지형학을 연구한 것이다.

마키아벨리는 필로포이멘의 사례를 통해 군주에게 사냥 행위를 열심히 하라고 말한다. 그러면 군주는 그 결과로서 지형학을 실무 지식(두뇌)으로 습득하게 될 것이고, 고통을 이겨낼 수 있는 강인함(육체)을 부상으로 얻을 것이라고 그는 조언한다.

전쟁을 위한 필로포이멘의 지속적인 훈련

아카이아 동맹의 군주 필로포이멘[1]을 예로 들어 설명을 드리겠습니다. 역사가들이 그를 칭찬하는 주요한 이유가 있습니다. 그는 평화 시에도 전쟁 방법 외에는 다른 어떤 것에도 관심을 가지지 않았습니다. 또한 그는 부하들과 길을 갈 때면 종종 멈추어 서서 다음과 같은 질문을 던지곤 했습니다. "적이 저 언덕 위에 있고 우리 군대가 여기에 있다고 한다면, 적과 우리 중 누가 더 유리할 것인가? 우리 상태를 고려해 우리는 적을 어떻게 공격할 것인가? 우리가 물러나야 한다면, 어떻게 후퇴할 것인가? 반대로 적이 물러난다면 우리는 그들을 어떻게 추적할 것인가?"

그리고 그는 걷는 동안 군대 내에서 발생할 수 있는 모든 사건에 대해 부하들에게 말하곤 했습니다. 또한 그는 부하들의 의견을 배우기도 하고, 자신의 의견을 말하기도 하고, 이유를 들며 의견을 뒷받침했습니다. 따라서 이렇게 지속적으로 주의를 기울였기 때문에 그가 군대를 지휘하는 동안에는 어떤 예기치 않은 사건이 발생해도 다 대응할 수 있었습니다.[2]

1 9장의 〈스파르타의 나비스〉 해설 부분에 필로포이멘이 나온다.
2 리비우스의 《로마사》 35권 28장과 플루타르크의 《영웅전》 〈필로포이멘〉 편 등에 나오는 내용이다. 위의 내용은 이 두 권에 나오는 내용과 크게 다를 바 없다. 다만 마키아벨리는 극적 효과를 노려 대화체를 사용한 듯하다.

마키아벨리는 수많은 장군과 군주들 중에서도 필로포이멘을 예로 들었다. 그 이유는 무엇일까? 가장 편한 답은 플루타르크가 《영웅전》에서 내린 결론이다. 그는 《영웅전》에서 필로포이멘과 플라미니누스를 비교해 설명한다. 플라미니누스가 무기·군대·전법을 모두 물려받았다고 한다면, 필로포이멘은 자신만의 훈련과 전법을 도입해 군대를 재편성했다고 플루타르크는 평가한다. 즉, 필로포이멘은 스스로 군사 훈련의 길을 닦은 자이다.

마키아벨리는 여기에 만족하지 못한다. 그는 전쟁이란 대단히 변화무쌍하다는 것, 따라서 이에 맞는 대책을 항상 마련하는 것이 중요하다고 생각했다. 그는 수많은 장군과 군주들 가운데 필로포이멘이 이에 가장 적합하다고 판단했다. 특히 그는 두뇌 훈련과 관련된 지형학에 대한 필로포이멘의 태도가 아주 적절한 행위였다고 판단한다.

필로포이멘은 '전쟁은 평소에 쌓은 모든 종류의 덕을 보여주는 특수한 무대'라고 생각했다. 그는 무대에서 제대로 연기하려고 평소에 철저히 준비하는 군주였다. 사냥을 통해 군사들을 단련하고 지형을 파악했으며, 언제 어디서나 배우고 익히려는 태도를 견지했다. 마키아벨리는 필로포이멘의 이 점을 높이 샀다.

마키아벨리가 필로포이멘을 통해 이야기하고 싶은 것은 현대의 군사 훈련에도 그대로 적용된다. 군인들에게 반복 훈련을 시키고 또 시키는 것은 실전에 강한 군대가 되고자 하는 것이다. 이러한 반복 훈련을 통해 군인들은 조직력을 키울 뿐만 아니라 육체적으로 단련되며, 지휘관은 시시각각 변하는 상황에 대한 응급 대처가 가능해진다.

과거의 위대한 인물에 대한 모방

군주의 정신과 관련해서 말씀드리겠습니다. 신중한 군주는 역사서를 읽고, 역사서 속에서 위인들의 행적을 고찰하고, 그들이 전쟁에서 어떻게 행동했는지 알아봐야 합니다. 또한 신중한 군주는 승리를 모방하고 패배를 피하기 위해 위대한 인물들의 승리와 패배의 원인을 숙고해야 합니다.

무엇보다도 신중한 군주는 위대한 인물들이 과거에 행동했던 것을 모방해야 합니다. 위대한 인물들 역시 칭찬받고 존경받았던 이전의 위대한 인물을 모방 대상으로 선택했습니다. 알렉산드로스 대왕이 아킬레우스를 모방했던 것[1]과 마찬가지입니다. 또한 카이사르는 알렉산드로스를 모방했으며,[2] 스키피오는 키루스를 모방했습니다. 그리고 크세노폰이 집필했던 키루스의 생애를 읽어보시면, 스키피오가 자신의 생애에서 키루스를 모방함으로써 명예를 얻는 데에 얼마나 많은 도움을 받았는지 알 수 있습니다. 또한 스키피오가 드러낸 고상함, 온화함, 활수함을 보면 크세노폰이 키루스에 관해서 집필했던 것에 의해 얼마나 많은 영향을 받았는지 쉽게 알아차릴 수 있습니다.[3]

1 알렉산드로스가 아킬레우스를 모방했다고 말하는 것은 플루타르크의 《영웅전》〈알렉산드로스〉편에서 유추할 수 있다. 알렉산드로스가 아킬레우스를 모방하게 된 데에는 두 인물이 연관되어 있다. 그중에 한 사람은 알렉산드로스의 어릴 적 스승 가운데 한 명이었던 리시마코스이다. 그는 알렉산드로스에게 강력한 용기를 심어주었다. 그는 알렉산드로스를 아킬레우스라고 불렀으며, 알렉산드로스의 아버지 필리포스를 아킬레우스의 아버지인 펠레우스라고 불렀다. 또한 그는 알렉산드로스에게 자신을 아킬레우스의 스승이었던 포이닉스로 부르게 했다. 이 점에서 본다면 알렉산드로스는 어릴 적부터 자신을 뛰어난 전사 아킬레우스에 투영했을 것이다.

  알렉산드로스가 자신을 아킬레우스에 투영하는 데에 또 다른 기여를 한 인물은 아리스토텔레스이다. 알렉산드로스는 항상 호메로스의 《일리아스》를 지니고 다니며 수시로 읽고 단검과 함께 베개 밑에 두었다고 한다. 그 《일리아스》는 바로 아리스토텔레스가 교정한 것이었다고 한다. 《일리아스》의 주제는 책 첫 구절에 나온 것처럼 "노래하소서, 여신이여! 펠레우스의 아들 아킬레우스의 분노를"이다. 즉, 아킬레우스가 주인공이자 아킬레우스의 분노를 다룬 것이 《일리아스》이다. 따라서 이 책을 애지중지한 알렉산드로스는 자신이 아킬레우스와 비슷하다고 여겼을 것이다. 또한 알렉산드로스는 《일리아스》를 전술의 교범으로 삼았다고 한다. 이 점에서 알렉산드로스는 아킬레우스를 모방했다고 볼 수 있다.

알렉산드로스가 아킬레우스를 얼마나 흠모했는지는 트로이에 갔을 때 드러난다. 그는 그곳에서 아킬레우스의 무덤에 향유를 뿌리고 화환을 올렸다. 또한 알렉산드로스는 아킬레우스가 생전에는 성실한 친구였고 죽은 뒤에는 그의 업적을 찬양한 호메로스와 같은 사람을 가졌다는 찬사를 바쳤다. 알렉산드로스는 아킬레우스를 단지 전술적 영웅 정도가 아닌 자신의 분신으로 생각했다고 해도 과언이 아니다.

2 카이사르가 알렉산드로스를 모방했다는 것은 플루타르크의 《영웅전》〈카이사르〉 편에 나오는 일화에서 유추할 수 있다. 카이사르가 에스파냐에 갔을 때이다. 그는 알렉산드로스의 전기를 읽다가 갑자가 눈물을 흘렸다. 의아하게 생각한 부하들이 묻자, 카이사르는 다음과 같이 대답했다고 한다. "내 나이에 알렉산드로스는 이미 수많은 나라의 왕이 되었다. 그런데 나는 제대로 이룬 것이 하나도 없다. 너희는 이게 슬퍼할 만한 일이라고 생각하지 않는가?"*

3 스키피오가 키루스를 모방했다는 것은 마키아벨리의 《로마사 논고》 3권 20장에 나온다. 여기에 나오는 스키피오는 카르타고의 한니발과 싸워 승리하고 아프리카누스라는 별명을 얻은 자를 말한다. 크세노폰은 키루스가 친절하고 쾌활했던 반면에, 오만·잔혹·탐욕을 멀리한 덕분에 큰 명성과 좋은

---

* Plutarch, *Plutarch's Lives*, tr. by Bernadotte Perrin(Cambridge, MA and London, 1923), pp. 469~471.

평판을 얻었다고 평가한다.

　스키피오 역시 키루스를 모방했다는 점은 현재의 스페인을 점령했을 때의 일화에서 나타난다. 스키피오는 카르타헤나를 점령했을 때 아주 젊고 아름다운 처녀를 발견했다. 그 당시 카르타헤나는 점령한 자가 모든 사람과 재물을 획득했다고 한다. 하지만 스키피오는 그 처녀가 그 지역의 유력자 청년과 약혼했다는 사실을 알고 약혼자에게 돌려보냈다. 그 결과 스키피오는 그 지역 주민들한테서 큰 호의를 얻었다. 약혼자를 돌려받은 청년은 그 후 약 1,400여 명의 병력을 이끌고 스키피오에게 달려왔다. 이 내용은 리비우스의 《로마사》 26권 50장에 나온다. 그 후 스키피오는 에스파냐에 주둔하고 있던 한니발의 군대를 물리쳤다.

다시 모방론이다. 마키아벨리는 6장의 〈위대한 인물의 모방〉에서 군주라면 위대한 인물을 모방해야 한다고 강조한다. 마키아벨리가 군주에게 모방하라고 강조하는 것은 군사적인 실무 지식이 아니라 위대한 정신이다. 정신은 지식과 다르다. 지식이 두뇌의 일이라고 한다면, 정신은 영혼의 일이다. 마키아벨리는 군사 지식이란 책에서 배우되 잊고 실전에 적용하기 위해서는 현실과 실제, 사냥에서 습득해야 한다고 말한다. 발로 뛰면서 쌓은 지식이야말로 시시각각으로 변화하는 전쟁 상황에서 이용될 수 있는 유일한 지식이다.

　정신은 모방을 통해 영혼을 단련하는 일이다. 마키아벨리는 정신과 영혼을 단련하는 것이 무엇인지 말하지 않는다. 그는 다만 알렉산드로스가 아킬레우스를 모방했고, 카이사르가 알렉산드로스를 모방했고, 스키피오가 키루스를 모방했다고 말한다. 알렉산드로스는 아킬레우스의 분노와 용기를 스승으로 삼았고, 카이사르는 알렉산드로스의 기개를 받아들였고, 스키피오는 키루스의 온화함을 이었다. 알렉산드로스, 카이사르, 스키피오는 아킬레우스, 알렉산드로스, 키루스의 전술과 지형학을 배운 게 아니다. 그들은 모방 대상에게서 정신과 영혼을 단련하고 절제하는 방법을 배웠다. 알렉산드로스는 아킬레우스에게서 신에 버금가는 호연지기, 카이사르는 알렉산드로스에게서 전쟁에서 절대 물러서지 않는 불퇴전의 정신, 스키피오는 키루스에게서 전쟁에서 승리하고 나서 원주민의 마음을 사로잡을 수 있는 따뜻한 감수성을 배웠다. 그들은 모방을 통해 군주란 무엇을 해야 하고 무엇을 하지 말아야 하는지를 분명하게 파악했다.

영혼은 사냥을 아무리 열심히 해도 습득할 수 없다. 사냥을 통해 지형학에 대한 연구를 게을리하지 않는다고 해서 얻어지는 지식이 아니다. 두뇌가 아무리 좋다고 해도 용기와 절제, 온화함이 얻어지는 것은 절대 아니다. 영혼은 오로지 모방 대상인 스승들의 행적을 쉼 없이 읽고, 그들과 끊임없이 대화하고, 한 치도 물러섬 없이 그들을 닮도록 노력했을 때에만 얻어지는 선물이다.

근면함은 운명의 여신도 물리칠 수 있다

현명한 군주라면 이러한 방법을 항상 실천할 것입니다. 그리고 평화 시에도 현명한 군주라면 결코 게을러지지 않을 것입니다. 오히려 평화 시에도 그는 고난의 시기에 도움이 될 수 있는 자산들을 근면하게 만들어낼 것입니다. 그래서 운명이 바뀐다 하더라도, 그는 운명의 여신을 견뎌낼 준비를 합니다.

행운의 여신이 자신에게 한 번도 눈길을 돌리지 않았다고 불평하는가? 행운의 여신이 곁에 왔는데, 오는지조차 몰랐다고 항변하는가? 행운의 여신이 왔다가 이내 곧 등을 돌리고 떠나갔다고 안타까워하는가?

마키아벨리는 현명한 군주라면 불평하지 말고 평화 시에도 항상 역량을 키우려고 노력하라고 말한다. 그러면 운명의 여신이 아무리 변덕을 부린다고 할지라도, 운명의 여신을 자기편으로 만들 수 있다고 그는 강조한다. 군주의 근면함은 군사와 관련된 육체 두뇌 정신을 끊임없이 훈련시키는 것이다.

14장 다시 보기

14장은 기시감이다. 14장은 헌정사에서 언급한 마키아벨리의 희망사항을 우회적으로 다시 언급하고, 6장에서 서술한 역량을 군사력의 관점에서 논의하는 동시에 위대한 인물의 모방을 또다시 강조하기 때문이다. 14장은 군주의 군사적 역량을 전체적으로 다시 설명한다. 군주의 군사적 역량은 군주 자신의 역량과 군인의 역량까지 포함한다.

첫 번째 다시 보기를 하자. 1부가 인민을 사랑하는 것이 군주에게 주어진 당위적 과제임을 강조한다면, 2부는 군사적 역량을 갖추는 것이 군주에게 주어진 필연적 과제임을 드러낸다. 당위적 과제를 수행하지 못한 자는 자국군을 갖출 수 없으며, 필연적 과제를 이수하지 못한 자는 국가를 건설할 수도 유지할 수도 없으며, 다른 지형, 즉 정복을 통한 국가의 확장도 할 수 없는 군주이다. 당위와 필연은 군주라면 누구나 수행해야 할 당면 과제이다.

두 번째 다시 보기를 하자. 그러나 이런 역할을 하지 못한 군주가 누군가? 바로 메디치 가문의 역사였다. 메디치 가문은 프랑스와 사보나롤라에게 나라를 빼앗기지 않았던가! 마키아벨리는 역사적 사례와 당대의 경험을 평이하게 말한 듯하지만, 실제로는 메디치 가문에 시퍼렇게 날이 선 칼날을 들이대고 묻는다.《군주론》을 따를 것인가, 말 것인가? 영광을 얻을 것인가, 또다시 수모를 당할 것인가?

첫 번째와 두 번째를 합쳐서 다시 보기를 해보자. 영광을 얻고 싶다면 군사적 역량을 갖춰라. 군주의 군사적 역량은 군주 자신의 역량과 신민의 역량까지 포함한다. 역량을 얻고 싶다면 사치품과 주색잡기를 걷어치우고, 활을 매고 칼을 들고 사냥을 하라. 군주의 직업은 전쟁이 아닌가! 사냥은 살아 있는 실전 훈련이다. 사냥을 하면 다음과 같은 것을 얻을 수 있다.

	행위		정신 영혼
	육체	두뇌	
군인	단련	조직화	언급 안함
군주	고통에 익숙	지형학	용기, 기개, 온화함

고통에 익숙해진 군주와 훈련으로 단련된 신민, 실전적 지형학을 습득한 군주와 군주의 명령에 따라 일사불란하게 움직이도록 조직화된 신민으로 이뤄진 자국군! 더구나 용기와 기개를 갖췄을 뿐만 아니라 모든 것을 포용할 줄 아는 온화한 군주! 단련된 군주와 용감한 신민, 그리고 역경을 이겨낼 수 있는 강인한 정신을 갖춘 군주!

이런 비르투나를 갖춘 군주는 행운의 여신이 어떤 변덕을 부려도 흔들리지 않는다. 오히려 행운의 여신을 휘어잡고 제 맘대로 쥐락펴락할 수 있다. 이런 군주는 나라를 잃지 않고 모방 대상인 영웅들처럼 나라를 강력하게 키울 수 있고 영광을 누릴 수 있다. 역량에 의존하라! 이것이 14장의 최종적 가르침이자, 2부 전체의 교훈이다.

　14장의 또 다른 키워드는 어디서 본 것 같은, 하지만 다른 모습으로 나타난 기시감을 보인다. 14장은 헌정사에서 보였던 마키아벨리의 직업에 대한 희망사항을 우회적으로 다시 드러낸다. 또한 6장에서 서술한 군주의 역량을 군사력의 관점에서 다시 논의한다. 그리고 마지막으로 위대한 인물의 모방을 또다시 강조한다. 인민적 관점이 아닌 군사적 관점에서.

3부

군주의 역량

사람들, 그리고 특히 군주들이
칭찬받거나 비난받은 그러한 이유들

이 장은 〈윤리적 환상과 가혹한 현실〉, 〈칭찬받을 만한 덕과 비난받을 만한 악덕〉, 〈겉으로 드러난 덕이 항상 진실한 덕은 아니다〉로 이루어져 있다.

15장은 아주 간단하게 서론, 본론, 결론으로 구성되어 있다. 그렇지만 또 그렇게 간단하게 볼 수만은 없다. 그 이유는 15장이 독립된 글이기도 하지만 3부 전체의 서문이기도 하고, 또한 〈칭찬받을 만한 덕과 비난받을 만한 악덕〉이 16~19장의 서문 역할을 하기 때문이다. 이 가운데 서문의 독특한 역할을 하는 장이 15장이다. 이를 살펴보면 아래와 같다.

서론은 〈윤리적 환상과 가혹한 현실〉이다. 이 절은 일종의 연구 방법론의 선언이다. 마키아벨리는 학자들 대부분이 윤리적 환상에 바탕을 두고 군주들이 어떻게 해야 하는가를 설명하고 있다고 비판한다. 이런 연구 방법 대신에 그는 윤리적 환상을 집어던지고 가혹한 현실을 바탕으로 연구를 진행해야 한다고 선언한다. 연구 방법에서 일종의 코페르니쿠스적 전환을 이루었다고 할 수 있다.

본론은 〈칭찬받을 만한 덕과 비난받을 만한 악덕〉이다. 이 절에서 다양하게 나열한 "칭찬받을 만한 덕"은 '윤리적 환상'에 바탕을 두고 연구자들이 뽑아낸 덕성들이고, "비난받을 만한 악덕"은 '가혹한 현실'에 바탕을 두고 연구자들이 도출해 낸 덕성들이다. "칭찬받을 만한 덕"과 "비난받을 만한 악덕"은 16장에서 19장까지 군주가 경우에 따라 행해야 할 덕성들과 연결된다.

결론은 〈겉으로 드러난 덕이 항상 진실한 덕이 아니다〉이다. 이 절은 군주라면 권력의 획득과 유지를 위해서는 본론에서 언급한 비난받을 만한 악덕도 행할 줄 알아야 함을 언급한 것이다.

이상을 바탕으로 목차를 재구성하면 아래와 같다.

서론: 윤리적 환상과 가혹한 현실
본론: 칭찬받을 만한 덕과 비난받을 만한 악덕
결론: 겉으로 드러난 덕이 항상 진실한 덕은 아니다

윤리적 환상과 가혹한 현실

이제 남아 있는 것은 현명한 군주가 신민이나 동맹국을 다루는 방법과 행동을 검토하는 것입니다.[1] 그리고 수많은 사람이 이에 대해서 집필했으므로 저 또한 이에 대해 집필하면서 너무 으스댄다고 여겨지지 않을까 두려움이 앞섭니다. 왜냐하면 이 주제를 상론하면서, 저는 다른 필자들의 내용과 사뭇 다르기 때문입니다.

그러나 제 목적은 이 주제를 이해하는 자에게 유용한 어떤 것을 제공하는 것입니다. 그렇기 때문에 저는 당연히 이 문제의 진리에만 관심을 기울여야 한다고 결심했습니다. 이는 어떤 환상적인 관념의 도움을 받아 이 주제를 다루는 것보다는 사실들이 문제를 더 잘 보여주기 때문입니다.

그럼에도 다수의 필자들은 현실 속에서 결코 본 적도 없고 존재한 것으로 알려지지도 않았던 공화국과 군주국에 대한 환상을 품어왔습니다.[2] 왜냐하면 '인간은 어떻게 살아야 하는가'와 '인간은 어떻게 사는 것이 옳은가'는 분명 차이가 있으며, '어떻게 행동하는 것이 옳은가'를 위해서 '어떻게 행동해야 하는가'를 포기한 자는 자신을 보존하기보다는 자신을 파멸로 몰고 가기 때문입니다. 즉, 어떤 조건이 닥치더라도 선량하게 행동하는 것을 자신의 임무로 여긴 자는 누구든지 다수의 선량하지 못한 자들 사이에서 반드시 파멸하기 때문입니다.

따라서 군주는 자신의 지위를 유지하려면 선량하지 않은 힘일지라도 반드시 획득해야 하며, 필요에 따라 이를 사용할 때와 사용하지 말아야 할 때를 이해해야만 합니다.[3]

1 3부 전체에서 다룰 내용을 단 한 줄로 요약한 문장이라 할 수 있다. '신민'이란 군주제하에서 군주를 제외한 모든 자, 즉 신하와 인민 또는 백성 전체를 말한다. 마키아벨리는 16~19장에서 군주는 일반적으로 신민 전체를 어떻게 대해야 하는가를 다루고, 20~21장에서는 군주가 동맹에 대해서 어떻게 처신해야 하는가를 다룬다. 그는 또한 22~23장에서 신민 중에서도 신하를 떼어내어 군주가 이들을 어떻게 다뤄야 하는가를 상세히 논하고 있다. 이를 중심으로 3부 전체가 짜여 있다.

2 이탈리아어 원문에 따르면 이다음 문장은 세미콜론, 다음다음 문장은 콜론

으로 되어 있다. 따라서 세 문장은 연결해서 읽어야 한다. 그럼에도 연결해서 읽기에는 여전히 난점이 있다. 그래서 궁여지책으로 생각한 것이 이 문장 다음에 이런 문장을 넣어 읽는 것이다. '하지만 이런 저자들은 아래와 같은 이유를 놓치고 있기 때문에, 그런 방법으로 사유한 것입니다. 그 이유란 아래와 같습니다.'

	기존 연구 방법	마키아벨리의 연구 방법
효과	쓸모 없음	유용함
분석 근거	결코 본 적도 없고, 결코 존재한 적도 없는 공화국	현실 속의 공화국
분석 방법 1	인간은 어떻게 사는 것이 옳은가	인간은 어떻게 살아야 하는가
분석 방법 2	어떻게 행동하는 것이 옳은가	어떻게 행동해야 하는가
군주의 행동방법	어떤 조건에서도 선하게 행동	지위 유지에 필요 시 악덕도 사용
행동의 결과	파멸, 권력 상실	권력 유지
이유	현실은 다수의 선량하지 못한 자들로 구성되어 있기 때문	
최종 결론	필요에 따라 악덕을 사용할 때와 사용하지 말아야 할 때 이해하기	

3 이 글은 전체적으로 정치에 대한 기존의 연구 방법과 현재 자신의 연구 방법이 어떻게 다른가를 서술하고 있다. 위의 내용을 간단하게 표로 만들면 아래와 같다.

마키아벨리는 1부에서 속말로, 인민을 중시하라는 혁명적인 선언을 한다. 그는 이 주장을 뒷받침하고자 우회적으로, 에둘러 조심조심 말했다.

마키아벨리는 2부를 시작하는 12장에서 좋은 법보다는 훌륭한 군대가 더 중요하다고 폭탄 발언을 했다. 아무런 단서도 달지 않고 한 이 선언과 발언 은 마키아벨리 이전의 상식과 충돌하고, 마키아벨리 당대의 지성·종교와 충돌하고, 마키아벨리 이후의 우리 교양과도 상충한다.

마키아벨리는 3부를 시작하는 15장에서 '인간은 어떻게 살아야 하는가'와 '어떻게 행동해야 하는가'라는 연구 방법의 코페르니쿠스적 전회를 시도한다. 그는 정치를 이해하고자, 인간을 이해하고자, 현실에서 살아남고자 이상보다는 현실을 바탕에 두고 사유해야 한다고 주장한다. 우리가 마키아벨리즘으로 이해하는 대부분의 논의는 여기에 근거한다.

절대선과 절대악이 있는가? 있다고 생각하는 자는 '인간은 어떻게 사는 게 옳은가'와 '어떻게 행동하는 게 옳은가'를 연구하는 자이다. 그는 현실에 존재하지 않는 이상과 환상의 국가, 그 국가 안에서 선하고 올바르게 살아가는 인간을 가정한다. 플라톤은 이런 연구의 대표자이다. 마키아벨리는 과거의 모든 연구 방법, 이에 영향을 받은 모든 종교적 사유, 그리고 당대의 대부분의 사회과학·철학 등에 적용되는 연구 방법을 세계 밖으로 밀쳐내 버린다. 플라톤이 《국가》에서 던진 주요한 문제의식은 '올바름'과 '정의'였다. 올바름이 무엇인지 알고 있는 철인 통치자가 통치하면 국가 내에서 올바름을 구현할 수 있다고 플라톤은 생각했다. 플라톤 이후 대부분의 연구자들은 이 범주에서 벗어나지 못했다. 오늘 대다수의 정치학·윤리학·철학도 플라톤의 이 범주에서 벗어나지 못한다. 종교 역시 따지고 보면 인간이 어떻게 하면 인간이 올바르게 살아갈 수 있는가를 가르치는 것이다.

이와 반대로 '절대선과 절대악'이 없다고 생각하는 자는 '인간은 어떻게 살아가야 하는가'와 '어떻게 행동해야 하는가'를 연구하는 자이다. 그는 이상과 환상으로서의 국가가 아닌 현실의 국가, 살려면 악을 행하기도 하고 선을 행해야만 하는 현실의 살아 있는 인간을 가정한다. 그 대표자는 마키아벨리이다. 그는 생물학적 세계관, 역사학적 기록관, 냉혹한 국제관계학, 냉정한 현실 세계를 바탕으로 새로운 연구 방법의 전형을 창출한다.

알튀세르의 《마키아벨리의 고독》에 따르면, 마키아벨리는 '고독'하다. 그가 플라톤 이래 2,000여 년 가까이 이어진 연구 전통, 종교 전통과 단절했기 때문이다. 또한 그 뒤의 어느 누구도 그의 이런 연구 방식을 따르지 않기 때문이다. 마지막으로 현실 정치인마저도 마키아벨리를 아주 치명적인 질병 정도로 생각하고, 마키아벨리의 후예임을 부정하기 때문이다. 마키아벨리처럼 연구하고 행동하는 자는 아무도 없다고 봐도 과언이 아니므로, 그는 고독하다.

그러나 마키아벨리를 오해하지 말자. 그는 플라톤의 《국가》 1장에 나오는 주인공 트라시마코스가 아니다. 트라시마코스는 올바름이란 '강자의 편익'이며 무조건적으로 자신의 이익만을 추구하는 것이 바로 진정한 올바름이라고 주장하는 자이다. 마키아벨리를 트라시마코스와 동일하게 생각하는 자라고 이해하는 것은 속물적 마키아벨리를 받아들이는 것이다. 마키아벨리는 트라시마코스처럼 자신의 이익을 위해서라면 피도 눈물도 없고, 간도 쓸개도 내어주는 그런 연구자가 아니다.

마키아벨리는 악덕을 아무 때나 사용해서는 안 된다고 분명히 단서 조항을 달고 있다. 악덕은 '꼭 필요한 때'에만 사용해야 한다. 필요한 때란 권력을 유지하지 못할 상황이거나, 죽을지도 모르는 극단적인 위험한 상황에 처했을 때다. 그가 이렇게 말한 이유는 권력은 획득하는 것보다 유지하는 게 더 어렵기 때문이다. 또한 인간은 대부분 선량하기보다는 사악하며, 선량함만으로 통치하는 자는 사악한 인간들 속에서 권력을 잃을 수밖에 없기 때문이다.

권력을 잃을 정도의 상황이 아니라면, 군주는 어떻게 행동해야 하는가? 신민의 마음을 얻고자 부단히 노력해야 한다. 항상 미덕으로 신민의 마음을 사려고 노력해야 한다. 이것이 마키아벨리의 핵심 주장이다.

이 점에서 본다면 마키아벨리는 플라톤과 트라시마코스의 중간에 서 있다. 니체의 스승인 그는 선악의 저편, 도덕의 경계 저편, 윤리의 저편에 서 있는 자이다. 그는 플라톤의 이상론도 받아들이는 한편, 트라시마코스의 현실론도 받아들인다. 평상시에는 신민의 마음을 사려고 미덕을 사용해야 하지만 위기 시에는 신민을 통치하고자 악덕의 사용도 주저하지 말아야 한다. 그는 선과 악의 중간에 서서 필요에 따라 움직이라고 군주에게 조언한다. 다시 말하면 고정된 선과 악의 경계를 가르는 군주라는 자는 종교인이나 도덕 교사가 아니라 현실을 살아가는 한 자연적 존재일 뿐이다. 종교인마저도 이익에 따라 선악과 도덕의 저편에 있다는 사실을 생각해 보라. 그렇다면 마키아벨리의 말은 틀리지 않는다.

절대로 선한 것과 절대로 악한 것이 있는가? 아니다. 인간이란 절대선도 절대악도 아닌 존재이며, 사물과 대상에게도 절대선과 절대악이 존재하지 않는다. 마키아벨리는 권력을 가진 자는 선이고 권력을 가지지 못한 자는 악이라고 선언한다. 정치 세계의 불문율! 권력을 누가 차지하는가가 중요할 뿐이다. 차지한 권력을 유지하고자 군주는 끊임없이 미덕, 즉 선물을 베풀어야 한다. 그러나 권력을 빼앗길 지경이 되었다면, 자신이 절대악으로 치부되기 전에 악덕일지라도 사용해야 한다. 죽음 앞에서, 권력 상실 앞에서 아무런 저항 없이 자신을 내맡기는 자는 생존 의지를 상실한 자에 지나지 않는다. 자연과 역사, 국제 관계는 매번 이를 증언한다.

절대선도 절대악도 없는 현실 세계, 권력을 가진 자는 선을 행할 수 있지만 권력을 상실하면 선을 행하고 싶어도 행할 수 없는 현실 세계만이 존재할 뿐이다. 마키아벨리는 자연, 역사, 국제 관계에 근거해 절대선도 절대악도 없는 현실 세계에서 군주가, 인간이 어떻게 행동하는 게 옳은가를 연구한다. 그 이상도, 그 이하도 없다.

칭찬받을 만한 덕과 비난받을 만한 악덕

저는 환상의 대상으로 다가오는 군주에 관한 것들을 생략하고, 진실로 다가오는 군주에 관한 것들만 말씀드리도록 하겠습니다. 저는 모든 사람, 특히 높은 지위에 있는 군주들이 다음과 같은 특질들qualità 가운데 어느 것을 가지고 있느냐에 따라 비난받거나 칭찬받는 것으로 분류된다고 말씀드립니다.

조금 재주를 부려 말씀드리겠습니다. 어떤 자는 활수liberale, liberal하고, 다른 어떤 자는 인색하다misero, stingy고 합니다(저는 토스카나 말을 사용했습니다. 왜냐하면 우리말로 탐욕스러운avaricious 자는 폭력에 의해서 재산을 얻으려고 시도하는 자이기 때문입니다. 반면, 우리는 자신의 재물을 사용하는 것을 무척 싫어하는 자를 인색한stingy 자라고 부르기 때문입니다). 어떤 자는 베푸는 자로 여겨지고, 다른 어떤 자는 탐욕스러운 자로 여겨집니다. 어떤 자는 잔인한 자인 반면에 다른 어떤 자는 자비로운 자, 어떤 자는 약속을 깨는 자인 반면에 다른 어떤 자는 약속을 잘 지키는 자, 어떤 자는 연약하며 겁 많은 자인 반면에 다른 어떤 자는 대담하고 활기찬 자, 어떤 자는 친절한 자인 반면에 다른 어떤 자는 거만한 자, 어떤 자는 음탕한 자인 반면에 다른 어떤 자는 순결한 자, 어떤 자는 믿을 만한 자인 반면에 다른 어떤 자는 교활한 자, 어떤 자는 인정사정없는 자인 반면에 다른 어떤 자는 관대한 자, 어떤 자는 진지한 자인 반면에 다른 어떤 자는 경솔한 자, 어떤 자는 경건한 자인 반면에 다른 어떤 자는 경건치 못한 자 등등으로 여겨집니다.

1장이 1부 전체 분류인 군주의 종류를 나타내고, 12장이 2부 전체 분류인 군대의 종류를 나타내듯이 15장은 3부의 전체 분류인 군주가 사용할 수 있는 미덕과 악덕을 구분한다. 이는 단순 분류가 아니라 16장에서 19장까지 신민 일반에게 군주가 어떤 덕을 사용해야 할 것인가를 미리 보여준다. 이 점에서 16장과 19장의 분류표라고 할 수 있다. 이 분류를 각 장과 연관해 나타내면 아래 표과 같다.

군주는 칭찬받을 만한 미덕과 비난받을 만한 악덕 중 어느 것을 사

칭찬받을 만한 덕	비난받을 만한 악덕	장
활수(잘 베푸는 것)	인색(탐욕적인 것)	16장 활수와 인색
자비로운 사람	잔인한 인간	17장 잔인함과 인자함
충직	신의 없는 사람	18장 군주들은 어떻게 자신들의 약속을 지켜야 하는가
여성적 유약	단호 기백	19장 군주는 반드시 경멸과 증오를 피해야 한다.
붙임성	오만	
절제	호색	
강직	교활	
융통성 없음	융통성 있음	
진지	경솔	
경건	신앙심 없음	

용해야 하는가? 정상적인 인간이라면, 정상적인 군주라면 누구나 다 칭찬받을 만한 미덕을 사용해야 한다. 우리 또한 그렇게 말할 것이다. 그러나 군주가 권력을 잃을 정도가 된다면, 일반적으로 인간이 자신이 가진 모든 것을 잃을 정도의 위기에 직면한다면 어떻게 해야 하는가? 마키아벨리는 비난받을 악덕을 사용하는 것도 주저하지 말아야 한다고 권고한다.

이것을 마키아벨리만의 말이라고 속단하지 말자. 왜냐하면 그가 이런 이론을 끄집어낸 것은 현실 속의 인간("최근의 문제에 대한 저의 오랜 경험")과 역사 속에 살아왔던 과거의 군주들 대부분("고대의 문제에 대한 저의 끊임없는 독서")을 보고 일반화한 것이기 때문이다. 그가 말한 이 내용은 마키아벨리가 하늘로부터, 이데아로부터 끄집어낸 것이 아니라 현실 속의 인간을 추상화한 것이기 때문이다. 즉 현실의 인간이, 역사 속의 군주와 위인들이 위기 상황이 되면 이렇게 행동했기에, 이렇게 행동하지 않은 자는 몰락했기에 그가 이런 결론을 도출한 것이다. 그러므로 마키아벨리는 악을 교사하는 사악한 자도, 악을 사주하는 사탄도 아니다.

마키아벨리의 이런 말들에 놀라서도 안 된다. 굶주린 사자가 사슴을 사냥하는 것을 우리는 비난하지 않는다. 우리도 절체절명의 위기에 닥친다면 아무런 죄의식 없이 "비난받을 만한 악덕"을 사용하기 때문이다. 하이에나가 힘을 합쳐 사자와 싸우는 것을 우리는 욕하지 않는다. 토끼를 용왕으로 데려가려는 별주부나 용궁 세계 전체를 상대로 사기를 치는 토생원을 우리는 비난하지 않는다. 자식을 위해, 가족을 위해 집밖에서 스스럼없이 거짓말하는 우리 가장들을 유사 이래로 언제나 볼 수 있기 때문이다.

겉으로 드러난 덕이 항상 진실한 덕은 아니다

군주가 가장 크게 칭찬받으려면 위에서 언급했던 자질들 가운데 좋은 것만 드러내면 됩니다. 모든 사람은 이에 대해 동의하며, 저 역시 이에 동의합니다. 그러나 어떤 군주도 위에서 말한 모든 좋은 덕을 완전히 다 갖출 수도 없으며, 이런 좋은 덕들을 완전히 실천하는 것 역시 가능하지 않습니다. 인간의 여러 조건을 고려한다면, 이것은 불가능하기 때문입니다. 그렇기에 군주는 아주 신중할 필요가 있습니다. 군주는 자신에게서 군주의 지위를 박탈할지도 모를 그런 악덕을 행함으로써 나쁜 평판을 얻는 것을 피해야 합니다. 또한 군주는 노력해서 자신의 지위를 빼앗기지 않을 것 같다면, 그러한 악덕을 삼가야 합니다. 하지만 군주가 노력해도 자신의 지위를 빼앗길 것 같다면 조금도 걱정하지 말고 그러한 악덕들을 행해야 합니다.

군주가 그러한 악덕들의 도움 없이는 자신의 지위를 유지하지 못한다면, 그러한 악덕들 때문에 비난을 받더라도 걱정조차 해서는 안 됩니다. 왜냐하면 문제 전체를 주의 깊게 검토해 볼 때, 군주가 미덕처럼 보이는 몇 가지 자질들을 실천한다면 군주는 이들 탓에 파멸하는 반면, 군주가 악덕처럼 보이는 다른 자질들을 실천한다면 군주는 그 덕분에 안전해지고 번영하기 때문입니다.

마키아벨리는 군주가 항상 "칭찬받을 만한 덕"을 사용할 수 있는가에 대해 비관저이다. 그는 이를 가능론과 상황론의 견지에서 살펴보고 있다.

가능론의 견지에서 본다면, 인간이 칭찬받을 만한 모든 덕을 완전히 갖출 수도 없으며, 완전히 실천할 수도 없다. 인간은 모든 덕을 갖추기에는 너무나도 불완전한 존재이고, 미덕만을 실천하기에는 너무나도 이기적인 존재이기 때문이다. 상황론의 견지에서 본다면, 인간은 위기에 처했을 때 "비난받을 만한 악덕"을 자연스럽게 행사하고, 불가피했다고 변명한다. 인간은 자신과 가족의 보호를 최대의 지상 명령으로 여기는 너무나도 동물적인 본능을 지녔기 때문이다.

다르게 이야기해보자. 인간은 자신의 보호를 무엇보다 중요한 것으로 여기는 동물적인 존재이며, 자신에게 조금만 불리한 상황이 닥치면 "비난받을 만한 악덕"을 사용하려고 벼르는 위험한 존재이다. 또한 인간은 "칭찬받을 만한 덕"을 온몸에 지니고서 아무리 어려운 역경에 처하더라도 '악덕을 사용하지 않는' 신적인 존재가 아니다. 그렇기 때문에 인간은 "비난받을 만한 악덕"을 행사하고서도 신이 아니라는 이유로 변명하는 존재이다.

결론적으로 말해보자. 인간은 "비난받을 만한 악덕"을 사용하고서도 언제든지 가능론과 상황론으로 변명거리를 준비하는 존재이다. 인간은 자신의 악덕 사용을 언제든지 정당화하고, 타인의 악덕 사용을 항상 비난하는 그런 존재이다. 이런 이유로 인간은 항상 악덕을 사용할 만반의 준비가 된 자이다.

그러나 마키아벨리는 악덕을 함부로 사용해서는 안 된다고 주장한다. 그는 악덕의 사용을 조건부로 허용할 뿐이다. 따라서 그의 주장은 조건론의 관점에서 살펴보아야 한다. 악덕 사용의 기준은 단 하나이다. 자신이 군주의 자리에서 쫓겨날지도 모를 때만이다. 다시 말하면 절체절명의 위기 순간이 아니면 악덕을 사용해서는 안 된다. 긴급 상황이 아닌 경우에도 계속 악덕을 사용한다면, 늘 맘 내키는 대로 악덕을 사용한다면 군주는 잠시 자리를 유지할지는 모르지만 머지않아 군주의 자리에서 쫓겨난다.

이런 점을 고려해 마키아벨리를 평가한다면, 그는 무조건적인 악의 교사자가 아니다. 오히려 그는 이기적이며 자기 보호 본능에 충실한 인간의 치명적 약점을 헤아릴 줄 아는 현실론적인 도덕 교사이며, 제한적 악덕의 사용과 조건부 악덕의 사용을 주장한 경제적인 윤리 스승이다.

이것을 부정하고 마키아벨리를 악의 스승으로 몰고 가는 자가 있다면, 그야말로 진정한 악마적 마키아벨리스트이거나 그 자신이 "비난받을 만한 악덕"을 스스럼없이 실천하는 자이다. 그는 자신의 행위를 정당화하고자 '마키아벨리'를 희생의 제단 위에 올려놓고 "마키아벨리 때문에 자신이 이렇게 행동한다"고 온갖 변명을 다하는 자이기 때문이다.

15장 다시 보기

15장은 '변명'이다. 마키아벨리《군주론》의 15장에서 19장까지는 음험한 정치 이론처럼 보인다. 이를 접하는 순간, 온몸에 전율을 느끼고 반드시 사라져야 할 그런 이론으로 치부하기도 한다. 그러나 그가 이런 주장을 처음으로 펼친 것은 아니다. 대부분 그보다 훨씬 전에 아리스토텔레스가《정치학》5권 11장의 〈독재 정체, 특히 참주 정체의 보존 방법〉에서 간략하게 말한 것들이다. 얼마나 유사한지 알아보고자 한 구절만 언급해 보자.

"또한 참주는 무뚝뚝하지 않고 근엄해 보여야 하며, 그를 본 사람들이 두려움이 아니라 경외감을 느끼게 해야 한다."

마키아벨리가 구사했을 법한 이와 같은 구절은 아리스토텔레스의 《정치학》에 상당히 많이 등장한다. 이런 점에서 본다면 그는 혁신적인 내용도, 참신한 주장을 편 것도 아니다. 그렇다면 마키아벨리는 정치학에 도대체 무엇을 이바지했단 말인가? 그가 말한 내용을 이미 아리스토텔레스가 다 말했다면, 그가 새로이 주장한 것은 아무것도 없지 않은가? 그런데 사람들은 왜 마키아벨리에게 열광하는가?

이유는 아주 간단하다. 아리스토텔레스가 논한 참주의 권력 보존 방법을 군주 일반으로 확대했기 때문이다. 그러나 그보다 더 중요한 이유는 군주 일반에 적용된 내용이 인간 일반에도 적용될 수 있기 때문이다. 그렇기에 사람들은 마키아벨리의 구절들을 읽고 주변의 모든 인간에게 내재되어 있는 "비난받을 만한 악덕"을 찾아낼 뿐만 아니라 악덕의 행사를 비난하는 것이다.

하지만 이보다 더 중요한 이유가 있다. 마키아벨리는 위와 같은 악덕을 창조해 내거나 주조한 것이 아니라 '역사 속의 인물'과 '당대의 정치인', 그리고 현실을 살아가는 인간에게서 꺼집어냈다는 점이다. 즉, 현실을 살아가는 우리가 위에 나열된 악덕들을 지니고 있으며, 그것은 우리를 군주라는 거울에 반사시켜 추상화해낸 것이다. 그가 말한 위의 악덕들은 바로 인간 자체의 한 속성이라는 것을 적나라하게 도출해냈다는 점이 마키아벨리의 큰 공적이다.

하지만 아주 많은 독자들, 종교계를 포함한 고상한 이론가와 실천가들이 마키아벨리의 위 글을 보고 엄청난 비난을 가한다.《군주론》이 있었기에 현실 정치인이 타락하고 현실을 살아가는 인간이 타락한 듯이 말한다. 이는 원인과 결과를 혼동하는 오류를 범하는 터무니없는 주장이다.

또한 많은 독자가 위의 장들을 읽고 과도하게 칭찬한다. 마키아벨리가 말한 대로 실천하면 반드시 출세하고 성공할 것이라고 강변한다. 그들은 《군주론》에 나오는 처세 방식대로 행동한다면, 어떤 경우에도 실패하지 않을 것이라고 입을 앙 다문 채 결심한다. 그러나 이 역시 터무니없는 주장이다. 마키아벨리가 말한 악덕은 출세와 성공의 수단이 아닌 유지의 수단이며, 권력 유지가 불가능한 상황일 때 불가피하게 사용해야 할, 비상砒霜과도 같은 처방이다. 비상은 적당히 쓰면 좋은 치료약이고, 많이 쓰면 생명을 잃게 하는 위험한 독이다. 따라서 악덕은 잘만 사용하면 권력 유지를 위한 최상의 약이 되지만, 조금만 잘못 사용하거나 과다하게 사용하면 권력을 상실하게 하는 극히 위험한 독이 되는 것이다.

《군주론》15~19장은 엄청난 비난과 과도한 칭찬의 대상이 아니다. "비난받을 만한 악덕"은 바로 지금의 나 자신, 우리 인간의 모습이자, 과거 역사 속에서 수없이 명멸해 간 인간의 모습일 뿐이다. 담담하게 성찰해봐야 할 자신의 이면일 뿐이다. 비난과 칭찬의 경계 너머에 있는 것, 그것이 바로 "비난받을 만한 악덕"이다. 그것은 조심, 또 조심해서 사용해야 하는 아주 무서운 중립적인 덕목일 뿐이다. 그것은 반드시 '불가피할 경우'라는 단서 하에서만 사용해야 하는 것이다.

16장

활수와 인색

이 장은 〈활수하다는 평가를 추구하는 것의 어려움〉, 〈검소함이 진정한 활수이다〉, 〈낭비하고자 한다면 다른 나라 인민의 돈으로 하라〉, 〈활수는 활수 그 자체를 파괴한다〉로 이루어져 있다.

　서론은 〈활수하다는 평가를 추구하는 것의 어려움〉이다. 활수하다는 평가를 추구하는 것은 소수를 이롭게 할지 모르지만 다수에게 피해를 주게 된다. 따라서 군주라면 다수에게 피해를 주는 '활수하다'라는 평가를 받으려고 노력하지 말아야 한다.

　본론은 〈검소함이 진정한 활수이다〉와 〈낭비하고자 한다면, 다른 나라 인민의 돈으로 하라〉이다. 전자는 인색해 보이는 검소함이라는 덕목이 군주에게 왜 중요한가를 살펴본다. 마키아벨리는 여기서 주로 당대의 인물들, 교황 율리우스 2세, 프랑스의 루이 12세, 에스파냐의 페르디난도 2세를 예로 들고 있다. 이는 "최근의 문제에 대한 저의 오랜 경험"에 근거한 것이다. 반면에 후자는 군주가 자기 나라 인민을 풍요롭게 하려면 낭비를 해도 좋으나, 낭비의 자원은 반드시 다른 나라에게서 가져와야 한다는 것을 역설한다. 마키아벨리는 여기서 주로 역사에 의존해 카이사르를 예로 들며, 보조로서 키루스와 알렉산드로스의 예를 든다. 이는 "고대의 문제에 대한 저의 끊임없는 독서"에 따른 것이다.

결론은 〈활수는 활수 그 자체를 파괴한다〉이다. 군주가 활수를 계속 추구하다 보면 가난해져서 경멸당하거나, 지나친 탐욕으로 증오를 사게 되어 국가를 상실하게 된다.

이상을 목차로 재구성하면 아래와 같다.

서론: 활수하다는 평가를 추구하는 것의 어려움
본론:
    1. 검소함이 진정한 활수이다
    2. 낭비하고자 한다면 다른 나라 인민의 돈으로 하라
결론: 활수는 활수 그 자체를 파괴한다

활수하다는 평가를 추구하는 것의 어려움

그렇다면 위에서 언급했던 첫 번째 특질들로 논의를 시작하겠습니다. 저는 활수하다고 여겨지는 것이 좋다고 말씀드렸습니다. 그럼에도 당신이 '활수하다'는 평가를 얻으려고 행동한다면, 이는 당신에게 해로움을 줍니다. 왜냐하면 당신이 활수함[1]을 현명하게, 그리고 올바르게 행한다면 사람들은 그 활수함을 알아차리지 못하는 반면에, 당신이 인색하게 행동한다면 당신은 비난을 피하지 못하기 때문입니다. 따라서 당신은 사람들 사이에서 활수한 사람이라는 평판을 유지하려고 닥치는 대로 낭비할 수밖에 없습니다.

결국 그러한 유형의 군주는 낭비 행동으로 자신의 모든 자원을 소비합니다. 또한 그가 활수한 사람이라는 이름을 지속적으로 유지하고자 한다면 결국 인민에게 지나친 부담을 줄 수밖에 없으며, 세금을 고리대금업자처럼 걷는 자a tax-shark가 되어 돈을 짜내려고 무슨 짓이든 하게 됩니다. 이렇게 행동함으로써 그는 신민에게 해를 끼치게 되고, 어느 누구도 그를 좋게 평가하지 않게 됩니다. 왜냐하면 그는 점점 더 빈곤해지기 때문입니다.

결국 그러한 활수함 탓에 다수는 피해를 입는 반면에 소수만 혜택을 받기 마련입니다.[2] 그 결과 그는 초기부터 갖가지 난관들에 부딪히게 되며, 그 난관들 가운데 어느 하나의 위험에 맞부딪쳐 처음부터 좌초하게 됩니다. 그가 이를 깨닫고 원상회복을 시도한다면, 그런 행동을 하자마자 인색하다는 평가를 듣게 됩니다.

1 liberality는 우리말로 크게 관대寬大, 관후寬厚함, 활수滑手함으로 번역할 수 있다. 여기서는 '활수함'으로 번역했다. 그 이유는 다음과 같다.

관대는 사전적으로 마음이 넓고 남을 헤아리는 아량이 있음을 뜻한다. 관대는 주로 정신적으로나 마음의 도량이 넓은 것을 뜻한다. 마키아벨리는 22장 〈산업과 상업의 장려, 그리고 축제들〉에서 munificenzia, generosity라는 말로 관대함을 정확하게 표현하고 있다.

관대와 비슷한 말로 '관후하다'도 있다. '관후'라는 명사는 존재하지 않고, '관후하다'는 형용사로 사용하며, 필요하면 '관후함'이라는 명사를 만들어 쓰기도 한다. '관후하다'라는 말은 사전적으로 너그럽고 후하다는 뜻이다.

너그럽다는 점에서는 정신적인 면에 해당하고, 후하다는 것은 물질적인 면에 해당한다. 따라서 '관후하다'는 물질적인 면과 정신적인 면 모두를 포함하는 경우에 사용한다고 볼 수 있다.

마지막으로 활수는 사전적으로 돈이나 물건을 아끼지 않고 시원스럽게 쓰는 씀씀이나 그런 사람을 뜻한다. 이 점에서 활수는 주로 물질적으로 베풀기 좋아하는 사람을 뜻한다. 마키아벨리가 서술한 16장은 정신적인 관대함을 다루는 것도 아니고, 정신적이면서 물질적인 관후함을 다루는 것도 아니다. 마키아벨리는 16장에서 군주가 물질적으로 넉넉하게 베풀거나 낭비하는 경우 어떻게 되는가를 다룬다. 따라서 여기서는 liberality를 활수로 번역하는 것이 적당하다.

2 이후에 나오는 '다수'는 백성 또는 인민이고, '소수'는 군주의 측근 또는 군주에게 아부와 아첨을 일삼는 자들을 말한다.

군주는 활수함을 자랑하다 군주의 자리를 잃을 것인가, 아니면 인색하다는 평을 들어도 군주의 지위를 계속 유지할 것인가? 전자를 선택하는 군주는 당연히 망한다. 왜냐하면 돈과 자원 낭비의 악순환에 빠지기 때문이다. 그 순환은 다음과 같다.

재원 확보 → 자기 과시적 낭비 → 재원 부족 → 인민에게 지나친 세금 부과 → 인민 수탈 → 재원 확보 → 자기 과시적 낭비 (……)

이 순환의 끝은 군주에 대한 인민의 나쁜 평가, 군주에 대한 인민의 증오이다. 이 증오의 끝은 군주의 지위 상실이다.

활수하다는 평가를 받는 군주가 왜 권력을 상실하는가? 활수의 이익을 받는 자는 소수의 귀족이나 측근, 장군들이지만 활수의 피해를 보는 자는 다수 인민이기 때문이다. 우리는 여기서 다시 마키아벨리의 인민론을 만나게 된다. 그는 군주가 소수한테서 활수하다는 평가를 받으려고 다수의 인민을 수탈할 수밖에 없는 상황을 우려한다.

마키아벨리는 활수하다는 평가를 받지 않는 군주가 되라고 권유한다. 군주가 인민을 수탈하지 않아도 되기 때문이다. 군주는 소수에게서 활수하다는 평가를 받는 것보다 인색하다는 평가를 받는 것이 옳다고 그는 강조한다. 그러면 그 군주는 다수의 인민에게 활수하다는 평가를 받게 된다.

검소함이 진정한 활수이다

군주가 활수하다고 인정받으려면 자신에게 해를 끼치지 않고서는 이와 같은 활수의 미덕을 사용할 수 없으므로, 현명한 군주라면 인색하다고 불리는 것에 대해 두려워하지 않아야 합니다. 시간이 지나면서 그 군주는 점점 더 활수하다고 여겨지게 마련입니다. 왜냐하면 우선, 군주가 절약하면 수입이 적당해지기 때문입니다. 둘째, 군주는 누가 전쟁을 걸어오든 간에 자신을 방어할 수 있기 때문입니다. 마지막으로, 군주는 인민에게 부담을 주지 않고서도 업무를 수행할 수 있기 때문입니다. 따라서 현명한 군주는 다수에게는 아무것도 빼앗지 않았기에 활수하다는 평판을 듣는 반면, 소수에게는 아무것도 제공하지 않았기에 인색하다는 평가를 받게 됩니다.

우리 시대에 인색하다는 평가를 받는 사람을 제외하고는 위대한 일을 성취한 사람이 없습니다. 반면, 활수한 자는 모두 제거되었습니다. 교황 율리우스 2세는 교황직을 얻으려고 활수한 인간이라는 명성을 이용했습니다. 그럼에도 교황이 되고 나서 그는 전쟁을 치르고자 활수한 인간이라는 명성을 유지하려고 하지 않았습니다.[1] 지금 프랑스 왕은 인민에게 지나친 세금을 부과하지 않고서도 수많은 전쟁을 치렀습니다. 이렇게 할 수 있었던 유일한 이유는 오랜 기간 인색하게 굴었으므로 엄청난 경비를 감당할 수 있었기 때문입니다.[2] 지금 에스파냐의 왕이 활수하다는 평가를 받았다면, 그는 수많은 임무를 시작도 못했거나 완수하지도 못했을 것입니다.[3]

1 율리우스 2세가 교황이 되기 전과 되고 나서의 활수함과 관련된 태도를 말한다. 먼저 교황이 되기 전이다. 율리우스 2세는 교황이 되려고 무척 많은 돈을 사용했다. 그는 우선 자신의 정적인 보르자 가문의 체사레를 자기편으로 만드는 것이 중요했다. 왜냐하면 체사레의 아버지 알렉산데르 6세가 전직 교황으로서 임명한 추기경들이 많았으며, 체사레를 지지하는 추기경이 많았기 때문이다. 율리우스 2세는 체사레를 자기편으로 만들고자 그에게 자금을 지원하겠다고 약속한다. 결국 그는 교황 선거인단인 추기경들로부터 만장일치에 가까운 압도적인 지지를 받았다. 그를 지지하지 않은 단 두 표 중 한 표는 자신의 표이고, 다른 한 표는 프랑스의 지지를 받던 조르주 당부아즈였다. 그는 이러한 결과를 얻고자 추기경들에게 엄청난 뇌물을 뿌렸다.

그러나 율리우스 2세의 이러한 활수함은 교황이 되고 나서는 완전히 사라진다. 그는 재물을 사용하는 대신에 동맹 전략과 종교적 권위를 주요 전쟁 정책으로 이용했다. 그는 베네치아를 무력화하기 위해 1508년 프랑스·신성로마 제국·아라곤 등이 참여하는 캉브레 동맹을 결성하고, 이듬해 베네치아에 성무聖務 정지라는 종교적 제재制裁를 가한다. 그 후 프랑스를 견제하기 위해 1510년 프랑스에 성무 정지 조치를 취하는 한편, 베네치아 공화국·에스파냐·영국·신성 로마 제국과 신성 동맹을 맺었다. 그는 돈과 재원을 사용하는 활수함보다는 책략에 의한 전쟁을 수행했다.

2 루이 12세를 가리킨다. 영역판 주에 따르면 루이 12세는 지나치게 절약한다는 이유로 공개적으로 조소당하기는 했지만 세금을 줄여 칭송받았다. 실제로 루이 12세는 1506년 삼부회에서 '인민의 아버지'라는 칭호를 받는다. 그 이유는 1498년 왕위에 오르고 나서 수많은 전쟁을 치렀음에도 1504년 재정 개혁, 1508년 세금 동결과 세금 징수 방법 개선 등을 통해 오히려 인민의 세금을 줄여주었기 때문이다. 그가 얼마나 인민을 위무했는지는 다음 말에서 알 수 있다. "나는 내 인민이 내 인색함을 보고 울기보다는 웃기를 바란다."

3 페르디난도 2세를 가리킨다. 마키아벨리가 페르디난도 2세를 높이 산 것은 근대 개혁 군주의 전형이기 때문이다. 그는 귀족 약화, 국가 강화, 농민 해방 등을 통해 근대적인 에스파냐를 만든 왕이다. 프랑스의 루이 12세와 이탈리아 주도권을 다투었던 그는 콜럼버스의 아메리카 항해를 후원한 것으로도 유명하다.

　그가 이와 같이 많은 일을 할 수 있었던 것은 개혁 정책에서 비롯한다. 그는 귀족들이 거느린 군대의 무장을 해제하는 한편, 관리들을 대거 기용해 관료제를 강화했고 재정 정책을 개선했다. 또한 그는 과달루페 판결sentence of Guadalupe(1486)을 통해 농민들을 해방했고, 카탈로니아의 번성을 가져올 토대를 마련했다. 일종의 농노 해방에 해당하는 이 사건은 200여 년이 지난 뒤에야 유럽에서 일반화되있다. 귀족의 약화, 관료제의 강화, 그리고 인민의 경제 진흥이라는 점에서 마키아벨리는 페르디난도 2세를 찬양한다.

다시 인민론이다. 마키아벨리는 여기서 특유의 인민론을 다시 설파한다. 그는 소수에게 인색하고 다수에게 활수하다는 평을 받는 군주가 되라고 권한다. 그런 군주는 현명한 군주이고 위대한 일을 성취한다. 반면에 군주가 다수에게 인색하고 소수에게 활수하다는 평을 받으면, 그는 어리석은 군주이고 위대한 일을 할 수 없다고 말한다.

그럼 어떻게 다수에게 활수하다는 평을 들을 것인가? 마키아벨리는 간단하게 다수, 즉 인민을 수탈하지 말라고 말한다. 군주가 위대한 일을 하려면, 전쟁을 통해 정복하려면 당연히 돈이 필요하다. 그러나 그는 그 돈을 인민한테서 걷지 말라고 은연중에 전한다. 그 대표자가 피렌체 북쪽의 루이 12세이고 피렌체 남쪽의 페르디난도 2세이며, 피렌체의 옆구리를 위협하는 교황령의 율리우스 2세이다. 그들은 이탈리아를 두고 엄청난 전쟁을 벌였지만 인민에게 직접 피해를 주지 않았다. 오히려 루이 12세와 페르디난도 2세는 전쟁을 치르기 전에 세제 개혁과 농민 해방 등을 통해 인민의 호의를 얻었으며, 율리우스 2세는 손에 코를 묻히지 않고 전쟁을 수행했다. 무릇 군주라면 이런 인물들을 닮아야 한다고 마키아벨리는 강조한다.

마키아벨리는 인색과 활수의 교묘한 반전을 시도한다. 인색한 자가 활수한 자이고, 활수한 자는 인색한 자라는 것이다. 루이 12세는 귀족에게 인색하다는 조롱을 받았지만 인민이 보기에 활수한 자이다. 그 이유는 루이 12세가 인민을 수탈하지 않았기 때문이다. 인민이 빼앗기지 않는다는 것은 결과적으로 받은 것과 마찬가지이다. 연말정산을 하고 세금을 돌려받으면 좋지만 더 납부하지 않으면 그것도 다행이라고 생각한다. 세금을 더 내지 않은 것은 가지고 있는 돈을 저축하는 것과 마찬가지이기 때문이다.

군주가 인민에게 직접 재화를 나누어주는 것도 좋다. 하지만 군주가 인민에게 재화를 나누어주는 것은 쉽지 않다. 그 재화를 누군가에게 다시 거둬야 하며, 세금을 더 낸 자는 불평을 늘어놓기 때문이다. 하지만 루이 12세와 페르디난도 2세처럼 각종 재정 개혁을 통해 낭비를 줄이고 세제 개혁을 통해 세금을 줄임으로써 인민의 주머니를 털지 않는 것은 가능하다.

군주가 어느 정도까지 인민에게 빼앗지 않는 것이 가능한가? 반대로 군주는 어느 정도까지 돈을 가지고 있는 것이 적당한가? 루이 12세, 페르디난도 2세를 통해 알 수 있다. 군주의 업무 가운데 돈이 가장 많이 드는 전쟁마저도 세금을 걷지 않고 수행하는 것이다. 율리우스 2세를 통해서도 알 수 있다. 필요하다면 전쟁을 하되, 동맹의 힘을 빌리고 머리를 쓰는 것이다. 그런 군주는 주변의 소수에게 인색하지만, 다수의 시민에게는 활수하다는 평가를 받는다.

마키아벨리는 이 글을 통해 군주에게 이중, 삼중으로 조언한다. 국가를 확장하고자 전쟁을 하는 것은 군주의 당연한 의무이다. 하지만 전쟁을 하려고 인민을 수탈하지는 마라. 인민을 수탈해야 할 정도로 재정 여력이 없다면 아예 전쟁을 할 생각도 하지 마라. 우리는 루이 12세와 페르난도 2세 이후 프랑스와 에스파냐가 유럽의 강국이 되었다는 것을 알고 있다. 또한 율리우스 2세가 '전사 교황'이라는 칭호를 들으며 이탈리아 통일을 꿈꾸었다는 것을 알고 있다. 그들은 적어도 인민을 수탈하는 정책을 취하지는 않았다는 것, 마키아벨리는 이것을 강조한다.

낭비하고자 한다면 다른 나라 인민의 돈으로 하라

따라서 현명한 군주라면 인색한 사람이라는 평판을 듣는 것을 무시해야 합니다. 신민을 강탈하지 않으려고, 자신을 방어하려고, 점점 더 가난해져서 마침내 경멸받게 되지 않으려고, 마침내 어쩔 수 없이 부당한 자가 되지 않으려고 그렇게 해야 합니다. 왜냐하면 인색함이야말로 군주를 통치자로 만들어주는 그러한 악덕 가운데 하나이기 때문입니다.

그러면 누군가 '카이사르는 활수를 통해 최고의 권력에 도달했으며, 다른 많은 사람들도 활수함을 통해, 또는 활수하다는 평가를 통해 가장 높은 지위에 올랐다'라며 반문할 것입니다. 저는 이렇게 답변합니다. '당신이 이미 군주가 되었는가, 아니면 그 지위에 오르는 과정에 있는가. 전자의 경우 제가 의미하는 활수는 파괴적입니다. 후자라면 활수하다고 여겨지는 것은 아주 필수적입니다. 그 당시 카이사르는 로마의 주권자가 되려고 노력하는 여러 사람 가운데 한 명이었습니다. 그러나 카이사르가 주권자가 되었을 때 여전히 활수하게 살았다면, 그러한 지출을 계속했다면 그는 패권을 잃었을 것입니다.'[1]

누군가 다시 '상당히 활수했다는 평판을 받은 많은 자가 군주가 되었으며, 무력을 지니고 많은 승리를 거두었다'고 반문한다고 해보십시오. 그러면 저는 당신에게 다음과 같이 답변을 드리겠습니다. '군주는 자신의 돈이나 신민의 재산 또는 다른 나라 사람의 재산을 사용해야 합니다. 전자의 경우라면 현명한 군주는 인색해야 하지만, 후자의 경우라면 아무리 활수해도 좋습니다. 자신의 군대와 함께 전투를 나가서 약탈물, 전리품, 몸값으로 생활하는 군주는 다른 나라 사람의 재산을 완전히 장악할 수 있기 때문입니다. 이러한 경우라면 활수함은 필연적이며, 활수하지 않다면 병사들이 그 군주를 따르지 않을 것입니다. 다른 나라 사람의 재산은 당신과 당신 신민의 것이 아니므로, 당신은 키루스·카이사르·알렉산드로스[2] 처럼 아주 펑펑 쓰는 사람이 될 수 있어야 합니다. 왜냐하면 다른 나라 사람의 것을 지출하는 것은 당신의 명성을 낮추는 것이 아니라 더 높여주기 때문입니다. 당신 자신의 재산을 사용하는 것 외에는 어떤 것도 당신을 해치지 않습니다.'

1 군주와 씀씀이에 대한 언급이다. 마키아벨리는 카이사르가 황제가 되기 전에는 돈을 펑펑 썼고, 황제가 되고 나서는 인색했다고 한다. 플루타르크의 《영웅전》〈카이사르〉 편에 보면, 카이사르는 사람들을 사로잡으려고 무척 돈을 잘 썼다. 대표적인 것만 들어보자.

카이사르는 공직에 앉기도 전에 명성을 얻으려고 무척 많은 빚을 졌다. 공직에 앉자마자 그는 사재를 털어 도로를 닦고 보수했다. 또한 그는 쿠릴레 아이딜레curile aedile(문화 및 행사 등을 관장하는 안찰관)를 맡자 320명의 검투사를 동원해 성대한 대회를 열었다. 그는 에스파냐의 일부 부족을 점령하자 채권자와 채무자의 관계를 조정하면서 돈을 벌어들였으며, 병사들도 큰돈을 벌게 했다. 또한 그는 갈리아에서 막대한 돈을 벌어들이자 로마의 정치가들에게 아낌없이 뿌렸고, 호민관 쿠리오의 빚을 대신하여 갚아주었으며, 집정관인 파울루스에게 엄청난 돈을 주기도 했다. 또한 그는 자신이 빌려 온 폼페이우스의 병사를 돌려보내면서 그 병사들에게 많은 돈을 쥐어 보냈다. 카이사르는 이런 방법으로 병사·시민·정치인 등의 마음을 사로잡았다.

그러나 권좌에 오르자 그의 돈 쓰는 방법이 달라졌다. 그는 식량을 서민들에게 나눠주었고, 병사들의 마음을 사로잡으려고 시민 정책을 적극적으로 활용했다. 또한 그는 적대적인 세력이 될 수 있는 자들에게는 명예와 영광을 나누었지만 돈을 나눠주지는 않았다.

2 키루스는 페르시아의 창건자이고 카이사르는 로마 제국 창건자이며, 알렉산드로스도 거대한 제국의 창건자이다. 이들은 거대한 제국을 세우려고 주변 국가들을 점령했으며, 점령의 부산물인 많은 재물을 고국으로 가져와서 신민의 삶을 풍요롭게 했다.

군주는 돈을 어떻게 써야 하는가? 군주가 되려고 많은 재산을 낭비하는 것은 좋다. 하지만 군주가 되었다면 쫀쫀하고 쩨쩨할 정도로 인색한 것이 좋다. 단, 돈을 펑펑 쓰고 싶다면 다른 국가를 정복하고 거기서 거둔 돈을 써라. 키루스·카이사르·알렉산드로스는 이런 인물의 전형이다. 마키아벨리가 위에서 한 말의 전부이다.

마키아벨리는 야심이 있는 자, 군주가 되고 싶은 자는 돈을 어떻게 써야 하는가를 말한다. 질문을 던져보자. '군주가 되기 전에 돈을 많이 사용하는 것은 올바른가?' 그는 옳다고 답한다. 돈을 쓰지 않는다면 군주의 자리에 오를 수 없기 때문이다. 돈을 아끼다 군주의 자리에 오르지 못하면, 군주의 자리에 오른 자에게 모든 것을 빼앗긴다. 이를 카이사르가 권력을 잡을 당시를 바탕으로 살펴보도록 하자.

카이사르·폼페이우스·크라수스는 로마 공화정 말기 서로 권력을 잡으려고 쟁투했다. 가장 부유한 자는 크라수스였고, 폼페이우스는 그다음 부자, 카이사르는 빚쟁이였다. 카이사르는 민중파인 마리우스 파의 지도자였고, 폼페이우스는 귀족파인 술라 파의 대표자였으며, 크라수스는 로마 최고의 부자로 경제계의 대표였다. 크라수스는 카이사르에게 돈을 엄청나게 빌려준 채권자이자 카이사르의 빚 보증인이었다. 폼페이우스는 카이사르의 정치적 보증인이자 병사를 빌려준 채권자였다. 그러나 크라수스도 폼페이우스도 권력을 잡는 데에 실패한다. 그 이유는 무엇인가? 마키아벨리가 이 절에서 말한 내용만 살펴본다면, 카이사르는 군주가 되는 데에 돈을 잘 썼기 때문이다.

크라수스가 정치를 한 것은 돈을 더 잘 벌고자 함이었다. 그는 사설 소방대를 앞세워 로마의 주택 상당 부분을 자기 것으로 만들었고, 돈을 벌려고 성녀를 유혹했으며, 집정관을 지내면서 재산을 무려 20배 넘게 불렸다. 그는 삼두정치를 하면서 폼페이우스, 카이사르와 함께 로마를 나눠 통치할 때에도 이윤이 많이 나는 아시아 지역을 선택했다.

그가 막대한 돈을 가지고 있었음에도 최고 권력을 쟁취하지 못한 이유는 돈에 대한 지나친 욕심 때문이었다. 크라수스는 전쟁에서 승리하고 나서, 재산을 더 모으려고 지금의 시리아 지역에 더 오래 머무는 실수를 범했다. 그는 그곳에서 수입을 계산하고 병역을 면제해 주는 대신에 돈을 받느라고 시간을 허비하다가 적국 병사에게 목숨을 잃었다. 그는 정치의 목적인 권력 쟁취를 간과하고 정치를 통해 더 많은 돈벌이를 하고자 했을 뿐이다. 로마인들은 크라수스가 많은 장점이 있었지만 재물에 대한 지나친 욕심 때문에 자신의 가치를 잃었다고 평했다.

폼페이우스가 정치를 한 것은 더 많은 명예를 위해서였다. 그는 욕심이 없고 검소했다. 불과 스물셋의 나이에 군 지휘권을 장악했으며, 당시 최고 권력자인 술라마저도 그에게 마그누스, 즉 '대장군'이라는 칭호를 붙일 정도였다. 폼페이우스가 전쟁에 나서면, 이름만 듣고도 적들이 도망갈 정도였다.

그는 아프리카 · 유럽 · 아시아 대륙에서 승리를 거둬 개선식을 거행했고, 전 세계의 승리자처럼 보였다. 그는 명예에 도취되어 거만한 태도와 허세를 부렸으며, 시민들을 멀리하고 광장에 나가는 것도 꺼렸다. 그는 시민들의 마음을 사고자 돈을 뿌리지도 않았으며, 원로원 의원들이 부르기 전에는 그들을 자기편으로 만들려고 하지 않았다. 그럼에도 귀족인 원로원 의원들은 카이사르에게 쫓겨 로마에서 달아날 때에도 폼페이우스를 지도자로 여기고 따랐다. 돈으로 인민의 마음과 병사의 마음을 살 줄 몰랐고 명예만 쫓았던 그의 운명도 크라수스와 크게 다르지 않았다. 그는 카이사르에게 쫓겨 이집트로 갔고, 그곳에서 이집트인들의 칼을 맞고 숨을 거둔다.

크라수스도, 폼페이우스도 카이사르에게 졌다. 왜? 크라수스는 돈 때문에, 폼페이우스는 명예 때문이다. 그러나 근본적인 원인은 돈을 쓰지 않거나 제대로 쓰지 못했기 때문이다. 크라수스는 돈을 더 많이 벌려고, 폼페이우스는 자신의 명예를 지키려고 시민들과 만나는 것도 꺼리고 돈을 베풀지 않았다. 반면에 카이사르는 시민과 병사의 마음을 사고자 가진 돈을 모두 썼고, 부족하면 빌려서 베풀었다.

권력을 잡으려면 누구의 지원을 받아야 하는가? 마키아벨리는 서슴지 않고, 공화정이라면 시민의 도움을 받아야 하고 군주정이라면 신민의 지지를 받아야 한다고 말한다. 그들의 도움과 지지를 받으려면 무엇을 해야 하는가? 카이사르처럼 시민이나 신민에게 아낌없이 베풀어야 한다. 선물을 주어야 한다. 단, 권력을 잡으면 귀족이나 군인들에게 더는 베풀지 말고 인색해져야 한다. 인색해지기 싫다면, 정복을 통해 더 많은 재물을 모으고 이를 시민과 신민에게 아낌없이 베풀어야 한다.

활수는 활수 그 자체를 파괴한다

더구나 활수만큼 활수 그 자체를 파괴하는 것은 아무것도 없습니다. 당신이 활수하다면 당신은 활수를 행할 수 있는 권력을 잃게 되고, 가난해져서 경멸받거나 빈곤을 벗어나려고 인색해지다가 증오를 사기 때문입니다. 현명한 군주가 피해야 하는 가장 중요한 위험은 경멸과 증오의 대상이 되는 것입니다.[1] 그런데 활수는 이 두 가지 다 당신에게 가져다줍니다.

따라서 '강탈자'라는 별명을 불러오는 '아낌없이 돈 쓰는 자'라는 명칭보다는 '구두쇠'라는 칭호를 얻는 것이 훨씬 현명합니다. 왜냐하면 돈을 '아낌없이 쓰는 자'는 증오를 동반하는 비난을 부르지만, '구두쇠'는 증오를 동반하지 않는 비난을 부르기 때문입니다.

1 경멸과 증오에 대해서는 14장 〈군사력이 없는 군주는 경멸당한다〉에서 다뤘다. 경멸과 두려움에 대해서는 모두 아리스토텔레스의 수사학에 의해 설명이 가능하다.

활수는 경멸과 증오를 부른다고 마키아벨리는 말한다. 경멸은 군주가 너무 많은 돈을 써서 가난해지면 발생하고, 증오는 군주가 가난해져서 인민에게 제공해야 할 재화를 제공하지 못할 때 표출된다.

군주를 경멸하는 자는 군주와 대등한 위치에 있는 귀족들이다. 예컨대 귀족은 군주와 대등한 혈통적 권리를 지닌 자이자 경제적으로도 비슷한 정도의 수준을 갖춘 자이다. 군주가 경제력이 없다면, 다시 말해 지나치게 낭비해서 귀족들에게 나눠줄 재산과 영토가 없다면 귀족들은 군주를 경멸하고 멸시한다. 반면, 군주를 증오하는 자는 인민이다.

인민은 군주의 통치를 받는 자들이며, 군주는 통치할 권리를 얻는 대신에 인민의 복리를 책임져야 하는 의무가 있다. 군주가 낭비를 해서 인민의 복리를 책임지지 못하면 증오를 받게 된다.

마키아벨리가 경멸이라는 표현을 쓴 이면에는 군주와 귀족을 경쟁 관계로 바라본 관점이 존재한다. 그가 증오라는 표현을 쓴 이면에는 군주와 인민의 관계를 일종의 우정 관계로 바라본 관점이 존재한다. 여기서 우정은 상호 대등한 자들의 관계가 아니라 상하 관계의 우정이다. 아리스토텔레스의 《수사학》에 따르면 "우정은 간절히 바라지 않았는데도 호의나 선행을 받을 때 생겨난다." 일반적으로 우정은 친구뿐만이 아니라 다양한 관계에서도 발생한다. 인민이 필요를 느낄 때 군주가 선행을 베풀면, 예컨대 가뭄이 들어 먹고살기 힘들 때 군주가 인민에게 식량을 나눠준다면, 이때도 우정이 발생한다.

만약 군주가 낭비를 일삼고 인민에게 선행을 베풀지 않으면 어떤 일이 발생할까? 인민은 군주를 증오한다. 왜냐하면 인민은 군주가 마땅히 해야 할 의무를 다하지 않았을 때 분노를 느끼기 때문이다. 그렇게 되면 인민은 군주를 친구가 아닌 적으로 삼고 기회를 노리게 된다. 즉, 군주가 호색과 방탕으로 쾌락을 즐길수록 인민은 슬픔을 느끼고 복수할 마음을 품는다. 이 단계를 지나면 인민이 군주를 처벌할 마음, 즉 군주를 제거하고 다른 군주를 옹립할 마음을 품게 된다. 이에 대해서는 〈잔인함과 인자함〉에서 다룬다.

군주는 돈 때문에 경멸당하는 게 좋은가, 아니면 증오를 사는 게 좋은가? 경멸당하는 상황에 처하면 경쟁자인 귀족에게 권력을 빼앗길 수 있고, 증오 받는 상황에 처하면 인민에게 권력을 박탈당할 수 있다. 어느 것도 옳지 않다. 결국 권력을 빼앗기기 때문이다. 그럼 어떻게 하는 것이 좋은가? 마키아벨리는 군주라면 낭비하지 않는 구두쇠가 되는 것이 좋다고 결론을 내린다. 군주가 낭비하지 않으면 시혜를 베풀 재산이 있으므로 경쟁 관계에 있는 자들한테 경멸받을 일도 없고, 신민에게 더 많은 세금을 걷지 않아도 되기에 증오받을 일도 없기 때문이다.

16장 다시 보기

첫 번째 다시 보기를 하자. 이 장은 군주의 세금론이다. 마키아벨리는 군주에게 겉말로 활수하기보다는 인색하라고 말한다. 그러나 속말을 들어보자. 그는 군주에게 낭비하려고 인민에게 세금을 걷지는 말라고 말한다. 이 점에서 16장의 핵심 주제는 군주와 세금이다. 그는 감당할 수 없거나 지나치게 많은 세금을 인민에게 부과하지 말아야 한다고 말한다. 그는 1부, 2부와 마찬가지로 다시 인민론을 전면에 내세운다.

군주가 낭비하는 돈은 어디에서 나오는가? 돈은 귀족에게서 걷든 또는 인민을 수탈하든 결국은 최종 생산자인 인민에게서 나온다. 군주가 세금을 적게 걷으려면 어떻게 해야 하는가?

우선, 국고를 사적 욕망과 쾌락을 채우는 데에 사용하지 않으면 된다. 예컨대 자신의 성적 쾌락을 채우려고 여성에게 지나친 돈을 사용하거나, 자신이 권력을 잡는 데에 도움을 준 자들에게 지나친 부를 나눠주지 않으면 된다.

둘째, 공명심에 들떠 일을 벌이지 않으면 된다. 죽고 나서 이름을 길이 남기고자 불필요한 공공사업을 벌이지 않으면 된다. 예컨대 통행량이 많지 않은 길을 넓히려고 지나친 토목공사를 벌이는 등의 일을 벌이지 않으면 된다.

마지막으로, 세금을 가장 많이 거둬야 하는 전쟁을 벌여서도 안 된다. 역사상 대부분의 전쟁은 인민의 삶의 질 개선과는 무관하며, 군주 개인의 증오심과 복수심, 명예심에서 발생한다. 전쟁의 최종 수혜자는 명망을 채운 군주, 전쟁의 지휘자로 참여한 장군과 귀족, 전쟁 관련 사업으로 돈을 버는 상인이나 사업가이다. 군주는 전쟁을 통해 소수의 측근들에게 돈을 활수하게 나눠준다. 전쟁에 승리하든 패배하든 인민은 전쟁의 수혜자가 아니라 가장 큰 피해자이다. 피해자가 세금을 납부해 전쟁 비용의 대부분을 충당하는 현실은 아이러니가 아닌가!

군주가 꼭 전쟁을 할 필요가 있는가? 공익, 즉 국가의 확장을 위해서라면 전쟁을 하라. 단 율리우스 2세, 루이 12세, 페르난도 2세처럼 인민에게 세금을 걷지 마라. 그 방법을 찾은 군주는 경멸도 증오도 받지 않는다. 오히려 율리우스 2세처럼 이탈리아의 해방자 또는 교회의 구원자라는 평가를 받을 수도 있으며, 루이 12세처럼 '인민의 아버지'라는 칭호를 얻을 수도 있으며, 페르난도 2세처럼 '에스파냐 통일의 아버지'로 추앙받을 수도 있다.

두 번째 다시 보기를 하자. 이 장은 정치와 돈의 관계론이다. 16장은 마키아벨리가 군주의 실제 덕목을 다루는 첫 번째 장이다. 마키아벨리는 군주가 갖춰야 할 여러 가지 덕목을 논하면서, 가장 먼저 군주와 돈, 정치인과 돈을 다룬다.

정치와 돈은 떼려야 뗄 수 없는 관계이다. 정치 있는 데에 돈이 있고, 돈 있는 데에 반드시 정치가 있다. 정치를 하려면 돈이 필요하고, 돈을 분배하려면 정치가 요구된다. 정치를 하면서 측근에게 돈을 쓰지 않겠다고 말하는 것은 정치를 하지 않겠다는 말과 다름없다. 정치를 하면서 재화를 분배하지 않겠다고 말하는 것은 정치가 무엇인지 모른다는 소리이다.

마키아벨리는 이 두 가지 문제 중에서 전자, 즉 정치와 돈의 사용의 문제를 다룬다. 마키아벨리 당대를 기준으로 전쟁을 하기 위해서도, 현재를 기준으로 아주 작은 규모의 선거에 출마하는 데에도 엄청난 돈이 든다. 전쟁의 규모가 클수록, 단위가 큰 선거일수록 상상을 초월하는 돈이 필요하다.

대부분의 통치 자금은 일종의 비자금이다. 비자금은 권력을 유지하고자 조직과 세력을 관리하는 데에 쓰인다. 군주이건 대통령이건 권력을 잡고 유지하려면 상당한 돈이 들기 마련이다. 이 돈을 사용하는 데에 인색한 지도자는 일반적으로 목숨을 바쳐 충성을 다하는 측근을 얻기가 쉽지 않다. 자신의 모든 기량과 열정을 다해 전쟁을 수행하는 장군도, 제 일처럼 선거 운동을 하는 조직원도 구할 수 없다. 고상한 이상과 뜻만으로 충성스러운 부하와 뛰어난 인재를 구할 수 없다. 일반적으로 정치 자금을 풍부하게 사용하는 지도자가 권력을 잡기 마련이다. 카이사르는 큰 빚을 지고서라도 돈을 잘 사용해 최고의 지위에 오른 자이다. 정치를 하는 데에는 반드시 큰돈이 필요하다.

마키아벨리는 비자금으로서의 통치자금을 세금과 연관해 생각하도록, 그리고 세금과 다수/소수 등을 활수와 인색에 연결해 생각하도록 요구한다. 정치 지도자라면 누구나 다 정치 자금을 가지고 있어야 한다. 하지만 써도 써도 돈이 마르지 않는 화수분을 가진 정치 지도자는 없다. 언젠가는 반드시 자금의 한계에 봉착하기 마련이다. 돈줄이 마르기 시작한 지도자는 선택을 강요당한다. 씀씀이를 줄일 것인가, 아니면 풍족하게 사용하고자 돈을 더 걸을 것인가? 전자를 선택하면, 측근들에게 경멸당하고 도태당한다. 후자를 선택하면, 결국 인민의 증오를 사 인민에게 참살당한다.

마키아벨리는 묻는다. 당신이 정치를 한다면, 당신은 돈에 대해 어떤 태도를 보일 것인가? 당신이 군주라면 소수 측근들에게 활수하다는 평가를 듣지만 다수 인민에게는 인색하다는 소리를 들을 것인가, 아니면 소수의 측근들에게는 인색하다는 소리를 듣지만 다수인 인민에게 활수하다는 소리를 들을 것인가? 마키아벨리는 결론적으로 말한다. 다수에게 인색하다는 평을 듣기보다는 활수하다는 평을 듣기를 좋아해라. 그것이 돈과 정치의 진정한 관계이다. 돈으로 소수의 마음을 사지 말고, 돈을 덜 걷어 다수의 민심을 얻어라. 인민의 지지를 받지 않고서는 권력을 유지할 수 없다. 다수 인민의 지지, 그것이 정치의 만사이다.

17장

잔인함과 인자함:
두려움의 대상이 되는 것보다
사랑의 대상이 되는 것이 더 나은가?
아니면 그 반대인가?

이 장은 〈현명한 잔인성이 진정한 자비이다〉, 〈적당한 가혹함〉, 〈사랑의 대상이 되는 것보다 공포의 대상이 되는 것이 더 안전하다〉, 〈어떻게 증오를 피할 것인가〉, 〈장군들은 반드시 잔인해야 한다〉, 〈스키피오는 너무 자비로웠다〉, 〈군주는 현재 자신의 역량에만 의존해야 한다〉로 이루어져 있다.

서론이 없는 글이다. 그 이유는 마키아벨리가 과감하게 서문을 생략했기 때문이다. 마키아벨리는 서문을 생략하고 곧장 본론으로 넘어간다. 본론은 크게 두 부분으로 이루어져 있다. 우선 군주가 잔인함을 행사하는 것이 왜 중요한지 세 가지 이유를 밝히고, 그다음으로 역사적 사례 두 개를 든다.

이론적 부분은 잔인함의 행사 조건과 단서 조건으로 이루어져 있다. 첫째, 〈현명한 잔인성이 진정한 자비이다〉는 수의 논리, 즉 경제적 논리에서 현명하게 잔인함을 행사하는 것이 진정한 자비임을 밝힌다. 잔인함이 허용될 때는 다수 신민과의 결속과 통일을 위한 경우이다. 마키아벨리는 이를 당대의 두 가지 예로 설명한다. 체사레는 현명한 잔인성을 사용한 반면, 도시국가 피렌체는 우유부단해서 더 큰 잔인성을 불러왔다고 지적한다. 둘째, 〈적당한 가혹함〉은 윤리적 관점에서 적당히 가혹하게 구는 것이 분별력 있는 것임을 밝힌다. 마키아벨리는 중용적 잔인함이 무엇인가 설명하면서, 잔인함이 인정되기 위한 조건으로 신중과 친절을 들고 있다. 셋째, 〈사랑의 대상이 되는 것보다 공포의 대상이 되는 게 더 안전하다〉는 인간론의 관점에서 어느 정도의 잔인함은 필요하다는 점을 밝힌다. 그는 인간을 배은망덕한 존재이자 기회주의적인 존재로 보고, 그렇기에 얼마간 잔인함이 필요하다고 역설한다. 그리고 마키아벨리는 단서 조항으로 〈어떻게 증오를 피할 것인가〉에서 군주는 공포의 대상이 될지언정 어떤 경우에도 증오를 사서는 안 된다고 밝힌다. 특히 그는 군주가 부녀자와 신민의 재산을 건드리면 증오의 대상이 된다고 강조한다.

본론의 두 번째 부분은 역사적 사례이다. 마키아벨리는 〈장군들은 반드시 잔인해야 한다〉에서 한니발이 혼합군으로 이뤄진 군대를 통일시킬 수 있었던 이유로 잔인함을 든다. 반면에 그는 〈스키피오는 너무 자비로웠다〉에서 자비로움이 어떤 문제를 가져오는지 설명한다.

결론은 〈군주는 현재 자신의 힘에만 의존해야 한다〉이다. 군주는 어떤 경우든 자신의 비르투나에 의존해서 권력을 유지해야 한다고 강조한다. 이를 목차로 재구성하면 아래와 같다.

본론 1. 당대의 사례로 본 잔인함 행사의 이론적 조건과 단서 조항
  1) 잔인함의 필요에 관한 이론적 검토

(1) 경제적 관점(수의 논리): 현명한 잔인성이 진정한 자비이다

(2) 윤리적 관점: 적당한 가혹함

(3) 인간론적 관점: 사랑의 대상이 되는 것보다 공포의 대상이
되는 것이 더 안전하다

2) 잔인함 행사의 단서 조항: 어떻게 증오를 피할 것인가

본론 2. 잔인함의 역사적 사례

1) 한니발: 장군들은 반드시 잔인해야 한다

2) 스키피오: 스키피오는 너무 자비로웠다

결론: 군주는 현재 자신의 역량에만 의존해야 한다

현명한 잔인성이 진정한 자비이다[1]

위에서 언급했던 특질들 가운데 두 번째를 다루겠습니다. 저는 모든 현명한 군주는 잔인하기보다는 자비로운 자로 여겨지길 원한다고 말씀드리겠습니다. 그럼에도 그는 그러한 자비를 잘못 사용하지 않도록 주의를 기울여야 합니다. 체사레 보르자는 잔인한 자로 생각되었습니다. 그렇게 유명한 잔인성이 있음에도 로마냐 지역을 재편하고 통일했으며, 그곳에 평화와 충성을 가져왔습니다.[2] 우리가 이것을 면밀히 검토한다면, 우리는 그가 피렌체 사람들보다 훨씬 더 자비로웠다는 것을 알게 됩니다. 왜냐하면 피렌체 사람들은 잔인하다고 불리는 것을 피하려다 결국 피스토이아 지역을 황폐하게 만들었기 때문입니다.[3]

그렇다면 현명한 군주는 자신의 신민을 통일시키고 충성심을 유지하

고자 한다면 잔인하다는 비난을 두려워해서는 안 됩니다. 왜냐하면 몇 가지 잔인한 행위를 시범적으로 보여준 현명한 군주는 악한 행동을 지속해 결국 살인이나 약탈을 자행하는 그러한 군주들보다 현명하기 때문입니다. 다시 말하면 후자의 군주는 집단 전체에 해를 끼치지만, 전자의 군주가 행한 행위는 몇몇 개인에게만 해를 끼치기 때문입니다.

새로운 군주는 잔인하다고 불리는 것을 피할 수 없습니다. 왜냐하면 새로운 정부에는 항상 위험이 만연하기 때문입니다. 베르길리우스가 디도의 입을 빌려 다음과 같이 말한 것을 기억하시기 바랍니다.[4]

"나의 과업은 힘들고 이 나라는 새로 얻은 것이요. 그래서 그런 조치를 취하고 국경의 수비를 널리 멀리할 수밖에 없다오."

1 16장의 목차를 보자. 첫 번째 절은 〈활수하다는 평가를 추구하는 것의 어려움〉이고, 두 번째 절은 〈검소함이 진정한 활수이다〉이다. 17장의 목차를 보자. 첫 번째 절은 〈현명한 잔인성이 진정한 자비이다〉이다. 16장의 흐름에 비추어 생각해 보면, 우리는 마키아벨리가 '자비롭다는 평가를 추구하는 것의 어려움'이라는 글을 과감하게 생략하고 17장을 전개하고 있다고 유추해야 한다. 그는 서문을 생략한 채, 독자들이 다 알고 있으리라고 전제하고 곧장 본론으로 들어간다.

그 이유는 말할 것도 없이 군주가 읽기 편하게 '원고량은 최대한 줄이되, 내용은 풍부하고 깊게'라는 기본 방향 때문이다. 따라서 우리는 17장을 읽을 때 이 생략된 부분이 무엇인지를 유추하면서 읽어야 17장을 완결된 구조로 이해할 수 있다. 마키아벨리가 원고에서 생략한 그 내용은 16장의 첫 번째 절에 근거해서 추론해야 한다. 그가 아마도 써놓고 출판하지 않았거나, 머릿속으로 생각한 글을 마키아벨리를 따라 흉내내면 다음과 같을 것이다.

이를 참조해 읽기를 바란다.

인자하다는 평가를 추구하는 것의 어려움

이제 위에서 언급했던 두 번째 특질을 논하겠습니다. 저는 인자한 것으로 여겨지는 것이 좋다고 말씀드렸습니다. 그럼에도 당신이 '인자하다'는 평가를 얻으려고 행동한다면, 이는 당신에게 해를 끼칩니다. 왜냐하면 당신이 인자함을 현명하게, 그리고 올바르게 행한다면 사람들은 그 인자함을 알아차리지 못하는 반면에, 당신이 그 반대로 잔인하게 행동한다면 당신은 비난을 피하지 못하기 때문입니다. 따라서 당신이 사람들 사이에서 인자한 사람이라는 평판을 유지하려면 모든 일에 무르게 행동할 수밖에 없습니다.

결국 그런 유형의 군주는 인자한 행동으로 자신의 모든 역량을 소비합니다. 또한 그가 인자한 사람이라는 평판을 지속적으로 유지하고자 한다면 결국 신민에게 지나친 잔인함을 행사할 수밖에 없으며, 마치 폭력에 취한 자처럼 피를 맛보고자 무슨 짓이든 하게 됩니다. 이렇게 행동함으로써 그는 신민에게 해를 끼치게 되고, 어느 누구도 그를 좋게 평가하지 않게 됩니다. 왜냐하면 그는 점점 더 잔인해지기 때문입니다.

결국 소수에게 피해를 주지 않으려는 그러한 인자함 탓에 다수에게 피해를 주기 마련입니다. 그 결과 그는 처음에는 어떠한 난관에도 부딪히지 않지만 곧 엄청난 난관에 부딪히게 마련이고, 그중 하나의 위험에 맞부딪쳐 좌초하게 됩니다. 그가 이를 깨닫고 원상회복을 시도한다면, 별것 아닌 잔인한 행동을 하자마자 잔혹하다는 평가를 듣게 됩니다.

2 7장 〈공작은 불충한 장군을 세서한가〉와 〈로마냐의 평화: 레미로 네 오르코〉를 참조하라.

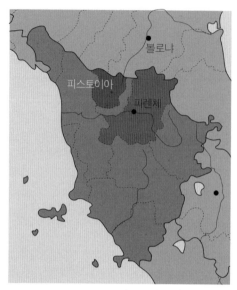

피스토이아와 피렌체

3 1500년 피렌체와 피스토이아를 중심으로 벌어진 사건을 말한다. 당시 피렌
체는 내우외환에 시달리고 있었다. 밖으로는 체사레가 침입하고 있었으며,
프랑스의 샤를 8세와 루이 12세의 침략을 겪은 지도 얼마 되지 않은 상황이
었다. 샤를 8세의 침략 당시에 사보나롤라의 지배하에 있었으며, 아직 메디
치 가문이 복권되지는 않았다.

　피스토이아는 약 100여 년 전부터 피렌체의 지배를 받고 있었다. 당시 피
렌체는 피스토이아를 잔인하게 통제하지 않고 반메디치 파인 법치파[
Cancellieri와 친메디치 파인 만복파 Panciaticiff를 통해 온건한 분할 지배
정책을 사용하고 있었다. 메디치 가문의 지배 체제가 흔들리자 전자는 볼료
냐와 힘을 합쳤고, 후자는 체사레와 힘을 합쳤다. 피스토이아인들은 체사레
가 피렌체를 침략하자 독립의 꿈을 키웠고 수시로 유혈 사태를 일으켰다.

　마키아벨리는 《로마사 논고》 3권 26장에서 이 사건을 다시 다룬다. 그는
그 당시 피렌체가 반란을 일으킨 주모자를 처형하거나, 도시에서 추방하거

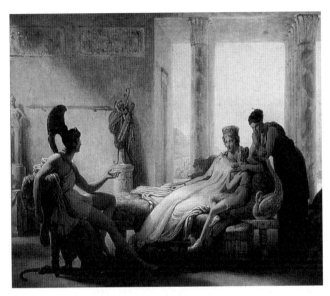

피에르 게링,
〈트로이 함락을
디도에게 이야
기해주는 아이
네이아스〉.

나, 서로 협정을 맺어 공격하지 않겠다는 약속을 하는 세 가지 중 한 가지
방법을 선택할 수 있었다고 생각했다. 피렌체는 그중에서 세 번째 방법을 통
해 피스토이아를 지배했다. 하지만 파벌 간의 대립과 투쟁은 계속되었고, 피
렌체가 외부 위협에 직면하자 더 큰 문제로 발전했다. 결국 피렌체는 두 번
째 방법으로 피스토이아의 위기를 해결했다.

　마키아벨리는 파당이 아닌 잔인한 방법, 즉 주모자를 완전히 제거함으로
써 반란이 일어나지 않게 하는 것이 중요하다고 생각했다. 그는 공직에 근무
할 때 피스토이아 같은 도시를 엄하게 다스려야 한다고 피렌체의 정무위원
들을 설득했다.*

4 이 이야기는 베르길리우스의 《아이네이아스》에 나온 것이다. 아이네이아스
는 로물루스가 로마를 건설하기 전에 라비니움을 창건한 전설적인 인물이

*　로베르토 리돌피 지음, 곽차섭 옮김, 《마키아벨리 평전》(아카넷, 2000), 82~93쪽.

다. 그는 트로이 전쟁에서 트로이의 헥토르 다음으로 유능한 장군이었으며, 아킬레우스와도 싸운 인물이다. 그는 트로이가 전쟁에 패하자 유민들을 이끌고 카르타고로 갔다. 당시 디도 여왕이 카르타고를 막 건설하고 통치하고 있었다. 아이네이아스 일행이 다가가자, 카르타고 병사들이 뭍에 상륙하지 못하게 싸움을 걸었다. 그러자 아이네이아스 일행이 사신을 청하고, 디도에게 왜 그랬는지 묻자, 위와 같은 말을 했다.

마키아벨리는 군주라면 잔인함을 현명하게 행사해도 좋다고 말한다. 폭력을 혐오하고 가능한 한 폭력을 배제하라는 우리의 상식과는 배치되는 말이다. 우리는 그의 말을 어느 정도 수용해야 하는가? 그의 말을 단순히 이론적인 문제로만 이해해야 하는가, 실제적인 판단의 근거가 되는 논리인가? 그의 말을 긍정한다면, 어떤 논리에 근거해야 하는가?

우리가 이 질문에 답하려면 16장의 활수함과 인색함에 이어 다시 다수와 소수의 논리를 살펴봐야 한다. 마키아벨리는 군주의 잔인함과 관련해 다수의 이익을 위한 소수의 희생이라는 논리를 제시한다. 그는 특히 새로운 군주라면 소수의 삶을 파괴하고 그들에게 심각한 고통을 줌으로써, 다수에게 공포 또는 두려움을 조성하라고 조언한다. 그 결과 다수는 자신의 삶이 파괴되는 것을 두려워해서 더 큰 잔인함을 사용하는 사달을 일으키지 않는다는 것이다. 마키아벨리는 3장의 〈식민단들〉, 〈군 주둔은 해롭고 비용이 많이 든다〉에서도 이와 유사한 주장을 하였다.

마키아벨리의 잔인함에 관한 이론은 백신을 주사함으로써 항체를 만들고 그 항체가 더 강력한 감염균에 저항하게 하자는 논리와 같다. 그가 소수에 대한 실제적 공포와 다수에 대한 상상적 공포를 조장하라고 주장하는 이유는 잔인한 행동의 목적과 일치한다. 그는 군주가 소수에게 잔인한 행동을 취해도 좋은 이유를 든다. 이는 신민의 통일과 충성심을 유지하기 위한 것이며, 더 큰 폭력을 예방하려는 것이다. 그는 군주 개인의 사적 원한에 의한 복수나 사디스트적인 쾌락, 심심풀이를 위한 폭력의 사용 등을 절대로 금지한다.

그럼에도 우리는 마키아벨리의 주장에 선뜻 동의하기 어렵다. 그의 주장을 받아들일 것인가 말 것인가를 그가 제시한 예를 통해 판단해보자. 체사레는 잔인함을 현명하게 사용한 대표적인 자인 반면, 피렌체는 잔인함을 적절하게 사용하지 못해 더 커다란 폭력을 행사하게 된 대표적인 국가이다. 우리는 '체사레'와 '피렌체'의 경우 가운데 어느 쪽을 선택할 것인가? 마키아벨리는 체사레의 예를 따라야 한다고 생각했다. 실제로 마키아벨리는 공직 생활 초기 피스토이아 사태에 직면해 강력한 조치를 취해야 한다고 피렌체의 정무위원들을 설득했다. 그는 《군주론》을 헌정하면서 메디치에게 다수를 위한 소수의 희생은 정당하다고 말한다.

다시 물어보자. 이 글을 읽는 독자라면 마키아벨리의 말을 어떻게 받아들일 것인가? 체사레를 따라 더 큰 폭력을 사용할 기회를 삼갈 것인가, 피렌체를 따라 잠시 인자하다는 평을 듣고 나중에 더 큰 폭력을 행사할 것인가? 남편이 죽고 홀로 아이를 부양하게 된 부인이 아이를 잠시 고아원이나 시설에 맡기고 열심히 돈을 벌어 다시 데려오는 것이 옳은가, 같이 죽는 것이 옳은가? 망해가는 회사가 몇 명의 직원을 자르고 회생할 수 있다면 그들을 퇴직시키는 것이 옳은가, 다 함께 망하는 것이 옳은가? 인자하다는 평을 듣다 다 함께 망할 것인가, 아니면 진정한 자비를 베풀 것인가? 더구나 회사나 개별 가정을 넘어서는 국가의 경우라면, 사소한 잔인함을 사용해 무자비하고 막대한 잔인함을 피하는 현명함을 보여주는 것이 군주의 미덕이다. 앞에서 언급했던 로마 공화국의 사례를 보라. 마키아벨리의 답은 이것이다.

적당한 가혹함

그럼에도 현명한 군주는 믿고 처신하는 데에서 분별력이 있어야 합니다. 군주는 자신이 필요하다고 해서 두려움을 만들어내서는 안 됩니다. 그리고 군주는 신중함과 친절함을 바탕으로 극단에 치우치지 않는[1] 방식으로 나가야 합니다. 군주는 너무 믿어서 무분별하다는 평판을 들어서도 안 되며, 너무 믿지 않아서 견딜 수 없다는 평판도 들어서는 안 됩니다.[2]

1 8장 〈신중하게 사용된 잔인함〉과 〈잔인한 행위들은 단숨에〉를 참조하면 좋다.
2 군주는 아첨을 일삼는 신하의 말을 너무 잘 들어 팔랑귀라는 소리를 들어서도 안 되며, 충성스러운 신하들의 충언을 너무 안 들어 말뚝귀라는 평판을 들어서도 안 된다는 소리이다.

공포의 미학을 알아보자. 마키아벨리는 소수에게 실제 고통을 주고 파괴하라고 말한다. 이들 소수는 두려움이나 공포를 느끼는가? 아니다. 삶이 파괴되는 고통을 실제 당하고 있는 자는 두려움이나 공포를 느끼지 않는다. 파괴가 행해지는 그 순간, 공포보다는 가혹한 고통을 느끼기 때문이다.

고문을 실제로 당하는 자는 공포나 두려움을 느끼지 않는다. 단지 고통에 저항하려고 정신을 가다듬고 이를 악물고 버텨내거나 굴복하고 비밀을 누설할 뿐이다. 하지만 곧 고문을 당할 것이라고 상상하는 그 순간에는 공포와 두려움이 스멀스멀 온몸에 번져나간다.

그렇다면 공포와 두려움을 느끼는 자는 누구인가? 그들은 탄압받는 소수를 보고 머릿속으로 곧 자신에게도 그와 같은 일이 닥칠 것이라고 생각하는 다수이다. 상상 속에서 공포를 느끼면 두려움이 엄습한다. 다수는 소수의 고통을 보면서 자신들에게도 닥칠지 모르는 고통과 파괴를 상상하며 전율한다. 군주는 두려움과 공포를 포장해 다수에게 선물로 주는 자여야 한다. 군주는 다수를 상대로 다음과 같은 방법으로 두려움과 공포를 조장해야 한다.

군주는 다수에게 상상적 폭력을 가해야 한다. 군주는 소수에게 실제로 폭력을 행사함으로써 다수의 구성원들에게 너희도 이렇게 될지 모른다고 부드럽게 압박을 가해야 한다.

군주는 다수에게 불시적 폭력을 가할지 모른다는 인상을 주어야 한다. 군주는 소수에게 불시에 실제로 고통과 파괴를 선물함으로써 다수 구성원들에게 불시에 고통과 파괴를 가할 수도 있다는 인상을 풍겨야 한다. 인간은 정해진 시간과 규칙에 따라 가해지는 폭력에 대해 내성을 키우는 경향이 있다. 다수가 폭력에 대한 내성을 키우지 못하도록, 군주는 항상 폭력을 불시에 행사할 듯한 인상을 주어야 한다.

군주는 다수에게 미래근접형 폭력을 행사할 가능성이 있음을 내비쳐야 한다. 먼 미래에 예정되어 있는 고통과 파괴는 인간에게 절대로 공포와 두려움을 주지 못한다. 인간은 가까운 시일에 고통과 파괴가 가해질 것이라고 느꼈을 때 비로소 공포와 두려움을 갖는다. 아리스토텔레스는 《수사학》에서 인간은 언젠가는 죽는다는 것을 두려워하지 않지만, 바로 닥쳐올 죽음에 대해서는 두려움을 느낀다고 밝혔다. 예컨대 인간은 언젠가 죽는다는 사실에는 공포를 느끼지 않고 자연스럽게 생각하지만, 암에 걸려 곧 죽을 것이라고 하면 심한 두려움과 공포를 느낀다.

군주는 강력한 무한 폭력을 소유하고 있다는 것, 폭력을 지속적으로 확대하여 행사할 수 있다는 것을 다수에게 보여야 한다. 작은 고통은 인간에게 약간의 쾌락을 줄 수도 있고 내성도 키운다. 군주가 다수에게 작은 고통과 피해를 자주 가하면, 다수는 그것을 고통과 두려움으로 느끼지 않는다. 따라서 군주는 소수에게 고통과 손상을 가할 때 인간이 도저히 견뎌낼 수 없을 만큼 가혹해야 한다. 그렇게 함으로써 군주는 무소불위의 힘을 지녔음을 다수에게 인지시켜야 한다.

이제 군주는 다수에게 어떻게 공포와 두려움을 조장해야 하는가를 논리적으로 알아보도록 하자. 마키아벨리는 소수에게 가해지는 실제형 고통과 파괴 그리고 다수가 갖는 상상적 두려움과 공포를 설명하였다. 소수에게 가해지는 실제형 고통과 파괴는 다수에게 상상적 두려움과 고통을 주기 위한 수단에 지나지 않는다. 다시 말하면 소수에게 가해지는 실제형 고통과 파괴는 그의 주요 관심사가 아니다. 그는 다수가 두려움과 공포를 느끼게 하는 것에 관심을 가졌다. 군주는 어떤 원칙에 근거해 다수에게 두려움과 공포를 심을 것인가? 마키아벨리는 다수로 하여금 두려움을 느끼도록 할 때 분별력이 중요하다고 말한다. 그는 분별력을 신중함과 친절함이라는 두 개의 요소로 나눠 설명하고, 신중함과 친절함을 다시 너무 믿을 때와 너무 믿지 않을 때로 나눠 설명했다.

우선 분별력과 두려움의 조장 원칙이다. 두려움을 조장할 때 무분별해서는 안 된다. 가장 무분별한 두려움의 조장은 군주 개인의 필요에 의해 공포를 조장하는 것이다. 군주 개인의 사적 원한에 의한 복수, 사디스트적인 쾌락, 심심풀이를 위한 폭력 등은 절대로 자행해서는 안 되는 짓이다.

둘째, 신중함과 친절함에 관련된 두려움 조장 원칙이다. 신중함이란 이유, 필요, 시기 등을 따지는 것이다. 즉, 꼭 고통을 주어야 하는가, 고통을 주는 것이 필요한가, 언제 고통을 주어야 할 때인가 등을 고민하는 것이다. 신중함이 결여된 가혹한 조치는 너무 강력하고 잦은 폭력 행사의 가능성을 열어둔다. 친절함이란 어느 정도의 고통과 파괴를 줄 것인가를 고려하는 것이다. 즉, 고통과 파괴가 너무 심각해서 회복 불능의 상태로 몰아갈 정도가 되어선 안 된다. 따라서 친절함이 없는 가혹함은 다수의 희망 상실 또는 다수의 절대적 절망을 낳는다. 신중함과 친절함이 없는 두려움은 다수를 적으로 만들고, 군주에게 위협이 된다.

셋째, 너무 믿는 경우와 너무 믿지 않는 경우이다. 너무 믿는 경우란 군주가 팔랑귀가 되는 것을 말한다. 너무 믿지 않는 경우란 귀에 말뚝을 박고 남의 말을 절대 듣지 않는 말뚝귀가 되는 것을 말한다. 전자는 아첨을 일삼는 신하들의 말에 솔깃해 신중함을 잃고 무분별한 공포를 조장할 경우이다. 즉, 군주가 아첨을 일삼는 신하들의 사적 원한을 대신 갚아주는 등 지나치게 잦은 공포를 조장하게 된다. 신중함이 없는 공포는 폭력을 연중행사로 만든다. 후자는 충언을 하는 신하들의 말에 귀 기울이지 않아 친절함을 잃고 무분별한 공포를 조장할 경우이다. 즉, 군주가 현재의 조치가 지나치다는 신하의 쓴소리를 귀담아 듣지 않고 필요 이상의 가혹한 두려움을 만들어낸다. 친절함이 없는 공포는 지나치게 잔인하다. 그렇게 되면 신민은 군주가 가한 고통과 파괴를 견딜 수 없게 된다.

마키아벨리는 군주라면 신중하면서도 친절한 마음에 근거한 공포 조장이 필요하다고 말한다. 신중함이 없는 공포는 빈도수가 문제가 되고, 친절함이 없는 두려움은 정도가 문제가 된다.

하지만 군주는 지나치게 친절해 업신여김의 대상이 되어서도 안 되고 무르다는 평을 받아서도 안 된다. 또한 군주는 지나치게 신중해 폭력을 사용할 때를 놓치는 실기형 인간으로 치부되어서도 안 되고 고민만 하는 햄릿형 인간이라는 평을 들어서도 안 된다. 지나치게 신중하고 너무나 친절해서 두려움을 조장하지 못하면 군주로서의 자격이 없다. 그러한 군주는 더욱 무자비하고 심각한 폭력을 불러와 진정한 자비심이 없는 군주로 전락한다.

사랑의 대상이 되는 것보다 공포의 대상이 되는 것이 더 안전하다

위의 논의는 공포의 대상이 되는 것보다 사랑의 대상이 되는 것이 더 나은가, 아니면 그 반대인가 하는 논쟁으로 귀결될 것입니다. 정답은 공포의 대상과 사랑의 대상, 둘 다 되는 것입니다. 하지만 그 둘 모두 갖추는 것은 불가능하므로, 둘 중 하나를 포기해야 한다면 군주는 사랑의 대상이 되는 것보다는 공포의 대상이 되는 것이 훨씬 더 안전합니다. 왜냐하면 우리는 이것을 인간 일반에 대해서도 이렇게 말할 수 있기 때문입니다.

인간이란 은혜를 모르며 변덕스러운 배은망덕자simulatori이자 위험은 회피하지만 이득에는 혈안이 되는 기회주의자dissimulatori입니다. 당신이 그들을 잘 대우하는 동안 그들 모두 당신의 사람이라 할 수 있습니다. 위에서 말씀드렸던 대로 별로 필요가 없을 때는 그들은 당신에게 자신의 피, 자신의 재산, 자신의 목숨, 자신의 아이들마저 바치려 듭니다. 그러나 당신에게 꼭 필요한 때가 되면 그들은 등을 돌려버립니다.[1]

군주가 전적으로 그들의 입발림에만 의존하고 다른 준비를 전혀 하지 않는다면 반드시 몰락합니다. 왜냐하면 당신은 정신의 위대함과 고귀함이 아닌 돈으로 우정을 매수할 수는 있지만, 소유할 수도 없으며 꼭 필요할 때에 의지할 수도 없기 때문입니다.

사람이란 자신을 공포의 대상으로 만든 자보다 사랑의 대상으로 만든 자를 해치는 데에 주저하지 않습니다. 왜냐하면 사랑이란 의무감의 사슬에 의해 유지되는데, 인간이란 본성상 사악하므로 자신에게 이익만 된다면 언제든지 이 사슬을 파괴해버리기 때문입니다. 반면에 공포는 처벌의 두려움에 의해서 유지되는데, 이는 결코 당신을 실망시키지 않기 때문입니다.

1 9장의 〈현명한 군주는 역경의 시기에 충성을 확보한다〉에도 이런 내용이 나온다.

마키아벨리의 인간관이 잘 나타나 있다. 군주가 신민에게 사랑의 대상인 동시에 공포의 대상이 된다면 가장 바람직하다. 그러나 현실에서는 양자 중 하나를 선택할 수밖에 없다. 무엇을 선택해야 하는가? 무조건 공포의 대상이 되는 것이 옳다. 인간의 본성 때문이다.

인간이란 은혜도 모르고 변덕스러우며 위험은 회피하지만 이익에는 혈안이 되고, 본성상 사악하다고 보는 견해가 있다. 정반대로 인간은 한번 은혜를 입으면 절대 배반하지 않고, 위험을 무릅쓰고서라도 옳은 일을 하며, 본성상 선하다고 생각하는 견해도 있다. 어느 것이 옳은가? 마키아벨리는 현실을 살아가는 군주라면 인간을 전자처럼 생각하고 행동해야 하며, 이상 속에 살아가는 성직자라면 인간을 후자처럼 생각하고 행동해야 한다고 말한다.

군주에게 신민과의 우정은 정신의 위대함이나 고귀함으로 구할 수 있는 것이 아니라 돈으로 살 수 있는 것이다. 군주가 아무리 뜻이 좋고 이상을 품고 있어도 나눠줄 돈이 없으면 측근이나 장군은 사라져버린다. 군주에 대한 신민의 사랑은 의무감일 뿐이다. 의무감은 상호적이다. 군주가 힘이 없어 신민을 보호하는 의무를 다하지 못한다면, 신민 역시 군주에 대한 사랑이라는 의무를 헌신짝 버리듯 내던진다. 신민은 힘없는 군주 대신 자신을 지켜줄 힘이 있는 새로운 군주를 찾는다.

군주가 신민과 우정을 지키고, 신민의 사랑을 받고 싶다면 힘이 있어야 한다. 우정을 깨뜨리는 자에게 언제든지 복수할 것이라는 공포심을 조장하고, 사랑의 의무를 다하지 않는 자를 언제든지 제거할 것이라는 두려움을 주라. 그러면 어느 누구도 군주와의 우정을 저버리지 않을 것이다.

어떻게 증오를 피할 것인가[1]

그럼에도 현명한 군주는 사랑을 얻지 못한다면 증오를 피하면서 자신을 공포의 대상으로 만들어야 합니다. 군주가 증오의 대상이 되지 않으면서 공포의 대상이 되는 것은 쉽기 때문입니다. 군주가 시민과 신민의 재산, 그리고 그들의 여자들을 삼가기만 하면 이는 언제든지 가능할 것입니다. 그리고 군주가 누군가의 생명을 거두어야 할 필요가 있으면, 적절한 이유 giustificazióne conveniente와 명확한 재판causa manifesta에 근거해서 그렇게 해야 합니다.

그러나 무엇보다도 군주는 다른 사람의 재산을 삼가야 합니다. 왜냐하면 사람들은 아버지의 재산 상실보다는 아버지의 죽음을 훨씬 더 빨리 잊기 때문입니다. 게다가 재산을 강탈할 만한 이유는 얼마든지 있습니다. 왜냐하면 강탈로 삶을 계속 유지하는 군주는 다른 사람의 재산을 차지할 기회를 얼마든지 찾아낼 수 있기 때문입니다. 반면에 생명을 거두려는 이유는 그리 많지 않을 뿐만 아니라 이내 사라져버리기 때문입니다.

1 마키아벨리는 2장의 〈세습 통치자는 분노나 짜증을 일으키는 변화를 피할 수 있다〉에서 세습 군주가 내란을 막으려면 '지나친 악덕으로 증오를 사지' 않아야 한다고 말했다. 위의 내용은 2장을 자세히 말한 것으로 봐도 좋다.

마키아벨리는 앞에서 군주는 사랑의 대상이 되는 것보다는 공포의 대상이 되는 것이 낫다고 말한다. 그는 여기서 한 발 더 나아가 군주는 공포의 대상이 될지언정 증오의 대상이 되어서는 안 된다고 말한다. 군주가 신민에게 공포의 대상이 되면 신민은 저항하지 않지만, 증오의 대상이 되면 신민은 목숨을 걸고 저항하기 때문이다. 그 이유를 살펴보도록 하자.

우선 증오가 왜, 그리고 얼마나 무서운 것인가 알아보자. 범죄 앞에 '증오'가 붙은 '증오 범죄'가 우리에게 그 답을 알려준다. '증오'에 의한 범죄는 우리의 상상을 넘어서는 커다란 피해를 불러일으킨다. 그 이유는 '증오'의 성격 때문이다.

아리스토텔레스는 《수사학》에서 증오의 성격을 몇 가지로 정리하고 있다. 첫째, 증오는 한번 일어나면 절대로 사그러들지 않는다. 둘째, 증오는 증오를 불러일으킨 대상에 해를 입히고자 한다. 셋째, 증오하는 사람은 고통을 느끼지 않는다. 넷째, 증오하는 사람은 연민도 느끼지 않는다. 다섯째, 증오하는 사람은 증오의 대상이 사라져버리길 바란다.

이에 따라 증오 범죄를 정리해 보자. 누군가가 외국인을 증오하게 되었다고 치자. 그는 증오를 불러일으킨 외국인에게 해를 입히려는 마음을 품게 되고, 증오심 때문에 고통을 느끼기는커녕 오히려 차분해지며, 증오의 대상인 외국인의 고통 따위에는 일말의 연민도 느끼지 않으며 그를 제거하고자 한다. 우리가 접하는 수많은 증오 범죄는 이런 성격을 그대로 띠고 있다.

군주의 어떤 행동이 신민의 증오를 불러일으키는가? 마키아벨리는 부모를 죽이는 것보다 부녀자를 탐하고 신민의 재산을 빼앗는 것이 더 큰 증오를 불러일으킨다는 뜻밖의 주장을 한다. 왜 그런가? 증오의 대상이 되는 것은 군주의 어떤 능력과도 무관하기 때문이다. 군주가 증오의 대상이 되는 이유는 탐욕 때문이며, 의롭지 못하기 때문이다. 아리스토텔레스는 《정치학》 5권 10장 〈독재 정치의 기원과 전복〉에서 군주가 신민의 재산을 몰수했거나 부녀자를 탐했다가 몰락한 여러 사례를 들고 있다.

마키아벨리는 군주가 능력에 근거해 공포의 대상이 되는 것을 권장하지만 탐욕에 근거해 증오의 대상이 되는 것을 피하라고 조언한다. 공포의 대상이 된 군주는 권력을 유지할 수 있지만, 증오의 대상이 된 군주는 권력을 유지하거나 생명을 유지하기 쉽지 않기 때문이다. 증오심을 가진 자는 반드시 증오 대상을 파멸시키고자 자신이 할 수 있는 모든 수단과 방법을 다 사용한다. 마키아벨리는 《로마사 논고》 3권 6장과 26장에서 군주를 증오하는 자들이 음모를 꾸미고, 그 음모 때문에 군주들이 권력을 잃게 된다고 말한다. 아무리 군주가 신민에게서 가진 것을 다 빼앗더라도, 그 신민은 칼 한 자루 정도는 구할 수 있으며, 그 칼은 군주의 목숨을 빼앗을 수도 있기 때문이다.

군주가 어떻게 하면 신민의 증오를 일으키지 않을 수 있는가? 반대로 하면 된다. 즉 부모를 죽일지언정 부녀자를 건드리지 말고 돈을 빼앗지 않으면 된다. 왜 그런가? 부모의 죽음은 시간이 지나면 잊히기 마련이지만, 겁탈당한 부인과 딸은 살아 있는 동안 계속 봐야 하기 때문이다. 볼 때마다 군주에 대한 원망과 증오가 살아나기 때문이다. 또한 살아가는 동안 경제적 곤궁에 처할수록 빼앗긴 돈이 생각나고, 그로 말미암아 증오심이 커지기 때문이다.

부녀자 겁탈은 욕망일 뿐이고, 재산 강탈은 탐욕일 뿐이다. "사람 탈을 쓰고서 어찌!" 또는 "해도 너무하네!"라는 말이 신민 사이에서 나오면, 군주는 막다른 길로 내몰린다. 모반이나 반란, 암살이 그를 죽음으로 몰아간다.

장군들은 반드시 잔인해야 한다

그러나 군주가 군대를 거느리고 다수의 군대를 자신의 경비로 유지한다면 잔인하다고 불리는 것을 두려워하지 않는 게 중요합니다. 왜냐하면 그런 평판을 듣지 않는다면, 그는 군대를 결코 통일하지 못하거나 그 군대가 어떤 전투에도 적합하지 못하게 만들기 때문입니다.

한니발의 여러 업적 가운데 가장 중요한 것이 바로 이것입니다. 한니발은 무수히 많은 종족으로 구성된 거대한 혼합군을 이끌고 외국에서 복무했음에도, 나쁜 운이 닥쳤건 좋은 운이 닥쳤건 간에 군인들 사이에서나 지휘관들 사이에서 어떤 불화도 나타나지 않았습니다. 이것은 아주 잘 알려진 한니발의 잔인성 외에 다른 어떤 것에서 비롯된 것이 아닙니다. 이 잔인성은 그의 수없이 많은 역량과 더불어 군인들의 시각에서 한니발을 존경하는 동시에 두려워하는 이유였습니다. 만약 이 잔인성이 없었다면, 그의 또 다른 역량들은 이런 결과를 가져올 만큼 충분하지 못했을 것입니다.

그럼에도 이 문제를 면밀히 검토하지 않은 역사가들은 한편으로 그의 이러한 업적을 찬양하면서도 다른 한편으로는 그 주요 원인을 비난합니다.

마키아벨리는 지금 이 절과 《로마사 논고》 3권 21장에서 한니발이 무척 잔인하다고 평가했다. 그 근거는 두 가지이다. 하나는 한니발이 이탈리아 안으로 들어와 15년 동안 전쟁을 했는데도, 이탈리아 내 많은 도시가 한니발 편을 들지 않았다는 점이다. 다른 하나는 그토록 오랜 전쟁 기간에 여러 부족의 혼합으로 이뤄진 군대가 반란을 일으키지 않았다는 점이다. 그는 한니발의 잔인함이 위와 같은 일을 가능하게 했다고 평가한다. 그가 어떤 뜻으로 이런 말을 했는지 이면을 살펴보도록 하자.

한니발이 정말 잔인했는지는 확인하기 어렵다. 그러나 한 가지 확실한 것은 한니발의 군사들이 한니발에게 절대적으로 복종했다는 점이다. 플루타르크는 《영웅전》에서 한니발을 직접 다루는 것이 아니라 〈파비우스〉·〈마르켈루스〉·〈플라미니누스〉 편 등에서 부분적으로 다룬다. 그는 한니발을 다루면서 직접적인 비판은 삼가지만, 로마의 시각으로 한니발을 무척 두려운 존재로 묘사한다. 특히 〈플라미니누스〉 편에서 한니발의 원천적 힘을 로마에 대한 사무친 적개심이라고 표현한다. 플루타르크만이 아니라 이탈리아와 로마인의 시각에서 한니발에 대한 평가는 대부분 부정적이므로, 이런 점을 고려하고 한니발을 평가해야 한다.

한니발이 정말 잔인했기 때문에 병사들이 모반을 일으키지 않았는가를 로마 원정을 중심으로 살펴보자. 기원전 219년 한니발은 에스파냐의 카르타헤나에서 보병 약 9만 명, 기병 1만 2,000명을 거느리고 출정했다. 론 강에 도착했을 무렵엔 보병 4만여 명, 기병 6,000여 명이었으며, 기원전 218년 알프스를 넘어 이탈리아에 도착했을 때는 보병 2만 6,000여 명, 기병 4,000여 명이었다고 한다. 기병도 보병도 처음 출발했을 때보다 약 1/3로 줄었다. 게다가 한니발은 로마 본토로 들어와서 약 15년을 좌충우돌하면서 로마와 전투를 치르는 과정에서 카르타고의 지원을 받지도 못했다. 로마 해군에 가로막혀 카르타고에서 직접 지원하는 것이 어려웠기 때문이다. 따라서 한니발과 그의 군대가 이탈리아 내에서 무척 고생했으리라는 점은 두말할 나위가 없다.

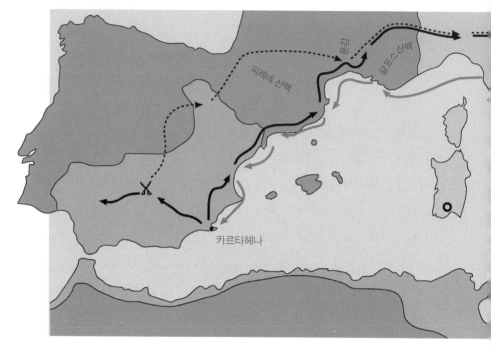

한니발의 로마 진격도

　추위와 배고픔, 1/3로 줄어든 병사와 오랜 기간의 원정, 게다가 출신
국도 종족도 각각 다른 혼합군. 그런데도 아무도 한니발을 위해하지
도 반란을 일으키지도 않았다. 누구나 '왜'라는 질문을 던질 수 있다.
하지만 '잔인함'만으로는 이를 다 설명할 수 없다. 마키아벨리는 잔인
함 외에 '그의 수없이 많은 역량'을 슬며시 끼워넣는다.

　한니발의 주요 역량은 무엇이었을까? 물론 로마인들이 두고두고 두
려워할 정도로 가공할 만한 위력을 지닌 탁월한 전투 지휘 능력이다.
그러나 이것만으로는 병사들을 사로잡을 수 없다. 한니발에게는 또
다른 역량이 있었다. 그것은 바로 병사들과의 친화력이다.

　한니발은 장군이다. 그것도 카르타고를 대표하고, 수많은 부족과

로마 영토(기원전 218)

카르타고 영토(기원전 218)

한니발 점령지

한니발 이동(기원전 218~216)

하스드루발(기원전 208~207)

스키피오(기원전 209~206)

카르타고 도시

로크리

종족으로 이뤄진 군대를 이끄는 최고 지휘관이다. 그럼에도 그는 병사와 똑같은 막사에서 함께 자고, 병사와 똑같은 음식을 나눠 먹고, 병사와 똑같이 불침번과 보초를 서며 더불어 고생했다. 병사와 함께하는 능력, 한니발의 이 역량이 아프리카·에스파냐·갈리아·페니키아를 비롯한 다양한 종족의 병사들을 하나로 묶고 죽음도 함께할 수 있는 동지이자 전사로 키운 것이다.

마키아벨리는 한니발을 잔인하다고 평가하지만, 또한 한니발에게는 고락과 생사를 일반 병사와 함께하는 역량이 있었다는 점을 슬며시 강조한다. "그의 수없이 많은 역량"은 이를 말한 것이다. 잔인함과 역량, 이 두 가지를 다 갖추었을 때 한니발과 같은 진정한 장군이 되는 것이다. 병사들의 마음을 사로잡는 역량이 없는 잔인함은 곧 병사들의 모반과 음모를 불러일으킬 뿐이고, 잔인함이 없는 병사들과의 고행은 병사들의 업신여김과 빈정거림을 불러올 뿐이다. 한니발은 역량과 잔인함을 갖춘 진정한 장군이라는 것이 그의 평가이다.

스키피오는 너무 자비로웠다

그리고 한니발의 다른 역량들만으로는 충분하지 못했으리라는 점은 스키피오에서 추론할 수 있습니다. 자신이 살던 당대만이 아니라 알려진 모든 사건의 기록 속에서도 아주 출중한 인물이었던 스키피오는 에스파냐에서 군대의 반란에 직면했습니다. 그가 너무 자비를 베풀었다는 것을 빼고는 이유를 찾을 수 없습니다. 왜냐하면 그는 그의 병사들에게 군사 훈련보다는 자유를 주었기 때문입니다. 이 때문에 원로원에서 파비우스 막시무스는 스키피오를 로마 군대를 부패시킨 자로 비난했습니다.[1] 스키피오는 자신의 부관이 피폐하게 했던 로크리아 시민들을 대신해서 복수하지도 않았고, 또한 부관의 오만함도 처벌하지 않았습니다. 이는 전적으로 그가 너무 관대한 성격을 지녔기 때문입니다.[2] 원로원에서 그를 변호하려던 어떤 자는 잘못을 처벌하는 방법보다는 잘못을 저지르지 않는 방법을 잘 아는 사람들이 많다고 말했습니다.[3] 이와 같은 관용적인 성격을 갖춘 스키피오가 최고 명령권을 계속 가지고 있었다면 결국 명성도 명예도 모두 잃었을 것입니다. 하지만 그는 원로원의 통제를 받았기에 이와 같은 그의 치명적인 성격은 감추어졌습니다. 그 결과 이런 치명적인 성격을 가졌음에도 명예를 얻을 수 있었습니다.

1 스키피오에게는 나이 많은 정적과 나이가 같은 정적이 있었다. 전자는 파비우스 막시무스였고, 후자는 마르쿠스 카토(대大 카토)였다. 카토는 파비우스 막시무스 휘하에서 군 생활을 했다. 막시무스와 카토는 로마 공화정 초기 정신을 중요시해 '노블레스 오블리주'에 충실했다. 이 두 사람은 스키피오의 정적으로, 스키피오가 하는 일에 사사건건 반대했다. 그중 하나가 군대를 다루는 스키피오의 방식이었다.《영웅전》〈마르쿠스 카토〉 편에 따르면, 카토 역시 파비우스와 마찬가지로 스키피오가 병사들에게 돈을 닥치는 대로 뿌린다고 비난했다. 그 결과 검소와 질박을 신조로 살던 로마 병사들이 쾌락과 사치를 즐기게 되었다고 그는 한탄했다.

2 14장의 〈과거의 위대한 인물에 대한 모방〉에서 보듯이 키루스를 모방한 스키피오는 잘못을 저지르지 않는 사람일 뿐만 아니라 잘못한 사람을 처벌하지 않는 인자한 사람이었음을 말한다. 기원전 205년 로마의 집정관 스키피오는 원로원의 결정으로 시칠리아로 파견될 예정이었다. 그 당시 이탈리아 남부는 거의 한니발이 지배하고 있었다.

남부 항구 도시였던 로크리 시민 가운데 일부가 로마와 내통하고 한니발의 지배에서 벗어나고자 했다.(앞의 지도 참조) 당시 아프리카 원정을 위해 시칠리아에 있던 스키피오는 이 기회를 놓치지 않고 3,000여 명의 병력을 이끌고 가서 로크리를 탈환했다. 그 결과 로마는 한니발의 지배하에 있던 이탈리아 남부의 포위망을 풀 수 있었다.

스키피오는 아프리카로 떠나면서 플라미니우스라는 자를 남겨놓았는데, 그가 로크리 시민들에게 악행을 저질렀다. 그러나 스키피오는 그를 처벌하지 않았다. 그로부터 17년이 지나서 스키피오는 카토의 사주를 받은 호민관들에 의해 로크리를 점령한 일로 탄핵당했다. 이유는 시칠리아로 임지가 결

정된 자가 로마 안에서 작전을 개시했다는 것이었다. *

3 그라쿠스 형제의 아버지인 셈프로니우스 그라쿠스를 가리킨다. 그는 스키피오의 아버지 코르넬리우스 스키피오와 함께 한니발을 막으려고 에스파냐에 파견되었다. 기원전 211년 코르넬리우스는 전쟁에서 사망했고, 아들 스키피오는 안찰관에 임명되었다. 후일 셈프로니우스는 코르넬리우스 스키피오의 딸 코르넬리아와 결혼하고, 두 가문은 하나가 된다. 그라쿠스 형제가 이 두 사람의 자식이다. 이에 대해서는 다음 쪽의 가계도를 참조하라.

마키아벨리는 14장의 〈과거의 위대한 인물에 대한 모방〉에서 스키피오를 위대한 인물을 모방한 자로 높이 샀다. 그러나 여기서는 스키피오를 지나치게 자비로웠다고 평가하며, 특히 로마 군대를 부패시킨 자로 평가한다. 마키아벨리의 이런 이중적 평가를 어떻게 이해해야 할까?

마키아벨리가 가장 중요하게 생각하는 것 가운데 하나는 자국 군대이다. 그는 자국 군대 중에서도 무기와 정신 중에 어느 것이 더 중요하다고 생각했을까? 스키피오에 대한 평가를 보면 그의 생각을 어느 정도 읽을 수 있다.

스키피오는 로마의 영웅 중에서도 영웅이다. 공화국 로마를 가장 괴롭혔던 한니발 군대를 이탈리아에서 몰아냈고, 한니발과 카르타고를 절멸 직전까지 몰고 갔기 때문이다. 그가 이렇게 성공을 거둘 수 있었

---

* 시오노 나나미 지음, 김석희 옮김, 《로마인 이야기》(한길사, 2006) 2권, 238쪽 지도, 325쪽, 408쪽 등 참조.

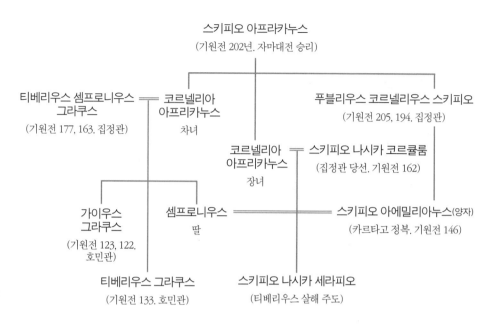

스키피오 아프라카누스
(기원전 202년. 자마대전 승리)

티베리우스 셈프로니우스
그라쿠스
(기원전 177, 163. 집정관)

코르넬리아
아프리카누스
차녀

푸블리우스 코르넬리우스 스키피오
(기원전 205, 194. 집정관)

코르넬리아
아프리카누스
장녀

스키피오 나시카 코르쿨룸
(집정관 당선. 기원전 162)

가이우스
그라쿠스
(기원전 123, 122.
호민관)

셈프로니우스
딸

스키피오 아에밀리아누스(양자)
(카르타고 정복. 기원전 146)

티베리우스 그라쿠스
(기원전 133. 호민관)

스키피오 나시카 세라피오
(티베리우스 살해 주도)

스키피오 가문과 그라쿠스 가문의 관계도

던 데에는 여러 이유가 있다. 가장 중요한 것은 당시 지구전을 펼치던
파비우스 등의 반대를 무릅쓰고 로마 군대를 이끌고 직접 카르타고로
쳐들어가서 한니발마저도 깜짝 놀라게 한 역발상 전략이었다(8장에 나
오는 아가토클레스의 전략을 방불케 한다).

아울러 스키피오는 에스파냐 주민들이 사용하던 검을 로마 군인에
맞게 변형해 전투력을 높이는 한편, 혹독할 정도로 철저히 로마군을
훈련했다. 그리고 강도 높은 훈련과 치열한 전투에 대한 보상으로 병
사들에게 확실한 휴식을 제공했다. 로마 군인들이 쉬는 날 그는 병사
들의 행동을 제한하지 않았을 뿐 아니라 병사들에게 엄청난 돈을 풀
었다. 그는 《영웅전》〈마르쿠스 카토〉 편에서 "전쟁에 돌진하는 병사
에게 인색하게 구는 재정관은 필요 없다. 내가 국가에 알려야 할 것은

돈이 아니라 승전보이다"라고 말할 정도였다.

스키피오는 이러한 요인들에 힘입어 카르타고, 즉 아프리카를 점령해서 '아프리카누스'라는 별명을 얻었지만, 그 대신에 로마는 로마 병사들이 가지고 있던 검소함이라는 덕목을 잃었다. 초기 로마 공화정의 정신을 중시하던 카토가 스키피오를 공격했던 것은 바로 이 지점이다.

마키아벨리 또한 파비우스와 카토를 계승해 호화와 사치로 무장한 군대 대신에 검소와 강건으로 무장한 군대를 꿈꾼다. 그래서 지휘관은 자비로워서는 안 된다고 생각한다. 마키아벨리는 스키피오가 공화국 로마를 카르타고와 한니발로부터 지켰지만, 바로 이 점에서 비판을 받아 마땅하다고 판단한다.

군주는 현재 자신의 역량에만 의존해야 한다

두려움의 대상이 되는 것과 사랑의 대상이 되는 것으로 되돌아가도록 하겠습니다. 사람이란 자기가 선택하는 것을 좋아하는 반면에 군주에 의해 선택당하는 것을 두려워합니다. 따라서 현명한 군주라면 다른 사람의 선택보다는 자신의 선택에 의지해야 한다고 결론 내리도록 하겠습니다. 그렇기 때문에 앞에서 말씀드린 것처럼 현명한 군주는 증오만은 피하려고 노력해야 합니다.

군주가 '사랑의 대상이 되는 것이 좋은지, 두려움의 대상이 되는 것이 옳은지'를 다시 다루고 있다. 〈사랑의 대상이 되는 것보다 공포의 대상이 되는 것이 더 안전하다〉에서 마키아벨리는 인간의 본성이 사악하다는 견지에서 두려움의 대상이 되는 것이 옳다고 말한다. 여기서는 능동과 수동의 '선택론'의 견지에서 다룬다.

군주가 선택의 대상이 될 것인가, 선택하는 자가 될 것인가? 군주가 선택의 대상이 된다는 것은 신민이 능동이고 군주가 수동이 됨을 말한다. 반면, 군주가 선택하는 자가 된다는 것은 군주가 능동이고 신민이 수동이 됨을 말한다.

마키아벨리는 군주가 당연히 선택하는 자, 능동적인 자가 되어야 한다고 말한다. 선택당한다는 것은 군주 자신의 뜻과 무관하다. 신민은 군주를 사랑한다고도, 증오한다고도 말할 수 있다. 신민의 마음이 어떻게 변하느냐에 따라 군주는 사랑의 대상이 되기도 하고 증오의 대상이 되기도 한다. 마키아벨리는 대중이 변덕스러운 존재라고 앞에서 말했다. 이 경우 군주는 아무런 역할을 할 수 없다. 극단적인 경우, 군주는 신민에 의해 권좌에서 쫓겨날 수도 있다. 인간의 마음은 변화무쌍하고, 정세 역시 급변하기 때문이다.

군주가 선택한다는 것은 군주 자신의 뜻에 따르는 것이다. 군주는 신민이 자신을 사랑하건 말건 관계없이 어느 정도 공포를 조장할 수 있다. 군주가 공포를 조장하는 정도에 따라 신민은 군주의 눈치를 보기 바쁘고, 군주의 눈 밖에 나지 않으려고 노력한다. 공포와 두려움에 사로잡힌 신민은 군주의 말과 행동을 살피며 눈치 보기에 급급하다. 또한 군주는 정반대로 신민에게 사랑받을 수 있는 행동을 취할 수도 있다.

당신이 군주라면, 변화무쌍한 신민의 마음에 자신을 맡길 것인가? 아니면 자신의 뜻대로 통치할 것인가? 즉, 수동적 피선택 군주가 될 것인가, 능동적 선택 군주가 될 것인가? 당연히 자신의 뜻을 따르는 군주여야 하고, 신민에게는 두려움의 대상이 되어야 한다. 하지만 절대 증오의 대상이 되어서는 안 된다. 증오의 대상이 되면, 신민이 다른 군주를 선택하기 때문이다. 결과적으로 선택권이 군주가 아닌 신민에게 넘어가버린다. 즉, 군주가 자신의 의사와 무관하게 수동적 선택의 대상이 되어버린다. 따라서 군주는 선택권을 놓치지 않고자, 주도적으로 통치하고자, 능동적으로 행위하고자 절대로 신민의 증오를 사서는 안 된다.

17장 다시 보기

이 장은 군주의 폭력에 대한 족쇄론이다. 흔히 이 장을 읽으면서 '역시 마키아벨리야!'라고 생각할지 모른다. 그가 군주에게 잔인함을 행사해도 좋다고 허락한 것으로 읽히기 때문이다. 그러나 그 반대다. 즉, 그는 군주의 잔인함 행사에 이중, 삼중으로 강력한 족쇄를 채운다.

군주와 폭력 또는 군주와 잔인함은 떼려야 뗄 수 없다. 살아 있는 신과도 같은 군주는 말 한마디로 신민을 벌벌 떨게 할 수 있고, 손짓 하나로 신민을 살리고 죽일 수도 있다. 군주는 신민에게 공포감과 두려움을 주는 물질적 폭력 수단, 요즘 식으로 말하면 군대·경찰·정보부를 유일하게 소유한 자이다. 무장한 또 다른 계급, 예컨대 귀족이 있다면 폭력 수단을 나눠 갖지만, 없다면 군주는 폭력 수단을 오롯이 독점한다. 폭력을 독점한 군주는 맘만 먹으면 언제 어디에서든, 상하 신분을 가리지 않고 누구에게든, 어떤 이유로든 폭력을 사용할 수 있다. 군주는 폭력 사용의 유혹에서 벗어나기가 쉽지 않다. 폭력을 사용하면 원하는 것을 무엇이든 얻을 수 있기 때문이다.

마키아벨리는 군주의 이런 폭력에 족쇄를 채우고자 한다. 그는 폭력 행사의 조건을 말한다.

인간은 본성상 변덕스럽고 이기적임을 직시하라. 이는 '잔인함' 사용의 불가피함을 말한다. 군주는 잔인함을 사용하고 나서 번민에 빠지면 안 된다. 그런 군주는 유약해 보이기 마련이고 경멸의 대상이 되기 때문이다. 군주는 잔인함을 사용하고서 고민할 필요가 없다. 인간이 지닌 본성 때문에 잔인함을 사용하지 않으면 통치할 수 없기 때문이다. 하지만 다음 조건을 충족하지 않는다면 잔인함을 사용해서는 안 된다.

첫째, 신민의 통일과 충성심 유지라는 큰 목적이 있을 경우에만 잔인함을 행사하라. 군주의 잔인한 행동이 용인되는 경우는 신민의 통일과 충성심 유지라는 목적이 있을 때이다. 이 목적을 벗어난 잔인한 행동은 군주에게 이익이 되는 것이 아니라 손해가 된다. 군주는 어떤 경우에도 이 두 가지 목적 외에는 잔인함을 행사해서는 안 된다.

둘째, 친절함과 신중함을 바탕으로 무분별한 잔인함을 삼가라. 군주가 목적을 달성하려면 잔인함은 수단과 방법으로 사용할 수 있다. 즉, 목적 달성을 위한 적절한 수단과 방법이 없으면 목적을 달성할 수 없기 때문에 잔인함은 불가피하다. 그러나 친절함과 신중함은 잔인함 사용의 단서 조항이다. 군주는 잔인함을 행사할 때 반드시 정해진 조건과 규칙을 따라야 하는 신중함을 지녀야 하고, 지나치게 가혹하지 않으려면 친절함을 행사해야 한다. 친절함과 신중함이 없는 잔인함은 군주의 미덕이 아니라 절대 악덕이다.

이상을 군주의 폭력 행사에 대한 제한 조건을 중심으로 정리해 보

자. 군주에게 폭력 사용은 불가피하다. 인간은 변덕스럽고 이기적이기 때문이다. 하지만 군주는 신민의 통일과 충성심 유지라는 목적 외에는 어떤 경우에도 폭력을 사용해서는 안 된다. 특히 군주가 신민의 통일과 충성심 유지를 목적으로 폭력을 사용할 경우에도 친절함과 신중함이라는 분별력을 발휘해야 한다.

마키아벨리가 제시한 목적과 수단에 맞는 폭력을 사용할 경우의 수는 얼마나 될까? 위의 조건에 부합하려면 군주의 폭력 사용은 크게 줄어들 수밖에 없다. 게다가 그가 어떤 경우에도 부녀자를 겁탈하지 말고 신민의 재산을 약탈하지 말라는 금지 조치까지 붙여놓았음을 잊지 말자. 그렇다면 군주가 잔인한 행동을 한다면, 그것은 극히 현명한 선택인 경우로 한정될 것이다. 잔인함에 관해 마키아벨리가 서술한 목적은 폭력의 용인이 아니라 폭력의 제한임을 잊어서는 안 된다. 그 한계는 다수의 신뢰 확보를 위해, 불가피하게 제한적일 경우에만 적용되는 폭력이다.

군주는 자신의 약속을
어떻게 지켜야 할 것인가

이 장은 〈교활함이 진실을 이긴다〉, 〈군주는 짐승과 인간으로서 싸워야 한다〉, 〈여우와 사자〉, 〈알렉산데르 6세는 거짓 맹세자〉, 〈군주는 필요하다면 틀에 박힌 윤리를 포기할 준비가 되어 있어야 한다〉, 〈다수는 겉만 보고 판단한다〉로 이루어져 있다.

서론은 〈교활함이 진실을 이긴다〉이다. 마키아벨리는 여기서 군주는 약속을 잘 지키기보다는 속임수를 사용할 줄 아는 것이 필요하다고 말한다.

본론은 이론과 사례로 나눠져 있다. 이론 부분은 〈군주는 짐승과 인간으로서 싸워야 한다〉와 〈여우와 사자〉이다. 군주는 인간의 법과 짐승의 힘을 이용할 줄 알아야 하고, 짐승 중에서는 다시 여우의 간지奸智와 사자의 용맹을 따라야 한다. 마키아벨리는 이에 대한 고대의 사례로 사제지간인 케이론과 아킬레우스를 들고 있다. 그는 여우와 사자 중에서도 여우의 간지를 이용할 줄 아는 것이 군주의 덕목 가운데 하나라고 말한다. 사자의 힘에 대한 이야기는 이미 앞에서 다루었으므로 굳이 더 다룰 필요가 없기 때문이다. 그는 이런 교활한 간지를 가장 잘 사용한 사례로 겁도 없이 교황 알렉산데르 6세를 든다.

결론은 〈군주는 필요하다면 틀에 박힌 윤리를 포기할 준비가 되어 있어야 한다〉와 〈다수는 겉만 보고 판단한다〉이다. 전자는 군주가 윤리와 관련해 어떤 마음을 가져야 하는가를 말하는 반면, 후자는 다수가 군주의 행동에 대해 어떤 태도를 가지고 있는가를 보여준다. 전자에서 군주는 필요하다면 언제든지 인간적인 미덕을 모두 벗어버리고 여우의 간지를 따를 준비가 되어 있어야 한다고 그는 강조한다. 군주가 이렇게 해도 되는 이유는 후자에 있다. 다수는 과정을 중시하는 것이 아니라 결과를 중시하기 때문에 어떤 행동을 해도 결과가 좋으면 만사가 다 좋다고 그는 강조한다. 그 가장 적절한 사례로 근대 에스파냐를 확립한 페르디난도 2세를 든다.

서론: 교활함이 진실을 이긴다
본론:
   1. 이론
      1) 군주는 짐승과 인간으로서 싸워야 한다
      2) 여우와 사자
   2. 사례
      알렉산데르 6세는 거짓 맹세자
결론:
   1. 군주의 자세: 군주는 필요하다면 틀에 박힌 윤리를 포기할
              준비가 되어 있어야 한다

2. 다수의 태도: 다수는 겉만 보고 판단한다

교활함이 진실을 이긴다[1]

약속을 지키며 속임수를 쓰지 않고 정직하게 사는 군주가 얼마나 훌륭한
지는 모든 사람이 다 압니다. 그럼에도 우리 시대의 경험들을 돌아보십시
오. 자신의 약속을 가치가 없다고 여기고 속임수로 사람들의 머리를 멍하
게 하는 방법을 아는 그러한 군주들이 커다란 업적을 남겼음을 볼 수 있
습니다. 그리고 그러한 군주들이 마침내 정직성을 금과옥조로 여기는 군
주들을 정복했음도 알 수 있습니다.

1 16장, 17장의 구성과 비교해 살펴볼 필요가 있다. 16장의 첫 두 절은 〈활수
   하다는 평가를 추구하는 것의 어려움〉과 〈검소함이 진정한 활수이다〉로, 17
   장의 첫 두 절은 〈현명한 잔인성이 진정한 자비이다〉와 〈적당한 가혹함〉으
   로 구성되어 있다. 18절은 거두절미하고 〈교활함이 진실을 이긴다〉로 시작
   한다. 이 절의 내용 전개는 16장의 〈검소함이 진정한 활수이다〉의 중간 부분
   이후 "우리 시대에 인색하다는 평가를 받는 사람을 제외하고는 위대한 일을
   성취한 사람이 없습니다. 반면, 활수한 자는 모두 제거되었습니다"와 일치한
   다. 또한 이 절의 내용 전개 방식은 17장의 〈적당한 가혹함〉의 내용 전개와
   도 일치한다. 따라서 마키아벨리는 〈약속을 잘 지킨다는 평가를 추구하는
   것의 어려움〉과 '때로는 약속 파괴가 필요하다'라는 내용을 과감하게 생략하
   고 이 글을 썼다고 볼 수 있다. 그가 왜 이런 구성을 했는지 그 이유를 17장
   의 〈현명한 잔인성이 진정한 자비이다〉에서 살펴보았다. 마키아벨리가 집필
   했거나 머릿속으로 생각했을 내용을 추측한다면 아마 아래와 같을 것이다.

약속을 잘 지킨다는 평가를 추구하는 것의 어려움

다음으로 위에서 언급했던 세 번째 특질을 논하겠습니다. 저는 약속을 잘 지키는 것으로 여겨지는 게 좋다고 말씀드렸습니다. 그럼에도 당신이 '약속을 잘 지킨다'는 평가를 얻으려고 행동한다면, 이는 당신에게 해롭습니다. 왜냐하면 당신이 약속을 현명하고 올바르게 준수한다면 여러 군주(소수 신민)는 그것을 알아차리지 못하는 반면, 당신이 만약 약속을 어긴다면 곧장 비난을 퍼붓기 때문입니다. 따라서 당신이 군주들(신민) 사이에서 약속을 잘 지킨다는 평판을 유지하려면 한번 내뱉은 말을 무조건 지킬 수밖에 없습니다.

결국 그러한 유형의 군주는 약속을 지키려고 자신의 모든 능력을 사용해야 합니다. 또한 그가 약속을 잘 지키는 사람이라는 명성을 지속적으로 유지하고자 한다면, 결국 다른 군주들(소수 신민)에게 맹세를 하고 그 약속을 지키려고 발버둥쳐야 합니다. 이렇게 행동함으로써 그는 다른 군주들(소수 신민)에게 이득을 주지만 그 군주들(소수 신민)은 그를 우습게 봅니다. 왜냐하면 그는 약속을 지키려고 어떤 것도 마다하지 않는 노예와 같아지기 때문입니다.

결국 그러한 약속을 준수함으로 말미암아 다른 군주들(소수 신민)은 이익을 보는 반면, 자신은 큰 피해를 보기 마련입니다. 그 결과 그는 시간이 지남이 따라 갖가지 약속들에 얽매이게 되어, 그 약속들 가운데 어느 한 가지 약속을 지키지 못하면 좌초하게 됩니다. 그가 이를 깨닫고 원상회복을 시도한다면, 그런 행동을 하자마자 약속을 준수하지 않는 못 믿을 사람이라는 평가를 듣게 됩니다.

때로는 약속 파기가 필요하다

군주는 자신에게 해를 끼치지 않고서는 이와 같은 약속 준수의 미덕을 발휘할 수 없으므로, 현명한 군주라면 때때로 약속을 준수하지 않는 자라는 평판도 두려워하지 않아야 합니다. 왜냐하면 시간이 지남에 따라 군주가 점점 더 약속해야 할 일이 많아지지만, 이 모든 약속을 다 지킬 수는 없기 때문입니다. 현명한 군주는 다른 군주에게서 약속을 준수하지 않았다고 비난받더라도, 다른 군주에게서 약속을 준수하다가 나라를 잃는 어리석음을 범했다는 평을 들어서는 안 됩니다.

거짓말 잘하는 자와 정직한 자 중 누가 살아남는가? 마키아벨리의 답변은 간단하다. 누구나 다 정직하고 신실한 자를 원한다. 하지만 그런 자는 십중팔구 살아남기 어려울 뿐 아니라 가진 것도 다 빼앗긴다. 누구나 다 밥 먹듯 거짓말하는 자를 미워한다. 하지만 그런 자는 살아남을 뿐 아니라 남의 것도 빼앗아 잘 먹고 잘 산다는 것은 명약관화하다. 18장은 이에 대한 논증이다.

더 나아가 질문을 던져보자. 거짓말 잘하는 자와 정직한 자 중 누가 선한가? 또는 누가 바람직한가? 플라톤의 《국가》 1권에서 이 질문에 답한다.

플라톤은 묻는다. 멀쩡할 때 칼을 맡긴 친구가 있었다. 그런데 그 친구가 미치광이 상태로 돌아와 칼을 달라고 한다. 그렇다면 칼을 맡았던 친구는 어떤 일을 저지를지도 모르는 그 미친 친구에게 칼을 돌려주어야 하는가? 일반적으로 물건을 주인에게 돌려주는 것은 정직한 행위인 반면, 돌려주지 않는 것은 올바르지 못한 행위이다. 그러나 이런 특수한 상황에서는 정반대이다. 돌려주지 않는 게 올바른 행위이며, 돌려주는 것은 올바르지 못한 행위이다. 하지만 이 과정에서 칼을 주지 않으려면 거짓 이유를 대야 하고, 그것은 더 나은 목적을 위한 착한 거짓말이 된다. 병세가 위중한 아버지의 상태가 걱정돼 자식이 감옥에 갇힌 사실을 숨기는 것처럼 말이다.

거짓말이 필요악이 아니라 필요선인 경우도 있다. 더 큰 선을 위해서 필요한 경우엔 거짓말을 해야 한다. 그것이 올바름이다. 거짓말해야 할 필요가 있을 때 하지 않으면 그것은 올바르지 못함이다. 거짓말은 불가피하다. 거짓말이 없는 세상은 너무나 냉혹해서 인간의 미덕을 해친다. 마치 죽어가는 아버지 앞에서 자식이 죄를 지어 감옥에 갇혔다고 너무나 정직하게 말하는 것처럼 말이다.

군주는 필요하다면 거짓말을 해야 한다. 그것이 올바름이며, 그것이 선이다. 그렇다면 그 필요란 무엇인가? 마키아벨리는 이에 대해 이미 지겨울 정도로 다루었다. 그것은 바로 군주국에서는 신민의 행복이고, 공화국에서는 시민의 행복이다.

군주는 짐승과 인간으로서 싸워야 한다

그렇다면 당신은 싸움에는 두 가지 방법이 있다는 것을 아실 필요가 있습니다. 하나는 법을 따르는 것이고, 다른 하나는 힘으로 하는 것입니다. 전자는 인간에게 적합한 것이고, 후자는 동물들에게 적합한 것입니다. 그런데 군주는 종종 전자만으로 충분하지 않기에 당연히 후자에 의존해야만 합니다. 따라서 군주는 동물과 인간의 속성들을 어떻게 이용할 것인가를 잘 알 필요가 있습니다.

먼 옛날의 저술가들은 이러한 내용을 우화의 형태로 군주들에게 가르쳤습니다. 그들이 집필한 내용에 따르면, 반인반마半人半馬인 케이론이 아킬레우스를 비롯한 유명한 고대 군주들의 양육을 떠맡았으며, 그들을 훈련시키고disciplina 보호했습니다custodissi.[1] 이는 군주가 동물 또는 인간의 본성을 어떻게 적용할 것인가를 알아야 한다는 것 외에 다른 어떤 것을 뜻하지 않습니다. 왜냐하면 둘 중의 한 가지를 지니고 있지 않다면 군주는 자신을 영원히 보존할 수 없기 때문입니다.

1 케이론은 반인반마인 켄타우로스 종족의 일원으로서 현명하고 박학다식했으며, 의술도 뛰어나고 다재다능했다. 그는 헤라클레스·아킬레우스·아이네이아스 등 그리스의 유명한 영웅들을 직접 교육했다고 한다. 아킬레우스는 트로이 전쟁의 영웅으로 《일리아스》의 주인공이기도 하다. 그는 용기와 용맹의 상징이자, 가장 뛰어난 전사로 일컬어진다.

지오바니 바티스타 치프리아니, 〈아킬레우스를 가르치는 케이론〉, 1776, 필라델피아 미술관 소장.

마키아벨리는 군주에게 법으로 대변되는 인간의 지혜와 힘으로 나타나는 동물의 무기를 가지고 싸워야 한다고 말하며, 그 근거로 케이론을 든다. 고대의 영웅들이 반은 인간이고 반은 짐승인 케이론에게 교육받은 이유는 케이론이 지닌 상징성 때문이다. 마키아벨리는 아킬레우스가 케이론에게서 교활함도 배웠다고 평가한다.

우리는 잠시 숨을 고르고, 마키아벨리의 진의를 따져봐야 한다. 우리의 상식, 즉 용기·용맹·정직·정의·진실·솔직 등의 표상인 아킬레우스의 이미지를 포기해야 한다. 이 점에서 마키아벨리는 2,000여 년 동안 회자되고 긍정적으로 평가되어 온 아킬레우스에 대한 상식에 도전한다.

이런 의문을 가져보자. 아킬레우스는 진정 교활한 자인가? 우리는 왜 마키아벨리가 아킬레우스더러 교활하다고 평가했다고 생각하는가? 그 이유는 마키아벨리가 직접 그를 교활하다고 말하지 않고 구렁이 담 넘어가듯 지나쳐버렸기 때문이다. 그는 그저 고대 영웅들 가운데 아킬레우스가 케이론에게서 배웠다고 예를 들 뿐이기 때문이다. 다음의 흐름을 보자.

케이론은 반은 인간이고 반은 말이다.
인간의 지혜와 동물의 힘을 갖춘 케이론은 아킬레우스를 가르쳤다.
결과적으로 아킬레우스는 인간과 동물의 지혜를 배웠다.

케이론은 반은 인간이고 반은 짐승이다.
짐승은 용맹한 사자와 교활한 여우를 가리킨다.
영웅인 아킬레우스는 케이론에게서 용맹과 교활함을 배웠다.

2부와 17장에서 용맹함을 이미 다루었고, 18장의 주제는 교활함이다. 따라서 아킬레우스는 여우의 간지를 가진 교활한 영웅이다.

마키아벨리는 실제로 아킬레우스가 왜 교활한지는 한마디도 언급하지 않는다. 따라서 아킬레우스의 교활함에 대한 해석은 온전히 독자의 몫이다. 그렇다면 그는 무엇을 근거로 아킬레우스를 이렇게 평가하는가? 그만의 고유한 평가인가, 아니면 어떤 것에 근거한 평가인가? 반드시 논거를 갖고 논증을 하는 글을 쓰는 마키아벨리라는 것을 인정한다면, 그 근거가 있을 것이다.

우리는 플라톤의 《소 히피아스》에서 그 단서를 찾아야 한다. 이 글에서 히피아스와 소크라테스는 《일리아스》의 두 주인공 오디세우스와 아킬레우스 중 누가 더 교활한가를 두고 논쟁을 벌인다. 히피아스는 우리의 상식과 마찬가지로, 오디세우스가 교활하며 아킬레우스는 진실하고 솔직하다고 평가한다. 우리의 상식과 반대로 궤변론자 소크라테스는 아킬레우스가 너무나 거짓말을 잘해서 아주 교활하다고 반박한다. 소크라테스는 다음과 같은 근거를 든다.

우선 아킬레우스가 더는 전쟁을 하지 않고 회군하겠다고 거짓말로 아가멤논을 압박했다. 이는 《일리아스》 초반부로 거슬러 올라간다. 그리스 연합군은 트로이 주변 연합국을 공격해 많은 승리를 거둔다. 그 승리의 대가로 크리세이스와 브리세이스라는 두 미녀를 전리품으로 얻었다. 아가멤논은 크리세이스를, 아킬레우스는 브리세이스를 갖기로 한다. 그러나 크리세이스의 아버지가 아가멤논에게 딸을 돌려달라고 하자 아가멤논은 그 청을 받아들인다. 그 후 아가멤논은 아킬레우스의 전리품인 브리세이스를 빼앗으려고 한다. 아킬레우스는 화가 나

서 아가멤논에게 전쟁을 그만두고 돌아가겠다고 공갈 협박을 한다.*

둘째, 소크라테스는 이런 회군과 관련한 거짓말을 또 들춘다. 그 내
용은 첫 번째 거짓말의 연장선에 있다. 아킬레우스는 자신의 여인을
빼앗기자 이때에도 회군하겠다고 그리스 전군 앞에서 마음에도 없는
말로 협박한다.

> 이젠 프티아로 돌아가겠소. 부리처럼 흰 함선들을 타고
> 고향으로 돌아가는 편이 훨씬 낫겠소. 여기서 모욕을 받아가며
> 그대를 위해 부와 재물을 쌓아줄 생각은 추호도 없소이다.**

과연 아킬레우스는 진짜로 고향에 돌아갈 생각이었을까? 거짓말은

---

* 호메로스 지음, 천병희 옮김, 《일리아스》(숲, 2011) 9권, 360.
** 호메로스 지음, 천병희 옮김, 《일리아스》(숲, 2011) 1권, 171.

자신의 본심을 숨기고 말을 내뱉어야 한다. 즉, 자신이 의도한 바를 이루려고 겉으로 달리 말하는 것이 거짓말이다. 이런 점에서 소크라테스는 아킬레우스가 진정한 거짓말쟁이라고 말한다. 왜냐하면 아킬레우스는 겉으로는 회군하겠다는 협박을 하면서 아이아스에게는 자신의 용맹을 자랑할 때까지 결코 전쟁터를 떠나지 않겠다고 진심을 털어놓기 때문이다.

> 나는 현명한 프리아모스의 아들 고귀한 헥토르가
> 아르고스인들을 도륙하며 뮈르미도네스 족의 막사들과 함선들이
> 있는 데까지 쳐들어와 함선들을 불사르기 전에는
> 결코 피비린내 나는 전쟁을 생각하지 않을 것이오.
> 하나 내 막사와 검은 함선 옆에서는 헥토르가 제아무리
> 전의에 넘친다 해도 반드시 제지당하고 말 것이오.*

마키아벨리는 아킬레우스를 교활하다고 평가하며 우리가 가진 고정관념을 털어버리라고 말한다. 교활하지 않고서는 영웅이 될 수 없다고 다음과 같이 넌지시 제시한다.

'용기와 용맹의 상징인 아킬레우스 같은 영웅도 사실은 교활했다. 그러므로 일개 군주에 지나지 않는 자는 얼마든지 간교하고 교활해도 좋다. 하물며 우리 같은 평범한 인간이야 더 무슨 말을 할 필요가 있겠는가!'

---

* 호메로스 지음, 천병희 옮김, 《일리아스》 9권, 655.

여우와 사자

그렇다면 군주는 짐승처럼 행동할 필요가 있습니다. 군주는 동물들 중에서도 여우와 사자[1]를 선택해야 합니다. 왜냐하면 사자는 함정으로부터 자신을 지키지 못하고, 여우는 늑대들로부터 자신을 지키지 못하기 때문입니다. 따라서 군주는 함정을 알아차리려면 여우가 되어야만 하고, 늑대에게 공포를 주려면 사자가 되어야만 합니다.

사자에만 의존하는 군주들은 지각력이 부족합니다. 약속을 지키는 것이 자신에게 불리할 때, 그리고 자신에게 약속을 지키게 했던 이유들이 사라졌을 때, 신중한 군주는 결코 약속을 지킬 수도 없으며 지켜서도 안 됩니다. 모든 인간이 선량하다면 이런 말은 옳지 않을 것입니다. 그러나 인간은 사악하며 당신과 맺은 약속을 지키려고 하지 않기 때문에, 당신도 그들과 마찬가지로 그들과 한 약속을 지켜서는 안 됩니다. 명민한 군주는 약속을 어기는 것이 옳다고 할 이유를 언제든지 찾아낼 수 있습니다.

저는 이것과 관련해 최근의 수많은 예를 보여드릴 수 있습니다. 얼마나 많은 평화 협약과 약속들이 군주의 거짓말에 의해 말잔치로 끝나고 폐기되었는지를 살펴보십시오. 어떻게 여우처럼 행동할 것인지 가장 잘 아는 군주가 최고가 될 수 있습니다. 군주는 동물의 본성을 위장하는 방법도 반드시 이해해야 하며, 위대한 흉내자이자 위장자가 되어야만 합니다.[2]

인간은 지나칠 정도로 단순하며 눈앞의 필요에 굴복합니다. 따라서 속일 마음이 있는 군주는 항상 기만당할 마음이 있는 사람을 발견해야 합니다.

---

1 마키아벨리가 묘사한 동물은 '반은 여우, 반은 사자'의 모습을 한 야누스를 상상하면 된다. 여우는 어리석은 사자가 빠지기 쉬운 함정으로부터 자신을

지키는 역할을 하고, 사자는 힘으로 여우를 위협하는 늑대를 제압하는 역할을 한다. 군주라면 힘과 간지를 필요에 따라 적절하게 사용할 줄 알아야 한다.

2 군주는 동물의 힘과 간지만 흉내내서는 안 된다. 군주가 지나치게 힘에 의존하면 인민의 저항에 부딪치고, 반대로 지나치게 간지에 의존하면 주변 군주나 비슷한 역량을 가진 귀족들에게 권력을 빼앗긴다. 따라서 군주는 사자의 힘을 사용할 때는 인자함으로 위장해야 하고, 여우의 간지를 사용할 때는 신앙심으로 치장해야 한다. 사자의 힘에 대해서는 2부의 17장에서 주로 설명했으므로, 여기서는 여우에 방점이 찍혀 있다. 따라서 군주는 여우의 간지를 모방하되 종교심을 잃지 않는 것이 중요하다.

다시 인간론이다. 마키아벨리는 인간이란 사악하고, 지나치게 단순하며, 눈앞의 필요에 굴복하며, 언제든지 기만당할 마음을 준비하고 있는 존재라고 말한다. 위의 네 가지는 거짓말이 왜 필요한가, 인간은 왜 거짓말인 줄 알면서도 속는가, 군주는 누구를 속여야 하는가를 설명해 준다.

우선 전제이다. 인간이 사악하다는 말은 거짓말이 왜 필요한가를 설명해 준다. 인간은 사악한 존재이므로 약속을 지키지 않고 상대방을 속이려고 할 것이다. 그러므로 당연히 군주인 나도 상대방을 속여야 한다. 이는 현실이다. 반대로 인간이 선량하다면 약속을 지킬 것이므로, 군주인 나도 상대방을 속여서는 안 된다. 이는 이상이다. 인간은 이상이 아닌 현실에 살아야 하므로, 나부터 속일 준비를 하고 있어야 한다.

두 번째와 세 번째는 논증 과정이다. 인간은 왜 거짓말에 속는가? 인간은 지나치게 단순해서 눈앞의 이익에 급급하기 때문이다. 인간은 복잡한 것, 먼 미래를 싫어한다. 인간은 눈앞의 이익만 채워주면 누구나 속는다. 뻔히 속는 줄 알면서도 속는 게 인간이다.

인간은 왜 사기를 당하는가? 사기꾼이 보여주는 눈앞의 이익에 속기 때문이다. 사기꾼의 수법은 아주 간단하다. 가령 1,000만 원을 투자하면 월 50만 원을 주고, 2,000만 원을 투자하면 월 100만 원을 준다. 이렇게 세 달만 계속하면 고액 투자자가 수십 명으로 늘어난다. 이것으로 사기 끝이다. 사기꾼은 오로지 단순하고 눈앞의 이익에만 혈안이 되는 인간의 심리만 이용한 것이다.

네 번째는 결론이다. 인간은 누구나 속을 준비가 되어 있다. 눈앞의 이익에만 급급하기 때문이다. 속이려는 마음만 갖는다면 누구든지 속일 수 있다. 군주는 마음만 먹으면 신하든 적군 군주든 누구든 속일 수 있다.

반대로 말해보자. 속고 살지 않으려면 기만당할 마음을 가져서는 안 된다. 그러려면 눈앞의 이익에만 급급하지 말고 조금 더 멀리 생각하라. 그 이전에 상대방을 속일 생각을 하지 마라. 그러면 상대방도 속이려고 생각하지 않을 것이다.

알렉산데르 6세는 거짓 맹세자

저는 최근의 사례 가운데 한 가지에 대해 침묵할 수가 없습니다. 알렉산데르 6세는 사람들을 속이는 일만 했으며, 속이는 것 외에는 다른 어떤 것도 꿈꾸지 않았습니다. 그는 항상 속일 사람을 찾아냈습니다. 그보다 더 효과적으로 맹세하고 강력한 선언으로 약속을 확언했던 사람도 없습니다. 그러면서도 그는 명예를 손상당한 적이 없습니다. 그의 속임수는 그가 원하는 대로 성공을 거두었습니다. 왜냐하면 그는 세상사의 이런 측면[1]을 잘 이해했기 때문입니다.[2]

1 앞에서 언급한 인간의 네 가지 속성을 말한다.

2 체사레의 아버지 알렉산데르 6세의 거짓말에 관한 이야기이다. 그는 가문의 확장이라는 목적 아래 숱하게 동맹을 체결하며 일종의 배신을 거듭했다. 그 중 하나의 예를 들면, 프랑스의 샤를 8세가 나폴리의 왕위 계승권을 주장하며 이탈리아를 침략했을 때 알렉산데르 6세는 프랑스와 에스파냐 사이에서 줄타기를 하며 필요에 따라 동맹을 맺곤 했다. 위의 표는 벌어진 일들을 대강 기록한 것이다.

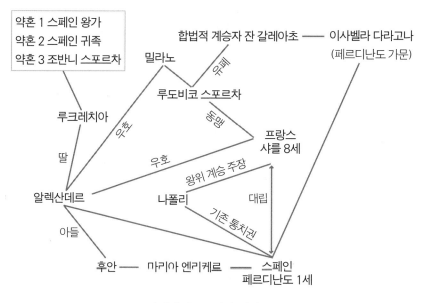

알렉산데르 6세의 정략도

알렉산데르 6세는 처음엔 프랑스 편이었다. 그는 자신의 딸 루크레치아를 스페인 왕가와 처음 약혼시켰으며, 그다음엔 스페인 귀족과 두 번째로 약혼시켰다. 그 후 다시 강력한 용병 가문인 스포르차 가문과 친해지고 싶어서 페사로의 영주 조반니 스포르차와 세 번째 약혼을 하게 했다.

당시 밀라노의 지배자 루도비코 스포르차는 자신의 지지 기반을 다지려고 프랑스의 샤를 8세를 이탈리아로 끌어들였는데, 교황 선거에서 알렉산데르 6세에게 패배하고 프랑스 파리로 피신해 있던 줄리아노(후일 교황 율리우스 2세)가 적극적으로 샤를 8세를 부추긴 영향도 컸다. 알렉산데르 6세는 줄리아노의 입김을 줄이기 위해서라도 프랑스와 손을 잡지 않을 수 없었다.

그러나 사태가 급변했다. 에스파냐의 페르디난도 2세가 알렉산데르 6세에게 뿌리칠 수 없는 제안을 한다. 밀라노의 적법한 계승자인 잔 갈레아초의 아내이자 자신의 먼 친척인 이사벨라 다라고나가 페르디난도 2세에게 밀라노를 탈취한 루도비코를 비난했다. 1442년부터 나폴리의 통치권을 가지고 있던 에스파냐의 페르디난도 2세는 자신의 조카 마리아 엔리케즈를 알렉산데르 6세의 아들 후안과 결혼시키자고 혼담을 넣었다. 그 혼담의 이면에는 에스파냐의 나폴리 지배 인정과 신대륙의 주권 승인 요구가 깔려 있었다. 알렉산데르 6세는 혼담을 받아들이면서, 에스파냐의 신대륙 주권을 인정하는 교서를 내리고 나폴리 지배 또한 인정했다.

위에서 보듯이 알렉산데르 6세는 자신의 가문 확장이라는 실익만 주어진다면, 딸을 세 번 약혼시키는가 하면 아무런 명분 없이도 동맹을 바꾸곤 했다. 알렉산데르 6세는 이후에도 이런 배신행위를 지속한다. 마키아벨리는 이 점에서 알렉산데르 6세가 맹세를 헌신짝 버리듯 했지만 항상 상대방이 원하는 것을 즉각 수용함으로써 아무런 문제를 일으키지 않았다고 말한다.

정확하게 구분할 수 있는 것은 아니지만, 약속과 맹세는 조금 다르다. 사전적 의미로 맹세는 약속이나 목표를 꼭 실천하겠다고 다짐하는 것이고, 약속은 장래의 일을 어떻게 하겠다고 상대방과 미리 정하는 것이다.

사랑하는 두 사람이 있다고 해보자. "죽을 때까지 사랑할게!"라고 말하는 것은 맹세이고, "다음 생일 때는 반지를 하나 사줄게"라고 말하는 것은 약속이다. 전자는 잘 지키면 신뢰와 믿음이 쌓이는 반면에 어기면 배신이 된다. 후자는 지키면 약속을 준수하는 것이고 어기면 거짓말이 된다.

맹세는 다짐의 적극적 실천과 수행이라는 점에서 주체적 의지가 긍정적으로 작동하는 것이며, 약속은 말한 것을 어기지 않으려고 노력한다는 점에서 주체적 의지가 수동적 또는 부정적으로 작동하는 것이다.

일반적으로 국가 간에 맺어지는 타협은 동맹으로 나타나며, 이는 일종의 맹세이다. 반면에 개인 간에 맺어지는 타협은 계약으로 나타나며, 이는 일종의 약속이다.

그렇다면 군주는 어떻게 처신해야 하는가? 마키아벨리는 알렉산데르 6세를 통해 국가 간에 타협할 때는 맹세를 하되, 맹세를 저버리고 배신하게 될 경우에는 배신이 아니라 불가피한 개인적 사정 때문에 약속을 어기는 듯이 처신하라고 말한다. 예컨대 알렉산데르 6세는 루도비코, 샤를 8세와 동맹을 맺을 듯 맹세했지만, 이를 배신하고 페르디난도 2세를 받아들일 때에는 혼인이라는 사적인 문제로 전환해버린다. 이렇게 되면 알렉산데르 6세는 맹세를 어기는 게 아니며, 불가피한 개인적인 사정으로 약속을 준수하지 못한 것이 된다.

일반인도 마찬가지이다. 사랑할 때는 하늘의 별을 따다 줄듯이 맹세하지만, 작은 사랑의 약속을 지키지 못할 때에는 불가피한 사정 때문이라고 변명하곤 한다. 군주라면 맹세와 약속의 줄타기에 능해야 하며, 더 나아가 거짓 맹세와 속임수에도 능해야 한다.

군주는 필요하다면 틀에 박힌 윤리를 포기할 준비가 되어 있어야 한다

그렇다면 군주의 경우 위에서 언급했던 모든 특질을 실제로 갖춰야 할 필요는 없습니다. 하지만 반드시 갖춘 듯 보일 필요가 있습니다. 더 나아가 저는 감히 다음과 같이 말할 것입니다. 군주가 이런 특질들을 가지고 있고 항상 실천한다면 이는 위해한 반면, 군주가 이런 특질들을 갖춘 듯 보인다면 이는 유용합니다. 예를 들면 자비롭고, 신의 있고, 비난거리가 없고, 종교적인 듯 보이는 것이 마음속에서 준비되어 있어야 합니다. 하지만 당신이 그럴 필요가 없다면 이와 반대로 할 수 있으며 반대로 해야만 합니다.

그리고 아래와 같은 것을 깨닫는 것이 중요합니다. 군주, 무엇보다도 신흥 군주는 사람들이 옳다고 여기는 그러한 것을 결코 실천할 수 없습니다. 왜냐하면 신흥 군주는 자신의 지위를 유지하고자 진리에 역행해, 자비와 반대로, 인간성에 반해서, 종교와 어긋나게 행동할 수밖에 없기 때문입니다. 따라서 신흥 군주는 바람 따라 바뀌는 운명과 변화무쌍한 사건에 필요한 어떤 방향으로 돌아설 마음을 가지고 있어야 합니다. 그렇기 때문에 앞에서 말씀드린 것처럼 군주는 조건이 허락한다면 올바른 것을 고수해야 하지만 필요하다면 나쁜 짓을 하는 방법도 알아야 합니다.

마키아벨리는 〈여우와 사자〉에서 "군주는 동물의 본성을 위장하는 방법도 반드시 이해해야 하며, 위대한 흉내자이자 위장자가 되어야만 합니다"라고 말한다. 이 절은 이에 대한 자세한 설명이다.

군주는 동물의 힘을 흉내낼 줄 알아야 한다. 동물이 지닌 미덕을 모방하라는 것이다. 모방 대상은 사자의 힘과 여우의 간지이며, 여기서는 주로 여우의 간지를 다룬다. 군주는 여우의 간지를 모방해 자비롭지 않게, 신의 없게, 비난 받기를 주저하지 말며, 종교를 등진 자처럼 행동해야 한다.

하지만 여우의 간지를 모방만 하는 군주는 반드시 저항과 반란에 직면하게 마련이다. 인간은 한 번은 속지만 두 번은 속지 않기 때문에 군주는 '동물의 본성'을 위장해서 숨길 줄 알아야 한다. 즉, 동물의 본성을 인간미로 치장할 줄 알아야 한다. 군주는 항상 자비로운 듯이, 신의 있는 듯이, 인간적인 듯이, 종교를 믿는 듯이 보여야 한다. 자비로움이 없는 무자비함은 잔인함이며, 신뢰를 전혀 받지 못함은 고독함이며, 인간미가 없는 냉정함은 비수 같은 날카로움이며, 종교가 없는 불신앙은 전능함으로 비치기 때문이다. 이런 군주는 다른 군주들한테서 도움을 받지 못할 뿐만 아니라 신민도 따르지 않는다. 이런 군주는 외부의 힘에 정복당하거나 내부의 힘에 전복당하기 십상이다.

동물의 미덕을 인간적 미덕으로 치장하기는 쉽지 않다. 인간적 미덕은 따라 하기 어려울 뿐만 아니라 인내라는 커다란 고통이 따르기 때문이다. 열 번이고 스무 번이고 상대를 잘 속이고 싶은가? 그렇다면 반드시 인간미를 보여줘라! 그래야 속는다! 이것이 마키아벨리가 전하는 진심이다.

다수는 겉만 보고 판단한다

현명한 군주는 위에서 언급했던 다섯 가지 특질로 가득 차 있지 않는 한, 한마디도 입 밖으로 내지 않도록 주의를 기울여야 합니다. 즉, 현명한 군주는 자신을 쳐다보고 자신이 하는 말을 듣는 사람들에게 넓은 자비심, 충직한 신뢰성, 숭고한 도덕성, 따뜻한 인간성, 깊은 신앙심이 있는 듯 보여야 합니다.

군주는 이런 특질 중에서도 마지막 것은 겉으로나마 꼭 갖춘 듯 보일 필요가 있습니다. 왜냐하면 일반적으로 사람들은 그들 손보다는 눈으로 판단하는 경향이 있기 때문입니다. 그 이유는 누구라도 볼 수는 있지만, 인지할 수 있는 사람은 거의 없기 때문입니다. 누구라도 당신의 외양을 볼 수 있지만, 당신의 인격까지 볼 수 있는 사람은 거의 없습니다. 그리고 그러한 소수의 사람들은 감히 자신을 보호하는 정부의 최고권을 가진 다수의 믿음과 대립하려고 하지 않습니다. 모든 인간의 처신, 특히 그 책임들이 심리 대상이 될 수 없는 군주의 처신과 관련해, 사람들은 결과에만 관심을 기울입니다.

따라서 군주가 국가를 정복하고서 유지하는 데에 성공한다면, 그가 사용한 수단들은 항상 존경할 만한 것으로 판단되며 모든 곳에서 칭찬받습니다. 왜냐하면 대중은 외양과 일의 결과에 도취되기 때문입니다. 세상에서 대중은 전부인 반면, 소수는 다수가 하나로 뭉쳐 있을 때 그곳에서 어떤 여지도 발견하지 못하기 때문입니다.[1]

제가 굳이 이름을 들어 말하지 않겠지만 우리 시대의 어떤 군주[2]는 평화와 진리 외에는 어떤 것도 말하지 않았습니다. 그런데 그는 사사건건 평화와 진리에 대립했습니다. 그가 만약 평화와 진리를 실천했더라면, 그는 명성과 권력 중 하나는 헤아릴 수 없을 만큼 자주 상실했을 것입니다.

1 다수가 어떤 일에 대해 맹목적으로 믿고 있으며, 그 진실을 밝히기 쉽지 않음을 말한다.

2 페르디난도 2세를 가리킨다. 마키아벨리는 그에 대해 12장의 〈이탈리아 용병의 역사〉, 13장의 〈원군에서 비롯된 최근의 위험 사례들〉과 〈프랑스가 원군을 사용한 어리석은 짓〉 등에서 이탈리아가 원군이나 용병을 끌어들인 사례를 중심으로 설명한다. 또한 그는 16장의 〈검소함이 진정한 활수이다〉에서 전쟁이 잦았지만 신민에게 경제적 피해를 주지 않은 이상적인 군주로 페르디난도 2세를 언급했다.

마키아벨리는 이 장에서 페르디난도 2세를 교묘한 속임수를 잘 쓴 군주의 전형으로 묘사한다. 페르디난도 2세는 근대 에스파냐를 확립한 군주이다. 그가 이런 위대한 일을 할 수 있었던 것은 점령 정책, 결혼 정책, 종교 정책에 의해서이다.

점령 정책은 사자와 같은 힘에 근거한 것이다. 그는 사자와 같은 힘으로 그라나다와 같은 지역을 병합했을 뿐만 아니라 나폴리를 차지함으로써 이탈리아 내에서 주도권을 차지하고 프랑스의 영향력을 배제시켰다.

결혼 정책은 여우의 간지를 이용한 것이다. 그는 아라곤 출신으로서 카스티야 출신인 이사벨과의 결혼을 통해 우리가 알고 있는 근대 에스파냐를 확립했다. 또한 그는 자신의 자녀들을 합스부르크 왕가와 결혼시켜, 유럽 전역에 합스부르크 왕가를 심었을 뿐만 아니라 거대한 영토를 차지하는 초석을 마련한다. 이런 점에서 페르디난도 2세에게 결혼은 정략이자 영토 확장을 위한 방편이었다.

종교 정책 또한 여우의 간지를 사용한 것이다. 그는 알렉산데르 6세와 결탁해 가톨릭 수호자를 자처했으며, '가톨릭 왕'이라는 칭호를 얻었다. 이런 현상의 배후에서 그는 종교적인 힘을 바탕으로 알렉산데르 6세에게 신대륙에서의 스페인 주권을 인정하게 만들기도 했다. 이런 점에서 페르디난도에게 종교는 진리를 가장한 책략의 일부이자 영토 주권 확립을 위한 수단이었다.

마키아벨리는 이런 점에서 페르디난도 2세의 '평화와 진리'에 이중성이 있다고 보았다. 그가 말한 그대로 진심으로 평화와 진리를 실천했다고 가정해 보자. 우리는 통일된 근대 에스파냐도, 거대한 합스부르크 왕가도, 오늘날 남아메리카의 스페인 문화도 목도하지 못할 것이다. 마키아벨리는 말한다. 평화와 진리를 말 그대로 실천하는 것이 옳은가, 아니면 실천하지 않는 것이 옳은가? 단, 대중은 결과만 볼 뿐이다.

다시 다수와 소수에 관한 논의이다. 여기서 다수는 '눈'으로 판단하는 사람을 말한다. 직접 경험하지 않고 현상만 보는 것을 말한다. 사람들 대부분은 눈으로 직접 본 것을 믿는 경향이 있다. 마치 '내가 텔레비전에서 봤어'라고 말하면, 그것이 진실인 것처럼 말이다. 여기서 소수는 '손'으로 판단하는 사람을 말한다. 직접 곁에서 경험해 본 것에 근거해 판단하는 것을 말한다. 직접 경험하는 사람은 극히 소수일 수밖에 없다. 특히 최고 권력자를 지근거리에서 관찰하며 판단할 수 있는 자는 극소수에 불과하다.

'눈'은 일반적으로 신민이나 대중을 말하고, 이들은 결과만을 중시할 뿐이다. 반면 '손'은 일반적으로 군주와 측근 신하나 학자들을 말하고, 이들은 결과도 중시하지만 과정도 중시한다.

대다수가 어리석은 자라면, 소수는 현명한 자라고 할 수 있다. 현명한 소수는 대다수의 믿음과 대립해 싸우려 들지 않는다. 즉 현명한 소수는 다수가 믿고 있는 것을 부정하면서 이를 바로잡으려 하지 않는다. 대다수는 이성적인 판단에 따르는 것이 아니라 눈에 보이는 것만을 보고 믿고 따르는 맹목적인 자들이다. 맹목적인 자들과 대화해서 설득할 수 있는 자는 거의 없다. 맹목적인 신앙을 가진 자를 생각해 보라. 따라서 현명한 소수는 그들을 설득하려 하지 않는다.

군주는 이런 다수를 어떻게 대해야 하는가? 다수는 속여야 한다. 군주는 다수를 속이려면 어떻게 해야 하는가? 결과만 좋게 하면 된다. 대다수는 눈으로 판단하고 결과만 중시하기 때문이다. 결과가 좋으면 어떤 수단을 사용하든 다수는 용인해 주기 때문이다. 결과 중에서도 다른 국가를 정복하고 유지만 잘한다면, 어떤 수단을 사용해도 인정된다. 정복은 반드시 그 결과가 자국 신민에게 경제적인 것을 포함해 이득을 주기 때문이다.

군주는 소수를 어떻게 대해야 하는가? 소수는 무시해도 좋다. 그들은 군주에게 직언을 할지언정 다수의 광적인 믿음에 저항하지 않기 때문이다. 하지만 군주는 소수를 적으로 만들면 안 된다. 그들의 말에 귀 기울여야 한다. 그들은 군주가 하고 있는 업무의 문제점을 잘 알고 있기 때문이다.

18장 다시 보기

'필요선으로서의 교활함'에 관한 장이다. 18장의 내용을 간략하게 표로 그리면 다음과 같다.

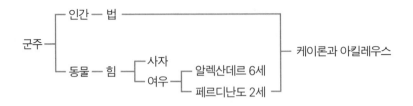

　마키아벨리가 18장에서 주장한 요지는 간단하다. 여우의 교활함을 이용할 줄 아는 것이 진정한 군주라는 것이다. 여기서 잠깐! 우리는 그의 본심을 오해해서는 안 된다. 위의 표를 보자. 그는 분명히 군주라면 인간의 법과 동물의 힘을 이용할 줄 알아야 한다고 했다. 다시 말하면 군주가 동물 중에서도 교활한 여우의 힘을 이용할 경우엔 반드시 인간의 법을 망각해서는 안 된다는 것이다. 마키아벨리가 인간의 법에 대해 말하지 않았다고 해서 무시해서는 안 된다. 인간의 법은 군주에게 이미 전제된 것이다. 인간의 법을 무시한 군주가 권력을 오랜 기간 유지한 경우는 거의 없기 때문이다.

　군주는 평시에는 반드시 인간의 법에 근거해야 한다. 대외 관계도 인간의 법에 따라 맹세한 것은 반드시 지켜야 하고, 신민과의 관계에서도 약속한 것은 반드시 지켜야 한다. 이를 지키지 않고 군주가 입만 벌리면 거짓말을 하는 경우를 생각해 보자. 어떤 신민도 그 군주를 믿지 않는다. 그의 말에 신뢰감을 느끼지 못하기 때문이다. 군주가 꼭 필요한 경우만 거짓말을 한다고 가정해 보자. 모든 신민은 군주가 그럴 만했기 때문에 거짓말을 한다고 인정한다. 그때 군주의 거짓말은 '하얀 거짓말'이 된다. 하얀 거짓말에 대한 긍정적 판단은 플라톤의 《국가》에까지 이른다.

　군주에게 잔인함은 필요악이지만 교활함은 필요선이다. 군주는 꼭 필요한 경우, 국가의 이익을 위한 경우 외에는 거짓말을 해서는 안 된다. 마키아벨리가 예를 든 페르디난도 2세를 보라. 그는 국가의 이익을 위해서만 거짓말을 했다. 그렇기 때문에 힘으로 정복을 당하거나 결혼 정책으로 병합을 당한 신민도 페르디난도 2세를 불신하지 않았다. 오히려 신민은 페르디난도 2세를 환영했고 구세주로 여겼으며, 통일의 아버지로 받아들였다. 알렉산데르 6세를 보라. 그는 거짓말을 밥 먹듯이 했고 맹세를 수없이 어겼지만, 이탈리아를 지극히 사랑했고, 아들을 통해 이탈리아를 통일하고 싶어 했다. 알렉산데르 6세가 이탈리아 통일이라는 결과를 가져 왔다면, 신민은 그를 통일의 기수로 인정했을 것이다.

군주는 반드시 경멸과 증오를 피해야 한다

19장은 19개의 절로 이루어져 있다. 각 절의 제목을 살펴보면, 〈무엇이 증오를 낳는가〉, 〈신망은 안전을 가져온다〉, 〈인민의 지지야말로 각종 음모에 대한 방어 장치이다〉, 〈벤티볼리오 가문의 예〉, 〈프랑스의 제도들은 모든 계급을 보호한다〉, 〈호의는 군주가 몸소 베풀고 처벌은 위임해야 한다〉, 〈로마 제국 황제들의 사례〉, 〈로마 제국 황제들은 군인의 호의를 얻도록 강요당했다〉, 〈마르쿠스와 페르티낙스〉, 〈군주는 선량한 행위 때문에 증오받을 수도 있다〉, 〈훌륭한 황제 알렉산데르도 살해당했다〉, 〈잔인한 세베루스는 존경받았다〉, 〈여우와 사자로서의 세베루스〉, 〈잔인한 안토니누스 카라칼라는 살해당했다〉, 〈암살에 대한 사전 대응〉, 〈콤모두스는 경멸을 불러일으켰다〉, 〈막시미누스는 조롱당했다〉, 〈요즘 시대 군인을 만족시키는 것에 대해〉, 〈이슬람 군주와 교황은 세습 군주도 신흥 군주도 아니다〉, 〈새로운 군주는 로마 황제들을 모방하되 신중하게 선택해야만 한다〉와 같다.

이 장은 목차를 구성하기가 쉽지 않다. 그 이유는 다음과 같다. 첫째, 《군주론》 전체에서 양이 가장 많을 뿐만 아니라 등장인물도 가장 많이 나온다. 둘째, 앞과 뒤가 상당히 다른 내용을 다룬 것처럼 보인다. 셋째, 16·17·18장과 달리 19장은 군주가 갖춰야 할 덕목과 함께 증오·경멸·조롱 등 군주가 받아서는 안 되는 다양한 주제를 다루고 있다. 아래의 표를 보면 19장이 얼마나 많은 주제를 다루는지 알 수 있다.

칭찬받을 만한 덕	비난받을 만한 악덕	장
활수(잘 베푸는 것)	인색(탐욕적인 것)	16장 활수와 인색
자비로운 사람	잔인한 인간	17장 잔인함과 인자함
충직	신의 없는 사람	18장 군주들은 어떻게 자신들의 약속을 지켜야 하는가
여성적 유약	단호 기백	19장 군주는 반드시 경멸과 증오를 피해야 한다
붙임성	오만	
절제	호색	
강직	교활	
융통성 없음	융통성 있음	
진지	경솔	
경건	신앙심 없음	

이와 같은 이유 때문에 마키아벨리가 하고자 하는 이야기의 진의를 파악하기 쉽지 않을 뿐만 아니라 상당히 혼란스럽기도 하다. 또한 19장은 글의 구성으로 봐도 아주 특이한 구조를 이루고 있다. 19장 전체는 하나의 논문 형식의 글을 구성하면서 그 안에 또다시 작은 소논문 두 개가 있다. 그렇기 때문에 19장에서는 자칫하면 길을 잃기 쉽다. 따라서 19장 전체를 읽는 일종의 지도가 필요하다.

우선, 전체 서문은 〈무엇이 증오를 낳는가〉이다. 마키아벨리는 서문에서 증오를 부르는 일반적인 이유를 나열한다.

다음은 본론이다. 본론은 크게 두 개의 소논문으로 나눠진다. 하나는 군주가 증오와 경멸을 받지 않는 방법을 다룬 장으로, 주로 군주가 인민의 지지를 얻는 방법에 대해 서술하고 있다. 다른 하나는 증오와 경멸을 받는 군주가 왜 몰락했는가를 로마 황제들의 사례를 중심으로 설명한다.

본론의 첫 번째 부분은 경멸과 증오를 사지 않는 방법을 주로 부자와 빈자를 중심으로 당대의 사건과 관련해 이야기한다. 그 내용은 〈신망은 안전을 가져온다〉, 〈인민의 지지야말로 각종 음모에 대한 방어 장치이다〉, 〈벤티볼리오 가문의 예〉, 〈프랑스의 제도들은 모든 계급을 보호한다〉, 〈호의는 군주가 몸소 베풀고 처벌은 위임해야 한다〉에서 다루고 있다. 이 부분은 작은 소논문의 형태로 되어 있다.

경멸과 증오를 받고 싶지 않은가? 그렇다면 신민의 재산을 약탈하지 마라! 부녀자를 건드리지 마라! 이 두 가지는 앞에서 마키아벨리가 말한 군주의 소극적인 덕목이다. 이것만으로는 신민의 지지를 받지 못한다. 그렇다면 어떻게 해야 하는가? 그는 군주가 취해야 할 적극적인 덕목에 대해 다음과 같이 말한다.

우선 서문이다. 그는 〈신망은 안전을 가져온다〉에서 대외적으로 훌륭한 군대와 동맹으로 신망을 얻고, 대내적으로 신민을 잘 보살피라고 말한다. 그는 대외적인 것보다는 군주의 대내적인 덕목을 말하면서, 군주는 음모에 걸려들지 말아야 하며 증오와 경멸을 받지 않아야 한다고 말한다.

본론은 서문의 내용을 음모, 그리고 증오와 경멸로 나누어 설명한다. 그는 〈인민의 지지야말로 각종 음모에 대한 방어 장치이다〉에서 음모를 이론적인 측면에서 다루고, 사례로 〈벤티볼리오 가문의 예〉를 든다. 본론의 두 번째와 관련해 마키아벨리는 생뚱맞게 갑자기 계급 문제를 거론한다. 그러면서 마키아벨리는 부자와 빈자, 양자에게 증오와 경멸을 당하지 않는 방법을 〈프랑스의 제도들은 모든 계급을 보호한다〉에서 설명한다.

마지막으로 결론이다. 마키아벨리는 〈호의는 군주가 몸소 베풀고 처벌은 위임해야 한다〉라는 결론을 내리면서, 부자와 빈자라는 양 계급을 존중하는 방법을 말한다. 서문과 본론에서 언급한 내용은 《군주론》에서 전체적으로 하고 싶은 말을 핵심적으로 정리한 것이기도 하다. 그가 이 부분을 집필하면서 대부분 당대의 사례를 중심으로 설명한다는 점을 놓쳐서는 안 된다.

본론의 두 번째 부분은 고대를 중심으로 다룬다. 마키아벨리가 인민의 증오에 대한 군주의 대응 방법으로 제시한 것은 엄청난 반전이자, 위대한 반전이다. 그는 이 글에서 앞의 도표에 나오는 비난받을 만한 악덕에 맞대응되는 칭찬받을 만한 덕을 언급하지 않는다. 증오를 피하고자 한다면 단호와 기백, 오만함, 호색, 교활, 융통성, 경솔, 신앙심이 있는 듯이 보이라고 말하지 않는다. 또한 그는 그 반대로 행동하라고 말하지도 않는다. 그 대신에 군주가 네 가지 덕목을 행하지 않으면 신민의 지지를 잃는다고 마키아벨리는 주장한다. 네 가지 덕목이란 '신망을 받아야 한다', '인민의 지지를 받아야 한다', '모든 계급을 보호하라', '호의는 자신이 베풀되 처벌은 위임해야 한다'이다.

마키아벨리는 칭찬받을 만한 덕을 실천하든, 비난받을 만한 악덕을 행하든, 위의 네 가지를 행하지 않는 군주는 하수下手라고 생각하다. 네 가지 가치를 실천하면서 필요에 따라 칭찬받을 만한 덕을 실행하거나 비난받을 만한 악덕을 실행하라. 그러면 그 군주는 어떤 경우에도 경멸과 증오를 받지 않기 마련이며 권력을 유지할 수 있다. 또한 위 내용은 주로 마키아벨리 당대의 경험에서 끌어내고 있다는 점도 잊어서는 안 된다.

본론의 두 번째 부분에서 마키아벨리는 고대 로마 황제를 예로 들면서 군인과 인민을 중심으로 설명한다. 이 본론은 논문 안의 소논문 형태를 취한다. 우선 서문이다. 서문은 〈로마 제국의 황제들의 사례〉, 〈로마 제국의 황제들은 군인의 호의를 얻도록 강요당했다〉로 이뤄진다. 전자는 로마 제국의 황제 가운데 누구를 검토할 것인가를 열거하고 있다. 후자는 로마 제국의 황제들이 인민과 군인, 둘 중 하나의 호의를 얻으려고 노력했으며 인민보다 군인의 호의를 얻으려고 노력한 군주들은 반드시 권력을 잃었다는 내용을 다룬다.

본론은 인자한 군주의 사례와 잔인한 군주의 사례를 들어 설명한다.

우선 인자한 군주의 경우이다. 그 내용은 〈마르쿠스와 페르티낙스〉, 〈군주는 선량한 행위 때문에 증오를 받을 수도 있다〉, 〈훌륭한 황제 알렉산데르도 살해당했다〉로 이뤄져 있다. 마르쿠스, 페르티낙스, 알렉산데르는 절제와 정의, 잔혹함 피하기 등을 실천했다. 그들은 인도적이고 인자한 군주였다. 따라서 신민의 지지를 받았다. 그러나 마르쿠스는 삶을 잘 마쳤지만, 페르티낙스와 알렉산데르는 그 인자하고 선량한 행위 탓에 군인들에게 죽임을 당했다.

마키아벨리는 여기서 신민의 지지를 받는 위대한 군주라 할지라도 잔인한 행동을 할 준비가 없는 군주는 몰락한다고 말한다. 다시 말하면 군주는 인자한 행동을 통해 신민의 지지를 획득해야 하지만, 필요하다면 군대와 군인에 대해서는 잔인한 행동을 할 준비가 되어 있어야 한다고 주장하는 것이다.

이번에는 정반대로 잔인한 군주의 사례이다. 그 내용은 〈잔인한 세베루스는 존경받았다〉, 〈여우와 사자로서의 세베루스〉, 〈잔인한 안토니누스 카라칼라는 살해당했다〉, 〈암살에 대한 사전 대응〉, 〈콤모두스는 경멸을 불러일으켰다〉, 〈막시미누스는 조롱당했다〉로 이뤄져 있다.

콤모두스, 세베루스, 카라칼라, 막시미누스는 잔인하고 탐욕스러운 군주들이다. 세베루스를 제외한 모든 군주는 삶을 제대로 마치지 못했다. 세베루스는 여우와 사자로서 지혜를 충분히 발휘해 신민의 지지와 군대의 증오를 받지 않았기 때문에 삶을 잘 마무리했다. 반면, 카라칼라는 잔인함 때문에, 콤모두스는 경멸 때문에, 막시미누스는 조롱 때문에 살해되고 말았다.

소결론이다. 이는 〈요즘 시대 군인을 만족시키는 것에 대해〉에 기술된다. 인자한 군주와 잔인한 군주, 두 사례의 결론은 명확하다. 인자한 군주나 잔인한 군주 모두 인민의 지지와 군대의 증오를 피해야 한다는 것이다. 특히 군주는 특정 군대에게 특권을 주느라고 인민의 지지를 잃어서도 안 된다는 것이다. 마키아벨리는 자신이 사는 당대에는 군인을 만족시키는 일이 필요 없다고 말하고, 군대보다는 인민을 만족시켜야 한다는 혁명적인 결론을 내린다. 위 내용은 주로 과거에 대한 독서를 통해 얻은 내용이라는 점을 잊어서는 안된다.

마키아벨리는 〈새로운 군주는 로마 황제들을 모방하되 신중하게 선택해야만 한다〉에서 다음과 같이 19장 전체의 총괄 결론을 내린다. '군주는 권력을 장악할 때는 여우와 사자의 대명사인 세베루스를 모방해야 하지만, 권력을 유지하려면 인자함의 대명사인 마르쿠스처럼 행해라.'

이상을 정리하면 아래와 같은 목차가 나온다.

Ⅰ. 19장 전체 서론: 무엇이 증오를 낳는가

Ⅱ. 19장 전체 본론

1. 군주가 증오와 경멸을 받지 않는 방법(당대의 사례와 부자를 중심으로)

　　1) 서론: 군주의 신망: 신망은 안전을 가져온다

　　2) 본론

　　　　(1) 인민의 호감: 인민의 지지야말로 각종 음모에 대한 방어장치이다

　　　　　　인민의 호감의 사례: 벤티볼리오 가문의 사례

　　　　(2) 전 계층 보호: 프랑스의 제도들은 모든 계급을 보호한다

　　3) 결론

　　　　처벌 방법: 호의는 군주가 몸소 베풀고 처벌은 위임해야 한다

2. 증오와 경멸을 받은 군주와 그 결과(고대의 사례와 군인을 중심으로)

　　1) 서론

　　　　(1) 사례: 로마제국의 황제들의 사례

　　　　(2) 이론: 로마 제국 황제들은 군인의 호의를 얻도록 강요당했다

　　2) 본론

　　　　(1) 인자한 군주 사례

　　　　　　① 성공 사례: 마르쿠스

　　　　　　② 실패 사례: 페르티낙스

　　　　　　가. 이유: 군주는 선량한 행위 때문에 증오받을 수도 있다

　　　　　　나. 또 다른 사례: 훌륭한 황제 알렉산드르는 살해당했다

　　　　(2) 잔인한 군주 사례

　　　　　　① 성공 사례

　　　　　　가. 존경 사례: 잔인한 세베루스는 존경받았다

나. 이유: 여우와 사자로서의 세베루스

② 실패 사례

가. 증오 사례: 잔인한 안토니누스 카리칼라는 살해당했다

보충: 암살론: 암살에 대한 사전 대응

나. 경멸 사례: 콤모두스는 경멸을 불러일으켰다

다. 조롱 사례: 막시미누스는 조롱당했다

3) 결론: 인민 중시: 요즘 시대 군인을 만족시키는 것에 대해

3. 보론: 이슬람 군주와 교황은 세습 군주도 신흥 군주도 아니다

Ⅲ. 총괄 결론: 새로운 군주는 로마 황제들을 모방하되

신중하게 선택해야만 한다

무엇이 증오를 낳는가

그러나 위에서 언급했던 특질들[1]과 관련해 가장 중요한 것은 언급했으므로,[2] 아래와 같은 일반적인 제목 아래 다른 특질들을 간단하게 말씀드리도록 하겠습니다. 즉, 현명한 군주는 위에서 설명했듯이 자신을 증오와 경멸의 대상으로 만드는 모든 것을 주의 깊게 피해야 합니다. 이를 피한 군주는 자신이 해야 할 일을 한 것이며, 다른 종류의 나쁜 평판에 직면하더라도 위험에 처하지 않게 됩니다. 앞에서 말씀드렸던 것처럼[3] 자신의 신민의 재산에 대해 탐욕을 부리고 신민의 여인을 차지하려고 들면, 군주는 증오의 대상이 됩니다. 그러니 이것만은 삼가야 합니다.

대부분의 인간은 재산이나 명예를 빼앗기지 않는다면 만족하며 살아갑니다. 이렇게만 한다면 군주는 소수의 야심가를 제외하고는 다툴 상대

가 없어집니다. 하지만 소수의 야심가도 다양한 방법으로 쉽게 통제할 수 있습니다.

군주가 변덕스럽고, 경박하며, 유약하고, 소심하며, 우유부단하다고 여겨지면 경멸의 대상이 됩니다. 군주는 숨은 장애물을 피하듯이 자신을 보호해야 합니다. 군주는 모든 사람이 군주의 처신에서 위대함, 기백, 존엄성과 힘을 인지하도록 해야 합니다. 군주는 자신의 신민과의 사적인 일에서도 한번 내린 결정을 바꾸어서는 안 됩니다.

따라서 어느 누구도 군주를 속일 수 있다거나 난처하게 할 수 있다고 상상조차 할 수 없도록, 군주는 자신에 관한 평판을 그렇게 유지해야 합니다.

1 15장 2절을 말한다.
2 16, 17장을 말한다.
3 17장을 말한다.

마키아벨리는 군주가 증오와 경멸의 대상이 되는 것에 대해 앞의 여러 장에 걸쳐서 설명했다. 경멸은 군주와 비슷한 수준의 능력을 갖춘 자인 귀족과 장군 등에게서 나타나는 반면, 증오는 군주보다 신분이 낮은 신민에게서 표출된다.

마키아벨리는 14장에서 군주가 무력을 갖추지 못하면 경멸당한다고 말한다. 16장에서는 군주가 가난해지면 부유한 귀족들에게 경멸당하며, 신민에게 돈을 베풀지 않으면 신민의 증오를 불러온다고 말한다. 또한 그는 17장에서 군주가 부녀자를 건드리고 신민의 재산을 약탈하면 신민의 증오를 불러일으킨다고 말한다.

하지만 마키아벨리는 거짓말은 경멸도, 증오도 불러일으키지 않는다고 생각했다. 그 이유는 그가 말하는 교활함은 국가 간의 관계나 군주들 사이, 동등한 능력을 가진 자들과의 관계에 적용되기 때문이다. 그가 말하는 경멸과 증오는 주로 자국 내에서 군주·상류층·신민의 관계에서 발생한다.

마키아벨리는 19장에서 군주가 부녀자를 건드리고 신민의 재산을 약탈하면 증오의 대상이 되는 반면, 변덕스럽거나 경박하거나 유약하거나 소심하거나 우유부단하면 경멸의 대상이 된다고 또다시 강조한다. 이상을 바탕으로 14, 16, 17, 19장 전체에서 군주가 경멸과 증오를 받게 되는 이유를 정리하면 아래와 같다.

	경멸	증오	대상
14장	무력이 부족할 때	언급하지 않음	다수
16장	가난할 때	신민에게 돈을 베풀지 못할 때	
17장	언급하지 않음	부녀자를 건드리는 경우 신민의 재산을 약탈하는 경우	신민
19장	변덕, 경박, 유약, 소심, 우유부단	17장과 동일	특정 소수 (주로 귀족·군인 등)

마키아벨리가 19장에서 주장하는 내용을 정리하면 다음과 같이 간단명료하다. 다수인 인민의 증오를 받지 마라. 군주가 신민한테서 증오만 받지 않는다면 소수의 야심가를 다룰 방법은 얼마든지 있다. 군주는 소수인 동등 능력자들한테서 경멸받지 않으려면 그들에게 위대함, 기백, 존엄성과 힘을 주지시켜라.

다시 15장에서 19장까지의 내용을 한마디로 정리하면 다음과 같다. 다른 군주에 대해서는 교활하고, 인민에 대해서는 인자하고, 신하나 장군에 대해서는 군주의 힘을 주지시켜라.

신망은 안전을 가져온다

자신에 관해 위와 같은 평가를 얻은 군주는 충분한 신망을 얻게 됩니다. 그리고 신망을 얻은 자에 대해 음모를 꾸미는 것은 어렵습니다. 그가 인민에게 존경받으며 충분한 장점이 있다면, 그를 공격하기는 쉽지 않습니다. 왜냐하면 군주는 무릇 두 가지 걱정거리가 있기 때문입니다. 하나는 신민과 관련된 대내적인 것이고, 다른 하나는 외국의 실력자들과 관련된 대외적인 것입니다.

후자에 대해 군주는 훌륭한 군대와 우호적인 동맹으로 자신을 보호해야 합니다. 그리고 군주가 훌륭한 군대를 가지고 있다면 우호적인 동맹도 갖기 마련입니다. 상황이 음모로 뒤집히지 않는다면, 외부 상황이 안정적이면 내부 상황도 안정적이기 마련입니다. 외부 상황이 변화한다 할지라도, 제가 말씀드린 대로 지배하고 살아가는 군주가 스스로 용기만 잃지 않는다면 항상 모든 공격을 격퇴할 수 있습니다. 이에 대해서는 제가 앞에서 말씀드렸던 스파르타의 나비스가 어떻게 처신했는가를 생각해 보시기 바랍니다.[1]

그러나 신민과 관련해서는 좀 다르게 생각해야 합니다. 외부 상황이 변하지 않더라도 군주는 신민이 비밀리에 음모를 꾸미지 않게 감시해야 합니다. 군주가 증오와 경멸의 대상이 되지 않고 인민이 자신에게 만족하게 한다면, 군주는 이렇게 하는 것만으로도 족히 자신을 안전하게 보호할 수 있습니다.

---

1 9장의 〈스파르타의 나비스〉를 참조하면 좋다.

철저하게 군주적인 관점에서 살펴보자. 군주는 다른 나라의 군주에게서 자신을 보호해야 한다. 외국의 군주에게서 자신을 지키는 가장 좋은 방법은 무엇인가? 정공법이다. 훌륭한 군대를 보유하고 우호적인 동맹을 맺으면 된다. 그러려면 군주는 사자의 힘과 여우의 교활함을 지녀야 하며, 상황이 돌변해 힘든 지경에 처해도 용기를 잃지 않으면 된다.

군주는 또한 신민한테서도 자신을 지켜야 한다. 신민을 사자의 힘으로 누르면 저항에 직면하고, 신민에게 여우의 교활함을 발휘하면 따돌림당한다. 무력으로도 간지로도 신민의 마음을 얻을 수는 없다. 마키아벨리는 신민에 대해서 무조건 정공법을 택하라고 권한다. 군주가 음모·경멸·증오에서 벗어나는 방법은 단 한 가지이다. 인민을 만족시켜서 인민의 지지를 받는 것이다. 인민의 지지를 받는 군주는 각종 음모를 걱정할 필요가 없다. 신민이 나서서 그 군주와 가문의 안전을 보장해 주기 때문이다. 또한 인민의 지지를 받는 군주는 외국 군대가 침략한다 할지라도 걱정할 필요가 없다. 군주의 사랑을 받는 인민은 목숨을 걸고 그 군주를 지키기 때문이다.

이제 군주적인 관점을 떠나 현대 국가로 확장해 보자. 마키아벨리의 군주라는 말에다 현대적인 통치자라는 말을 넣어보자. 국가 또는 통치자는 외국에 대해서는 안보와 내부에 대해서는 안전이 중요하다. 통치자가 나라를 지키려면 당연히 훌륭한 군대를 보유해야 하며 동맹을 맺은 우방국도 필요하다. 또한 내란이나 쿠데타를 막으려면 국가 내에서 벌어지는 각종 음모에 촉각을 곤두세워야 한다. 이는 국가 내의 각종 정보부서 등을 통해 달성할 수 있다.

통치자의 안전은 어디에서 나오는가? 두말할 것도 없이 통치자가 시민의 안전을 보장하는 것에서 비롯한다. 시민은 둘로 나뉜다. 부자 시민과 가난한 시민이다. 통치자는 부자의 탐욕도 채워줘야 하고, 빈자의 욕구도 채워줘야 한다. 이 두 계층의 시민이 불만을 느끼지 않으면 통치자에게 도전하거나 반란을 꿈꾸지 않는다.

이런 해석이 과도한 것인가? 절대로 과도하지 않다. 시민이 절대적으로 안전을 보장받는 국가는 외국 군대가 침략해도 걱정할 필요가 없다. 시민들이 국가를 지키려고 기꺼이 싸우기 때문이다. 또한 시민에게 먹거리와 잠자리, 그리고 정신적 안정을 보장해 주는 국가는 시민들의 지지를 얻기 마련이므로 쿠데타를 걱정할 필요가 없다.

군주가 어떻게 해야 이런 신민을 얻을 수 있는가? 현대 국가는 어떻게 해야 시민을 주체적인 주인으로 만들 수 있는가? 그 이야기는 바로 다음 절에 나온다.

인민의 지지야말로 각종 음모에 대한 방어 장치이다

그리고 음모에 대한 군주의 강력한 대비책은 인민에게서 증오를 받지 않는 것입니다. 왜냐하면 음모가는 항상 군주를 살해하는 것이 인민을 즐겁게 해줄 것이라고 믿고 있기 때문입니다. 그러나 군주를 살해하는 것이 인민을 분노케 할 것이라고 음모가가 믿는다면, 그는 살해 계획에 착수할 용기를 내지 못할 것입니다. 왜냐하면 음모가가 보기에 난점들이 수없이 많기 때문입니다.

경험한 바에 따르면 음모는 수없이 많았지만 성공한 경우는 그리 많지 않습니다. 음모는 혼자서 꾸밀 수 없으며,[1] 결국 불평분자라고 여겨지는 자들 중에서 포섭할 수밖에 없습니다. 당신이 불평분자라고 생각한 자에게 당신의 목적을 밝히자마자, 당신은 그에게 욕망을 충족할 기회를 제공한 것입니다. 왜냐하면 그는 분명히 모든 종류의 이익을 얻을 기회를 잡은 것이기 때문입니다. 실제로 그가 음모를 폭로하면 이익이 확실한 반면, 음모에 가담하면 이익도 불확실하고 위험으로 가득 차 있다고 가정해 보십시오. 그럼에도 그가 당신의 비밀을 지킨다면, 그는 당연히 진정한 친구이거나 군주에게 절대로 머리 숙이지 않는 적일 것입니다.

이 문제를 간략히 설명하겠습니다. 저는 음모가에게는 두려움·공포·처벌의 두려움만 남게 되고, 그 때문에 음모가는 용기를 잃게 될 것이라고 말씀드리겠습니다. 반면에 군주에게는 군주의 권위, 법, 군주의 친구들과 국가의 방어 수단들이 있으며, 그 때문에 군주는 자신을 보호할 수 있다고 말씀드리겠습니다.

따라서 이러한 모든 것에 인민의 선의까지 보태어진다면, 누군가 경솔하게 음모를 꾸미는 것은 불가능해집니다. 왜냐하면 음모가는 악한 행동을 행하기 전에 두려워하는 것이 일반적인 데다가, 군주가 인민의 선의까지 받고 있다면 범죄 이후 처벌받는 것도 두려워해야 하기 때문입니다. 왜냐하면 이 경우 음모가는 군주에 대한 인민의 선의에 의해 달아날 어떤 방법을 기대할 수 없습니다.

1 뒷 절 〈벤티볼리오 가문의 예〉가 이에 해당한다.

마키아벨리는 여기서 주로 음모와 인민의 관계를 다룬다. 핵심은 인민의 지지를 받는 군주는 절대로 음모에 의해 희생되지 않는다는 것이다.

군주에 대한 음모란 무엇인가? 음모 대상인 군주를 살해하거나 제거함으로써 정치적 목적을 달성하는 것을 말한다. 음모는 누가 꾸미는가? 일반 인민이 아니라 군주에게 접근할 수 있는 측근, 상류층이다. 일반 인민은 군주에게 접근할 수 없기 때문에 음모 자체를 꾸밀 수 없다. 음모는 무엇을 먹고 자라는가? 군주에 대한 인민의 증오를 먹고 자란다. 인민의 증오가 없다면, 음모는 발생할 수 없다. 인민은 언제 군주를 증오하는가? 첫째, 살해하겠다는 위협이 있을 때이다. 둘째, 신민의 재산을 약탈할 때이다. 셋째, 부녀자를 건드릴 때이다. 군주에 대한 인민의 증오가 커질수록 음모의 성공 가능성은 커지고, 증오가 줄어들수록 음모의 실패 가능성이 커진다.

결론적으로 음모는 최상층인 군주와 상류층 인사가 인민의 지지를 둘러싸고서 벌이는 일종의 권력 게임이다. 음모는 군주에 대한 인민의 불평·불만·증오를 자양분으로 삼아 상류층이 군주를 상대로 벌이는 일종의 활극이다. 군주가 인민의 증오를 받지 않는다면, 음모는 특별한 경우가 아닌 한 소멸된다. 특별한 경우란 권력욕에 사로잡힌 군주의 측근이 구원자 망상에 사로잡힐 때이다. 그러나 이마저도 실패할 가능성이 크다. 첫째, 음모가 성공한 경우가 거의 없기 때문이다. 둘째, 눈앞의 확실한 이익에 사로잡힌 가담자들이 밀고할 가능성이 크기 때문이다. 마지막으로 군주는 권위·법·방어 수단 등을 가지고 있기 때문이다.

음모는 어떨 때 성공하는가? 인민이 음모의 성공을 갈구할 때이다. 다시 말하면 인민이 군주에 의해 불필요한 억압을 많이 받았을 때이다. 음모는 언제 실패하는가? 음모에 성공했지만 인민이 분노할 때이다. 군주의 죽음을 인민이 슬퍼할 때이다. 인민은 음모가를 비난하며 살해할 뿐만 아니라, 군주의 또 다른 피붙이에게 권력을 넘겨준다.

현대의 쿠데타에 적용해 보자. 쿠데타는 통치자에 대한 시민의 불신·불만·증오가 커지면 배태된다. 쿠데타는 일반 시민이 일으키는 것이 아니라 기존의 지배 방식에 불만을 품은 상류층이 직접 일으키거나 사주하는 것이다. 쿠데타는 시민의 지지를 둘러싸고서 기존의 통치자와 상류층 일부가 격돌하는 것이다. 쿠데타가 성공하는 이유는 시민이 기존의 통치자를 버렸기 때문이다. 쿠데타가 실패하는 이유는 시민이 기존의 통치자를 지속적으로 지지했을 경우이다. 이 경우 쿠데타 감행자는 반국가범죄자로 전락한다. 기존의 통치자가 쿠데타의 대상이 되지 않으려면 시민의 불신·불만·증오를 받지 않아야 한다. 통치자가 시민의 불신·불만·증오를 받는다면 쿠데타가 아니더라도 정치의 선순환에 의해 쫓겨난다. 이것이 정치의 진리이다.

벤티볼리오 가문의 예[1]

이 주제에 대해서는 무수히 많은 예를 제시할 수 있지만, 우리 선조의 기억에 생생한 단 한 가지 예만으로도 충분하다고 생각합니다. 현재 안니발레 영주의 조부인 볼로냐의 군주 안니발레 벤티볼리오는 칸네스키의 음모에 의해 살해되었습니다. 그에게는 조반니가 유일하게 남은 상속자였으며, 그마저도 배내옷에 싸여 있을 정도로 어렸습니다. 그가 살해되자 인민은 곧장 봉기했고 칸네스키 가문 사람 모두를 살해했습니다.

이것은 벤티볼리오 가문이 그 당시 누렸던 인민의 선의에 의한 지지에서 비롯된 것입니다. 그 지지는 대단했습니다. 안니발레의 죽음 이후, 도시를 통치할 수 있는 가족이 볼로냐에 아무도 없었습니다. 볼로냐 사람들은 피렌체에 벤티볼리오 가문의 혈육 가운데 한 사람이 남아 있다는 소리를 들었습니다. 그 당시 그는 대장장이의 아들이었다고 전해집니다. 볼로냐 사람들은 피렌체에 가서 대장장이 아들을 데려다가 그에게 도시의 통치권을 맡겼습니다. 그는 조반니가 통치에 적합한 나이에 도달할 때까지 도시를 통치했습니다.

따라서 저는 다음과 같이 결론 내리겠습니다. 인민이 호의를 품고 있다면 현명한 군주는 음모에 대해 주의를 기울이지 않아도 됩니다. 그러나 인민이 적대적이고 자신을 증오로 대한다면, 군주는 모든 것과 모든 사람을 두려워하게 됩니다.

1 이 내용은 아래 가계도 중 안니발레에서 조반니까지의 기간이다. 벤티볼리오 가문이 통치한 볼로냐는 교황 지지파(겔프)와 신성 로마 제국 지지파(기벨린)의 싸움이 잦았던 곳이다. 벤티볼리오는 교황 반대 세력의 주축이 되어 볼로냐를 차지했다. 반대로 말하면 교황들은 볼로냐를 통치하는 벤티볼리오 가문을 무척 싫어했다. 이런 이유로 벤티볼리오 가문은 교황 지지 세력들에 의해 암살을 당하곤 한다. 갈레아초는 교황의 신하들에 의해 암살당했으며, 안니발레 역시 교황 에우제니오 4세의 지지를 등에 업은 칸네스키에 의해 1442년에 암살당했다. 그 당시 안니발레의 아들은 두 살밖에 되지 않았다.

안니발레는 1443년에서 1445년까지의 짧은 기간 볼로냐를 통치했지만, 시민들의 많은 지지를 받았다. 볼로냐 시민들은 안니발레가 죽자 그의 먼 조카인 산테에게 나라를 맡겼다. 당시 산테의 아버지는 대장장이였고, 그는 면 공장의 도제였을 정도로 모든 상황이 열악했다. 그럼에도 산테는 무려 20여 년 동안을 통치했다. 그 후 볼로냐 시민들은 안니발레의 아들 조반니가 성인이 되자 1462년부터 그에게 통치를 맡겼다. 하지만 조반니 2세는 결국

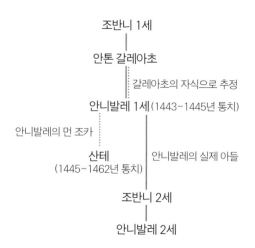

조반니 1세

안톤 갈레아초

갈레아초의 자식으로 추정

안니발레 1세 (1443~1445년 통치)

안니발레의 먼 조카

산테 (1445~1462년 통치)

안니발레의 실제 아들

조반니 2세

안니발레 2세

1506년 교황 율리우스 2세에 의해 축출당했다. 그 당시 볼로냐 시민들은 조 반니 2세의 실정에 실망하고, 율리우스 2세의 진입을 환영했다.

마키아벨리의 글을 읽다 보면 그 적확한 예에 놀랄 때가 잦다. 지금 이 절도 그런 곳 가운데 하나이다. 마키아벨리는 《로마사 논고》에서 음모 에 대해 무척 길게 다루었다. 《로마사 논고》는 총 3권, 140여 개 장으 로 구성되어 있다. 한 개의 장에 아주 짧은 글들이 기술되어 있다. 번역 된 글이 길어야 대여섯 쪽에 지나지 않는다. 그런데 암살에 관한 장은 무려 30여 쪽이 넘는다. 그 내용만으로도 작은 책자가 될 정도이다. 그 안에는 음모에 관한 아주 많은 내용과 인물이 나오는데, 벤티볼리오 가문은 소개되어 있지 않다.

그렇다면 마키아벨리는 왜 여기서 벤티볼리오 가문을 소개하는가 하는 의문이 생긴다. 추측한다면, 벤티볼리오 가문의 역사가 음모에 희생당한 사례이자 음모를 가장 잘 막을 방법을 보여주는 사례이기 때문이다.

첫째, 음모에 의한 희생 사례는 갈레아초와 안니발레이다. 둘째, 음모를 가장 잘 막을 방법은 안니발레가 아주 짧은 기간 보여준 통치 능력이다. 마키아벨리는 그가 상당한 통치 능력을 보여주었다고 단언한다. 그랬기에 안니발레의 직계도 아닌 먼 친척이며 경멸당하기 딱 좋은 가난한 자임에도 산테가 볼로냐를 통치할 수 있었던 것이다.

마지막으로, 안니발레의 아들 조반니 2세는 산테를 뒤이어 오랜 기간 통치했다. 조반니는 통치 초기에는 신민의 호응을 이끌어낼 만한 많은 개혁 정책을 실시했다. 하지만 할아버지와 아버지의 전철을 밟지나 않을까 하고 두려웠던 조반니는 통치 말기에 전제 정책을 실시했다. 그러자 신민은 조반니 2세를 지지하지 않았다. 교황 율리우스 2세가 침략하자 그는 결국 볼로냐에서 페라라로 쫓겨나는 운명에 처한다.

안니발레가 음모의 희생자이지만 좋은 정책으로 국가의 대계를 닦았다고 한다면, 안니발레의 아들 조반니 2세는 결국 의심 때문에 전제 정책을 실시하다 국가를 잃게 된다. 벤티볼리오 가문과 음모에 의한 희생, 음모 방지를 위한 정책, 정책의 실패에 따른 추방! 마키아벨리는 이를 설명하려고 벤티볼리오 가문의 예를 든 듯하다.

교훈은 간단하다! 신민을 위해 온 힘을 다해 통치하라. 그러면 음모에 희생되지 않을 것이다. 희생된다 해도 곧 기사회생할 것이다. 벤티볼리오 가문을 보라.

프랑스의 제도들은 모든 계급을 보호한다

그리고 체계가 잡힌 국가들과 현명한 군주들은 부자들이 절망하지 않도록, 인민으로 하여금 만족할 뿐 아니라 불평하지 않도록 세심한 주의를 기울여야 합니다. 이 문제는 군주에게 아주 중요합니다. 우리 시대에 가장 잘 조직되고 통치되는 왕국은 프랑스입니다. 프랑스에는 왕의 자유와 안전을 보장하는 여러 좋은 제도들constituzione이 있습니다. 이것들 가운데 가장 중요한 것이 고등법원Parliament과 그 권위입니다.

프랑스 왕국의 건설자는 세력가들의 야심과 그들의 오만을 알고 있었습니다. 그래서 그는 그들을 통제하려면 입에 물릴 재갈이 필요하다고 판단했습니다. 그리고 그는 다른 측면에서 인민이 공포심에 사로잡혀 부자들을 증오한다는 점도 알고 있었습니다. 그는 양 계급의 안전을 보장할 계획을 세울 때, 이 계획을 왕의 특별한 임무로 만들고 싶지는 않았습니다. 왜냐하면 그는 인민을 좋아해서 부자들의 증오를 받거나 부자를 총애해서 인민의 증오를 받는 것을 원하지 않았기 때문입니다.

따라서 그는 판사들로 구성된 제3의 기구를 세웠습니다.[1] 여기에서 판사들은 왕에게 어떤 비난도 불러오지 않고서 부자들을 끌어내리는 반면, 인민에게 우호적인 역할을 했습니다. 이런 제도보다 신중하고 왕과 왕국에게 더 커다란 안전을 제공해 준 것은 아무것도 없습니다.

---

1 루이 9세와 그가 만든 고등법원인 파를망Parlement을 말한다. 프랑스인들은 가장 이상적인 왕으로 루이 9세를 손꼽길 주저하지 않는다. 우리로 말하면 세종대왕 정도라고 봐도 좋다. 그가 이렇게 칭송받는 가장 큰 이유 가운데 하나는 귀족들과 성직자들한테서 재판권을 빼앗았기 때문이다.

　　루이 9세 이전 재판권은 각 지역 귀족이나 성직자들이 가지고 있었다. 사법적 정의가 국가가 아닌 개인, 그것도 부와 명예를 지닌 최고위층에게 주어져 있었다. 이는 부와 명예를 지니지 못한 일반 백성은 최고위층이 맘 내키는 대로 내린 판결을 따를 수밖에 없음을 뜻한다. 그 피해가 얼마나 크고 심각했는가는 두말할 필요가 없다. 예컨대 지금의 재벌들이나 각 종교의 종단 지도자들에게 사법권을 준 것이나 다름없다고 생각해 보라.

그러나 이 고등법원이 역사적으로 긍정적 기여를 한 것만은 아니다. 고등법원 판사들의 재판권을 증여하거나 사고팔 수 있었기에 귀족과 성직자의 권리를 강화하는 결과를 가져왔다. 실제로 프랑스 혁명에 가장 오래 저항한 것도 고등법원이었다.

이 글에는 부자와 인민이라는 단어가 많이 나오는데, 이 어휘들은 흔히 귀족과 백성이라는 말로 번역되곤 한다. 어느 것이 적절한 번역인가를 통해 마키아벨리의 의도를 살펴보자.

마키아벨리는 이 부분을 집필하면서 부자 또는 귀족을 나타내는 단어로 grandi를, 인민 또는 백성을 나타내는 단어로 populo란 어휘를 주로 사용하고 있다. 영어판에는 이 어휘들을 the rich와 the powerful, 그리고 masses와 people로 번역하고 있다.

마키아벨리가 설명한 프랑스 군주는 루이 9세이다. 루이 9세는 귀족과 귀족화되어 가는 성직자들의 사법권을 견제하려고 파를망을 만들었다. 이런 역사를 배경으로 한다면 grandi를 귀족으로 번역하는 것이 옳다. 그런데 귀족을 명확하게 지칭하는 단어인 nobile라는 어휘가 있는데 마키아벨리는 왜 군이 grandi란 단어를 썼을까? 또한 영어판 번역자는 grandi를 왜 군이 the rich 등으로 번역했을까?

정치의 보편 문제! 또는 정치학의 주요 관심사! 이것을 밝히는 것이 마키아벨리의 의도가 아니었을까? 이 어휘들을 귀족과 백성이라는 말로 번역하면《군주론》은 시대적 한계를 벗어나지 못한다. 군주가 통치하고 신하와 백성이 그 지배를 받는 것을 해명하는 것이《군주론》의 목적이 된다. 그 대신에 부자와 빈자, 또는 부자와 인민, 또는 부자와 대중으로 번역하면《군주론》은 플라톤의《국가》에서 시작된 정치 또는 정치학의 가장 보편적인 관심사를 언급하는 것이 된다. 군주 대신에 정치가가 들어서고, 인류 역사를 통틀어 가장 중요한 문제이자 정치학의 근본 문제인 빈부가 전면에 등장하게 된다.

정치란 무엇인가? 정치학은 무엇을 다루는가? 정치의 주체는 누구이고, 정치학의 주요 연구 대상은 무엇인가? 복잡한 설명은 필요 없다. 정치의 주체는 부자와 빈자와 통치자이고, 정치학의 연구 대상 역시 통치자·부자·빈자의 행태이다. 마키아벨리의 이 짧은 글은 이 3자의 관계를 아주 명확하게 표현하고 있다. 정치는 그 근원을 파고 들어가면 물질적 부 또는 정신적 재화를 둘러싼 갈등과 투쟁이다. 정치학이 다루는 것은 부자와 빈자 간에 부를 어떻게 나눌 것인가에 관한 실천적 탐구이다.

부자는 탐욕의 실현을 갈망하는 반면, 빈자는 삶의 기본 욕구의 실현을 갈구한다. 탐욕은 끝이 없고 무제한적인 반면, 욕구는 기본적이며 필수적이다. 부자는 자신의 탐욕을 가리고자 정신적 권위인 학문과 내세를 설교하는 종교 등을 이용하고 법의 울타리 뒤에 숨는다. 빈자는 자신의 욕구를 충족시키기 위해 사랑을 설교하는 종교와 정의를 부르짖는 법에 의지한다.

부자는 빈자를 무시하는 반면, 빈자는 부자를 증오한다. 부자는 탐욕을 실현하려고 무자비한 반면, 빈자는 기본 욕구를 충족시키려고 물불을 가리지 않는다. 부자는 통치자가 자신의 이익을 침해하면 음

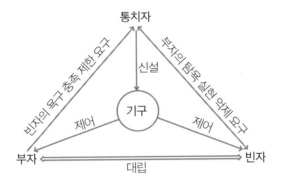

모와 모반을 꿈꾸는 반면, 빈자는 통치자가 자신의 욕구를 채워주지 않으면 혁명과 반란을 꾀한다.

통치자는 부자의 탐욕을 무시해서도 안 되고, 빈자의 욕구를 무작정 억누를 수도 없다. 통치자는 이 양자의 탐욕과 욕구를 조정하는 자리에 앉은 자이다. 통치자는 탐욕에 미쳐 날뛰는 말의 등과 욕구 충족을 위해 우직하게 밀어 붙이는 소의 등에 한 발씩 얹고 달리는 자이다. 말의 탐욕만을 채워주는 통치자는 힘찬 소의 뿔에 받히고, 소의 욕구만을 채워주는 통치자는 말발굽에 차인다. 통치자라면 어떻게 하는 게 좋은가? 정치가는 미쳐 달려가는 말과 우직하게 걸음을 걷는 소를 동시에 만족하게 해야 한다. 마키아벨리는 어떤 답을 내리는가?

정치란 한마디로 부자와 빈자의 갈등을 다루는 것이다. 정치가란 부자의 탐욕과 빈자의 욕구 충족을 큰 소란 없이 조정하는 자이다. 부자의 탐욕 실현에 앞장선 정치가는 빈자의 증오를 받고, 빈자의 욕구 실현에 앞장선 정치가는 부자의 증오를 받는다. 정치가는 부자의 탐욕을 순화해야 하고, 빈자의 욕구 충족을 위한 행위도 제어해야 한다. 마키아벨리는 이것이 바로 군주의 딕목이사 정치라고 생각한다.

그런데 마키아벨리는 이렇게 주장하고서 한 발 더 나아간다. 그는 부자의 탐욕을 빈자의 욕구보다 더 억제해야 한다고 말한다. 그는 기본적으로 신민, 그중에서도 다수인 인민의 미움을 받으면 안 된다고 생각한다. 그러나 군주가 직접 부자의 탐욕을 억제하면 부자의 증오에 부딪힐 수 있다. 그러므로 제3의 기구를 세워서 부자의 탐욕을 억제하라고 권한다.

루이 9세는 부자의 탐욕을 억제하려고 노력했다. 그는 지방 귀족들 간의 사적인 전투를 금지함으로써 전쟁의 참화로부터 인민을 지켰다. 또한 국왕의 재판권을 강화함으로써 사법권에 귀족의 입김을 약화하고 성직자의 정신적 권위를 무장해제시켰다. 그 극적인 결과는 프랑스 역사에서 파를망으로 구체화되었다. 루이 9세는 파를망을 세워 귀족과 성직자로 대표되는 당시 부자들의 물질적 탐욕의 정신적 권위를 제한한다. 마키아벨리는 파를망을 부자와 빈자의 중간에 있는 기구로 바라보았고, 그 중간의 핵심 역할을 부자의 탐욕 순화로 보았다.

마키아벨리가 루이 9세를 예로 든 의도는 아주 명확하다. 군주는 부자의 증오를 받지 않으려고 노력해야 하지만, 부자보다 인민의 증오를 더 두려워해야 한다. 군주는 어떤 경우에도 인민의 호의를 받는 것이 중요하다. 정치가 역시 부자의 증오를 피해야 하지만, 결코 빈자의 증오를 받아서는 안 된다. 이 절은 이런 점에서 9장 〈"시민형 군주국"〉의 〈모든 군주는 인민의 지지를 받을 필요가 있다〉와 〈강력하고 현명한 군주는 인민에게 의존할 수 있다〉의 연장선상에 있다고 봐도 좋다.

호의는 군주가 몸소 베풀고 처벌은 위임해야 한다

이런 것으로부터 우리는 다음과 같이 가치 있는 것을 배워야 합니다. 현명한 군주는 증오를 불러일으키는 일은 다른 사람이 하게 하고, 고마움을 가져오는 일은 직접 해야 합니다. 다시 새롭게 다음과 같은 결론을 말씀드리겠습니다. 신중한 군주는 부자를 존중해야 하지만 인민에게 증오를 받지 말아야 합니다.

'호의와 군주, 처벌과 위임' 그리고 '부자 존중과 인민의 증오 피하기'는 서로 아무런 연관이 없는 것처럼 보인다. 이는 촛불에 쬐어야만 내용을 드러내는 일종의 비밀편지와 같은 말이다. 이제 그 비밀이 풀린다. '그리고' 자리에 '제3의 기구'가 작동하면 된다.

군주는 부자에게 호의를 베풀어 그들을 존중해야 한다. 이는 군주가 부자에게 직접 베풀어야 하는 일이다. 예컨대 같이 식사를 하고, 파티를 하고, 정사를 논의하고, 군주의 필요에 따라 특혜를 주는 것 등이다. 하지만 군주는 부자를 가혹하게 대해야 할 때가 있다. 부자가 인민에게 너무 가혹하게 굴 때이다.

부자가 인민에게 너무 가혹하게 굴 때 군주가 나서지 않으면, 인민은 군주가 부자를 비호한다고 생각하고 증오의 화살을 군주에게 겨눈다. 군주는 자신의 지위를 위태롭게 할 정도에 이르렀다면 부자를 처벌해야 한다. 하지만 군주는 부자를 직접 처벌하면 안 된다. 부자들의 증오를 받기 때문이다. 군주는 어떤 경우에도, 누구에게도 증오를 받으면 안 되기 때문이다.

부자에 대한 처벌을 할 경우 군주는 제3의 기구에 위임하거나 법 뒤에 숨어야 한다. 그러면 군주는 부자의 증오도 받지 않고, 인민의 증오도 피할 수 있다. 부자는 자신을 처벌한 것이 군주가 아니라 법이라고 생각하기 때문이고, 인민은 부자에 대한 처벌로 만족하기 때문이다. 그 결과 군주는 부자의 증오도, 인민의 증오도 동시에 피할 수 있을 뿐만 아니라 좋은 군주라는 칭호를 얻게 된다.

로마 제국 황제들의 사례

아마도 로마 제국 여러 황제들의 삶과 죽음을 검토한 많은 사람은 위에서 제가 말한 신념과는 다른 사례들이 있다고 말할 것입니다. 왜냐하면 몇몇 황제는 항상 우수한 삶을 영위했고 엄청난 정신적 열정을 보여주었음에도 권력을 상실했거나 음모를 꾸몄던 신민에게 살해당했기 때문입니다.

그렇다면 이런 문제들에 대해 답변하도록 하겠습니다. 저는 그런 황제들의 특질을 관찰하고 그들이 실패했던 이유를 보여드리겠습니다. 그러면 제가 말씀드렸던 것과 다르지 않다는 것을 알 수 있을 것입니다. 이렇게 하면서 저는 그러한 시대에 행해졌던 것을 간파한 독자들이 기억할 만한 가치가 있는 것들에 주의를 기울이도록 하겠습니다.

저는 철학자 마르쿠스에서 막시미누스에 이르기까지 왕위를 계승했던 모든 황제를 검토하는 것으로 충분하다고 생각합니다. 마르쿠스 아우렐리우스와 그의 아들인 콤모두스, 페르티낙스, 율리아누스, 세베루스와 그의 아들인 안토니누스 카라칼라, 마크리누스, 엘라가발루스, 알렉산데르, 그리고 막시미누스[1] 등을 검토하도록 하겠습니다.

1 다음 쪽의 표를 보자. 마키아벨리는 500여 년이나 지속된 서로마 제국의 수없이 많은 황제들 가운데 왜 이 시대와 이 황제들을 다루었을까? 물론 어떤 이유로 이 부분을 다루었는지를 그가 직접 말하지는 않는다. 우리는 다만

추론할 뿐이다.

아래의 연표를 보면 이 기간은 로마 황제정이 엄청난 변화를 겪고 있음을 알 수 있다. 네르바-안토니누스 왕조 기간은 로마 황제정의 역사상 가장 찬란한 시대이다. 초기의 혼란을 딛고 황제정이 꽃핀 시기로, 마르쿠스 아우렐리우스의 아들 콤모두스를 제외하곤 '5현제의 시대'로 불릴 정도이다. 이른바 정통 왕조의 시기라고 할 수 있다. 그러나 콤모두스가 암살당하자 1년간의 혼란을 겪고 나서 내란에서 승리한 세베루스가 왕조를 이었다. 이 시기는 스스로의 힘과 군대의 도움으로 황제가 된 세베루스가 마크리누스를 제외

	황제명	집권 기간	분류
	네르바	96~98	
	트라이아누스	98~117	정통 왕조 전성기
	하드리아누스	117~138	(5현제의 시대)
	안토니누스 피우스	138~161	
	마르쿠스 아우렐리우스	161~180	
마키아벨리가	**루시우스 베루스**	161~169	양자 계승 시대
다룬	**콤모두스**	180~193	(콤모두스 예외)
주요 황제들	**페르티낙스**	193	혼란기
	디디우스 율리아누스	193	
	셉티미우스 세베루스	193~211	
	카라칼라	211~217	
	게타	211~212	세베루스 왕조 시기
	마크리누스	217~218	자손에게 왕위 계승
	엘라가발루스	218~222	(마크리누스 예외)
	세베루스 알렉산데르	222~235	
	막시미누스	235~238	
	고르디아누스 Ⅰ, Ⅱ, Ⅲ	238~244	
	필리푸스 아라부스	244~249	
	데키우스	249~251	군인 황제 시대
	발레리아누스	253~260	
	갈리에누스	253~268	
	클라우디우스 고티쿠스	268~270	

한 자손들에게 황제직을 물려준 경우이다. 마지막으로 세베루스 왕조의 마지막 황제인 세베루스 알렉산데르가 죽자 그 후부터 로마는 농민 출신인 막시미누스가 군인 황제정 시대를 연다.

마키아벨리는 아우렐리우스에서 막시미누스의 이 시기가 로마 황제정의 역사에서 정통 왕조 전성기, 혼란기, 자력 왕조 수립기, 그리고 무신 황제 시대로 진행되는 격변의 시기였다는 점에 착안한 것으로 보인다. 이 시기 황제들에게서는 각기 다른 출신 배경, 다양한 사회·정치적 배경, 다양한 유형의 황제 계승 방법 등을 볼 수 있다. 그는 이런 조건하에서 통치자·군인·인민의 관계를 살펴봄으로써, 이들 3자 관계의 일반론을 도출할 수 있다고 생각한 듯하다.

실제로 마키아벨리가 다룬 이후의 시대는 군인 황제의 시대이므로, 통치자·군인·인민의 3자 관계를 살펴보기에 적합하지 않다. 또한 마르쿠스 아우렐리우스 이전 시기는 군인의 역할이 상대적으로 크지 않았으므로 역시 적합하지 않다. 그는 통치자·군인·인민의 3자 관계를 정확하게 볼 수 있다는 점에서 위의 시대를 선택한 듯하다.

본론 두 번째 부분의 시작이며 서론에 해당한다. 본론 첫 번째 부분의 요지는 간단하다. 군주는 부자의 경멸과 증오를 받지 않는 것도 중요하지만 절대 인민 또는 빈민의 증오를 받으면 안 된다는 것이다. 본론 두 번째 부분의 요지도 간단하다. 군주는 군대의 경멸과 증오를 받아서도 안 되고, 특히 군대를 잘 다루어야 한다는 것이다.

하지만 본론 두 번째 부분에서 길을 찾기는 쉽지 않다. 그 이유는 짧은 글 안에 다음과 같은 세 가지를 동시에 섞어서 다루고 있기 때문이다. 첫째, 마키아벨리는 바로 앞에서 펼친 자신의 주장을 비판하는 논자들에 대해 반비판을 하고 있다. 둘째, 그는 15장의 〈칭찬받을 만한 덕과 비난받을 만한 악덕〉에서 나온 비난받을 만한 악덕을 반비판과 연결해 설명하고 있다. 셋째, 그는 군인이라는 새로운 독립 변수를 고려해서 자신의 이론을 완성하고자 한다. 이 가운데 하나라도 놓치면 마키아벨리가 제시한 개별적인 역사적 사실 정보만 남게 되고, 이 정보만을 취한다면 《군주론》의 본질을 놓치게 마련이다. 위의 내용을 하나씩 다루어보도록 하자.

우선 비판에 대한 반비판이다. 마키아벨리의 기본적인 주장, 즉 인민의 증오를 받지 않으면 군주의 지위를 유지할 수 있다는 주장을 비판하는 자들이 있다. 로마 황제들의 일생을 연구한 자들이다. 그들은 인민의 증오를 받지 않았는데도 암살당한 로마 황제들이 있다고 주장한다. "인민의 증오를 받지 않는 군주는 선량한 군주일 뿐만 아니라 인민의 호의를 얻은 군주! 그들은 마키아벨리가 극찬한 군주가 아닌가? 그렇다면 마키아벨리, 네 주장은 오류이지 않은가!" 그는 이런 주장을 하는 자들에 대해 반비판하고자 한다.

둘째, 이들에 대한 마키아벨리의 비판은 아주 간단명료하다. 로마 황제를 연구한 자들이 하나만 알고 둘은 알지 못했다는 것이다. 마키아벨리에 따르면 로마 황제에게 주어진 특수성 가운데 하나는 '군대'와 '군인'이며, 로마 황제는 이 집단의 경멸과 증오를 피하는 것이 필요했다. 즉, 그는 자신을 비판한 자들이 정치의 기본 요소인 부자와 인민의 관계를 넘어 특수 요소로서의 군인과 군대를 간과해서는 안 된다고 주장한다. 선량한 군주라 할지라도 군인과 군대라는 집단의 호의를 얻으려고 선량했다면, 이것은 인민에게 선량한 것이 아니다. 반대로 선량한 군주가 인민에게만 선량하고 군인과 군대에게 선량하지 못한 경우이다. 결국 그런 군주는 군대의 경멸과 증오, 조롱을 받아 망하게 된다. 여기서 특수한 요소로서의 '군대' 또는 '군인'은 마키아벨리 당대에 겪고 있는 용병의 또 다른 형태로 이해하면 된다.

셋째, 그는 비판에 대한 반비판을 하면서 자신이 말한 비난받을 만한 악덕이 왜 중요한가를 다시 언급한다. 즉, 인민에게 선량한 것만으로는 군주의 생명과 지위를 유지할 수 없다는 것이다. 그는 군대와 군인이라는 특수한 집단에 대해 군주가 어떤 태도를 취해야 하는가 하는 질문을 던진다. 군주는 군주들 사이와 국제 관계에 적용했던 여우와 사자의 방식을 국내의 군대와 군인에게도 그대로 사용해야 한다고 마키아벨리는 주장한다. 즉, 때로는 여우의 간지로, 때로는 사자의 힘으로 군대와 군인을 대해야만 군인들에게서 경멸과 증오를 당하지 않을 뿐만 아니라 군주의 지위를 유지할 수 있다는 것이다.

로마 제국 황제들은 군인의 호의를 얻도록 강요당했다

우선 저는 다른 군주국에서 군주는 부자의 야심, 인민의 오만과 싸우는 반면에, 로마 제국 황제들은 군인들의 잔인성과 탐욕을 다루어야 하는 제3의 어려움에 부딪히고 있음을 알았습니다. 이 난관은 생각보다 너무 커서, 이로 말미암아 수많은 로마 제국 황제들이 파멸했습니다. 왜냐하면 로마 제국 황제들은 군인과 인민 양자를 다 만족하게 할 수 없었기 때문입니다. 인민은 평온함을 사랑하므로, 따라서 겸손한 군주들을 사랑합니다. 반면에 군인들은 거만하고 잔인하고 욕심이 많은, 호전적인 정신을 가진 군주를 사랑합니다. 군인들은 두 배로 보수를 받고 자신들의 탐욕과 잔인성을 발산할 수 있도록, 군주가 이런 특질들을 인민에게 행사하기를 원합니다.

이러한 조건의 결과로, 선천적으로나 후천적으로 인민과 군인 양자를 동시에 견제하지 못해서 커다란 명성을 얻지 못했던 로마 제국 황제들은 항상 몰락했습니다.[1] 그들 대부분, 특히 갑자기 황제에 오른 자들은 대립하는 이러한 두 당파의 문제를 인지하고서 군인들이 만족하게끔 시도했던 반면, 주저하지 않고 인민에게 해를 가했습니다.

이러한 결정은 필연적인 것입니다. 왜냐하면 군주들은 누군가에 의해 증오의 대상이 되는 것을 피할 수 없기 때문입니다. 그래서 군주들은 무엇보다도 어떤 거대 집단에 의해 증오받는 것을 피하고자 합니다. 그리고 군주들이 증오받는 것을 피할 수 없다고 한다면, 가장 강력한 집단의 증오를 피하려고 온 힘을 다하기 마련입니다. 따라서 새로운 지배자로서 예외적인 지지가 필요한 그러한 황제들은 인민보다는 군인들에게 구애합니다. 그렇지만 이것은 결국 그러한 군주들이 군대 내에서 어떤 평판을 유지했는가에 따라 좋은 결과를 가져오기도 하고 반대의 결과를 가져오기도 합니다.

1 '선천적'인 것은 황제의 자식으로 태어나거나 좋은 가문에서 태어나면서 얻는 것을 뜻한다. 이는 황제가 좋은 가문 출신이라는 이유만으로 인민과 군인이 그 권위에 복종하는 것에서 비롯하기도 하고, 좋은 가문에서 태어나 어려서부터 교육받은 덕분에 인민과 군인을 복종시키는 방법을 아는 것에서 비롯하기도 한다.

'후천적'인 것은 스스로의 힘으로 황제가 되는 과정에서 획득한 것을 말한다. 이는 황제가 되려면 인민과 군인의 지지를 얻고자 어떻게 행동해야 하는지 아는 것을 말한다.

보편과 특수의 문제를 고민해야 한다. 하나의 이론이 보편적인 문제 해결에는 도움이 되지만 특수한 문제를 이해하는 데에 도움이 되지 못한다면 이론으로서의 가치가 떨어진다. 이론은 보편적 현상은 물론이고 특수한 현상의 설명에도 적용할 수 있어야 한다. 이론은 설사 곧 비판받고 폐기될 운명에 처한다 할지라도 주장되는 순간은 진리인 듯이 보여야 한다.

마키아벨리는 앞에서 정치의 보편적 문제, 정치학의 보편적인 관심사, 즉 통치자·부자·빈자의 관계를 다루었다. 그는 여기서는 정치의 특수 문제로서 통치자·군인·인민의 문제를 다룬다. 그가 말한 군주의 덕목이 통치자·부자·인민이라는 보편적인 문제 해결에 도움이 된다고 한다면, 그 내용은 또한 통치자·군인·인민이라는 특수한 문제 해결에도 도움이 되어야 한다. 마키아벨리가 어떻게 적용하는지 알아보자.

우선 군주·군인·인민의 일반적인 관계이다. 군인은 탐욕을 추구한다는 점에서 부자와 같다. 군인은 부와 착취를 이용해 탐욕을 실현하는 부자와 달리 잔인성을 행사해 탐욕을 충족한다. 그 잔인성은 끝없는 전쟁과 약탈로 나타난다. 군인은 전쟁을 할수록 약탈을 통해 더 많은 이익을 얻는 반면, 인민은 어떤 경우에도 전쟁을 피하고 평안히 지내고자 한다. 인민은 전쟁을 하게 되면 국내 통치자와 군인의 전쟁 비용을 위해 수탈당하고, 패배하게 되면 타국의 통치자와 군인에게 약탈당할 뿐만 아니라 패전 비용을 위해 수탈당하기 때문이다. 군인은 죽은 시체를 먹어 치우며 삶을 유지하는 하이에나 같은 집단이고, 인민은 누가 건들지만 않으면 절대로 남을 해치지 않는 초식동물과 같

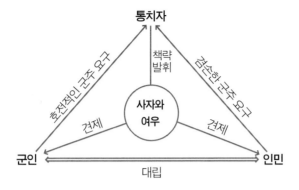

은 집단이다.

군인의 기본 탐욕 실현과 인민의 현상 유지 요구는 반드시 충돌한다. 군인은 자신의 탐욕 실현을 위해 호전적인 군주를 요구하는 반면, 인민은 현상 유지를 위해 겸손한 군주를 원한다. 인민도 군인도 한 국가 안에서 거대한 집단을 이루고 있다. 군주는 인민의 증오를 받아서도 안 되고 군인의 증오와 경멸을 받아서도 안 된다. 군주가 군인의 탐욕 실현에 방점을 찍으면 인민의 증오를 받게 마련이고, 인민의 현상 유지를 정책으로 선택하면 군인의 경멸을 받을 수도 있다.

마키아벨리는 군인의 문제를 특수한 사실로서 로마사와 관련해 설명한다. 왜냐하면 로마 제국 쇠망의 구체적 징후는 수도에 근무하던 오만방자한 근위병에서 비롯되었기 때문이다. 이들은 황제를 상대로 끊임없이 특권을 요구했고, 이러한 요구에 불응한 황제는 이들 군인들에 의해 제거되곤 했다. 또한 시간이 지나면서 수도에서 멀리 떨어져 있던 군단의 병사들도 근위병과 같은 특권을 요구했으며, 이들 또한 요구가 관철되지 않으면 황제의 자리를 빼앗곤 했다. 마키아벨리가 군인이 탐욕스럽다고 말한 것의 이면에는 이런 로마사의 특수한 내용과 연관되어 있다.

군주는 일반적인 사실과 특수한 사실에 비추어 인민과 군인, 이 두 집단을 잘 제어해야 한다. 그러나 로마의 황제들은 군인을 무시하고서는 황제의 자리를 유지하기가 쉽지 않았다. 군인들을 잘 제어하거나 견제하지 못한 황제들은 항상 비참한 최후를 맞았기 때문이다. 그래서 로마 황제들은 군인들을 자신의 정치적 기반으로 삼고, 군인에게 선량한 정책을 취했다.

군주는 군주의 생사여탈권을 쥐고 있는 군인들을 어떻게 대해야 하는가? 마키아벨리가 내린 답은 간단하다. 군주는 하이에나 같은 집단인 군인을 제어하고자 사자와 여우와 같은 존재가 되면 된다. 인민 또한 견제해야 하지만, 군인에게 방점을 찍고 군인을 제어하는 것에 더 중점을 두라고 그는 말한다. 그러면 군주는 군인에게 경멸과 증오를 받지 않을 뿐만 아니라 인민의 증오도 절대로 받지 않는다고 주장한다. 그 구체적인 사례들은 다음에 나온다.

마르쿠스와 페르티낙스

마르쿠스[1]와 페르티낙스,[2] 알렉산데르[3]는 위에서 언급했던 여러 이유들 때문에 모두 겸손하게 살았으며, 정의를 사랑했고, 잔인성의 적이었으며, 인간적이었고 모두 친절했습니다. 그럼에도 페르티낙스와 알렉산데르는 불행하게 삶을 마쳤고 마르쿠스는 그 반대입니다.

마르쿠스만이 위대한 명예 속에서 살다가 삶을 마쳤습니다. 왜냐하면 그는 출생의 권리로 황제직을 계승했고, 황제직을 얻은 것에 대해 군인이나 인민에게 빚을 지지 않았기 때문입니다. 더구나 그는 자신을 존경할 만하게 만들었던 많은 미덕을 지니고 있었기 때문에, 살아 있는 동안 항

마르코만니 족 정복 장면이 새겨진 부조 기둥

상 양 계급을 그들 한계 안에 묶어 두었으며, 결코 그들로부터 증오도 경멸도 받지 않았습니다.

　그러나 페르티낙스는 군인들의 뜻에 반해서 황제가 되었습니다. 그런데 콤모두스 치하에서 거리낌 없이 살아왔던 군인들은 페르티낙스가 자신들을 되돌려 군인다운 올바른 삶을 살도록 강요하는 것을 견딜 수 없었습니다. 따라서 페르티낙스는 군인들의 증오를 받게 되었고, 나이가 들었기 때문에 이런 증오에 덧붙여 경멸까지 받게 되었습니다. 결과적으로 페르티낙스탁스는 군인들을 통제할 수 없게 되자 몰락했습니다.

1 《명상록》으로 유명한 마르쿠스 아우렐리우스 황제이다. 그 때문에 우리는 마르쿠스를 실천적 행동이 부족한 철학자 황제로 이해하곤 한다. 그러나 마키아벨리에 따르면 그는 인민과 군대, 모두에게서 경멸과 증오를 당하지 않은 군주이다. 그는 줄생의 권리에 의해서만이 아니라 후천적인 능력을 통해 양자 모두의 지지를 받았다.

그가 집권한 당시 동양의 파르티아와 전쟁이 있었고, 서쪽에서는 도나우 강 근처에서도 전쟁이 있었다. 그는 파르티아와의 전쟁으로 국고가 바닥나자 황실의 귀중품을 팔아 도나우 강 전쟁을 치렀다. 그 덕분에 인민은 더 많은 세금을 내지 않았다. 이 덕분에 인민의 증오를 받지 않았다. 또한 그는 직접 군인들을 이끌고 도나우 강으로 달려갔고, 여러 적을 제압하고 영토를 로마에 합병했다. 이런 점에서 그는 군인들의 경멸이나 조롱을 당하지 않았다. 특히 그는 자신이 제압한 마르코만니 족 정복이 부조로 새겨져 남아 있을 정도로 군사적 업적이 훌륭한 황제이다.

2 페르티낙스는 콤모두스가 죽자 황제가 되어 1년도 채 집권하지 못한 황제이다. 아프리카 출신 시인이자 원로원 인사였던 그가 인민의 지지를 받았다는 점은 다음과 같은 사실 때문이다. 콤모두스가 죽고 국고가 완전히 바닥났음에도 그는 콤모두스가 부과한 무거운 세금들을 폐지했다. 그 대신에 그는 황실의 경비를 절반으로 줄이고, "금은 식기류, 독특한 형태의 마차들, 불필요한 실크 의류와 장식품, 수많은 아름다운 남녀 노예 등의 사치 도구들은 모두 공매"했다. 또한 그는 신하들의 부정축재 재산 일부를 몰수하는 한편, 정당한 일을 한 자에게 재물을 나눠주고 체불 임금도 일시에 지급했다. 그는 중과세 폐지 등으로 인민의 호의를 살 만한 충분한 일을 했다.

그러나 그는 군인들한테서 증오를 받았다. 왜냐하면 "네로 사후에 뒤를 이은 갈바처럼 친위대장에게 약속한 금액을 지급하지 않은 데다가 친위대에게 가혹한 훈련을 시키려 함으로써 친위대장과 멀어졌"기 때문이다. 결국 그는 과거를 그리워한 강경파 근위대 병사 300여 명과 콤모두스 치하의 가신들에 의해 살해당했다.*

* 에드워드 기번 지음, 송은주 옮김, 《로마 제국 쇠망사 1》(민음사, 2010), 114~116쪽; 세드릭 A. 요외 지음, 김덕수 옮김, 《로마사》(현대지성사, 2004), 766쪽.

3 알렉산데르에 대해서는 〈훌륭한 황제 알렉산데르도 살해당했다〉에서 다룬다.

마르쿠스 아우렐리우스, 페르티낙스, 알렉산데르는 인자한 황제이다. 마르쿠스는 명예로운 삶을 살았던 반면, 페르티낙스와 알렉산데르는 제 명대로 살지 못했다. 왜 그런가? 마키아벨리는 답한다. 군주는 인민의 지지를 받는 것만으로는 충분하지 않다. 군주는 자신에게 음모를 꾸밀 수 있을 뿐만 아니라 직접 실행할 수 있는 무장 집단인 군대의 지지를 받는 것이 필요하다. 그런데 그들은 군대의 지지를 받지 못했다. 페르티낙스는 인민에 대한 선량한 행동이라는 점에서는 마르쿠스에 뒤지지 않는다. 그는 인민에게 선량한 행동을 함으로써 인민의 지지를 받았지만, 마르쿠스와는 달리 군대의 지지를 끌어내지 못했기에 황제에 오른 지 얼마 되지 않아 권력을 상실했다.

마키아벨리의 주장은 간단하다. 황제 또는 군주는 인민과 군대, 이 양자의 지지를 획득하는 것이 중요하다는 것이다. 이 양자의 지지를 받으려면 인민에게 선량한 행동을 해야 할 뿐만 아니라 군인들에게도 선량한 행동을 취해야 한다. 인민에게 선량한 행동은 그들이 조용히 있을 수 있도록, 급격한 삶의 변화를 겪지 않도록 하는 것이다. 그 대책은 각종 세금을 줄여주거나 늘리지 않는 것이다. 마르쿠스도, 페르티낙스도 이 점에서 인민에게 선량했다.

하지만 로마의 황제들은 군인의 탐욕도 채워주어야 했다. 그들의 지지가 필수적이었기 때문이다. 따라서 군수는 전쟁이나 충분한 임금 지급 등으로 군인들을 만족시켜야 한다. 마르쿠스는 전쟁을 통해 군인들에게 선의를 베풀었다. 그래서 그는 권력을 잃지 않고 훌륭한 황제라는 평판을 남길 수 있었다. 반면 페르티낙스는 약속한 돈을 군인들에게 주지 않았다. 게다가 그는 전쟁을 전혀 할 줄 모르는 문관 출신이었고, 전쟁을 통한 영토 확장과 이에 따른 전리품 획득이라는 로마 황제의 기본 업무도 수행하지 않았다. 그래서 그는 권력을 잃었다.

결론적으로 말하면 군주가 군인의 지지를 받는 것은 자신의 지위 유지를 위한 필요조건이고 인민의 지지를 받는 것은 충분조건이다.

군주는 선량한 행위 때문에 증오받을 수도 있다

여기에서 우리는 증오는 나쁜 행동만큼이나 착한 행동에 의해서도 불러올 수 있음을 알아야 합니다. 따라서 앞에서 언급했던 것처럼 군주가 지위를 유지하고자 한다면, 어쩔 수 없이 선량하지 않은 행동도 해야 합니다. 왜냐하면 당신이 당신을 유지하는 데에 필요하다고 인정한 그 집단이 인민이건 군인이건 또는 부자이건 간에 부패했다면, 당신은 그 집단을 만족시키고자 당신 자신을 그 집단의 본성에 맞춰야만 하기 때문입니다. 그렇게 되면 선량한 행위도 당신의 적들이 되고 맙니다.

절대적으로 선량한 행동과 절대적으로 악한 행동은 존재하는가? 마키아벨리는 '절대적'이라는 말을 부정하고, '상대적'이라는 말을 한다. 자신에게 잘해주는 자는 선량한 자이고, 자신에게 못해주는 자는 악한 자이다. 인민에게 잘해주는 군주는 인민에게 선량한 군주일 수 있지만 부자에게는 악한 군주이거나 파렴치한 군주일 수 있다. 군주는 군인에게 선량한 군주일 수 있지만, 나머지 다른 집단에게는 표독한 군주일 수 있다.

군인은 부자와 마찬가지로 탐욕스럽고, 부자와 달리 탐욕을 실현하려고 잔인하기까지 하다. 힘과 무력을 갖추고 있기 때문이다. 군주가 군인에게 선량한 행동을 한다는 것은 인민에게 잔인한 행동을 하겠다고 공언하는 것과 마찬가지이다. 결론적으로 말하면, '선량한'과 '악한'이란 특정 집단에게 '상대적으로' 선량하고 악한 것이지 모든 사람에게 '절대적으로' 선량한 것도 악한 것도 아니다.

선이란 항상 올바른 것이고, 악이란 항상 나쁜 것이다. 이것이 우리의 상식이다. 마키아벨리는 이에 도전한다. 절대선과 절대악을 가르고 구분하는 것은 종교 윤리의 영역이다. 정치의 세계, 아니 현실 세계에서 절대선과 절대악은 존재하지 않는다. 정치는 상대적인 선과 악을 따질 뿐, 절대적인 선과 악을 구분하고 절대악을 징벌하는 것이 아니다.

정치는 다만 권력을 위해 싸울 뿐이다. 권력을 쟁취한 자는 선이고, 권력을 얻지 못한 자는 악이다. 선과 악은 항구불변으로 고정되지 않는다. 어제의 선이 오늘 악으로 바뀌고, 어제의 악이 오늘 선으로 화려하게 나타난다. 인민을 중심으로 사고하는 정치인은 인민에게 선한 정책을 실시하는 반면, 부자를 중심으로 행동하는 통치자는 부자에게 올바른 정책을 추진할 뿐이다. 이는 정치가 존재한 이래 절대로 변하지 않는 법칙이다. 마키아벨리는 노골적으로 이를 선언한다.

그렇다고 해서 마키아벨리가 상대주의에 빠지는 것은 아니다. 통치자가 부패한 집단의 비위를 맞추다 보면, 부패한 집단의 요구는 커질 수밖에 없다. 마침내 통치자가 부패한 집단의 탐욕을 채워주지 못하면, 그 통치자는 그 집단에 의해 권력을 잃을 수밖에 없다. 페르티낙스가 왜 권력을 잃었는가? 바로 이 때문이다.

그렇다면 부패한 집단은 누구인가? 마키아벨리는 인민·군인·부자들을 예로 든다. 그러나 군인과 부자는 부패하기 쉬운 반면, 인민은 부패하기 쉽지 않다. 부패는 탐욕과 연관되기 때문이다. 부자와 군인은 탐욕의 대명사이며, 군인은 탐욕을 실현하려고 잔인한 행동도 불사하지만 인민은 그렇지 않다. 마키아벨리는 9장에서 인민은 '억압받기를 원하지 않을' 뿐이고, 위에서 말하듯이 '조용함'을 사랑하기 때문이라고 이유를 밝혔다. 인민의 욕구는 기껏해야 삼시세끼 밥 먹고 잘 자는 것 이상을 요구하지 않는다. 인민은 이러한 욕구를 실현하지 못하면 억압받는다고 생각하고, 이것이 실현되면 아무런 문제도 일으키지 않고 조용히 지낸다.

마키아벨리는 이 절에서 마치 중립성을 견지하는 것처럼 인민·군인·부자 모두 부패할 수 있다는 듯 말한다. 하지만 《군주론》 전체에 걸쳐 내용을 살펴보면, 인민은 부패하기 쉽지 않은 집단이다. 그는 오른손으로 강하게 부자와 군인의 부패를 징치하는 동시에 왼손으로 슬며시 인민의 손을 들어 올린다.

마키아벨리는 페르티낙스 이야기를 통해 복화술을 구사한다. 군주는 부패한 군인의 탐욕을 실현해 주어서는 안 된다. 탐욕은 끝이 없기 때문에 군인의 탐욕을 언제까지고 완전히 채워줄 수는 없다. 따라서 군주는 군인의 탐욕을 채워주려고 인민을 저버리는 일은 절대로 해서는 안 된다.

훌륭한 황제 알렉산데르도 살해당했다

그러나 이제 알렉산데르를 검토하도록 하겠습니다. 그는 매우 위대하고 선량한 자였습니다. 그에게 붙여진 최고의 칭찬은 그가 재위한 14년 동안 재판 없이는 한 사람도 처형하지 않았다는 것입니다. 그럼에도 그는 유약하고 어머니에 의해 조종당하는 남자로 여겨졌으며, 그 때문에 경멸을 받았습니다. 그 결과 군대는 그에게 모반을 했고 그를 살해해버렸습니다.

1 이 장에서 세베루스 왕조의 황제들이 계속 언급되므로, 가계도를 통해 알아보도록 하자.

알렉산데르는 세베루스 왕조의 마지막 황제이다. 그는 마르쿠스 아우렐리우스만큼이나 인자한 황제였다. 그가 통치한 동안 로마는 행복했다고 말할 정도이다. 그는 매우 검소했을 뿐만 아니라 정신 수양도 많이 했다. 또한 그는 세금을 많이 줄여줘서 인민의 사랑을 얻었으며, 부패하고 타락한 군대를 개혁하려고 애썼다.

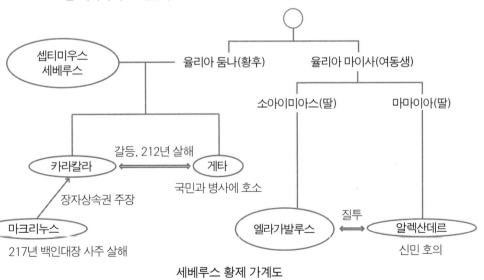

세베루스 황제 가계도

그러나 그가 권좌에 올랐을 때는 불과 열일곱 살이었다. 그의 할머니인 율리아 마이사가 로마의 통치권을 행사했다. 얼마 안 있어 율리아 마이사가 죽자 그의 어머니인 마마이아가 아들을 대신해 로마를 통치했다. 질투심이 많고 탐욕스럽고 잔인했던 마마이아는 이미 장성한 알렉산데르를 자기 뜻대로 움직이려고 했고, 그 결과 황제 알렉산데르를 웃음거리로 만들었다. 알렉산데르는 농민 출신 막시미누스와 그 일당들에 의해 어머니 마마이아와 함께 죽임을 당했다.*

앞에서 마키아벨리의 비판자들은 인민에게 선정을 베푼 훌륭한 황제가 살해당할 수 있다고 말했다. 그 예가 바로 아우렐리우스만큼이나 훌륭한 알렉산데르이다. 그는 훌륭한 황제로서 통치를 오래 유지한 마르쿠스 아우렐리우스와 대비된다. 아우렐리우스는 왜 오래 통치할 수 있었는가? 인민에게도 훌륭했지만, 군대도 적절하게 잘 제어했기 때문이다. 반면, 훌륭한 황제 알렉산데르는 왜 살해당했는가? 인민에게 선량했지만, 결국 탐욕스러운 군인 집단을 제대로 통제하지 못했기 때문이다. 군대에 경멸당했기 때문이다.

훌륭한 황제 알렉산데르가 왜 살해당했는지 살펴보도록 하자. 마키아벨리는 뜻밖의 대답을 한다. 알렉산데르가 인민에게 선량했지만, 어머니 마마이아에게 황제를 넘어서는 권력을 주었다는 것이다. 실제 막시미누스가 이런 이유로 알렉산데르를 살해했는지, 더 나아가 실제로 그가 살해에 개입했는지도 알 수 없다. 그러나 마키아벨리는 알렉산데

* 에드워드 기번 지음, 송은주 옮김, 《로마 제국 쇠망사 1》, 174~203쪽 참조.

르가 이런 유약함 때문에 군대의 경멸을 받아 살해되었다고 주장한다. 마키아벨리는 이렇게 말함으로써 19장의 제목 '군주는 반드시 경멸과 증오를 피해야 한다'라는 주장을 논증한다. 즉 그는 어떤 이유로든, 특정 집단의 경멸이나 증오를 받으면 그 군주는 지위를 유지할 수 없다고 주장한다.

마키아벨리가 어머니 때문에 유약했다고 말한 것은 표면적인 이유 아래 근본 이유가 있다. 로마 황제에게 군인은 정치의 기본 조건이다. 군인의 지지를 받지 않는, 또는 받지 못하는 황제는 언제든지 군인의 먹이가 되었다. 황제가 군인의 지지를 받으려면 어떻게 해야 하는가? 군인들에게 아부하거나 군인들보다 강하게 보이는 것이다. 마키아벨리의 주문은 간단하다. 여우와 사자, 필요에 따라 군인들에게 사자가 되라는 것, 강하게 보이라는 것이다.

그러나 알렉산데르는 군인에게 아부만 했지 강한 모습을 전혀 보여주지 못했다. 그는 군과 관련하여 개혁 정책을 펼쳤고, 다른 예산을 엄청나게 줄여서 남은 금과 은을 군인들 상여금으로 지급했다. 그는 전투 시 지니고 다니는 식량 17일분이 너무 무겁다는 군인들의 불평을 받아들여, 노새 등이 이송하도록 했다. 또한 그는 병사의 사치 풍조를 없애는 것이 아니라 말·갑옷·방패의 사치품으로 전환하도록 했다. 그는 병사의 복지와 제국의 복지가 일치한다고 강조했을 뿐만 아니라 군과 함께하는 솔선수범을 보여주었다.[*]

위의 정책들은 전체적으로 보면 병사들에게 우호적인 내용들이다. 그러나 병사들은 알렉산데르의 병사 친화적 정책에서 자신들을 질책

[*] 같은 책, 180쪽.

하고 경책할 만한 사자의 모습을 찾을 수 없었다. 그는 로마 황제가 전통적인 업무 가운데 하나인 대외 전쟁에서도 커다란 업적을 남기지 못했다. 알렉산데르 치하에서 로마는 평화로웠지만, 병사들은 그가 어머니의 품에서 자유롭지 못하고 유약한 인물이라고 생각했다. 결국 그런 유약함 때문에 알렉산데르는 병사들의 사냥감이 되었다.

결론적으로 말하면 마키아벨리가 말하는 유약함은 어머니 앞에서의 유약함뿐만이 아니라 군사적인 측면에서의 유약함도 포함되어야 한다. 군주는 어머니 앞에서 효성스러울 수 있지만 군사적 측면에서 유약함은 절대로 금물이다. 마키아벨리는 군주의 유약함은 곧 집단적으로 사냥을 하는 늑대 같은 병사들 무리에 쫓기는 토끼 꼴이 된다고 보았다.

잔인한 세베루스는 존경받았다

이제 다른 측면에서 콤모두스, 세베루스, 안토니누스 카라칼라, 막시미누스를 살펴보도록 하겠습니다. 당신은 이들이 아주 잔인하고 탐욕스럽다는 사실을 발견하게 될 것입니다. 그들은 군인들을 만족시키려고 인민에게 할 수 있는 모든 패악질을 서슴지 않고 자행했습니다.[1] 그리고 그들 가운데 세베루스를 제외하고는 모두 불행하게 생을 마감했습니다.

세베루스는 많은 역량을 가지고 있었습니다. 그래서 그는 인민을 억압했지만 군인들을 친구로 만듦으로써 늘 성공적으로 통치했습니다.[2] 그는 아주 다양한 역량을 갖추었기에, 군인과 인민 양쪽 모두 그를 범상치 않은 자로 보았습니다. 그래서 말하자면 인민은 지속적으로 세베루스를 놀라는 동시에 멍청히 바라보았던 반면, 군인들은 그를 존경과 만족의 눈길로 쳐다보았습니다.

1 세베루스가 황제가 되려고 병사들의 탐욕을 만족시킨 것과 연관된다. 세베루스는 황제 페르티낙스가 죽자, 자신이 거느리던 판노니아 지역의 병사들에게 400파운드의 하사금을 주며 황제로 지지해 줄 것을 요구한다. 이 액수는 율리아누스 황제가 병사들에게 지원 대가로 약속한 금액의 두 배였다. 문제는 액수가 아니라 판노니아가 로마 제국 내에서도 무척 가난한 지역이었다는 점이다. 따라서 그 지역은 엄청난 세금을 납부할 수밖에 없었다.

병사들의 탐욕을 만족시키려는 또 다른 사례는 황제의 자리에 오르고자 벌인 내전과 관련되어 있다. 그는 내전을 치르면서 병사들의 탐욕을 만족시키려고 가장 큰 속주를 희생한다. 그 지역은 비잔티움이다. 그는 비잔티움을 정복하고 나서 수많은 사람을 처형하고 추방했으며, 세금을 무려 네 배로 늘렸다.*

2 인민 억압은 위에서 지적한 내용들을 참조하면 된다. 군인들을 친구로 만들었다는 것은 로마에서 멀리 떨어진 군단의 병사들을 이끌고 황제의 자리에 도전했으며, 황제가 되고자 율리아누스의 근위병을 자신의 편으로 삼았음을 말한다. 또한 그는 근위대를 자기편으로 만들려고 급여를 급격히 인상했을 뿐만 아니라, 국가적인 위기나 축제가 있을 때 하사금을 후하게 주었다. 마키아벨리가 긍정적 측면에서 본 세베루스에 대한 평가이다.

다른 한편으로, 마키아벨리는 세베루스를 부정적으로도 평가한다. 세베루스가 이런 많은 비용을 병사들에게 지급하자 로마 병사들이 급격히 타락하기 시작했다는 점이다. 세베루스 이후 로마 병사들은 힘든 군대 생활을 견디지 못하게 되었으며 장교들은 호화롭고 방탕한 생활을 일삼게 되었다. 또한 군대는 황제에게 복종하지 않고 자신들의 이익을 강요하는 압력 집단으로 변질되었다.

* 같은 책, 127~139쪽.

마키아벨리는 세베루스를 잔인한 황제 중에서도 성공한 사례로 들고 있다. 그가 성공한 이유는 아주 간단하다. 그는 절제·용기·단호함을 지니고 있었다. 그는 군인의 지지를 얻으려고 인민의 증오를 산 것도 아니고, 인민의 호의를 얻으려고 군인들의 경멸을 산 것도 아니다. 그는 인민도 군인도 자기편으로 만드는 기발함을 발휘했다.

세베루스에 대한 일반적인 평가는 혹독하지만, 세베루스가 인민에게 행한 정책은 탁월했다. 그는 황제가 되고 나서, 인민이 하루 2,500쿼터씩 7년 동안 먹을 곡식을 비축했다. 또한 그는 법률을 엄격하게 시행해 부정부패를 일소하고 신중하고 공정하게 사법권을 행사했으며, 주로 가난한 자와 약자의 편을 들었다.*

마키아벨리는 그를 신흥 군주의 이상형으로 보았다. 단순히 뒤에서 말하듯이 세베루스가 여우와 사자의 미덕을 잘 사용했기 때문만은 아니다. 그는 인민의 지지를 유지하는 정책을 잘 취했고, 그의 치하에서 로마는 평화와 번영을 다시 누렸기 때문이다.

여우와 사자로서의 세베루스

세베루스의 처신은 신흥 군주의 처지에서 호평받을 만하고 주목할 만합니다. 그렇기에 저는 세베루스가 여우와 사자의 역할을 하는 방법을 얼마나 잘 알고 있었는지를 간단하게 보여드리고자 합니다. 그리고 군주라면 제가 앞에서 말씀드렸던 여우와 사자의 속성을 모방해야 합니다.

세베루스는 율리아누스 황제가 쓸모없다는 것을 알아차렸습니다. 그

---

* 같은 책, 137~140쪽.

러자 슬라보니아의 장군이었던 그는 근위대에 의해 살해당한 페르티낙스의 죽음을 복수하려고 로마로 진격하자고 설득했습니다. 그는 황제가 되고 싶은 야심을 감춘 채 이런 구실을 붙여 자신의 군대를 로마로 이동시켰습니다. 그리고 그가 로마로 출발했다는 것을 사람들이 알아차리기 전에 이미 이탈리아에 도착했습니다. 그가 로마에 도착했을 때 두려움에 떨던 원로원은 그를 황제로 결정했습니다. 그리고 율리아누스는 살해당했습니다.[1]

이렇게 출발하기는 했지만 세베루스가 로마 전체를 지배하는 데에는 두 가지 장애물이 여전히 남아 있었습니다. 하나는 아시아입니다. 아시아 군대의 사령관 페스켄니우스 니게르가 스스로 황제를 칭했습니다. 다른 하나는 서쪽이었습니다. 황제가 되기를 열망한 알비누스가 그곳을 지배하고 있었습니다. 그리고 세베루스는 그 둘을 적으로 삼는 것은 위험하다고 판단했습니다. 그래서 그는 니게르는 공격하되 알비누스는 혼란케 하기로 결정했습니다. 세베루스는 원로원에 의해 황제로 추천되었지만 황제의 권위를 알비누스와 공유하고 싶다고 알비누스에게 편지를 썼습니다. 세베루스는 알비누스에게 카이사르라는 칭호를 보냈고, 원로원의 명령을 빙자해 그를 공동 황제로 선언했습니다. 알비누스는 이를 진실로 받아들였습니다.

세베루스는 니게르를 격퇴해 살해하고 동쪽을 진정시켰습니다. 그 후 세베루스는 로마로 돌아와 원로원에서 알비누스가 자신에게서 받은 은혜에 고마워하지 않는다고 불평을 터뜨렸습니다. 세베루스는 알비누스가 배반하고 자신을 살해하려고 하기 때문에 배은망덕을 처벌할 수밖에 없다고 호소했습니다. 그 후 세베루스는 프랑스에 있는 알비누스를 공격했으며, 그에게서 지위를 박탈하는 동시에 생명도 빼앗아버렸습니다.

세베루스의 행동을 주의 깊게 검토해 보십시오. 그러면 우리는 그가 아주 용맹한 사자이자 지극히 교활한 여우임을 알 수 있습니다. 우리는 또한 그가 모든 사람에게 공포의 대상인 동시에 존경을 받았지만, 자신의 군대에는 증오를 받지 않았다는 것도 알 수 있습니다.[2]

따라서 우리는 벼락출세자인 그가 로마 제국을 그렇게 강력하게 지배했다는 사실에 놀라지 말아야 합니다. 왜냐하면 그는 엄청난 신망을 얻음으로써, 인민을 약탈했을 때 일어나는 증오로부터도 항상 안전했기 때문입니다.[3]

1 세베루스가 황제가 되는 과정에 대한 설명이다. 근위대는 페르티낙스 황제를 살해하고 나서 황제의 자리를 공매에 붙이고 최고액 입찰자에게 낙찰한다고 선언했다. 율리아노스는 경쟁자 술키피아누스를 물리치고 황제가 되었고, 근위대의 충성 서약을 받았다. 세베루스는 600명의 정예 병사만을 거느리고 로마에 들어와서, 황제 살해자들만 넘겨주면 근위대의 책임을 묻지 않겠다고 말했다. 그러자 근위대는 아무런 거리낌 없이 율리아누스를 잡아들였고, 원로원은 그에게 사형을 선고했다.*
2 세베루스가 니게르와 알비누스를 제거한 방법은 전형적인 여우의 꾀와 사자의 용맹함이었다. 그 내용은 다음과 같다. 페르티낙스가 살해되고 나서, 브리타니아의 클로디우스 알비누스, 시리아의 페스켄니우스 니게르, 판노니아의 세베루스가 각각 페르티낙스의 복수를 다짐했다. 그중에서 세베루스가 속전속결로 황제의 자리에 올랐는데, 그는 먼저 니게르를 제거하고서 알비누스를 공격하려고 마음먹는다.

* 같은 책, 123~132쪽.

우선 그는 니게르를 오랜 친구이자 제국의 후계자, 페르티낙스의 복수를 결심한 고결한 자로 칭찬한다. 그리고 니게르의 아들들을 자신의 아들들과 똑같이 최고의 교육을 받게 한다. 한편으로 그는 알비누스에게는 부황제의 칭호를 주고 니게르를 제거할 때까지 존경과 예우를 다한다. 알비누스를 "영혼의 형제이자 제국의 형제"라고 부르며 자신의 아내와 자녀들의 안부까지 전하지만, 뒤로는 편지를 전하는 전령에게 알비누스를 찔러 죽이라는 비밀 지령을 내린다. 이는 전형적인 여우의 교활한 방법이었다.

이후 세베루스는 니게르와 두 차례의 전투, 알비누스와 단 한 차례의 전투를 치러 그들을 꺾었다. 그리고 도망치는 니게르와 알비누스를 붙잡아 처형했다. 이는 전형적인 사자의 방법이었다.*

3 세베루스가 얼마나 신망을 얻었는지는 에드워드 기번의 다음 글에 잘 표현되어 있다. "세베루스 황제의 관대한 인심 덕분에 회복된 많은 도시는 황제 도시라는 명칭을 얻었고, 주민들은 공공 기념비를 세워 감사와 행복의 마음을 전했다. 용감하고 강력한 황제를 맞게 되어 로마 군대의 명성도 회복되었다. 세베루스 황제는 내외국과의 끊임없는 전쟁으로 피폐해진 제국을 맡아 보편적이고 명예로운 평화 상태로 바꾸었다는 점에 긍지를 느꼈는데, 이것은 물론 정당한 자부심이기는 했다."**

마키아벨리는 18장의 〈여우와 사자〉에 나온 방법을 설명하면서 당대의 인물로 알렉산데르 6세의 예를 들었다. 고대의 인물로는 케이론과 아킬레우스를 예로 들었지만 구체적으로 설명하지 않았다. 이 점에서

* 같은 책, 133~139쪽.
** 같은 책, 140쪽.

본다면 세베루스는 전형적으로 여우와 사자의 방식을 따른 고대 인물의 사례가 된다.

세베루스는 인민과 군인 모두를 자기편으로 만든 자이고, 적대적인 세력에 대해서는 여우의 간지와 사자의 힘을 적나라하게 보여준 자이다. 그는 인민에게는 고마움의 대상이었고, 군인들에게는 두려움의 대상이었으며, 적에게는 신출귀몰한 자였다. 더 무서운 것은 적에게 다시는 저항할 수 없을 정도로 공포와 두려움을 심어준 잔인한 자라는 점이다.

그가 니게르와 알비누스를 제거한 사실은 위에서 살펴보았다. 그러나 그것만으로 끝난 것이 아니었다. 그는 니게르와 알비누스를 제거하면서, 그들이 근무했던 지역의 유력자들을 완전히 무력화해버린다. 그는 그 지역 유력자들의 재산을 몰수하고, 처형하거나 추방했다. 또한 알비누스를 지지하던 원로원 의원들 가운데 35명은 아무런 조건 없이 살려주었지만, 40여 명은 처형했다. 그는 관대함을 보여주는 동시에 잔인함을 새겨주었다. 세베루스의 적은 안도와 공포의 경계에 가로놓인 외줄 위에서 춤을 출 수밖에 없었다.

세베루스는 철저하게 잔인했다. 그러나 그는 신흥 군주로서 아주 올바르게 잔인했다. 그는 단순히 적대자를 제거한 것이 아니라 적대의 원천이 될 수 있는 인적 자원과 물적 자원 자체를 제거해버렸기 때문이다. 만약 적대자들의 경제적·인적·정치적 기반을 그대로 살려두었다면, 그는 새로운 왕조를 세우기는커녕 자신의 권력마저도 유지하지 못했을 것이다. '반란의 구심이 될 수 있는 자는 철저하게 제거하는 것'이 마키아벨리의 핵심 주장이다. 그러나 무릇 군주라면 그처럼 여우와 사자의 미덕을 갖추는 동시에 인민의 지지를 끌어내는 인간의 덕을 실천해야 한다. 인간미를 갖춘 잔인함, 이것은 마키아벨리가 세베루스를 통해 하고 싶은 말이다.

잔인한 안토니누스 카라칼라는 살해당했다

이제 그의 아들 안토니누스에 대해 말씀드리겠습니다. 안토니누스 또한 상당히 좋은 역량을 가진 사람입니다. 인민이 그를 존경했을 뿐만 아니라,[1] 군인들도 그를 좋아했습니다. 왜냐하면 그는 군인다운 인간이었으며, 갖가지 맛있는 음식과 다양한 사치를 경멸하는 대신에 고통스러운 모든 군사 훈련을 받아들였기 때문입니다.[2]

그럼에도 그는 보고 들은 적이 없을 정도로 너무 사납고 잔인해서 모든 사람에게 증오의 대상이 되었습니다. 왜냐하면 그는 수없이 많은 개인을 살해했을 뿐만 아니라 로마 제국 인구의 상당수와 알렉산드리아의 인구 모두를 살해했기 때문입니다.[3] 그리고 그는 그에게 동조하는 사람들에게조차 공포감을 불러일으켰습니다. 그래서 그는 자신의 군대 출신 백부장에게 암살당했습니다.[4]

1 인민이 그에게 경탄했다는 점에 대해서 논쟁이 있을 수 있다. 카라칼라는 경제적인 면에서는 부정적인 평가를 받을 수 있는 반면, 정치적인 면에서는 긍정적인 평가를 받기 때문이다.

우선 경제적인 면이다. 군인 황제라는 칭호답게 그는 군인들을 만족시키려고 급여를 크게 인상해서 국가 재정을 파산시켰다. 구멍 난 세정을 메우고자 그는 로마 제국의 모든 구성원에게 시민의 권리를 부여했다. 그 이전에 시민과 속주민 등에 따라 세금을 다르게 납부했던 로마 제국 구성원들은 모두 시민이 되었고, 그에 따라 더 많은 세금을 내게 되었다. 다른 말로 하면 속주민에게 시민권을 매도함으로써 더 많은 세금을 거둔 것으로 볼 수 있다. 또한 그는 상속세를 1/20에서 1/10로, 즉 100퍼센트 인상했다. 이 점에서 본다면 카라칼라는 악한 군주가 된다.

정치적인 면이다. 카라칼라가 시민권을 전 로마로 확장했다는 점을 앞에서 밝혔다. 이는 모든 로마 인민이 차별받지 않고 동등한 시민이 되었음을 뜻한다. 이 점에서 카라칼라는 인민의 전폭적인 지지를 받는 군주가 된다. 마키아벨리는 후자, 즉 시민권의 확장이라는 점을 중시해서 인민이 카라칼라를 존경했다고 말한 것 같다.

8장의 〈예견되는 용병의 위험〉은 이를 군사적인 면에서 살펴보았다.

2 카라칼라는 재위 기간의 대부분을 전쟁터에서 보냈을 뿐만 아니라 군인 황제임을 과시했다. 그는 항상 병사들과 함께 먹고, 행군하고, 참호를 파고, 다리를 놓고, 전투를 했다. 그는 마인 강 상류에서 알레만니인을 무찔렀으며,* 전투를 하면 패배하지 않는 사령관으로 병사들의 신망을 받았다. 그는 병사들과 함께 있을 때에는 병사들에게 위엄을 과시하지도 않았으며, 병사들과 아주 친근하게 지냈다.**

3 그 발단은 아버지 세베루스가 두 아들 카라칼라와 게타를 황제로 세운 데에서 비롯한다.(548쪽 그림 참조) 카라칼라는 장자 상속권을 주장하는 반면, 동생 게타는 인민과 병사의 애정에 호소했다. 아버지가 죽자 군대는 두 형제를 로마 황제로 선언했다. 두 형제는 서로 의심했고, 서로에 대해 음모를 꾸

---

* 세드릭 A. 요 외 지음, 김덕수 옮김,《로마사》, 777쪽; 시오노 나나미 지음, 김석희 옮김,《로마인 이야기》(한길사, 2006) 12, 62쪽.
** 에드워드 기번 지음, 송은주 옮김,《로마 제국 쇠망사 1》, 159쪽.

떴다. 카라칼라는 어머니가 보는 앞에서 동생 게타를 살해했다. 그 후 그는 게타의 친구였다는 죄목으로 무려 2만 명이 넘는 사람을 처형했다.

카라칼라는 이집트 알렉산드리아에서 사소한 도발이 발생하자 시민들을 무차별 학살하라는 명령을 내렸다. 그 사건의 발단은 알렉산드로스 대왕의 묘를 참배하고 나온 카라칼라를 알렉산드리아 청년들이 큰소리로 비난한 데서 비롯했다. 카라칼라는 신전에서 죄질에 상관없이 시민들이 수천 명씩 학살되는 광경을 지켜보거나 직접 지휘했다. 그는 그 사소한 음모만으로 모든 알렉산드리아인들이 유죄였다고 원로원에 보고했다. 그 때문에 그는 모든 시민의 적이 되었다.*

4 카라칼라를 죽이고 황제에 오른 마크리누스와 그의 사주를 받아 암살을 실행한 마르티알리스를 말한다.(548쪽 그림 참조) 마크리누스는 카라칼라의 잔인한 행위들을 보고 그의 마음이 변하면 총애를 잃을 수 있다고 생각했다. 예컨대, 게타의 경우처럼 사소한 의심을 받거나 알렉산드리아의 경우처럼 우발적인 사건이 발생하면 목숨을 잃을지 모른다고 그는 생각했다. 카라칼라가 자신을 의심한다는 소식을 접한 마크리누스는 승진하지 못해 상심한 마르티알리스를 포섭했다. 마르티알리스는 용무를 가장해 카라칼라에게 다가가 단검으로 그를 살해했다.**

마키아벨리는 카라칼라가 인민의 지지를 받았을 뿐 아니라 병사들도 그를 좋아했다고 말한다. 그런데 왜 카라칼라는 살해되었을까? 사자

---

* 에드워드 기번 지음, 송은주 옮김,《로마 제국 서망사 1》, 151~159쪽; 시오노 나나미 지음, 김석희 옮김,《로마인 이야기》 12, 64쪽.
** 에드워드 기번 지음, 송은주 옮김, 같은 책, 160~161쪽.

의 용맹함과 잔인함을 잘못 사용했기 때문이다. 카라칼라는 인자함이 없는 잔인함을 행사했다. 인자함이 없는 잔인함은 공포감을 심어주고 적개심을 불러일으킨다.

군주는 사자의 미덕을 사용할 때 반드시 인자함을 겸비한 사자의 잔인함을 사용해야 한다. 인자함이 있는 잔인함은 인민에게 군주의 선택이 불가피했음을 보여주며, 또한 불가피하게 그러한 잔인함을 행사하는 군주의 맘이 얼마나 편치 않았을까 하는 연민과 동정을 인민에게 불러일으킨다.

하지만 카라칼라는 인자함을 고려하지 않고 잔인함 그 자체가 목적이었다. 그는 수없이 많은 죽음을 통해 잔인하다는 평가를 받았고, 잔인함을 통해 공포를 만들어냈고, 공포를 통해 인민을 통치했다. 인민은 주눅들어 저항하지 못했다. 이 점에서 그는 성공했다. 그러나 공포감에 사로잡힌 총신寵臣에 의해 살해당한다. 이 점에서 그는 실패했다.

마키아벨리는 카라칼라의 사례를 통해 군주는 인자함을 동반한 잔인함을 행사해야 한다고 권고한다. 잔인함을 행사하는 목적은 정치적인 것이다. 세베루스가 사용한 잔인함은 정적을 제거하려는 화려한 정치적인 쇼이다. 쇼의 목적은 정적을 제거하는 것이고, 다시는 자신에게 도전하지 말라는 경고이고, 더 나아가 도전할 생각을 꿈조차 꾸어서는 안 된다는 것이다. 세베루스의 잔인함은 정치적 목적을 달성하기 위한 수단일 뿐, 그 자체가 절대로 목적이 아니었다. 마키아벨리는 카라칼라의 잔혹함이 아닌 세베루스의 잔인함을 본받으라고 말한다.

암살에 대한 사전 대응

안토니누스의 경험에서 우리는 군주들이라 할지라도 확고하게 마음먹은 자의 결심에서 비롯된 그러한 죽음을 피할 수 없다는 것을 배워야 합니다. 왜냐하면 죽는 것을 두려워하지 않는 자는 군주들에게 위해를 가할 수 있기 때문입니다. 그러나 군주들은 그러한 죽음을 그리 두려워할 필요가 없습니다. 왜냐하면 그러한 죽음은 그리 흔하지 않기 때문입니다. 단, 군주는 군주 자신에게 봉사하며, 특히 궁의 주변에서 의무를 다하는 동안 주변에 머무는 그러한 사람들 가운데 누군가에게 심각한 해를 끼치는 것만 삼가면 됩니다.[1]

안토니누스는 그러한 심각한 해를 끼쳤습니다. 왜냐하면 그는 자신이 살해한 백부장의 형제를 오만하게 냉소적으로 비웃었음에도, 그를 자신의 경호원으로 채용했기 때문입니다. 이것은 무모할 정도로 어리석었으며 그를 죽음으로 몰고 간 결정이었습니다. 안토니누스가 이 때문에 죽었다는 것은 이미 앞에서 살펴보았습니다.

마키아벨리는 〈잔인한 안토니누스 카라칼라는 살해당했다〉에서 안토니누스(217년 4월 8일)를 필두로, 그다음 〈콤모두스는 경멸을 불러일으켰다〉에서 콤모두스(192년 12월 31일), 마지막으로 〈막시미누스는 조롱당했다〉에서 막시미누스(238년 5월 10일) 등의 순서로 암살당한 황제를 설명한다. 이는 역사적인 시간의 흐름과 무관하다. 왜 마키아벨리는 시간의 흐름과 무관하게 이런 배치를 했을까? 그 질문에 대한 답을 음모와 암살의 관계로 설명해 보자.

19장에는 음모와 암살에 관한 논의가 나온다. 음모는 〈인민의 지지야말로 각종 음모에 대한 방어 장치이다〉에서 나오고, 암살은 〈암살에 대한 사전 대응〉에 서술되어 있다. 마키아벨리는 《로마사 논고》 3권 6장에서 음모에 대해 다루면서 암살에 관해서도 부분적으로 다루고 있다.

음모와 암살은 어떤 관계일까? 음모가 상위 범주이고, 암살은 하위 범주이다. 음모는 비밀리에 이뤄진다. 음모는 군주 개인과 공화국에 대해 성립할 수 있다. 음모는 모반·정변·쿠데타·암살 등 그 종류가 수없이 많다. 음모와 암살은 같은 면도 있고, 다른 면도 있다. 같으면서도 다른 이 차이를 알아보도록 하자.

첫째, 음모는 불신을 먹고 자라는 반면, 암살은 모욕을 먹고 자란다. 마키아벨리는 19장에서 인민의 지지야말로 음모에 대한 진정한 방어 장치라고 말한다. 그는 17장의 〈어떻게 증오를 피할 것인가〉에서, 신민의 재산을 약탈하지 말고 부녀자를 건드리지 않는 것이 중요하다고 말한다. 재산 약탈이 횡행하고 부녀자의 정절이 유린당하는 국가나 사회에서는 불신이 커지게 마련이다. 최고 통치자가 이런 일을 서슴지 않고 행한다면, 상층민도 하층민에 대해 약탈과 수탈을 일삼게 된다. 그런 국가는 부도덕과 부패가 만연한다. 음모는 이때 힘을 받는다. 이런 점에서 음모는 군주에 대한 인민의 증오와 상당히 관련이 깊다.

암살은 사회의 부패·부도덕·불신과 무관하다. 암살은 깨끗하고 정직하고 안정된 사회에서도 발생할 수 있다. 암살은 군주의 사소한 행동·말·태도가 원인이 될 수도 있다. 보잘것없는 신분을 가진 자에게 군주가 아무런 뜻 없이 던지는 말이 암살을 불러오기도 한다. 별 볼일 없는 하찮은 자가 식당 근무자라면 음식에 독약을 탈 수도 있고, 근위병이라면 짧은 검으로 살해할 수도 있다. 모욕은 죽음을 불사할 정도로 강력한 원한의 원천이 될 수 있다. 이런 경우 암살은 인민의 증오와 무관하며 군주에 대한 사적 원한의 산물이다. 따라서 음모의 조건이 성립한다고 해서 반드시 암살 성립의 조건이 될 수는 없다.

이런 점에서 마키아벨리의 음모와 암살 방어책은 타당하다. 음모를 막는 가장 적극적인 방법은 인민의 지지를 얻는 것인 반면, 암살을 막는 가장 최선의 방법은 가까운 측근을 모욕하지 않고 원한을 살 만한 짓을 하지 않는 것이라는 그의 지적은 극히 타당하다.

둘째, 음모는 정치적 변화를 목적으로 하지만, 암살은 정치적 변화를 목적으로 하지 않는다. 음모는 상류층이 기존 지배층에 대해 벌이는 일종의 정치 게임이며, 정치적 변화를 목적으로 한다. 음모를 꾸미는 자들은 음모의 성공의 결과로 정치권력을 얻고자 한다. 음모를 꾸미는 자들은 인민의 동의를 받지 못한다고 생각하면 언제든지 음모를 중단할 수 있다. 반면에 인민의 전폭적 지지를 얻을 수 있다고 생각한다면 제1, 제2의 음모가 계속 발생할 수 있다.

암살은 대부분의 경우 신분이 별 볼 일 없는 자들에 의해 실행된다. 그런 자는 암살에 성공한다 해도 미천한 신분, 강력한 정치 지향성 부족, 지원자와 지지자 부족으로 정치권력을 획득하기는커녕 정치적 변화도 불러오지 못한다. 암살에 성공하기도 쉽지 않지만, 성공한다 해도 대개의 경우는 살해를 당하거나 재판을 받아 형장의 이슬로 사라진다.

셋째, 음모는 조직적 · 계획적인 반면 암살은 돌발적 · 불시적이다. 음모는 높은 신분의 구성원이 일정한 시간을 두고 계획을 한다. 음모 자체가 목적이 아니라 정치 지형, 체계, 권력의 변화를 목적으로 하기 때문이다. 반면 암살은 사적 원한에 대한 하층민의 분노가 일시에 돌발적으로 폭발하는 경우가 많다. 암살은 대상 자체의 살해가 목적이기 때문이다.

마지막으로, 군주의 입장에서 음모는 준비단계에서 발각하기 쉽지만, 암살은 준비하는지조차 알 수 없다. 음모는 암살에 비해 상대적으로 다수가 준비하고, 상대적으로 긴 시간을 투자하고, 목적 노출이 빈번한 반면에 암살은 워낙 극소수가 준비하고, 돌발적이며, 죽음도 불사하는 자들로 이뤄지기 때문이다.

마키아벨리가 음모론과 암살론을 바탕으로, 암살된 황제들인 안토니누스·콤모두스·막시미누스 등을 왜 그런 순서로 설명했는지 살펴보자. 안토니누스는 음모가 아닌 암살 자체로 살해된 자이다. 그는 음모를 발생시킬 만큼의 악화된 상황을 국가 안에 조장하지 않았다. 콤모두스는 수많은 음모가 발생할 즈음, 다시 말하면 정치적 변화가 필요한 시점에 수도 로마를 중심으로 한 돌발적인 암살에 의해 살해된 자이다. 마지막으로 막시미누스는 로마 제국 전체에 걸쳐 정치적 변화가 꼭 필요한 시점에 로마 제국 전체를 바탕으로 한 돌발적인 암살에 의해 살해된 자이다.

결론적으로 말하면 세베루스 이후에 설명된 안토니누스·콤모두스·막시미누스는 음모 성립 조건의 점층적이며 단계적인 증가에 의해 암살된 황제들이다. 안토니누스는 안정적 상황에서, 콤모두스는 음모 발생 초창기에, 막시미누스는 음모에 의해 살해될 수 있는 정치적 위기 상황에서 암살당했다고 볼 수 있다. 마키아벨리는 이를 염두에 두고서 역사적인 흐름을 무시하고 점층법적인 방법으로 인물을 배치했다고 볼 수 있다.

콤모두스는 경멸을 불러일으켰다

하지만 이제 콤모두스에게 가보겠습니다. 그는 황제의 권리를 마르쿠스의 아들이라는 상속권에 의해 물려받았기 때문에 황제의 자리를 아무런 어려움 없이 차지했습니다. 그가 아버지가 걸었던 길을 따르기만 했다면, 그렇게 행동만 했다면 그는 군인들과 인민, 둘 다 만족시킬 수 있었을 것입니다.[1]

하지만 그는 타고나길 잔인하고 야수적이었습니다.[2] 그는 군인들을 즐겁게 해주기 시작했고, 더 나아가 그들을 무법자로 만들었으며, 탐욕을 채워주려고 인민에게 흉포하게 굴었습니다.[3] 반면에 그는 자신의 존엄성을 유지하지 못했고, 검투사들과 싸우려고 종종 원형 경기장을 방문했고, 제국의 황제 자리에 하등 도움이 되지 않는 또 다른 일들을 벌였습니다.[4] 그 결과 그는 군인들의 눈으로 봐도 경멸당할 만했습니다.

한편으로 증오를 받고 다른 한편으로 경멸을 받았던[5] 그는 음모에 휘말렸고 암살을 당했습니다.[6]

1 콤모두스는 열아홉 살에 황제에 즉위했고, 첫 3년 동안은 아버지 마르쿠스 아우렐리우스의 형식과 정신을 그대로 유지했다고 한다. 죽은 아버지의 고문관들이 여전히 황제 콤모두스를 보필하고 있었기 때문이다.*
2 콤모두스는 단순하고 소심했다고 한다. 그는 소심했기 때문에 자신을 대상으로 한 음모에 대해 병적으로 근심했고, 단순했기 때문에 음모에 대한 처벌을 잔인하고 야수적으로 행했다. 콤모두스는 누이인 루킬라가 꾸민 음모에 의해 암살당할 뻔했다. 콤모두스는 루킬라를 추방하고 결국 사형에 처했다.

* 같은 책, 94~108쪽.

그 후 콤모두스는 훨씬 잔인해졌다고 한다.

3 "군인들을 즐겁게 해"주었다는 것은 다음을 말한다. 콤모두스의 근위대장인 페렌니스는 인민을 착취하고 귀족들의 영지를 빼앗아 막대한 부를 쌓았으며, 또 다른 근위대장인 클레안데르 역시 집정관·명문 귀족·원로원 의원 자리를 매매해 상당한 재산을 모았다.

"그들을 무법자로 만들었"다는 것은 다음을 말한다. 콤모두스 치하에서 군대에서는 탈영이 유행했고, 탈영병들은 도망을 가기보다는 약탈을 일삼았다. 그들 가운데 마테르누스란 자는 이 탈영병들로 소규모 부대를 만들었고, 죄수들을 석방해서 부유한 도시들을 습격했다.

"탐욕을 채워주려고 인민에게 흉포하게 굴었"다는 것은 다음을 뜻한다. 콤모두스는 자신을 헤라클레스로 신격화하고자 야생동물 사냥을 연출하곤 했다. 그는 사자 등을 로마로 끌고 왔고, 이 중에서 탈출한 사자들이 사람을 습격하기도 했다. 그러나 사람들은 이 사자를 죽일 수 없었다. 왜냐하면 사자는 황제의 짐승이었으므로 일반인은 이를 사냥할 수 없었기 때문이다. 이뿐만 아니라 그는 300여 명의 아름다운 미소년들을 거느리고 쾌락에 탐닉했다. 또한 그는 검투 시합을 많이 벌였다. 이런 일들에 엄청난 세금이 들어갔다는 것은 두말할 필요가 없는 사실들이다.

4 그는 검투사로 활동한 것으로도 유명하다. 당시 로마 법률과 풍속에 따르면 검투사는 수치스러운 직업이었다. 로마 황제인 그는 로마 시민들이 지켜보는 가운데 무려 735번이나 시합에 참여했고, 그때마다 출전 수당을 받았다고 한다.

5 군인들을 만족시키고 자신의 탐욕을 실현하고자 인민 편을 들지 않았으므로 인민의 증오를 받게 되었고, 검투사들과 직접 힘자랑을 하며 검투를 즐겼기 때문에 군인들에게 경멸을 당했다는 뜻이다.

6 콤모두스는 근위대장 라에투스, 시종장 알렉투스, 애첩 마르키아에 의해 암

살당한다. 애첩 마르키아가 포도주에 독약을 타서 먹였고, 그 후 레슬링 선수가 목을 졸라서 죽였다고 한다. 그들이 암살을 행한 이유는 콤모두스가 언제 자신들에게 해악을 가할지 모른다는 두려움 때문이었다. 한마디로 콤모두스는 가장 가까운 가신들까지도 두려움을 느낄 정도로 잔인했고, 그 잔인함이 암살을 불렀다.

인류 역사상 최고의 황제 가운데 한 명이라고 할 수 있는 철인 통치자 마르쿠스 아우렐리우스. 인류 역사상 최악의 황제 가운데 한 명이라고 할 수 있는 콤모두스. 두 사람은 부자관계였다. 최고의 현군을 아버지를 둔 콤모두스. 개인적으로 부족한 것이 하나도 없었고, 경제적으로도 정치적으로도 문제가 거의 없는 국가를 물려받은 콤모두스. 경쟁자도 없었고, 5현제의 화려한 성과도 물려받은 콤모두스. 그는 아버지가 죽고 나서 황제에 올라 방탕하게 살다가 가장 가까운 가신들에 의해 암살당한다.

당연히 '왜 방탕해졌는가?'라는 질문이 생긴다. 아버지의 지나친 자식 사랑이 문제인가? 콤모두스의 소심하고 단순한 성격이 원인인가? 콤모두스 외에는 아무도 정확한 이유를 알 수 없다. 콤모두스 자신도 왜 그런지 이유를 몰랐을 것이다.

마키아벨리는 '왜 암살을 당했는가?'라는 질문에 대해선 자신 있게 답한다. 인민의 증오를 샀고, 군인들한테는 경멸받았으며, 가장 가까운 가신들이 느낀 공포가 그를 암살에 이르게 했다. 이른바 삼중 위협을 고스란히 받은 자가 콤모두스였으며, 어느 누구도 그의 편이 없었다. 군주는 증오도 경멸도 받아서는 안 되고, 가장 가까운 측근들의 원한을 사서도 안 된다는 것이 마키아벨리가 내린 결론이다.

막시미누스는 조롱당했다

이제 막시미누스의 특질에 대해 알아보도록 하겠습니다. 그는 전쟁을 좋아하는 사람이었습니다. 그리고 군대는 알렉산데르의 유약함에 대해 혐오감을 느꼈기 때문에, 알렉산데르를 살해하고 막시미누스를 황제로 옹립했습니다.[1] 그는 황제의 자리를 오래 유지하지 못했습니다. 왜냐하면 그는 두 가지 이유로 증오와 경멸을 받았기 때문입니다. 하나는 출신이 너무 미천한 탓이었습니다. 그는 과거에 트리키아 지방의 양치기였습니다. 이는 모든 곳에 잘 알려진 사실로, 이 때문에 그는 모든 사람에게 경멸당했습니다.[2] 다른 하나는 통치 초기에 황제의 자리에 오르려고 로마로 가야 하는데 이를 연기했기 때문입니다.[3] 그가 파견한 총독들이 로마와 제국 내 여러 지역에서 잔인하게 굴었기 때문에 막시미누스는 잔인하다는 평판을 들었습니다.[4]

결론적으로 그의 비천한 출신에 대한 경멸과 그의 야만적 행위로 말미암은 공포[5] 때문에 로마 제국은 등을 돌렸습니다. 그래서 먼저 아프리카가 반란을 일으켰고, 그다음엔 원로원이 로마 제국의 인민을 등에 업고 반발했습니다.[6] 마지막으로 모든 이탈리아가 그에게 음모를 꾸몄습니다. 심지어 그의 군대마저도 반발했습니다. 왜냐하면 그가 아퀼레이아를 포위하고 공략하는 데에 어려움을 겪는 동안, 그의 잔인한 행위에 질리고 그가 덜 두려워진 병사들이 그를 살해해버렸습니다. 그의 병사들은 그가 얼마나 많은 적을 가지고 있는지 알아차렸던 것입니다.[7]

저는 엘라가발루스[8], 마크리누스[9], 율리아누스[10]에 대해서는 더는 논하지 않도록 하겠습니다. 왜냐하면 이들은 너무 광범하게 경멸받아서 황제에 오르자마자 살해되었기 때문입니다. 이제 저는 마지막에 대해 말씀드리도록 하겠습니다.

1 알렉산데르는 어머니의 치마폭에 휩싸여 마지막까지 자기 뜻대로 정치를 하지 못했다. 이를 병사들이 유약함으로 본 것이다. 반면, 막시미누스는 출신부터 뼛속 깊이 군인으로서의 자질을 타고났으며 전투 능력도 뛰어났다. 막시미누스는 로마 제국의 군대 가운데 가장 기강이 잘 잡힌 제4군단의 군단 참모장교였다. 병사들은 그를 무척이나 존경해 아이아스나 헤라클레스라는 이름을 바칠 정도였다. 그는 평생을 전쟁터에서 보냈으며, 황제가 된 후에도 갈리아와 야만족의 본거지에 쳐들어가 이민족을 완전히 섬멸하는 초토화 작전을 계속 수행했다.

2 막시미누스는 고트 족 아버지와 알리니 족 어머니 사이에서 태어난 혼혈이다. 농부였던 그는 레슬링을 잘해서 세베루스 황제의 눈에 들었고, 세베루스와 그의 아들 카라칼라의 총애를 받았다. 그는 미천한 출신에다 야만스러운 용모를 지녔으며, 예술이나 제도에 무지했다. 또 무척 잔인했는데, 비천한 출신을 감추고 싶은 욕구 때문이었다고 한다.

3 병사들의 선언으로 황제가 된 막시미누스는 로마에 들어가지 않고 계속 갈리아와 게르만인을 상대로 전투를 벌였다. 그는 통치하는 3년 동안 이탈리아나 로마를 한 번도 방문하지 않았다. 그가 이탈리아로 돌아오려고 마음먹은 것은 원로원이 자신을 공적公敵으로 선언했을 때였다. 그는 자신의 군대를 이끌고 알프스 산맥을 넘어 이탈리아로 들어오려고 했다.*

* 같은 책, 204쪽.

4 대표적인 예가 아프리카 재무관이다. 막시미누스는 부자에게 벌금을 물리고 재산을 몰수하는 것이 제국의 세입을 늘리는 가장 좋은 방법이라고 생각했다. 그는 부유한 청년들에게 불리한 판결을 내려 세습 상속 재산을 끌어들일 생각이었다.*

5 음모와 관련된 일이다. 우선 마그누스라는 원로원 의원이 막시미누스 암살 음모를 꾸민 것으로 의심받았다. 막시미누스는 그 음모와 관련되었다고 판단되는 공모자 4,000명을 변명의 기회도 주지 않고 재판 없이 처형해버렸다. 그 살해 방법도 끔찍했다. "죽은 짐승의 가죽에 싸여 꿰매진 채 꼼짝 못 하고 죽은 사람들도 있었고, 맹수 우리에 던져진 사람들도 있었으며, 곤봉으로 맞아 죽은 사람들도 있었다." 재산 몰수, 추방, 단순 처형은 외려 자비심이 발휘된 경우였고 이마저도 극히 드물었다.** 다른 하나는 신전의 재물과 관련된 일이다. 그는 곡물 구매, 운동경기, 대중오락을 위한 공공 재산을 단 한 번의 칙령으로 모두 몰수했다. 그 결과 신전의 금과 은은 몰수되었고, 신상과 영웅이나 황제의 동상들도 화폐로 주조되었다.

6 아프리카에서의 반란은 앞에서 말한 재무관의 재산 몰수 행위에 반발해 일어났다. 3일 동안 판결 유예를 받은 청년들이 노예와 농부들을 끌어들여 곤봉과 도끼로 무장했다. 그들은 아프리카 총독인 고르디아누스 부자父子를 황제로 추대했다.

　　원로원의 반란은 고르디아누스 부자를 황제로 승인하고 막시미누스를 로마의 공공의 적으로 선언한 것을 말한다. 원로원은 처음부터 출신 성분이 좋지 않은 막시미누스를 좋아하지 않았고, 막시미누스 또한 신분이 좋은 원로원과 부자들에 대해 적대적이었다. 원로원은 막시미누스의 무지막지한 행

---

* 같은 책, 205~206쪽.
** 같은 책, 204~205쪽.

동을 좋아하지 않았던 로마 시민의 지지를 바탕으로 막시미누스에게 충성을 바치던 근위대장 비탈리아누스 등을 제거했다.*

7 황제가 된 후에 로마에 한 번도 들어오지 않았던 막시미누스는 원로원과 로마 시민들이 모반을 일으키자 전선에서 알프스를 넘어 이탈리아로 급히 진격했다. 위협을 느낀 원로원은 이탈리아 변경의 모든 주민을 흩어지게 하고, 가축 등 식량이 될 만한 것들을 제거해버렸다. 막시미누스는 아퀼레이아를 수차례 공격했지만 거듭 실패했다. 풍요로운 아퀼레이아 성벽 안의 원로원과 시민들과 군량 부족에 시달리던 성벽 밖의 막시미누스와 그 병사들의 대결은 싱겁게 종결되었다. 절망에 빠진 병사들이 사납고 잔인하게 전투를 몰아붙이는 막시미누스와 그 아들을 살해한 것이다.**

8 엘라가발루스는 세베루스의 황후인 율리아의 여동생 마이아의 외손자이다.(643쪽 그림 참조) 마이아가 엘라가발루스를 카라칼라의 사생아라고 소문을 퍼뜨린 덕분에 황제에 올랐다. 그는 지나칠 정도로 미신을 숭상했는데, 태양신과 달의 여신을 결혼시키며 시민들에게 결혼식 선물을 바치라는 명령을 내리고 그날을 공공 축제일로 만들기도 했다. 그는 또한 저열한 쾌락을 즐겼으며 여성적인 사치와 낭비가 심했다. 여장을 하고 여자 흉내를 냈으며, 남자 애인들에게 요직을 나눠주었다.

    엘라가발루스의 이런 행태에 염증을 느낀 병사들은 그의 사촌 알렉산데르를 지지했고, 알렉산데르가 부황제에 오르자 시민들 또한 그를 무척 좋아했다. 질투심에 사로잡힌 엘라가발루스는 알렉산데르를 부황제의 자리에서 폐위한다. 이에 반발한 병사들은 엘라가발루스의 사지를 절단하고 시체를

* 같은 책, 206~212쪽.
** 같은 책, 205~220쪽.

테베레 강에 버렸다.*

9 마크리누스는 카라칼라를 살해하고 황제에 오른 자이다.(643쪽 그림 참조) 그는 군인 출신이 아니라 행정가 출신이었으므로, 행정에는 달인이었지만 군사 부문에서는 아무런 능력이 없었다. 그는 황제가 되자 군대 개혁을 단행할 수밖에 없었다. 카라칼라의 낭비와 방탕 때문에 국고가 바닥났기 때문이었다. 그는 기존 병사에게는 카라칼라 시대의 특권과 높은 급여를 유지하되, 새로운 병사에게는 이보다 다소 못한 대우를 해주었다. 기존 병사는 마크리누스가 앞으로 자신들의 특권을 제약할 것으로 걱정했고, 신입 병사는 황제의 탐욕으로 말미암아 대우가 형편없어졌다고 불만을 품었다. 결과적으로 마크리누스는 모든 병사의 불평과 불만을 사게 되었다. 그들은 마크리누스가 병영에서 겨울을 나라고 명령을 내리자 고통을 겪게 되었고 복수심을 품게 되었다. 마크리누스는 엘라가발루스와 그 어머니 소 아이네이아스, 그리고 환관들의 모반과 불만에 가득 찬 병사들에게 내몰려 도망갔고, 그 후 목숨을 잃었다.**

10 율리아누스는 페르티낙스가 근위대에 의해 살해되고 나서, 근위대와 협상해 황제 자리를 돈으로 산 자이다. 근위대는 경매로 황제의 자리를 산 율리아누스를 경멸했다. 황제직이 공매된 것에 분노한 군대가 브리타니아·시리아·판노니아에서 율리아누스에게 선전포고를 했다. 세베루스는 근위대를 설득해 페르티낙스 살해자 인도와 율리아누스 지지 철회를 요구했다. 율리아누스는 근위대한테서 버림받았고, 원로원은 세베루스를 황제로 선언했다. 율리아누스는 원로원에서 유죄를 선고받고 사형당했다.***

---

* 같은 책, 166~174쪽.
** 같은 책, 162~165쪽.
*** 같은 책, 110~130쪽.

막시미누스는 235년부터 284년까지 지속된 '군인 황제의 시대'를 연 황제이다. 그 시기는 약 50여 년 동안 23명의 황제가 집권하며 평균 재임 기간이 겨우 2년 남짓일 정도로 불안한 시기였다. 막시미누스는 군인 황제로서 군사적 역할을 제대로 다한 황제이다. 황제가 되고 나서 비록 로마에 입성하지는 않았지만, 로마 변방의 이민족 제거에 온갖 노력을 다하고 최고의 결과를 끌어냈기 때문이다.

그런데도 막시미누스는 암살당했다. 원로원은 그의 출신 성분을 비웃었고, 그런 이유로 그가 출중한 전공을 세웠음에도 그를 인정하지 않았다. 그 또한 자신의 출신 성분에 대한 열등감으로 무자비한 공포감을 조성했다. 공포감은 원로원으로 하여금 모반을 획책하게 했고, 좋은 신분에 대한 막시미누스의 증오는 더 큰 잔인함을 불렀다. 결국 원로원과 황제는 내전에 돌입했고, 내전의 결과는 막시미누스의 잔인함에 공포감을 느낀 병사들이 그를 암살하는 것으로 정리되었다. 한마디로 원로원이 탄약을 장전하고, 놀란 황제가 방아쇠를 당기고, 병사들이 황제를 암살한 것으로 끝이 났다.

전형적인 음모의 성숙 조건에 근거한 우발적 암살! 이것이 막시미누스 암살의 시작이다. 막시미누스 암살은 로마 제국 전 인민의 증오가 음모의 싹이 틔웠고, 전 로마 제국의 반란이 꽃을 피웠으며, 결국 병사들의 살해로 종결된 싱거운 소극이었다.

요즘 시대 군인들을 만족시키는 것에 대해

그리고 저는 우리 시대의 군주들은 군인들에게 과도한 민족을 주려고 처신하는 그런 어려움을 겪지 않아도 된다고 생각합니다. 우리 시대의 군주들도 물론 군인들에 대해 어느 정도 주의를 기울여야 하지만, 어떤 문제든지 아주 신속하게 처리할 수 있습니다. 왜냐하면 요즘 시대의 군주들은 자신들의 영토에 걸맞은 정부·행정부와 함께 오랫동안 존속했던 상비군을 가지고 있지 않기 때문입니다. 로마 제국은 이와 반대로 상비군을 가지고 있었다는 것을 염두에 두시기 바랍니다.

따라서 과거 통치자는 인민보다 군인들이 더 강력하기 때문에 인민보다 오히려 군인들을 더 만족시키게끔 강요당했다고 가정해 보십시오. 그러나 이제는 반대로, 투르크와 이슬람의 군주를 제외한 요즘 군주들은 군인들보다는 인민을 만족시키라고 강요당합니다. 왜냐하면 요즘에는 인민이 군인보다 강력하기 때문입니다. 저는 이에 근거해 투르크는 제외하고자 합니다. 왜냐하면 투르크의 군주는 항상 보병 1만 2,000명과 기병 1만 5,000명에 둘러싸여 있으며, 투르크 왕국의 안전과 힘도 이에 의존하기 때문입니다. 따라서 투르크의 군주는 다른 모든 것은 제쳐두고 당연히 이러한 군대와의 우정을 지속해야만 합니다. 마찬가지로 이슬람 영토도 전적으로 병사들의 수중에 놓여 있었기 때문에, 이슬람 군주 또한 인민을 무시하고 병사들의 우정을 유지해야만 했습니다.

마키아벨리가 왜 특수를 보편으로 바꾸고, 다시 보편을 특수로 바꾸는지 알아보도록 하자.

"마키아벨리, 너는 인민의 지지를 받으면 무조건 좋다고 했다. 그러나 인민을 사랑한 선량한 군주도 살해될 수 있다! 로마 황제들을 보라." 마키아벨리를 비판한 자들의 핵심 요지이다. "맞다. 하지만 너희는 로마 제국 황제의 권력을 이해하지 못했다. 그들을 이해하려면 군인이라는 특수한 요소를 알아야 한다. 이를 보지 못한 자들은 역사를 잘못 읽은 자들이다." 비판자들에 대한 마키아벨리의 핵심 답변이다.

보편적인 정치학은 빈부, 부자와 빈자, 그리고 통치자의 관계를 다루는 것이다. 마키아벨리는 이 점을 충분히 다루었다. 단, 군이 주도적인 영향력을 행사하는 경우에는 이를 다루는 특수한 정치학은 군인·인민·통치자의 관계를 다뤄야 한다. 마키아벨리가 19장에서 전개한 문제의식이다.

군인은 정치학에서 특수한 문제이지만 보편적인 문제가 될 수도 있다. 로마 제국이 바로 그 경우이다. 마키아벨리는 아우구스티누스에서 막시미누스까지 군인·인민·황제의 관계를 집중적으로 다룬다. 군인을 고려하지 않고서는 이 시기를 다룰 수 없기 때문이다. 또한 국가의 총량으로서의 부를 둘러싸고 부자와 빈자가 대립하는 것이 아니라 군인과 인민이 대립했기 때문이다.

더 깊이 들어가 보자. 로마 제국은 카이사르와 아우구스티누스를 거쳐 황제가 군인들의 지원을 받아서 이뤄진 정치 체제이다. 황제가 군에 구애하고, 군이 황제를 지지하는 것이 로마 제국의 정체였다. 군인이 부자의 역할을 대신한 것이 로마 제국 정체의 핵심이다. 로마 제국에서 군인은 특수한 문제가 아니라 보편적인 문제이다. 더 나아가 군은 로마 제국뿐만이 아니라 어느 국가에서든지 정치의 전면에 등장할 수 있는 주요 요소이다. 군은 힘과 무력을 바탕으로 언제든지 정치를 좌지우지할 수 있기 때문이다. 이는 역사를 통해 익히 봐온 바이다. 따라서 군인은 정치에서 특수이기는 하지만 보편적인 문제가 될 수 있다.

마기아벨리가 정치학의 근본 문제인 부자와 빈자, 통치자의 문제를 다루면서도 군과 인민, 그리고 통치자의 삼각관계를 다룬 이유는 이 때문이다. 그러나 그는 여기에 머물지 않는다. 그의 당대 이탈리아에서 군은 정치의 보편 문제인가 아닌가 하는 질문을 던진다. 그는 앞에서 보편 문제로 바라보았던 군을 다시 특수 문제로 바꿔버린다. 다시 말해 이탈리아에서 군은 논의할 가치가 없는 사소한 문제에 지나지 않는다는 태도를 취한다.

왜 마키아벨리는 이런 태도를 취하는가? 이를 그의 이중적인 태도를 통해 알아보자. 그는 현실적인 측면에서 군인을 무시하지 않는다. 그의 견지에서 당시에는 용병이 가장 중요한 문제이기 때문이다. 12~14장까지 주로 다루었던 문제가 바로 용병 문제이다. 그러나 그는 당위론적인 측면에서 군인에 대해 애써 눈을 감는다. 당대의 이탈리아 도시국가들은 로마 제국에서 항상 문제를 일으켰던 상비군을 가지고 있지 않기 때문이라고 그는 말한다.

그렇다면 용병은 로마 제국의 상비군과 같은 문제를 일으키지 않았는가? 앞에서 살펴본 대로 용병은 모반과 찬탈, 약탈과 수탈을 충분히 심각할 정도로 일으켰다. 상비군이 없다고 해서 군인이 일으킨 문제들이 사라지지 않은 현실이 당대 이탈리아였다. 그런데도 마키아벨리는 보편 문제였던 군인의 문제를 당대 이탈리아에는 적용되지 않는 특수 문제로 바꾸어버린다.

왜 그런가? 마키아벨리의 답은 간단하다. 인민이 군인보다 훨씬 더 강력해졌기 때문이다. 로마 제국에서는 군인이 인민보다 강력했기 때문에 문제가 되었지만, 군이 인민보다 약하다면 아무런 문제가 되지 않는다. 마키아벨리는 예지자적인 선언을 한다. 그는 인민 주권 시대의 개막을 선포한다. 즉, 인민이 군인보다 강력한 국가와 사회에는 군인이 정치에 개입할 여지가 없다. 그런 사회와 국가를 만드는 것이 군주의 임무이다.

군주는 마르쿠스 아우렐리우스나 세베루스처럼 선량하든 잔인하든 군을 완벽히 통제하고 제어할 수 있어야 한다. 다시 말하면 군주는 군의 최고 통수권자가 되어 군을 장악해야지 군에 좌지우지되어서는 안 된다. 그렇게 되면 정치의 근본이 흔들릴 뿐만 아니라 군에 의해 최고 통치권자가 살해되기도 한다. 따라서 군주는 인민의 최고 대표자로서 군인의 최고 지도자가 되어야 한다. 바로 지금 이탈리아는 인민이 군을 능가하는 그런 시대로 접어들고 있다. 이것이 마키아벨리가 하고 싶은 이야기이다.

이슬람 군주와 교황은 세습 군주도 신흥 군주도 아니다

당신은 이슬람 군주의 정부가 다른 모든 형태의 군주국과 다르다는 것을 기억하셔야 합니다. 마찬가지로 세습 군주국 또는 신흥 군주국이라고 명명될 수 없는 교회형 교황도 마찬가지입니다. 왜냐하면 옛 군주의 후손들이 교황의 상속자가 되는 것도 아니며 상속에 의해서 통치하는 것도 아니기 때문입니다. 또한 새로 교황이 된 자는 법에 근거한 투표자들에 의해 선출되기 때문입니다. 이런 제도는 오래전에 확립된 것이기 때문에 새로운 정부가 일반적으로 처하게 되는 문제들 가운데 어느 것도 겪지 않습니다. 왜냐하면 비록 그 군주가 새로 선출되었다 할지라도, 국가의 제도는 오래되었으며 그를 마치 세습 군주인 것처럼 받아들이도록 고안되었기 때문입니다.

교황은 세습되는 것이 아니라 투표에 의해 선출된다는 점에서 세습 군주국과 다르다. 그렇다고 해서 새로운 교황이 선출될 때마다 신흥 군주국이라고 부를 수도 없다. 왜냐하면 교황령 국가나 교회령은 아주 오래된 정치 제도 가운데 일부이기 때문이다.

이슬람 또한 세습 군주도, 신흥 군주도 아니다. 따라서 마키아벨리는 위에서 논했던 방식, 즉 부자와 빈자와 통치자, 군인과 인민과 통치자의 관계를 여기에 적용해 설명할 수 없다고 선언한다. 이와 관련된 내용의 일부는 11장의 〈교회형 군주국들〉과 7장의 〈알렉산데르 6세는 체사레를 군주로 만들려고 시도한다〉에도 나타나므로 참조하면 좋다.

새로운 군주는 로마 황제들을 모방하되 신중하게 선택해야만 한다

그러나 이제 우리 주제로 다시 돌아가도록 하겠습니다. 앞에서 진행한 토론을 검토한 사람이라면 누구나 증오나 경멸이 황제라 칭했던 자들이 몰락한 원인이었다는 것을 보게 될 것입니다. 황제들 가운데 일부가 이런 방식으로 처신하고 다른 일부가 저런 방식으로 처신했는데, 선량한 황제들과 잔악한 황제들 가운데 한 사람씩만 행복하게 삶을 마쳤고 나머지는 불행하게 인생을 마친 이유를 당신은 이해하실 것입니다.

　페르티낙스와 알렉산데르는 신흥 군주였으므로, 그들이 후계자의 권리로 통치자의 지위에 오른 마르쿠스를 모방하려고 시도한 것은 무익할 뿐만 아니라 유해했습니다.[1] 그리고 마찬가지로 카라칼라·콤모두스·막시미누스 등이 세베루스를 모방하는 것은 위험한 일이었을 것입니다. 왜냐하면 그들은 세베루스의 족적을 따를 만큼 역량이 충분하지 않았기 때문입니다.[2]

따라서 새로운 국가의 신흥 군주는 마르쿠스의 처신을 모방할 수 없으며, 마찬가지로 세베루스의 처신을 따를 필요가 없습니다. 하지만 신흥 군주는 세베루스한테서 자신의 정부를 확립하는 데에 꼭 필요한 그러한 방법을 취해야 할 것이며, 마르쿠스에게 하나의 정부를 오랫동안 유지하고 확고히 다지는 데에 적합할 뿐만 아니라 멋진 방법을 배워야 합니다.

1 마키아벨리는 페르티낙스와 알렉산데르를 선량한 군주로 이해했다. 하지만 그들은 군주로서 권력을 오래 유지하지 못했다. 그는 그 이유를 아우렐리우스와의 비교에서 찾는다. 그들은 신흥 군주인데도 세습의 권리로 군주에 오른 아우렐리우스를 모방했기 때문이다. 그들은 선량한 군주 아우렐리우스의 겉모습, 즉 선량한 모습만 흉내낸 것에 지나지 않았다. 즉, 그들은 아우렐리우스가 용맹한 사자와 같은 모습으로 전쟁을 하고 군인들을 통제하고 제어하는 모습을 이해하지 못한 것이다.

2 카라칼라·콤모두스·막시미누스는 왜 실패했는가? 마키아벨리에 따르면 세베루스의 겉모습만 모방했기 때문이다. 그들은 세베루스의 사자와 같은 잔인함만을 모방했지, 세베루스의 진면목을 이해하지 못했다. 세베루스는 여우와 사자의 미덕 외에, 인민의 지지를 절대로 잃지 않았을 뿐만 아니라 태평성대를 이끈 군주였다. 카라칼라 등은 바로 세베루스의 이 점을 보지도 못했고 이해하지도 못했다.

신흥 군주라면 어떻게 해야 하는가? 이 책을 읽는 메디치가 신흥 군주라면 어떻게 처신해야 하는가? 더 나아가 군주라면 이렇게 하는 것이 일반적으로 옳은가? 아래의 도표를 보며 마키아벨리가 한 말을 정리해 보자.

	선량	잔인
성공	아우렐리우스	세베루스
실패	페르티낙스, 알렉산데르	카라칼라, 콤모두스, 마르티누스

우선 타고난 출신이 어떤가는 따지지 않기로 하자. 그 이유는 군주로서의 성공과 실패는 출신과 무관하기 때문이다. 콤모두스는 아버지가 황제였지만 실패한 군주였고, 세베루스는 혈통이 왕족이 아니었지만 성공한 군주였다. 아우렐리우스는 왜 성공했는가? 인민의 지지를 획득한 데다 군사적 역량도 탁월했기 때문이다. 세베루스는 왜 성공했는가? 인민의 지지를 잃지 않을 만큼 행동했을 뿐만 아니라 여우의 간지와 사자의 힘을 유감없이 잘 활용했기 때문이다.

당신이 신흥 군주라면 어떻게 해야 하는가? 권력을 얻을 때에는 세베루스가 보인 여우의 간지와 사자의 힘을 모방하라. 권력을 얻고 나서 유지하는 데에는 아우렐리우스에게서 인간적인 미덕, 즉 인민의 지지를 받을 수 있는 정책을 본받아라. 다시 말하면 동물적인 미덕과 인간적인 미덕, 이 모두를 잘 활용하는 군주가 되어야 한다. 동물의 미덕만 발휘하는 신흥 군주는 카라칼라·콤모두스·막시미누스와 같은 운명의 궤적을 따라가 결국 암살을 당할 것이다. 인간의 미덕만 추구하는 신흥 군주는 페르티낙스와 알렉산데르의 운명을 따라가 권력을 상실할 것이다.

19장 다시 보기

'절대주의 선언'의 장이다. 19장의 겉말은 15장 2절의 연장선상에 있다. 마키아벨리는 15장 2절에서 미처 하지 못한 말을 16·17·18장에서 군주란 인색하고 잔인하고 교활할 필요가 있다는 것으로 상세하게 설명한다. 그리고 16·17·18장에서도 다 논하지 못한 이야기를 그는 19장에서 군주란 경멸과 증오를 받지 말아야 한다는 주제로 모아서 설명하고 있다.

이것만으로 19장을 읽어서는 안 된다. 마키아벨리가 속말로 말한 내용이 있기 때문이다. 이 속말을 두 개로 나눠 설명한 본문을 보고서 찾아보도록 하자. 본문을 간단하게 표로 정리하면 다음과 같다.

	주제	관계	대상	주요 견제 대상	시대	결론
본문 1	증오	인민, 부자, 군주의 삼각관계	부자와 빈자의 제어를 위한 제도 확립	부자	당대	군주는 인민으로부터 증오와 동급으로부터 경멸을 당하지 말아야 한다.
본문 2	주로 경멸	인민, 군인, 군주의 삼각관계	군인을 제어하지 못한 역사적 사례	군인	고대 로마	

마키아벨리의 19장 설명에서 무엇을 속말로 읽어야 하는가? 군주는 부자에게 휘둘리지 말아야 한다. 군대를 제어하고 통제할 줄 알아야 한다. 군주는 최대 다수인 인민의 재산과 부녀자를 건드리지 말고 그들의 기본 욕구 해결에 기여해야 한다. 그렇게 하면 군주의 권력 기반은 거대한 화강암 암반 위에 튼튼히 세운 것이다.

이를 조금 더 깊이 생각해 보도록 하자. 군주는 부자와 군인을 견제해야 한다. 무엇 때문에 이렇게 해야 하는가? 부자와 군인은 탐욕스럽기 때문이다. 군주가 부자와 군인의 탐욕을 만족시키려면 어쩔 수 없이 인민을 희생해야 한다. 이런 군주는 권력을 잃기 십상이다. 부자의 탐욕을 실현하는 군주는 음모에 희생되고, 군인의 탐욕을 채워준 군주는 암살에 희생된다.

군주가 음모와 암살에 희생당하지 않으려면 어떻게 해야 하는가? 당연히 부자와 군인의 무절제한 탐욕을 제어하고 인민의 기본 생존 욕구를 해결해 주어야 한다. '탐욕'이 아닌 '무절제'라는 것에 주의하자. 군주는 부자와 군인의 '적절한' 탐욕을 만족시켜야 한다. 절제 있는 탐욕조차 억누르는 군주는 동급 계층의 음모에 의해 권력을 잃기 때문이다. 군주는 다만 지배 계층의 '무절제한' 탐욕, 그것만큼은 꼭 막아야 한다.

이렇게 하려면 어떻게 해야 하는가? 군주와 인민이 손을 잡고 부자와 군인의 무절제한 탐욕을 통제해야 한다. 군주 혼자 힘만으로는 이들을 견제하고 통제할 수 없다. "인민의 지지야말로 각종 음모에 대한 방어 장치"라는 것은 너무나 당연하다. 인민은 국가를 구성하는 집단 가운데 최대 다수이고 가장 부패하기 쉽지 않고, 가장 순수하고 선량하며, 요구하는 것이 가장 적기 때문이다. 인민을 뒷배경으로 하는 군주는 부자와 군인에 의지하는 군주보다 훨씬 더 안정적이다.

마키아벨리는 이것을 통해 어떤 속내를 말하는가? 군주는 인민과 연합전선을 구축해 지배 계층인 부자·귀족·군인의 힘을 제어해야 한다고 시대를 앞서는 혁명적인 선언을 한다. 그는 군주가 힘 있게 끌고 나가고 인민이 뒤를 받쳐주는 절대주의 시대가 유럽에 도래할 것이라고 미래를 앞당겨 선언한다. 군주가 절대적인 힘을 가지고 귀족·부자·군인 등을 제어하고, 인민이 그런 절대군주를 지지하는 시대가 될 것이라고 선언한다.

20장

❧

요새와 군주가 일상적으로 행하는 많은 일은
유용한가 또는 해로운가

이 장은 〈군주들에 의해 수행되는 다양한 정책들〉, 〈신흥 군주는 신민에게 병기를 허용한다〉, 〈병합된 지역의 신민은 무장해제시켜야 한다〉, 〈복종하는 도시의 분열을 조장해서는 안 된다〉, 〈적들을 극복하면 힘이 커진다〉, 〈예전 적들로부터의 충성〉, 〈옛 정부에 만족하지 못한 자들은 새로운 정부에도 만족하지 못할 것이다〉, 〈요새는 상황에 따라 유용하기도 하고 유용하지 않기도 하다〉, 〈군주에게 최상의 요새는 그의 신민이 그를 미워하지 않는 것이다〉로 이루어져 있다.

마키아벨리는 20장에서 글을 독특하게 구성한다. 따라서 이전 방식으로는 분석할 수 없고, 다른 형태로 목차를 분석하고 재구성해야 한다. 그가 어떤 형태로 글을 구성했는지 알아보자.

첫째, 20장은 옴니버스식 글쓰기로 구성되었다. 지금까지 대부분의 장들은 개별 소논문의 형태를 취했다. 그러나 20장은 이와 달리 여러 개의 주제를 개별적으로 나열하고 있다. 개별 주제 간의 연관 관계는 없고, 각 개별 주제가 독자적인 주제를 구성한다.

전체 주제는 제목 그대로 "요새와 군주가 일상적으로 행하는 많은 일은 유용한가 또는 해로운가"이다. 개별 주제는 신민을 무장해제시키는 것이 좋은가 나쁜가, 분열을 조장하는 것이 옳은가 그른가, 증오를 조장하는 것의 득실, 이전의 적과 동지 중 누가 더 자기 편이 될 수 있는가, 요새는 유용한가 유용하지 않은가이다.

이 개별 주제들은 경우에 따라 확장하면 독자적인 논문이나 책을 구성할 정도로 방대한 연구가 필요하다. 그러나 마키아벨리는 내용을 간단하게 요약하고 자신의 주장을 말하며 넘어간다.

둘째, 첫 번째와 연관된 것으로 마키아벨리는 결론을 내리지 않는다. 19장에 이르기까지 그가 강력하게 자신의 주장을 펼쳤다는 점을 고려하면, 이 역시 이채롭다. 그는 개별 주제에 대해 상황에 따라 어떤 경우는 옳을 수도 있고 그를 수도 있다고 유보적인 결론을 내린다. 그렇다면 군주는 어떻게 해야 하는가? 그는 군주가 처한 조건과 상황에 따라 다르게 생각하고, 판단하고, 결정하고, 행동에 옮기라고 주문한다.

셋째, 국내와 국외, 신흥 군주와 기존 군주 등이 혼재되어 논의가 전개된다는 점이다. 19장까지 마키아벨리가 논의를 전개할 때 대내적인 사안에 대해 다루는지, 아니면 전쟁을 포함한 대외적인 사안을 다루는지 분명했다. 또한 신흥 군주에게 주는 지침인지 기존 군주에게 주는 지침인지도 분명했다. 그러나 20장에서 그는 군주의 동일 행위가 대내적이냐 대외적이냐, 신흥 군주냐 기존 군주냐에 따라 다르게 결론이 날 수 있다고 말한다. 예컨대 신민의 무장을 해제하는 것이 옳은지 그른지에 대해 신흥 군주는 자국 신민의 무장을 해제하면 옳지 않고, 타국을 병합한 군주는 그곳 신민의 무장을 해제하는 것이 옳다고 말한다.

넷째, 20장은 15장부터 19장까지의 연장선상에 있다는 점이다. 이 점은 세 번째 특징 때문에 종종 간과하기 쉽다. 이번 장의 제목은 "요새와 군주가 일상적으로 행하는 많은 일은 유용한가 또는 해로운가"이다. 하지만 구체적인 주제에 대한 서술을 보면, 군주가 어떻게 하면 신민으로부터 증오와 경멸을 받지 않을 것인가를 다룬다. 예컨대 신흥 군주가 신민의 무장을 해제하면, 무장한 세력들한테서 증오와 경멸을 받을 수 있다. 그렇기에 신흥 군주는 신민의 무장을 해제하면 안 된다는 것이다. 이상을 전체적으로 대강 보여주는 표로 그리면 아래와 같다.

	분류	제목	국내/국외	3부와의 연관	결론
	도입	군주들에 의해 수행되는 다양한 정책들	·	전체 총론 격의 설명	
1	무장 해제	신흥 군주는 신민에게 병기를 허용한다	국내	의심과 경멸 받지 않기	무장시키기
		병합된 지역의 신민은 무장해제시켜야 한다	대외	교활	무장 해제시키기
	분열 조장	복종하는 도시의 분열을 조장해서는 안 된다	국외	유약성 의심받지 않기	복종하는 도시는 분열 조장하지 않기
2	증오 조장	적들을 극복하면 힘이 커진다	국내/국외	잔인	군주의 성장을 위해 증오 조장하기
	포용	예전 적들로부터의 충성	국내	교활	예전 적을 적극적으로 수용하기
	불평꾼	옛 정부에 만족하지 못한 자들은 새로운 정부에도 만족하지 못할 것이다	대외	교활	불평불만분자를 자기편으로 만들 수 없음
3	요새	요새는 상황에 따라 유용하기도 하고 유용하지 않기도 하다	국내/국외	증오 받지 않기	인민의 증오를 받지 않는 것이 요새보다 안전
		군주에게 최상의 요새는 그의 신민이 그를 미워하지 않는 것이다	국외/국외		

이상을 바탕으로 20장을 정리해 보자. 군주는 대내와 대외에 따라 다르게 적용해야 할 덕목들이 있다. 예를 들면 신민의 무장해제, 신민의 분열 조장, 신민의 증오 조장, 이전의 적에 대한 태도 등은 대내와 대외 관계, 그리고 신흥 군주와 기존 군주에 따라 달리 적용해야 한다. 이를 현명하게 적용한 군주만이 권력을 잃지 않는다. 그러나 가장 중요한 것은 어떤 경우에도 인민의 증오와 경멸을 받지 않는 것이다. 이는 요새의 경우에도 적용된다. 현명한 군주는 어떤 경우에도 요새에 의지하기보다는 신민에게 의지해야 한다. 그런 군주만이 군주 자리를 유지하고 후대에 넘겨줄 수 있다.

군주들에 의해 수행되는 다양한 정책들

어떤 군주들은 자신의 국가를 확고하게 유지하려고 그들 신민의 무장을 해제시킵니다. 또 다른 군주들은 자신의 통제하에 있는 도시를 분열시킵니다. 또 일부 군주는 자신에 대한 증오를 조장하기도 하고, 다른 일부 군주는 통치 초기부터 두려워했던 자들의 지지를 얻으려고 구애하기도 합니다. 마지막으로 어떤 군주들은 요새를 짓기도 하는 반면에 다른 군주들은 요새들을 완전히 파괴하기도 합니다.

군주들이 그러한 정책을 채택할 수밖에 없었던 국가들에 대해 세세하게 알지 않고서는 어느 것이 옳은지 최종 판단을 내릴 수 없습니다. 그럼에도 이 문제가 허락하는 한도 내에서 일반적인 방법으로 말씀드리고자 합니다.

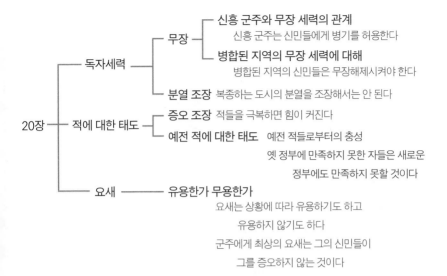

20장 전체에서 다룰 주제를 개괄적으로 나열한 글이다. 전체 주제는 크게 독자 세력, 적에 대한 태도, 요새의 세 개 영역으로 나뉜다.

독자 세력은 힘에 관련된 무장, 정신에 관련된 파벌로 나뉜다. 무장은 다시 신흥 군주와 관련된 신민의 무장, 병합된 지역 시민의 무장으로 나뉜다. 적은 증오 조장과 이전의 적에 대한 태도로 나뉘어 설명된다. 마지막으로 요새는 유용한가 유용하지 않는가로 나뉜다. 이를 표로 나타내면 위와 같다.

신흥 군주는 신민에게 병기를 허용한다

신흥 군주는 신민의 무장을 절대로 해제하지 않았습니다. 반대로 신흥 군주는 신민이 무장하지 않고 있을 때 예외 없이 신민을 무장시켰습니다. 왜냐하면 신민이 무장하게 된다면, 그러한 무기들은 당신 것이 되기 때문입니다. 당신이 두려워하던 자들은 충성스러워지기 때문이고, 이미 충성을 바치던 자들은 계속 충성스러운 자로 남고, 단순한 신민이 되기보다는 당신의 확고한 지지자가 됩니다.

당신은 당신의 모든 신민을 무장시킬 수는 없습니다. 그렇기에 당신이 무장시킨 자들이 당신의 총애를 받는다고 느끼게 되면, 당신은 나머지 다른 사람들을 더 안전하게 다룰 수 있게 됩니다. 그리고 나머지 다른 사람들은 무장시킨 사람들에 대한 정책상의 차이를 보고서 당신과 더 결속감을 느끼게 됩니다. 왜냐하면 무장을 하지 못한 사람들은 훨씬 더 많은 위험을 겪고 더 강한 의무감을 가진 자가 더 많은 보상을 받는 것이 당연하다고 판단하고 당신의 정책을 이해하기 때문입니다.

그러나 당신이 그들을 무장해제시킨다면, 곧 당신은 그들을 분노케 합니다. 왜냐하면 당신은 자신이 겁이 많거나, 또는 그들이 불충하다고 생각해서 그들을 믿지 않음을 보여주기 때문입니다. 이러한 두 가지 이유는 결국 당신에 대한 증오를 불러옵니다. 그리고 당신은 무장하지 않고서는 존속할 수 없으므로, 당신은 앞에서 상세하게 설명했던 용병에 의존해야만 합니다. 용병들이 비록 선량하다 할지라도, 용병들은 강력한 적과 위험한 신민에게서 당신을 지킬 만큼 충분히 강력할 수는 없습니다. 따라서 제가 말씀드렸던 것처럼 새로운 군주국의 신흥 군주는 항상 군대를 조직해야 합니다. 이에 관한 실례는 역사 속에 가득합니다.

신흥 군주는 '모든 신민에게' 무장을 허용하지 말고 '신민 중 일부만' 무장시키라고 마키아벨리는 주장한다. 신흥 군주에게는 반드시 지지자, 중립적인 자(두려워하는 자), 적대자가 있기 마련이다. 마키아벨리는 지지자와 중립적인 자에게 무장을 허용하는 반면, 적대자에게는 무장을 허용해서는 안 된다고 주장한다. 그 이유는 세 가지이다.

첫째, 긍정적 측면이다. 두려워하던 자들은 충성파로 바뀌게 되고, 충성을 바치던 자들은 더 충성파가 되기 때문이다.

둘째, 부정적인 측면이다. 이들에게 무장을 허용하지 않으면, 이들은 신흥 군주를 의심하고 마침내 분노하기 때문이다. 두려워하던 자들은 신흥 군주가 겁이 많아 신민이 무장하는 것을 두려워한다고 생각하며, 충성하던 자들은 자신의 충성을 의심받는다고 생각한다. 이들은 군주를 증오하게 되고, 버림받을지도 모른다는 생각이 들면 모반을 획책한다.

마지막으로, 공과론이다. 적대자들은 신흥 군주가 공과에 맞게 신민을 대우한다고 생각하기 때문이다. 이들은 신흥 군주가 공이 많은 충성파와 최소한 중도적인 자에게 더 좋은 대우를 해준다고 생각한다.

마키아벨리는 왜 이런 주장을 했을까? 그것은 마키아벨리 당대 이탈리아의 특수 상황 때문이다. 앞에서 계속 살펴본 것처럼, 그 당시 이탈리아는 아주 많은 도시국가로 나뉘어 있었으며, 다수의 군주가 존재했고, 각 국가는 용병을 고용했으며, 국가 내 파당들 역시 용병을 고용해 적대자들과 전쟁을 하곤 했다. 이런 상황에서 신흥 군주는 신민의 무장을 허용해야 한다고 마키아벨리는 주장한다. 그 이유는 총량 증가라는 특수성이 깔려 있다.

신흥 군주가 국가를 완전히 장악했다고 가정해 보자. 그 국가의 신민이 무장을 잘하고 있을 뿐 아니라 군주에게 충성을 다한다면 그 신흥 군주이 무려 총량이 커지는 것은 아주 당연하다. 더구나 중립적인 자들까지 신흥 군주의 무장 허용에 감동을 받아 충성한다면 군주의 무력은 그만큼 더 커질 것이다. 무력의 총량이 증가하고, 충성도가 높은 군대를 보유한 신흥 군주는 용병들에게 의존할 필요가 없다. 충성스러운 신민의 무장이 강력할수록 군주의 무력은 그만큼 강해진다. 요컨대 그러한 신흥 군주는 자신이 직접 상비군을 유지하는 것은 아니지만 신민과 연합한 형태의 강력한 군대를 보유하는 셈이다.

반면에 반대자들이 무장하고 있다고 가정해 보자. 이들은 언제든지 다른 나라 군주와 손을 잡거나 신흥 군주에게 도전하는 세력이 될 것이다. 더 나아가 용병과 연합하는 경우도 생긴다. 반대자들이 무장하면 신흥 군주의 무력 총량은 줄어들고 위험에 처하게 된다. 따라서 신흥 군주는 이들의 무장을 허용해서는 안 된다.

그렇다면 마키아벨리 당대의 이탈리아와 상황이 다른 경우 이 주장을 어떻게 받아들여야 할까? 옳지 않은 것으로 판단해야 한다. 예컨대 중앙집권화된 강력한 국가, 절대주의 국가나 현대 국가를 가정해 보자. 상비군이 존재하는 국가 안에 또 다른 무장 세력이 존재한다면 두말할 것도 없이 분란·분쟁·내란의 화근이 될 것이다. 따라서 국가만이 무력을 소유하는 것이 정당하고, 그 국가의 최고 통치권자가 군사력의 유일 통수권자여야 한다. 이런 점에서 마키아벨리의 이 주장은 마키아벨리 당대 특수성의 관점에서 읽어야 한다.

병합된 지역의 신민은 무장해제시켜야 한다

그러나 군주가 하나의 구성원처럼 자신의 원래 국가에 병합할 새로운 국가를 획득했다면, 정복 당시 당신에게 도움을 주었던 그러한 자들을 제외하곤 그 국가를 무장해제시켜야 합니다.

그리고 당신은 시간이 나고 기회만 생기면 그자들 역시 유약하고 나약하게 만들어야 합니다. 당신은 그 문제들을 잘 정리해 당신 국가의 모든 병기가 당신 군대의 수중으로 들어오게 해야 합니다. 당신의 군대란 위에서 말씀드렸듯이 당신의 원래 국가에서 당신과 친하게 지냈던 자들을 말합니다.

다른 지역을 정복한 신흥 군주도 지지자, 중립적인 자, 적대자를 갖게 마련이다. 마키아벨리는 이들 가운데 적극적으로 도움을 준 지지자들에게만 무장을 허용해야 한다고 말한다. 물론 적대적인 자의 무장은 반드시 해제시켜야 한다. 그들은 언제든지 정복자 군주에게 도전할 수 있기 때문이다. 더 나아가 기회만 되면 언제든지 정복한 지역의 무장을 완전히 해제시키는 방향으로 나가라고 강력하게 주장한다. 두 가지 의문이 발생한다. 첫째, 왜 중립적인 자들을 배제하는가? 둘째, 왜 도움을 준 자라도 무장해제시켜야 하는가?

가장 중요한 이유는 3장의 〈신흥 군주국은 어려움에 처한다〉에서 설명했다. 그 이유는 정복된 지역의 피해 때문이다. 정복자는 피정복자에게 피해를 주고 억압할 수밖에 없으며, 정복에 도움을 준 자가 바라는 만큼의 이익을 줄 수 없기 때문이다.

마키아벨리는 이탈리아를 부분적으로 정복한 프랑스 왕 샤를 8세와 루이 12세를 통해 이와 관련된 사례를 증명했다. 그는 3장의 〈루이왕이 이탈리아에서 거둔 초기 성공〉, 〈루이 왕의 여섯 가지 실수〉 등에서 이에 대해 설명했다. 샤를의 이탈리아 침략에 가장 도움을 많이 준 자는 밀라노의 루도비코였다. 밀라노를 차지하고 싶었던 루도비코는 프랑스의 침략 비용 전체를 부담할 정도였다. 알렉산데르 6세 역시 샤를을 지지하는 척했다. 그는 일종의 중립적인 자리에 서 있었다. 하지만 알렉산데르 6세는 후일 프랑스에 적대하는 신성 동맹을 건설했고, 샤를 8세의 앞잡이 루도비코 또한 이 동맹에 적극적으로 가담한다. 그 결과 샤를은 이탈리아에서 쫓겨나고 이탈리아 지배권을 상실한다.

그 뒤를 이은 루이 12세의 경우도 마찬가지였다. 마키아벨리는 3장의 〈루이 왕은 무엇을 했어야 하는가〉에서 이에 대해 다룬다. 루이도 이탈리아를 침략했다. 이때 프랑스의 앞잡이는 베네치아였지만, 베네치아 역시 루이의 반대편으로 돌아섰다. 또한 루이는 이미 이탈리아에서 강력한 힘을 지니고 있던 기회주의자 알렉산데르 6세를 더 강하게 키우는 결과를 불러왔다. 결국 루이는 무력과 영적 권위로 무장한 알렉산데르 6세에 부딪혀 프랑스에서 밀려나고 말았다. 6장에서 언급한, 키루스가 리디아를 정복한 후 남성의 여성화 정책을 취했던 경우를 생각해 보자. 키루스는 이 정책을 통해 모반의 가능성 자체를 없애버린다.

마키아벨리의 결론은 간단하다. 정복 군주는 수단과 방법을 가리지 말고 최종적으로 정복 지역의 무장을 완전히 해제하라! 그러지 않으면 결국 피정복민에게 쫓겨날 것이다. 알렉산데르 6세가 그 사례이다. 하지만 3장의 〈신흥 군주국은 어려움에 처한다〉에서 말하듯, 정복지 주민의 호의를 얻으면 지배는 한층 공고해진다는 것도 잊어서는 안 된다.

복종하는 도시의 분열을 조장해서는 안 된다
"피스토이아는 파당으로 지배하고 피사는 요새로 지배해야 한다"고 우리 선조(현명한 자로 존경받았던 분들)는 말하곤 했습니다. 바로 이러한 이유 때문에 그들은 쉽게 지배하고자 그들에게 복종하는 도시의 일부 안에서 분쟁을 키워왔습니다. 이탈리아가 어느 정도 균형을 이루었던 시대에 이 정책은 훌륭했습니다.

그러나 오늘날 이 정책은 그리 훌륭한 것으로 여겨지리라고 저는 믿지 않습니다. 왜냐하면 분열 정책이 좋은 면이 있다고 저는 믿지 않기 때문입니다. 그 반대로 적들이 다가올 때 분열된 도시는 곧장 필연적으로 망하기 때문입니다. 왜냐하면 약한 당파는 외국 군대 편을 들게 마련이고, 그렇게 되면 다른 당파는 견딜 수 없기 때문입니다.[1]

제가 믿는 바에 따르면, 위에서 언급했던 이유들에 의해서 움직였던 베네치아인들은 항상 겔프 파와 기벨린 파를 키워냈습니다. 베네치아인들은 이러한 파당들이 유혈 사태로 치닫도록 허락하지 않았습니다. 그럼에도 베네치아인들은 시민들 사이에서 의견 차이를 더욱더 키웠습니다. 그래서 겔프 파와 기벨린 파는 그러한 논쟁을 하느라 너무 바쁜 나머지, 힘을 합쳐 베네치아에 저항하지 못했습니다.

우리가 봐왔던 대로 이것은 후에 베네치아에게 장점으로 작용하지 못했습니다. 왜냐하면 베네치아인들이 바일라에서 패배한 이후, 곧장 일부 도시들이 용기를 내어 베네치아인들의 영토를 빼앗았기 때문입니다.[2]

따라서 그러한 정책으로 추론할 수 있는 것은 군주의 유약성입니다. 강력한 군주국에서는 그러한 분열 정책을 결코 허용치 않습니다. 그 이유는 바로 그러한 정책은 신민을 다루는 것이 훨씬 편하므로 평화 시에는 이익이 되지만, 전쟁이 다가오면 그러한 정책은 패배를 가져올 뿐이기 때문입니다.

1 17장의 〈현명한 잔인성이 진정한 자비이다〉에서 이 내용을 다루었다. 마키

아벨리는 평화적인 안정이 유지될 때는 분열 정책이 도움이 되지만, 불안 요
소가 발생하면 아무런 효력이 없다고 말한다.

2 12장의 〈베네치아는 용병들로 걱정을 하다〉에서 용병의 관점으로 다루
었다.

왜 분열을 일으키지 말라고 하는가? 마키아벨리의 주장은 과연 현재
에도 적용되는가, 아니면 식민지를 소유했던 국가 일반에 적용될 수
있는 이론인가? 그렇지 않다. 분할해 통치하라! 이는 식민지 통치의 고
전적인 방법이기 때문이다. 또한 독재자들이나 부당한 방법으로 지배
권을 찬탈한 통치자들이 사용한 전형적인 방법이기 때문이다.

　마키아벨리는 왜 정치의 일반적인 상식과 반대되는 이런 주장을 하
는가? 이 역시 이탈리아 당대의 특수성과 연관해서 읽어야 한다. 당시
이탈리아 반도에는 다양한 도시국가가 존재하고 있었다. 도시국가가
난립하는 이런 상태에서 다른 국가의 통치권을 획득한 군주는 분열을
조장하지 말아야 한다는 것이 그가 주장한 핵심이다. 왜 마키아벨리가
이런 주장을 했는지 알아보자. 그가 말하지 않는 내용은 다음과 같이
정리할 수 있다.

　당시 이탈리아는 여러 다양한 국가로 이뤄져 있다.
　각 국가 내에 다양한 파벌 · 파당이 존재한다.
　한 국가 내에 권력을 쟁취하지 못한 파벌 · 파당은 권력을 쟁취하려 한다.
　그 파벌 · 파당은 주변 국가의 유사 파벌 · 파당의 도움을 받아 기존 통치
　자를 전복하고자 한다.

따라서 통치자라면 국가 내 파벌·파당을 없애는 것이 군주의 지위 유지에 도움이 된다.

분열을 조장하지 말라는 마키아벨리의 조언에는 전제가 있다. 이는 경쟁하는 다양한 국가, 국가 내 다양한 파벌과 파당들, 국경을 넘어 합종연횡하는 파벌과 파당의 존재이다. 마키아벨리 당대의 이탈리아는 이 조건을 모두 갖추고 있었다. 그렇기 때문에 그의 조언은 유효하다. 하지만 위와 같은 전제 조건이 성립하지 않는다면 그의 조언은 무너진다.

마키아벨리의 이 조언이 진부하다고 말하지 말자. 왜냐하면 그의 조언은 정상 국가와 비정상 국가를 가르는 기준이 될 수 있기 때문이다. 정상 국가는 어떤 경우에도 파당과 파벌을 양성하지 않는 국가이고, 비정상 국가는 수단과 방법을 가리지 않고 파벌과 파당을 키우는 국가이다. 비정상 국가는 국가 내에 종교적 분열을 조장하고, 지역 간의 차별을 키우고, 계급 간의 갈등을 증폭하고, 이념 분쟁을 촉진한다. 이런 국가는 겉으로는 하나의 국가처럼 보이지만 속을 들여다보면 화해할려야 화해할 수 없는 다양한 파벌이 서로 다른 집단으로 구성되어 있다. 비정상 국가의 통치자는 기존의 분열 외에 새로운 분열 요소를 조장해 권력을 유지한다. 참주나 독재자들이 끊임없이 분열과 이간책을 취했다는 점은 누구나 다 아는 사실이다.

마키아벨리는 '하나의 국가 안에 다수의 국가'를 만들어서는 안 된다고 말한다. 이는 플라톤이 《국가》에서 제기한 고전적인 문제의식, 이데아로서의 국가를 만드는 것과 연결된다. 이 점에서 마키아벨리는 플라톤의 문제의식을 충실히 계승한 사이다. 플라톤이 '하나로 통합된 이데아로서의 국가'를 찾았다면, 마키아벨리는 군주에게 '하나로 통합된 현실적인 국가 건설'을 당면 과제로 제시한다.

플라톤은 '하나의 국가 안에 다수의 국가'를 만들어서는 안 된다고 강력하게 주장했다. 그 이유는 동일한 사건에 대해 서로 다른 태도를 보이면 그 나라는 해체되기 때문이다. 예컨대 어떤 사건에 대해 일부 시민은 즐거워하는 반면에 다른 시민은 분노하거나 슬퍼하는 경우 이 나라는 머지않아 몰락하게 마련이다.*

예를 들어 설명해 보자. 부자와 빈자의 대립이 있으며, 부자들이 통치하는 국가를 가정하자. 그 국가 안에서 빈자들이 부자들에 대한 증오심을 키우고 그들을 경멸한다면, 그리고 대안 권력을 세우려는 일정한 정치 집단이 있다면, 그렇다면 그 정치 집단은 빈자들이 통치하는 주변 국가의 도움을 받아 권력을 전복하려 할 것이다. 마찬가지로 종교적으로 분리된 국가가 있다고 가정하고, 위의 가정을 다 적용해 보자. 그렇다면 역시 자신들과 같은 종교적 성향을 가진 국가의 도움을 받아 현존 국가 권력을 전복하려 할 것이다. 이념적으로든 지역적으로든 동일한 결과가 도출된다.

마키아벨리 역시 위와 같은 이유로 정복 군주나 병합 지역 군주는 정복지나 병합지를 분할해서 통치해서는 안 된다고 말한다. 분할 통치는 군주가 유약하다는 것을 공언하는 것에 지나지 않기 때문이다. 그러나 강력한 군주, 능력 있는 군주는 이와 반대로 계층, 계급, 종교, 지역, 이념 등의 갈등을 최소한으로 줄이려고 한다. 그래야 국가 내에 분란과 반란, 내란과 같은 상태가 나타나지 않기 때문이다.

정복 국가에 분열을 조장하지 말라는 마키아벨리의 이런 문제의식

---

* 플라톤, 《국가》, 461c.

은 특수 상황 속에서 이해해야 하는 문제이면서 또한 보편적인 문제이 기도 하다. 하나로 통일된 국가가 지향해야 할 정상 국가이기 때문이 며, 국가를 하나로 통합해야 하는 것이 군주나 통치자의 숭고한 의무 이기 때문이다.

적들을 극복하면 힘이 커진다

군주들이 자신들에게 닥쳐온 난관과 적을 극복하면 강력해진다는 것은 의심할 여지가 없습니다. 따라서 특별히 행운의 여신이 신흥 군주를 강력 하게 만들고자 한다면, 그 신흥 군주가 오랜 가문의 군주가 가진 것보다 더 높은 명성이 필요하다면, 행운의 여신은 그 군주에게 적을 만들어주고 적들이 그 군주에게 싸움을 걸게 합니다.

행운의 여신은 이렇게 함으로써 그 군주가 적들을 정복할 기회를 갖게 하는데, 바로 그 군주의 적들은 그 군주의 사다리가 되고 결과적으로 그 군주는 훨씬 더 높은 곳으로 올라가게 됩니다.

따라서 현명한 군주가 기회를 얻게 된다면, 그는 자신에게 대항하는 몇 몇 적을 키워내고, 그 적들을 분쇄함으로써 자신의 힘을 더 크게 만들 수 있습니다. 많은 사람들이 이런 주장을 하곤 합니다.

첫 번째 다시보기는 잔인함이다. 17장의 잔인함과 인자함은 주로 국 내에 적용된 것이었지만, 여기서는 정복지에 적용되는 잔인함과 인자 함을 다룬다. 물론 마키아벨리는 여기서 직접 잔인함과 인자함에 대해 서 말하지 않는다. 하지만 17장과의 연관성을 고려하면서 읽는 것이 좋다. 그 이유를 알아보자.

마키아벨리는 적이 없다면 적을 만들어서 분쇄하라고 주문한다. 군주가 정복을 하게 되면 없는 적도 만들어지는데, 그들이 음모를 꾸미게 하고, 음모를 실행하도록 여건을 조성하고, 음모를 실행하면 다시는 저항하지 못할 정도로 철저하게 분쇄하라고 주문한다.

이 과정을 통해 군주는 적대자들의 지도자, 적대자들의 규모, 자신에 대한 민심의 지지도를 파악할 수 있다. 또한 적대자들의 재산을 몰수하고 무장을 흡수함으로써 다시는 저항하지 못하게 하는 효과도 끌어올 수 있다. 더 나아가 일반 신민을 대상으로, 신흥 군주에게 반란을 일으키면 어떤 결과를 불러오는지 간접적으로 교육하는 효과도 얻을 수 있다. 이런 점에서 이 절은 17장에서 말한 〈현명한 잔인성이 진정한 자비이다〉를 정복지에서 실천하는 것이다. 따라서 군주가 정복지에서 사용한 〈적당한 가혹함〉은 '진정한 인자함'이 된다.

두 번째 다시 보기는 행운의 여신과 군주의 관계이다. 이는 14장 〈근면함은 운명의 여신도 물리칠 수 있다〉의 연장선상에 있다. 14장은 역경을 극복하려면 근면함이 중요하다고 강조한다. 여기서는 한 발 더 나아가 역경에 부딪히지 않으면 스스로 역경을 만들라고 극단적인 조언을 한다. 역경은 고난이 아니라 기회이기 때문이다. 기회가 주어지지 않은 군주는 스스로 기회를 만들어야 한다. 이를 살펴보자.

군주가 시련을 당하고 있는가? 그것을 시련이라고 생각하지 마라. 역경을 겪지 않은 군주는 성장하지 못하기 때문이다. 행운의 여신은 사랑하는 자에게 역경을 주고 극복하도록 한다. 군주가 시련을 당하고 있지 않은가? 그는 행운의 여신한테서 버림을 받은 자이다. 스스로 시련(적)을 만들고 극복(제거)하라. 그러면 행운의 여신은 반드시 너에게 눈길을 돌리고 사랑의 메시지를 보낼 것이다.

예전 적들로부터의 충성

때때로 군주들, 특히 신흥 군주들은 처음부터 신뢰하던 자들보다는 통치 초기에 위험한 자로 간주된 자들에게서 더 많은 충성과 지원을 얻습니다. 시에나의 군주인 판돌포 페트루치는 다른 자들의 지원보다는 자신이 두려워했던 자들의 도움을 받아 국가를 통치했습니다.[1]

그러나 저는 이 문제에 대해 제 말이 무조건 맞다고 말할 수 없습니다. 왜냐하면 그 결정은 상황에 따라 다르기 때문입니다. 이 문제에 대해 저는 다음과 같이만 말하겠습니다. 통치 초기에 적들이었지만 군주의 지원을 받을 필요가 있는 사람들이 자신의 지위를 유지해야 한다면, 새로운 통치자는 항상 아주 쉽게 이런 사람들을 자기편으로 만들 것입니다. 그렇게 되면 그들은 새로운 통치자에게 훨씬 더 충성할 수밖에 없게 됩니다. 이것은 새로운 통치자가 초기에 자신들에게 지녔던 악감정을 자신들의 행동으로 속죄해야 한다고 인지하는 정도와 비례합니다.[2]

따라서 군주는 항상 군주에게 아주 많은 안전을 제공함으로써 군주의 일을 태만히 하게 하는 그러한 사람들보다는 악감정을 지녔던 자들에게서 훨씬 더 많은 이익을 끌어낼 수 있습니다.

---

1 판돌포 페트루치는 시에나의 통치자였다. 그는 1483년 시에나에서 추방되었다가 귀향해, 1497년에 형이 죽자 최고 권력자가 되었다. 그는 시에나에서 유력자였던 니콜로 보르헤스의 딸 아우렐리아 보르헤스와 결혼하고서 권력을 더 공고히 했다. 그러나 그는 관직을 매매했고, 자신의 측근들에게 관직

을 나눠주면서 정치적 기반을 다졌다. 이러한 행동은 많은 적을 만들었다. 그 가운데 한 사람이 장인 니콜로였다. 그는 판돌포 반대파의 지도자가 되었다. 격분한 판돌포는 1500년에 자신의 장인을 살해해버린다. 하지만 니콜로와 함께 음모를 꾸몄던 자들을 살려주고 자신의 편으로 끌어들여 통치 기반을 더 확실하게 다졌다.

2 새로운 통치자에게 악감정을 많이 품게 행동했다면 더 충성스럽게 행동해야 한다. 반면, 새로운 통치자에게 그리 나쁘지 않게 행동했다면 그리 충성스럽게 행동하지 않아도 된다.

마키아벨리를 읽을 때 당혹스러움이 넘쳐나는 곳이다. 당대 사람들도 이 부분을 읽었을 때 마키아벨리의 진의가 도대체 무엇일까 하고 의아스러웠을 지점이다. 왜냐하면 판돌포는 음모를 꾸몄다는 이유로 자신의 장인을 처형한 반면, 음모를 함께 꾸몄던 자들을 살려주었기 때문이다. 더 나아가 판돌포는 장인을 제외한 음모자들을 '죽음에 대한 공포'로 위협하고 자신의 정치적 기반으로 삼기 때문이다. 장인마저 권력 공고화를 위해 살해한 판돌포! 그런 판돌포를 닮아야 된다고 권하는 마키아벨리! 마키아벨리 당대인들이 머리를 흔들며 느꼈을 전율!

정치권력을 위해서 과연 판돌포와 같은 행동을 해도 되는가? 마키아벨리는 당연히 된다고 말할 뿐만 아니라, 적극적으로 따라 해야 한다고 말한다. 왜? 정치는 이상이 아니라 현실이기 때문이다. 이렇게 하지 않는 군주는 지나치게 잔혹하다는 평가를 듣고, 적대자들과 중립적인 자들의 반감을 더 불러일으킬 것이다. 더 나아가 그런 군주는 인민의 지지를 잃게 되고, 음모가들에 의해 권력을 상실하고 희생당할 것이다.

마키아벨리의 이 주장은 과연 정당한가? 정당하다. 정당할 뿐만 아니라 적극적으로 따라 해야 한다. 우리는 그가 여기에서 말하지 않은 숨은 이야기를 놓쳐서는 안 되기 때문이다. 당대인들은 이런 숨은 이야기를 다 알고 있기 때문에 그의 위와 같은 말에 고개를 끄덕이며 인정했을 것이다. 판돌포는 장인을 죽일 정도로 잔인했을지 모르지만, 시에나의 경제를 부흥시키고 인민을 위무하려고 노력했기 때문이다. 또한 음모가들을 자신의 편으로 만들 정도로 교활했을지 모르지만, 피렌체와의 전쟁을 피함으로써 인민에게 피해를 주지 않으려 노력했기 때문이다.

판돌포의 행위가 정당화되는 것은 바로 이런 점 때문이다. 실제로 판돌포는 체사레의 미움을 사서 시에나에서 도망가지만, 체사레가 죽고 나서는 곧장 시에나로 되돌아간다. 시에나의 시민들은 판돌포에 대해 저항하지 않았다. 만약 판돌포의 행위가 신민 전체를 등 돌리게 할 만큼 극악무도했다면, 그는 고향으로 다시 돌아가 권력을 되찾지 못했을 것이다. 판돌포의 공백 이후 잠시라도 권력을 잡은 자가 있었다면 순순히 내놓을 리 없기 때문이다. 판돌포가 고향으로 되돌아오는 것을 지배 계층이 탐탁지 않게 여겼을 것이기 때문이다. 죽음을 피해 달아난 판돌포가 다시 통치자가 되는 것을 신민이 좋아할 리 없기 때문이다. 고향으로 돌아온 판돌포는 권력을 다시 잡고서 자식에게 물려주고 순탄하게 삶을 마쳤다. 그렇다면 판돌포가 피신하고 나서 권력을 잡은 자도, 상류층도, 신민도 판돌포를 증오하거나 경멸하지 않았다는 결론이 나온다.

적일지라도 자기편으로 삼으라는 말에는 뼈가 있다. 첫째, 적의 수

장이라고 생각되는 자에게는 잔인함을 철저하게 행사할 것, 그것이 진정한 인자함이기 때문이다. 둘째, 음모 주동자 외에는 자신의 정치적 기반으로 삼을 정도로 아량을 베풀 것, 그것이 진정한 관대함이기 때문이다. 셋째, 인민이나 신민은 어떤 경우에도 적으로 삼지 말 것, 인민을 적으로 삼으면 최후의 방패막을 잃는 것이기 때문이다.

옛 정부에 만족하지 못한 자들은 새로운 정부에도 만족하지 못할 것이다

그러므로 저는 내부의 도움을 받아 새로운 국가를 정복한 어떤 군주든 간에 자신을 도운 자들이 어떤 동기에서 그렇게 행동했는지 고찰하는 것이 중요하다고 생각합니다. 저는 이 사실을 반드시 상기시키고자 합니다. 그리고 내부자의 도움이 군주에 대한 자연스러운 애정이 아니라 단지 그러한 지지자들이 이전 정부에 만족하지 못한 데서 비롯한다면, 군주는 아무리 노력하고 큰 고통을 겪는다 할지라도 그들을 친구로 만들지 못합니다. 왜냐하면 그들을 만족시킬 수는 없기 때문입니다.

그 원인을 고대의 사례와 최근의 예를 통해 자세히 살펴본다면, 새로운 군주는 이전 정부에 만족했던 자들, 즉 그의 적이었던 자들을 친구로 만드는 것이 훨씬 쉽다는 것을 알게 됩니다. 새로운 군주는 이전 정부에 만족하지 못하는데도 자신과 동맹이 되어주고 이전 정부를 정복하는 데에 도움이 되었던 자들을 친구로 삼기 쉽지 않음을 깨닫게 됩니다.

신흥 군주에게는 여러 지지 집단이 있을 수 있고, 그 지지 이유도 가지각색이다. 군주는 자신의 지지자들이 왜 지지하는지를 잘 살펴보고 그에 맞게 대응해야 한다.

신흥 군주에게는 두 종류의 조력 집단이 있다. 하나는 이익을 추구하고, 다른 하나는 정의를 추구한다. 전자는 자신의 이익이 줄어들자 기존 군주에 반발하는 자이고, 후자는 이전 군주의 통치 행태에 불평불만을 가진 자이다. 신흥 군주는 전자를 이익으로 매수할 수 있지만, 후자는 어떤 이익으로도 매수할 수 없다. 전자는 철새고, 후자는 텃새다. 철새는 때가 되면 떠나고 텃새는 어떤 경우에도 떠나지 않는다.

신흥 군주에게는 두 종류의 조력 집단이 있다. 하나는 기존 군주나 신흥 군주에게 어떤 형태로든 죄를 지은 자들이고, 다른 하나는 죄를 짓지 않은, 선량하며 법 없어도 살 수 있는 자들이다. 전자는 두려움으로 통치할 수 있는 자들이고, 후자는 정의로써 통치할 수 있는 자들이다. 전자는 공포로 위협하면 움츠러드는 자들이고, 후자는 공포를 가하면 두려워하지 않고 저항하는 자들이다.

신흥 군주에게는 두 종류의 조력 집단이 있다. 전자는 열혈 지지자들이고, 후자는 중립적인 지지자들이다. 전자는 빨리 달궈지고 쉽게 식는 반면, 후자는 천천히 달궈지고 쉽게 식지 않는다. 전자는 군주와 뜻(이념, 종교 등)이 같은 자들이고, 후자는 군주의 정책·행동·태도를 지켜보는 집단이다. 전자는 군주와 뜻이 달라지면 언제든지 등을 돌리고, 후자는 군주의 행동이 사리에 맞으면 결코 지지를 철회하지 않는다.

군주는 이익을 쫓는 자, 죄 지은 자, 뜻이 같은 자의 지지를 얻기도 쉽지만 잃기도 쉽다. 반면에 군주는 정의를 추구하는 자, 죄 짓지 않은 자, 행동을 지켜보는 자의 지지를 얻기는 쉽지 않지만 한번 얻으면 웬만해선 잃지 않는다. 군주는 어떻게 행동해야 하는가? 군주는 권력을 획득하고 공고하게 하는 과정에서는 전자의 지지를 얻어야 한다. 하지만 권력을 공고히 하고 나서는 후자의 마음을 사야 한다. 그래야 권력을 잃지 않는다.

전자와 후자의 지지를 얻는 것에 선과 후가 있는 것은 아니다. 때로는 동시에, 때로는 순차적으로 진행될 수도 있다. 중요한 것은 양자 전부의 지지를 받아야 한다는 것이다. 전자의 지지를 받지 않으면 권력을 얻을 수 없고, 후자의 지지를 받지 않으면 권력을 유지할 수 없기 때문이다.

요새는 상황에 따라 유용하기도 하고 유용하지 않기도 하다[1]

군주들은 자신의 국가를 안전하게 지키려고 저항할 기미가 있는 신민에 대한 재갈과 굴레로서, 그리고 갑작스러운 공격 대비용으로서 요새를 건설하곤 했습니다. 저는 요새를 세우는 것을 칭찬합니다. 왜냐하면 요새는 수세기 동안 사용되어 왔기 때문입니다.

그럼에도 우리 시대에 니콜로 비텔리는 치타디 카스텔로 시를 지키려고 두 요새를 헐어버렸습니다.[2] 우르비노의 공작인 귀도 우발디는 체사레 보르자에게 빼앗겼던 자신의 왕권을 되찾으려고 그 지역의 모든 요새를 땅 밑까지 파괴해버렸습니다. 왜냐하면 그는 그 요새들이 없다면 국가를 다시 잃지 않을 거라고 판단했기 때문입니다.[3] 볼로냐를 다시 차지한 벤티볼리도 이와 같은 방법을 사용했습니다.[4]

따라서 명백하게 말하면 요새는 시대에 따라 유용하기도 하고 유용하지 않기도 합니다. 요새가 어떤 면에서 당신에게 유용하다면, 다른 면에서는 당신에게 불리하게 작용하기도 합니다.

1 요새에 관한 자세한 내용은 마키아벨리의 《로마사 논고》 2권 24장에 자세하게 설명되어 있다.

2 니콜로 비텔리는 파올로 비텔리와 비텔로초 비텔리의 아버지이다. 비텔로초 비텔리는 7장의 〈보르자는 자신에게 의지할 것을 결정한다〉, 〈공작은 불충한 장군을 제거한다〉에서 나온다. 파올로 비텔리는 8장의 〈페르모에서의 올리베로토〉 등과 12장의 〈피렌체의 경험〉에서 나온다.

   니콜로는 카스텔로의 지배권을 둘러싸고 교황 바오로 2세, 식스투스 4세와 충돌했다. 그는 교황 식스투스 4세에 의해 추방되었다가 되돌아와 식스투스 4세가 카스텔로에 건설했던 요새 두 개를 허물었다. 그는 요새가 아니라 인민의 선의 덕분에 자신이 권력을 유지할 수 있다고 생각했다.

3 귀도 우발디는 1502년 체사레에 의해 쫓겨났다가 체사레의 아버지 알렉산데르 6세가 죽자 다시 우르비노로 되돌아왔다. 그는 귀국 즉시 요새가 해롭다고 생각해 모든 성채를 파괴했다. 그 이유는 두 가지다. 하나는 인민의 이익을 위해서 요새가 불필요하다고 생각했기 때문이다. 다른 하나는 적의 공격으로부터 자신의 요새를 방어할 수 없다고 판단한 것인데, 왜냐하면 적을 막는 데에 필요한 것은 군대이지 요새가 아니라고 보았기 때문이다.

4 19장의 〈벤티볼리오 가문의 예〉에서 다루었다. 교황 율리우스 2세는 벤티볼리오 가문을 볼로냐에서 몰아내고 나서 도시에 요새를 쌓았고, 자신이 임명한 관리들이 시민들을 학대하는 것을 용인했다. 그 후 볼로냐는 반란을 일으켰고, 교황은 성을 잃고 말았다. 벤티볼리오는 1511년에 다시 볼로냐에 들어왔고, 성채를 파괴했다.

첫 번째 다시 보기는 요새와 성의 관계이다. 요새와 성은 같은가, 다른

가? 같기도 하고 다르기도 하다. 요새는 일반적으로 전략적·전술적으로 중요한 지점에 방어를 목적으로 건설한 것이다. 요새의 종류는 강·암벽·산 등의 자연물을 이용한 경우와 성이나 수로 등 인공물을 설치한 경우가 있다.

마키아벨리는 요새라고 말을 하지만 실제로는 신민이 사는 도시를 방어하는 성채라는 뜻으로도 사용한다. 그는 요새라는 말을 사용하면서 요새, 인민, 그리고 군주의 관계를 다룬다. 즉, 군주의 처지에서 요새와 인민 중 어느 것이 중요한가를 다룬다. 그가 던진 질문은 다음과 같다. 군주는 건설하는 데에 상당히 많은 돈과 인력이 필요한 요새를 구축하는 것이 좋은가, 아니면 요새를 건설하는 대신에 인민의 지지를 얻는 것이 좋은가? 수없이 전쟁이 벌어지는 이탈리아 내에서 군주는 성채나 요새 없이 인민의 지지만으로 권력을 유지할 수 있는가?

마키아벨리는 당대의 상식에 도전하고, 후대에게 올바른 군주의 가치를 전달하고자 한다. 아마 마키아벨리 당대인들은 요새와 성을 쌓지 않고는 권력 을 유지할 수 없다고 생각했을 것이다. 당연히 군주는 인민에게 많은 세금을 거둬 요새를 쌓을 재원을 마련하고, 인민을 동원해 성을 쌓았을 것이다. 요새와 성만이 외부의 공격에 맞서 군주의 권력을 유지하는 유일한 방법인 것처럼 말이다. 그러나 마키아벨리는 이런 상식에 도전한다. 요새와 성은 군주에게 하등 필요가 없는 것이라고 그는 강변한다.

두 번째 다시 보기는 요새의 유용성 여부이다. 답은 시대에 따라 다르다. 시대는 무엇이 규정하는가? 마키아벨리는 여기에서 구체적으로 답하지 않는다. 그 대신에 그는 《로마사 논고》에서 분명히 말한다. 요새가 필요한지 필요치 않은지를 결정하는 것은 무기에 달렸다. 요새가 무기를 견딜 수 있다면 필요하지만, 무기를 견딜 수 없다면 필요 없다. 예컨대 요새는 화살 · 창 · 칼을 견딜 수 있지만, 대포에는 무력하다. 따라서 대포가 전투의 주력이 된 시대에 요새는 아무런 도움이 되지 않는다. 먼 곳에서 아주 강력한 폭발력으로 요새를 무너뜨릴 수 있는 대포 앞에 요새는 방어의 수단으로 적합하지 않다. 마키아벨리 시대에 이미 대포가 전쟁에 동원되었다는 사실을 고려하자. 그렇다면 요새는 대포 앞에서 아무런 쓸모가 없어진다.

마키아벨리는 말한다. 요새는 대포 앞에서 아무런 방어력도 발휘하지 못하는 구시대의 유물이다. 그런데도 군주는 요새를 건설할 것인가? 만약 그렇다면 요새를 건설하는 데는 외적 방어가 아닌 또 다른 이유가 있다. 마키아벨리는 다음 절에서 그 이유를 밝힌다.

군주에게 최상의 요새는 그의 신민이 그를 미워하지 않는 것이다

따라서 결론은 다음과 같이 내릴 수 있습니다. 외부의 적들보다 자신의 인민을 훨씬 더 두려워하는 현명한 군주는 요새를 건설해야 합니다. 반면에 자신의 인민보다 외부의 적들을 훨씬 더 두려워하는 현명한 군주는 요새를 거부해야 합니다. 스포르차 가문은 밀라노에서 다른 어떤 나쁜 정책보다도 프란체스코 스포르차가 건설했던 밀라노 성castle에 의해서 엄청난 손상을 입었고 앞으로도 입게 될 것입니다.[1]

어떤 경우이든 당신에게 가장 좋은 요새는 당신의 신민이 당신을 증오하지 않는 것입니다. 비록 당신이 요새를 가지고 있다 할지라도 인민이 당신을 미워한다면, 요새는 당신을 지켜주지 못합니다. 왜냐하면 인민이 무기를 든다면 인민은 자신들을 도와줄 외국 세력을 반드시 찾아내기 때문입니다.

우리 시대에 어떤 군주에게도 요새는 이익이 되지 않았습니다. 단, 남편인 지롤라모가 살해된 포를리 백작 부인은 예외입니다. 포를리 백작 부인은 소유한 성 덕분에 인민의 공격을 피할 수 있었으며, 밀라노에서 지원이 올 때까지 기다릴 수 있었으며, 다시 지위를 차지할 수 있었습니다. 이럴 수 있었던 이유는 어떤 외부 세력도 포를리 백작 부인의 신민을 도울 수 없는 시기였기 때문입니다. 그러나 체사레 보르자가 포를리 백작 부인을 공격하고, 그녀에게 적대적이던 인민이 체사레와 연합하자마자, 포를리 백작 부인마저도 요새가 도움이 되지 않는다는 것을 알아차렸습니다.[2] 따라서 그 일이 있기 이전과 이후를 생각해 보더라도, 포를리 백작 부인이 요새를 가지는 것보다 인민에게 증오를 받지 않은 것이 훨씬 더 안전했을 것이라는 점은 분명합니다.

이러한 모든 것을 고려해 본다면, 저는 요새를 건설한 군주와 요새를 건설하지 않은 군주를 모두 칭찬합니다. 하지만 저는 요새를 믿고서 자기 인민의 증오를 대수롭지 않게 여기는 군주라면 당연히 비난할 것입니다.

1 마키아벨리는 스포르차 가문의 활약상에 대해서는 이미 앞에서 많이 다루었다. 우선 아버지 프란체스코 스포르차에 대해서는 7장의 〈프란체스코 스포르차〉를 참고하면 된다. 루도비코 스포르차에 대해서는 주로 3장의 〈신흥 군주국은 어려움에 처한다〉와 〈재정복의 경우〉 등에서 상세하게 다루었다. 이 부분을 이해하려면 7장의 〈프란체스코 스포르차〉에 제시한 가계도를 참고하는 것이 좋다.

마키아벨리가 여기서 말한 것은 다소 복잡하다. 왜냐하면 과거완료형과 미래형을 동시에 쓰기 때문이다. 마키아벨리는 스포르차 가문과 요새의 질긴 악연에 대해 《로마사 논고》 2권 24장에서 다루었다. 프란체스코는 현명한 군주였고, 밀라노에 요새를 지었다. 그러나 그 요새는 후계자들에게 커다란 해를 끼쳤다. 왜냐하면 프란체스코의 후계자들인 갈레아초와 그의 아들잔 갈레아초, 갈레아초의 동생 루도비코(3장 참조) 등은 요새를 믿고서 밀라노 시민과 신민을 박해하고 잔혹한 행위를 저질렀다. 그들은 샤를 8세가 침략해 왔을 때 인민의 지지를 얻지 못하고 곧장 나라를 잃고 말았다.

2 지롤라모는 교황 식스투스 4세의 조카이며, 피렌체를 차지하고 싶어 로렌초 메디치를 암살하려 한 '파치 음모'를 꾸민 자이다. 그는 로마냐의 전략적 주요 거점에 강력한 요새를 건설했다. 그는 자신이 통치하는 인민에게 아주 잔인하게 굴었으며, 자신의 탐욕을 채웠으나 암살당했다.

그의 부인은 갈레아초 마리아의 사생아인 카테리나 스포르차이며, 포를리 Forlì 부인이라고도 불린다. 카테리나가 남편의 원수를 갚자, 포를리 시민들이 그녀의 자녀를 살해하겠다고 위협한다. 그러자 그녀는 치마를 걷고 얼마든지 아이를 낳을 수 있으니 죽일 테면 죽이라고 응수했다고 한다. 카테리나는 남편이 죽고 나서 여러 차례 결혼한다.

당시 루이 12세와 힘을 합친 체사레가 로마냐에 욕심을 내어 침략하자 카테리나는 피렌체에 도움을 청했다. 교황을 두려워한 피렌체는 아무런 도움을 주지 않는다. 혼자 힘으로 프랑스와 교황군을 막기로 결심한 카테리나는 징병을 실시하고 병기·식량·대포 등을 비축하며 전투를 준비했다. 그녀의 계획은 처음부터 빗나간다. 남편인 지롤라모와 그녀 자신의 잔악하고 탐욕스러운 행위가 인민의 등을 돌리게 했기 때문이다. 주민들은 성문을 열고 체사레군을 맞이했다. 이는 인민의 지지를 받지 못하면 아무리 훌륭한 요새를 가지고 있어도 소용없음을 보여준다.

그녀의 계획은 이것만으로 실패로 끝난 건 아니다. 그는 인민에게 항복하기를 원하는지 물었지만 인민은 끝내 대답하지 않았다. 긍정도 부정도 하지 않는 것은 긍정이나 다름없다. 다시 말하면 체사레의 지배를 받는 것이 더 낫다는 것이다. 민심을 확인한 카테리나는 결국 성채 한 곳으로 들어가 결사항전을 준비한다. 체사레군과 카테리나군은 서로 대포를 쏘며 며칠 동안 전투를 치렀다. 그녀는 전 이탈리아에 알려질 정도로 영웅적인 항전을 했으나, 결국 체사레에게 패해 포로가 되었다.*

마키아벨리는 중세 천 년의 비밀을 폭로한다. 이는 곧 요새가 불필요한 두 번째 이유이다. 요새와 성채의 목적은 무엇인가? 외적의 감시와 방어? 천만의 말씀! 요새와 성채의 목적은 내부 인민에 대한 감시이자, 내부 안정을 해치는 신민으로부터 군주를 방어하고 보호하는 것이다. 중세 천 년을 유지해온 폭력 장치로서의 요새와 성채!

마키아벨리는 자신이 통치하는 인민을 두려워하는 군주라면 요새를 건설하라고 권고한다. 그러나 침략군을 두려워하는 군주라면 요새를 해체하라고 말한다. 이 말을 뒤집어보자. 인민의 지지를 받는 군주는 요새를 건설하지 않아도 된다. 인민을 감시할 필요도, 인민이 반란을 일으킬지 걱정할 필요도 없기 때문이다. 침략군이 쳐들어와도 걱정할 필요가 없다. 인민이 국가를 지키고 선량한 군주를 보호하고자 목숨을 바쳐 싸울 것이기 때문이다.

스포르차 가문을 보라! 요새를 믿고 인민을 핍박하다 쫓겨나는 신세를 면치 못했다. 포를리 백작 부인을 보라. 아주 훌륭한 요새가 있었

---

* 세러 브래드퍼드 지음, 김한영 옮김,《체사레 보르자》(사이, 2008), 262~277쪽.

지만, 군주를 증오한 인민이 체사레에게 문을 열어주지 않았는가! 이래도 요새의 목적이 외국군을 방어하기 위함이라고 말할 텐가? 솔직히 말하라. 요새의 목적은 인민을 수탈해서 폭발하는 증오로부터 군주 자신을 보호하려는 장치이다. 따라서 인민의 증오를 받지 않는 군주라면 요새를 건설할 필요가 없다. 강력했던 로마는 쌓았던 성벽도 허물었고, 강력했던 스파르타는 어떤 경우에도 성을 쌓지 않았다.

그렇다면 외국군을 어떻게 방어할 것인가? 마키아벨리가 말하는 요새를 건설하지 않아도 되는 세 번째 이유이다. 전쟁과 전투는 군대가 하는 것이지 요새가 하는 것이 아니다. 귀도 우발디를 보라. 전쟁은 군대가 하는 것이다. 군주는 군대를 강력하게 양성하고, 그 군대를 통솔해야 한다. 전투의 승리와 실패는 결국 군대에 달렸다. 군주는 군대를 믿고 싸워야 한다.

강력한 군대는 어디에서 오는가? 마키아벨리가 앞에서 지속적으로 언급했던 내용이다. 바로 인민이다. 인민의 선의를 믿은 니콜로 비텔리를 보라. 인민을 사랑한 군주, 인민을 위해 통치하는 군주, 인민의 증오를 받지 않는 군주는 자국군을 꾸릴 수 있고, 자국군은 나라를 지키는 가장 중요한 힘이다. 인민의 증오를 받는 군주는 아무리 강력한 요새를 구축해도 나라를 잃는다. 인민이 성문을 열고 외국 군주를 환영하며 받아들이기 때문이다.

《군주론》을 읽은 당대 군주들은 어떤 생각을 했을까? 시대의 변화로 포병 앞에 무력해진 요새, 그리고 요새의 목적이 외적 방위가 아닌 인민 감시라는 중세 천 년의 비밀을 폭로하고, 인민의 지지가 곧 권력 유지의 핵심 요소이자 만고불변의 진리리는 마기아벨리의 주장을 접하고 전율을 느꼈을 것이다. 악행이 취미라 그의 조언을 받아들일 수 없는 군주는 공포의 전율을 느낄 것이다. 무능함 탓에 조언을 받아들이지 못한 군주 역시 권력 상실의 두려움으로 부들부들 떨 것이다. 그러나 조언을 받아들일 수 있는 현명한 군주는 희열로 온몸이 떨릴 것이다.

20장 다시 보기

첫 번째 다시 보기는 '숨은 그림 찾기'이다. 20장 전체에 걸쳐 마키아벨리는 인민의 지지를 받는 것이 중요하다고 다시 한번 역설한다. 그는 이를 은밀하게 여러 인물과 역사적인 사건 속에 감춰놓는다. 그는 '무장해제'와 '분열 조장'에서 인민의 신뢰를 받는 것이 중요하다고 도입부를 열고, '증오 조장'과 '이전의 적'에서는 중립적인 다수의 지지를 받는 것이 중요하다고 설명하며, 마지막으로 '요새'에서 인민의 지지야말로 최고의 요새라고 강조한다. 그는 점층법을 사용해 인민의 중요성을 강조한다. 그러나 그는 직접 말하지 않고 에둘러 말하며 나머지 숨은 뜻은 독자들이 발견하라고 주문한다.

두 번째 다시 보기는 '생략'이다. 20장을 읽을 때 생략이 많음에 유의하자. 마키아벨리는 19장에서 군주가 경멸과 증오를 받지 않는 방법을 아주 길게 논증하면서 각각에 맞는 논거를 제시했다. 그러나 그는 20장에서 마치 갈 길이 아주 먼 나그네처럼 길을 재촉한다. 꼭 논증하고 논거를 대야 할 부분을 빠뜨리면서 성급하게 넘어가는 인상을 준다.

마키아벨리는 〈신흥 군주는 신민에게 병기를 허용한다〉에서 "이에 관한 실례는 역사 속에 가득합니다"라고만 말하고 구체적인 사례를 들지는 않는다. 〈복종하는 도시의 분열을 조장해서는 안 된다〉에서 "제가 믿는 바에 따르면"이라고 말하지만 구체적인 설명을 하지 않는다. 〈예전 적들로부터의 충성〉에서 "많은 사람들이 이런 주장을 하곤 합니다"라고 말하지만 누가 어떤 이야기를 했는지 설명하지 않는다. 〈옛 정부에 만족하지 못한 자들은 새로운 정부에도 만족하지 못할 것이다〉에서 "그 원인을 고대의 사례와 최근의 예를 통해 자세히 살펴본다면"이라고 말하지만 원인을 자세히 고찰하지도 않고 고대의 사례와 최근의 예를 제시하지도 않는다.

이런 글쓰기는 앞에서 짧은 글 안에 많은 것을 담으면서도 이를 차분하게 논증했던 마키아벨리의 기본적인 글쓰기 태도와 달라 상당한 혼동을 준다. 왜 그는 여기서 이런 방식의 글쓰기를 하는 것일까? 이유는 간단하다. 독자를 위해서이다. 책을 헌정 받는 독자는 군주이고, 그 군주가 이 책을 끝까지 읽을 리 없을 것이고, 읽는다 해도 제20장쯤 되면 더 읽을 것인가 말 것인가 고민할 것이라고 그는 생각했을 것이다. 따라서 그는 가독성을 키우려고 구태의연한 논증과 논거는 생략하고 과감하게 글을 쓴 듯하다.

이 글을 읽는 독자는 마키아벨리가 생략한 부분을 일일이 찾아 채워야 한다. 또한 채워진 내용을 통해 그가 어떤 생각을 했는지 추론해야 한다. 그가 비워놓은 내용의 공백을 채워야 사유의 널뛰기가 메워진다.

군주가 더 좋은 평판을 얻으려면
어떻게 처신해야 하는가

이 장은 〈위대한 일을 착수함으로써 얻은 평판—에스파냐의 페르난도〉, 〈극적인 행위에서 얻는 평판〉, 〈중립은 적을 양산한다〉, 〈아카이아인들은 중립에 서지 않도록 충고를 받았다〉, 〈친선 관계를 얻고 싶으면 적극적인 동맹자가 되라〉, 〈약한 군주와의 동맹도 유익할 수 있다〉, 〈강력한 자와는 결코 자발적으로 동맹을 맺지 마라〉, 〈차악을 선으로 인정하라〉, 〈산업과 상업의 장려, 그리고 축제들〉로 이루어져 있다.

20장과 마찬가지로 옴니버스식 글쓰기이다. 그러나 21장은 20장과는 다르다. 두 번째 주제가 소논문 형식으로 구성되어 있기 때문이다. 주제는 크게 세 가지이다. 그 내용은 아래와 같다.

첫 번째는 군주와 명성의 관계이다. 주로 군주가 대외 업무를 어떻게 처리해야 명성을 얻을 수 있는가를 페르디난도의 예를 통해 설명한다. 마키아벨리는 명성을 얻는 것만큼이나 악명을 얻는 것도 주저하지 말라고 강조한다.

두 번째는 군주와 동맹에 대한 것으로, 이 역시 군주의 대외 업무에 해당한다. 동맹 부분은 소논문의 형태로 구성되어 있다. 서문에서 전쟁에 승리한 군주가 강력해진 경우와 강력해지지 않은 경우로 나눈다. 본문은 이 둘로 나누어 설명한다. 우선, 전쟁에 승리해서 강력해진 군주와의 동맹을 어떻게 해야 하는가이다. 역사적인 사례로 아카이안 동맹과 로마의 사례를 언급한다. 결론적으로 적극적인 동맹을 추구하는 것이 중요하다고 말한다. 그다음으로, 전쟁에 승리했지만 강력해지지 않은 군주와 어떻게 동맹을 맺을 것인가이다. 또한 약한 군주는 강력한 자와 자발적인 동맹을 맺지 말라고 조언한다. 마지막에는 동맹 관련 전체 결론으로, 앞날을 알 수 없으므로 차악을 선으로 받아들이고 행동하라고 권유한다.

세 번째는 군주가 인민의 복리를 위해 어떤 정책을 펼쳐야 하는가에 대한 나열식 설명이다. 이는 주로 군주의 대내 업무에 관한 것으로, 마키아벨리가 말하는 내용 하나하나가 상당한 설명이 필요할 만큼 중요하다. 그러나 그는 이것도 간단하게 언급하고 넘어갈 뿐이다.

이를 바탕으로 21장 전체를 요약하면 한마디로 군주가 대외적인 업무를 원활하게 수행하려면 대내적인 관리를 어떻게 해야 하는가이다. 이를 바탕으로 목차를 재구성하면 아래와 같다.

1. 명성과 악명 얻기
    1) 명성 얻기: 위대한 일을 착수함으로써 얻은 평판—에스파냐의
        페르난도
    2) 악명 얻기: 극적인 행위에서 얻는 평판

2. 동맹에 대해

서론: 중립은 적을 양산한다

본론

  1) 적극적 동맹: 전쟁에서 승리한 군주가 자신보다 강력해진 경우

    (1) 역사적 사례: 아카이아인들은 중립에 서지 않도록 충고를

        받았다

    (2) 이론적 검토(소결론): 친선 관계를 얻고 싶으면 적극적인

        동맹자가 되라

  2) 약자와의 동맹: 전쟁에서 승리했다 해도 자신보다

      강력해지지 않은 경우

    (1) 강한 군주의 처지: 약한 군주와의 동맹도 유익할 수 있다

    (2) 약한 군주의 처지(사례와 소결론): 강력한 자와는 결코

                        자발적으로 동맹을 맺지 마라

결론: 차악을 선으로 인정하라

3. 군주의 대내 의무

  산업과 상업의 장려, 그리고 축제들

위대한 일을 착수함으로써 얻은 평판—에스파냐의 페르디난도

군주가 위대한 일을 착수하고 비상한 행동을 하는 것만큼 높은 평판을 얻
게 해주는 것은 아무것도 없습니다. 우리 시대의 그 예는 에스파냐의 현
재 국왕인 아라곤의 페르디난도 2세입니다. 그는 신흥 군주라 불릴 만합
니다. 왜냐하면 충분한 명성과 번영을 누렸지만 그는 혼자 힘으로 소군주

에서 기독교 군주들 가운데 가장 앞서가는 군주로 변신했기 때문입니다.

당신이 그의 행적으로 고려해 본다면, 그의 행적들이 모두 아주 위대할 뿐만 아니라 일부 행적들은 더욱 뛰어났다는 것을 알게 될 것입니다. 통치 초기에 그는 그라나다를 공격했습니다. 이 일로 그는 권력의 토대를 세웠습니다. 우선 그는 달리 할 일이 없는 한가할 때, 그리고 저지당할 위험도 없을 때 공격을 개시했습니다. 그는 그라나다를 침략함으로써 말을 잘 듣지 않던 카스티야 영주들의 마음을 소모하도록 했습니다. 그 결과 카스티야 영주들은 전쟁에 대해 생각하는 동안 반란을 생각할 엄두조차 못 내었습니다. 그동안 그는 높은 명성을 얻고 영주들에 대한 지배권을 확보했습니다. 그런데 영주들은 지배권을 빼앗기는지도 몰랐습니다.[1] 그는 교회와 인민에게서 거둬들인 돈으로 군대를 유지했습니다. 오랜 전쟁을 거치며 자신만의 군대 조직의 토대를 갖췄습니다. 그 덕분에 그는 명예를 얻게 되었습니다.

이 외에도 그는 더 위대한 일을 하고자 종교를 이용했습니다. 왜냐하면 그는 자신의 왕국에서 마라노들을 사냥해서 완전히 제거하려고 경건한 잔인성pietosa crudeltà을 이용했습니다. 어떤 인상적인 행적도 이보다 더 비참하거나 이보다 더 이례적인 것은 없습니다.[2]

이처럼 종교의 외피를 쓰고서 그는 아프리카를 침략했습니다. 그 후 그는 이탈리아 원정에 착수했습니다.[3] 최근에 그는 프랑스를 침략했습니다.[4] 그리고 항상 그래 왔듯이 엄청난 행동을 했으며 계획했습니다. 그럼으로써 그는 신민이 그 행동의 결과를 보면서 항상 긴장과 놀라움을 잃지 않도록 했습니다. 그는 하나의 전투 행위와 그다음 전투 행위 사이에 자신에게 저항할 여유를 인민에게 결코 제공하지 않았습니다. 그는 그만큼 정신없이 전투를 치렀습니다.

근대국가 이전의 에스파냐 분리 상태

1 위의 지도를 보자. 당시 이베리아 반도는 카스티야 왕국, 아라곤 왕국, 그라
   나다 왕국, 나바라 왕국, 그리고 포르투갈 왕국으로 나뉘어 있었다. 아라곤
   과 카스티야는 하나의 혈통으로 이어져 있었다. 페르디난도 2세의 할아버지
   인 페르디난도 1세와 이사벨 1세의 할아버지인 엔리케 3세는 형제였다. 페르
   디난도 2세와 이사벨 1세는 1469년에 결혼했는데, 두 집안의 혼인은 이베리
   아 반도 내 강력한 국가인 에스파냐 탄생의 기초가 되었다.

   페르디난도 2세와 이사벨 1세는 1482년에 그라나다를 전격적으로 침략
   했고, 마침내 1492년에 그라나다 왕국을 이베리아 반도 내에서 완전히 제거
   했다. 명분은 이베리아 반도 내 이슬람 왕국의 제거였다. 페르디난도 2세와
   이사벨 1세가 가톨릭 왕이라 불렸다는 것을 고려하면, 이 정복 전쟁은 에스
   파냐 내부에서 정당한 것으로 여겨졌다.

   사실 한 뿌리에서 나온 두 왕가의 결혼을 통한 한 국가로의 통합은 반드
   시 양 왕국에서 기득권을 쥐고 있던 귀족들의 저항을 불러일으킬 것으로 보

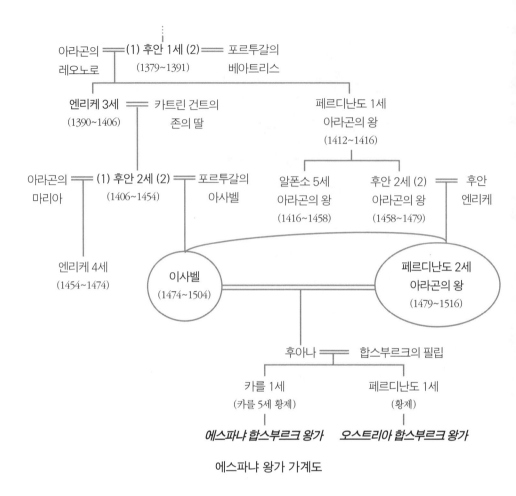

에스파냐 왕가 가계도

였지만, 의외로 그렇게 큰 반란이나 저항은 발생하지 않았다. 왜냐하면 위에서 언급한 그라나다 왕국 제거를 위해 가톨릭 왕국 대 이슬람 왕국의 대립이라는 명분을 내세워 귀족들이 저항을 일으킬 틈 자체를 아예 주지 않았기 때문이다.

페르디난도 2세는 이베리아 반도 내에 순수한 가톨릭 국가를 세우려고 종교재판소를 설치하고, 유대인 정화 작업과 더불어 귀족 혈통의 순화 작업까지 단행한다. 당시 페르디난도 2세를 포함한 에스파냐 귀족들에게는 유대인의 피가 상당히 많이 흐르고 있었다. 따라서 두 가톨릭 왕의 유대인 제거 정책은 귀족들이 자신들의 혈통을 변호하는 데 급급하게 만들었다. 이에 대한 자세한 설명은 뒤에서 한다.

하지만 이보다 더 중요한 것은 16장에서 보았듯이 페르디난도가 귀족들의 사적 무장을 해제함으로써 그들의 수족을 잘라버린 정책이었다. 또한 그는 각종 개혁 정책을 통해 세금을 줄임으로써 인민에게 전쟁의 부담을 전가하지 않았다.

이러한 정책들의 결과로 귀족들은 페르디난도 2세와 이사벨 1세에게 저항할 엄두도 내지 못했다. 이슬람 왕가와 유대인을 몰아내는 일에 반대하는 귀족, 무장을 해제당하고 왕의 대포에 맞서야 하는 귀족, 인민의 지지를 받는 왕에게 저항할 수 있는 귀족은 에스파냐 내에서 존재할 수 없게 되었기 때문이다. 마키아벨리는 이런 뜻으로 귀족들이 반란을 일으킬 엄두조차 내지 못했다고 말한다.

2 페르디난도 2세와 이사벨 1세가 행한 종교 재판을 말한다. 페르디난도 2세와 이사벨 1세는 1469년 결혼함으로써 현재의 스페인을 탄생시켰다. 그 이전 1391년 이베리아 반도에서 유대인 대량 학살이 있었고, 이를 피하려고 유대인들 중 상당수가 가톨릭으로 개종했다. 페르디난도 2세와 이사벨 1세는 1480년 에스파냐에 종교재판소를 설치했다. 겉으로 내세운 이유는 교회의 강화였다. 하지만 본질적인 목적은 다음 두 가지이다. 하나는 에스파냐 귀족의 피를 정화하는 것이었다. 페르디난도 2세 역시 모계를 통해 유대인의 피가 흐르고 있었고, 에스파냐 귀족과 부유층 가문의 상당수가 유대인 혈통을 이어받았다. 다른 하나는 부유한 유대인들한테서 재물을 빼앗아 왕실 재정을 강화하는 것이었다. 1492년 에스파냐에서 그나마 남아 있던 유대인마

저 대거 추방하는 일이 벌어진다.* 이후부터 유대인 '게토'라는 특수한 집단이 에스파냐에서 만들어진다.

　여기서 우리는 다음과 같은 것을 추론할 수 있다. 피의 정화는 정치적 목적을 가지고 있다. 이는 페르디난도 2세와 이사벨 1세에게 도전할 수 있는 귀족들의 정치적 기반을 제거하려는 것이라고 볼 수 있다. 재정 강화는 인민의 위안이 목적이다. 다양한 정복 전쟁을 행하던 페르디난도 2세에게는 엄청난 재원이 필요했다. 하지만 인민을 가혹하게 수탈해 세금을 징수하는 것은 치명적인 위험이 될 수 있었다. 따라서 페르디난도 2세는 인민 대신에 유대인이라는 속죄양을 찾은 것이다.

3 종교 재판의 결과 쫓겨난 유대인은 주로 북아프리카 유대인 거주 지역이나 오스만 제국으로 달아났다. 페르디난도 2세는 북아프리카로 도망간 유대인을 쫓아가 이들과 전쟁을 했다.

4 이 내용은 13장의 〈프랑스가 원군을 사용한 어리석은 짓〉에서 다루었다.

5 페르디난도 2세는 1492년에 그라나다를 정복하고 나서, 프랑스의 가스코뉴를 공략했다.

마키아벨리가 가장 이상적으로 생각했던 군주는 누구인가? 이탈리아 내부에서는 체사레 보르자! 이탈리아 외부에서는 페르디난도 2세! 이것이 정답이다. 왜 그런가? 이 질문에 답하고자 페르디난도 2세를 중심으로 '경건한 잔인성'이라는 말에서부터 출발하자.

　15장에서 마키아벨리는 필요하다면 군주는 비난받을 만한 악덕을

* http://jewishcurrents.org/october-17-ferdinand-and-isabella-12511

사용하는 데에 주저하지 말라고 말했다. 권력을 획득하고 유지할 수 있기 때문이다. 그러나 필요하다고 해서 비난받을 만한 악덕을 드러내 놓고 사용하는 것은 하수下手이다. 진정한 군주는 비난받을 만한 악덕을 사용하면서도 이를 미덕으로 포장할 줄 알아야 한다. 이런 군주야 말로 진정 상수上手이다.

그 예가 페르디난도 2세이다. 페르디난도 2세는 "더 비참하거나 이보다 더 이례적인 것"이 없을 정도로 잔인하게 유대인을 학살하고, 추방하고, 그것도 모자라 다른 나라까지 쫓아가 전쟁을 했을 정도이다. 그는 잔혹하고 잔인하게 유대인 청소를 했지만 에스파냐 인민에게 비난받지 않았다. 가톨릭 정신이라는 경건함으로 화장했기 때문이다. 또한 그는 그라나다를 전격적으로 침략하고, 10여 년 동안 전쟁을 치렀다. 그는 철저하고 가혹하게 이슬람 청소를 했지만 이 역시 비난받지 않았다. 순수한 가톨릭 국가라는 경건함으로 외피를 둘렀기 때문이다. 그는 잔인함을 항상 경건함으로 치장했다.

'경건한 잔인성'은 '뜨거운 얼음'이나 '차가운 불'과 마찬가지로 형용모순이다. 세상 어디에도 차가운 불과 뜨거운 얼음은 존재하지 않는다. 하지만 인간사에는, 인간성에는 이런 현상이 분명히 존재한다. '경건'은 칭찬받을 만한 미덕인 반면, '잔인성'은 비난받을 만한 악덕이다. 명사와 형용사의 모순. 명사가 본질이라면 형용사는 현상이다. 명사가 본심이자 진심이라면 형용사는 가식이다. 명사가 실천 행위라면, 형용사는 화려한 말잔치이다. 군주는 형용사로 명사를 포장할 줄 알아야 한다. 그래야 진정한 군주가 될 수 있다.

페르디난도 2세는 소금과 물과 같은 형용모순을 자연스럽게 결합한다. 반면에 체사레는 형용모순을 서로 분리된 물과 기름처럼 부자연스럽게 결합한 군주이다. 체사레는 7장에서 보았듯 탁월한 군사 능력, 잔인한 행동력, 교묘한 속임수 등 모든 면에서 비난받을 만한 악덕을 사용할 줄 알았다. 그러나 그는 이것을 따뜻함, 다시 말하면 칭찬받을 만한 미덕으로 치장하는 데에 약했다. 그는 두려움과 외경의 대상이었을지언정 존경과 신뢰를 받는 군주는 아니었다. 이 점에서 체사레보다 페르디난도 2세가 이상적인 군주에 가깝다.

군주라면 '경건한 잔인함', '강직한 불신의', '절제 있는 인색함', '붙임성 있는 교활함', '자비로운 호색', '충직한 무신론', '유약한 오만' 등 형용모순을 자유롭게 구사할 줄 알아야 한다. 칭찬받을 만한 악덕만 사용하는 군주도, 비난받을 만한 악덕만 사용하는 군주도 군주로서의 자격이 없다. 이런 점에서 페르디난도 2세는 마키아벨리에게 군주의 진정한 이상이라고 할 수 있다.

페르디난도 2세가 마키아벨리에게 이상적인 군주였는지 또 한 가지 지적하도록 해보자. 혹자는 체사레에 비해 페르디난도 2세를 다룬 원고량이 무척 적다고 말할지 모른다. 그러나 이 또한 잘못된 판단이다. 마키아벨리는 페르디난도 2세를 구석구석 중요 부분에서 다루거나 암시하면서, 페르디난도 2세가 얼마나 우수한 군주였는지 강조한다.

예컨대 3장의 〈루이왕은 무엇을 했어야 했는가〉이다. 여기서 루이 12세는 어리석은 짓을 한 반면, 페르디난도 2세는 루이 12세의 어리석음에서 이익을 얻은 자로 묘사된다. 12장의 〈이탈리아 용병의 역사〉에서 페르디난도 2세는 자국군을 건설한 군주로 묘사된다. 13장의 〈원군에서 비롯된 최근의 위험 사례들〉에서 그는 율리우스 2세에게 원군을 제공하고 이익을 취한 군주로 묘사된다. 또한 13장의 〈프랑스가 원군을 사용한 어리석은 짓〉에서 페르디난도 2세는 원군을 사용한 어리석은 프랑스를 몰아낸 것으로 묘사된다. 16장의 〈검소함이 진정한 활수이다〉에서는 인민의 충분한 지지를 받을 만큼 돈을 절약한 검소한 군주이자, 인민에게 세금으로 피해를 주지 않으려는 군주로 묘사된다. 18장의 〈다수는 겉만 보고 판단한다〉에서 그는 입으로는 평화와 진리만을 말하지만 사사건건 평화와 진리에 대립되는 전쟁을 벌였다고 묘사된다.

페르디난도 2세는 군주로서 갖춰야 할 군사력, 기지, 인민 사랑, 권모술수, 정복 등 모든 능력을 갖춘 자이다. 페르디난도 2세에 비한다면 체사레는 조족지혈鳥足之血이다.

또 다른 지점은 행운과 업적이다. 마키아벨리에게 행운의 여신은 비르투나 만큼이나 중요하다. 행운의 도움을 받지 못하면 아무리 좋은 비르투나를 갖춘 군주라도 커다란 업적을 이룰 수 없기 때문이다. 체사레는 분명히 엄청난 비르투나를 갖춘 군주이다. 그러나 그는 죽음이라는 불의의 일격을 받았다. 그 결과 그는 아버지 알렉산데르 6세 때부터 쌓은 모든 업적을 단숨에 상실해버린다. 그는 포르투나에 의해 버림받은 자이다.

그에 비한다면 페르디난도 2세는 가톨릭을 수호하는 '가톨릭 황제'였지만, 이교도 신인 포르투나의 보살핌을 계속 받은 자이다. 그는 온갖 역경을 비르투나로 극복하고, 근대 에스파냐를 완성한 군주이기 때문이다. 즉, 그는 행운의 여신한테 키스를 받은 진정한 남성 군주라고할 수 있다.

페르디난도 2세가 이룬 업적은 이탈리아 중부에서 고작 교황령 국가를 건설할 수 있을까 없을까로 고군분투한 체사레와 비교할 수 없다. 그는 카스티야 왕국과의 정치적 통합을 이뤄냈고, 그라나다 왕국과 나바라 왕국을 정복해 포르투갈을 제외한 이베리아 반도의 통일을 성취했다. 마키아벨리가 그토록 꿈꾸는 이탈리아 통일의 원형이 여기에 있지 않은가! 더 나아가 그는 아메리카 대륙을 식민지로 삼는 거대한 사업의 초석을 다진 자이기도 했다. 마키아벨리가 그토록 원했던, 유럽·지중해·아시아를 지배하던, 현대 이탈리아의 과거, 바로 로마가 여기에 있지 않은가!

이상의 모든 점을 고려한다면, 마키아벨리가 이상적으로 그린 군주는 체사레보다 페르디난도 2세라고 봐야 한다. 다만 그는 이탈리아 반도에 개입해서 이탈리아를 못살게 구는 에스파냐의 군주여서 상대적으로 덜 평가되었을 뿐이다. 프랑스의 루이 12세도 마찬가지이다

극적인 행위에서 얻는 평판

군주가 이처럼 행동하는 것은 국내 일에서도 자신의 능력을 화려하게 과시하는 데에 엄청나게 도움이 됩니다. 밀라노의 군주인 베르나보에 관해 보고된 행적들이 그 예입니다. 따라서 한 시민이 군주에게 도시 생활에서 좋거나 나쁜 특별한 행동을 할 기회를 제공한다고 가정해 보십시오. 그러면 군주는 그를 처벌하든 보상하든 간에 확실히 크게 파급될 여지가 있는 방법을 찾게 마련입니다. 무엇보다도 군주는 자신의 모든 행동에서 특별한 능력을 가진 강력한 인간이라는 것만큼이나 악명도 놓치지 말고 얻어야 합니다.

1 영문판 번역에는 아래와 같은 일화가 기술되어 있다.

베르나보(1354~1385)는 밀라노의 공작이다. 그의 특별한 행동에 관해서

는 이야기꾼이나 연대기 편저자들이 전하고 있다. 한 예를 들어 보자. 공작은 몇몇 시골 촌놈들이 무덤을 파고 있는 것을 보았다. 그는 왜 파느냐고 물었다. 그러자 그는 순례자가 아무런 재산도 남기지 않고 죽어서 그렇다는 소릴 들었다. 성직자와 교회 관리인은 아무런 보상도 받을 것이 없기 때문에 그의 시신 처리를 거부했다는 말도 들었다.

그는 성직자와 교회 관리인을 불러들였다. 그리고 그들에게 물었다. "이 사람들 말이 사실인가?" 성직자와 교회 관리인은 큰 소리로 대답했다. "군주시여, 우리는 우리가 받아야 할 것은 꼭 받아야만 합니다." 그러자 공작이 대답했다. "그러면 누가 그것을 너희에게 줄 수 있는가? 그것을 소유하지 못하고 죽은 순례자가 그것을 줄 수 있는가?" 그러자 그들은 다음과 같이 답했다. "누가 그것을 주든지 간에 우리는 받아야 할 것은 꼭 받아야 합니다." 공작이 다시 말했다. "그러면 내가 너희들에게 그것을 주겠다. 죽음이 바로 너희가 받아야 할 것이다. 죽은 순례자는 어디 있는가? 그를 이리로 데려오너라. 그를 무덤 속에 넣어라. 성직자를 잡아서 그도 무덤 속에 넣어라. 교회 관리인은 어디 있는가? 그도 집어넣어 삽으로 흙을 덮어라." 그는 성직자와 교회 관리인을 순례자와 함께 묻어버리고 길을 떠났다.

어떤 행동을 하든 최대 효과를 강구하라! 처벌하든 보상하든 관객, 즉 시민을 염두에 두고 행동하라! 악행을 하더라도 이를 즐기는 관객, 즉 인민에게 어떤 인상을 줄지 고려하고 행동하라. 마키아벨리가 여기서 하고 싶은 말이다.

위의 내용을 잘 보여주는 대표적인 인물이 베르나보이다. 그가 위에서 한 행동을 보라. 살아 있는 성직자와 교회 관리인을 죽은 순례자와 함께 묻어버리는 그의 기상천외한 발상을 보라. 역겹고 두려울 것이다. 그러나 관객은 어떻게 생각할까? 통쾌할 것이다. 적어도 성직자라면 순례자의 주검을 아무 조건 없이 묻어주어야 하기 때문이다. 그러나 그들은 그렇게 하지 않았다. 돈이 없는 순례자에게서 매장 비용을 받지 못한다고 생각했기 때문이다.

이 성직자들은 사랑보다 돈을 중시하는 자들이고, 돈을 벌려고 성직에 종사하는 자들이고, 돈이 주어진다면 신도 팔아치울 자들이다. 인민은 이런 성직자들을 어떻게 생각했을까? 당연히 부엌에서 먹을 것을 구하는 바퀴벌레, 창고에서 음식을 훔쳐 먹는 쥐, 그 쥐에 기생하는 쥐벼룩보다 못한 자들이라고 생각했을 것이다.

이런 성직자들을 화끈한 방법으로, 보도 듣도 못한 기발하고 자극적인 방법으로 처리해버리는 베르나보! 인민은 베르나보의 행위에 속시원해하며 박수를 쳤을 것이다. 반면, 성직자들은 공포를 느끼며 쥐구멍을 찾았을 것이다.

베르나보는 이런 행동을 통해 무엇을 얻었을까? 명성이 아니라 악명이다. 명성은 악독한 행위를 해도 목적이 숭고하고 고상하다면 얻어지는 것이고, 악명은 악독한 행위 그 자체가 목적일 경우 따라붙는 것이다. 페르디난도 2세는 악독한 짓을 했지만 명성을 얻었고, 베르나보역시 악독한 짓을 했지만 악명을 얻었다. 그는 지나치게 잔혹한 독재와 가혹한 세금으로 밀라노 시민을 분노케 했기 때문이다. 오죽했으면 인민의 공포를 두려워한 그의 조카 잔 갈레아초 비스콘티가 그를폐위해 감옥에 투옥하고 나서 독살할 정도였다. 그는 숭고한 목적이 없었기에 그의 행위는 악명으로 끝났다.

문제가 발생한다. 그렇다면 통치자는 페르디난도 2세처럼 명성만 추구하고 베르나보처럼 악명을 얻으면 안 되는가? 마키아벨리는 악명을 얻는 데도 주저하면 안 된다고 서슴없이 말한다. 베르나보를 보라. 위와 같은 행동을 통해 무엇을 얻었는가? 악명이다. 이 악명은 그의 악행, 지나친 세금과 독재에 대한 보상을 인민에게 청량제로 제공한 것과 같다.

다시 말하면 정치인은 악명일지라도 자꾸 대중의 입에 오르내려야 한다. 대중의 눈과 귀와 입에서 사라지는 순간, 정치의 세계에서 몰락한 것이기 때문이다. 독재자일수록 인민에게 위안을 주는 화려한 쇼를 준비한다. 화려한 쇼는 검투사의 대결도, 서커스도, 스포츠도, 스크린도, 섹스도 아니다. 화려한 쇼는 깡패와 도둑을 잡도리하고, 그들을 구경거리로 삼고 사형대에 올려 화려한 신체형을 가하는 것이다. 인민은 이를 보고 환호작약하고, 독재자는 악명을 얻는 동시에 인민에게 저항 의지를 버리라고 겁박한다. 이것이 정치다.

정치권력을 유지하는 데에 도움이 된다면 명성도 좋고 악명도 좋다. 명성만 추구하면, 그는 곧 권력을 잃는 비참한 운명에 처할 수 있기 때문이다.

중립은 적을 양산한다

더 나아가, 군주는 진정한 친구이거나 진정한 적일 때, 즉 조건을 달지 않고 다른 군주와 대결하는 군주의 동맹자일 때 존경받습니다. 그렇게 방향을 잡는 것이 중립으로 남는 것보다 항상 이익이 됩니다. 왜냐하면 당신의 이웃들 가운데 두 군주potentates가 전쟁을 한다면, 그래서 그 둘 중에 하나가 정복에 성공한다면, 그들은 당신이 두려워할 만큼 강력해지거나 강력해지지 않기 때문입니다. 둘 중 어느 경우이건 간에 태도를 밝히고, 성심성의껏 전쟁을 하는 것이 당신에게 훨씬 이익이 됩니다.[1]

첫째, 정복한 자가 당신이 두려워할 만큼 강력해진 경우입니다. 당신이 전쟁을 선포하지 않았다면, 당신도 결국 승자의 먹이가 됩니다. 패배한 자는 이를 보고 즐거워하며 희열을 느낍니다. 그리고 당신은 누군가 당신을 도와주어야 할 어떤 이유도, 또한 어느 누구도 당신에게 피난처를 제공해 줄 어떤 이유도 보여주지 않았습니다. 왜냐하면 정복자는 당신을 신뢰하지 않을 뿐만 아니라 역경에 처한 자신을 도와주지 않은 동맹을 원하지 않기 때문입니다. 반면에 패배자도 당신에게 피난처를 제공하지 않습니다. 왜냐하면 당신은 손에 병기를 들고 있었음에도 패배자의 운명을 기꺼이 공유하지 않으려 했기 때문입니다.

전쟁을 하는 두 당사자인 군주는 현재 강력하거나, 아니면 앞으로 전쟁의 결과 더 강력해지는 경우가 있다. 이 경우 제3의 군주는 중립을 지키는 것이 좋은가, 나쁜가? 마키아벨리는 무조건 어느 한쪽 편을 들라고 강조한다. 그 이유는 다음과 같다.

첫째, 승자의 제물론이다. 승리한 국가는 패배한 국가를 흡수한 후 1+1=2가 아니라 3 또는 4, 5의 강력한 국가가 된다. 전쟁에서 이겨 전보다 더 강력해진 국가가 주변에 있는 국가를 가만히 놓아둘 리 없다. 다시 전쟁을 일으켜 중립을 지키던 국가를 점령해버린다. 국가 간의 관계는 최소한의 도덕과 인류이 지켜지는 인간 사회와는 달리 절대적인 약육강식의 세계라고 마키아벨리는 이해했다.

둘째, 패자의 희열론이다. 전쟁에 패배한 국가는 형세를 관망하던 중립 국가를 원망하기 마련이다. 패배한 국가는 중립을 지키던 국가가 자신과 마찬가지로 패배하면 좋아한다. 중립을 지키던 국가가 자신들을 지원했다면, 전쟁의 승패를 뒤로 미루거나 이길 수도 있었다고 생각하기 때문이다.

마지막으로, 승자와 패자의 인지상정론이다. 승자도 패자도 중립을 지키던 국가를 좋아하지 않는다. 승자는 중립 국가의 도움을 받았다면 더 손쉽게 승리할 수 있었을 것이라고 원망하기 마련이고, 패자 역시 도움을 받았다면 상반된 결과를 낳았을지 모른다며 원망하기 때문이다. 승자는 도움을 준 국가의 은혜를 결코 잊지 않는다. 최대한 침략 시기를 늦추거나 가능하면 침략하지 않으려 할 것이다. 이것이 국가 간의 인지상정이기 때문이다. 패자 역시 도움을 준 국가의 은혜를 절대로 잊지 않는다. 패자는 도움을 준 국가가 전쟁의 참화에 따른 고통을 겪게 되면 동병상련을 느끼고 어떤 형태로든 도움을 주려고 할 것이다. 이 역시 국가 간의 인지상정이기 때문이다. 마키아벨리는 이런 세 가지 이유로 중립보다는 전쟁에 참여하는 것이 옳다고 주장한다.

아카이아인들은 중립에 서지 않도록 충고를 받았다

먼 옛날 안티오코스는 그리스에 침입했습니다. 아이톨리아인들이 그리스에서 로마인들을 쫓아내려고 안티오코스를 끌어들인 것이었습니다. 안티오코스는 그 당시 로마인의 친구였던 아카이아인들에게 사절을 보내, 중립에 서도록 촉구했습니다. 반면에 로마인들은 아카이아인들에게 로마인을 위해 무기를 들라고 권고했습니다.

그 주제가 아카이아인 모임에서 토론되었습니다. 그곳에서 안티오코스의 사절들은 아카이아인들에게 중립에 서라고 재촉했던 반면에, 로마의 사절들은 다음과 같이 말하며 정반대 주장을 했습니다. "이러한 사람들이 당신들에게 전쟁에 나서지 말라고 말한 대로 따른다면, 그것은 당신들의 이익과 한참 거리가 멀다. 우정이 없다면, 존엄이 없다면 당신들은 승리자의 전리품이 될 것이다"*

1 이와 관련된 내용은 3장의 〈상대적으로 힘이 약한 국가를 어떻게 다룰 것인가〉, 〈로마의 방식〉, 〈전쟁 연기는 현명한 것인가〉 등에서 다루었다. 인용문은 리비우스의 《로마사》 35권 49장에 나온 말이다.

　그리스 내에는 아이톨리아 동맹과 아카이아 동맹이 있었다. 아이톨리아 동맹은 셀레우코스의 안티오코스와 손을 잡고 신흥 강국 로마와 대적하고 있었다. 당시 어디를 선택할지 결정하지 않은 아카이아 동맹에 대해 안티오코스는 중립을 요구했고, 로마는 적극적인 참전을 요구했다. 아카이안 동맹은 로마의 권유를 받아들여 아이톨리아 동맹에 대해 전쟁을 선포했다. 결과는 로마의 승리였다.

"우정이 없다면"과 "존엄이 없다면"은 《로마사》에서 'sine gratia, sine dignitate'로 표현되어 있다. 영어판에서 '우정'은 'friendship, gratitude, regarded, favor' 등으로, '존엄'은 'dignity, respect, credited, consideration' 등으로 번역되어 있다. 우정은 관계 속에서 오는 것이고, 존엄은 어떤 것과도 비교될 수 없는 그 자체로 존중받는 것이다. 전쟁 상황에서 우정은 동맹에서 오고, 존엄은 독립 국가로서 존중받는 상태이다. 우정과 존엄은 관계와 독립이라는 점에서 상호 배

타적이다. 그러나 국제 관계에서는 다르게 나타날 수도 있다.

마키아벨리는 우정과 존엄을 통해 주는 것이 있어야 받을 것이 있다는 것을 설명하고자 한다. 국제 관계에서, 특히 전쟁과 같은 상황에서도 마찬가지이다. 전쟁이 발생할 경우, 중립보다는 참전을 해야 한다. 그 이유 역시 간단하다. 동맹국으로 참전을 하게 되면 피를 흘리게 마련이고, 피를 흘리게 되면 '피로 맺어진 혈맹'이 되기 때문이다.

혈맹은 한편으로 유대의 강화이고, 다른 한편으로 신뢰 형성의 효과를 낳는다. 유대는 죽음을 대신해 줄 수 있는 우정을 불러일으키고, 신뢰는 어떤 경우에도 배신하지 않는 것을 약속한다. 혈맹이 되는 순간 어떤 경우에도 우정을 지키고 배신하지 않는 형제국이 된다. 강대국의 형제국이 되는 것은 약소국 처지에서 냉혹한 국제 질서에서 국가로서 존엄을 보장받는 길이 된다.

따라서 국가도 인간과 마찬가지로 가는 정을 자꾸 보여라. 그러면 오는 정이 있다. 국가 간의 '가는 정, 오는 정'은 약육강식의 국가 세계에서도 살아남을 수 있는 최소한의 보험을 드는 것이다. 마키아벨리가 하고 싶은 말은 이것이다.

친선 관계를 얻고 싶으면 적극적인 동맹자가 되라

따라서 항상 당신의 아군이 아닌 자는 당신에게 중립을 요청하는 반면, 당신의 아군인 자는 당신에게 당신의 병기를 들고 공개적으로 나서라고 요구합니다. 그럼에도 우유부단한 군주들은 당면한 위험을 피하려고 시도하면서 대부분의 시간을 중립적인 노선을 따르다 대부분 몰락합니다.

군주로서 당신이 어느 군주의 강력한 지지자로 나서고, 당신이 가입한 동맹이 승리를 거둔다면 그 동맹자는 강력해지게 되는 반면, 당신은 그의 처분에 맡겨지게 됩니다. 그럼에도 그는 아직 당신에게 의무감을 가지고 있으며 당신과 계속 친선 관계를 발전시킵니다. 그리고 배은망덕할 만큼 위중한 상황에 부닥친다 해도 신뢰할 만한 지지자를 분쇄할 만큼 명예를 존중하지 않을 사람은 결코 없습니다. 더구나 승리자가 특히 정의와 관련해 양심을 완전히 저버릴 만큼 그렇게 순수한 승리자도 절대로 없습니다.

비록 당신이 지지한 통치자가 전쟁에서 패배한다 할지라도 당신은 그에게서 피난처를 찾을 수 있습니다. 왜냐하면 그는 힘이 닿는 한 당신을 도울 것이고, 당신은 다시 일어설 수 있는 행운의 동맹자이기 때문입니다.

마키아벨리는 로마, 아이톨리아 동맹, 아카이아 동맹, 셀레우코스의 안티오코스, 마케도니아 사이의 국제 관계에 관한 역사적 사건을 장마다 서로 다른 관점에서 다루었다. 그는 3장에서는 승자 또는 강자인 로마의 관점에서 다루었던 반면, 이 부분에서는 동맹자 또는 약자인 아카이아 동맹의 처지에서 다루었다. 이 점에서 3장의 〈상대적으로 힘이 약한 국가를 어떻게 다룰 것인가〉, 〈로마의 방식〉, 〈전쟁 연기는 현명한 것인가〉와 21장의 〈중립은 적을 양산한다〉, 〈아카이아인들은 중립에 서지 않도록 충고를 받았다〉, 〈친선 관계를 얻고 싶으면 적극적인 동맹자가 되라〉는 국제 관계라는 동전의 앞뒷면이다. 구체적으로 살펴보자.

3장은 강자의 처지이다. 신흥 강국 로마의 관점에서 기존 강국 마케도니아, 셀레우코스와 싸우려면 약자를 어떻게 다룰 것인가, 정복을 하면 약소 세력들을 어떻게 대우할 것인가, 그리고 마침내 약한 국가를 어떻게 절멸시킬 것인가를 다룬다. 강자는 정복한 지역의 또 다른 강자한테서 자신이 정복한 지역을 지키려면 반드시 약소 세력의 지지가 필요하다. 필요가 끝나면 절멸하는 것이 중요하다. 로마는 실제로 이렇게 했다.

반면, 21장은 약자의 처지이다. 아카이아 동맹의 관점에서 세 강국인 로마 · 마케도니아 · 셀레우코스 사이에서 어떻게 살아남을 것인가, 어떻게 하면 약소국이 최선의 상태에서 생명력을 오래 유지할 것인가, 최선의 경우에 다시 일어설 수 있는가를 다룬다.

약자는 전쟁 승리로 강자가 된 국가일지라도 동맹국의 도움에 대한 의무감 · 명예감 · 양심을 저버릴 수 없다는 것을 최대한 이용해야 한다. 전쟁 승리로 강력한 국가가 되었다 할지라도 동맹국을 배신하면 또 다른 약소국들로부터의 지지 · 지원 · 동맹을 얻을 수 없기 때문이다.

3장과 21장을 합쳐 국제 관계의 결론을 내려보자. 강자는 약소 세력의 지지가 필요한 반면, 약자는 강대국의 약점을 이용해야 한다. 강자의 최종 목적은 약소 세력을 절멸시키고 완전히 지배하는 것이고, 약자의 최종 목적은 독립국으로 살아남는 것이다. 강자와 약자는 서로의 약점을 이용해 각자의 목적을 달성해야 한다.

그렇다면 강자와 약자 중 누가 최종 목적을 달성할 것인가? 결론은 강자이다. 왜냐하면, 로마의 역사를 보면 결국 마케도니아도, 셀레우코스도, 아이톨리아 동맹과 아카이아 동맹도 로마에 의해 멸망했기 때문이다. 로마의 사례가 아니더라도, 결국 강자가 약자를 포식하는 것이 국가 간의 기본 관계이기 때문이다. 약자는 결국 강자한테서 자신을 지키고자, 살아남고자 몸부림칠 뿐이다. 3장과 21장을 바탕으로 마키아벨리의 국제 관계에 대한 인식을 정리하면 다음과 같다.

첫째, 무조건 힘을 갖춰라.

둘째, 필요하다면 정복하되 최대한 주변 세력을 포용하라.

셋째, 정복한 국가의 지배층은 절멸시키되 무조건 신민의 절대적인 지지를 획득하라.

넷째, 전쟁 발발 시 약자는 절대로 중립을 지키지 말고 적극적으로 동맹에 가담하라.

약한 군주와의 동맹도 유익할 수 있다

둘째, 싸우는 자들 양쪽이 너무 약해서 당신이 승자를 두려워할 필요가 없는 경우입니다. 이 경우 당신은 한쪽 편을 드는 데에 훨씬 더 신중해야 합니다. 왜냐하면 당신은 한 군주를 도움으로써 다른 군주를 몰락시킬 수 있기 때문입니다. 예컨대 몰락한 군주의 경우, 그가 신중하다면 당신의 도움을 받아야만 자신을 보호할 수 있기 때문에 당신의 눈치를 살필 것입니다. 반면에 승리한 군주의 경우, 그 군주는 당신의 도움을 받아야만 승리를 거두기 때문에 당신의 손아귀에 들어오게 됩니다.

전쟁을 치르는 두 군주가 자신보다 현저히 약한 경우에 대해 말하고 있다. 따라서 전쟁에서 승리한다 해도 그 군주는 자신보다 강력해지지 않는다. 이럴 때 군주는 약한 군주들과 동맹을 맺는 것이 좋은가, 나쁜가? 무조건 동맹을 맺는 것이 좋다. 승리한 군주와 동맹을 맺으면 그 군주를 쥐락펴락할 수 있어서 좋고, 패배한 군주와 동맹을 맺으면 그 군주를 눈치 보게 할 수 있어서 좋다. 강력한 군주는 이들을 마음먹은 대로 다룰 수 있다. 전자는 승리를 목적으로, 후자는 생존을 목적으로 매달리기 때문이다. 그러나 강자의 최종 목적은 승리한 국가이든 패배한 국가이든 약자의 절멸임을 잊어선 안 된다.

강력한 자와는 결코 자발적으로 동맹을 맺지 마라

여기서 우리는 다음과 같은 것을 배워야 합니다. 위에서 말씀드린 것처럼 필요 때문에 자기보다 강력한 자와 동맹을 맺는 경우를 제외하면, 현명한 군주라면 누군가를 공격하려고 자신보다 강력한 군주와 동맹을 맺으면 절대로 안 됩니다. 당신이 강력한 자와 동맹을 맺어 전쟁에서 이긴다면, 당신은 당신의 강력한 왕의 죄수가 됩니다. 그러므로 현명한 군주라면 다른 사람의 수중에 들어갈 수 있는 상황은 가능한 한 피해야 합니다.

베네치아인들은 밀라노 공작에게 대항하려고 프랑스와 동맹을 맺었습니다. 베네치아인들은 그 동맹을 피할 수 있었지만 그렇게 하지 않아서 결국 몰락해버렸습니다.[1]

그러나 군주가 동맹을 피할 수 없다면 동맹에 참여해야 합니다(교황과 에스파냐가 자신의 군대로 롬바르디아를 공격했을 때, 피렌체인들은 동맹에 참여하지 않았습니다). 그 이유는 위에서 이미 말씀드렸습니다.

1 이 두 문장은 각각 〈루이 왕이 이탈리아에서 거둔 초기 성공〉과 〈루이 왕의 여섯 가지 실수〉에서 구체적으로 다루고 있다.

마키아벨리는 3장에서 베네치아와 루이왕의 관계에 관한 역사적 사례를 거론하며 이 사건을 다루었다. 그는 3장에서 강자의 관점인 프랑스의 처지에서 다루었던 반면, 21장의 이 부분에서는 약자인 베네치아의 처지에서 다룬다. 이 점에서 3장의 〈루이왕이 이탈리아에서 거둔 초기 성공〉, 〈루이왕의 여섯 가지 실수〉와 21장의 〈강력한 자와는 결코 자발적으로 동맹을 맺지 마라〉는 동전의 앞뒷면이다. 구체적으로 살펴보자.

3장은 강자의 관점이다. 프랑스의 처지에서 밀라노와 베네치아는 약자이다. 이 경우 동맹을 맺는 것이 좋은가, 나쁜가? 밀라노는 프랑스의 도움을 받으면 국가를 살릴 수 있고, 베네치아는 프랑스의 도움을 받으면 승리할 수 있다. 프랑스는 밀라노에 대해 살고 싶으면 눈치를 보라고 회유할 수 있고, 베네치아에는 승리를 얻고 싶으면 자기 말을 들으라고 명령할 수 있다. 프랑스는 베네치아와 동맹을 맺었고, 결국 밀라노는 패배했다. 이는 프랑스와 루이 왕의 처지에서는 극적으로 성공한 것이다. 왜냐하면 샤를 8세가 이탈리아의 지배권을 박탈당했는데, 다시 이탈리아에 진입할 계기를 마련했기 때문이다.

21장은 약자의 관점이다. 베네치아의 처지에서 밀라노는 같은 약자이고 프랑스는 강자이다. 이 경우 베네치아는 프랑스와 동맹을 맺는 것이 옳은가, 그른가? 어쩔 수 없었다면 프랑스와 동맹을 맺어야 했지만, 자발적으로 동맹을 맺어서는 안 된다. 그러나 베네치아는 밀라노 영토의 일부를 얻고 싶어서 굶주린 호랑이 같은 프랑스와 자발적인 동맹을 맺었다. 결과는 참담했다. 베네치아는 프랑스와 동맹을 맺고 밀라노 내의 두 도시를 얻었다. 그러나 프랑스는 곧 신성 로마 제국, 에스파냐 등과 캉브레 동맹을 맺고서 베네치아와 전쟁을 벌였다. 결국 베네치아는 이 전쟁을 계기로 몰락하기 시작한다. 약자인 베네치아가 강자인 프랑스와 자발적으로 동맹을 맺은 결과이다.

　여기서 놓쳐서는 안 되는 것이 있다. 프랑스의 루이 12세는 베네치아를 멸망시키고자 당시 유럽의 강력한 세력이자 호시탐탐 기회를 노리던 에스파냐, 신성 로마 제국 등과 동맹을 맺었다는 점이다. 프랑스는 베네치아로부터 영토를 획득했지만, 결국 에스파냐와 신성 로마 제국에 의해 이탈리아 밖으로 쫓겨나는 운명에 처한다. 이 점에서 루이 12세 역시 베네치아와 같은 실수를 한 것이다. 마키아벨리는 루이 왕의 여섯 가지 실수에서 이를 다루었지만, 여기서는 언급하지 않는다. 그 이유는 독자의 혼동을 피하려는 고육책이다.

차악을 선으로 인정하라

어떤 정부도 항상 안전한 길을 따를 수 있다고 결코 과신해서는 안 됩니다. 오히려 그 반대로 어떤 정부든 미래를 알 수 없는 길을 택한다고 가정해야 할 것입니다. 왜냐하면 우리가 하나의 불이익에 뛰어들지 않고서는 또 다른 하나의 불이익을 피할 수 없다는 것은 사물의 이치이기 때문입니다. 결론적으로 신중함이란 다양한 불이익을 인지하고서 차악을 선으로 선택하는 데에 그 본질이 있습니다.

첫 번째 다시 보기는 '동맹'에 관한 정리이다. 전쟁의 결과로 한 군주가 강력해지건 어떤 군주도 강력해지지 않건, 이 '동맹' 부분에서 다루는 내용은 강력한 군주에 대한 약한 군주의 태도 문제이다. 아카이아 연맹과 베네치아가 그 증거이다. 이 점에서 본다면 이 '동맹' 부분은 상대적으로 힘이 약한 국가가 강력한 국가에 대해 어떤 태도를 취하는 것이 옳은가를 다룬 것이다.

마키아벨리가 내리는 결론은 간단하다. 강력해지는 경우에는 무조건 적극적인 동맹을 추구해야 하며 중립을 지키는 것은 옳지 않다. 반면에 강력해지지 않는 경우 약소국은 될 수 있으면 강력한 국가와 자발적 동맹을 피하고 어쩔 수 없을 때에만 동맹을 맺는 것이 옳다. 이를 표로 나타내면 다음과 같다.

		강력해지는 경우	강력해지지 않는 경우
선	최선	주변국 군주들이 (적극적) 동맹을 추구하고 싶은 군주 되기	
	차선	적극적 동맹	어쩔 수 없는 동맹
악	차악	미온적 동맹	
	최악	중립 선택	강력한 국가와 자발적 동맹

최선은 무엇인가? 약소국 또는 약한 군주가 되지 않는 것이다. 반대로 말하면 주변국 군주들이 적극적인 동맹을 추구하고 싶어 하거나 어쩔 수 없어서 자발적으로 동맹을 맺게 하는 군주 또는 국가가 되는 것이다. 로마는 아카이아 연맹에 적극적 동맹을 강요할 수 있는 국가였으며, 프랑스는 베네치아가 어쩔 수 없이 자발적으로 동맹을 맺게 한 국가였다.

두 번째 다시 보기는 최선·차선·차악·최악과 국가의 선택 문제이다.

국가가 항상 최선을 선택하고, 수백 수천 년에 걸쳐 절대강국으로 존재한다면 더할 나위 없겠지만 이는 역사를 돌아보면 불가능하다. 아무리 강력한 국가도 결국 몇백 년이 지나면 몰락했기 때문이다. 따라서 대부분의 국가는 차선·차악·최선을 선택해야 한다.

국가가 항상 올바른 결정을 내릴 수 있다면 얼마나 좋은가? 예컨대 적극적 동맹을 맺은 국가가 전쟁에서 승리하는 경우이다. 이 경우 당연히 승전국의 일부가 되어 전리품을 챙길 수 있다. 또 다른 예로 강대국과 자발적 동맹을 맺었는데, 그 국가가 천사처럼 착한 경우이다. 이 경우 강대국의 묵인하에 영토를 확장할 기회를 얻게 된다. 결론적으로 국가에 포르투나가 따르는 경우이다.

그러나 전쟁의 승패는 알 수 없는 법! 전쟁의 승패는 반반이다. 따라서 동맹을 맺은 국가가 전쟁에서 패배할 경우 패전국으로서 막대한 전비 부담은 물론이고 배상까지 해야 한다. 또한 자발적 동맹을 맺은 국가가 돌변해 침략을 해오는 경우도 생길 수 있다. 행운의 여신이 국가를 도와주지 않은 경우이다.

국가는 항상 최선을 지향하지만 살아남으려면 최악은 피해야 한다. 최악은 위험이 큰 것을 말한다. 위험을 피하려면 어떻게 해야 하는가? 차선과 차악을 선택하려고 신중에 또 신중을 기해야 한다. 마키아벨리는 국가란 항상 최선의 상태로 지속적으로 살아남을 수는 없기 때문에 차선 또는 차악을 택해 살아남는 방법을 배워야 한다고 말한다. 군주도, 인간도!!

산업과 상업의 장려, 그리고 축제들

현명한 군주는 여러 예술arts과 과학sciences을 사랑하는 자로 자처해야 하며, 그런 직업에 종사하는 자를 보호하고 그 직업에서 우수한 자들을 존중해야 합니다. 게다가 현명한 군주는 시민들이 상업, 농업, 기타 다른 직업에서 자신의 일을 조용히 수행할 수 있도록 장려해야 합니다. 또한 현명한 군주는 어떤 시민이라도 빼앗길 것이라는 두려움 때문에 재산 증식을 두려워하지 않도록, 세금 때문에 무역을 개방하는 것을 두려워하지 않도록 통치해야 합니다. 더 나아가 현명한 군주는 재산을 늘리고 무역을 개방하는 자들을 위해 도시를 확장하고, 군주에게 더 많은 자원을 공급하려고 어떤 방법을 고안한 자들을 위해 보상을 준비해야 합니다.

여기에 덧붙여 현명한 군주는 해마다 적절한 시기에 인민이 축제와 화려한 볼거리에 참석하게 해야 합니다.

그리고 모든 도시는 길드와 여러 집단으로 나뉘어 있기 때문에 현명한 군주는 이런 집단들을 인정하고 때때로 이들을 만나서 정중함과 군주다운 관대함generosity을 보여주어야 합니다. 그럼에도 현명한 군주는 높은 지위의 존엄성을 확고하게 유지해야 합니다. 왜냐하면 현명한 군주는 어떤 경우에도 자신이 존엄한 지위에 있다는 것을 결코 잊어서는 안 되기 때문입니다.

마키아벨리는 군주의 대내 업무를 학문 애호, 산업 장려, 인민 위로라는 세 가지로 크게 나누어 설명한다. 우선, 학문 애호이다. 군주는 인문과학과 자연과학을 장려하고 그 인재를 보호해야 한다.

둘째, 산업 장려이다. 군주는 상업과 농업 등의 직업을 장려하고, 세금을 낮게 책정해 인민의 부를 늘려주고, 무역을 장려해 국내의 부를 증가시켜야 한다.

마지막으로, 인민 위로이다. 군주는 다양한 축제 등을 통해 인민의 노고를 다독이며, 인민의 애환을 살펴보고자 직접 순행을 해야 한다. 이에 대한 자세한 내용은 우리가 아는 성군들의 행적과 일치한다.

21장 다시 보기

'명성과 악명'에 관한 장이다. 마키아벨리가 21장에서 군주에게 주는 지침을 정리하면 다음과 같다. 첫째, 명성을 추구하되 악명이라도 얻어라. 둘째, 동맹에서 최선을 추구하되 차악이라도 선으로 받아들여라. 셋째, 인민을 위한 정치를 하라. 앞의 두 개는 군주의 대외 업무를 다룬 것이고, 마지막은 군주의 대내 업무를 다룬 것이다. 앞의 두 절과 달리 마지막 절은 다소 앞뒤가 안 맞는 느낌이다. 어쩌면 생뚱맞기까지 하다. 군주가 말을 타고 나라 밖으로 마구 달리다가 갑자기 멈추고서 나라 안을 되돌아보는 꼴이기 때문이다. 여기서 질문이 생긴다. 마키아벨리는 왜 군주의 대외 업무를 다루다가 갑자기 대내 업무에 관해 논하는가? 그 이유를 살펴보도록 하자.

우선 대내외 업무의 관계이다. "안에서 새는 바가지 밖에서도 샌다"라는 속담처럼 대외 업무에서 허명을 얻고자 하는 군주는 곧 몰락한다. 반대로 인민을 잘 먹고 잘살게 해주는 군주는 대외 업무도 탄력적으로 잘 경영할 수 있다. 예컨대 여기서 직접 언급된 에스파냐의 페르디난도 2세나, 베네치아를 통해 간접적으로 언급된 프랑스의 루이 12세 같은 군주들이다. 그들은 인민의 삶을 개선하고자 최대한 노력을 다했으며, 그 노력을 바탕으로 국가의 확장에 나섰고 인민은 이를 전폭적으로 지지했다. 그들은 안에서 새는 바가지가 아니었기에, 밖에서도 새지 않고 착실하게 다른 국가들을 정복할 수 있었다.

이 점에서 〈산업과 상업의 장려, 그리고 축제들〉은 대단히 합리적인 결론이다. 군주는 대외적인 일을 잘 감당하려면 대내적인 업무를 잘 처리해야 한다. 그래야만 20장에서 다룬 것과 같은 '요새가 필요 없는 군주'가 될 수 있고, 21장에서 다룬 것과 같은 '명성을 얻는 군주'가 될 수 있다.

다른 측면에서 21장 마지막 절은 대내 업무에 대해 군주에게 주는 '실질 지침'이다. 마키아벨리는 앞에서 인민의 지지를 받는 것이 중요하다고 기회가 생길 때마다 말했다. 심지어 정복한 국가의 신민한테도 지지를 얻어야만 오랜 기간 식민지를 유지할 수 있다고 말했다. 그러나 어디에서도 어떻게 하면 신민의 지지를 얻을 수 있는지는 말하지 않았다. 고작 인민의 부녀자를 건드리지 말고 재산에 손대지 말라는 부정적 화법의 금지사항을 말했을 뿐이다.

21장은 군주의 대내 경영 방법, 즉 인민의 지지를 얻으려면 어떻게 행동해야 하는가에 대해 긍정적 화법의 실천적 지침을 답변한 유일한 곳이다. 군주가 이대로만 한다면, 그는 역사 속에 길이 남을 위대한 군주가 될 수 있다. 그 지침은 아주 간단하다.

첫째, 기초 학문과 예술을 육성·장려하는 데에 발 벗고 나서라.

둘째, 산업의 진흥을 위해 맨발로 뛰어라.

셋째, 고단한 인민을 두 손과 온 마음으로 보듬어라.

이를 제대로 실천하는 군주는 그리 많지 않았다. 역사 속에서 위대한 군주가 손에 꼽을 정도로 적은 이유도 이 때문이다. 그렇기 때문에 인민은 항상 마음속으로 위대한 군주의 출현을 기다린다.

22장

군주가 신뢰할 만한 신하들

이 장은 〈군주의 현명함은 신하 선택에서 나타난다〉, 〈부하의 윤리, 그리고 군주의 시혜〉로 이루어져 있다.

목차 구성은 간단하다. 글은 두 단락으로 나뉘어 있다. 첫째, 군주의 신하 선택에 관한 것이다. 이는 〈군주의 현명함은 신하 선택에서 나타난다〉에서 다룬다. 주요 주제는 군주의 능력 판별법 가운데 하나로, 군주가 어떤 신하를 쓰는가에 관한 것이다. 다시 말하면, 능력 있는 군주는 능력 있는 신하를 고른다는 것이다. 대표적인 군주는 판돌포 페트루치이고, 그의 대표적인 신하로 베나프로의 안토니오를 들고 있다.

둘째, 군주와 신하의 상호 신뢰 구축에 관한 것이다. 이는 〈부하의 윤리, 그리고 군주의 시혜〉이다. 이 절은 군주가 신하를 선택하는 방법, 군주가 신하를 대하는 방법, 군주와 신하의 상호 신뢰로 나뉘어 있다. 이를 비탕으로 목차를 재구성하면 다음과 같다.

1. 군주의 신하 선택: 군주의 현명함은 신하 선택에서 나타난다
2. 군주와 신하 상호 신뢰 구축 방법: 부하의 윤리, 그리고 군주의 시혜
    1) 좋은 신하
    2) 좋은 군주
    3) 군주와 신하의 상호 신뢰

군주의 현명함은 신하 선택에서 나타난다

군주에게 적잖게 중요한 일은 부하들의 선택입니다. 부하들이 좋은가 나쁜가는 군주의 지력에 달렸습니다. 통치자의 두뇌가 좋은지 나쁜지 평가할 때, 사람들은 군주가 주위에 데리고 있는 자들을 살펴봅니다. 왜냐하면 측근에 있는 자들이 그런대로 괜찮을 뿐만 아니라 충성스럽다면, 그 군주는 신중한 자로 평가받을 수 있습니다. 그 이유는 군주가 능력이 있는 자를 알아볼 뿐만 아니라 그들의 충성심을 유지시킬 줄 아는 것으로 평가되기 때문입니다. 반대로 그들이 별로라면, 군주는 항상 낮게 평가됩니다. 왜냐하면 측근의 신하를 선택하는 최초의 일부터 잘못을 저지른 것이기 때문입니다.

베나프로의 안토니오를 아는 사람이라면 시에나의 군주 판돌포 페트루치를 유능한 군주로 생각합니다. 왜냐하면 그가 안토니오를 부하로 데리고 있기 때문입니다.[1]

두뇌의 종류는 세 가지가 있습니다. 첫째 유형은 스스로 이해하는 자입니다. 둘째 유형은 다른 사람이 설명해 주면 이해하는 자입니다. 셋째 유형은 스스로 이해하지도 못할 뿐만 아니라 설명을 해줘도 이해하지 못하는 자입니다. 첫째 유형은 대단히 똑똑하다고 볼 수 있으며, 둘째 유형은

똑똑하다고 볼 수 있고, 셋째 유형은 쓸모없다고 볼 수 있습니다.

판돌프가 첫째 유형이 아니라고 한다면, 최소한 둘째 유형은 된다고 인정하는 것이 확실히 맞습니다. 왜냐하면 어떤 군주가 한 인간의 행동이나 말을 보고 듣고서 옳은지 그른지 판단할 능력을 갖추었다면, 그 군주는 이런 판단 능력을 본래 지니고 있지 않다고 할지라도 부하들의 행동을 그른지 옳은지 판단해서 옳은 자에게는 상을 주고 그른 자에게는 벌을 주기 때문입니다. 따라서 부하들은 군주를 도저히 속일 수 없다고 생각하고 항상 옳게 행동할 것이기 때문입니다.

1 안토니오는 판돌포 페트루치의 신하이다. 마키아벨리는 안토니오를 신하들 가운데 최고의 신하로 이해한다. 그 이유는 다음과 같다. 첫째, 정권의 기반 다지기와 관련된다. 안토니오는 시에나의 과두정 가문으로부터 항복 문서를 받아내는 역할을 했으며, 판돌프가 장인을 살해할 때 선동을 담당했다. 그 결과 판돌포는 정권의 기반을 다질 수 있었다(이에 대한 자세한 내용은 20장의 〈예전 적들로부터의 충성〉에서 자세히 다루었다).

둘째, 대외적인 면에서도 큰 역할을 했다. 안토니오는 판돌포를 대신해 체사레에 반대하는 음모에 가담하기도 했다. 1502년 판돌포는 체사레 보르자에 반대해 라마조에 회합을 가졌는데, 이때 안토니오가 판돌포를 대신해 참가했다. 체사레는 이를 사전에 알아차리고 가담자들을 시나갈리아에 초대해 한꺼번에 처형했으나, 판돌포는 시에나에 있다가 눈치를 채고 도망가 목숨을 부지한다. 이에 대한 자세한 내용은 7장의 〈공작은 불충한 장군을 제거한다〉에서 서술했다.

안토니오는 또 다른 대외적인 업적도 남겼다. 그는 피렌체와 전쟁 협정을 주도하기도 했으며, 시에나가 국제무대에서 활동할 수 있는 자금을 모으기도 했다.

마키아벨리는 왜 하필이면 안토니오를 언급했을까? 그가 《군주론》 전체에서 신하를 이름까지 대며 언급한 건 딱 한 번뿐이다. '군주론'이기 때문에 수없이 많이 등장하는 군주들에 비한다면, 단 한 번 나오는 신하 안토니오는 상대적으로 중요하고 무게감이 있을 수밖에 없다. 설사 그 무게감이 느껴지지 않더라도 우리는 강조점을 두며 읽어야 한다. 안토니오는 마키아벨리가 유일하게 칭찬할 정도로 훌륭한 신하인가? 이에 대해 살펴보도록 하자.

안토니오는 누구인가? 그는 나폴리 왕국의 베나프로 출신으로, 1482년 시에나에 민법 교수로 들어와 1407년에 시민권을 획득하고 판돌포의 신하가 되었다. 시에나에서 그는 외지인이다. 그런 만큼 그는 기존 세력에 비해 힘이 약하지만, 반면에 기존 세력들로부터 자유로웠기 때문에 군주의 힘만 실린다면 무엇이든지 할 수 있었다. 일종의 외인 용병 신하라고 할 수 있다.

안토니오는 판돌포를 대신해 악역을 떠맡는다. 세력과 돈으로 권력을 떠받치고 있는 시에나 과두정 가문들의 항복 문서를 받아내는 일은 보통 어렵지가 않았다. 그는 항복 문서를 받을 때 일등 공신의 역할을 했다. 또한 그는 왕의 장인이 모반을 획책했다는 이유로, 왕의 장인을 죽여야 된다고 목소리를 높였다. 그는 판돌포가 진심으로 하고 싶었던 말을 대신해줌으로써 판돌포의 마음을 편하게 했다.

마키아벨리는 19장에서 〈호의는 군주가 몸소 베풀고 처벌은 위임해야 한다〉라고 강조했다. 이런 맥락에서 안토니오는 판돌포를 대신해 처벌을 떠맡음으로써 군주에게 돌아갈 증오를 막아준 신하 중의 신하인 것이다.

다른 면에서 그는 판돌포를 살려준 자이다. 체사레에 맞서 음모를 꾸몄던 자들은 대부분 체사레의 덫에 걸려 죽임을 당했다. 그러나 판돌포는 살아났고, 곧 다시 프랑스 왕 루이 12세의 힘을 빌려 시에나에 되돌아간다. 누구 덕분인가? 판돌포를 대신해 각종 회합에 참석한 안토니오 덕분이다. 이 점에서 본다면, 안토니오는 판돌포에게 생명의 은인이다.

게다가 안토니오는 위에서 보았듯이 대외 업무에서도 탁월한 업적을 남겼다. 그렇기에 안토니오는 신하 중의 신하이다.

하지만 마키아벨리는 안토니오에 대해 고작 세 번 정도 언급하고 있다. 한 번은《군주론》의 이 부분이고, 다른 두 번은 그냥 안토니오가 방문했거나 회합에 참여했다는 사실 기록만 남겼을 정도이다.* 많이 언급하지 않는다는 것은 중요하지 않다는 소리이기도 하고, 많은 업적을 남기지 않았다는 말이기도 하다.

그렇다면 마키아벨리는 왜 안토니오를 그렇게 위대한 인물로 치켜세우는가? 앞에서 수없이 많은 위대한 군주를 언급했으므로, 당연히 좋은 신하도 많았을 것이다. 그럼에도 왜 마키아벨리는 안토니오를 굳이 좋은 신하라고 극구 찬양하는가? 마키아벨리가 따로 하고 싶은 속말이 있지 않았을까?

이를 추론해 보자. 우선 안토니오와 마키아벨리는 거의 같은 시기에 활동을 한다. 또한 그 당시 시에나와 피렌체는 토스카나 안에서 서로 대립·경쟁하는 국가들이다. 판돌포는 아주 훌륭한 신하 안토니오를 거느리고 있었다. 체사레가 죽자 판돌포는 이탈리아의 강자로 등장한다. 훌륭한 신하 한 명은 나라의 흥망성쇠를 좌우할 수 있다. 이것이

---

* Allan Gilbert, Machiavelli: *The Chief works and Others*, vol. Ⅰ (1989), p. 127, p. 164.

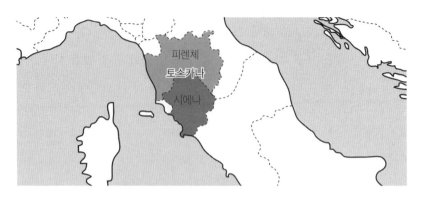

마키아벨리와 안토니오가 활동하던 당시의 토스카나

마키아벨리가 하고 싶은 말이다.

그렇다면 체사레 이후 이탈리아의 절대강자로 등장하려면 피렌체는 어떻게 해야 하는가? 훌륭한 신하를 구하는 것이 좋다. 그런 훌륭한 신하는 누구인가? 마키아벨리는 손가락을 들고 자신을 가리킨다. '멀리 보지 마라, 바로 앞에서 《군주론》을 바치고 있는 나, 마키아벨리를 보라'고 말한다. 이 부분은 바로 그런 마키아벨리의 심정을 간접적으로 표현한 것이다.

마키아벨리는 두뇌의 종류를 스스로 이해하는 자, 말해주면 알아듣는 자, 말해주어도 알아듣지 못하는 자로 구분한다. 마키아벨리는 속으로 말한다.

'판돌포는 적어도 둘째 두뇌였다. 그렇다면 메디치 당신은 어떤 두뇌인가? 스스로 깨닫지 못했다면, 적어도 판돌포 정도는 되어야 한다. 내가 훌륭한 신하를 스스로 천거하는데도 못 알아듣는다면, 당신은 돌대가리 군주이다.'

부하의 윤리, 그리고 군주의 시혜

그러나 군주가 부하를 어떻게 찾아낼 수 있는가와 관련해 결코 실패하지 않는 방법이 있습니다. 그 방법은 다음과 같습니다. 당신이 보기에 한 부하가 당신보다는 자기 자신에 대해 더 많이 생각하고, 그의 모든 행동 과정에서 그 부하가 당신의 이익보다는 자신의 이익을 더 추구한다면, 이와 같은 사람은 결코 훌륭한 부하가 되지 못합니다. 그리고 당신은 절대로 이런 부하에게 의존해서는 안 됩니다. 왜냐하면 당신의 생과 사를 책임진 부하는 어떤 경우에도 군주를 먼저 생각해야지 자신을 먼저 생각해서는 안 되며, 군주에게 중요한 것만 제시해야지 아무거나 가져와서는 안 되기 때문입니다.

그리고 다른 측면에서도 살펴볼 수 있습니다. 현명한 군주는 부하를 항상 선량하게 유지하려면 언제나 부하를 염두에 두고, 그의 명예를 존중하고, 그를 부자로 만들어주어야 하며, 그가 의무를 다하도록 해야 하며, 그에게 명예와 관직을 나눠줘야 합니다. 그래서 부하들이 군주 없이는 살 수 없으며, 많은 명예를 얻고 있어서 더는 명예가 필요 없으며, 아주 부유해서 더는 재산이 필요하지 않으며, 수많은 관직을 가지고 있어서 교체될 공포를 느끼지 않게 해야 합니다.

마지막으로 부하들이 군주에 대해 위에서 말한 것과 같은 태도를 보이고 군주가 부하들에 대해서 위에서 말한 것과 같은 관계를 유지한다면, 그들은 서로 신뢰하게 됩니다. 반대로 그렇지 않다면 그 결과는 항상 서로에게 치명적으로 변하게 됩니다.

좋은 신하는 자신의 목숨보다 군주를 먼저 생각하는 자이다. 좋은 군주는 좋은 신하에게 명예·관직·재산으로 충분한 보상을 나눠주는 자이다. 군주는 어떤 경우에도 자신의 생존이 신하에게 달렸으며, 신하는 어떤 경우에도 자신의 부귀영화가 군주에게 달렸음을 잊어서는 안 된다. 군주와 신하가 서로 선물을 주고 받음으로써 믿음을 형성하는 것이 중요하다.

판돌포와 안토니오는 좋은 신하와 좋은 군주의 전형이다. 왜냐하면 안토니오는 자신의 목숨보다 판돌포를 더 중시했고, 판돌포는 안토니오에게 충분히 보상해 주었기 때문이다.

좋은 군주와 좋은 신하는 서로 신뢰한다. 군주가 신하를 신뢰한다는 것은 자신의 목숨마저 신하에게 맡긴다는 것이다. 신하가 군주를 신뢰한다는 것은 어떤 경우에도 군주를 저버리지 않는다는 것이다.

22장 다시 보기

첫 번째 다시 보기는 '절대군주제의 통치 근간'에 관한 것이다. 《군주론》 22장과 23장에서 다루는 신하는 군주와 동등한 신하, 즉 귀족이 아니라 군주에 의해 채용된 관리이다. 스스로 채용한 신하는 우리 식으로 이해하면 혈통이 아닌 능력에 의해 임용된 관료들을 말한다. 관료와 자국군은 절대군주제를 구성하는 두 핵심 주체이다. 절대군주가 자국군을 바탕으로 내부와 외부의 적을 막아내고, 귀족 대신에 관료를 바탕으로 넓은 영토를 직접 관리하는 것은 절대국가의 통치 근간이라고 할 수 있다.

마키아벨리는 용병이 완전히 제거되어야 할 구시대의 악인 것과 마찬가지로 귀족도 영원히 소멸되어야 할 옛 유산으로 간주한다. 그는 용병과 귀족이 사라진 자리에 자국군과 관료를 내세우고, 시민 또는 인민의 지지를 받는 군주가 장엄한 개선곡을 울리며 당당하게 행진하는 역사극을 연출한다. 새로운 시대의 주인공은 인민이나 시민이며, 그 대행자는 새로운 유형의 군주이다. 마키아벨리는 2부의 자국군과 3부의 관료를 합쳐 근대 절대군주제의 근간을 설명한 셈이고, 이는 속말에 해당한다.

두 번째는 '군주와 신하의 올바른 관계'에 관한 장이다. 군주와 신하의 관계에 관해 다시 보기를 해야 한다. 군주와 동등한 신하(귀족)는 언제든지 기회만 되면 군주에게 도전하고 스스로 군주가 되려는 자들이다. 반면에 채용된 관리들은 군주가 잘해주기만 하면 목숨을 바치며 군주를 지키는 자들이다. 채용된 관리는 군주가 되려는 꿈을 꾸는 경우가 극히 드물다. 군주가 이런 채용된 신하들을 어떻게 대해야 하는지를 논하는 것이 이번 장의 겉말이다.

군주가 좋은 신하를 거느리고 있지 못하다면, 군주가 필요할 때 대신 나서주고 위기에 처했을 때 대신 죽어줄 수 있는 신하가 없다면 그 책임은 누구에게 있는가? 충성심이 약한 신하 탓이라고 말해선 안 된다. 군주에게 책임이 있다. 왜냐하면 채용된 신하의 충성 정도는 군주가 대우해 주는 정도에 비례하기 때문이다.

채용된 신하는 원심력을 가지고 있다. 누군가 다른 군주가 좀 더 나은 보상을 해준다면, 또는 자기를 인정해 준다면 언제든지 튕겨져 나간다. 밖으로 한없이 달아나려는 신하들을 붙들어 매려면 강하게 끌어당기는 군주의 구심력이 있어야 한다. 그래서 군주는 명예를 원하는 신하에게는 명예를, 돈을 원하면 재물을, 더 높은 관직을 원하면 그 관직을 주어야 한다. 명예·돈·관직을 나눠주지 않고 독차지하는 군주에게는 좋은 신하가 남아 있을 수 없다.

세 번째 다시 보기는 마키아벨리의 '복심'이다. 판돌포는 안토니오를 거느리고 있다는 사실만으로도 훌륭한 군주의 반열에 오를 수 있었다. 그가 안토니오를 이용만 하고 버렸다면 훌륭한 군주가 될 수 없었을 것이다. 좋은 신하는 군주가 지닌 능력의 척도임을 잊어선 안 된다. 좋은 신하를 많이 거느린 군주일수록 강력하고 훌륭한 군주가 될 수 있음을 잊어서는 안 된다. 좋은 신하를 많이 거느리려면 먼저 좋은 군주가 되어야 한다. 이것이 마키아벨리가 내린 결론이다. 그리고 자신이 바로 그런 신하라는 것을 알아보는 안목이 있어야 한다고 메디치에게 말한다.

아첨꾼들을 어떻게 피할 수 있는가

이 장은 〈신중한 군주에게 사람들은 진실을 말한다〉, 〈막시밀리안 황제는 조언을 구하지 않았다〉, 〈현명한 군주는 조언을 구한다〉, 〈현명한 군주만이 현명한 정책을 취한다〉로 이루어져 있다. 23장은 3부의 마지막 장에 해당하며, 군주가 신하한테 경멸당하지 않으려면 어떻게 해야 하는가를 다룬다. 주요 내용은 신하의 조언에 대한 군주의 태도이다.

군주는 다양한 조언에 대해 어떤 태도를 보여야 하는가? 군주는 좋은 조언과 아첨을 어떻게 구분하고 이에 대처해야 하는가? 마키아벨리는 이를 주로 군주의 처지에서 조언 듣기에 집중해 다루고 있다. 그 구성은 다음과 같다.

〈신중한 군주에게 사람들은 진실을 말한다〉는 군주와 조언 일반의 관계를 다룬다. 아첨꾼을 어떻게 피할 것인가가 문제의 출발점이다.

군주는 이를 위해 모든 사람이 아니라 소수에게 조언을 구하고 조언을 경청해야 한다는 것이다. 그다음 〈막시밀리안 황제는 조언을 구하지 않았다〉는 이에 대한 반대 사례로, 조언을 전혀 귀담아 듣지 않은 경우를 다루고 있다. 〈현명한 군주는 조언을 구한다〉는 군주가 조언을 듣는 일반적인 원칙에 관한 기술이다. 짧은 글이지만 대여섯 가지의 원칙이 나온다. 마지막의 〈현명한 군주만이 현명한 정책을 취한다〉는 일종의 결론이다. 군주가 분별력을 바탕으로 조언을 받아들이고, 현명한 정책을 취해야 한다는 것이다.

이상의 내용을 바탕으로 목차를 재구성하면 다음과 같다.

1. 군주와 조언 일반론

　　1) 소수에게 듣기: 신중한 군주에게 사람들은 진실을 말한다

　　2) 조언을 듣지 않은 사례: 막시밀리안 황제는 조언을 구하지 않았다

2. 조언 듣기의 일반적 원칙

　　현명한 군주는 조언을 구한다

3. 결론

　　현명한 군주만이 현명한 정책을 취한다

신중한 군주에게 사람들은 진실을 말한다

저는 군주가 실수하기 쉬워서 노력해야만 피할 수 있는 한 가지 중대한 문제를 빼놓지 않고 말씀드리겠습니다. 이 문제는 군주가 신중을 기하지 않거나, 좋은 선택을 하지 않으면 반드시 함정에 빠지게 됩니다. 이 문제란 바로 궁정을 가득 채우고 있는 아첨꾼들에게서 오는 위험입니다. 인간

이란 자기 자신과 자신의 행위에 자아도취적 성향이 있을 뿐만 아니라 자신의 행위에 자기기만적 경향이 있으며, 그 결과 페스트와 같은 아첨으로부터 자신을 지키기가 여간 어려운 일이 아니기 때문입니다.[1] 또한 군주들이 자신을 보호하려고 시도하다 보면 경멸당할 위험도 감수해야 하기 때문입니다.[2]

입발림으로부터 자신을 지키는 방법은 별것이 아닙니다. 사람들이 당신에게 진실을 말한다 해도 당신이 화를 내지 않는다는 것을 인지하게 만드는 것입니다. 하지만 모든 사람이 당신에게 진실을 말할 수 있다면, 당신은 존경을 얻지 못할 수도 있다는 점도 잊어서는 안 됩니다. 따라서 신중한 군주라면 제3의 방법을 사용합니다. 이 방법이란 신중한 군주가 자신의 정부를 위해 현명한 자들을 선택하고, 그들에게만 진실을 말할 수 있는 자유로운 힘을 부여하는 것을 말합니다. 그렇다고 해서 그들에게 모든 것을 말하게 해서는 안 되고 군주가 원하는 것에 대해서만 말하도록 허락해야 합니다.[3]

하지만 현명한 군주는 그들에게 모든 것에 관해서 말하도록 요청하고 그들의 견해에 귀를 기울여야 합니다. 그러고서 현명한 군주는 그들의 조언을 바탕으로 자신이 원하는 대로 직접 결정해야 합니다. 그리고 군주는 그들 각자에게 자유롭게 말하면 말할수록 더 잘 받아들이는 것으로 처신해야 합니다.

현명한 군주는 이러한 조언자들을 제외하고 어느 누구의 말에도 귀를 기울여서는 안 됩니다. 또한 군주는 결정된 것은 따르고 그 방향을 확고하게 지켜야 합니다. 군주가 달리 행동한다면, 그는 아첨꾼들에 의해 망하거나 시시각각 변하는 의견의 결과에 따라 춤추게 됩니다. 결론을 말씀드리면, 그런 군주는 존경받지 못합니다.

1 자아도취는 나르시시즘을 말한다. 자아도취는 자신의 외모·태도·행동 등에 만족하는 것을 말한다. 세상에서 가장 못생긴 사람도 거울을 보면서 자신의 얼굴을 그런대로 잘생겼다고 생각한다.

자기기만은 자신이 자신을 속이는 것을 말한다. 자기기만은 자신의 태도나 행동 등이 양심이나 가치 기준에서 벗어났음에도 '어쩔 수 없었다'는 식으로 변명하는 것을 말한다. 예컨대 자식을 학대하는 부모가 있다고 가정해보자. 그 부모는 자식의 교육을 위해 어쩔 수 없었다고 말한다. 이는 자기기만이다. 또 다른 예는 감옥에 갇힌 죄수들이다. 그들은 죄를 지었다고 생각하기보다는 대부분 그 당시 상황에서 어쩔 수 없었다거나 불가피했다고 말한다. 이것도 일종의 자기기만이다.

군주는 아주 강력한 존재이므로 자아도취와 자기기만의 경향이 훨씬 더 강하다. 자아도취와 자기기만에 사로잡힌 군주를 견제할 장치나 신하가 없기 때문이다. 바로 이런 이유 때문에 마키아벨리는 군주가 신하들의 아첨에 잘 속아 넘어간다고 말한다.

2 자아도취와 자기기만이 없는 군주는 대체로 소심하고, 유약하고, 결단력이 부족하다. 따라서 그런 군주는 위험이 따르는 일을 벌이지 않을 뿐만 아니라 현상유지에 급급하다. 이런 군주는 신하들에게 업신여김을 당하기 십상이다.

3 믿을 만한 자를 선택해 그 신하들에게만 조언을 하게 하는 것과, 조선의 사간원이나 사헌부와 같은 제도적 기구를 마련하고 이를 활용하는 방안이 있을 수 있다.

마키아벨리는 군주가 인간의 일반적 속성인 자아도취와 자기기만 때문에 아첨에 잘 속아 넘어갈 수밖에 없다고 말한다. 반대로 생각하면 아첨의 일반적 원칙을 밝힌 것이나 마찬가지이다. 아첨의 원칙을 살펴보도록 하자.

아첨의 일반적 원칙 하나, 사람이 본디 지니고 있는 자아도취 성향을 더 부추겨라. 사람은 본디 자신에 대해 만족스럽게 생각하는 경향이 있다. 더구나 무소불위의 권력을 가진 군주라면 작은 행동 하나에도 더 만족하는 경향이 있다. 왜냐하면 자신이 한마디 명령만 내리면 신하는 죽는 시늉까지 하기 때문이다. 신하의 처지에서는 군주의 이런 태도를 부추기면 군주의 사랑을 받을 수 있다.

예컨대 군주가 여색을 밝힌다면, 미에 대한 아주 아주 고상한 취미라고 말하라. 그러면 군주의 여색 탐닉이 아름다움에 대한 탐구라고 생각하게 된다. 신하가 군주의 이런 행동에 대해 잘했다고 칭찬하거나 박수를 쳐주면, 군주는 신하인 당신을 훨씬 더 사랑하게 된다.

예컨대 군주가 부모의 원수를 갚기 위한 사형을 시작했다면, 역사를 바로잡기 위한 올바른 일이었다고 말하면 된다. 그러면 군주는 처음에는 미심쩍어 하다가도, 자주 듣다보면 자기기만의 습성 때문에 당신의 말에 귀 기울이고 더더욱 당신의 말을 잘 듣게 될 것이다.

아첨의 일반적 원칙 둘, 사람이 본디 지니고 있는 자기기만을 이용하라. 사람은 대체로 자신이 나쁜 일을 해도 '어쩔 수 없는 상황' 때문이었다고 변명하는 경향이 있다. 신하는 군주가 잘못한 일도 잘한 일이라고 말하는 것이 중요하다. 군주는 생사여탈권을 가지고 있으므로 자신을 신이라고 생각하는 경향이 있다. 신은 절대로 오류를 범하지 않는 존재이므로 군주는 잘못을 저질러도 이를 잘못이라고 생각하지 않고 올바른 일이라고 생각한다. 아첨은 이를 부추기면 된다.

다시 반대로 돌아가서, 군주가 아첨에 속지 않는 방법을 되새겨 보

자. 군주는 자아도취를 부추기고 자기기만을 옳다고 말하는 아첨꾼으로부터 벗어나기 쉽지 않다. 그 이유는 절대권력을 가지고 있기 때문이다. 군주는 무엇이든지 할 수 있기 때문에 자아도취 경향이 일반인들보다 더 강하고, 군주는 어떤 비판이든지 힘으로 누를 수 있기 때문에 자기기만에 익숙하며 양심의 가책을 느끼지 않는다. 군주는 살아 있는 현실의 신이라 생각하는 경향 때문에 아첨에 쉽게 무너진다. 따라서 아첨에 무너지지 않으려면 군주는 항상 자신의 말과 태도와 행동을 자각하고 있어야 한다.

막시밀리안 황제는 조언을 구하지 않았다

이러한 맥락에서 저는 최근의 예를 들겠습니다. 현재 황제인 막시밀리안의 조언자인 루카 신부[1]는 그의 통치권자에 대해 언급하면서 다음과 같이 말했습니다. 막시밀리안 황제는 어느 누구로부터도 조언을 구하지 않았으며, 또한 어떤 일에서도 그가 원하는 대로 행동하지 못했습니다. 이는 위에서 언급했던 방법과 정반대 방법을 사용한 데서 비롯합니다. 왜냐하면 막시밀리안 황제는 비밀로 가득 찬 사람이었으며, 누구하고도 자신의 계획을 공유하지 않았으며, 그 결과 자신의 계획에 대해 어떤 조언도 듣지 않았기 때문입니다.

그러나 그런 계획들이 실행될 때가 되면 비로소 이 계획들이 널리 알려지게 되고, 곧장 황제를 둘러싼 자들이 이 계획들을 반대합니다. 그러면 팔랑귀인 막시밀리안은 이 계획에서 슬그머니 손을 뗍니다. 결과적으로 그는 어느 날 시작한 것을 다음 날 취소해버립니다. 따라서 어느 누구도 막시밀리안 황제가 원하는 것이 무엇인지, 그리고 의도하고자 한 것이 무엇인지 모르게 됩니다. 또한 그가 결정한 것을 믿을 수도 없게 됩니다.

1 루카는 막시밀리안 황제의 조언자였다. 마키아벨리는 1507년 신성 로마 제
   국에 사절로 파견되었을 때 루카를 처음 만났다. 이때 마키아벨리의 임무는
   협상을 통해 프랑스, 교황 등과 더불어 캉브레 동맹을 결성하고 베네치아의
   영토 분할을 요구하는 막시밀리안 황제의 이탈리아 침략을 막는 것이었다.
   캉브레 동맹과 황제에 관한 내용은 3장의 〈루이 왕의 여섯 가지 실수〉, 11장
   의 〈율리우스 2세는 교회를 강화한다〉, 19장의 〈강력한 자와는 결코 자발적
   으로 동맹을 맺지 마라〉를 참조하면 좋다.

대부분의 군주는 팔랑귀이거나 말뚝귀이다. 팔랑귀는 귀가 팔랑거릴
정도로 얇아 남의 말에 잘 넘어가고 속는 자를 말한다. 말뚝귀는 귀에
말뚝을 박은 것처럼 남의 말에 꿈쩍도 하지 않는 자를 말한다. 팔랑귀
는 조언을 들을 때마다 맘이 바뀌는 자이고, 말뚝귀는 조언을 절대로
듣지 않는 자이다. 팔랑귀는 경박하고, 말뚝귀는 고집스럽다. 팔랑귀
는 주변에 조언자가 너무 많아 걱정이고, 말뚝귀는 주변에 조언자가
너무 적어 문제가 된다. 팔랑귀는 모든 조언이 다 진실처럼 들리고, 말
뚝귀는 모든 조언이 다 거짓처럼 들린다. 대부분의 군주는 팔랑귀 또
는 말뚝귀로 일생을 마친다.
　가장 좋은 군주는 조언을 들을 때는 팔랑귀인 듯이 듣고 행동할 때
는 말뚝귀인 것처럼 처신해야 한다. 마키아벨리는 자신의 조언과 정반
대로 행동한 군주로 막시밀리안 황제를 들고 있다. 막시밀리안 황제는
조언을 들어야 할 때 말뚝귀로 행동했고, 행동할 때는 팔랑귀처럼 행

동했기 때문이다.

　마키아벨리는 막시밀리안 황제가 지나치게 변덕스러웠다고 일반적인 평가를 내린다.* 그러나 구체적으로 어떤 사건에서 어떻게 태도를 바꾸었는지에 대해서는 말하지 않았다.

현명한 군주는 조언을 구한다

그다음으로, 현명한 군주는 끊임없이 조언을 들어야 합니다. 단, 조언이 그 밖의 다른 사람에게 적합한 것이 아니라 군주 자신에게 적합할 때에만 들어야 합니다. 더구나 현명한 군주는 조언을 원하지 않는다면 자신에게 어떤 것에 대해 조언하려는 용기를 모든 사람에게서 박탈해야 합니다.

　그러나 현명한 군주는 도량이 넓은 조언 요청자가 되어야 하며, 그다음에는 요청했던 문제에 대해서는 진실에 귀 기울이는 인내심을 갖춘 청취자가 되어야 합니다. 더 나아가 현명한 군주는 누군가가 어떤 이유 때문이건 자신에게 진실을 말하지 않는다면, 화를 내야 합니다.

마키아벨리는 군주가 아첨에 무너지지 않는 방법에 대해 말한다. 그 방법은 간단하다.

　첫째, 진실을 들을 땐 화내지 않고 진실을 말하지 않을 때 화를 낸다. 사람은 누구나 사실이나 진실을 말하면 화를 내는 경향이 있다. 못생긴 사람보고 못생겼다고 말하면 그것으로 인간관계가 끝나듯이 말

---

* Allan Gilbert, Machiavelli: *The Chief works and Others*, vol. I, p. 352, vol. II, p. 917, p. 922.

이다. 군주는 진실을 들을 때 화를 참기가 쉽지 않다. 조언에서 진실은 자신의 약점·단점·결점을 지적하는 것이거나, 국가의 당면한 문제점을 말하는 것이기 때문이다. 진실을 말할 때 화를 내지 않는 군주는 말 그대로 도량이 넓은 군주이다.

하지만 대부분의 군주는 반대로 행동한다. 신하가 잘못을 지적하면 처음에는 귀 기울이는 척한다. 두 번 세 번 거듭되면 그 신하가 미워지고 죽이고 싶은 마음이 든다. 현명한 군주라면 진실을 말하는 신하의 말에 화를 내서는 안 된다. 신하가 입을 다물기 때문이다.

신하가 진실을 말하지 않을 경우 군주가 화를 내는 것도 쉽지 않다. 조언에서 거짓은 군주를 미화하거나 잘못된 현실을 미화하기 때문이다. 군주가 듣기에 좋은 거짓은 자아도취에 의해 입안에 든 솜사탕처럼 달콤하게 느껴지고 자기기만에 의해 사르르 녹기 때문이다. 신하가 진실을 말하지 않을 때 화를 내는 군주는 미사여구로 포장된 솜사탕을 쓰다고 말할 줄 아는 분별력이 있는 군주이다.

둘째, 소수에게만 조언을 듣는다. 군주에게 조언하는 자가 많다면 그 군주는 도량이 넓어 보인다. 하지만 조언자가 많고 군주가 심지가 굳지 않으면 팔랑귀가 되어버린다. 맘이 수시로 바뀌는 군주는 경멸받기 마련이다. 또한 군주가 조언을 듣고서도 따르지 않는다면, 조언한 자들은 군주를 존경하지 않는다. 신하들이 군주를 존경하는 것은 군주가 신하의 말을 듣고 겸허히 따를 때 생기기 때문이다. 존경받지 못하는 군주는 경멸당하기 십상이다. 군주가 조언을 듣고 따르지 않을 바에는 차라리 듣지 않는 게 낫다. 더 나아가 다수보다는 소수의 말에 귀를 기울이고 따르는 것이 현명하다. 그러면 군주는 신하들한테서 존경을 얻고 경멸받지 않기 마련이다.

셋째, 군주는 소수에게 묻고 귀 기울이되 스스로 결정을 내린다. 군주는 묻고 귀 기울일 때는 팔랑귀처럼 행동하지만, 자신이 결정할 때에는 말뚝귀로 행동한다. 군주가 다른 신하의 말을 듣고 스스로 결정한 것을 바꾸면 안 된다. 결정을 자주 번복하면 군주는 경박하다는 소리를 듣기 마련이고, 이 또한 경멸당하는 요인이다.

현명한 군주만이 현명한 정책을 취한다

신중하다는 평판을 듣는 군주들이 신중한 이유는 군주의 본성 때문이 아니라 군주 주위에 있는 훌륭한 조언자들 때문이라고 흔히 말하곤 합니다. 저는 의심할 것도 없이 이런 속설이 자기기만적이라고 말씀드리겠습니다. 제 주장은 결코 실패할 리 없는 일반적인 규칙입니다. 왜냐하면 스스로 현명하지 못한 군주는 조언을 잘 들을 수 없기 때문입니다. 단, 그가 자신을 완전히 통제하는 아주 현명한 한 사람에게 전적으로 의지하는 경우는 예외입니다. 이러한 경우 그는 좋은 조언을 얻을 수 있습니다. 하지만 그리 오래가지는 않습니다. 왜냐하면 얼마 시간이 지나지 않아 그 조언자가 군주에게서 지위를 빼앗을 것이기 때문입니다.

그러나 현명하지 못한 군주가 한 사람 이상한테서 조언들을 듣는다면, 그는 그 조언들을 통일적으로 받아들이지 못하며, 그 조언들을 통일하는 방법도 알지 못합니다. 각각의 조언자는 자신의 이익에 따라 생각하고, 군주는 이런 견해를 통제하거나 이해할 수도 없기 때문입니다. 그리고 조언자들은 이기적으로 생각하는 것 외에는 또 다르게 생각할 수 없습니다. 왜냐하면 인간들이란 어떤 필연성으로 말미암아 선량해지지 않는 한 항상 악하기 마련이기 때문입니다.

따라서 누구에게서 나온 것이든지 간에 좋은 조언이란 반드시 군주의 분별력에서 비롯하는 것이라는 결론이 나옵니다. 반대로 군주의 분별력에서 비롯된 것이 아니라면 어떤 조언도 좋은 조언이 아니라는 결론이 나옵니다.

마키아벨리는 조언과 군주의 관계에서 군주가 중심을 잡는 것이 중요하다고 강조한다. 군주에게 조언은 무수히 많이 쏟아진다. 군주의 말과 태도와 행동 하나하나가 다 잔소리, 쓴소리, 신소리의 대상이다. 폭우처럼 쏟아지는 조언들 속에서 군주는 어떻게 살아남을 것인가? 군주가 자기중심을 분명히 잡고 움직이는 것이 중요하다. 이런 군주가 진정으로 현명한 군주이다. 반면 현명하지 못한 군주는 조언 때문에 권력 상실 또는 방향 상실의 위험에 처한다. 현명하지 못한 군주에게는 단 한 명의 조언자도, 다수의 조언자도 위험하다.

현명하지 못한 군주에게 군주를 마음대로 좌지우지할 수 있는 단 한 명의 조언자는 극히 위험하다. 군주를 자기 마음대로 움직일 능력을 갖춘 신하는 현명하지 못한 군주에게 거짓 조언을 하고, 그 조언에 속은 군주는 마침내 권력 상실의 위험에 처하기 때문이다.

현명하지 못한 군주에게 다수의 조언자 역시 위험하다. 다수는 자신의 이익에 따라 조언하기 때문이다. 다수의 조언자는 자신의 이익을 극대화하려는 반면, 현명하지 못한 군주는 조언자들의 진의를 파악하지 못한다. 따라서 현명하지 못한 군주는 여러 방향에서 들어오는 조언 때문에 방향 상실의 위험에 처하고, 결국 나라를 어디로 이끌어갈지 혼란에 빠진다.

소수도 다수도 위험하다면, 아무리 훌륭한 조언자들이 주위에 있다 한들 군주가 현명하지 못할 경우 실패할 수밖에 없다는 결론이 도출된다. 따라서 마키아벨리가 강조하고 싶은 것은 군주의 역량이지 신하들의 조언이 아니다. 신하들의 조언을 듣고 진의를 꿰뚫어 보는 현명한 군주의 능력, 조언을 분별력 있게 실천에 옮기는 군주의 역량이 무엇보다 중요하다.

23장 다시 보기

'조언을 둘러싼 인간론'에 관한 장이다. 마키아벨리는 모든 인간이 자아도취적이고 자기기만적이며 이기적이라고 말한다. 그는 이를 조언 수용자인 군주와 조언 제공자인 신하로 나눠 설명한다. 즉, 군주는 자아도취적이고 자기기만적이며, 신하는 이기적이다. 군주는 현실에서 신과 같은 존재이기 때문에 자아도취와 자기기만을 더 강화하고, 신하는 군주에 의해 언제 퇴출당할지 모르기 때문에 더욱 이기적으로 행동한다. 신하는 자신의 이익을 추구하려면 군주의 자아도취적이고 자기기만적인 속성을 이용해야 한다. 반면에 군주는 신하의 조언이 어떤 이기심에 근거한 것인지 분명하게 파악할 줄 알아야 한다. 그렇기에 조언을 둘러싼 신하와 군주, 양자의 관계는 항상 팽팽한 긴장의 연속이다.

군주는 속세의 신이다. 군주는 지상 최고의 권력이자 권위이며, 가장 부유한 자이다. 군주는 사람을 죽이고 살릴 힘을 가진 자이다. 군주처럼 무한한 능력을 가진 자일수록 자아도취적 성향이 강하다. 자아도취는 나르시시즘이다. 나르시시즘은 자신의 완전함, 전능함, 탁월함에 대한 사랑이다. 나르시시즘은 자신이 한 행동과 처신에 대한 자기긍정이다. 자아도취적 경향이 강한 자일수록 스스로 완전하다고 생각한다. 그렇기에 무한권력을 가진 군주는 자아도취적 성향이 강할 수밖에 없다. 이런 군주는 과도한 자부심으로 무모한 결정을 내리기 쉬우며, 공격적으로 변하기 쉽다.

또한 군주는 도덕과 양심의 심판자이다. 군주는 세상의 모든 사건에 대해 판단을 내려야 하고, 그 결정에 복종하지 않는 자를 처벌한다. 군주처럼 절대능력을 가진 자일수록 자기기만적 성향이 강하다. 자기기만은 자기합리화이다. 자기합리화는 상황론과 불가피론에 의지한다. 자기기만적 경향이 강한 자일수록 자신에 대해 긍정적이고 관대하다. 그렇기에 절대권력을 가진 군주는 자기기만적 성향이 강할 수밖에 없다. 만사를 처리하고, 만인의 눈치를 봐야 하는 군주는 항상 자기변명적일 수밖에 없다. 이런 군주는 자신의 양심에 대해 항상 면죄부를 부여하고 자기 자신을 속인다.

군주는 자아도취적이고 자기기만적이기에 진실을 회피한다. 사람은 일반적으로 진실을 말하면 싫어한다. 양심을 속인 자에게 더는 네 양심을 속이지 말라고 하면 그는 얼굴을 붉힌다. 자아도취는 진실을 회피하고, 자기기만은 진실을 두려워한다. 자아도취는 진실에 덧칠을 하고, 자기기만은 진실을 감춘다. 자아도취는 환상을 통해 진실을 보고, 자기기만은 색안경을 끼고 진실을 바라본다. 진실은 자아도취와 자기기만의 허상을 깨라고 말하지만, 자아도취와 자기기만은 진실에 적대적이다.

세속에서 가장 강한 권력 · 부 · 명예를 지닌 군주는 자아도취와 자기기만의 화신이다. 군주는 진실을 보려고 해도 볼 수 없다. 조언을 일삼는 무리들이 군주의 눈을 가리기 때문이다. 그들은 이기심으로 무장한 자들이라고 마키아벨리는 말한다. 인간은 이기적이므로, 자신에게 이익이 돌아오지 않으면 어떤 행동도 취하지 않기 때문이다.

아첨은 이익을 극대화하고자 군주의 자아도취와 자기기만에 면죄부를 부여하는 달콤한 사탕발림이다. 진정한 조언은 군주의 자아도취와 자기기만을 지적하는 쓴소리이자 진실을 보라는 매운 소리이다. 아첨은 당장의 이익을 추구하고, 진정한 조언은 먼 미래의 이익을 추구한다. 아첨의 효과는 즉시이고, 진정한 조언의 효과는 장래에 나타난다. 아첨은 하늘의 별도 따다 줄 것처럼 말하는 것이고, 진정한 조언은 노력하지 않으면 어떤 것도 거둘 수 없다고 말하는 것이다.

군주는 항상 후자를 선택해야 한다. 하지만 어느 정도의 자아도취와 자기기만이 없는 군주는 경멸당한다는 사실 또한 잊어서는 안 된다. 자아도취가 전혀 없는 인간은 의기소침하고 자부심도 없으며, 결정력이 없고 끝없이 자기비하에 빠져드는, 리더십이 부족한 인간이다. 자기기만이 없는 인간은 상황이 비관적이라는 사실에 절망하고, 상황을 뒤집어 보는 창의성이 부족하며, 더 나아지리라는 희망과 자신에 대한 믿음을 갖지 못하는 자이다. 이런 군주는 경멸과 증오를 받기 마련이고, 결국은 군주 자리에서 쫓겨나기 마련이다.

적절한 자아도취와 적당한 자기기만은 인간이 살아가는 데에서 기본 조건이다. 마찬가지로 군주는 이 두 가지 요소를 적절히 활용하고 이용할 줄 알아야 한다. 그런 군주만이 강력한 리더십을 바탕으로 커다란 업적을 이룰 수 있고, 더 나아가 관대함도 가질 수 있다.

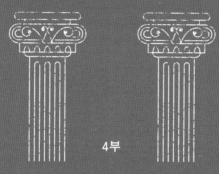

4부

이탈리아 통일을 위한 제언

이탈리아 군주들은 왜 나라를 잃게 되었는가

이 장은 〈신흥 군주의 이점〉, 〈현명한 통치자는 인민의 지지를 확보하고 자신만의 군대를 유지한다〉, 〈군주는 어떤 경우에도 자신의 역량에 의존해야 한다〉로 이루어져 있다.

24장은 전체 결론의 서문에 해당한다. 24장 전체를 한마디로 정리하면 군주가 갖춰야 할 역량, 즉 비르투나이다. 마키아벨리는 군주가 갖춰야 할 비르투나에 대해 요약해서 정리한다. 이는 크게 둘로 나뉜다.

우선, 비르투나를 왜 갖춰야 하는지에 대한 요약이다. 마키아벨리는 〈신흥 군주의 이점〉에서 군주, 그것도 신흥 군주가 비르투나를 갖추면 좋은 점을 인민 또는 대중과 연관해 설명한다. 그는 1장에서 23장에 걸쳐 조언했던 대로 행하면 인민이나 대중의 마음을 사로잡을 수 있다고 설명한다.

둘째, 주제별 정리이다. 마키아벨리는 앞에서 군주에게 했던 모든 조언을 두 개의 절에 세 개의 주제로 나눠 설명한다. 마키아벨리는 〈현명한 통치자는 인민의 지지를 확보하고 자신만의 군대를 유지한다〉와 〈군주는 어떤 경우에도 자신의 역량에 의존해야 한다〉에서 군주에게 는 인민의 지지, 자신만의 군대, 그리고 역량이 필요하다고 언급한다. 이를 목차로 재정리하면 아래와 같다.

1. 1~23장 전체 요약: 신흥 군주의 이점
2. 1~23장 주제별 요약
   1) 1부 요약: 인민의 지지—현명한 통치자는 인민의 지지를 확보한다.
   2) 2부 요약: 군주만의 군대—자신만의 군대를 유지한다
   3) 3부 요약: 군주는 어떤 경우에도 자신의 역량에 의존해야 한다

신흥 군주의 이점

앞에서 언급했던 조치들을 신중하게 사용하십시오.[1] 그러면 신흥 군주는 관록 있는 군주처럼 보일 것이며, 세습 권리에 의해 군주의 지위에 오른 자보다 자신의 지위를 더욱 안전하고 확고하게 유지할 수 있습니다. 왜냐하면 사람들은 세습 군주의 행동보다 신흥 군주의 행동을 찬찬히 들여다보기 때문입니다.

그리고 관찰 결과 신흥 군주가 힘과 지혜를 보여준다면, 신흥 군주는 사람들을 장악하고서 과거 혈연에 의해 군주가 된 자보다 확고하게 사람들이 자신에게 충성하게끔 할 수 있습니다. 왜냐하면 사람들은 과거 행적보다 현재 행적에 훨씬 더 큰 감명을 받기 때문입니다.

그리고 사람들은 현재 조건에 흥성한다면, 아주 기뻐하며 다른 어떤 것

도 요구하지 않습니다. 실제로 신흥 군주가 다른 어떤 조건에서도 스스로 몰락하지 않는다면, 사람들은 모든 방법을 다해 신흥 군주를 지키려 할 것입니다.

따라서 신흥 군주는 두 배의 영광을 누릴 것입니다. 왜냐하면 그는 신흥 군주국을 건설하고, 좋은 법과 훌륭한 군대와 적당한 본보기good examples[2]로 신흥 군주국을 드높이고 강화하기 때문입니다. 다른 면에서 본다면, 태어나면서부터 군주였지만 분별력이 없어서 자신의 나라를 잃은 군주는 두 배로 망신당하게 될 것입니다.[3]

1 1~23장까지, 1~3부까지 권고한 것을 말한다.

2 '좋은 법'은 1부의 주제인 인민의 지지를 불러오고, '훌륭한 군대'는 2부의 주제인 나라의 방위에 기여하며, '적당한 본보기'는 3부의 주제인 군주의 역량을 높인다.

'good examples'를 적당한 본보기로 번역한 이유는 다음과 같다. 3부의 주제를 보여주는 15장을 보자. 군주는 '윤리적 환상' 속에서 '칭찬받을 만한 덕'을 실천하는 것이 중요하지 않다. 군주는 '가혹한 현실' 속에서 '비난받을 만한 악덕'도 실천해야 하기 때문이다. 비난받을 만한 악덕의 진정한 목적은 최소한의 징벌로 최대의 효과를 얻는 것을 말한다. 따라서 군주는 신민이나 외국 군주를 상대로 본보기를 보일 줄 알아야 한다. 적당한 본보기를 보이는 것은 최악의 사태를 막는 최선의 방법이기 때문이다.

3 앞과 연관해서 읽어야 한다. 자신의 힘으로 국가를 건설한 신흥 군주와 대비해 첫 번째 망신을 당하고, 좋은 법과 무기와 전범들로 국가를 드높이고 강화한 신흥 군주와 대비해 두 번째 망신을 당한다는 뜻이다.

우선 첫 번째 다시 보기는 '긍정 화법'이다. 마키아벨리는 군주에게 잔소리하는 것처럼 보이지 않게 자신이 하고 싶은 말을 하고 있다. 그는 '~하지 않으면 ~할 것이다' 대신에 '~하면 ~하게 될 것이다'라고 말한다. 그는 '내가 말한 대로 따르지 않는다면, 당신은 군주의 자리를 잃을 것이다'라고 군주를 겁박하지 않는다. 그 대신에 그는 '내가 말한 대로 따른다면, 당신은 군주로서 성공할 것이다'라고 부드럽게 회유하는 말을 한다.

그는 부정적인 어법으로 채찍 전략을 사용하는 대신에 긍정적인 어법으로 당근 전략을 사용한다. 그 이유는 당연하다. 신하가 군주에게 시시콜콜 잔소리하는 것 자체가 어불성설이기 때문이다. 신하의 처지에서 처음부터 군주에게 부정적인 말투로 협박하는 것은 군주의 심기를 상하게 할 수 있기 때문이다. 특히 마키아벨리의 처지에서 군주의 심기를 상하게 하는 것은 구직을 스스로 포기하는 것이다. 더 나아가 군주에 대한 협박은 죽음마저도 부를 수 있는 위험한 행위이기도 하다.

마키아벨리는 〈현명한 통치자는 인민의 지지를 확보하고 자신만의 군대를 유지한다〉, 〈군주는 어떤 경우에도 자신의 역량에 의존해야 한다〉에서도 여전히 부정적인 어법이 아니라 긍정적인 어법을 사용하려고 노력한다.

두 번째 다시 보기는 '신흥 통치자와 대중의 관계'이다. 마키아벨리는 여기서 신흥 통치자의 행위와 대중의 행태를 간략하지만 정확하게 제시하고 있다. 이는 모든 신흥 정치인과 대중의 관계에 적용될 수 있다(물론 다양한 팬덤 현상에도 적용 가능하다). 이것을 신흥 군주 또는 신흥 정치인의 관점에서 정리하면 다음과 같다.

우선 대중의 관심을 끌어라. 대중은 옛것보다 새것에 관심이 많다.

옛것은 식상하기에, 새로운 것이 나오면 대중은 유심히 관찰하는 경향이 있다. 새것은 새것이라는 이유만으로 사람들의 눈길을 끌곤 한다. 그렇기에 신흥 군주는 대중의 관심을 끄는 것이 중요하다. 그 방법은 마키아벨리가 말한 대로 인민의 지지를 끌어내는 정책을 취하고, 자신의 군대를 조직하며, 탁월한 역량을 보여주는 것이다. 대중은 반드시 이런 신흥 군주에 관심을 보일 것이다. 신흥 정치인도 대중의 관심을 끌려면 자신의 역량을 보여주는 것이 중요하다.

둘째, 대중을 감동시켜라. 대중은 옛 사람과 새 인물이 동일한 업적을 달성해도, 새로운 인물에게 더 감동한다. 옛 인물은 오랫동안 자신의 지위를 유지해왔기 때문이다. 대중은 옛 인물이 탁월한 행동을 하면 몹시 당연하게 여기고, 조금이라도 실수하면 비난한다. 옛 인물이 지위 유지의 장점인 경험을 통해 어려운 문제에 잘 대처하는 것은 아주 당연한 것이라 생각하기 때문이다. 이것이 대중 심리의 본성이다. 반면, 대중은 새 인물의 사소한 업적에도 감탄을 연발한다. 대중은 아무런 경험도 없는 새 인물이 그런 일을 하리라고는 생각조차 하지 않았기 때문이다. 신흥 군주라면 마키아벨리가 말한 대로 무력을 갖추고, 지혜로 신민을 통치하라. 신흥 정치인도 대중이 깜짝 놀랄 말한 처신과 행동을 하라. 그러면 대중은 따를 것이다.

셋째, 번성하라. 대중은 새 인물이 자리를 잡기가 쉽지 않다는 것을 인정한다. 대중은 기존 세력이 새 인물의 힘과 역량을 압도하고 있다는 것을 알고 있다. 그럼에도 새 인물이 중심을 잡고 성장한다면 대중은 새 인물에게 더는 아무것도 요구하지 않는다. 대중들은 새 인물이 살아남기만 하면 전폭적으로 지지하고 따를 것이며, 충성 맹세를 한다.

넷째, 자멸하지 마라. 대중은 역사를 통해, 그리고 현실의 경험을 통해 무수히 많은 새로운 인물이 살별처럼 나타났다가 별똥별처럼 사라지는 것을 본다. 따라서 새 인물이 자리 잡고 번성하기 시작했다면, 스스로 파멸의 무덤을 파지만 마라. 마키아벨리의 말대로라면 자멸하지 않는 방법은 최소한의 역량을 갖추는 것이다. 미처 번성하지 못했어도 살아남기만 하면, 대중은 새로운 인물에게 적당한 시기에 흥성할 기회를 준다.

신흥 군주 또는 신흥 정치인, 연예인이나 사업가에게도 이 네 가지 기준은 철저히 적용될 수 있다. 성공하고 싶다면 이와 같이 행동하라. 마키아벨리의 조언이다.

현명한 통치자는 인민의 지지를 확보하고 자신만의 군대를 유지한다

그리고 당신이 우리 시대에 이탈리아에서 자신의 지위를 상실한 그러한 군주들, 예컨대 나폴리의 왕과 밀라노의 공작 등을 고찰해 보십시오. 그러면 우선 우리는 그 군주들이 자신의 군대를 유지하는 데에서 공통적으로 실패한 것을 발견할 수 있습니다. 이에 대해 우리는 앞에서 이미 충분히 논했습니다.[1]

그다음 우리는 그 군주들 가운데 일부는 인민이 보내는 적대감 때문에 고통을 겪었다는 점, 또는 인민한테서 사랑받았지만 부자들한테서 자신을 지키는 방법을 알지 못했다는 점을 알 수 있습니다.[2] 이러한 결점들이 없었다면, 전장에서 군대를 유지할 만큼 충분한 힘을 갖춘 군주들은 자신의 국가를 잃지 않았을 것입니다.

알렉산드로스 대왕의 아버지가 아니라, 티투스 퀸티우스에게 패배한 마케도니아의 필리포스 왕은 그를 공격했던 로마인과 그리스의 위대한 자와 비교해 그리 힘이 많지는 않았습니다. 그럼에도 그는 전사였으며, 인민과 지내는 방법과 부자한테서 자신을 지키는 방법을 알았습니다. 왜냐하면 오랫동안 그는 침략자에 대항한 전쟁을 지속했기 때문입니다. 또한 그는 결국 몇몇 도시의 통치권을 상실했지만 여전히 자신의 왕국을 가지고 있었기 때문입니다.[3]

1 군주의 지위를 상실한 역사적인 내용은 주로 3장에 기술되어 있다. 그 원인에 관한 분석은 12장과 13장에 설명되어 있다.

2 이에 대한 내용은 주로 16장 전체에 걸쳐서, 특히 19장의 〈프랑스의 제도들은 모든 계급을 보호한다〉에서 자세히 서술되어 있다.

3 마키아벨리는 필리포스에 대해 아주 여러 차례 언급했다. 3장의 〈상대적으로 힘이 약한 자들을 어떻게 다룰 것인가〉·〈로마의 방식〉·〈전쟁 연기는 현명한 것인가〉, 8장의 〈사악함은 진정한 영광을 가져오지 않는다〉·〈스파르타의 나비스〉, 12장의 〈용병이 모반한 역사적 사례들〉, 13장의 〈어떤 군주도 자신의 군대가 없다면 안전하지 못하다〉, 14장의 〈과거의 위대한 인물에 대한 모방〉 등에 그에 대한 내용이 기술되어 있다. 마키아벨리는 여러 곳에서 다양하게 기술한 내용을 위와 같이 간단하게 요약했다.

최종적으로 정리해야 할 것이 나온다. 인민의 지지와 훌륭한 군대, 둘 가운데 어느 것이 중요한가? 어려울 것이 없다. 목차 순서대로이다. 우선 중요한 것은 인민의 지지이고, 그 다음이 군대이다. 오로지 군대의 지지를 받으려 애쓰는 군주는 인민의 미움을 받아 권력을 잃기 마련이다. 반대로 인민의 튼튼한 지지 위에 서 있는 군주는 권력을 절대로 잃지 않는다. 인민의 확고한 지지를 받는 군주가 강력한 군대를 거느리고 있다면, 대외적으로 큰 업적을 남길 수 있다. 안을 잘 다스리고 밖을 넘보라는 것이 마키아벨리의 핵심 조언이다.

마키아벨리는 12장에서 주장한 좋은 군대와 좋은 법률의 관계를 전도시킨다. 그는 인민을 보듬어주는 좋은 법률이 좋은 군대보다 중요하다고 말한다. 그는 좋은 군대에 국가 형성기라는 단서로 족쇄를 채워버린다.

또 다른 결정해야 할 것이 있다. 군주에게 인민과 부자 중 어느 것이 중요한가? 둘 다 중요하다. 군주는 인민의 사랑을 받아야 하지만 부자의 미움도 받아서는 안 된다. 인민의 사랑을 받지 못한 군주는 혁명에 목숨을 잃고, 부자의 미움을 받은 군주는 음모와 쿠데타에 의해 권력을 잃기 때문이다.

군주는 어떤 경우에도 자신의 역량에 의존해야 한다

따라서 오랫동안 자신의 군주국을 유지해 왔으나 그 후에 상실했던 우리의 군주들은 행운의 여신을 탓할 것이 아니라 자신의 나태함을 탓해야 할 것입니다. 그들은 날씨가 좋을 때 날씨가 급변할 수 있으리라곤 상상조차 하지 못했습니다. 이는 잔잔한 날씨일 때 폭풍우를 헤아리지 않는 사람들의 공통적인 결점입니다. 그리고 날씨가 나빠지면 그들은 자신을 방어하기보다는 달아나기에 급급했습니다.[1]

그리고 그들은 정복자의 오만에 의해 고통받던 인민이 자신들을 다시 불러줄 것이라고 기대했습니다.[2] 어떤 다른 방법이 없다면 이 방법도 그리 나쁘지 않습니다. 그러나 항상 이것만 바라고 다른 수단을 강구하지 않는 것은 더더욱 나쁜 일입니다. 누군가 당신을 계속 구조해 주러 올 것이라고 기대하고서 몰락해서는 안 됩니다. 이런 일은 발생하지 않을뿐더러 발생한다 해도 당신에게 안전을 제공하지 않습니다.[3] 왜냐하면 그러한 문제 해결 능력은 비열할 뿐만 아니라 당신 자신의 역량에 의존하는 것도 아니기 때문입니다.

그리고 당신 자신과 당신 자신의 역량에 의존하는 방책만이 훌륭하며, 확실하며, 지속을 보장합니다.

1 마키아벨리는 행운과 역량을 비교할 때 날씨에 비유하곤 한다. 이는 7장의 〈경험 없는 통치자가 겪는 어려움〉과 8장의 〈현명한 군주는 역경의 시기를 대비해 충성을 확보해야 한다〉에 나타난다. 마키아벨리가 이렇게 비유하는 이유가 있다. 날씨는 인간의 역량 밖에 벗어나 있으므로과 행운과 연관되며, 언제 닥칠지 모르는 악천후를 대비하는 것은 인간의 역량이기 때문이다. 행운과 역량의 관계에 대해서는 6장의 〈역량 대 행운〉에서 다루었다.

2 밀라노의 루도비코 스포르차를 말한다. 또한 마키아벨리는 마음속으로 프랑스 샤를 8세의 침략 때 사보나롤라에 의해 피렌체를 잃은 메디치 가문을 염두에 두었을 수도 있다. 다만 직접 언급하기 곤란해서 이렇게 에둘러 표현했을 수도 있다.

3 13장의 〈원군에서 비롯된 최근의 위험 사례들〉에서 이런 내용을 잘 설명했다.

마키아벨리가 제안하는 성공의 방법은 간단하다. 당신은 성공하고 싶은가? 그러면 행운에 기대지 마라. 행운은 급변하여 언제 어디로 달아날지 모르기 때문이다. 한여름 갑자기 내리는 소나기와 우박이 그 예이고, 이른 봄에 초여름 더위가 닥치는 것과 인간이 감당할 수 없을 만큼 강한 폭풍우가 불시에 몰아치는 것도 그 예이다.

당신은 성공하고 싶은가? 그렇다면 다른 사람을 믿지 마라. 다른 사람이 당신을 도와줄 리도 없고, 도와준다면 자신의 이익 때문이다. 결국 도와준 자에게 뒤통수를 맞게 마련이다.

당신은 성공하고 싶은가? 당신 자신의 역량을 키워라! 당신이 신흥 군주라면, 인민의 지지와 자신만의 군대, 악과도 친구가 될 수 있는 마음을 갖춰라. 당신이 그냥 평범한 인간들 중의 하나라면, 어떤 일을 하던 더불어 같이 살 수 있는 자세와 자신을 지킬 최소한의 능력, 필요에 따라 상대방을 제압할 사악한 방법도 하나쯤은 갖춰라. 그러면 반드시 성공할 것이다.

신흥 군주여! 성공하고 싶은가? 변덕 심한 행운의 여신도 믿지 말고, 한 길 속을 알 수 없는 다른 사람을 믿지 마라. 오로지 자신의 역량을 믿고, 뚜벅뚜벅 한길로만 걸어가라. 그러면 타인의 모방 대상이 될 만한 군주가 될 것이다.

24장 다시 보기

이 장은 "서문형 결론 쓰기"이다. 글을 쓸 때는 여러 어려움이 있다. 그 중의 하나가 결론이다. 결론을 쓰는 방법 가운데 하나는 요약하는 것이다. 요약을 축약으로 끝내면, 글 말미에서 김빠지는 소리가 들린다. 앞서 말한 내용을 다시 정리하는 것은 하나 마나 한 지면 낭비가 심한 글이 되어버리고, 또 읽을 필요 없는 진부한 글을 읽는 독자의 마음이 좋을 리 없다.

마키아벨리 역시 어떻게 끝마칠 것인지를 무척 고민했을 것이다. 고민 끝에 나온 글이 바로 결론의 시작인 24장이다. 그는 서문형 결론 쓰기를 결심한다. 그는 결론을 쓰지만 사실 일종의 서문을 쓴 것이다.

그는 들어가는 말로 헌정사를 집필했다. 그곳에서 책 전체의 내용과 구성에 대해 한마디도 언급하지 않았다. 그는 곧장 1장을 시작해 군주국의 종류를 언급하고 1부의 개요를 보여주었다. 《군주론》에는 어떤 방향으로 흘러갈지 길을 제시하는 서문 격의 글이 없다. 독자는 마키아벨리가 어느 방향으로 인도할지도 모르는 채 책을 따라 읽게 된다.

마키아벨리는 서론에서 해야 할 모든 설명을 24장의 몫으로 남겨두었다. 24장은 책 전체의 구성을 완벽히 드러내는 장이다. 그는 〈신흥 군주의 이점〉에서 신흥 군주가 자신이 말한 주장을 따라 하면 성공할 수 있다고 말한다. 그리고 각 부가 어떻게 구성되었는지 친절히 설명한다. '좋은 법', '훌륭한 군대', '적당한 본보기'가 그것이다. 즉, 좋은 법은 인민의 지지를 얻는 지름길이고, 훌륭한 군대란 바로 군주 자신만의 군대이며, 적당한 본보기는 군주가 상황에 따라 능수능란하게 수단과 방법을 사용하는 역량을 뜻한다.

그다음으로 마키아벨리는 각 부의 구성을 어떻게 했는지 밝힌다. 〈현명한 통치자는 인민의 지지를 확보하고 자신만의 군대를 유지한다〉, 〈군주는 어떤 경우에도 자신의 역량에 의존해야 한다〉가 바로 그 내용이다. 각 부는 '인민의 지지'·'군주 자신만의 군대'·'군주 자신의 역량'이고, 이것이 각각 1·2·3부의 내용을 구성한다.

서문을 결론에서 말하는 글쓰기 전략은 독특하다. 대부분의 글들은 서문에서 말하고자 하는 내용·방법론·구성 등 모든 것을 말하기 때문이다. 마키아벨리는 역발상 전략을 택한다. 이런 목차를 제1장 앞에도 배치하면 너무 진부해 보인다. 기존의 저서들과 별반 다를 것 없는, 그렇고 그런 글이 되어버린다. 이것은 현상적인 이유이다. 더 근본적인 이유가 있다.

마키아벨리는 '새 술은 새 부대'에 담듯이 자신이 하고 싶은 말, 즉 새로운 시대에 맞는 새로운 군주상을 제시하고 싶었다. 그는 '절대주의 시대'라는 새로운 시대에 걸맞은 '절대 군주'라는 새로운 군주상을 주장하고 싶었다. 그러나 이는 아무도 알지 못하는, 말 그대로 혁명적이고 독창적인 사상이다. 이를 표면에 내세운다는 것은 현실과 타협하지 않고 제 갈 길을 가는 혁명가이거나 풍운아와 같다. 마키아벨리의 성격과 처지를 고려하면, 이런 전략은 맞지 않는다. 따라서 그는 하고 싶은 이야기를 숨기고 또 숨기는 전략을 택한다. 결론에 가서야 서문을 보여주는 서문형 결론 쓰기라는 위대한 글쓰기의 전범을 보인다. 여기까지 군주가 읽어준다면, 자신의 목적은 달성될 것이라고 그는 확신한다.

이 책에서《군주론》을 4부로 나누고 설명한 근거도 바로 마키아벨리의 서문형 결론 전략을 파악한 데서 비롯된다.《군주론》의 바다에 빠져 어디쯤을 헤매고 있는지 궁금하다면,《군주론》의 오지에 빠져 헤어나오지 못하고 있다면, 24장을 다시 읽어보면 된다. 그래도 좌표가 확인되지 않는다면, 24장을 1장 앞에 놓고 다시 전체 목차를 나누고 보면 눈이 밝아짐을 느낄 것이다.

25장

인간사에서
행운의 여신의 힘, 그리고 행운의 여신을
어떻게 제압할 것인가

이 장은 〈행운의 여신은 인간의 행동 절반 이상을 통제한다〉, 〈행운의 여신의 범람을 통제할 수 있다〉, 〈시대에 맞춰 처신하는 자들이 행운을 누린다〉, 〈행운의 여신은 교황 율리우스 2세를 사랑했다〉, 〈행운의 여신은 도전적인 자를 친구로 삼는다〉로 이루어져 있다.

25장은 마키아벨리가 앞서 언급했던 다양한 행운과 인간의 관계에 대해 정리한 장이다. 그는 인간이 행운의 여신에게서 벗어날 수 없다는 일반적인 속설을 반박한다. 그는 오히려 인간이 행운의 여신을 통제할 수 있다고 주장한다. 그는 이를 〈행운의 여신은 인간의 행동 절반 이상을 통제한다〉에서 다룬다.

그러고서 그는 본문에서 행운의 여신에 저항하는 일반적인 방법과 특수한 방법을 나눠 설명한다. 〈행운의 여신의 범람을 통제할 수 있다〉가 그 내용이다. 그의 주장은 한마디로 '준비하라!'이다.

그는 특수한 방법에서 행운의 여신의 성격을 둘로 나눠 설명하고, 각 성격에 맞춰 인간이 대응하는 방법을 제시한다. 우선 〈시대에 맞춰 처신하는 자들이 행운을 누린다〉에서 행운의 여신은 시대의 흐름이다. 이런 행운의 여신에 맞서는 방법은 시대의 성격에 맞는 자가 행운의 여신에 조응하며 살아가면 된다. 마키아벨리는 그 예를 〈행운의 여신은 교황 율리우스 2세를 사랑했다〉에서 제시한다. 그 다음으로 나오는 행운의 여신은 변덕의 화신이다. 그는 〈행운의 여신은 도전적인 자를 친구로 삼는다〉에서 변덕스러운 행운의 여신에게 강력한 남성적 성격으로 맞서라고 조언한다.

이를 목차로 재구성하면 아래와 같다.

서론: 행운의 여신은 인간의 행동 절반 이상을 통제한다

본론

    1. 행운의 여신에 저항하는 일반적인 방법:

       행운의 여신의 범람을 통제할 수 있다

    2. 행운의 여신에 저항하는 특수한 방법

       1) 시대의 흐름으로서의 행운의 여신과 그에 대한 대응 방법

          (1) 이론: 시대에 맞춰 처신하는 자들이 행운을 누린다

          (2) 사례: 행운의 여신은 교황 율리우스 2세를 사랑했다

       2) 변덕의 화신으로서의 행운의 여신과 그에 대한 대응 방법:

          행운의 여신은 도전적인 자를 친구로 삼는다

행운의 여신은 인간의 행동 절반 이상을 통제한다

많은 사람은 인간사가 행운의 여신과 신에 의해 통제되기 때문에 인간이 신중하다고 해서 운명을 통제할 수는 없다고, 예전부터 믿어왔고 지금도 여전히 그렇게 믿습니다. 그렇습니다. 더 나아가 인간이 세상사의 변동에 저항할 수 있는 그 어떤 것을 소유할 수 없다는 것 역시 맞는 말입니다. 저 역시 이런 말들이 틀렸다고 생각하지 않습니다. 그렇게 믿는 사람들은 그런 이유로 인간이 자신의 활동을 넘어서 땀 흘릴 필요가 없으며, 우연이 인간을 지배하도록 해야 한다고 결론을 내립니다.

이러한 신념은 우리 시대 들어 더 확고하게 유포되었습니다. 그 이유는 우리가 과거부터 보아왔고 현재도 매일 목격하는 세상사의 급변 때문입니다. 다시 말하면 모든 인간의 예측을 뛰어넘어 사태가 진행되기 때문입니다.

이러한 변수들을 고려하다 보면 저도 때때로 이러한 신념에 동조하고 싶은 유혹을 느낍니다. 그럼에도 저는 우리의 자유의지를 말살하고 싶지 않습니다. 행운의 여신이 우리 행동의 절반을 지배하지만, 행운의 여신조차도 나머지 절반 또는 거의 모두를 우리가 통제하도록 남겨두었다고 저는 판단합니다. 이것은 진실입니다.

《군주론》은 인간의 상식에 대한 도전이다. 마키아벨리는 《군주론》 구석구석에서 인간의 흔한 상식을 뒤집어엎는다. 우리가 《군주론》을 읽으면서 전율을 느끼는 것은 바로 이 때문이다. 기존의 가치관, 통념으로 유포되는 생각, 누구나 고개를 끄덕이는 도덕관을 그는 가차 없이 전복한다. '군주에게 인민이 중요하다, 법보다 군대가 더 중요하다, 도덕 정도는 무시해라' 등은 표면적으로 가장 확실하게 드러나는 상식과 가치의 전복이다.

마키아벨리는 여기서도 상식에 다시 도전한다. 운명이 인간을 지배하는가, 인간이 운명을 지배하는가? 운명에 순응하고 체념할 것인가, 자유의지libero arbitrio대로 살 것인가? 운칠기삼이 맞는가, 기칠운삼이 맞는가? 질문을 요약해 말하면 '인간이 행운의 여신을 이겨낼 수 있는가?'이다. 힘들기는 하지만 얼마든지 가능하다는 게 그의 답변이다. 그는 인간에게 중요한 것은 운명이 아니라 '자유의지'라고 선언한다. 신이 인간의 행동을 결정짓는 게 아니라 인간이 스스로의 의지로 행동할 수 있다. '자유의지'는 중세 천 년과 단절하는 울림이다.

신이 인간의 생활에 개입할 여지가 전혀 없다는 선언! 놀랍지 않은가! 중세가 채 끝나지 않았고 근대가 여명에 이르지도 못했던 시대에 인간의 자유의지를 선언하다니! 마녀를 처형하는 화형대의 불이 아직도 타오르고 있고, 루터의 성서 번역이 아직 시작도 되지 않았던 그 시대에 마키아벨리는 인간의 자유의지야말로 신에 도전할 유일한 방법이라고 선언한다.

그 당시 대부분의 사람들은 인간이 귀족과 농노로 태어나는 것은 신의 결정이라고 생각했다. 하지만 인간이 스스로 자기 삶을 개척해 나갈 수 있다면, 신의 영향력은 완전히 제거된다. 당시 사람들은 인간으로 태어나 잘살고 못사는 것은 행운의 여신이 장난치기 때문이라고 생각했다. 하지만 인간이 스스로 노력해서 잘살 수 있다면, 행운의 여신은 영향력을 상실한다. 마키아벨리는 인간이 자기 결정에 따른 행동으로 행운의 여신과 신의 영향력을 제거할 수 있다고 주장한다.

마키아벨리의 설명은 단계를 밟는다. 그는 행운의 여신과 신이 인간의 행동의 절반을 통제하고, 나머지 절반은 인간이 통제할 수 있다고 말한다. 그러나 그는 단박에 이를 또 뒤집어버린다. 인간이 스스로 결정하고 행동한다면행운의 여신도, 신도 굴복시킬 수 있다고 주장한다. 즉, 인간이 행운의 여신에 대처하거나, 행운의 여신과 조응하거나, 행운의 여신을 자기편으로 만드는 것이다.

25장 전체의 내용이 이것이다. 마키아벨리는 인간이 적극적으로 행운의 여신에 대처하면, 행운의 여신이 인간사에 개입할 수 있는 여지는 그리 많지 않다고 생각한다. 대처 방법은 다음과 같다. 첫째, 행운의 여신에 저항할 역량을 갖추고 있으면 격변에 저항할 수 있다. 둘째, 시대의 흐름을 알고 있으면 행운의 여신을 자기편으로 만들 수 있다. 셋째, 행운의 여신을 자기편으로 만들기 위해 과단성 있게 행동하라, 여신을 사로잡는 청년이 되어라, 행운의 여신을 자기 수하로 부려라.

행운의 여신의 범람을 통제할 수 있다

저는 행운의 여신을 파괴적인 강들 중의 하나와 비교하고자 합니다. 파괴적인 강이 분노하면 평야를 호수로 바꾸고 나무와 건물들을 휩쓸어버리며, 거대한 흙을 이리저리로 쓸어가 버립니다. 그렇게 되면 모든 사람은 범람하는 물을 보고 도망갑니다. 또한 모든 사람은 그 격류에 굴복하고 탁류를 어느 곳으로도 몰아낼 수 없게 됩니다.

사실이 그렇더라도 우리는 날씨가 좋을 때 사람들이 제방과 둑을 쌓을 수 없다고 결론 내려서는 안 됩니다. 제방이나 둑을 쌓아보십시오. 그러면 홍수가 나도 운하로 흘러가게 할 수 있습니다. 또한 아무리 격류라 할지라도 그렇게 흉포하지도 않고 손해를 끼치지 못하게 됩니다.

동일한 경우를 행운의 여신에게 적용할 수 있습니다. 행운의 여신은 자신에게 저항하고자 힘이나 지혜를 준비하고 있지 않는 곳에서 힘을 행사합니다. 그리고 행운의 여신은 자신에게 대처하려고 둑이나 제방을 준비하고 있지 않다고 여겨지는 곳에서 분노를 터뜨립니다.

당신이 이러한 격변의 장이자 그 최초 격변지인 이탈리아를 돌아보십시오. 그러면 이탈리아가 둑도 없고 어떤 제방도 없는 평야라는 것을 아시게 될 것입니다. 그러나 이탈리아가 독일·에스파냐·프랑스[1]처럼 적절한 힘과 지혜로 제방을 쌓았다고 생각해 보십시오. 그러면 이 격류는 흔히 일으키는 것과 같은 격변도 만들지 못했을 테고, 우리에게 쇄도하지도 못했을 것입니다. 이것이야말로 제가 행운의 여신에 대해 일반적으로 말하고 싶은 모든 것입니다.

1 15세기 이후 프랑스와 에스파냐는 근대적인 국가로 발전하기 시작했다. 여기서 예로 들었듯이 마키아벨리는 당시 독일을 상당히 긍정적으로 평가했는데, 신성 로마 제국 황제들의 활약과 독일의 자유 도시들에 감동을 받았기 때문이다. 그러나 신성 로마 제국이었던 독일은 근대적인 국가로 발전하지 못했다. 그 후 오랜 기간 독일은 이탈리아와 마찬가지로 사분오열된 국가로 존재한다.

마키아벨리가 여기서 말하는 행운의 여신은 분노의 신이기도 하다. 사람들에게 도움의 손길을 내밀어 흥하게 할 수도 있지만, 도움은커녕 절멸로 이끌 수도 있는 무서운 신이다. 하지만 걱정하지 않아도 된다. 준비하면 되기 때문이다. 인간이 자유의지로 잘 대처한다면 어떤 횡포도 이겨낼 수 있기 때문이다. 이를 당시 유럽을 중심으로 살펴보자.

지도를 보자. 하나는 1430년대 지도이고, 다른 하나는 1500년대 지

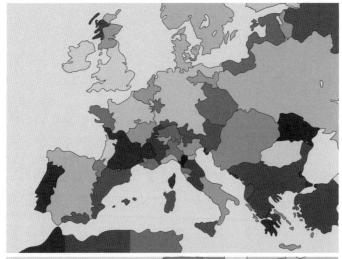

1430년대

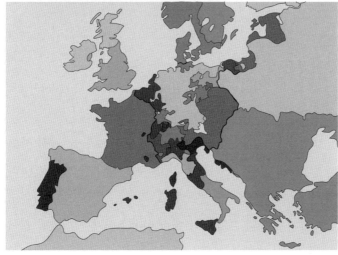

1500년대

도이다. 1430년대 지도를 보면 에스파냐·프랑스·독일 모두 잘게 분할되어 있다. 이탈리아 역시 마찬가지이다. 1500년대 지도를 보면 에스파냐·프랑스는 완전히 통일된 형태를 갖추었다. 반면, 이탈리아는 1430년대와 별반 다름이 없다. 오히려 에스파냐에게 나폴리와 시칠리아를 비롯한 영토 일부를 빼앗긴 것으로 나타난다.

에스파냐에는 페르디난도 2세가 있었고, 프랑스에는 루이 12세가 있었다. 독일은 제후들과 대립하고 있기는 하지만 신성 로마 제국 황제가 막강한 힘을 발휘했다. 이들은 앞에서 계속 살펴본 것처럼 이탈리아를 침략한 장본인들이다.

마키아벨리가 이탈리아를 사랑하는 마음은 여기서 절절히 나타난다. 그는 자신이 살던 시대의 이탈리아에 격류激流와 탁류濁流가 흐른다고 보았다. 중세 봉건 국가에서 근대 중앙집권적인 국가로 변화하는 시기, 행운의 여신이 머리를 산발하고 미쳐 날뛰는 시기, 행운의 여신은 에스파냐와 프랑스에 행운을 가져다주었지만 이탈리아에는 불행을 안겨줬다.

페르디난도 2세와 루이 12세는 행운의 여신이 불러일으킨 격류와 탁류에 맞서 제방을 잘 쌓은 자들이다. 그들은 국가를 통일함으로써 탁류를 청류清流로 바꾸었고, 강력한 힘을 바탕으로 격류를 순류順流로 바꾸어 크게 번성하는 결과를 낳았다.

그렇다면 이탈리아는? 동일한 조건 속에서 미리 제방을 쌓지 못했다. 체사레가 있었지만, 운명의 일격을 맞고 역사 속의 한 점으로 사라져버렸다. 행운의 여신은 더욱더 분노했고, 격류는 한층 거친 탁류로 바뀌었다. 강력하게 성장한 프랑스와 에스파냐의 침략을 받았던 것이다. 1512년에 율리우스 2세가 프랑스를 알프스 산맥 밖으로 몰아냈지만, 그 역시 이탈리아 통일의 대업을 달성하지 못하고 1년이 채 지나지 않아 사망했다.

마키아벨리는 말한다. 이제라도 이탈리아여, 행운의 여신에 맞서 제방을 쌓자! 강력한 프랑스와 에스파냐로부터 이탈리아를 지키고, 강력하게 발흥하는 신성 로마 제국으로부터 이탈리아를 살리자. 조국 이탈리아여, 제방을 쌓자. 제 아무리 거친 탁류와 격류가 몰아친다 해도 이탈리아는 살아날 것이다. 이민족에게 빼앗긴 땅을 되찾고, 통일 조국 이탈리아를 건설하자. 이탈리아여, 과거 로마의 화려한 영광을 되찾자! 누가 그것을 해야 하는가? 이 글을 읽는 군주 메디치여, 바로 당신 몫이다. 당신이 제방을 쌓아라. 나, 마키아벨리가 도와주겠다!

시대에 맞춰 처신하는 자들이 행운을 누린다

조금 더 특수한 것에 집중하도록 하겠습니다. 제가 설명했던 군주들이 자신의 본성이나 특질들 가운데 어떤 것도 바꾸지 않았는데도, 오늘 행복하게 살다가 내일 갑자기 몰락하는 것에 대해 말씀드리도록 하겠습니다.

제 믿음에 따르면, 이것은 우선 행운의 여신에게만 절대적으로 의존하는 군주는 행운의 여신이 마음을 바꾸면 몰락한다는 사실에서 비롯합니다. 이에 대해서는 앞에서 길게 설명했던 원인들입니다. 또한 시대의 흐름에 따라 자신의 처신 방식을 바꾸는 군주는 성공한 반면, 시대와 조응하지 않게 처신하는 군주는 실패한다는 것을 저는 확신합니다.

사람들은 저마다 자신들이 추구하는 목표, 즉 영광과 부에 서로 다르게 접근합니다. 어떤 사람은 신중하게, 어떤 사람은 대담하게 다가갑니다. 어떤 사람은 성급하게, 어떤 사람은 노련하게 접근합니다. 어떤 사람은 인내하면서, 어떤 사람은 그 반대로 도달합니다. 그리고 사람들은 모두 위에서 열거한 것처럼 서로 다른 방법을 이용해 자신들의 목표에 도달합니다.

또한 우리는 사려 깊은 두 사람 중에 한 명은 자신의 목적을 이루지만, 다른 한 사람은 목적에 다가가지 못하는 경우를 보게 됩니다. 마찬가지로 우리는 서로 다른 기질을 갖춘 두 사람이 동등하게 목적을 달성한 경우도 보게 됩니다. 이는 시대의 성격 외의 다른 어떤 것에서 비롯하지 않습니다. 다시 말하면 시대의 성격과 자신의 처신이 맞으면 성공하고 맞지 않으면 실패합니다.

서로 다르게 활동하는 두 사람이 동일한 결과를 낼 수도 있는 반면, 동일한 방식으로 활동하는 두 사람 중에서 한 사람은 자신의 목적에 도달하지만 다른 사람은 그 목적에 이르지 못하는 것은 바로 여기에서 비롯합니다.

성공하느냐 실패하느냐는 다음과 같은 것에 의존합니다. 즉, 사려 깊으며 인내하면서 정책을 추진하는 사람의 경우, 시대와 상황이 그의 정책 방향과 일치해 순화한다면 그는 계속해서 성공합니다. 반면에 시대와 상황이 바뀐다면, 그는 실패하게 됩니다. 왜냐하면 그는 시대와 상황의 변화에 맞게 자신의 처신 방법을 바꾸지 않았기 때문입니다.

또한 시대 조건의 변화에 따라 자신을 적용하는 방법을 알 만큼 분별있게 사는 사람은 거의 없습니다. 그것은 다음과 같은 두 가지 이유 때문입니다. 첫째, 인간은 타고난 본성에서 벗어날 수 없기 때문입니다. 둘째, 어떤 길을 선택해서 번성했던 자가 그 길을 떠날 마음을 품을 수 없기 때문입니다. 따라서 신중한 자가 격렬한 방법을 채택할 때가 오면, 그는 어떻게 변화해야 할지 모릅니다. 그 결과 그는 몰락합니다. 하지만 시대와 조건에 따라 자신의 본성을 변화시킬 수만 있다면, 행운의 여신도 그를 몰락시키지 못할 것입니다.

마키아벨리는 행운의 여신이 두 가지 성격을 지녔다고 이해한다. 하나는 '시대정신'이고 또 하나는 말 그대로 '변덕'이다. 그는 여기에서 주로 시대정신을 다룬다. 시대정신은 역사의 특정 시기에 나타나는 특정한 흐름을 말한다. 앞 절에서 보았듯이 에스파냐와 프랑스에서 나타나기 시작한 절대주의 왕정은 특수한 시대정신의 하나이다. 그는 이런 시대정신을 행운의 여신이 드러낸 것으로 비유적으로 표현한다.

인간이 성공할 수 있는가 없는가를 결정하는 가장 중요한 요소는 무엇인가? 단순하게 말한다면 마키아벨리는 시대에 맞춰 처신하는 것이라 주장한다. 절대주의가 필요한 시대에 군주가 한 발 앞서 절대주의에 적합하게 처신하면 크게 성공하기 마련이다. 난세에는 난세에 맞는 리더십을 갖춘 자가, 평온한 시기에는 그에 맞는 리더십을 갖춘 자가 성공한다. 혼란한 시기에 차분한 관리형 리더십은 시대와 맞지 않아 실패하기 마련이고, 안정된 시기에 강력한 리더십을 갖춘 자는 모반이나 반란 등으로 생을 마칠 가능성이 크다. 따라서 한 인물이 행운의 여신을 사로잡을 수 있는지 여부는 기본적으로 타고난 성격과 그 시대가 일치하는지에서 비롯한다. 이 성공의 법칙은 모든 시대를 통틀어 적용된다.

시대에 맞는 리더십은 시대적 변화가 나타났을 때 그 변화에 긍정적으로 호응해야 한다. 아울러 그 시대에 필요한 것에 부응해야 하고, 그 시대에 꼭 맞게 조응해야 하며, 마지막으로 시대의 흐름을 두고 경쟁하는 다른 자들에게 강력하게 대응해야 한다. 시대와의 강력한 조화만이 아니라 경쟁자들과의 투쟁에서 승리한 자야말로 행운의 여신을 신부로 맞을 수 있는 자이다.

시대와 조화하는 성격·정신을 갖추지 못한 자에게 행운의 여신은 불행을 안긴다. 그는 절대로 자신의 습성과 성격을 고칠 수 없기 때문이다. 이런 점에서 인간은 자신의 운명을 타고난다고 볼 수 있다. 왜냐하면 그 시대를 주도적으로 이끌 수 없을 뿐만 아니라 그 시대에 최소한의 부응도 못하기 때문이다. 이것은 인간에게 주어진 숙명이다.

하지만 행운의 여신의 격침에 실패하지 않는 방법도 있다. 자신의 주어진 성격과 숙명에서 선회해, 최소한 그 시대에 맞는 인간이 되는 것이다. 물론 쉽지 않다. 자신의 본성에서 벗어나고, 과거의 성공을 잊어야 한다. 그러면 행운은 아니더라도 불운에 처하지는 않는다.

행운의 여신은 교황 율리우스 2세를 사랑했다

교황 율리우스 2세는 모든 일을 처리할 때 항상 저돌적으로 처리했습니다. 그리고 그는 시대와 조건이 자신의 일 처리 방식과 조응함을 알았으며, 그래서 항상 성공했습니다. 조반니 벤티볼리오가 아직 살아 있을 동안, 율리우스 2세가 볼로냐에 대해 시도했던 첫 번째 원정을 생각해 보시기 바랍니다.

베네치아인들도 에스파냐 국왕도 이 원정을 승인하지 않았습니다. 당시 율리우스 2세는 프랑스와 그 원정에 대해 협상하고 있었습니다. 그럼에도 그는 독자적으로, 아주 정력적으로, 그리고 과감하게 전투를 시작했습니다. 이렇게 되자 에스파냐와 베네치아인들은 불안해지고 옴짝달싹 못하게 되었습니다. 베네치아인들은 두려움 때문에, 그리고 에스파냐는 나폴리 왕국 전체를 차지하고 싶은 바람 때문에 그럴 수밖에 없었습니다.

다른 측면에서 교황은 곧 프랑스 국왕을 끌어들였습니다. 프랑스 국왕은 교황이 이미 진격했던 방식을 목격한 데다가, 베네치아인들을 꺾고 싶은 욕심 때문에 율리우스 2세를 친구로 삼고 싶었습니다. 게다가 프랑스 국왕은 아주 눈에 드러날 정도로 분명하게 교황에게 피해를 주지 않는다면, 교황에게 군대를 파견할 수밖에 없다고 판단했습니다.

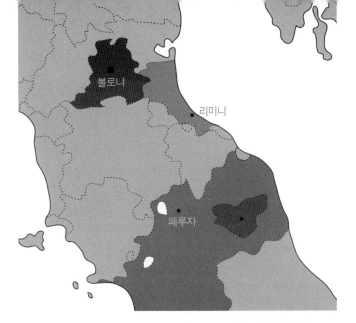

율리우스 2세가 차지한 지역

그 후 율리우스 2세는 과감한 행위를 통해 인간적으로 가장 사려 깊은 어떤 교황도 결코 완수할 수 없는 것을 이루었습니다. 만약 다른 모든 교황이 그랬던 것처럼 그가 기간을 정해 모든 일을 정리하고 로마를 떠날 때까지 기다렸다면, 절대로 성공하지 못했을 것입니다. 왜냐하면 프랑스 국왕은 별의별 변명거리를 찾아내고, 베네치아인들은 교황에 대해 수천 가지 공포심을 끄집어냈을 것이기 때문입니다.[1]

저는 처음부터 끝까지 전과 다름없이 행동했으며 항상 결과가 좋게 나왔던 그의 다른 행적들에 대해서는 말씀드리지 않겠습니다. 그리고 그는 오래 살지 못했기 때문에, 실패의 어떤 맛도 보지 않았습니다. 그에게 신중하게 처신할 필요가 있는 시대가 다가왔다면, 아마도 그는 몰락했을 것입니다. 왜냐하면 그는 타고난 본성에서 비롯된 그러한 처신에서 결코 자유롭지 못했기 때문입니다.[2]

1 이에 대해서는 19장의 〈벤티볼리오 가문의 예〉에서 부분적으로 다루었다.

《로마사 논고》 1권 27장에도 이 내용이 나온다. 이는 율리우스 2세가 볼로냐, 페루자, 리미니 등을 정복할 때 발생한 내용이다. 당시 베네치아는 볼로냐 등에 이해관계를 갖고 있었다. 베네치아가 지배하던 지역이 볼로냐 바로 옆에 있었을 뿐만 아니라 리미니 등을 통치하던 지역이기 때문이다. 따라서 베네치아는 율리우스 2세가 정복 활동을 펼치는 것에 반대했다.

또한 나폴리를 점령했던 에스파냐도 중부 이탈리아에 강력한 국가가 생기는 것을 반대했다. 중부 유럽에 강력한 국가가 생기면, 남부 이탈리아를 지배하던 자신들에게 불리해지기 때문이다.

율리우스 2세는 베네치아와 에스파냐의 반대를 극복하고자 당시 프랑스, 신성 로마 제국과 동맹을 맺었다. 이러한 동맹 세력을 바탕으로 율리우스 2세는 페루자를 정복할 때에도 신속하고 과감하게 행동했다. 율리우스 2세는 페루자 침략 계획이 새어 나가자 약간의 호위병만을 거느리고 전투에 나서는 대담함을 보여주었다. 율리우스 2세는 결국 볼로냐와 페루자를 교황령으로 만들었다.

2 율리우스 2세가 병력을 거느리지 않고 약간의 호위병만 거느리고 적진에 뛰어든 것을 말한다. 마키아벨리는 이 부분뿐만 아니라 11장의 〈율리우스 2세도 교회를 강화한다〉, 16장의 〈검소함이 진정한 활수이다〉에서도 율리우스 2세에 대해 긍정적 평가를 내린다.

마키아벨리는 동일한 내용을 《로마사 논고》 3권 9장에서도 언급한다. 핵심 요지는 과감함을 요구하는 시대에 율리우스 2세는 과감한 성격 때문에 성공했지만, 신중함을 요구하는 시대였다면 과감한 행동 때문에 망했을 것이라는 점이다.

인간의 성패는 타고난 운명이다. 난세에는 용감하고 과감한 영웅형 인물을 요구하고, 평온한 시기에는 능력 있는 관리형 인물을 원한다. 이러한 시대 상황에 역행해 산다면, 그는 반드시 실패한다.(반드시 그런 것은 아니다.) 이런 점에서 본다면 마키아벨리는 다분히 운명론적이다. 인간은 자신에게 주어진 시대와 조건을 떠나 성공할 수 없기 때문이다. 누구도 여기서 벗어날 수는 없다.

행운의 여신은 도전적인 자를 친구로 삼는다

끊임없이 변화하는 행운의 여신과 행동 방식을 바꾸지 않는 인간에 관해 다음과 같이 결론 짓겠습니다. 인간은 행운의 여신과 조응하는 동안 성공하지만, 행운의 여신과 일치하지 않는다면 성공하지 못합니다.

제 견지에서 본다면 저는 다음과 같은 사실을 믿습니다. 조심성이 있는 것보다는 대담한 것이 훨씬 좋습니다. 왜냐하면 행운의 여신은 여성이며, 그녀를 휘하에 두려면 수갑을 채우고 거칠게 다루는 게 필요하기 때문입니다. 행운의 여신은 차분하게 행동하는 남자들보다는 앞과 같은 방법을 사용하는 자에게 정복을 당하곤 했습니다. 그래서 항상 일반적인 여성과 마찬가지로 행운의 여신은 젊은 청년들의 친구였습니다. 왜냐하면 젊은 청년들은 신중하지 못하지만 용기가 있으며, 아주 대담하게 여신을 다루기 때문입니다.

세상은 끊임없이 변한다. 운명도 끊임없이 변한다. 변하는 세상에 맞춰 카멜레온처럼 수시로 자신을 바꿀 수 있는 인간이 있다면 그는 계

속 성공할 것이다. 그러나 이는 불가능하다. 세상과 운명이 끊임없이 변한다는 것은 진리이지만, 인간이 조건에 따라 변할 수 있다는 가정은 성립하지 않기 때문이다. 인간은 타고난 습성과 성격 때문에 수시로 변할 수 없다.

그렇다면 성공하려면 무엇이 필요한가?

첫째, 용기 있는 행동으로 행운의 여신을 사로잡아라. 마키아벨리의 설명을 따라가보자. 논리는 극히 단순하다. 여신은 여성이다. 여성은 남성을 좋아한다. 그중에서도 청년을 좋아한다. 여신은 청년의 무엇을 좋아하는가? 무모할 정도로 과감하게 돌진하는 용기를 좋아한다.

노인은 어떤 자인가? 계산하길 좋아하고, 폭 넓은 시야로 두루두루 살펴보고 일어날 수 있는 변수를 다 고려하며, 이런저런 생각이 많은 계산 활동이 왕성한 자이다. 이런 것이 신중함이다. 신중함은 망하지 않는 조건이 될 수는 있지만, 성공의 조건은 절대 아니다.

청년은 어떤 자인가? 청년은 계산하지 않는다. 앞으로 어떤 일이 생길지 고민하지 않고 한 방향만 쳐다보고 나아간다. 청년은 이런저런

도소 도시Dosso Dossi, 〈행운
의 풍자(Allegory of Fortune)〉,
1530.

계산 없이 자신이 하고 싶은 일을 하고야 말겠다는 욕망에 충실할 뿐
이다. 청년은 용기의 화신이다. 무모하게 불타오르는 용기는 실패의
서곡이지만, 화끈하게 불붙는 용기는 성공을 보장하는 피날레이다.

　행운의 여신은 노인들의 신중함을 별로 좋아하지 않는다. 설사 당신
이 나이가 들었다 할지라도 청년처럼 단순하게 생각하고 저돌적으로
행동하라. 행운의 여신은 그런 당신의 매력에 푹 빠져들 것이다. 열 번
의 실패를 거듭하더라도 단 한 번의 성공으로 당신의 모든 실패를 보
상해 주는 것이 행운의 여신이다. 하지만 열 번의 실패를 감내할 수 있
는 자는 노인이 아니라 청년이다. 노인은 나이가 많기 때문에, 세월의
흔적에 각인된 두려움 때문에, 실패가 얼마나 무서운 것인지 미리 경험
했기 때문에 실패 그 자체를 두려워한다. 노인은 돌다리도 두드리고 또
두드려 사소한 결함이라도 있으면 절대로 건너려고 시도하지 않는다.

　행운의 여신은 무엇을 이루고자 하는 청년의 욕망과 용기를 아주
사랑한다. 당신이 육체적으로도 정신적으로도 젊다면, 당신은 단 한
번의 성공을 위해 열 번의 실패를 인내할 수 있는 자이다. 청년은 나이

가 적기 때문에, 실패의 경험이 없기 때문에, 살아온 날보다 살아갈 날이 훨씬 더 많기 때문에 실패를 두려워하지 않는다. 청년은 낡은 밧줄에 묶인 부서져가는 외나무다리도 노래를 부르며 말을 타고 바람처럼 달려가는 자이다.

중년으로 보이는 행운의 여신이 청년 신 비르투를 유혹하는 루벤스의 그림은 이를 잘 보여준다.

둘째, 행운의 여신을 농락하라. 행운의 여신을 사로잡아 당신의 편으로 만들었다면, 행운의 여신이 당신에게 행운을 가져다주었다면, 변심해서 달아나지 못하도록 꽉 붙들어 매라. 행운의 여신을 꽉 끌어안고 당신 맘대로 농락하라. 행운의 여신에게 당신을 맡기는 게 아니라 당신이 행운의 여신의 주인이 되라. 마키아벨리는 이것이 별로 어렵지 않다고 말한다. 행운의 여신을 거칠게 다루는 것이 그 방법이라고 말한다. 거칠게 다룬다는 것은 무엇을 의미하는가? 행운의 여신이 변덕을 부려도 거기에 끌려가지 않고, 자기 운명에 대해 주도적으로 사고하고 주체적으로 행동하는 것이다. 자유의지가 명하는 대로 자신의 운명을 끌고 가는 것이다.

마키아벨리의 《군주론》이 공식적으로 출간된 해인 1530년에 독특한 그림이 세상에 나타났다. 이전의 그림들은 대부분 행운의 여신이 인간을 좌지우지하고 농락하는 내용이었다. 인간은 항상 행운의 여신에게 사로잡힌 포로이거나 행운의 여신이 나눠주는 행운을 기다리는 수동적인 존재로 묘사되었다. 그러나 위의 그림은 다르다. 한 젊은 남성이 행운의 티켓을 들고, 행운의 여신을 거칠게 다루고 있다. 그는 행운의 티켓을 들고 행운의 여신과 흥정을 한다. 더 많은 행운을 줄 것인가 말 것인가? 네가 주지 않는다면, 내 마음대로 쓰겠다고 말한다. 인간이 필요에 따라, 자신의 자유의지에 따라 행운의 여신으로부터 행운을 약탈하고 있다. 인간이 행운의 여신을 포로로 잡게 된 것이다.

마키아벨리는 이 글을 통해 질문을 던진다. 행운의 여신을 사로잡아 이탈리아를 통일할 청년 군주는 과연 누구인가?

25장 다시 보기

'행운 총정리' 장이다. 마키아벨리는 1부에서 3부까지 역량을 다루면서, 구석구석 행운의 여신과 인간의 관계를 집어넣었다. 그는 24장에서 역량을 다루었듯, 산재되어 있는 행운의 여신을 25장에서 하나로 묶어 정리한다.

비르투나의 화신 체사레를 단 한 방에 날려버린 행운의 여신! 도도한 흐름으로서의 행운의 여신과 죽 끓듯 변하는 행운의 여신! 이 틈바구니에서 살아남아야 하는 인간! 인간은 어떤 태도를 보여야 하는가? 인간은 시대를 거스르고 성공할 수는 없다. 시대에 조응하는 자만이 성공할 수 있다. 하지만 시대를 타고났다고 해서 모두 성공하는 것은 아니다. 변덕이 심한 행운의 여신을 사로잡을 수 있는 운을 만들 줄 알아야 한다. 또한 죽 끓듯 시시때때로 변하는 행운의 여신을 사로잡았다면 맘대로 다룰 줄 알아야 한다.

모세, 키루스, 로물루스, 테세우스, 나비스, 히에론, 알렉산드로스 대왕, 루이 12세, 페르디난도 2세 등을 보라. 그들은 행운의 여신이 제공한 시대가 어떤 시대인지 정확하게 감지한 자들이다. 그들은 시대를 타고난 자들이다. 6장의 〈역량의 예들〉을 보라. 모세, 키루스, 테세우스, 로물루스는 시대가 만들어낸 인물들이다. 그들이 모방 대상인 영웅이자 군주가 되려면 그들이 필요한 시대가 요구되었다. 이스라엘 백성들이 이집트에 억류돼 핍박받지 않았다면, 영웅 모세는 나타날 수 없었다. 페르시아가 메디아의 지배를 받지 않았다면, 키루스도 나타날 수 없었다. 로물루스도, 테세우스도 마찬가지이다.

그들은 시대가 요구하는 대범함을 몸으로 받아들이고 행동으로 보인 자들이었으며, 또한 행운의 여신을 용기로 유혹해 농락할 줄 아는 자들이었다. 그들은 용맹해야 할 때 용맹했고, 나아가야 할 때 나아갈 줄 알았으며, 정복해야 할 때 정복할 줄 아는 자들이었다.

모세, 키루스, 로물루스, 테세우스, 나비스, 히에론, 알렉산드로스 대왕, 루이 12세, 페르디난도 2세! 이들은 자유의지를 가지고 행운의 여신을 압도했다. 이들이야말로 진정한 청년들이다. 행운의 여신은 청년을 사랑한다. 청년은 용기의 화신이다. 용기는 스스로 결정하고 행동하겠다는 자유의지에서 나온다. 청년은 신흥 군주이다. 성공하고 싶다면 꿈틀거리는 자유의지를 북돋우고 청년의 용기를 보이라고 마키아벨리는 주문한다.

이탈리아를 장악하고
야만인들에게서 해방하기 위한 권고

이 장은 〈이탈리아는 자신을 해방하고 통일하려는 준비가 되어 있다〉, 〈누가 지도자가 될 것인가?〉, 〈이탈리아 통일을 위해 신성하게 선택된 메디치 가문〉, 〈이탈리아는 지도자만을 요구하고 있다〉, 〈이탈리아 통치자는 충성스러운 신민으로 구성된 군대가 필요하다〉, 〈새롭고도 우수한 전술〉, 〈이탈리아 통일을 위한 최종 권고〉로 이루어져 있다.

26장은 이중의 결론이다. 한편으로는 《군주론》 전체의 결론이고, 다른 한편으로는 4부의 결론이다. 또한 26장은 마키아벨리가 구직 열망을 강하게 드러내는 장이다. 따라서 26장은 그가 지금까지 주장해 온 자신의 주장이 옳음을 증명하는 한편, 자신이 군사 부문, 특히 전술에서 얼마나 역량이 있는가를 드러낸다. 그는 26장에서 이를 행운과 역량으로 나눠 살펴보고, 이를 총괄해서 일목요연하게 결론 내린다.

우선, 행운이다. 군주의 처지에서 가장 중요한 것은 행운, 그중에서도 '시대'이다. 25장에서 살펴보았듯이 '시대'란 인민이나 시민이 역경과 고난을 겪고 있으면서 새로운 지도자를 희구하는 시기를 말한다. 즉, 인민에게는 오랜 고통인 것이 지도자에게는 행운의 여신이 눈길을 보낸 것에 해당한다. 마키아벨리는 지금 이탈리아가 그런 조건으로 충만해 있다고 말한다. 그는 인민의 역경을 〈이탈리아는 자신을 해방하고 통일하려는 준비가 되어 있다〉에서 다룬다. 반면, 그는 지도자의 행운을 세 가지로 나눠 설명한다. 우선 〈누가 지도자가 될 것인가?〉에서는 깃발론을 제시하며, 둘째 〈이탈리아 통일을 위해 신성하게 선택된 메디치 가문〉에서는 자신의 구직 열망을 은폐한 채, 메디치 가문이 이탈리아를 지도할 조건을 갖췄다고 찬양한다. 마지막으로 그는 〈이탈리아는 지도자만을 요구하고 있다〉에서 지도자와 인민이 결합할 것을 역설한다.

그다음은 역량이다. 이 부분은 24장의 부연 설명인 동시에, 2부의 요약이고 또한 마키아벨리 자신이 군사적 역량을 갖추고 있음을 밝히는 대목이다. 군주는 이탈리아인으로 구성된 군대가 필요하고, 이 군대의 역량을 강화할 우수한 전술이 필요하다. 그는 이를 〈이탈리아 통치자는 충성스러운 신민으로 구성된 군대가 필요하다〉에서 설명한다. 그는 자신에게 그런 능력이 있음을 드러내지 않지만, 본인이 그 분야의 전문가임을 암시한다. 그는 이를 〈새롭고도 우수한 전술〉에서 설명한다.

마지막으로 결론이다. 마키아벨리는 지도자를 중심으로 이탈리아인들이 통일을 위해 매진해야 한다고 강조한다. 그는 이를 〈이탈리아 통일을 위한 최종 권고〉에서 설명한다. 이를 목차로 재구성하면 다음과 같다.

1. 행운―지도자에게 주어진 행운

   1) 시대의 성숙: 이탈리아는 자신을 해방하고

                 통일하려는 준비가 되어 있다

   2) 지도자를 기다리는 이탈리아

      (1) 깃발론: 누가 지도자가 될 것인가?

      (2) 메디치 가문 찬양: 이탈리아 통일을 위해

                 신성하게 선택된 메디치 가문

      (3) 조건의 성숙: 이탈리아는 지도자만을 요구하고 있다

2. 역량―지도자에게 필요한 역량: 군대와 전술

      (1) 군대 편: 이탈리아 통치자는 충성스러운 신민으로 구성된

               군대가 필요하다

      (2) 전술 편: 새롭고도 우수한 전술

3. 결론: 이탈리아 통일을 위한 최종 권고

이탈리아는 자신을 해방하고 통일하려는 준비가 되어 있다

위에서 논했던 모든 것을 다 고려하면서 다음과 같은 것을 숙고해 봐야 합니다. 첫째, 현재 이탈리아 안에는 새로운 군주에게 영광을 가져다줄 만큼 여건이 성숙되어 있는가? 둘째, 여기서 발견된 질료는 신중하고 역량 있는 통치자에게는 영광을, 인민 전체에게는 행복을 제공해 줄 형상을 빛을 기회를 제공할 수 있는가?[1] 저는 현재 신흥 군주에게 유리하도록 수많은 것이 결합되어 있다고 믿고 있습니다. 따라서 저는 신흥 군주가 행

동하기에 지금보다 더 좋은 시기는 없다고 단언합니다.

앞에서 제가 말씀드렸던 것처럼 모세가 능력을 보여주려면 이스라엘 인민이 이집트에서 노예로 살 필요가 있었으며, 키루스의 위대한 정신을 보여주려면 페르시아인들이 메데스인들에 의해 억압받을 필요가 있었으며, 테세우스의 우수함을 과시하려면 아테네인들이 뿔뿔이 흩어져 지낼 필요가 있었습니다. 마찬가지로 이탈리아인의 정신 역량을 드러내려면 이탈리아가 현재와 같은 조건에 처할 필요가 있었고, 유대인들보다 더 노예 생활을 해야 할 필요가 있었고, 페르시아인들보다 더 종살이를 해야 할 필요가 있었고, 아테네인들보다 더 흩어져 살아야 할 필요가 있었습니다.[2] 지도자가 없고 질서도 없었던 이탈리아인들은 이리저리 치이고, 약탈당하고, 괴롭힘당하고, 유린당하고, 갖가지 몰락을 다 당해야 했습니다.

---

1 질료와 형상의 관계에 대해서는 이미 6장의 〈역량의 예들〉에서 자세하게 설명했다. 여기서 질료는 시대 조건을 말하고 형상은 군주를 말한다.
2 6장의 〈역량의 예들〉에서 이에 대한 동일한 내용을 이미 언급했다.

마키아벨리는 왜 이탈리아에 영웅적인 지도자가 나올 조건이 무르익었다고 판단했는가? 그만큼 질료가 충분하게 숙성되었기 때문이다. 그것도 한 나라가 감당하기 어려울 만큼 이탈리아가 삼중의 고통을 당하고 있기 때문이다. 그는 이탈리아인들이 유대인·페르시아인·아테네인들이 각각 겪었던 일을 한꺼번에 당하고 있다고 주장한다.

마키아벨리는 이탈리아인들이 "유대인들보다 더 노예 생활"을 하고 있다고 말한다. 노예 생활이란 나라를 완전히 빼앗기고 국가로서의 권리를 하나도 실현하지 못하는 상태를 뜻한다. 예컨대 나폴리와 같은 경우이다. 그는 이탈리아인들이 "페르시아인들보다 더 종살이"를 하고 있다고 말한다. 종살이란 주권을 가지고는 있지만 마음대로 행사하지 못하고 주변 강대국의 뜻대로 움직이는 상태를 뜻한다. 예컨대 밀라노, 피렌체 등과 같은 경우이다. 마지막으로, 그는 이탈리아인들이 "아테네인들보다 더 흩어져" 살고 있다고 말한다. 이는 더 말할 것도 없이 마키아벨리 당대 이탈리아가 수없이 많은 도시국가·교황령 등으로 사분오열되어 살아온 것을 뜻한다.

노예 생활을 한 이스라엘인들은 독립을 쟁취했다. 메디아의 종살이를 한 페르시아인들은 오히려 메디아를 지배했을 뿐만 아니라 세계적인 제국을 세웠다. 흩어져 살던 아테네인들은 국가를 건설했고, 마침내 그리스 내의 패자가 되었다. 그렇다면 노예·종살이·분열의 삼중 고난을 당하는 이탈리아는 어떻게 될 것인가? 그들이 이루었던 것보다 훨씬 더 큰 것을 이룰 것이다. 왜! 질료가 그만큼 무르익었기 때문이다.

삼중의 고난은 인민이 지도자를 원하는 질료인質料因이 되어준다. 이제 필요한 것은 형상인形相因으로서의 지도자만이 필요할 뿐이다. 역량을 갖춘 지도자만 나타난다면, 삼중의 고난을 극복해 아름답고 멋진 과일로 만들 수 있다. 그것이 바로 이탈리아 통일이며, 통일 이탈리아는 고대 로마의 영광을 재현할 것이다. '한 민족이 감내하기 힘든 삼중의 고난을 당하고 있다는 것은 그만큼 더 아름답고 화려한 꽃을 피우기 위함이다. 이탈리아는 지도자만이 필요할 뿐이다.' 마키아벨리의 독백이다.

누가 지도자가 될 것인가?

그리고 오늘날에 이르기까지 희미하고 약한 불빛이 몇몇 이탈리아인에게 나타났습니다. 우리는 이 사람들이 이탈리아를 구원할 운명을 타고난 사람이라고 판단하기도 했습니다. 그럼에도 시간이 흐르자 우리는 그들이 가장 절정에 이른 시기의 행동 과정을 지켜보면서 그들이 행운의 여신에게 인정받지 못했음을 알게 되었습니다.[1]

따라서 활기를 잃었지만 이탈리아는 이탈리아의 상처를 치료하고 롬바르디아의 약탈과 불법 점유를 종식하며,[2] 나폴리 왕국[3]과 토스카나의 강탈과 몸값 배상을 종식하고, 오래전부터 곪아왔던 이탈리아의 종기를 치료해 줄 자를 기다립니다.

지금 이탈리아는 그러한 야만적인 잔인성과 오만으로부터 이탈리아를 회복시켜 줄 누군가를 보내달라고 신에게 기도를 드리고 있습니다. 현재 이탈리아는 깃발을 들 자가 있기만 하다면 그 깃발을 따를 준비가 되어 있으며 기꺼이 따를 것입니다.

---

1 체사레 보르자와 교황 율리우스 2세를 말한다. 체사레는 병에 걸려 아주 젊은 나이에 죽었다. 그때 그의 나이는 31살이었다. 그가 만약 10년이나 20년을 더 살았다면, 이탈리아의 역사는 달라졌을 것이다. 전사 교황이자 무서운 교황이었던 율리우스 2세 역시 혁혁한 전공을 세웠지만 교황이 된 지 10년 만에 죽는 비운을 겪는다. 만약 그가 10년 또는 20년만 더 일찍 교황이 되었더라면 이탈리아 역사는 달라졌을 것이다. 이 두 사람은 행운의 여신에게 불행이라는 선물을 받은 것이다.

2 프랑스의 샤를 8세와 루이 12세에 의해 빚어진 밀라노의 운명을 말한다.

3 루이 12세와 페르디난도 2세 간의 혈투에 희생된 나폴리를 말한다.

'깃발론'이다. 깃발론은 누군가 깃발만 들면 시민·인민·대중이 다 함께 한꺼번에 노도와 같이 일어난다는 것이다. 깃발론은 수학에서 말하는 변곡점이자 만곡점이다. 요凸에서 철凹로 바뀌는 단 한 점이 변곡점이고 만곡점이다. 깃발론은 물리학에서 말하는 임계점에 해당한다. 얼음에서 물로, 물에서 기체로 바뀌는 바로 그 지점이다.

정치학에서 깃발론은 기존 정치 질서에서 다른 정치 질서로 넘어갈 수 있는 중요 기점을 말한다. 성이나 요새를 점령하는 공성전에 비교한다면, 전투 중에 성문에 깃발을 거는 것과 마찬가지이다. 깃발이 바뀌는 순간 성과 요새의 주인이 바뀌고, 성과 요새의 인민은 전투에 이긴 자를 새로운 지배자로 인정하고 굴복한다.

깃발론의 전제는 조건과 상황의 무르익음이다. 조건과 상황이 충분이 무르익었을 때, 누구라도 깃발만 들면 된다. 이때 그 깃발은 변화의 시작점이자 대세 상승점이고, 마침내 정점을 향한 질주의 표식이다.

상황과 조건이 무르익지 않았을 때 깃발은 아무런 의미가 없다. 아무도 그 깃발의 의미를 모르기 때문이다. 이때의 깃발은 50도 정도의 미지근한 물에 라면을 넣는 것과 마찬가지이다. 반대로, 상황과 조건이 너무 무르익어도 깃발은 의미가 없다. 아무도 그 깃발을 쳐다보지 않기 때문이다. 이때의 깃발은 180도의 뜨거운 기름에 라면을 끓이겠다고 덤벼드는 것과 같다. 깃발을 드는 시점은 조건과 상황이 일치할 때라야 한다.

깃발론은 반드시 주체가 필요하다. 그 주체는 현재 상황과 조건이 변화의 기점이라는 것을 알아채고 깃발을 들고 앞서가는 자이다. 그는 변화 대상에 맞서 죽음을 불사하고 용기 있게 깃발을 흔드는 자이다. 그 깃발에 감동한 대중·인민·시민은 죽음을 각오하고 싸우려고 덤

벼든다.

그러나 역량이 없는 자가 깃발을 들면, 조건과 상황은 일거에 쇠퇴해버린다. 설사 변곡점과 임계점에 다다른 상황이라 할지라도 한순간에 후퇴해버린다. 기존 지배 세력이 역량 없는 자를 본보기 삼아 잔인하게 제거해버리기 때문이다. 따라서 깃발은 들 자격이 있는 자, 마키아벨리의 표현대로라면 군사적 역량을 갖추고 인민의 지지를 받는 자가 들어야 한다.

마키아벨리 당대의 이탈리아 상황으로 돌아가 보자. 그는 이탈리아가 새로운 정치 상황으로 나갈 조건과 상황이 충분히 무르익었다고 판단했다. 유대인·페르시아인·아테네인들보다 더 극심한 고통을 이탈리아인들이 겪고 있었기 때문이다. 마키아벨리는 선언한다.

'자, 이제 이탈리아들은 지도자만을 기다리고 있다!'

그 지도자가 깃발을 들고 앞장선다면, 이탈리아인들은 감동하며 그를 쫓을 것이다. 프랑스와 에스파냐의 점령·억압·약탈·횡포에 치를 떤 이탈리아인들은 깃발을 보고 쫓아갈 것이다. 그 깃발이 초록색이든 흰색이든 빨간색이든 상관없다. 외세를 몰아내고 나폴리를 해방할 수 있다면, 밀라노와 피렌체와 베네치아에서 외세의 힘을 약화시키고 이탈리아인의 주권을 실현할 수 있다면, 수십 개의 국가로 산산조각이 나 있는 이탈리아를 하나로 통일할 수만 있다면 그 지도자가 누구이든 상관없다. 그만큼 이탈리아는 질료가 충만하기 때문이다. 그 지도자가 마키아벨리 자신이 말한 대로 따르기만 한다면 당연히 역량을 갖추고 있을 것이기 때문이다.

이탈리아 통일을 위해 신성하게 선택된 메디치 가문

현재 이탈리아가 당신의 영광스러운 가문 외에 희망을 걸 수 있는 사람은 아무도 없습니다. 당신 가문은 신과 교회(당신의 가문이 지도자로 있는)에 의해 은총을 받은 그 행운, 그 지혜와 힘을 통해서 이 나라를 구원할 지도자가 될 수 있습니다.[1]

앞에서 언급되었던, 당신 이전의 위대한 인물들이 지나온 행적과 삶을 당신이 검토한다면, 이 나라를 구원할 지도자가 되는 것은 그리 어렵지 않을 것입니다. 이런 위대한 인물들은 특별하며 경이로운 자들이었지만, 그들 역시 사람이었습니다. 그들 모두 지금보다 기회가 더 좋지 않았습니다. 왜냐하면 그들이 떠맡은 일이 지금 이 일보다 정당하지도 않았고, 이 일보다 쉽지도 않았으며, 마지막으로 신이 그들보다는 당신에게 더 우호적이기 때문입니다.

"전쟁이 불가피한 사람에게 전쟁은 정당한 것이며, 무기 외에 호소할 것이 없다면 무기는 신성하다"[2]라는 정의는 위대합니다.

이제 당신에게 바로 그 기회가 왔습니다. 그리고 지금이 가장 좋은 기회라고 한다면, 당신 가문이 앞에서 제가 말씀드렸던 위대한 인물들의 방법을 앞으로 사용한다면 커다란 위험에 처하지 않을 것입니다. 이것만이 아닙니다. 지금 우리는 신이 당신에게 제시해 주는 놀랍고도 특별한 징후를 보고 있습니다. 즉, 바다는 갈라지고, 구름이 당신에게 길을 알려주며, 바위에서는 물이 용솟음치며, 만나manna는 비처럼 내립니다.[3] 이 모든 것이 당신의 위대함을 위해 한꺼번에 나타나고 있습니다.

이 나머지는 당신 스스로 해야 합니다. 우리에게 자유의지를 박탈하지 않으려고, 그리고 우리에게 허용된 영광의 일부를 빼앗지 않으려고, 신은 모든 것을 다하지 않습니다.

1 7장의 〈체사레 보르자〉 편에 나오는 메디치 가문의 가계도를 참조하라. 마키아벨리는 메디치 가문이 은총을 받은 그 행운·지혜·용기를 모두 갖춘 가문의 상징으로 표현하고 있다. 여기서 말하는 "은총을 받은 그 행운"은 1515년 《군주론》 헌정 당시의 교황이었던 메디치 가문의 레오 10세를 말하며, '지혜'란 당시 피렌체의 명목상 군주였던 줄리아노를 지칭하고, '힘'이란 교황 레오 10세의 지원을 받아 우르비노 등을 정복한 피렌체의 총사령관 로렌초를 말한다. 마키아벨리가 《군주론》을 헌정한 사람은 바로 이 힘을 상징하는 로렌초이다.

2 가이우스 폰티우스Gaius Pontius가 한 말이다. 1차 삼니움 전쟁에서 삼니움 족은 로마에 패배한다. 2차 삼니움 전쟁 당시 삼니움의 장군이었던 폰티우스는 계략을 써서 로마군을 궁지에 몰아넣었고, 먹을 것과 마실 것이 없었던 로마군은 크게 패한다. 로마의 사절단이 와서 폰티우스에게 화평을 청했고, 포로로 잡혔던 로마군은 모든 무장과 무구를 벗은 채 삼니움 족의 창 사이로 걸어가는 아주 굴욕적인 패전식을 치른다. 당시 폰티우스의 아버지는 사로잡은 모든 로마인을 죽이라고 말했으나 폰티우스는 그들을 살려주었다. 후일 삼니움 족은 복수심과 명예 회복을 목표로 한 로마인들에게 패배하고 로마에 흡수되어버린다. 위의 언급은 폰티우스가 사절단에게 한 말로, 리비우스의 《로마사》 9권 1장에 나온다.

3 〈출애굽기〉에 언급된 일화에 나오는 음식 이름이다. 만나는 모세가 이스라엘인을 이끌고 광야에 도착했을 때 먹을 것이 부족해 불평하자 하늘에서 내린 음식이다. 다들 어떤 음식인지 알 수 없어 "이것이 무엇이냐"고 물었던 말이 그대로 이름이 되었다.

기회와 자유의지의 관계이다. 행운의 여신은 누구에게나 평등한 기회를 준다. 행운의 여신이 굴리는 공은 언제 어디로 굴러갈지 모르지만 인간에게 두루 평등하다. 살아가면서 서너 번쯤, 최소한 한두 번쯤은 행운의 여신이 제공해 준 기회를 만나게 마련이다. 그 기회를 잘 이용하는가 못하는가는 인간의 몫이고 바로 그 인간의 자유의지가 성공 여부를 결정한다고 마키아벨리는 강조한다. 이를 구체적으로 알아보자.

우선 기회를 만나도 기회인 줄 모르는 자들이 있다. 이는 지혜가 없는 자들이다. 그들에게는 아무리 좋은 기회가 와도 흐르는 물처럼 그냥 흘러갈 뿐이다. 그들은 항상 자신의 불운만을 탓할 뿐이고 부모를 잘못 만나 고생하며, 모든 것이 다 운 탓이라고 불평한다.

둘째, 기회를 만나고서도 어쩔 줄 모르는 자들이 있다. 그들은 기회가 왔다는 것을 알면서도 역량이 없어서 그 기회를 어떻게 이용할 줄 모르고 우왕좌왕한다. 그들에게 기회는 그저 왔다 흘러갈 뿐이다. 그들은 다시 기회가 온다면 잘 이용할 수 있을 것이라고 호언장담하지만 역량을 키울 생각은 하지 않는다. 항상 지나간 기회를 아쉬워하고 한탄할 뿐이다.

셋째, 기회를 만나 약간의 성공을 거두는 자들도 있다. 그들은 지혜와 역량을 두루 갖추고 있으나, 자유의지가 그리 크지 않은 자들이다. 다른 말로 하면 욕심이 작은 자들이라고도 할 수 있다. 그들은 기회를 포착하고 그 기회를 이용해 성공을 거두기는 하지만, 실패의 두려움 때문에 한 걸음 더 나아가지 않는다. 그들은 작은 성공에 만족하고 작은 행복을 누리는 데에 익숙한 자들이다.

마지막으로, 기회를 이용해 크게 성공하는 자들이다. 그들은 지혜와 역량을 갖추고 있을 뿐만 아니라 자유의지도 충만한 자들이다. 그들은 행운의 여신이 자신에게 부여한 모든 기회를 최대한 이용해 가장 큰 성공을 거두는 자들이다. 그들이야말로 행운의 여신을 농락하고 희롱하는 자들이다.

마키아벨리는 메디치 가문이 이탈리아 통일이라는 위대한 소임을 도맡을 수 있다고 말한다. 그의 화법은 독특하다. 이 책을 헌정 받는 로렌초 메디치 한 사람이 아니라 메디치 가문이 이탈리아 통일의 대업을 달성할 수 있다고 암시한다. 앞서 살펴본 대로 메디치 가문은 행운·지혜·힘을 두루 갖췄기 때문이다. 메디치 가문을 추켜세우고서 마키아벨리는 마지막 문장에서 다시 그중에서도 로렌초 한 사람을 지목해 바로 당신이야말로 위대한 임무를 맡을 수 있다고 강조한다. 교황 레오 10세나 줄리아노보다는 군사적인 측면에서 로렌초가 훨씬 더 자유의지가 강하다고 보았기 때문이다. 로렌초가 메디치 가문의 위력을 바탕으로 자유의지를 강력하게 발휘한다면 이탈리아 통일의 대업을 달성할 수 있을 것이라며, 은근한 아부가 섞인 바람을 꺼내놓는다.

이탈리아는 지도자만을 요구하고 있다

앞에서 언급했던 이탈리아인들 가운데 어느 누구도 당신 가문이 해낼 것이라고 우리가 기대한 것을 하지 못했습니다. 그리고 그렇게 많은 격변과 전쟁을 겪으며 이탈리아의 군사적 용맹은 사라진 것처럼 보였습니다. 이는 그리 놀라운 일이 아닙니다. 그 이유는 이탈리아의 옛 제도들이 훌륭하지 못했을 뿐만 아니라 어느 누구도 새로운 제도를 고안할 만큼 현명하지도 못했던 탓입니다.

새롭게 권력자로 부상한 자가 새로운 법과 새로운 제도를 만드는 것만큼이나 명예로운 일은 없습니다. 새로운 법과 제도들이 잘 정비되어 있고 절대적인 지위를 차지한다면, 새로운 지도자는 그 덕분에 존경과 외경심을 얻게 됩니다.[1] 그리고 이탈리아 안에는 어떤 형상이든 빚어낼 수 있는 질료가 결코 부족하지 않습니다.[2] 머리에 위대한 힘이 부족하지 않다면, 손과 발은 이를 뒷받침할 만큼 커다란 힘이 있습니다.[3]

이탈리아인들이 결투나 소규모 전투에서 힘·기술·지력이 얼마나 우수한지 생각해 보십시오. 그러나 이탈리아인들이 군대로 싸운다면, 아무것도 보여주지 못했다는 것도 생각해 보십시오. 그리고 이것은 머리의 약점에서 비롯합니다. 왜냐하면 자신이 현명하다고 생각한 경우, 그 누구도 현명한 자에게 복종하지 않았기 때문입니다. 이는 지금까지 다른 지도자들이 굴복할 만큼 역량과 능력에서 그토록 높은 지위에 오른 자가 없었던 데서 비롯합니다.[4]

이것이 오랫동안, 과거 20여 년 동안 싸워왔던 수많은 전쟁에서 이탈리아인들만으로 구성된 군대가 전쟁을 하자마자 항상 패배했던 이유입니다. 이외에도 타로·알레산드리아·카푸아·제노바·바일라·볼로냐·메스트리 전투가 이를 입증합니다.

---

1 새로운 법과 제도에 대해 여러 차례 논했다. 대표적인 곳은 6장의 〈새로운 제도의 도입〉, 12장의 〈좋은 법과 훌륭한 군대〉, 19장의 〈프랑스의 제도들은 모든 계급을 보호한다〉, 20장의 〈산업과 상업의 장려, 그리고 축제들〉, 20장의 요새 관련 부분 등이다.

2 여기서 말하는 질료는 이탈리아 인민의 훌륭한 자질을 뜻한다.

3 머리는 지도자를, 수족은 인민을 지칭한다. 위대한 힘은 지도자의 능력을, 커다란 힘은 인민의 능력을 말한다. 지도자가 충분히 지도할 역량만 있다면 이

탈리아 인민은 언제든지 따를 준비가 되어 있다는 뜻이다.

4 왜 이탈리아의 지도자들이 허약했는가? 한마디로 도토리 키 재기를 하듯 고만고만했던 지도자의 역량 때문이다. 모든 지도자가 다 스스로 잘났다고 생각한 탓도 있지만, 모든 지도자를 누를 만큼 강한 역량을 갖춘 현명한 군주가 존재하지 않았던 탓이다.

아래 지도를 보자. 마키아벨리가 언급한 곳을 지도 위에 표시했다. 여기에 언급된 전투들은 주로 프랑스와 이탈리아 도시국가 간의 전투를 말한다. 그는 프랑스 한 나라에 의해 이탈리아 전역이 약탈당하고 유린당한 것을 보여주고 싶었다.

예를 들어 타로는 1495년 베네치아 동맹과 프랑스 샤를 8세 사이에 벌어졌던 포르노보 전투를 말한다. 이 전투에서 샤를 8세는 베네치아 동맹의 포위를 뚫고 프랑스로 귀국하게 되었다. 알렉산드리아는 비스콘티의 수중에 있다가 스포르차의 지배를 받았던 곳이고, 1499년 프랑스 루이 12세의 지배를 당하게 된다. 카푸아는 1501년 에스파냐와

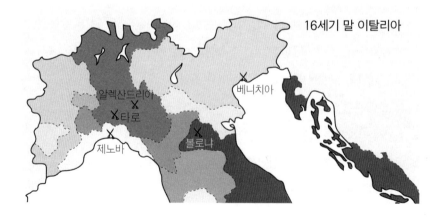

16세기 말 이탈리아

동맹을 맺은 루이 12세에게 정복당했고, 루이 12세 군대는 이 지역을 철저하게 유린하고 약탈했다. 나머지 지역도 마찬가지로 프랑스와의 전투에서 패배한 곳들이다.

마키아벨리는 왜 주로 프랑스만을 언급했을까? 프랑스를 죽도록 미워했기 때문일까? 그렇지 않다. 에스파냐와 이탈리아 도시국가들의 전투까지 포함한다면, 더 나아가 신성 로마 제국과 이탈리아의 전투까지 포함한다면 이탈리아 전역이 약탈당하고 유린당했다는 것을 우리는 알고 있다. 그런데도 마키아벨리가 프랑스 한 국가만을 집중적으로 조명한 의도는 명확하다. 가장 먼저 지리적 인접성을 고려한 것이다. 프랑스는 이탈리아 북부와 국경을 접하고 있다. 또한 프랑스는 에스파냐보다는 피렌체와 지근 거리에 있었다. 둘째, 집중의 효과를 고려한 것이다. 그 당시 에스파냐를 포함한 강력한 국가 전체가 아닌 프랑스 한 국가와의 전투에 집중함으로써 나머지 국가의 위협과 공포를 강조한 것이다. 다가올 공포를 과장하려는 전형적인 수법이다. 셋째, 역사적 경험의 공유이다. 메디치 가문은 프랑스 샤를 8세의 침략에 의해 고통받던 피렌체의 주요 지배 가문이었다. 바로 그 메디치 가문이 프랑스를 등에 업은 '무장하지 않은 예언자' 사보나롤라에게 농락당했던 것이다.

마키아벨리는 공간적·심리적·시간적 압박 효과를 주는 프랑스와 같은 국가에 어떻게 대처해야 하는가 하는 질문을 메디치에게 다시 던진다. 프랑스 때문에 처참한 고통을 당한 분노의 기억이 남아 있다면, 에스파냐를 포함한 강국들이 유린한 이탈리아 전역의 고통을 헤아리고 해방해야 하지 않겠는가? 메디치 가문, 그중에서도 로렌초 당신이 강력한 군사력을 가진 이탈리아를 건설해야 하지 않겠는가? 이를 역설하고 싶은 것이 마키아벨리의 의도이다.

이탈리아 통치자는 충성스러운 신민으로 구성된 군대가 필요하다

당신의 영광스러운 가문이 자신들의 조국을 구원했다고 제가 말씀드렸던 그런 탁월한 위인들을[1] 따르고자 한다면, 이탈리아는 다른 무엇보다도 모든 일을 할 수 있는 진정한 토대인 이탈리아인으로 구성된 이탈리아만의 군대를 가져야 합니다. 왜냐하면 이보다 충성스럽고 신뢰할 만하며 더 나은 군대는 있을 수 없기 때문입니다.

　그리고 병사들 각각이 훌륭하지만, 그 병사들이 통일되어 있다면, 즉 그 병사들이 자신만의 군주에게 명령을 받고 명예를 받고 유지된다면[2] 훨씬 더 훌륭해질 것입니다. 따라서 외국으로부터 이탈리아를 이탈리아인들의 힘으로 지키기 위해서, 이탈리아는 그러한 군대를 준비할 필요가 있습니다.

1　모방 대상인 모세·키루스·테세우스·로물루스 등을 말한다.
2　마키아벨리의 사상에 따라 명령, 훈장과 배급을 받는 것을 뜻한다.

2부 전체의 요약이다. 이탈리아를 이민족의 침략으로부터 구원하고 싶은가? 그렇다면 용병도, 원군도, 혼합군도 다 필요 없다. 이탈리아인으로 구성된 자국군을 구성하라. 이것만이 진정한 답이다. 여기까지는 우리가 다 아는 이야기이다. 마키아벨리는 여기에다 하나를 더 추가한다. 그는 1+1이 2를 넘어서게 하는 것은 지도자의 역량이라고 강조한다. 그 논리는 다음과 같다.

> 이탈리아인 개개인은 훌륭하다.
> 병사들을 통일하라.
> 그 방법은 첫째, 군주가 직접 명령을 내려라.
> 그 방법은 둘째, 군주가 적절한 포상과 충분한 배급을 하라.
> 그러면 이탈리아 병사들이 더 훌륭해질 것이다.

1+1=2가 아닌 3 또는 4 이상이 되게 하는 것은 군주에게 달렸다. 훌륭한 이탈리아인을 더 훌륭하게 만드는 것, 결론적으로 말하면 한 국가의 흥성이 군주의 역량에 달렸다고 말하는 것이다. 마키아벨리는 이에 대해 구체적으로 설명하지 않는다. 그러나 그가 "그런 탁월한 위인들을 따르고자 한다"면 하고 들었던 예를 생각해 보자.

유대인·페르시아인·아테네인들도 하나씩 놓고 보면 다 훌륭하다. 그러나 그들은 뭉쳐놓고 보면 아무런 쓸모가 없는 자들이었는지도 모른다. 유대인들은 430여 년간 이집트에서 동물만도 못한 노예 생활을 했다. 페르시아인들은 메디아인들의 종살이를 했다. 아테네인들은 뿔뿔이 흩어져 괴물들에게 괴롭힘을 당하며 살았다.

그런 유대인의 독립을 꿈꾸게 한 것은 누구인가? 페르시아인들을 하나로 뭉치게 하고, 마침내 메디아를 정복하게 한 것은 누구인가? 아테네인들을 하나로 뭉치게 한 것은 누구인가? 모세, 키루스, 테세우스였다. 그들은 하나 더하기 하나를 열, 백, 천, 만으로 키운 자들이다. 지도자는 바로 훌륭한 인민 개개인을 뭉쳐서 더 훌륭하게 만드는 자이다.

마키아벨리는 자국군의 중요성을 말한다. 그러나 그것으로 끝난 것이 아니다. 군주의 역량 크기가 곧 자국군의 역량 크기라고 넌지시 암시한다. 훌륭한 인민으로 자국군을 건설하는 것도 중요하다. 그러나 그보다 더 중요한 것은 군주가 자국군을 더 훌륭하게 만드는 것이라고 군주에게 간언하는 것이다.

새롭고도 우수한 전술

그리고 스위스와 스페인의 보병은 위협적인 것으로 여겨지지만 그럼에도 결점이 있습니다. 바로 이 결점을 이용하면 제3의 유형이 이들 보병을 막아낼 뿐만 아니라 확실히 패퇴시킬 수 있습니다. 왜냐하면 에스파냐 보병은 기병을 격퇴할 수 없고, 스위스 보병은 전투에서 자신들처럼 완강한 보병을 만나게 되면 반드시 겁을 먹기 때문입니다. 따라서 경험에 따르거나 앞으로 경험하게 될 것처럼, 에스파냐 보병은 프랑스 기병을 몰아낼 수 없고 스위스 보병은 에스파냐 보병에게 패배했습니다.[1]

스위스 보병에게도 결점이 있다는 완벽한 증거는 없습니다. 그럼에도 라벤나 전투에서 그 결점이 조금 암시되었습니다. 에스파냐 보병은 독일 군대와 직접 대결했는데, 그 당시 독일 보병은 스위스 보병과 똑같이 동일한 전투 대형을 사용했습니다. 그때 에스파냐 군대는 기민한 육체와 방패를 이용해 독일 보병들 밑으로 파고들어 보병창에 근접했습니다. 그 결과 독일 보병들을 공격하는 데에도 하나도 손상을 입지 않았습니다. 만약 독일 기병대가 에스파냐 보병을 막아서지 않았다면, 에스파냐 군대는 독일 군대를 몰살시켰을 것입니다.[2]

이러한 두 유형의 보병의 단점[3]을 파악한 군주는 기병을 몰아내고 보병을 두려워하지 않는 새로운 군대를 조직할 수 있습니다. 보병이 가지고 있는 무기의 성격과 보병들의 전술상 변화가 이 새로운 군대를 완성케 할 것입니다. 그리고 이러한 것들은 다른 무엇보다도 새로운 제도로서 신흥 군주에게 명성과 위대함을 가져다줄 것입니다.

1 마키아벨리 당대에 가장 강력한 보병은 에스파냐 보병과 스위스 보병이었다. 그러나 에스파냐 보병은 프랑스 기병에 약했고, 스위스 보병은 에스파냐 보병에 약했다. 13장의 〈프랑스가 원군을 사용한 어리석은 짓〉에서 설명했듯이 프랑스 기병은 스위스 보병 없이는 전투를 할 수 없었다. 따라서 세 군대는 서로 물리고 물리는 관계였다.

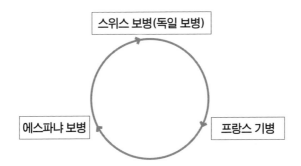

2 라벤나 전투와 보병에 대한 설명이다. 라벤나 전투에 대해서는 13장의 〈원군에서 비롯된 최근의 위험 사례들〉에서 다루었다. 마키아벨리는 스위스 보병과 독일 보병이 같다고 전제하고, 에스파냐 보병이 독일 보병을 물리친 전법을 설명한다. 그 전법은 긴 창을 가진 독일 보병을 상대로 에스파냐 보병이 짧은 창과 방패를 가지고 근접전을 벌이는 것이다. 그 결과, 독일 보병은 에스파냐 보병에게 몰살 직전까지 몰렸고 기병대의 도움으로 간신히 살아

났다. 옆쪽의 그림은 이를 상징적으로 보여준다.

3 두 보병의 단점은 스위스 보병과 에스파냐 보병의 단점을 말한다. 스위스 보병은 독일 보병과 같다. 따라서 독일 보병이 에스파냐 보병에게 패한 것은 스위스 보병이 에스파냐 보병에게 패한 것과 같다. 독일 보병, 즉 스위스 보병의 단점은 짧은 칼로 무장하고 긴 창 밑으로 접근해 싸우는 근접전에 약하다는 점이다. 에스파냐 보병의 단점은 독일 보병, 즉 스위스 보병을 절멸 직전까지 몰고 갔지만 프랑스 기병이 나타나자 패했다는 점이다. 두 보병의 단점을 극복할 수 있는 이론적인 방법은 프랑스의 기병을 능히 상대할 뿐만 아니라 짧은 칼을 든 보병에 대응하는 병법이나 전술을 개발하는 것이다. 이에 대한 자세한 내용을 마키아벨리는 《카스트루치오전》과 《전술론》에서 설명했다.

왜 라벤나 전투인가? 많고 많던 전투 중에서 하필이면 라벤나 전투인가? 누구나 당대에 벌어지는 사건의 현재적 의의를 알기는 어렵지 않다. 조금만 관심을 기울이면 파악할 수 있기 때문이다. 그러나 앞으로 진행될, 미래에 지니게 될 의미는 파악하기 쉽지 않다. 세계사적 의의를 알려면 그 사건과 연관된 지식, 역사의 흐름, 앞으로 변하게 될 방향 등 모든 것이 종합되어야 하기 때문이다. 그 사건과 연관된 사소한 흐름, 주변 지식까지 총망라해서 생각해야 하기 때문이다. 게다가 그것이 앞으로 지니게 될 의미까지 파악해서 글을 쓴다는 것은 더더욱 어려운 일이다.

마키아벨리는 당대에 진행되는 사건의 세계사적 의의를 아는 자였다. 그는 천재와 같은 혜안으로 라벤나 전투가 역사에서 지니게 될 세

한스 부르크마이어
(부), 〈라벤나 전투〉,
〈1514~1516〉.

계사적인 의미를 파악했다. 라벤나 전투는 중세와의 단절을 뜻하는 거대한 전투였던 것이다. 대포로 시작해서, 보병이 중요한 역할을 했고, 대포로 끝난 전쟁이었다. 라벤나 전투는 중세 전투의 한 축이었던 기병의 역할이 현저히 축소된 새로운 전투 유형의 서막을 여는 싸움이었으며, 중세와의 단절을 세계에 고하고 새로운 시대가 도래했음을 알리는 위대한 전투였던 것이다.

마키아벨리가 《군주론》을 집필한 것은 1513년이고 라벤나 전투가 벌어진 해는 1512년이다. 라벤나 전투는 당시 가장 강한 나라였던 프랑스와 에스파냐가 맞붙어 세계사의 흐름을 결정하는 전투였다. 프랑스는 전투에 승리하고도 전쟁에 패배했고, 에스파냐는 전투에 패배하고도 결과적으로 전쟁에 승리했다. 마키아벨리는 《군주론》 집필 1년

전의 이 사건에 어떤 세계사적 의의가 있는지를 분명히 파악했다. 포병을 유지하기 위해서는 이제 월급을 받는 용병대장들로는 불가능하다는 것을 파악했다. 또한 엄청난 숫자의 기병을 유지하기 위해서도 많은 병사들에게 월급을 주는 용병대장들로도 힘들다는 것을 분명히 간파했다.

'칼과 창을 들고 용맹을 자랑하는 용병들이여, 사라져라! 최첨단 대포와 포병 앞에 당신들은 아무 것도 아니다. 말을 타고 달리며 전투를 하는 기병들이여, 저 멀리 꺼져버려라! 체계적인 규율을 생명으로 삼는 보병 앞에 당신들은 허수아비나 다름없다. 용병이여, 기병이여, 그 용병대장들이여, 역사의 뒤안길로 이제 사라져라. 새로운 시대가 이미 시작되었다.'

왜 이런 소리를 하는가? 당시 유럽 최대 강국 프랑스와 에스파냐가 맞붙은 전쟁! 기병 중심의 용병을 고용하고 전투를 하기는 했지만, 전투의 승패는 용병이 아닌 보병과 포병에 의해 결정되었기 때문이다. 새로운 시대, 새로운 전투를 알리는 서곡이었기 때문이다.

마키아벨리는 엄청난 재원이 들어가는 포병, 먹고 자고 입는 데에 엄청난 돈이 드는 보병에는 새로운 군대 체제가 필요하다고 주장했다. 그는 새로운 군대를 유지하는 것이 기존의 정치 질서로는 불가능함을 깨달았다. 용병대장이 중심이 되어 기병으로 전쟁을 할 수 있는 시대는 이미 종결을 고했다. '새 술은 새 부대에! 새로운 시대에는 새로운 국가 체제가!' 그는 엄청난 재원과 엄청난 인력을 거뜬히 감당할 수 있는 강력한 군주를 원했다. 그가 원한 것이 아니라 시대가 강력한 군주를 원했다. 라벤나 전투는 그 서곡이었다.

마키아벨리는 로렌초에게 세계사의 모든 새로운 흐름이 응집된 라벤나 전투, 세계사의 흐름을 완전히 바꾸게 될 변곡점에 있는 라벤나 전투를 복기해보라고 권고한다. 그러면, 새 술을 새 부대에 담으려면 포병과 보병을 유지할 수 있는 강력한 군주가 되어야 한다는 깨달음을 로렌초가 당연히 얻을 것이라고 마키아벨리는 생각했다.

이탈리아 통일을 위한 최종 권고

그렇게 오랜 시간 후에 이탈리아가 구세주를 맞이하고자 다가온 이 기회를 결코 소홀히 해서는 안 됩니다. 저는 그 구세주가 이민족의 범람으로 고통당하고 있는 모든 지역에서 어떤 사랑을 받을지, 복수해달라는 어떤 열망을 받을지, 어떤 확고한 충성을 받을지, 어떤 감사를 받을지, 어떤 감동의 눈물을 받을지 표현할 수 없습니다! 어떤 문이 설마 그에게 닫히겠습니까! 어떤 인민이 그에게 충성할 것을 거부하겠습니까! 어떤 시기심이 그를 가로막겠습니까! 어떤 이탈리아인이 그를 존경하는 것을 거부하겠습니까!

모든 사람이 야만족 참주의 악취를 느끼고 있습니다. 이제 당신의 영광스러운 가문은 사람들이 정의로운 과업을 수행하고자 할 때 갖춰야 할 저 용기와 희망을 품고 이 임무를 떠맡아야 합니다. 전하의 깃발 아래 우리의 이 조국이 숭고해질 수 있으며, 전하의 지도 아래 우리는 페트라르카의 시의 진리를 깨달을 것입니다.

야만적인 공격에 대항하는 용기여

무기를 들라, 전투는 짧을 것이다,

선조의 용맹이

우리 이탈리아인의 심장 속에서 아직 죽지 않았기 때문이다.[1]

1 페트라르카의《칸초니에레》16, 13~16쪽에 나온다.

마키아벨리의 주장은 간단하다. 이 글을 읽는 군주여! 깃발을 들고 나
서기 바랍니다. 그러면 모든 이탈리아인이 당신을 따를 것입니다. 페
트라르카의 예언적인 시는 당신을 통해 진리가 될 것입니다.

26장 다시 보기

전체 결론의 장이다. 마지막 26장을 읽다 보면, 눈물이 나오고 감정이
격해져야 한다. 마키아벨리가 이를 의도했기 때문이다. 마키아벨리의
《군주론》은 다분히 의도적으로 감정이 격해지게끔 글을 구성하고 있
다. 예민한 독자라면 분명히 눈치 챘을 것이다.

　우선 1부와 2부는 대단히 논리적이고 과학적인 글이다. 여기에는
감정이 개입할 여지가 전혀 없다. 학문적인 논증이 치밀하다 싶을 만
큼 꼼꼼하게 이루어지고 있다. 주장을 하고 나면 반드시 이론적인 논
증이 따르고, 그 논증에는 역사적 사건으로 풍부하게 짜인 논거가 제
시된다.

　다음으로 3부는 논리적인 글과 감정적인 글이 섞여 있다. 전체적으

로 본다면 논리가 7이고 감정적인 부분이 3이라고 할 수 있다. 논증과 논거가 제시되고 있기는 하지만, '가혹한 현실'에서 '비난받을 만한 악덕'을 사용하면 당연히 감정이 자극되기 때문이다.

마지막 4부에서는 논리적인 부분은 거의 사라지고, 감정을 고조시키는 글로 치닫고 있다. 그 정점에 26장이 있다. 26장 안에서도 처음과 마지막은 다르다. 처음에 차분하게 시작되었던 글이 26장 끝부분에 오면 감정을 폭발시킨다. 그 절정이 페트라르카의 시구이다. 페트라르카의 시구는 이중적이다. 군주에게 향하는 동시에 이탈리아 인민에게 향한다.

'군주여, 깃발을 들라. 우리가 따를 것이다. 군주여, 용감하게 나아가라. 이탈리아인이 하나가 되어 선조의 용맹을 다시 드러낼 것이다. 그러면 우리 이탈리아는 과거의 영광스러운 로마를 다시 재현할 것이다.'

사실 26장을 읽어도 눈물이 날 만큼 감정이 격해지지는 않는다. 우리글로 쓰인 우리의 현재 상황이 아니기 때문이다. 하지만 생각을 바꿔보자. 마키아벨리가 제시한 글은 지금 현재를 살아가는 우리에게 주는 지침이기도 하다.

어떤 지도자가 인민의 적극적인 지지를 받고, 강력한 군대를 거느리고, 통치 역량을 발휘한다고 해보자. 그 나라는 반드시 평화스러운 나라일 것이고, 외적의 침략에서 벗어난 나라일 것이다. 그 나라를 이끌 진정한 지도자가 나타난다면, 시민들은 춤을 추며 깃발을 든 그를 따를 것이다. 그리고 그 나라는 번영을 노래할 것이다.

마키아벨리의 《군주론》은 이런 점에서 국가라는 형식이 존재하는 한, 인간이 정치 안에서 살고 있는 한, 영원한 울림으로 생명력을 유지할 것이다.

목차에 대해서

1.《군주론》구조의 난해함: 액자식 구조

"새 책을 읽을 때 목차를 얼마나 분석하면서 읽으십니까?" 보통은 아마 대강 훑어보거나 읽지도 않고 곧장 본문으로 넘어간다고 말할지도 모릅니다. 마키아벨리의《군주론》을 이해하려면 목차 분석이 아주 중요합니다. 마키아벨리가 목차에 무척 많은 것을 감추고 있기 때문입니다. 목차를 해명하는 것은《군주론》을 읽으면서 길을 잃지 않는 데에 꼭 필요합니다. 그 이유를 하나씩 살펴보겠습니다.

우선 마키아벨리의《군주론》은 액자식 구조를 갖춘 논문이기도 하고 논문이 아니기도 합니다. 액자식이란 문학에서 흔히 사용하는 용어로, 이야기 속에 이야기가 있는 형식을 말합니다. 액자식 구조로 가장 유명한 글은《천일야화》입니다.《천일야화》는 모두 알듯이 세헤라자데가 샤푸리 왕에게 1,000일 하고도 하룻밤 동안 목숨을 걸고 하는 이야기입니다. 세헤라자데는 '알라딘과 이상한 램프', '신밧드의 모험', '알리바바와 40인의 도적' 등 다양한 이야기를 합니다. 각 이야기의 주인공도, 주제도, 교훈도 각각 다릅니다. 경우에 따라서는 이야기 안에 또 다른 화자가 또 다른 이야기를 계속합니다. 그러니까 액자 속에 그림이 있고, 그 그림 안에 또 다른 그림이 있고, 그 그림 안에 또 다른 그림이 있는 식입니다.

《군주론》역시 액자식 구조로 되어 있습니다. '이탈리아의 통일과 그 목적을 달성하는 군주'를 이야기하는 데에 필요한 서로 다른 이야기가 크게 세 가지가 있습니다. 그 구조를 마키아벨리의 목적에 맞게

1장.	다양한 유형의 군주국과 그 군주국들의 형성 과정	⇒ 1부
2장.	세습 군주국	군주와 인민의 관계
3장.	병합 군주국	
4장.	알렉산드로스가 정복했던 다리우스 왕국은 왜 그가 죽은 후에 그의 계승자들에게 반란을 일으키지 않았는가	
5장.	정복되기 전 독자적인 법을 유지하며 살던 국가 또는 군주국은 어떻게 관리되어야 하는가	
6장.	자신의 군대와 능력으로 획득한 새로운 군주국들	
7장.	다른 사람의 무력에 의지해, 그리고 행운을 통해 획득된 신흥 군주국들	
8장.	사악한 행위들로 군주국을 획득한 자들	
9장.	"시민형 군주국"	
10장.	군주국 종류에 관계없이 군사력은 어떻게 측정되어야 하는가	
11장.	교회형 군주국	

끔 임의로 분류한다면 다음과 같이 과감하게 4부로 목차를 나누는 게 좋습니다.

그러면 '어떤 근거로 이렇게 나누는가?' 하는 질문이 나올 듯합니다. 그 근거는 세 가지입니다.

첫째, 그 근거는 결론의 첫 장인 24장입니다. 마키아벨리는 24장의 〈현명한 통치자는 인민의 지지를 확보하고 자신만의 군대를 유지한다〉와 〈군주는 어떤 경우에도 자신의 역량에 의존한다〉에서 1장에서 23장까지의 내용을 '인민의 지지', '자신만의 군대', '자신의 역량'으로 요약합니다.

둘째, 1장·12장·15장의 역할 때문입니다. 세 장의 제목을 살펴보겠습니다.

1장. 다양한 유형의 군주국과 그 군주국들의 형성 과정
12장. 다양한 유형의 군대: 용병들
15장. 사람들, 그리고 특히 군주들이 칭찬받거나 비난받은 그러한 이유들

세 개의 장을 보면 한 가지 의문이 생깁니다. 1장과 12장은 다양한 유형을 언급하고 있지만 15장은 '유형들'에 대해 말하지 않기 때문입니다. 하지만 '칭찬받거나 비난받은 그러한 이유들'이란 다양한 유형과 다름없는 말로 이해해야 됩니다. 이에 대한 더 정확한 답변은 15장 2절의 내용을 보면 됩니다. 2절의 내용을 보면 칭송받을 만한 좋은 덕과 악덕의 종류를 일일이 나열하고 있는 것을 알 수 있습니다.

셋째, 1장·12장·15장은 기존 정치학적 사유와는 전혀 다른 연구 방법론을 제시합니다. 말 그대로 정치학, 더 넓게는 사회과학과 인문

학 전체를 포함해 일종의 폭탄선언을 합니다.

마키아벨리는 1부 전체의 주제를 인민으로 주장합니다. 글을 읽는 독자인 군주를 의식해 이를 1장에서 선언하지는 않는 대신에 1부 전체에 걸쳐 은밀하게 펼쳐놓습니다.

마키아벨리는 12장에서 좋은 군대가 좋은 법보다 중요하다고 또 다른 폭탄을 던집니다.

마지막으로 마키아벨리는 15장에서 "인간은 어떻게 살아야 하는가"라는 도덕적·윤리적 질문 대신에 "인간은 어떻게 사는가"라는 생물학적·역사학적 질문을 던집니다. 다시 말하면 《군주론》은 3개의 서로 다른 문제의식이 국가의 근대적 통일이라는 문제의식의 바탕 위에 세워진 것입니다.

이상을 바탕으로 1·2·3·4부와 각 장이 하나의 완결된 논문 또는 에세이 구조로 되어 있는 것을 확인할 수 있습니다. 각 부와 《군주론》의 목차 분석을 하다 보면 각 부가 하나의 완결된 논문 또는 에세이 구조로 되어 있습니다. 예컨대 1부와 2부는 완결된 논문 구조를 가지고 있으며 3부는 결론이 없는 완벽한 에세이 구조를 가지고 있습니다.

2. 각 부의 구조와 내용 분석

1) 1부의 구조와 내용

(1) 구조적 분석

각 부는 하나의 독립적인 논문이나 에세이에 해당합니다. 여기서 다시

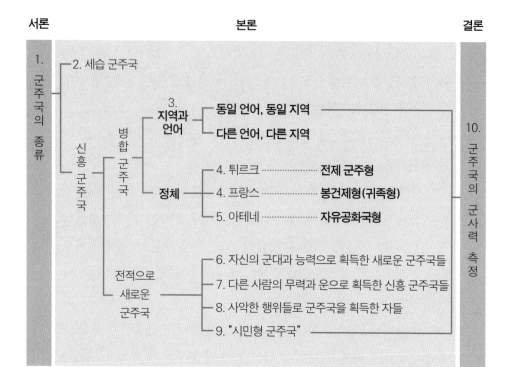

| 서론 | 본론 | 결론 |

서론
1. 군주국의 종류

본론
2. 세습 군주국

신흥 군주국
- 병합 군주국
  - 3. 지역과 언어
    - **동일 언어, 동일 지역**
    - **다른 언어, 다른 지역**
  - 정체
    - 4. 튀르크 ·············· **전제 군주형**
    - 4. 프랑스 ·············· **봉건제형(귀족형)**
    - 5. 아테네 ·············· **자유공화국형**
- 전적으로 새로운 군주국
  - 6. 자신의 군대과 능력으로 획득한 새로운 군주국들
  - 7. 다른 사람의 무력과 운으로 획득한 신흥 군주국들
  - 8. 사악한 행위로 군주국을 획득한 자들
  - 9. "시민형 군주국"

결론
10. 군주국의 군사력 측정

(번호는 각 장의 제목 요약)

보론 11. 교회형 군주국

1부가 어떻게 각기 다른 논문인지 규명하는 것이 필요합니다. 왜냐하면 《군주론》을 읽다 보면 제자리에서 맴맴 돌다가 어느새 앞으로 훌쩍 진전한 듯한 느낌을 무척 자주 갖기 때문입니다. 경우에 따라서는 앞서 한 말을 자주 반복하는 듯한 인상을 주기도 합니다. 마키아벨리가 1장에서 11장까지의 내용을 대략 제시해 주고 있으므로, 이를 바탕으로 1부를 분석해 보겠습니다.

1부는 분석하기가 가장 어렵고 난해하며 복잡합니다. 그 이유는 마키아벨리가 겉으로 하는 말과 속으로 하는 말이 서로 다르기 때문입니다. 겉말은 군주국의 종류이지만, 속말은 각 군주국의 유형에 따라 군주가 인민이나 시민들을 어떻게 다루어야 하는가입니다. 목차와 내용의 불일치, 이것이 마키아벨리의 《군주론》 1부를 독해하기 어렵게 하는 근본 이유입니다.

또 다른 이유도 있습니다. 1부의 구성이 언뜻 보면 산만하고 복잡한 것처럼 보이기 때문입니다. 마키아벨리는 1장에서 10장의 '군사력'과 11장의 '교회형 군주국'에 대해 언급하지 않기 때문입니다. 마키아벨리의 1장 내용과 위의 설명을 바탕으로 1부를 정리하면 다음과 같은 하위 목차로 구성할 수 있습니다. 이해를 돕고자 앞의 표를 먼저 제시하겠습니다.

군주국의 종류를 크게 두 가지, 세습 군주국과 신흥 군주국으로 나누고, 신흥 군주국을 병합 군주국과 전적으로 새로운 군주국으로 나눌 수 있습니다. 그리고 다시 병합 군주국을 세 개의 유형으로 나누고, 전적으로 새로운 군주국을 네 개의 유형으로 나눕니다. 그리고 마키아벨리는 이 분류를 바탕으로 10장에서 모든 군주국의 국력을 군사력 측정이라는 제목을 달고 결론을 내립니다. 그 후 다시 11장에서는 '교회형 군주국'이 위에서 언급한 군주국과는 전혀 다르다고 결론을 내립니다. 여기서 우리는 마키아벨리가 10장에서 군주국에 관해 결론을 내리고 나서 왜 '교회형 군주국'을 다시 설명했는지 이유를 찾아볼 필요가 있습니다.

첫째, 2장에서 9장과 연관해 교회형 군주국은 종교에 의해 유지되는 국가이므로 세속 국가와 다르기 때문입니다. 둘째, 10장 결론과 연관해 교회형 국가는 세속 국가에 필요한 군대도 필요 없고 인민의 지지도 필요 없기 때문입니다. 마키아벨리가 군주국에서 가장 중요하게 생각하는 것은 군대이고 인민의 지지입니다. 그러나 교회형 군주국은 신의 섭리에 의해 유지되는 국가이기 때문에 군대가 필요 없습니다. 또한 교회형 군주국은 인민의 지지도 그리 필요하지 않을 뿐만 아니라 인민도 교회형 군주에게 그리 커다란 것을 요구하지 않습니다. 그렇기에 마키아벨리는 교회형 군주국을 10장 결론 이후 11장에서 독립적으로 다룹니다. 일종의 보론에 해당합니다.

하지만 정작 더 중요한 이유는 다른 곳에 있습니다. 이른바 마키아벨리의 속말이자 세 번째 이유입니다. 마키아벨리는 교회형 군주국이라 할지라도 세속적인 권력을 추구하는 경우에는 논의 대상이 될 수 있음을 강조합니다. 즉 교회형 군주국이 세속적인 국가들 관계에 개입하지 않는다면, 다시 말해 교회형 군주국이 신의 섭리만을 위해 존재하는 국가라면, 교회형 군주국을 따로 언급할 필요가 없습니다. 하지만 체사레 보르자의 아버지 알렉산드로스 6세 이후, 교황 율리우스 2세 이후, 교회형 군주국은 세속적 국가를 위협할 만큼 성장했습니다. 이 교회형 군주국을 이해하지 않는다면 마키아벨리 당대의 이탈리아 역사를 이해할 수 없는 것은 자명한 사실입니다. 그렇기에 마키아벨리는 이 교회형 군주국에 대해 특별히 한 장에 걸쳐서 언급합니다.

결론적으로 말하면 다음과 같이 정리할 수 있습니다. 마키아벨리는 군주국을 크게 세습 군주국과 신흥 군주국으로 나누고, 신흥 군주국을 다시 병합 군주국과 전적으로 새로운 군주국으로 구분하며, 마지막으로 교회형 군주국을 추가했습니다. 마키아벨리는 복합 군주국을 튀르크와 같은 전제 군주형, 프랑스와 같은 봉건제형, 아테네와 같은 자유 공화국으로 나누었습니다. 그리고 전적으로 새로운 군주국을 군주 자신의 무력과 능력으로 군주에 오른 군주국, 타인의 무력과 호의로 된 군주국, 사악한 방법으로 군주 지위에 오른 군주국, 시민형 군주국으로 나누었습니다.

　이상이 마키아벨리가 1부 군주국의 종류와 국력(군주와 인민)에서 이야기하는 형식적 구조입니다.

(2) 내용적 분석

1부의 목차를 위처럼 구조화해 보는 것은 《군주론》 1부 전체의 구조를 이해하는 데에 편리합니다. 하지만 구조적 분석을 봐도 《군주론》 1부의 내용은 표현되어 있지 않습니다. 《군주론》 1부의 내용을 검토하려면 4부 결론 첫 장인 24장 각 절의 제목과 내용을 살펴봐야 합니다.

　24장. 이탈리아 군주들은 왜 나라를 잃게 되었는가
　　〈신흥 군주의 이점〉
　　〈현명한 통치자는 인민의 지지를 확보하고 자신만의 군대를 유지한다〉
　　〈군주는 어떤 경우에도 자신의 역량에 의존해야 한다〉

　마키아벨리는 〈신흥 군주의 이점〉에서 신흥 군주가 '좋은 법, 훌륭한 군대, 적당한 본보기'를 갖추면 성공할 것이라고 말합니다. 〈현명한 통치자는 인민의 지지를 확보하고 자신만의 군대를 유지한다〉의 주제는 '인민의 지지'와 '군대의 유지'이고, 〈군주는 어떤 경우에도 자신의 역량에 의존해야 한다〉의 주제는 '자신의 능력에 대한 의존'입니다. 이를 각 부와 연결해 생각해 보도록 하겠습니다. '훌륭한 군대'와 '군대의 유지'는 2부 전체의 주제입니다. 신민이나 외적에게 위력을 행사하는 '적당한 본보기'와 '자신의 능력에 대한 의존'은 3부의 주제입니다.

　얼핏 보면 '인민의 지지'는 연결할 수 있는 부가 없는 것으로 보이지만,

앞에서 살펴본 대로 1부 안에는 '인민의 지지'가 중요하다는 점이 역설되어 있습니다. 특히 군주가 '인민의 지지'를 받으려면 '좋은 법'을 갖추는 것이 매우 중요합니다. 따라서 1부는 인민에 관한 장이 됩니다. 실제로 마키아벨리는 '인민의 지지'라는 중요한 내용을 1부 대부분의 장에서 부분적으로 곳곳에 숨겨놓습니다. 《군주론》의 형식적 측면이 아니라 내용

장 제목	절 제목	인민 포함 내용
2장 세습 군주국	세습 통치자는 분노나 짜증을 야기하는 변화를 피할 수 있다	군주는 상식 밖의 사악한 비행으로 증오를 사지 않아야 한다.
3장 병합 군주국	신흥 군주국은 어려움에 처한다	주민들의 지지가 항상 필수적이다.
	재정복의 경우	백성들은 그들이 기대했던 만큼의 이익을 누리지 못하면 반란을 일으킨다.
	정복지 확보하기	그들의 법을 바꾸지 않고 새로운 조세를 부과하지 않아야 한다.
	원래 영토와 다른 국가들을 점령하기	직접 통치 시(글쓴이) 관리들이 함부로 약탈하지 못할 것이다.
	군 주둔은 해롭고 비용이 많이 든다	민심이 흉흉해지고, 그 결과 그 지역의 모든 주민은 군주에게 적대적으로 변한다.
5장 정복되기 전……	전체	전체가 인민과 관련된 내용
6장 자신의 군대와……	무장하지 않은 예언자, 사보나롤라	인민들의 신뢰를 상실하자마자 새로운 질서와 더불어 몰락하고 말았다.
7장 다른 사람의 무력과 ……	로마냐의 평화, 레미로 데 오르코	전체가 인민과 관련된 내용
8장 사악한 행위들로 ……	잔인한 행위들은 단숨에, 시혜 행위들은 점진적으로 하나씩	가해행위를 단숨에 하고, 다음부터는 시민들에게 가능한 한 유익한 조치를 취해야 한다.
9장 "시민형 ……	전체	인민의 지지는 어떤 경우에도 꼭 필요하다.
10장 군주국 종류에……	전체	시민의 지지가 외부 요새보다 중요하다.

적 측면을 이해하려면 이 부분을 놓쳐서는 안됩니다. 1부에 인민이 어떻게 숨겨져 있는지 명백하게 드러나는 것만 대표적으로 살펴보겠습니다.

《군주론》의 1부 겉말은 목차에 드러난 대로 이해하면 되고, 속말은 인민 또는 시민을 중심으로 살펴봐야 합니다. 1부의 구조와 내용을 바탕으로 마키아벨리의 목차를 구성하면 다음과 같습니다.

(3) 목차와 내용의 불일치

① 목차와 내용의 관계

대개의 경우 목차는 안내자입니다. 목차는 일종의 지도와 같습니다. 목차를 보면 어디에 보물이 숨겨져 있는지 알 수 있습니다. 목차는 보물이 묻힌 장소로 가는 길을 가르쳐주는 안내서입니다. 목차를 보면 저자가 어떤 이야기를 할지 흐름을 잡을 수 있습니다. 저자는 목차로 안내자 구실을 하고, 독자는 목차를 보면서 목적지에 도달합니다. 목차가 지도로서의 제몫을 하지 못한다면, 그 목차는 목차가 아닌 단순한 나열에 지나지 않습니다.

또한 목차는 요점만 지적해 주는 족집게입니다. 시간이 없거나, 책 전체를 다 읽을 필요가 없는 독자는 목차를 보면서 꼭 읽어야 할 부분만을 찾아 읽기도 합니다. 독자가 책을 처음부터 끝까지 읽어야 할 의무와 필요는 없기 때문입니다. 목차는 발췌해서 독서하는 독자에게 아주 요긴합니다. 시간과 정열을 절약하도록 도와주기 때문입니다.

목차는 내용과 항상 아주 긴밀한 관계를 유지하고 있습니다. 그런데 《군주론》 1부는 목차와 내용이 불일치합니다. 목차를 읽고 내용을 파악할 수가 없습니다. 반대로, 내용을 충분히 파악하고 나면 《군주론》 1부의 목차는 불필요하다는 생각이 들 정도입니다.

목차가 내용을 반영하지 못하면, 그 목차는 선전 구호에 지나지 않습니다. 내용이 목차를 채워주지 못한다면, 그 내용은 아무 것도 없는 것처럼 보입니다. 목차와 내용의 관계는 말과 수레의 관계와 같습니다. 강인한 말 세 마리가 텅 빈 수레를 매고 힘차게 달린다고 생각해 보십시오. 소리만 요란할 뿐이지 내용이 없다는 것을 알게 될 것입니다. 반대로 삐쩍 마르고 힘이 하나도 없어 보이는 말이 엄청난 양의 짐을 신고 간다고 생각해 보십시오. 내용을 보기도 전에 책을 덮어버릴 것입니다.

목차와 내용이 따로 논다면, 그 글은 좋은 글이 아닐 가능성이 큽니다. 간혹 알차지 못한 내용이 거대한 목차를 채워주지 못하는 경우도 있습니다. 반대로 빈약한 목차가 심오하고 깊은 내용을 대표하지 못하는 경우는 있습니다. 마키아벨리의 《군주론》 1부는 후자의 경우입니다.

왜 이런 일이 생겼을까요? 르네상스 시대 최고 문필가라고 해도 좋을 마키아벨리가 왜 이런 오류를 범했을까요? 그의 대표 저작 《군주론》의 1부를 제외한 나머지 장과 《로마사 논고》 어디를 봐도 목차와 내용이 불일치하는 부분이 거의 없습니다. 물론 《전술론》도 마찬가지입니다. 그렇다면 마키아벨리는 1부를 의도적으로 비틀고 왜곡했다고 볼 수 있지 않을까요? 이 질문에 답하는 것이 《군주론》의 비밀을 푸는 열쇠입니다.

《군주론》의 목차 분석을 집중적으로 해야 하는 두 번째 이유는 마키아벨리가 목차에서 무척 크고 중대한 것을 감추기 때문입니다. 이를 이해하려면 《군주론》 4부 결론 첫 장인 24장의 2절과 3절 제목을 다시 살펴봐야 합니다.

24장. 이탈리아 군주들은 왜 나라를 잃게 되었는가
　　2절. 〈현명한 통치자는 인민의 지지를 확보하고 자신만의 군대를
　　　　유지한다〉
　　3절. 〈군주는 어떤 경우에도 자신의 역량에 의존해야 한다.〉

2절의 주제는 '인민의 지지'와 '군대의 유지'이고, 3절의 주제는 '자신의 능력에 대한 의존'입니다. '군대의 유지'는 2부 전체의 주제이고, '자신의 능력에 대한 의존'은 3부의 주제입니다. 이제 문제가 생깁니다. '인민의 지지'와 연결할 수 있는 부가 없는 것으로 보이기 때문입니다. 하지만 유심히 보면 그렇지 않습니다. '인민의 지지'는 1부 1절 '다양한 유형들의 군주국과 그 군주국들의 형성 과정'의 제목 아래, 1부 전체에 걸쳐 역설되어 있습니다. 특히 1부의 결론이라고 할 수 있는 9장과 10장의 각 절의 제목을 유심히 살펴보십시오.

9장. "시민형 군주국"
  〈모든 군주는 인민의 지지를 받을 필요가 있다〉
  〈강력하고 현명한 군주는 인민에게 의존할 수 있다〉
10장. 군주국 종류에 관계없이 군사력은 어떻게 측정되어야 하는가
  〈스스로 방어할 수 있는 군주〉
  〈독일의 자유 도시들〉
  〈현명한 군주는 포위 공격을 어떻게 이겨내는가〉

마키아벨리는 9장에서 모든 군주는 인민의 지지가 반드시 필요하고, 현명한 군주라면 반드시 인민에게 의지해야 한다고 합니다. 마키아벨리는 10장에서 '군사력 측정'을 제목으로 달았지만, 실제로는 군사력에 대해 말하지 않습니다. 오히려 군사력보다 더 중요한 것은 인민에게 증오받지 않는 것이고, 이것이 진정한 군사력의 척도라고 말합니다.

왜 마키아벨리는 1장의 제목과 실제 내용을 전혀 다르게 했을까요?

왜 겉말로는 군대의 종류를 이야기하면서, 속말로는 인민의 지지를 언급했을까요? 어떤 연유로 제목과 내용이 따로 노는 기이한 구조로 원고를 집필했을까요? 마키아벨리는 당대 최고의 정치이론가이자, 문필가이기도 합니다. 그런 그가 모르고 이런 실수를 저질렀을까요? 그렇지 않습니다. 마키아벨리가 이렇게 말한 것은 그 나름대로 고육책이라고 할 수 있습니다.

이 글을 읽는 독자가 마키아벨리에게 책을 헌정 받는 군주라고 생각해 보십시오. 책을 딱 펴자마자 1장 '군주는 무릇 인민의 지지를 받아야 한다'라는 제목을 읽는다고 생각해 보십시오. 아마 책을 다 읽기도 전에 집어 던지고 말 것입니다. 더 심하게는 마키아벨리를 잡아들여 고문했을지도 모릅니다. 왜냐고요? 아직 인민에 대한 충분한 사유가 무르익지 않았기 때문입니다. 마키아벨리 당대에 어느 누구도 인민이나 시민의 개념을 자유로이 사용하면서 글을 쓸 사람은 없습니다.

마키아벨리는 고민에 빠집니다. 군주에게 가장 필요한 것은 무엇인가? 첫째, 당연히 인민의 사랑을 받아야 하고, 둘째, 자기 군대를 가지고 있어야 하고, 셋째, 나라를 획득하거나 유지하려면 능력이 필요하다, 이렇게 말했을 때 그 말을 부정할 수 있는 군주는 아무도 없습니다. 하지만 이것을 겉으로 드러내놓고 이야기하는 것은 취직은커녕 죽음을 부르는 길입니다. 이런 상황에서 마키아벨리는 어쩔 수 없이 '인민의 지지'라는 속말을 '군주국의 종류와 그 형성 과정'이라는 제목 속에 숨겨놓은 것입니다.

② 혁명성

마키아벨리가 《군주론》 1부의 목차와 내용을 달리한 이유를 하나씩 살펴보겠습니다. 가장 중요한 이유는 앞에 언급한 '인민'이라는 주제, 또는 '인민'이라는 주체의 혁명성 때문입니다. 그 당시 '인민'은 아직 정치의 주체로 형성되기 전입니다. 인민이라는 말 대신에 백성, 시민, 국민, 대중 등의 어휘를 사용해도 마찬가지입니다. 백성은 정치의 주체로서는 여전히 생소한 주제일 뿐만 아니라 역사적으로 그런 경험을 해보지 못했습니다. 아직은 인민 또는 백성이 맹아도 보이지 않는 그런 존재였습니다. 그러니 권력을 쥔 군주가 인민의 도움이나 눈치를 본다는 것은 있을 수 없는 일이었습니다.

이는 역사적 중요성을 띤 저작들의 연대로 살펴봐도 알 수 있습니다. 마키아벨리가 《군주론》을 집필한 시기는 대략 1513년이고 이 책이 출판된 것은 1532년입니다. 홉스가 시민을 주체로 한 정치 이론서 《리바이어던》을 집필한 시기는 1651년이고, 로크가 《통치론》을 출판한 것은 1689년입니다. 마키아벨리가 《군주론》에서 인민을 정치의 주체로 언급한 것은 최소한 이 두 저작보다 150여 년이 앞섭니다. 마키아벨리가 '인민' 등과 같은 개념을 알아차렸다면, 당대에는 전혀 이해할 수 없는 그런 혁명적이고 선정적인 개념을 천재적으로 예감했다고 볼 수 있습니다.

③ 신중성

두 번째 이유는 마키아벨리의 신중성 때문입니다. 마키아벨리의 인민 중시는 대단히 혁명적인 사상입니다. 《군주론》 1부를 한마디로 정의한다면 '군주와 인민의 상호의존성'입니다. 군주는 '상식 밖의 사악한 비행으로' 인민을 괴롭히지 말고, 인민에게 가능한 한 이익을 주어야 합니다. 군주가 이와 같이 행동한다면, 인민은 군주를 지지하고, 요새보다 더 튼튼한 방벽을 군주에게 제공합니다. 이러한 상호의존성은 마키아벨리의 견해로는 세습 군주국, 신흥 군주국 등 어디에도 적용되는 기본 원칙입니다. 마키아벨리의 논의를 조금 더 강화해서 정리해 보면, 군주의 인민 의존성입니다. 군주가 권력을 유지하는 데에 필요한 가장 확실한 방비책은 군대·돈·귀족·군인보다도 무조건 인민입니다. 이것은 당대에 받아들일 수 없는 무서운 사상입니다.

그렇기에 군주에게 이 말을 올릴 때면 신중에 또 신중을 기해야 합니다. 마키아벨리는 음모 때문에 자신이 투옥되었던 경험을 떠올리지 않을 수 없었을 것입니다. 1512년 공화정이 해체되고 메디치가가 돌아오고 나서, 고문을 받고 투옥당한 경험이 있기 때문입니다.

마키아벨리는 자신이 책에 썼던 것처럼 '차악을 선으로 인정하라'라는 구절을 떠올렸을 것입니다. 마키아벨리는 "신중함이란 다양한 불이익의 중차대함을 인지하고서 차악을 선으로 선택하는 데에 그 본질이 있습니다"라는 구절을 자신의 《군주론》에 적용합니다. 그래서 마키아벨리는 1장 제목을 "군주와 인민"으로 달기보다는 "다양한 유형의 군주국과 그 군주국들의 형성 과정"으로 달았을 것입니다. 그리고 군주가 이 글을 읽다가 '숨겨진 뜻'인 인민을 찾아낸다면 마키아벨리는 관직을 얻게 될 테니까 말입니다. 그 함의를 발견하지 못해도 적어도 다시 감옥에 갇히는 일은 발생하지 않았을 것입니다.

④ 고의성

세 번째 이유는 마키아벨리의 고의성입니다. 이것은 인민 중시의 내용을 군주가 수용할 것인가와 연관해서 설명해야 합니다. 마키아벨리는 아주 신중하게 이런 책략을 고안했을 것입니다. '제목은 군주의 눈에 들되, 내용은 내 의도대로 가자. 제목은 군주의 기대에 부응하되, 내용은 인민이 가장 중요하다는 것을 담자. 그렇다면 군주는 내 글을 수용해서 읽어볼 것이고, 내가 주장한 내용에 동의할 것이다.'

마키아벨리가 고의로 이런 제목을 달았다고 가정해야 합니다. 왜냐하면 마키아벨리가 자신의 글이 지닌 혁명적 성격을 이해하지 못했을 리 없기 때문입니다. 마키아벨리의 인민 중시 사상은 2부 "군대" 편에서도 나타납니다. 2부의 핵심 내용은 '자국군을 갖춰라'입니다. 자국군은 무엇으로 구성되는가? 당연히 군을 지도하는 장군과 군을 구성하는 인민입니다. 인민이 없다면, 자국군은 이루어질 수 없습니다. 실제로 마키아벨리가 한때 자국군을 모집하는 징병관으로 활동했다는 사실도 놓쳐서는 안됩니다. 군징병관을 경험한 마키아벨리는 자국군의 토대가 인민이 된다는 너무나도 당연한 사실, 군주가 인민을 사랑하지 않으면 인민도 군대에 들어와 봉사할 생각이 없다는 것을 뼈저리게 느꼈을 것입니다. 또한 마키아벨리는 3부 구석구석에서 인민의 호감을 잃어서는 안 되고, 인민이 잘살 수 있도록 노력해야 한다고 말하고 있습니다. 이에 대한 자세한 내용은 각 장과 절을 분석할 때 참조하시기 바랍니다.

이것이 16세기 초, 아직 근대 절대 왕정이 등장하기 이전, 르네상스기의 마키아벨리가 '인민'이라는 혁명적 사상을 드러내는 방법입니다. 그는 교묘하면서 기발한 천재적인 책략으로 자신의 사상을 세상에 드러냅니다.

2) 2부의 구조와 내용

2부는 1부와 달리 명쾌하고 간단합니다. 2부를 구성하는 일반 목차는
아래와 같습니다.

    12장. 다양한 유형의 군대: 용병들
    13장. 원군, 연합군, 그리고 자국군
    14장. 군사 업무에 관한 군주의 의무

이를 다시 체계적으로 정리하면 아래와 같습니다.

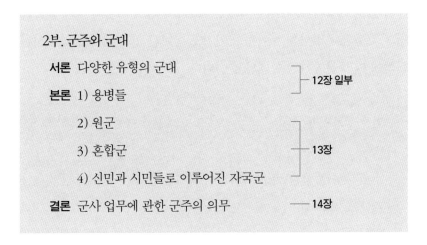

2부의 주요 내용은 마키아벨리 당대의 이탈리아 군대의 관행인 용
병 제도와 원군을 비판하는 것입니다. 용병과 원군에 의존하는 대신에
자국의 인민, 신민을 자국군으로 구성하는 것이 중요하다고 마키아벨
리는 2부에서 강조합니다. 당연히 자국의 인민이나 신민이 자국군에
참여시키려면 군주는 인민의 적극적인 지지를 받아야 합니다.

3) 3부의 구조와 내용

(1) 목차 분석

3부의 구조는 1부보다는 덜 복잡하지만 2부보다는 한층 복잡한 형태를 띠고 있습니다. 3부의 내용 또한 겉으로 명백하게 드러납니다. 오히려 너무 노골적으로 반인간적·반인륜적·반도덕적 내용을 담고 있어서 불편하게 느껴지기도 합니다.

하지만 3부가 반드시 명백하게 눈에 띄게 구성된 것은 아닙니다. 그 이유는 서론과 본론의 관계가 불분명하게 표현된 탓도 있고, 20장과 21장을 어떻게 연결할 것인가도 쉽지 않기 때문입니다. 또한 3부는 결론이 없는 글입니다. 이 점은 서론, 본론, 결론의 구조가 완벽하게 나타난 1·2부와 차별성을 보이는 곳이기도 합니다. 15장에서 23장까지를 목차에 따라 분류하면 아래와 같습니다.

(2) 분석의 근거

서론과 본론, 그리고 본론의 내부 구성이 어떻게 이루어지는지 알아보려면 15장을 분석해야 합니다. 분석의 핵심은 15장에 달렸습니다.

15장. 사람들, 그리고 특히 군주들이 칭찬받거나 비난받은 그러한 이유들
〈윤리적 환상과 가혹한 현실〉
〈칭찬받을 만한 덕과 비난받을 만한 악덕〉
〈겉으로 드러난 덕이 항상 진실한 덕은 아니다〉

위의 절 자체는 내용을 분석해 보면, 그 나름의 서론·본론·결론 구조를 보입니다. 1절 〈윤리적 환상과 가혹한 현실〉은 군주가 윤리적으로 처신하는 방법도 있고 가혹한 현실에 맞춰 처신하는 방법도 있다는 것을 보여줍니다. 〈칭찬받을 만한 덕과 비난받을 만한 악덕〉은 〈윤

---

* 진한 글씨는 글쓴이가 전체 분석에 맞게 임의로 넣은 글입니다.

리적 환상과 가혹한 현실〉의 기준에 따라 덕의 종류를 분류하는 것입니다. 어떤 덕은 좋은 덕이고 어떤 덕은 악덕인가를 설명한 것입니다. 〈겉으로 드러난 덕이 항상 진실한 덕은 아니다〉는 군주가 가혹한 현실에서 악덕을 사용하는 것을 두려워해서는 안 된다는 것을 말합니다.

여기서 문제가 되는 것은 〈칭찬받을 만한 덕과 비난받을 만한 악덕〉입니다. 이 내용은 1부 '다양한 유형의 군주국들', 2부 '다양한 유형의 군대들'에 상응하는 '다양한 유형의 덕들'입니다. 마키아벨리는 15장이 3부 전체의 서론에 해당한다는 것을 〈칭찬받을 만한 덕과 비난받을 만한 악덕〉을 통해 암시합니다. 더 나아가 마키아벨리는 이를 통해 미덕과 악덕의 구분 방법을 제시하고, 이를 다시 16장에서 23장까지 연관시킵니다. 이를 도표로 처리하면 다음과같습니다.

윤리적 공상에 근거한 미덕	가혹한 현실에 근거한 미덕	장	
잘 베푸는 사람	인색한 사람	16장	①
자비로운 사람	잔인한 인간	17장	②
충직	신의 없는 사람	18장	③
여성적 유약	단호 기백		
붙임성	오만		
절제	호색		
강직	교활	19장	④
융통성 없음	융통성 있음		
진지	경솔		
경건	신앙심 없음		

① 잘 베푸는 사람과 탐욕적인 사람은 16장 〈활수와 인색〉의 내용에 해당합니다. ② 자비로운 인간과 잔인한 인간은 17장 〈잔인함과 인자함〉의 내용을 예시합니다. ③ 충직과 신의가 없는 사람은 18장 〈군

주는 자신의 약속을 어떻게 지켜야 할 것인가〉의 내용을 미리 보여줍니다. 따라서 ①, ②, ③은 다음 장을 안내하기 위한 분류입니다.

문제는 ④입니다. ④는 전체 열네 개의 미덕을 보여주고 있습니다. 이는 19장 전체의 주제를 나타냅니다. 이것은 마키아벨리가 19장 서두에서 언급하는 그대로입니다. "위에서 언급했던 특질들과 관련해 가장 중요한 것은 언급했으므로, 아래와 같은 일반적인 제목 아래 다른 특질들을 간단하게 말씀드리도록 하겠습니다."

마키아벨리가 《군주론》을 집필하면서 19장에 가장 많은 내용을 기술하는 것도 바로 이 때문입니다. 즉 열네 가지 종류의 덕을 설명하다 보니 당연히 쪽수가 늘어난 것입니다. 따라서 3부의 '군주는 어떻게 미덕을 행사할 것인가?'는 19장까지 포함하는 것으로 정리할 수 있습니다.

(3) 문제의 20장과 21장

문제는 20장과 21장입니다. 마키아벨리는 20장에서 정복한 지역 등의 신민으로 하여금 무장하게 할 것인가와 요새에 관해 기술했습니다. 그런데 20장 마지막 절의 제목은 "군주에게 최상의 요새는 그의 신민이 그를 미워하지 않는 것이다"입니다. 20장의 본론은 주로 대외 관계를 이야기했는데, 결론은 국내 편으로, 신민의 지지를 말합니다.

이러한 사정은 21장에서도 마찬가지입니다. 마키아벨리는 21장에서 동맹을 어떻게 맺을 것인가를 기술했습니다. 그런데 21장 마지막 절의 제목은 "산업과 상업의 장려, 그리고 축제들"입니다. 다시 말하면 군주는 국내 경제를 활성화하고 축제를 통해 신민을 즐겁게 해주어야 한다는 것입니다. 21장의 본론은 주로 대외 관계를 이야기했는데, 결론은 국내 편으로 신민에게 호의 베풀기입니다.

여기서 우리는 질문을 던져야 합니다. 20장과 21장은 대외 관계라는 독립적인 주제인가, 아닌가? 아니면 20장과 21장, 그리고 19장은 어떤 관계에 있는가? 이 질문에 답하고자 다음과 같은 단계를 밟아 설명하겠습니다.

첫째, 19장의 내용은 신민의 경멸과 증오를 받지 않는 방법에 관해 서술한 것이다.

둘째, 20장과 21장은 신민의 경멸과 증오를 받으려면 대외 관계를 잘해야 한다를 기술한 것이다. 어떻게 하면 군주가 경멸과 증오를 받는가를 서술한 19장과 반대로, 20장과 21장은 어떻게 하면 명성을 얻고 유지할 것인가를 다룬 것이다. 즉 19장은 20 · 21장과는 내용 면에서도 상반되는 내용이고, 국내 영역과 국제 영역을 다룬다는 점에서 상반되는 내용이다. 하지만 19장은 20 · 21장과는 동전의 앞뒷면과 같다.

셋째, 결론적으로 말하면 군주에게 대외 관계도 중요하지만 결국 국내에서 신민의 동의와 지지를 받는 것이 더 중요하다. 그래야만 대외 관계에서도 힘을 발휘할 수 있으므로, 군주는 신민에게 잘해야 한다.

이상을 바탕으로 20장과 21장은 19장에 종속된 독립적인 주제로 이해해야 한다고 결론을 내려야 합니다.

마지막 22장과 23장은 제목에서 명시된 그대로 군주는 신하를 어떻게 다루면 되는가를 간단하게 설명한 글입니다.

4) 4부의 구조와 내용

4부 또한 간단하게 정리할 수 있습니다. 4부는 전체 책의 결론입니다. 4부 전체의 목적은 이탈리아를 통일하는 데에 필요한 군주의 조건을 다룬 글입니다. 4부의 각 장에서 서론, 본론, 결론의 유기적 연결 관계를 보기는 쉽지 않습니다. 하지만 그렇다고 서로 다른 이야기를 하는 것은 아닙니다. 마키아벨리는 24장에서 지금까지 집필한 내용을 정리하면서, 25장에서 현재 필요한 운명에 맞서는 용기를 언급하고, 26장에서 메디치 가문을 찬양합니다. 이를 조금 자세히 알아보겠습니다.

24장은 역량 편입니다. 24장의 제목은 "이탈리아 군주들은 왜 나라를 잃게 되었는가"입니다. 마키아벨리는 이에 대해 상세하게 분석하지 않고, 그 대신에 23장까지 다루었던 내용을 역량의 관점에서 정리합니다. 현명한 지배자라면 다음과 같은 역량을 갖춰야 한다고 역설합니다.

> 현명한 군주라면
> 1부에서 다룬 인민의 지지를 확보해야 한다
> 2부에서 다룬 자신의 군대를 유지해야 한다
> 3부에서 다룬 자신의 능력에 의존해야 한다

마키아벨리는 앞에서 구구절절하게 자신이 말한 것이 진리이고 이것만 지킨다면 이탈리아 군주들이 나라를 잃지 않았을 것이라고 강변합니다. 24장은 1·2·3부를 전체적으로 요약한다는 점에서 결론입니다. 반대로 24장은 1·2·3부를 체계적으로 설명한다는 섬에서 서문입니다. 양자를 합쳐 말하면 24장은 "서문형 결론" 또는 "결론형 서문"이라는 독특한 글쓰기입니다.

25장은 행운 편입니다. 25장의 제목은 "인간사에서 행운의 여신의 힘, 그리고 행운의 여신을 어떻게 제압할 것인가"입니다. 마키아벨리는 앞에서 다루었던 행운을 다루지 않습니다. 그는 '시대의 흐름'으로서의 행운의 여신을 통제하는 데에는 용기가 필요하다고, 즉 이탈리아를 통일하고 싶은 군주라면 운명에 맞서 싸울 용기가 필요하다고 역설합니다.

26장은 이탈리아 통일을 위해 준비된 메디치 가문입니다. 26장의 제목은 이탈리아를 장악하고 야만족들로부터 이탈리아를 해방하기 위한 권고입니다. 마키아벨리는 위에서 말한 세 가지 조건, 인민의 지지, 자신의 군대, 자신의 능력, 그리고 운명에 맞서는 용기를 가진 메디치 가문이야말로 이탈리아를 통일할 수 있다고 역설합니다. 이상을 바탕으로 4부를 정리하면 아래와 같습니다.

4부. 이탈리아 통일을 위한 제언
역량 편 24장 이탈리아 군주들은 왜 나라를 잃게 되었는가
행운 편 25장 인간사에서 행운의 여신의 힘, 그리고 행운의 여신을
　　　　　어떻게 제압할 것인가
결　론 26장 이탈리아를 장악하고 야만인들로부터 이탈리아를
　　　　　해방하기 위한 권고

3. 다시 액자식 구조가 문제다

또다시 《군주론》의 각 장을 액자식 구조의 관점에서 살펴보겠습니다. 한 예를 들어보겠습니다. 앞에서 15장을 언급한 부분을 생각해 보시기 바랍니다. 마키아벨리는 15장의 아주 짧은 글 〈사람들, 그리고 특히 군주들이 칭찬받거나 비난받은 그러한 이유들〉 안에 서론, 본론, 결론의 완벽한 구조를 갖추었습니다. 예컨대 〈윤리적 환상과 가혹한 현실〉은 서론, 〈칭찬받을 만한 덕과 비난받을 만한 악덕〉은 본론, 〈겉으로 드러난 덕이 항상 진실한 덕은 아니다〉는 결론입니다.

그렇다면 3부 안에서 15장은 독립적인 소논문의 형태가 됩니다. '윤리적 공상'에 관한 마키아벨리의 비판은 플라톤류의 철학과 중세 천년의 모든 도덕관을 다 지칭합니다. 이에 대해 체계적으로 글을 쓴다면 기존의 윤리에 대한 독립적인 비판이 구성됩니다. 또한 마키아벨리의 주요한 문제의식인 '가혹한 현실'에 대해 체계적으로 설명하자면, 덕과 현실의 실천적 관계라는 중요한 글이 나올 수 있습니다.

본론에 나오는 20여 가지의 미덕을 윤리적 공상과 황량한 현실에 맞추어 분류해 보십시오. 그리고 그에 맞는 이론과 사례를 달면서 글을 쓴다고 생각해보십시오. 엄청난 양의 글이 쏟아져 나올 것입니다.

마지막으로 결론에 나오는, 사람들이 흔히 생각하는 윤리적 공상과 관련된 표면상의 덕이 반드시 진리인가 하는 질문을 던져보십시오. 그리고 덕도 필요에 따라 사용해야 진정한 미덕이 될 수 있다는 결론을 내려 보십시오. 그러면 우리는 윤리학에 관한 훌륭한 논문 한 편을 얻을 수 있습니다.

우리는 이제 다음과 같이 결론을 내려야 합니다. 우리는 《군주론》이

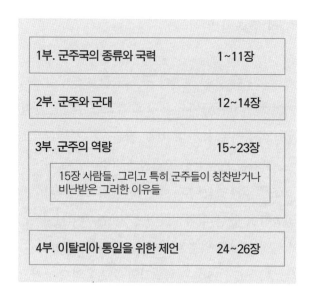

1부. 군주국의 종류와 국력	1~11장
2부. 군주와 군대	12~14장
3부. 군주의 역량	15~23장
15장 사람들, 그리고 특히 군주들이 칭찬받거나 비난받은 그러한 이유들	
4부. 이탈리아 통일을 위한 제언	24~26장

라는 넓은 바다와 같은 책 안에, 네 개의 긴 논문이 있고, 다시 긴 논문 안에 여러 개의 소논문이 있다고 결론 내려도 좋습니다. 마치 세헤라자데가 샤푸리 왕에게 이야기 속의 이야기, 그 이야기 속의 이야기를 풀어놓던 액자식 구조를 만날 수 있습니다. 큰 액자 안에 중간 액자가 있고, 다시 중간 액자 안에 작은 액자가 있는 훌륭하고도 멋진 이야기 구조, 글의 구조를 만날 수 있는 것이 바로 《군주론》입니다. 이것을 그리면 위의 그림과 같습니다.

각 장의 글의 구조가 어떻게 이루어져 있는지, 하나의 장이 어떤 논문식 구조나 독립적인 글 구조를 가졌는지에 대해서 각 장의 맨 앞에서 살펴보았습니다. 각 장을 읽기 전에 그 구조를 확인하고 읽어보시면, 《군주론》의 정글과 바다에서 빠져나올 수 있으며, 마키아벨리가 진심으로 하고 싶었던 말 속으로 들어가는 데에 도움이 됩니다.

참고문헌

강정인 편역, 《마키아벨리의 이해》. 문학과 지성사, 1993.

강정인, "서양 근대 정치사상의 탄생: 마키아벨리의 현실주의", 《계간 사상》, 1999년 봄호.

강정인, "마키아벨리의 정치사상—〈로마사 논고〉를 중심으로", 《계간 사상》, 2001.

곽차섭, "마키아벨리즘", 김영한 · 임지연 편, 《서양의 지적 운동》, 지식산업사, 1994.

곽차섭, "로베르토 리돌피의 마키아벨리—〈마키아벨리 평전〉을 중심으로", 《부산사학》 제23집, 1994.

곽차섭, "마키아벨리의 역사사상", 《서양사론》 24집, 서양사학회, 1983.

곽차섭, 《마키아벨리즘과 근대국가의 이념》, 현상과 인식, 1996.

곽차섭, "마키아벨리와 국가이성", 《부산사학》 22집, 부산경남사학회, 1992.

김경희, "비르투 로마냐를 중심으로 본 마키아벨리의 공화주의", 《한국정치학회보》 vol. 39, no. 1, 2005.

김욱, 《마키아벨리즘으로 읽는 한국헌정사》, 책세상, 2006.

니콜로 마키아벨리, 《군주론》, 강정인 · 문정인 옮김, 까치, 2003.

니콜로 마키아벨리, 《군주론》, 강정인 · 김경희 옮김, 까치, 2008.

니콜로 마키아벨리, 《군주론》, 권혁 옮김, 돋을새김, 2011.

니콜로 마키아벨리, 《로마사 논고》, 강정인 · 안선재 옮김, 한길사, 2007.

니콜로 마키아벨리, 《마키아벨리와 에로스》, 곽차섭 편역, 지식의 풍경, 2002.

레오 스트라우스, 《마키아벨리》, 함규진 옮김, 구운몽, 2006. [Leo Strauss, *Thoughts on Machiavelli*, The Univ. of Chicago Press, 1978.]

로베르토 리돌피, 《마키아벨리 평전》, 곽차섭 옮김, 아카넷, 2000.

루이 알뛰세르, 《마키아벨리의 가면》, 오덕근 · 김정한 옮김, 이후, 2001.

마르쿠스 툴리우스 키케로, 《국가론》, 김창성 옮김, 한길사, 2009.

박상섭, 《국가와 폭력— 미키아벨리의 정치사상연구》, 서울대출판부, 2002.

박상섭, "Virtù의 개념을 중심으로 본 마키아벨리의 정치사상 연구", 《국제문제연구》 (22권 1호), 서울대학교 국제문제연구소, 1998.

박영철, "마키아벨리 사상에 있어서 'Fortuna' 개념", 《동국사학》(22집), 동국대학교 동국사학회, 1988.

박영철, "마키아벨리 사상에 있어서 'Gloria'의 의미", 《동국사학》(24집), 동국대학교 동국사학회, 1990.

박영철, "마키아벨리의 군사사상", 《동국사학》(26집), 동국대학교 동국사학회, 1992.

박영철, "마키아벨리의 시민갈등론", 《동국사학》(30집), 동국대학교 동국사학회, 1996.

베르길리우스, 《아이네이스》, 천병희 옮김, 숲, 2011.

세드릭 A. 요 외, 《로마사》, 김덕수 옮김, 현대지성사, 2004.

세러 브래드퍼드, 《체사레 보르자》, 김한영 옮김, 사이, 2008.

스피노자, 《에티카》, 강영계 옮김, 서광사, 1990.

시오노 나나미, 《나의 친구 마키아벨리》, 오정환 옮김, 한길사, 2006.

시오노 나나미, 《로마인이야기 1-15》, 김석희 옮김, 한길사, 2006.

아리스토텔레스, 《시학》, 천병희 옮김, 문예출판사, 2011. [Aristoteles, *The Complete Works of Aristotle* I, II, ed by Jonathan Barnes, Princeton University Press, 1995.]

아리스토텔레스, 《정치학》, 천병희 옮김, 숲, 2011. [Aristoteles, *The Complete Works of Aristotle* I, II, ed by Jonathan Barnes. Princeton University Press, 1995.]

아리스토텔레스, 《니코마코스 윤리학》, 김재홍 외 옮김, 도서출판 길, 2012. [Aristoteles, *The Complete Works of Aristotle* I, II, ed by Jonathan Barnes, Princeton University Press, 1995.]

안토니오 그람씨, 《옥중수고 I》, 거름, 1986. [A. Gramaci, *Selections from The Prison Notebook*, ed by Quintin Hoare and Geoffrey Nowell Smith.]

앙글로 시드니, "니콜로 마키아벨리: 정치적·군사적 쇠락의 해부", 브라이언 레드헤드 엮음, 《서양정치사상》, 황주홍 옮김, 문학과지성사, 1993.

에드워드 기번, 《로마제국쇠망사 1》, 송은주 옮김, 민음사, 2010.

셸던 월린, "마키아벨리의 정치사상: 정치 그리고 폭력의 경제학", 강정인 편역, 《마키아벨리의 이해》, 문학과지성사, 1993.

젠시니 외, 《그람쉬 어떻게 읽을 것인가?》, 박동진 옮김, 백두, 1992.

진원숙, 《마키아벨리와 국가이성》, 신서원, 2005.

진원숙, "마키아벨리의 계급대립론", 《계명사학》(제6집). 계명대학교, 1995.

퀜틴 스키너, 《마키아벨리—강권 정치론을 주장한 인문주의자》, 신현승 옮김, 시공사, 2001. [Quentin Skinner, *Machiavelli-A Very Short Irtroduction*, Oxford University Press, 2000.]

플라톤, 《국가》, 박종현 역주, 서광사, 2007. [Plato, *Complete Works*, ed by John M. Cooker, Hackett Publishing Company, 1997]

플라톤, 《정치가》, 김태경 옮김, 한길사, 2009. [Plato, *Complete Works*, ed by John M. Cooker, Hackett Publishing Company, 1997.]

플루타르코스, 《플루타르크 영웅전 1-8》, 김병철 옮김, 범우사, 1994.

허승일, 《증보 로마 공화정 연구》, 서울대학교출판부, 1995.

헤로도토스, 《역사》, 천병희 옮김, 숲, 2012.

J.R. 헤일, "마키아벨리와 자급자족 국가", D. 톰슨 엮음, 《서양근대정치사상》, 김종술 옮김, 서광사, 1990.

Aristotle, *The Complete Works of Aristotle*, ed by Jonathan Barnes, Princeton University Press, 1995.

Machiavelli, ed by Allan Gilbert, *The Chief works and Others* vol. Ⅰ, Ⅱ, Ⅲ, 1989.

Plato, *Complete Works*, ed by John M. Cooker. Hackett Publishing Company, 1997.

고전 인터넷 자료: 플루타르코스, 리비우스, 헤로도토스, 키케로, 베르길리우스 등 (http://www.perseus.tufts.edu/hopper/) 참조

기타 논문과 각종 인터넷 자료

찾아보기

이 책의 출판을 위하여 〈알라딘 북펀드〉에 참여해 주신 분들입니다. 감사합니다.

강문숙 강부원 강영미 강은희 강주한 권윤아 김경무 김기남 김기태 김나연 김민호 김병희
김성기 김수민 김수영 김슬지 김언정 김용만 김정애 김정은 김정환 김주현 김중기 김지수
김진영 김현정 김혜원 김희곤 나준영 노윤성 류　진 박나윤 박성우 박순배 박옥균 박유일
박은주 박준영 박지영 박진순 박진영 박호수 변우진 서민정 서창겸 설진철 성지영 송덕영
송화미 신승준 신정훈 원성운 원혜령 유욱한 윤정선 윤정인 윤정훈 이나나 이만길 이미령
이범수 이수진 이수한 이승빈 이종기 이지원 이춘화 이하나 임원경 임태호 장경훈 장영일
장원종 전미혜 정두현 정미영 정민수 정솔이 정영미 정은진 정진우 조미애 조승주 조은수
조정우 최경호 최민경 최영기 최영우 최차식 탁안나 탁효상 하상우 한성구 함기령 허민선
허민효 홍석찬 홍진용

군주론
시민을 위한 정치를 말하다

1쇄 펴낸날　2017년 5월 29일
2쇄 펴낸날　2018년 6월 22일

지은이　마키아벨리
번역·주해　이남석

펴낸이　홍석근
책임편집　김관호
표지 디자인　박현정

펴낸곳　도서출판 평사리 Common Life Books
출판신고　제313-2004-172 (2004년 7월 1일)
주소　서울시 마포구 성산로2길 39 금풍빌딩 7층
전화　02-706-1970 | 팩스　02-706-1971
전자우편　commonlifebooks@gmail.com

ⓒ 이남석, 2017

ISBN 979-11-6023-212-7 (03340)

*잘못된 책은 바꾸어 드립니다.
*책값은 뒤표지에 있습니다.